【全訂新版】

渉外戸籍のための
各国法律と要件

Ⅵ 各論
(掲載国50音順【ハ行・ヘ】～【ラ行・ロ】)
　　　　　　　ペルー　　　　ロシア

木村三男 | 監修

篠崎哲夫
竹澤雅二郎 | 編著
野崎昌利

日本加除出版株式会社

全訂新版の刊行にあたって

　本書の初版が平成8年に発刊され，その後平成14年の改訂による新版，さらに平成19年の改訂による全訂版が刊行されて以来，既に8年が経過した。この間，海外へ渡航する邦人の出国数は，近年の円安傾向の継続が原因してか，8年前（全訂版刊行時）に比べ約63万人減少している。これに対し，外国人の我が国への入国者数は，8年前の810万人余から1,415万人余に増加し，一昨年の平成25年には初めて1,000万人を超え，過去最高となった。こうした国際的な人事交流は，日本人の海外での身分行為はもとより，外国人の日本での身分行為となって現れてくること等から，渉外戸籍届出事件は増加の一途を辿り，その対象国も年々増加している。加えて，対象国の中には，私法事件に関する諸法令等の規定の改正が行われている等のため，渉外戸籍事務においては，外国人当事者の国籍認定，当事者に適用される準拠法の決定から当該準拠外国法の解釈その他の問題を解決することが必要となっている。

　そこで，今回の本書全訂新版の刊行に当たっては，そうした諸状況に沿うよう全般的な見直しと内容の充実を図ることとした。さらに，掲載国を従来の185か国から192か国に増やすとともに，できるだけ多くの外国法令を諸外国の改正法令と共に収集して掲載することに努めた。その結果，総巻数が6巻とならざるを得ないことから，一括しての発刊ではなく，今後分割して順次刊行の予定である。

　本書が，渉外戸籍届出事件の審査ないし受否を判断する上での総合索引的な資料としてその役割を果たすことができれば幸いである。

　なお，本書が成るに当たり，多くの方々の文献を参考にさせていただいたほか，日本加除出版株式会社常任顧問木村三男氏（元大津地方法務局長）に終始適切な御指導をいただいたことに対し，ここに特に記して深く感謝を申し上げる次第である。

平成27年11月

編　著　者

全訂版の刊行にあたって

　本書の初版が発刊されてから11年，平成14年の改訂による新版が刊行されてから既に5年余が経過した。この間，海外へ渡航する邦人は5年前の1,652万人余から約1,753万人余に増加する一方，外国人の我が国への入国者数も5年前の577万人余から810万人余に増加している。

　このような国際人事交流は，我が国における社会生活にさまざまな変化をもたらし，殊に渉外的な身分行為の増加は，全国市区町村の戸籍事務はもとより，各地の家庭裁判所における渉外家事事件の実務に影響することも少なくない。しかも，このような渉外身分関係事件の対象となる外国人も，かつては在日韓国人や在日中国人を中心とするアジア地域の人々を当事者の一方又は双方とするものが中心であったことに比較すると，近年は，アジア，北米諸国のほかヨーロッパ，アフリカ，南米，オセアニア等，あらゆる地域の外国人に関する身分関係に拡大している。

　また，我が国の国際私法の基本法である法例については，平成15年5月以来，法制審議会国際私法部会において，準拠法決定ルールにつき，諸外国の最新の国際私法との調和を考慮しながら，より詳細かつ柔軟な連結政策を採用するための見直しが進められてきた。そして，平成18年6月には，改正後の「法の適用に関する通則法（平成18年法律第78号）」が公布され，平成19年1月1日から施行された。親族関係については，法例の規定が現代語化されたものの，その実質的な規律は維持されている。

　そこで，このたびの本書の全訂版刊行にあたっては，できるだけ多くの外国法令を収集して掲載することに努め，掲載国を従来の40か国から185か国に増やすとともに，新たに，国ごとの「姓名制度」についての概説をその冒頭に掲げるようにした。

　なお，本書は初版以来，渉外戸籍届出事件を審査する上での総合索引的なものを試みてきているものであるが，各国の法令を入手することが思うにまかせず，必ずしも十分にその目的を達することができなかった。この点については，

4　全訂版の刊行にあたって

今後，さらに各国の法文及び先例等を収集し，総合索引的なものとして整備する努力を続けたいと考えている。

　おって，本書の利用にあたっては，別掲の「凡例」に列挙した各事項を参照の上，具体的届出事件の処理に留意いただければ幸いである。

平成19年 8 月

編　著　者

新版刊行にあたって

　本書の初版が発刊されてから，既に5年余りが経過した。この間，我が国を取り巻く国際環境の変化に伴い，海外に渡航する邦人が更に増加するとともに，日本に在留する外国人の登録人口も5年前の140万人余から約160万人に増加している。こうした国際的人事交流は，我が国の政治，経済，文化をはじめ，国民の社会生活にも様々な影響を及ぼしている。このことは，いわゆる渉外戸籍事務の分野においても，その例外ではなく，日本人が外国において，あるいは，外国人が日本において身分行為を行う事例が多くなるにつれて，渉外戸籍事務に関係する外国の範囲も逐年拡大している。渉外戸籍の届出事件を処理する場合には，周知のとおり，法例の指定する国の法律に基づいて，それぞれの要件を具備しているか否かを判断しなければならない。それには，個々の事案ごとに当事者だけでなく父母等の関係者についても，その国籍及び身分関係を認定しなければならない場合もあり，これらの事務処理を適正に行うためには，諸外国の関係法文は欠くことのできない資料である。

　ところで，本書の初版が発刊された後，隣国の韓国においては，国籍法及び戸籍法の一部が改正されるとともに，2001年には「渉外私法」が改正され，その名称も「国際私法」に変更された。また，中華人民共和国においては，婚姻法，養子縁組法の一部が改正されるなど，初版に所載の外国法令のうち，8か国の身分関係法令が相次いで改正されている。

　そこで，このたびの本書の新版刊行にあたっては，これらの諸外国における法改正の機会に，内容を全体的に見直すとともに，新たに資料を入手したイラン民法，トルコ親族法，フィンランド婚姻法及びロシア家族法を新たに追加した上，その後の関係先例等をも踏まえて，大幅な加筆・修正等を行った。

　本書が，初版以上に渉外戸籍届出事件の審査ないし受否を判断する上での総合索引的な資料としてその役割を果たすことができれば幸いである。

　なお，本書が成るに当たっては，多くの方々の文献を参考にさせていただいたほか，日本加除出版株式会社常任顧問木村三男氏（元大津地方法務局長）に

6 新版刊行にあたって

終始適切な御指導と御監修をいただいたことに対し，ここに特に記して深く感謝を申し上げる次第である。

平成14年4月

著　者

は　し　が　き

　「地球が狭くなった」と言われて久しいが，近年ますます，その感が深くなっている。政治，経済，文化等のあらゆる分野での国際化は，我が国への外国人の流入のみならず，邦人の海外における長期滞在の増大をもたらし，これらの国際的人事交流は，その必然的結果として，身分行為に及ぶこととなり，渉外戸籍事件になって現れている。

　これまで渉外戸籍といえば，在日中国人や在日韓国人が当事者の一方又は双方となった身分行為に関する届出事件が中心であり，その他の国の人に関するものは，数量的にも少なく，また，大都市を中心とする特定の地域に集中していたが，昨今では，全国津々浦々に外国人の姿を見るようになり，しかも，その国籍はバラエティーに富んでいる。

　一方，日本における国際私法の最も重要な成文法である「法例」については，平成元年に大幅改正があり，平成2年1月1日から施行された。この改正の主要な点は，身分法に関する準拠法の指定方法についての抜本的改正であり，この改正によって渉外戸籍事務処理が大きく変わった。

　このような情勢下にあって，市町村及び監督法務局の戸籍事務担当者が渉外戸籍届出事件を審査するにあたっては，当該外国の実体法及び手続法を調査し，あるいは先例を参考にしながらその受否を判断しているところであるが，当該外国の法律に関する資料等が手元になかったりして，その解釈をめぐって判断に苦しむなど，事務処理上様々な困難を余儀なくされているところである。

　そこで，各国ごとに，婚姻，離婚，出生，認知（準正），養子縁組及び養子離縁の成立要件等についてその概要を解説するとともに審査のポイント及び根拠法条，先判例の要旨等を列挙してみることとした。

　本書は，渉外戸籍届出事件を審査する上での総合索引的なものを試みてみたのであるが，各国の法文を入手することが思うにまかせず，また，国によって法制が異なることから，必ずしも十分にその目的を達し得なかった。この点については，今後，さらに各国の法文及び先例を探求し，真に総合索引的なもの

8 はしがき

として整備するよう努力をしたいと考えている。

　本書が渉外戸籍届出事件の審査ないし受否を判断する上で，何らかの役割を果たし得ることとなれば幸いである。なお，本書が成るに当たり，御協力をいただいた法務省民事局第二課の方々に対し，深甚なる謝意を表するとともに，日本加除出版株式会社常任顧問木村三男氏（元大津地方法務局長）に終始適切な御指導と御監修をいただいたことに対し，ここに特に記して深く感謝を申し上げる次第である。

　なお，本書の利用にあたっては，特に別掲「凡例」に列挙の各事項を参照の上，具体的届出事件の処理に遺憾のないよう留意いただければ幸甚である。

　平成8年6月

竹澤雅二郎
篠崎哲夫

凡　例　9

凡　　例

1　本書について

(1)　各国の国名については，50音順にて掲載した。なお，目次立てについては，各国名（一般名称）と，各国における州や特別区，所属領に分けて掲載した。

(2)　本文のタイトルとしての国名表記については，原則として「一般名称（正式名称）」として表示した。

(3)　各国の関係法令として掲載した「根拠法条」や「本文の内容」については，でき得る限り収集した資料を用いた。そのほか，「渉外身分関係先例判例総覧」をはじめ，「民事月報」，「戸籍」，「戸籍時報」及び「家庭裁判所月報」，「判例時報」等の各誌に所載の解説・資料の多くを参照した。

(4)　「根拠法条」につき，旧法については，特に参考になると思われる箇所に，〔参考〕として，新しい法律の後に掲載した。

(5)　今回，新たに「要件具備証明書」「出生証明書」「婚姻証明書」などの様式例を該当国の末尾に掲載した。

(6)　諸外国における関係法令の改正の動向に応じ，その新法令の入手に極力努力したが，諸般の事情からそのすべてを入手することは極めて困難であった。したがって，**本書に収録した各国の関係法令は必ずしも最新の情報とは言えないものもあることから，この点を特に留意の上，利用していただきたい。**

2　法令，先例，判例，の略記について

(1)　各国（州）の法令の表示

○○国憲法第○○条	（憲○○条）
○○国民法第○○条	（民法○○条）
○○国国籍法第○○条	（国籍○○条）
○○国家族法第○○条	（家族○○条）
○○国市民権法第○○条	（市民○○条）

10 凡 例

(2) 各国中の日本の法令表示

日本国憲法第○○条　　　　　　　　　　（日憲○○条）

日本国通則法第○○条　　　　　　　　　（通則法○○条）

日本国民法第○○条　　　　　　　　　　（日民○○条）

日本国国籍法第○○条　　　　　　　　　（日国○○条）

日本国戸籍法第○○条　　　　　　　　　（日戸○○条）

(3) 先例，判例の表示

（例）
　・平成19年5月7日民一第1007号法務省民事局長通達
　　　　　　　　　　　　　（平成19．5．7民一1007号通達）
　・平成18年2月9日民一第335号法務省民事局民事第一課長回答
　　　　　　　　　　　　　（平成18．2．9民一335号回答）
　・平成8年1月26日東京家庭裁判所審判
　　　　　　　　　　　　　（平成8．1．26東京家裁審判）

3　主な参考文献と略記について

　・渉外身分関係先例判例総覧法令編第1綴512頁（総覧1-512）
　・最高裁判所民事判例集第51巻第9号3925頁（民集51-9-3925）
　・民事月報第45巻第7号36頁（民月45-7-36）
　・戸籍第661号66頁（戸籍661-66）
　・戸籍時報第394号48頁（時報394-48）
　・戸籍時報特別増刊号第530号戸籍事務照会・回答事例集Ⅲ21頁
　　　　　　　　　　　（時報特別増刊号No.530照会・回答Ⅲ21頁）
　・家庭裁判所月報第53巻第11号18頁（家月53-11-18）
　・判例時報第620号62頁（判時620-62）
　・判例タイムズ第528号294頁（判タ528-294）
　・平成30年版戸籍実務六法（戸六30）

凡　例　　11

4　要件具備証明書例等の資料表示について

（例）

　　・「5　アメリカ合衆国」

　　　　……婚姻要件具備証明書は，資料5－1（本文○頁）参照。

　　・「5-2　アメリカ合衆国／アイオワ州」

　　　　……婚姻証明書は，資料5－2－1（本文○頁）参照。

5　前掲の文献表示について

（例）

　　・著者名「タイトル」（時報○-△）が前掲の6頁に掲載されていた場合，

　　　　著者姓名・前掲(6)　と表示。

　　・同じく前掲の6頁の資料を示すが，該当の頁が違う場合（時報○-□），

　　　　著者姓名・前掲(6)-□　と表示。（前掲資料と違う該当頁を示す）

　　・同じ頁で前掲資料を示す場合，

　　　　著者姓名・前掲　と表示。（頁表示を省略）

第Ⅵ巻　掲載国一覧

（一般名称，掲載頁）

151	ペルー	*1*	171	モザンビーク	*516*
152	ベルギー	*73*	172	モナコ	*532*
153	ボスニア・ヘルツェゴビナ	*112*	173	モーリシャス	*549*
154	ボツワナ	*123*	174	モーリタニア	*565*
155	ポーランド	*134*	175	モルディブ	*570*
156	ボリビア	*159*	176	モルドバ	*575*
157	ポルトガル	*209*	177	モロッコ	*598*
158	ホンジュラス	*234*	178	モンゴル	*611*
159	マケドニア旧ユーゴスラビア共和国	*246*	179	モンテネグロ	*637*
160	マーシャル	*265*	180	ヨルダン	*651*
161	マダガスカル	*272*	181	ラオス	*663*
162	マラウイ	*285*	182	ラトビア	*697*
163	マリ	*296*	183	リトアニア	*735*
164	マルタ	*308*	184	リビア	*786*
165	マレーシア	*336*	185	リヒテンシュタイン	*795*
166	ミクロネシア	*403*	186	リベリア	*802*
167	南アフリカ共和国	*413*	187	ルクセンブルク	*807*
168	南スーダン	*434*	188	ルーマニア	*831*
169	ミャンマー	*440*	189	ルワンダ	*863*
170	メキシコ	*482*	190	レソト	*872*
			191	レバノン	*880*
			192	ロシア	*883*

目　　次

第2編　各　　論

151　ペルー————————————————————1

第1　姓名制度……………………………………………… 1

　1　ペルー人の姓名……………………………………… 1

　2　夫婦の子の姓………………………………………… 1

第2　婚　　姻…………………………………………… 2

　1　婚姻証明書…………………………………………… 2

　2　実質的成立要件……………………………………… 2

　　(1)　婚姻年齢………………………………………… 2

　　(2)　一般的な婚姻障害……………………………… 2

　　(3)　近親婚の禁止…………………………………… 3

　　(4)　後見人及び生存配偶者の婚姻の制限………… 3

　　(5)　再婚禁止期間…………………………………… 3

　　(6)　同意を要する婚姻……………………………… 3

　3　形式的成立要件等…………………………………… 4

　　(1)　婚姻の申出等…………………………………… 4

　　(2)　告知と婚姻予告………………………………… 6

　　(3)　挙式手続………………………………………… 8

　4　婚姻の証明…………………………………………… 10

　　(1)　効力発生要件としての登録…………………… 10

　5　報告的届出…………………………………………… 11

　　(1)　概　説…………………………………………… 11

　　(2)　旧民法施行前の法制等………………………… 12

　　(3)　ペルー国リマ大司教区で発行する婚姻証明書……… 13

　6　反　　致……………………………………………… 13

　7　婚姻の無効及び取消し……………………………… 13

14　目　次

　　(1)　婚姻の無効 ………………………………………………13
　　(2)　婚姻の取消し ………………………………………………16
第3　離　　婚 ………………………………………………27
　1　離婚制度の成立 ………………………………………………27
　2　離婚の態様 ………………………………………………27
　3　離婚の要件 ………………………………………………28
　　(1)　原因ある離婚（有責離婚）及び別居 ………………28
　　(2)　協議別居判決 ………………………………………………29
　4　離婚の方式 ………………………………………………29
　　(1)　申立て，第1審 ………………………………………………29
　　(2)　控訴に代わる諮問 ………………………………………30
　　(3)　上　　告 ………………………………………………30
　　(4)　別居・離婚相互間の関係 ………………………………31
　　(5)　民事登録 ………………………………………………31
　5　離婚の効力 ………………………………………………31
　　(1)　別居の効力 ………………………………………………31
　　(2)　離婚の効力 ………………………………………………31
第4　出　　生 ………………………………………………36
　1　出生子の身分 ………………………………………………36
　　(1)　嫡出推定 ………………………………………………36
　　(2)　出生登録 ………………………………………………36
　　(3)　父性の否認 ………………………………………………37
　2　国籍留保届 ………………………………………………38
　3　出生場所の記載 ………………………………………………39
　　(1)　行政区画 ………………………………………………39
　　(2)　戸籍の記載 ………………………………………………39
　4　出生証明書 ………………………………………………39
第5　認　　知 ………………………………………………42
　1　実質的成立要件 ………………………………………………42
　　(1)　父母による認知 ………………………………………42
　　(2)　祖父・祖母に対する認知請求 ………………………42
　　(3)　未成年者による認知 ………………………………………42

(4)	死亡した子の認知	42
(5)	既婚の母の子の認知	43
2	保護要件	43
(1)	子の同意	43
3	形式的成立要件	43
(1)	出生登録	43
(2)	一方のみの認知	43
(3)	認知の撤回	43
(4)	異議申立て	43
4	裁判上の父性宣言（裁判認知）	44
(1)	状況による推定	44
(2)	DNA鑑定による推定	44
(3)	不貞の抗弁の削除	45
(4)	訴訟当事者	45
5	母性宣言	45
6	父性・母性宣言の効果	45
7	認知の法令及び出生証明書に父の表示がある場合の認知の効力の有無	46
(1)	1852年制定の民法第238条	46
(2)	1936年民法第354条及び1984年民法第390条	47
(3)	裁判認知	48
8	報告的届出	49
第6	**養子縁組**	52
1	ペルーの養子制度	52
2	実質的成立要件	53
(1)	養親の要件	53
(2)	複数の者による養子縁組の禁止	53
(3)	養親と養子の年齢差	53
(4)	配偶者の同意	53
(5)	後見人と被後見人間の縁組	53
(6)	財産を有する者を養子にする縁組	53
3	保護要件	54

16　目　次

　　(1)　両親等の同意‥‥‥‥‥‥‥‥‥‥‥‥‥‥‥‥‥‥‥54
　　(2)　養子の同意‥‥‥‥‥‥‥‥‥‥‥‥‥‥‥‥‥‥‥‥54
　　(3)　裁判官の承認‥‥‥‥‥‥‥‥‥‥‥‥‥‥‥‥‥‥‥54
　4　形式的成立要件‥‥‥‥‥‥‥‥‥‥‥‥‥‥‥‥‥‥‥‥54
　5　養子縁組の効力‥‥‥‥‥‥‥‥‥‥‥‥‥‥‥‥‥‥‥‥54
　6　養子縁組の取消し‥‥‥‥‥‥‥‥‥‥‥‥‥‥‥‥‥‥‥54
　7　国際間の養子‥‥‥‥‥‥‥‥‥‥‥‥‥‥‥‥‥‥‥‥‥55
　　(1)　成文による原則‥‥‥‥‥‥‥‥‥‥‥‥‥‥‥‥‥‥55
　　(2)　外国の判決の国内的効力‥‥‥‥‥‥‥‥‥‥‥‥‥‥55
　8　養子縁組の撤回‥‥‥‥‥‥‥‥‥‥‥‥‥‥‥‥‥‥‥‥56
　9　ハーグ国際養子縁組条約‥‥‥‥‥‥‥‥‥‥‥‥‥‥‥‥56
第7　身分登録‥‥‥‥‥‥‥‥‥‥‥‥‥‥‥‥‥‥‥‥‥‥‥57
　1　機関の組織・機構‥‥‥‥‥‥‥‥‥‥‥‥‥‥‥‥‥‥‥57
　　(1)　組織設立の経緯‥‥‥‥‥‥‥‥‥‥‥‥‥‥‥‥‥‥57
　　(2)　機　構‥‥‥‥‥‥‥‥‥‥‥‥‥‥‥‥‥‥‥‥‥‥58
　2　身分登録手続証書と証明様式‥‥‥‥‥‥‥‥‥‥‥‥‥58
　　(1)　証書と記載方法‥‥‥‥‥‥‥‥‥‥‥‥‥‥‥‥‥‥58
　　(2)　民事登録証書の訂正‥‥‥‥‥‥‥‥‥‥‥‥‥‥‥‥59
第8　親　権‥‥‥‥‥‥‥‥‥‥‥‥‥‥‥‥‥‥‥‥‥‥‥‥62
　1　嫡出子の親権者‥‥‥‥‥‥‥‥‥‥‥‥‥‥‥‥‥‥‥‥62
　　(1)　父母が婚姻継続中の場合‥‥‥‥‥‥‥‥‥‥‥‥‥‥62
　　(2)　父母の離婚等の場合‥‥‥‥‥‥‥‥‥‥‥‥‥‥‥‥62
　2　嫡出でない子の親権者‥‥‥‥‥‥‥‥‥‥‥‥‥‥‥‥62
　3　親権の終了‥‥‥‥‥‥‥‥‥‥‥‥‥‥‥‥‥‥‥‥‥‥62
　　(1)　親権の消滅‥‥‥‥‥‥‥‥‥‥‥‥‥‥‥‥‥‥‥‥62
　　(2)　親権の喪失‥‥‥‥‥‥‥‥‥‥‥‥‥‥‥‥‥‥‥‥62
　　(3)　親権剥奪事由‥‥‥‥‥‥‥‥‥‥‥‥‥‥‥‥‥‥‥62
第9　死　亡‥‥‥‥‥‥‥‥‥‥‥‥‥‥‥‥‥‥‥‥‥‥‥‥64
　1　死亡推定宣告‥‥‥‥‥‥‥‥‥‥‥‥‥‥‥‥‥‥‥‥‥64
　　(1)　宣告事由‥‥‥‥‥‥‥‥‥‥‥‥‥‥‥‥‥‥‥‥‥64
　　(2)　死亡推定宣告による婚姻の解消‥‥‥‥‥‥‥‥‥‥‥64
　2　生存の確認‥‥‥‥‥‥‥‥‥‥‥‥‥‥‥‥‥‥‥‥‥‥64

目　次　17

  ⑴　確認の申立て……………………………………64
  ⑵　新しい婚姻に関する効力…………………………64
第10　国　　籍………………………………………………65
 1　二重国籍………………………………………………65
 2　ペルー国籍の喪失……………………………………65
      【要件具備証明書例等】…………66

152　ベルギー————————————————73

第1　国際私法………………………………………………73
 1　属人法の連結点………………………………………73
 2　反　　致………………………………………………73
 3　例外条項………………………………………………73
 4　強行規定の特別連結…………………………………74
 5　公　　序………………………………………………74
 6　婚姻関係の準拠法……………………………………75
 7　離婚の準拠法…………………………………………75
 8　親子関係の準拠法……………………………………76
第2　姓名制度………………………………………………85
第3　婚　　姻………………………………………………85
 1　婚姻要件具備証明書…………………………………85
 2　婚姻証明書……………………………………………85
 3　実質的成立要件………………………………………85
  ⑴　婚姻適齢………………………………………………85
  ⑵　両親の同意……………………………………………86
  ⑶　近親婚の禁止…………………………………………86
  ⑷　重婚の禁止……………………………………………86
  ⑸　再婚禁止期間…………………………………………86
 4　形式的成立要件………………………………………86
  ⑴　挙行日…………………………………………………86
  ⑵　6か月以内に挙行されなかった場合…………………86
  ⑶　挙行の方法……………………………………………87
 5　夫婦の氏………………………………………………87

18　目　次

　　6　法定同棲，同性間婚姻 ………………………………………87
　　　(1)　法定同棲 …………………………………………………87
　　　(2)　同性間婚姻 ………………………………………………87
　　7　婚姻の無効 ……………………………………………………87
第4　出　　生 ………………………………………………………89
　　1　出生子の身分 …………………………………………………89
　　2　国籍留保届 ……………………………………………………90
　　　(1)　ベルギーで出生した場合 …………………………………90
　　　(2)　ベルギー国外で出生した場合 ……………………………90
　　3　出生場所の記載 ………………………………………………90
　　　(1)　行政区画 …………………………………………………90
　　　(2)　戸籍の記載 ………………………………………………90
　　4　出生証明書 ……………………………………………………91
第5　養子縁組 ………………………………………………………92
　　1　制　　度 ………………………………………………………92
　　2　根拠法 …………………………………………………………92
　　3　実質的成立要件 ………………………………………………92
　　　(1)　養親の要件 ………………………………………………92
　　　(2)　養子の要件 ………………………………………………92
　　　(3)　養親と養子の年齢差 ……………………………………93
　　　(4)　転縁組 ……………………………………………………93
　　4　保護要件 ………………………………………………………93
　　　(1)　養子の同意 ………………………………………………93
　　　(2)　実父母等の同意 …………………………………………94
　　5　養子縁組の効力 ………………………………………………94
　　　(1)　効力発生日 ………………………………………………94
　　　(2)　ベルギー国籍の取得 ……………………………………94
　　　(3)　単純養子縁組の効力 ……………………………………94
　　　(4)　完全養子縁組の効力 ……………………………………96
　　6　国際養子縁組 …………………………………………………96
　　　(1)　管轄権 ……………………………………………………96
　　　(2)　準拠法 ……………………………………………………97

目 次　19

　　7　ハーグ国際養子縁組条約 ··98
　第6　養子離縁 ···103
　　1　完全養子縁組 ··103
　　2　単純養子縁組 ··103
　　　(1)　撤回の請求 ···103
　　　(2)　撤回の効力 ···103
　第7　国　　籍 ···104
　　1　二重国籍 ··104
　　2　ベルギー国籍の喪失 ··104
　　　　　　　　　　　【要件具備証明書例等】···········105

153　ボスニア・ヘルツェゴビナ —————————112

　第1　市民権の証明 ··112
　第2　婚　　姻 ···112
　　1　婚姻証明書 ··112
　　2　実質的成立要件 ··112
　　　(1)　婚姻適齢 ···112
　　　(2)　重婚の禁止 ···113
　　　(3)　精神的無能力 ···113
　　　(4)　近親婚の禁止 ···113
　　3　婚姻の効力 ··113
　　4　婚姻の無効 ··113
　第3　離　　婚 ···113
　　1　離婚原因 ··113
　　2　離婚の方式 ··114
　　3　離婚の制限 ··114
　第4　出　　生 ···114
　　1　出生子の身分 ··114
　　2　国籍留保届 ··114
　　　(1)　ボスニア・ヘルツェゴビナで出生した場合 ·········114
　　　(2)　ボスニア・ヘルツェゴビナ国外で出生した場合 ·······115
　　3　出生場所の記載 ··115

20　目　次

| | (1) 行政区画 | 115 |
| | (2) 戸籍の記載 | 115 |

第5　認　　知 ································ 116
1　制　　度 ································ 116
2　保護要件 ································ 116
 (1) 母の同意 ································ 116
 (2) 認知される者の同意 ················ 116

第6　養子縁組 ································ 117
1　根拠法 ································ 117
2　実質的成立要件 ························ 117
 (1) 養親の要件 ························ 117
 (2) 養親と養子の年齢差 ················ 117
 (3) 養子の要件 ························ 117
3　保護要件 ································ 118
 (1) 実親の要件 ························ 118
 (2) 養子の同意 ························ 118
 (3) 社会福祉省（The Ministry of Social Policy）の許可 ······ 118
4　養子縁組の効力 ························ 118
 (1) 完全養子縁組 ························ 118
 (2) ボスニア・ヘルツェゴビナ市民権の取得 ········ 118
5　ハーグ国際養子縁組条約 ················ 118

第7　国　　籍 ································ 119
1　二重国籍 ································ 119
2　ボスニア・ヘルツェゴビナ市民権の喪失 ········ 119
 (1) 法の適用による喪失 ················ 119
 (2) ボスニア・ヘルツェゴビナ市民権の放棄 ········ 119
 (3) ボスニア・ヘルツェゴビナ市民権の喪失日 ········ 119
 【要件具備証明書例等】 ········ 121

154　ボツワナ ──────────────── 123

第1　婚　　姻 ································ 123
1　婚姻証明書 ································ 123

2	適 用	123
3	実質的成立要件	123
⑴	婚姻適齢及び同意を要する婚姻	123
⑵	重婚の禁止	123
⑶	精神障害の者	124
⑷	近親婚の禁止等	124
4	形式的成立要件	124
⑴	婚姻の準備	124
⑵	挙 行	124
5	婚姻の無効	125
6	婚姻の登録	125
7	慣習法又はイスラム，ヒンドゥその他の宗教婚の登録等	125

第2 別　居 127

第3 出　生 127
1 国籍留保届 127
2 出生場所の記載 128

第4 養子縁組 128
1 根拠法 128
2 実質的成立要件 129
⑴ 養親の要件 129
⑵ 養親と養子の年齢差 129
⑶ 養子の年齢 129
⑷ 試験養育 129
3 保護要件 129
⑴ 養子の同意 129
⑵ 裁判所の関与 129
4 ボツワナ国籍の取得 129
⑴ 養子が3歳以下の場合 129
⑵ 養子が3歳を超える場合 129
5 国際養子縁組 130
6 ハーグ国際養子縁組条約 130

第5 国　籍 130

22　目　次

　　1　二重国籍‥‥‥‥‥‥‥‥‥‥‥‥‥‥‥‥‥‥‥‥‥130
　　2　ボツワナ市民権の喪失‥‥‥‥‥‥‥‥‥‥‥‥‥‥‥131
　　　　　　　　　　　　【要件具備証明書例等】‥‥‥‥‥132

155　ポーランド ─────────────────────── 134

第1　婚　　姻‥‥‥‥‥‥‥‥‥‥‥‥‥‥‥‥‥‥‥‥‥134
　　1　婚姻要件具備証明書‥‥‥‥‥‥‥‥‥‥‥‥‥‥‥134
　　2　婚姻証明書‥‥‥‥‥‥‥‥‥‥‥‥‥‥‥‥‥‥‥134
　　3　実質的成立要件‥‥‥‥‥‥‥‥‥‥‥‥‥‥‥‥‥134
　　　(1)　婚姻適齢‥‥‥‥‥‥‥‥‥‥‥‥‥‥‥‥‥‥134
　　　(2)　法的能力‥‥‥‥‥‥‥‥‥‥‥‥‥‥‥‥‥‥134
　　　(3)　近親婚の禁止‥‥‥‥‥‥‥‥‥‥‥‥‥‥‥‥134
　　　(4)　重婚の禁止‥‥‥‥‥‥‥‥‥‥‥‥‥‥‥‥‥134
　　4　形式的成立要件‥‥‥‥‥‥‥‥‥‥‥‥‥‥‥‥‥135
　　　(1)　婚姻の方式‥‥‥‥‥‥‥‥‥‥‥‥‥‥‥‥‥135
　　　(2)　婚姻の締結‥‥‥‥‥‥‥‥‥‥‥‥‥‥‥‥‥135
　　　(3)　待機期間‥‥‥‥‥‥‥‥‥‥‥‥‥‥‥‥‥‥135
　　　(4)　証　　明‥‥‥‥‥‥‥‥‥‥‥‥‥‥‥‥‥‥135
　　5　婚姻後の妻の氏‥‥‥‥‥‥‥‥‥‥‥‥‥‥‥‥‥136
　　6　婚姻の無効‥‥‥‥‥‥‥‥‥‥‥‥‥‥‥‥‥‥‥136
　　　(1)　無効訴訟‥‥‥‥‥‥‥‥‥‥‥‥‥‥‥‥‥‥136
　　　(2)　無効事由‥‥‥‥‥‥‥‥‥‥‥‥‥‥‥‥‥‥136
　　　(3)　無効の主張期限‥‥‥‥‥‥‥‥‥‥‥‥‥‥‥137
第2　離婚及び法定別居‥‥‥‥‥‥‥‥‥‥‥‥‥‥‥139
　　1　離　　婚‥‥‥‥‥‥‥‥‥‥‥‥‥‥‥‥‥‥‥‥139
　　　(1)　制　　度‥‥‥‥‥‥‥‥‥‥‥‥‥‥‥‥‥‥139
　　　(2)　離婚原因‥‥‥‥‥‥‥‥‥‥‥‥‥‥‥‥‥‥139
　　　(3)　離婚後の親権‥‥‥‥‥‥‥‥‥‥‥‥‥‥‥‥139
　　　(4)　離婚による氏の変動‥‥‥‥‥‥‥‥‥‥‥‥‥139
　　2　法定別居‥‥‥‥‥‥‥‥‥‥‥‥‥‥‥‥‥‥‥‥139
　　　(1)　制　　度‥‥‥‥‥‥‥‥‥‥‥‥‥‥‥‥‥‥139
　　　(2)　別居事由‥‥‥‥‥‥‥‥‥‥‥‥‥‥‥‥‥‥140

(3)	裁判所の決定		140

(3) 裁判所の決定 ················140
(4) 離婚と別居の関係 ············140
(5) 別居による姓の変更 ··········140

第3 出　　生 ·····················141
1 出生子の身分 ·················141
2 国籍留保届 ···················141
3 出生場所の記載 ···············142
(1) 行政区画 ·················142
(2) 戸籍の記載 ···············142
4 出生証明書 ···················142

第4 認知・準正 ···················143
1 制　　度 ·····················143
2 任意認知 ·····················143
3 保護要件 ·····················143
(1) 母の同意 ·················143
(2) 認知される者の同意 ········143
4 形式的成立要件 ···············143
5 認知の無効 ···················143

第5 養子縁組 ·····················145
1 根拠法 ·······················145
2 養子縁組の種別 ···············145
(1) 完全養子 ·················145
(2) 特別養子・普通養子 ········145
(3) 未成年養子 ···············145
3 実質的成立要件 ···············145
(1) 配偶者に関する要件 ········145
(2) 養親の要件 ···············146
(3) 養子の要件 ···············146
(4) 養親と養子の年齢差 ········146
(5) 配偶者の同意 ·············146
(6) 無子要件 ·················146
(7) 実子を養子とすることについて ···146

24　目　次

　　　(8)　転縁組について……………………………………………146
　　4　保護要件………………………………………………………146
　　　(1)　養子の同意…………………………………………………146
　　　(2)　実父母又は法定代理人の同意………………………………146
　　　(3)　裁判所の関与………………………………………………147
　　5　養子縁組の手続及び申請権者…………………………………147
　　6　報告的届出……………………………………………………147
　　　(1)　ポーランドの方式による養子縁組……………………………147
　　　(2)　実方の血族との親族関係の断絶………………………………147
　　7　養子縁組の効力………………………………………………148
　　　(1)　親族関係…………………………………………………148
　　　(2)　養子の姓…………………………………………………148
　　　(3)　養親の再命名権……………………………………………149
　　　(4)　養子縁組の登録……………………………………………149
　　　(5)　ポーランド市民権の取得……………………………………149
　　8　養子縁組の無効・取消し………………………………………149
　　　(1)　養子縁組の無効……………………………………………149
　　　(2)　養子縁組の取消し…………………………………………149
　　　(3)　取消しの効果………………………………………………149
　　9　ハーグ国際養子縁組条約………………………………………150
　第6　養子離縁……………………………………………………150
　第7　国　　籍……………………………………………………150
　　1　二重国籍………………………………………………………150
　　2　ポーランド市民権の喪失………………………………………151
　　　　　　　　　【要件具備証明書例等】…………152

156　ボリビア―――――――――――――――――――159

　第1　婚　　姻……………………………………………………159
　　1　婚姻要件具備証明書……………………………………………159
　　2　概　　要………………………………………………………159
　　3　婚姻証明書……………………………………………………159
　　4　婚姻の成立要件…………………………………………………160

(1)	実質的成立要件	160
(2)	形式的成立要件	162
5	婚姻による「氏」の変動	167
6	婚姻の無効及び取消し	168
(1)	無効概念	168
(2)	無効（Nulidad）	168
(3)	絶対的取消し（Anulabilidad Abusoluta）	168
(4)	相対的取消し（Anulabilidad Relativa）	169
(5)	取消しの効果	170

第2 離 婚 171
1 婚姻解消と離婚法制の経緯 171
2 離婚の類型 171
(1) 完全離婚の種類 171
(2) 離婚訴訟 172
3 離婚の効力 173
(1) 効力発生の時期 173
(2) 子の措置（親権，後見，監護権） 173
(3) 再婚可能性 175
4 別居訴訟 175
(1) 別居原因 175
(2) 離婚訴訟への変換 175
(3) 離婚規定の準用 175
(4) 別居の効果 175

第3 出 生 176
1 出生子の身分 176
(1) 父性推定 176
(2) 父性競合 176
(3) 父性の証明 176
(4) 親子関係訴訟 178
2 国籍留保届 180
(1) ボリビアで出生した場合 180
(2) ボリビア国外で出生した場合 180

26　目　次

```
　3　出生場所の記載 …………………………………………… 180
　　(1)　行政区画 ………………………………………………… 180
　　(2)　戸籍の記載 …………………………………………… 180
　4　出生証明書 ………………………………………………… 180
第4　認　　知 …………………………………………………… 181
　1　制　　度 …………………………………………………… 181
　2　任意認知 …………………………………………………… 181
　　(1)　認知を明示する方法 ………………………………… 181
　　(2)　認知の明示のない方法 ……………………………… 182
　　(3)　父又は母が個別に行った認知 ……………………… 182
　　(4)　既婚女性の行った認知 ……………………………… 182
　　(5)　未成年者が行う認知 ………………………………… 183
　　(6)　認知の撤回不能性 …………………………………… 183
　　(7)　別居の場合の認知の禁止 …………………………… 183
　　(8)　胎児・死者の認知 …………………………………… 183
　　(9)　成人の子の認知 ……………………………………… 183
　　(10)　認知に対する異議申立て …………………………… 183
　3　司法による認知（強制認知）…………………………… 184
　　(1)　訴訟当事者 …………………………………………… 184
　　(2)　父性の証明 …………………………………………… 184
　　(3)　父性宣告を請求し得るケース ……………………… 184
　4　認知の登録 ………………………………………………… 184
　5　報告的届出 ………………………………………………… 185
　6　事　　例 …………………………………………………… 185
第5　養子縁組 …………………………………………………… 186
　1　根拠法 ……………………………………………………… 186
　2　養子法の基本原則 ………………………………………… 186
　　(1)　迅速性 ………………………………………………… 186
　　(2)　国内養子優先 ………………………………………… 186
　　(3)　代償（金銭等）接受の禁止 ………………………… 187
　3　国内養子縁組と国際養子縁組 …………………………… 187
　　(1)　国内養子 ……………………………………………… 187
```

目　次　27

　　　　(2)　国際養子……………………………………………………………187

　　4　実質的成立要件…………………………………………………………188

　　　　(1)　養子の要件…………………………………………………………188

　　　　(2)　養親の要件…………………………………………………………188

　　　　(3)　複数の者による養子縁組の禁止…………………………………189

　　　　(4)　成立前の同居………………………………………………………189

　　5　保護要件…………………………………………………………………189

　　　　(1)　養子の意見を聞くこと……………………………………………189

　　　　(2)　施設の代表からの意見の聴取……………………………………189

　　　　(3)　親等の同意…………………………………………………………190

　　6　手　　　続………………………………………………………………190

　　　　(1)　手続完了前の放棄又は死亡………………………………………190

　　　　(2)　秘密性厳守…………………………………………………………190

　　　　(3)　養子縁組の登録……………………………………………………190

　　　　(4)　知る権利……………………………………………………………191

　　　　(5)　追跡調査……………………………………………………………191

　　7　国際養子縁組の申請及び手続等………………………………………191

　　　　(1)　申　　　請…………………………………………………………191

　　　　(2)　手　　　続…………………………………………………………191

　　　　(3)　申請書類……………………………………………………………191

　　　　(4)　養子の国籍…………………………………………………………192

　　8　養子縁組の効力…………………………………………………………192

　　　　(1)　実方及び実方親族との関係………………………………………192

　　9　ハーグ国際養子縁組条約………………………………………………194

第6　身分登録関係………………………………………………………………194

　　1　登録事項と証書…………………………………………………………194

　　2　各証明書の証拠能力……………………………………………………194

　　3　証明書の修正・再発行について………………………………………195

　　　　　　　　　　　　　　　　【要件具備証明書例等】…………197

157　ポルトガル───────────────────────209

第1　姓名制度……………………………………………………………………209

第2 国籍証明‥‥‥‥‥‥‥‥‥‥‥‥‥‥‥‥‥‥‥‥‥‥‥‥‥209
　1 生来の国籍の証明‥‥‥‥‥‥‥‥‥‥‥‥‥‥‥‥‥‥‥209
　2 国籍証明書‥‥‥‥‥‥‥‥‥‥‥‥‥‥‥‥‥‥‥‥‥‥209
第3 婚　　姻‥‥‥‥‥‥‥‥‥‥‥‥‥‥‥‥‥‥‥‥‥‥‥‥210
　1 婚姻要件具備証明書‥‥‥‥‥‥‥‥‥‥‥‥‥‥‥‥‥210
　2 婚姻証明書‥‥‥‥‥‥‥‥‥‥‥‥‥‥‥‥‥‥‥‥‥‥210
　3 実質的成立要件‥‥‥‥‥‥‥‥‥‥‥‥‥‥‥‥‥‥‥210
　　(1) 婚姻適齢及び同意を要する婚姻‥‥‥‥‥‥‥‥‥210
　　(2) 重婚の禁止‥‥‥‥‥‥‥‥‥‥‥‥‥‥‥‥‥‥‥211
　　(3) 近親婚の禁止‥‥‥‥‥‥‥‥‥‥‥‥‥‥‥‥‥211
　　(4) 精神障害‥‥‥‥‥‥‥‥‥‥‥‥‥‥‥‥‥‥‥‥211
　　(5) 再婚禁止期間‥‥‥‥‥‥‥‥‥‥‥‥‥‥‥‥‥211
　4 夫婦の氏‥‥‥‥‥‥‥‥‥‥‥‥‥‥‥‥‥‥‥‥‥‥211
　5 婚姻手続‥‥‥‥‥‥‥‥‥‥‥‥‥‥‥‥‥‥‥‥‥‥211
　　(1) 婚姻許可申請‥‥‥‥‥‥‥‥‥‥‥‥‥‥‥‥‥211
　　(2) 婚姻の成立‥‥‥‥‥‥‥‥‥‥‥‥‥‥‥‥‥‥212
第4 離　　婚‥‥‥‥‥‥‥‥‥‥‥‥‥‥‥‥‥‥‥‥‥‥‥‥212
　1 制　　度‥‥‥‥‥‥‥‥‥‥‥‥‥‥‥‥‥‥‥‥‥‥212
　2 協議離婚‥‥‥‥‥‥‥‥‥‥‥‥‥‥‥‥‥‥‥‥‥‥212
　3 裁判離婚‥‥‥‥‥‥‥‥‥‥‥‥‥‥‥‥‥‥‥‥‥‥213
　4 離婚の効力発生日‥‥‥‥‥‥‥‥‥‥‥‥‥‥‥‥‥213
第5 出　　生‥‥‥‥‥‥‥‥‥‥‥‥‥‥‥‥‥‥‥‥‥‥‥‥213
　1 国籍留保届‥‥‥‥‥‥‥‥‥‥‥‥‥‥‥‥‥‥‥‥‥213
　　(1) ポルトガルで出生した場合‥‥‥‥‥‥‥‥‥‥213
　　(2) ポルトガル国外で出生した場合‥‥‥‥‥‥‥‥213
　2 出生場所の記載‥‥‥‥‥‥‥‥‥‥‥‥‥‥‥‥‥‥214
　　(1) 行政区画‥‥‥‥‥‥‥‥‥‥‥‥‥‥‥‥‥‥‥214
　　(2) 戸籍の記載‥‥‥‥‥‥‥‥‥‥‥‥‥‥‥‥‥‥214
　3 出生証明書‥‥‥‥‥‥‥‥‥‥‥‥‥‥‥‥‥‥‥‥‥214
第6 認　　知‥‥‥‥‥‥‥‥‥‥‥‥‥‥‥‥‥‥‥‥‥‥‥‥215
　1 制　　度‥‥‥‥‥‥‥‥‥‥‥‥‥‥‥‥‥‥‥‥‥‥215
　2 認知証書‥‥‥‥‥‥‥‥‥‥‥‥‥‥‥‥‥‥‥‥‥‥215

目　次　29

第7　養子縁組……………………………………………………215

　1　制　　度………………………………………………………215

　　(1)　根　　拠…………………………………………………215

　　(2)　完全養子縁組と制限養子縁組 …………………………215

　2　完全養子縁組…………………………………………………216

　　(1)　実質的成立要件…………………………………………216

　　(2)　保護要件…………………………………………………217

　3　制限養子縁組…………………………………………………218

　　(1)　実質的成立要件…………………………………………218

　　(2)　保護要件…………………………………………………218

　4　養子縁組の手続………………………………………………218

　　(1)　裁判所の宣言……………………………………………218

　　(2)　養子縁組までの手続……………………………………218

　5　養子縁組の登録………………………………………………219

　6　養子縁組の効力………………………………………………219

　　(1)　完全養子縁組……………………………………………219

　　(2)　制限養子縁組……………………………………………220

　7　養子縁組の無効………………………………………………220

　8　制限養子縁組から完全養子縁組への転換…………………221

　9　外国の養子縁組の承認………………………………………221

　　(1)　養子縁組の制限…………………………………………221

　　(2)　準拠法……………………………………………………221

　10　ハーグ国際養子縁組条約……………………………………221

第8　養子縁組の撤回……………………………………………222

　1　完全養子縁組…………………………………………………222

　2　制限養子縁組…………………………………………………222

第9　国　　籍……………………………………………………222

　1　二重国籍………………………………………………………222

　2　ポルトガル国籍の喪失………………………………………222

【要件具備証明書例等】…………223

30　目　次

158　ホンジュラス—————————————————234

第1　婚　　姻……………………………………………234
　1　婚姻証明書………………………………………234
　2　実質的成立要件………………………………234
　　(1)　婚姻適齢…………………………………234
　　(2)　近親婚の禁止……………………………234
第2　出　　生……………………………………………234
　1　出生子の身分…………………………………234
　2　国籍留保届……………………………………234
　　(1)　ホンジュラスで出生した場合…………234
　　(2)　ホンジュラス国外で出生した場合……235
　3　出生場所の記載………………………………235
　　(1)　行政区画…………………………………235
　　(2)　戸籍の記載………………………………235
　4　出生証明書……………………………………235
第3　認　　知……………………………………………236
　1　制　　度………………………………………236
　2　胎児認知………………………………………236
　3　保護要件………………………………………236
　　(1)　子の同意…………………………………236
　　(2)　胎児認知…………………………………236
　4　認知の方法等…………………………………237
　5　認知の登録……………………………………237
　6　認知の異議申立て……………………………237
第4　養子縁組……………………………………………239
　1　根拠法…………………………………………239
　2　実質的成立要件………………………………239
　　(1)　養親の要件………………………………239
　　(2)　養親と養子の年齢差……………………240
　3　保護要件………………………………………240
　　(1)　裁判所の認証……………………………240

目　次　31

　　4　養子縁組の効力··240
　　　(1)　単純養子縁組···240
　　　(2)　完全養子縁組···240
　　5　ハーグ国際養子縁組条約···240
　第5　国　　　籍···240
　　1　二重国籍··240
　　　　　　　　　　　　【要件具備証明書例等】··········242

159　マケドニア旧ユーゴスラビア共和国——————246

　第1　市民権の証明···246
　第2　婚　　　姻···246
　　1　婚姻証明書··246
　　2　宗教婚と民事婚···247
　　3　実質的成立要件···247
　　　(1)　婚姻適齢···247
　　　(2)　近親婚の禁止···247
　　　(3)　婚姻障害事由···247
　　　(4)　重婚の禁止···247
　　4　婚姻による氏の変動··247
　第3　離　　　婚···248
　　1　制　　　度··248
　　2　離婚事由···249
　　3　離婚による氏の変動··249
　第4　出　　　生···249
　　1　出生子の身分··249
　　2　国籍留保届··249
　　3　出生場所の記載···250
　　　(1)　行政区画···250
　　　(2)　戸籍の記載···250
　　4　出生証明書··250
　第5　認　　　知···252
　　1　制　　　度··252

（1）認知主義 ……………………………………………… 252

（2）胎児認知 ……………………………………………… 252

（3）認知の制限 …………………………………………… 252

2 保護要件 …………………………………………………… 252

（1）実母の同意 …………………………………………… 252

（2）子の同意 ……………………………………………… 252

3 認知の登録 ………………………………………………… 252

第6 養子縁組 ………………………………………………… 253

1 根拠法 ……………………………………………………… 253

2 制 度 ……………………………………………………… 253

3 実質的成立要件 …………………………………………… 253

（1）養子の要件 …………………………………………… 253

（2）養親と養子の年齢差 ………………………………… 253

（3）養親の要件 …………………………………………… 254

（4）試験養育 ……………………………………………… 254

（5）複数の者による養子縁組の禁止 …………………… 254

4 保護要件 …………………………………………………… 254

（1）実親等の同意 ………………………………………… 254

（2）養子の同意 …………………………………………… 255

5 養子縁組の効力 …………………………………………… 255

（1）完全養子縁組 ………………………………………… 255

（2）不完全養子縁組 ……………………………………… 255

（3）マケドニア市民権の取得 …………………………… 255

6 ハーグ国際養子縁組条約 ………………………………… 256

第7 養子離縁 ………………………………………………… 257

1 完全養子縁組 ……………………………………………… 257

2 不完全養子縁組 …………………………………………… 257

（1）養子離縁の可否 ……………………………………… 257

（2）撤回の効力 …………………………………………… 257

第8 国 籍 ………………………………………………… 258

1 二重国籍 …………………………………………………… 258

2 マケドニア市民権の喪失 ………………………………… 258

目 次　33

　　(1)　放棄できる場合······································258
　　(2)　放棄の手続···259
　　(3)　効力発生日···259
　　(4)　放棄の取消し···259
　　　　　　　　　【要件具備証明書例等】··········261

160　マーシャル─────────────265

第1　婚　　姻···265
　1　制　　度···265
　2　実質的成立要件···265
　　(1)　婚姻適齢···265
　　(2)　近親婚の禁止···265
　　(3)　重婚の禁止···265
第2　出　　生···266
　1　国籍留保届···266
　2　出生場所の記載···266
第3　養子縁組···267
　1　根拠法···267
　2　実質的成立要件···267
　　(1)　養親の要件···267
　　(2)　養親と養子の年齢差···································267
　　(3)　養子の年齢···267
　3　保護要件···267
　　(1)　親の同意···267
　　(2)　養子の同意···268
　4　養子縁組の効力···268
　　(1)　実親との関係···268
　　(2)　養親との関係···268
　5　ハーグ国際養子縁組条約·································268
第4　国　　籍···270
　1　二重市民権···270
　2　マーシャル市民権の喪失·································270

34　目　次

　　(1)　市民権の喪失……………………………………………270
　　(2)　市民権の放棄……………………………………………270

161　マダガスカル————————————————272

第1　国籍証明…………………………………………………272
第2　婚　　姻…………………………………………………272
　1　婚姻要件具備証明書……………………………………272
　2　婚姻証明書………………………………………………273
　3　実質的成立要件…………………………………………273
　　(1)　婚姻適齢………………………………………………273
　　(2)　重婚の禁止……………………………………………273
　　(3)　再婚禁止期間…………………………………………273
　　(4)　近親婚の禁止…………………………………………273
　4　マダガスカル国籍の取得………………………………273
第3　出　　生…………………………………………………274
　1　出生子の身分……………………………………………274
　2　国籍留保届………………………………………………275
　3　出生場所の記載…………………………………………275
　　(1)　行政区画………………………………………………275
　　(2)　戸籍の記載……………………………………………275
第4　認　　知…………………………………………………276
　1　認知制度…………………………………………………276
　2　形式的成立要件…………………………………………276
第5　養子縁組…………………………………………………277
　1　根拠法……………………………………………………277
　2　制　　度…………………………………………………277
　3　実質的成立要件…………………………………………277
　　(1)　養親の年齢……………………………………………277
　　(2)　夫婦共同縁組…………………………………………277
　　(3)　養子の要件……………………………………………277
　4　保護要件…………………………………………………278

(1)　裁判所の関与 ……………………………………………… 278

　　(2)　親の同意 ………………………………………………… 278

　5　養子縁組の効力 …………………………………………… 278

　　(1)　完全養子縁組 …………………………………………… 278

　　(2)　単純養子縁組 …………………………………………… 279

　6　マダガスカル国籍の取得 ………………………………… 279

　7　ハーグ国際養子縁組条約 ………………………………… 279

第6　**養子縁組の撤回** ………………………………………… 281

　1　完全養子縁組 ……………………………………………… 281

　2　単純養子縁組 ……………………………………………… 282

第7　**国　　籍** …………………………………………………… 282

　1　二重国籍 …………………………………………………… 282

　2　マダガスカル国籍の喪失 ………………………………… 282

【要件具備証明書例等】………… 283

162　マラウイ ————————————————285

第1　**婚　　姻** …………………………………………………… 285

　1　婚姻証明書 ………………………………………………… 285

　2　実質的成立要件 …………………………………………… 285

　　(1)　婚姻適齢及び同意を要する婚姻 ……………………… 285

　　(2)　一夫多妻 ………………………………………………… 285

　　(3)　重婚の禁止 ……………………………………………… 285

　　(4)　近親婚の禁止 …………………………………………… 285

　3　婚姻の無効 ………………………………………………… 285

　　(1)　無効申請 ………………………………………………… 285

　　(2)　無効事由 ………………………………………………… 285

　4　マラウイ国籍の取得 ……………………………………… 286

第2　**出　　生** …………………………………………………… 287

　1　国籍留保届 ………………………………………………… 287

　　(1)　マラウイで出生した場合 ……………………………… 287

　　(2)　マラウイ国外で出生した場合 ………………………… 287

　2　出生場所の記載 …………………………………………… 287

36　目　次

- (1) 行政区画 ……………………………………………… 287
- (2) 戸籍の記載 …………………………………………… 288

第3　養子縁組 …………………………………………… 288

- 1　根拠法 ………………………………………………… 288
- 2　実質的成立要件 ……………………………………… 289
  - (1) 養親の要件 …………………………………………… 289
  - (2) 養子の要件 …………………………………………… 289
  - (3) 養親と養子の年齢差 ………………………………… 289
  - (4) 配偶者の同意 ………………………………………… 289
  - (5) 複数の者による養子縁組の禁止 …………………… 289
- 3　保護要件 ……………………………………………… 289
  - (1) 親等の同意 …………………………………………… 289
  - (2) 裁判所の関与 ………………………………………… 289
- 4　養子縁組の効力 ……………………………………… 290
  - (1) 実親と養子の関係 …………………………………… 290
  - (2) 養親と養子の関係 …………………………………… 290
- 5　ハーグ国際養子縁組条約 …………………………… 290

第4　国　　籍 …………………………………………… 291

- 1　二重国籍 ……………………………………………… 291
- 2　マラウイ市民権の喪失 ……………………………… 291
  - (1) マラウイ市民権の喪失 ……………………………… 291
  - (2) マラウイ市民権の放棄 ……………………………… 292
    - 【要件具備証明書例等】………… 294

163　マリ————————————————296

第1　婚　　姻 …………………………………………… 296

- 1　独身証明書 …………………………………………… 296
- 2　制　　度 ……………………………………………… 296
- 3　実質的成立要件 ……………………………………… 296
  - (1) 婚姻適齢 ……………………………………………… 296
  - (2) 近親婚の禁止 ………………………………………… 297
  - (3) 再婚禁止期間 ………………………………………… 297

目　次　37

　　4　マリ国籍の取得……………………………………297
　　5　婚姻の無効…………………………………………297
第2　出　　　生……………………………………………299
　　1　出生子の身分………………………………………299
　　2　国籍留保届…………………………………………299
　　3　出生場所の記載……………………………………299
　　　(1)　行政区画…………………………………………299
　　　(2)　戸籍の記載………………………………………299
第3　養子縁組………………………………………………300
　　1　根拠法………………………………………………300
　　2　制　　　度…………………………………………300
　　3　実質的成立要件……………………………………301
　　　(1)　保護養子縁組……………………………………301
　　　(2)　親子関係養子縁組………………………………301
　　　(3)　保護養子縁組及び親子関係養子縁組の共通要件……………301
　　4　保護要件……………………………………………302
　　　(1)　養子の同意………………………………………302
　　　(2)　裁判所の関与……………………………………302
　　5　養子縁組の効力……………………………………302
　　　(1)　親子関係養子縁組………………………………302
　　　(2)　マリ国籍の取得…………………………………302
　　6　ハーグ国際養子縁組条約…………………………302
第4　養子縁組の撤回………………………………………303
　　1　保護養子縁組………………………………………303
　　2　親子関係養子縁組…………………………………304
第5　国　　　籍……………………………………………304
　　1　二重国籍……………………………………………304
　　2　マリ国籍の喪失……………………………………304
　　　　　　　　　　【要件具備証明書例等】…………306

164　マルタ——————————————————308

　第1　婚　　　姻………………………………………308

38　目　次

　　1　婚姻証明書 ·································· 308
　　2　実質的成立要件 ···························· 308
　　　（1）　婚姻適齢 ····························· 308
　　　（2）　近親婚の禁止 ························· 308
　　　（3）　重婚の禁止 ··························· 308
　　　（4）　精神疾患者 ··························· 308
　　3　形式的成立要件 ···························· 308
　　　（1）　婚姻予告 ····························· 308
　　　（2）　婚姻の形式 ························· 308
　　　（3）　証　　人 ··························· 309
　　　（4）　民事婚 ······························· 309
　　　（5）　宗教婚の形式 ······················· 309
　　　（6）　カトリック教の婚姻 ················· 309
　　4　婚姻の有効及び無効 ······················ 310
　　　（1）　無効事由 ····························· 310
　　　（2）　婚姻無効の訴訟 ····················· 310
第2　別居及び離婚 ····························· 312
　　1　別　　居 ································· 312
　　　（1）　同居義務の終了 ····················· 312
　　　（2）　別居の発生 ························· 312
　　　（3）　別居の請求事由 ····················· 312
　　　（4）　別居の終了 ························· 313
　　2　離婚及び婚姻の解消 ······················ 313
　　　（1）　離婚制度 ····························· 313
　　　（2）　別居の要否 ························· 313
　　　（3）　離婚又は婚姻の解消の請求 ··········· 313
　　　（4）　離婚の必要要件 ····················· 313
　　　（5）　既に別居している場合の離婚 ········· 314
　　　（6）　婚姻解消の効果 ····················· 314
第3　出　　生 ································· 316
　　1　出生子の身分 ···························· 316
　　　（1）　嫡出子の身分 ······················· 316

(2)	嫡出否認	317
2	国籍留保届	318
(1)	マルタで出生した場合	318
(2)	マルタ国外で出生した場合	318
3	出生場所の記載	318
(1)	行政区画	318
(2)	戸籍の記載	318
4	出生証明書	319

第4 養子縁組 323

1	根拠法	323
2	実質的成立要件	323
(1)	養親の要件	323
(2)	養子の年齢	324
(3)	夫婦共同縁組	324
(4)	複数の者による養子縁組の禁止	324
(5)	試験養育	324
3	保護要件	324
(1)	養子の同意	324
(2)	実親の同意	325
(3)	裁判所の関与	325
(4)	関係者の聴取	325
4	養子縁組の効力	326
(1)	養親との関係	326
(2)	実親との関係	326
(3)	オープン養子縁組	326
(4)	養子の氏名	326
5	養子縁組の登録	326
6	ハーグ国際養子縁組条約	326

第5 国　籍 330

1	二重国籍	330
2	マルタ市民権の喪失	330

【要件具備証明書例等】 331

40　目　次

165　マレーシア─────────────────336

第1　姓名制度……………………………………336
　1　マレーシア人の姓名の表記………………336
　2　日本人夫とマレーシア人妻の婚姻につき，届書及びパス
　　ポートに妻となる者の氏名を漢字で記載している場合の取扱
　　い…………………………………………336
第2　マレーシアの法制……………………337
第3　婚　　姻…………………………………338
　1　婚姻要件具備証明書………………………338
　2　婚姻証明書…………………………………338
　3　ムスリムの婚姻……………………………338
　　(1)　実質的成立要件…………………………338
　　(2)　形式的成立要件…………………………341
　4　非ムスリムの婚姻…………………………342
　　(1)　法律及び適用……………………………342
　　(2)　実質的成立要件…………………………343
　　(3)　形式的成立要件…………………………344
　　(4)　婚姻の無効・取消し……………………346
第4　離　　婚…………………………………357
　1　ムスリムの離婚……………………………357
　　(1)　離婚の類型………………………………357
　　(2)　離婚の効果………………………………358
　2　非ムスリムの離婚…………………………367
　　(1)　管轄裁判所及び裁判管轄………………367
　　(2)　離婚の時期の制限………………………368
　　(3)　離婚の類型………………………………368
　　(4)　離婚の効力………………………………369
　　(5)　裁判別居…………………………………370
第5　出　　生…………………………………372
　1　国籍留保届…………………………………372
　　(1)　条件付き生地主義………………………372

(2)　婚姻後イスラーム暦6か月（約177日）を経過しない間
　　　に出生した子の国籍について ……………………………… 373
　2　出生場所の記載 ………………………………………………… 373
　(1)　行政区画 …………………………………………………… 373
　(2)　戸籍の記載 ………………………………………………… 374
　3　親子関係（ムスリム及び非ムスリム） ……………………… 374
　(1)　ムスリムの出生子 ………………………………………… 374
　(2)　非ムスリムの出生子 ……………………………………… 376
　4　出生証明書 ……………………………………………………… 377
第6　認　　　知 ……………………………………………………… 380
　1　制　　　度 ……………………………………………………… 380
　2　保護要件 ………………………………………………………… 380
　(1)　母の同意 …………………………………………………… 380
第7　養子縁組 ………………………………………………………… 381
　1　概　　　説 ……………………………………………………… 381
　2　根拠法 …………………………………………………………… 381
　3　西マレーシア地域における養子縁組の認定手続 …………… 381
　(1)　手　　　続 ………………………………………………… 381
　(2)　要件具備証明書 …………………………………………… 381
　(3)　マレーシア人と外国人との養子縁組にかかる認証制度に
　　　ついて ……………………………………………………… 381
　4　1952年養子縁組法 ……………………………………………… 382
　(1)　実質的成立要件 …………………………………………… 382
　(2)　保護要件 …………………………………………………… 383
　(3)　養子縁組の効力 …………………………………………… 383
　(4)　裁判管轄 …………………………………………………… 383
　(5)　養子登録 …………………………………………………… 384
　5　サラワク州の養子縁組 ………………………………………… 384
　(1)　実質的成立要件 …………………………………………… 384
　(2)　保護要件 …………………………………………………… 384
　(3)　養子縁組の効果 …………………………………………… 384
　(4)　養子縁組の取消し ………………………………………… 385

42　目　次

　　6　サバ州の養子縁組‥‥‥‥‥‥‥‥‥‥‥‥‥‥‥‥‥385
　　　(1)　実質的成立要件‥‥‥‥‥‥‥‥‥‥‥‥‥‥‥385
　　　(2)　保護要件‥‥‥‥‥‥‥‥‥‥‥‥‥‥‥‥‥‥386
　　　(3)　養子縁組の効力‥‥‥‥‥‥‥‥‥‥‥‥‥‥‥386
　　　(4)　養子登録‥‥‥‥‥‥‥‥‥‥‥‥‥‥‥‥‥‥386
　　7　イスラームの子の養子縁組‥‥‥‥‥‥‥‥‥‥‥‥387
　　8　養子縁組の無効・取消し‥‥‥‥‥‥‥‥‥‥‥‥‥387
　　9　ハーグ国際養子縁組条約‥‥‥‥‥‥‥‥‥‥‥‥‥387
　第8　養子離縁‥‥‥‥‥‥‥‥‥‥‥‥‥‥‥‥‥‥‥‥392
　　　　　　　　　　　　【要件具備証明書例等】‥‥‥‥394

166　ミクロネシア————————————403

　第1　婚　　姻‥‥‥‥‥‥‥‥‥‥‥‥‥‥‥‥‥‥‥‥403
　　1　婚姻証明書‥‥‥‥‥‥‥‥‥‥‥‥‥‥‥‥‥‥‥403
　　2　婚　　姻‥‥‥‥‥‥‥‥‥‥‥‥‥‥‥‥‥‥‥‥403
　　　(1)　婚姻適齢‥‥‥‥‥‥‥‥‥‥‥‥‥‥‥‥‥‥403
　第2　出　　生‥‥‥‥‥‥‥‥‥‥‥‥‥‥‥‥‥‥‥‥403
　　1　国籍留保届‥‥‥‥‥‥‥‥‥‥‥‥‥‥‥‥‥‥‥403
　　2　出生場所の記載‥‥‥‥‥‥‥‥‥‥‥‥‥‥‥‥‥404
　　　(1)　行政区画‥‥‥‥‥‥‥‥‥‥‥‥‥‥‥‥‥‥404
　　　(2)　戸籍の記載‥‥‥‥‥‥‥‥‥‥‥‥‥‥‥‥‥404
　　3　出生証明書‥‥‥‥‥‥‥‥‥‥‥‥‥‥‥‥‥‥‥404
　第3　養子縁組‥‥‥‥‥‥‥‥‥‥‥‥‥‥‥‥‥‥‥‥405
　　1　根拠法‥‥‥‥‥‥‥‥‥‥‥‥‥‥‥‥‥‥‥‥‥405
　　2　実質的成立要件‥‥‥‥‥‥‥‥‥‥‥‥‥‥‥‥‥405
　　　(1)　養親の要件‥‥‥‥‥‥‥‥‥‥‥‥‥‥‥‥‥405
　　　(2)　養子の年齢‥‥‥‥‥‥‥‥‥‥‥‥‥‥‥‥‥405
　　3　保護要件‥‥‥‥‥‥‥‥‥‥‥‥‥‥‥‥‥‥‥‥405
　　　(1)　養子の同意‥‥‥‥‥‥‥‥‥‥‥‥‥‥‥‥‥405
　　　(2)　親の同意‥‥‥‥‥‥‥‥‥‥‥‥‥‥‥‥‥‥406
　　　(3)　裁判所の関与‥‥‥‥‥‥‥‥‥‥‥‥‥‥‥‥406
　　4　養子縁組の効力‥‥‥‥‥‥‥‥‥‥‥‥‥‥‥‥‥406

目　次　**43**

　　(1)　養親との関係 ………………………………………… 406

　　(2)　実親との関係 ………………………………………… 406

　5　ハーグ国際養子縁組条約 ……………………………… 406

第4　国　　籍 ………………………………………………… 407

　1　二重国籍 ………………………………………………… 407

　2　ミクロネシア市民権の喪失 …………………………… 407

　　(1)　ミクロネシア市民権の喪失 ………………………… 407

　　(2)　ミクロネシア市民権の放棄 ………………………… 407

　　　　　　　　【要件具備証明書例等】………… 409

167　南アフリカ共和国————————————413

第1　婚　　姻 ………………………………………………… 413

　1　婚姻要件具備証明書 …………………………………… 413

　2　実質的成立要件 ………………………………………… 413

　　(1)　近親婚の禁止 ………………………………………… 413

　　(2)　婚姻適齢 ……………………………………………… 413

　　(3)　同意を要する婚姻 …………………………………… 414

　　(4)　重婚の禁止 …………………………………………… 414

　3　形式的成立要件 ………………………………………… 414

　4　報告的届出 ……………………………………………… 414

　5　南アフリカ共和国国籍の取得 ………………………… 414

　6　シビル・ユニオン ……………………………………… 414

　　(1)　制　定 ………………………………………………… 414

　　(2)　対　象 ………………………………………………… 415

　　(3)　挙　式 ………………………………………………… 415

　　(4)　登　録 ………………………………………………… 415

　　(5)　婚姻法等の適用 ……………………………………… 415

第2　出　　生 ………………………………………………… 416

　1　国籍留保届 ……………………………………………… 416

　2　出生場所の記載 ………………………………………… 417

　　(1)　行政区画 ……………………………………………… 417

　　(2)　戸籍の記載 …………………………………………… 417

44　目　次

　　3　出生証明書 ………………………………………… 417
第3　養子縁組 ……………………………………………… 418
　　1　根拠法 …………………………………………… 418
　　2　実質的成立要件 ………………………………… 418
　　　⑴　養親の要件 ………………………………… 418
　　　⑵　養子の要件 ………………………………… 418
　　3　保護要件 ………………………………………… 419
　　　⑴　養子の同意 ………………………………… 419
　　　⑵　実親等の同意 ……………………………… 419
　　　⑶　裁判所の関与 ……………………………… 420
　　4　養子縁組の効力 ………………………………… 420
　　　⑴　実親等との関係 …………………………… 420
　　　⑵　養親との関係 ……………………………… 420
　　　⑶　養子の姓 …………………………………… 420
　　　⑷　南アフリカ市民権の取得 ………………… 420
　　5　養子縁組命令の撤回 …………………………… 420
　　　⑴　申請権者 …………………………………… 420
　　　⑵　申請期間 …………………………………… 420
　　　⑶　撤回事由 …………………………………… 420
　　6　ハーグ国際養子縁組条約 ……………………… 421
第4　国　　籍 ……………………………………………… 424
　　1　二重国籍 ………………………………………… 424
　　2　南アフリカ市民権の喪失 ……………………… 424
　　　⑴　市民権の喪失 ……………………………… 424
　　　⑵　市民権の放棄 ……………………………… 424
　　　　　　　　　　【要件具備証明書例等】………… 426

168　南スーダン ————————————————————434

第1　国籍証明 ……………………………………………… 434
第2　婚　　姻 ……………………………………………… 434
　　1　実質的成立要件 ………………………………… 434
　　　⑴　婚姻適齢 …………………………………… 434

目　次　45

第3	出　生		435
	1	国籍留保届	435
	2	戸籍の記載	435
	(1)	行政区画	435
	(2)	戸籍の記載	435
第4	養子縁組		436
	1	実質的成立要件	436
	(1)	養親の要件	436
	(2)	ソーシャルワーカーの報告	437
	(3)	配偶者の同意	437
	2	保護要件	437
	(1)	親等の同意	437
	(2)	養子の同意	437
	(3)	裁判所の関与	437
	3	養子縁組命令の効力	437
	(1)	実親との関係	437
	(2)	養親との関係	438
第5	国　籍		439
	1	二重国籍	439
	2	南スーダン国籍の喪失	439

169　ミャンマー ——————————440

第1	国籍の証明		440
第2	姓名制度		440
	1	氏　名	440
	2	婚姻による氏の変動	440
	3	子の承継する氏	440
第3	婚　姻		441
	1	婚姻要件具備証明書	441
	(1)	「FAMILY LIST」（家族構成一覧表）	441
	(2)	親族以外の者の証明	443

46　目　次

　　(3)　県裁判所発給の独身証明書 …………………………………… 443

　　(4)　地方裁判所公証弁護士が作成した独身証明書 ……………… 444

　2　婚姻証明書 ……………………………………………………… 444

　　(1)　制　　度 ……………………………………………………… 444

　　(2)　様　　式 ……………………………………………………… 444

　3　ミャンマー国における婚姻に関する法令等 ………………… 445

　　(1)　法　　源 ……………………………………………………… 445

　　(2)　家族関係法 …………………………………………………… 445

　4　1954年仏教徒婦人特別婚姻・相続法 ………………………… 445

　5　仏教徒の婚姻の成立要件 ……………………………………… 446

　　(1)　実質的成立要件 ……………………………………………… 446

　6　キリスト教徒の婚姻の成立要件 ……………………………… 448

　　(1)　実質的成立要件 ……………………………………………… 448

　　(2)　形式的成立要件 ……………………………………………… 448

　7　形式的成立要件 ………………………………………………… 449

　　(1)　婚姻の届出 …………………………………………………… 449

　　(2)　仏教徒が挙行する婚姻の儀式 ……………………………… 450

　8　ミャンマー市民権の取得 ……………………………………… 450

　9　ミャンマー人女性と外国人の婚姻 …………………………… 450

　10　婚姻の無効・取消し …………………………………………… 450

第4　離　　婚 ………………………………………………………… 466

　1　離婚の成立 ……………………………………………………… 466

　2　夫婦の合意による離婚 ………………………………………… 466

　3　出家による離婚 ………………………………………………… 467

　4　婚姻上の過誤による離婚 ……………………………………… 467

　5　キリスト教徒の離婚 …………………………………………… 467

第5　出　　生 ………………………………………………………… 467

　1　国籍留保届 ……………………………………………………… 467

　2　出生場所の記載 ………………………………………………… 468

　　(1)　行政区画 ……………………………………………………… 468

　　(2)　戸籍の記載 …………………………………………………… 468

第6　養子縁組 ………………………………………………………… 469

目　次　47

```
1　概　　説 …………………………………………………469
2　実質的成立要件 …………………………………………469
　(1)　ダーマダッ ………………………………………469
　(2)　ミャンマー仏教徒慣習法 ………………………470
3　保護要件 …………………………………………………470
　(1)　父の同意 …………………………………………470
4　養子の種類 ………………………………………………471
　(1)　キッティマ（Kittima）…………………………471
　(2)　アパティッタ（Apatittha）……………………471
　(3)　チャタブハッタ（Chata-Bhatta）……………471
5　養子縁組の効力 …………………………………………472
　(1)　キッティマによる養子 …………………………472
　(2)　アパティッタによる養子 ………………………472
　(3)　チャタブハッタによる養子 ……………………472
6　養子縁組の解消 …………………………………………472
第7　身分登録 ………………………………………………473
1　身分登録の組織・機構 …………………………………473
2　身分登録の手続・効果 …………………………………473
　(1)　国民登録 …………………………………………473
　(2)　住民・家族構成員登録 …………………………473
　(3)　婚姻登録 …………………………………………474
第8　国　　籍 ………………………………………………474
1　二重国籍 …………………………………………………474
2　ミャンマー国籍の喪失　………………………………474
　　　　　　　　【要件具備証明書例等】…………476
```

170　メキシコ————————————————482

```
第1　婚　　姻 ………………………………………………482
1　婚姻要件具備証明書 ……………………………………482
2　婚姻証明書 ………………………………………………482
3　実質的成立要件 …………………………………………482
　(1)　婚姻適齢 …………………………………………482
```

48　目　次

　(2)　同意を要する婚姻 ……………………………………………482

　(3)　婚姻障害事由 …………………………………………………482

　(4)　養親と養子の婚姻の禁止 …………………………………483

　(5)　再婚禁止期間 …………………………………………………483

　(6)　後見人と被後見人の婚姻の禁止 …………………………483

4　形式的成立要件 ………………………………………………483

　(1)　教会（僧侶）発行の婚姻証明書の有効性 ………………483

5　メキシコ合衆国で成立した旨の婚姻証書が提出された場合

　の戸籍の記載 ……………………………………………………484

6　婚姻の無効 ……………………………………………………484

第2　離　　婚 ……………………………………………………487

1　離婚の成立要件 ………………………………………………487

　(1)　離婚原因 ………………………………………………………487

　(2)　同意による離婚 ………………………………………………487

　(3)　裁判離婚 ………………………………………………………488

2　離婚証明書 ……………………………………………………488

第3　出　　生 ……………………………………………………490

1　出生子の身分 …………………………………………………490

2　国籍留保届 ……………………………………………………491

3　日本の戸籍法第62条の出生届 ………………………………491

4　出生場所の記載 ………………………………………………492

　(1)　行政区画 ………………………………………………………492

　(2)　戸籍の記載 ……………………………………………………492

5　出生証明書 ……………………………………………………492

第4　認知・準正 …………………………………………………494

1　認知制度 ………………………………………………………494

2　任意認知及び裁判認知 ………………………………………495

3　認知の成立要件 ………………………………………………495

　(1)　実質的成立要件 ………………………………………………495

　(2)　保護要件 ………………………………………………………496

　(3)　形式的成立要件 ………………………………………………496

4　準正の成立要件 ………………………………………………496

(1) 実質的成立要件	496
(2) 形式的成立要件	497

第5 養子縁組 498
1 根拠法 498
2 実質的成立要件 498
(1) 養親の要件 498
(2) 夫婦共同縁組 499
(3) 複数の者による養子縁組の禁止 499
3 保護要件 499
(1) 養子の同意 499
(2) 親権者等の同意 499
(3) 裁判所の関与 499
4 養子縁組の手続 499
(1) 後見人と被後見人間の養子縁組 499
(2) 養子縁組の記録 499
5 養子縁組の効力 500
(1) 一般的効力 500
(2) 実父母との関係 500
(3) 養子の氏 500
(4) 養子縁組の効力発生時期 500
6 ハーグ国際養子縁組条約 500

第6 養子縁組の撤回 502
1 養子縁組撤回の要件 502
(1) 養子縁組に対する反論 502
(2) 養子縁組撤回の原因 502
(3) 養子縁組の撤回の決定 502
(4) 養子縁組の記録の抹消 502
2 養子縁組撤回の効力 503
(1) 一般的効力 503
(2) 養子の忘恩行為による養子縁組撤回の効力発生時期 503

第7 親 権 504
1 両親が同居しており，婚姻外で生まれた子を認知した場合 504

50　目　次

　　2　同居していない父又は母が，同時にその子を認知した場合 ····504
　　3　認知が別居している両親によって，別個に相次いで行われ
　　　た場合 ··504
第8　死　　亡 ··505
　　1　死亡証明書 ··505
　　　　　　　　　　　　　　【要件具備証明書例等】 ··········506

171　モザンビーク────────────────516

第1　婚　　姻 ··516
　　1　婚姻証明書 ··516
　　2　実質的成立要件 ··516
　　　(1)　婚姻適齢 ··516
　　　(2)　重婚の禁止 ··516
　　　(3)　近親婚の禁止 ··516
　　3　モザンビーク国籍の取得 ··516
第2　出　　生 ··517
　　1　国籍留保届 ··517
　　2　出生場所の記載 ··518
　　　(1)　行政区画 ··518
　　　(2)　戸籍の記載 ··518
　　3　出生証明書 ··518
第3　認　　知 ··519
　　1　モザンビーク国籍の取得 ··519
第4　養子縁組 ··520
　　1　根拠法 ··520
　　2　実質的成立要件 ··520
　　　(1)　養親の要件 ··520
　　　(2)　養親と養子の年齢差 ··520
　　　(3)　養子の要件 ··520
　　　(4)　配偶者の同意 ··520
　　　(5)　養親の子の同意 ··520
　　3　保護要件 ··520

目　次　51

　　⑴　養子の同意 ……………………………………………………… 520
　　⑵　実親の同意 ……………………………………………………… 521
　　⑶　裁判所の関与 …………………………………………………… 521
　4　モザンビーク国籍の取得 ……………………………………… 521
　5　ハーグ国際養子縁組条約 ……………………………………… 521
第5　養子離縁 …………………………………………………………… 522
第6　国　　籍 …………………………………………………………… 522
　1　二重国籍 ………………………………………………………… 522
　2　モザンビーク国籍の喪失 ……………………………………… 522
　　　　　　　　　【要件具備証明書例等】………… 524

172　モナコ———————————————————————532

第1　婚　　姻 …………………………………………………………… 532
　1　婚姻証明書 ……………………………………………………… 532
　2　実質的成立要件 ………………………………………………… 532
　　⑴　婚姻適齢 ………………………………………………………… 532
　　⑵　重婚の禁止 ……………………………………………………… 532
　　⑶　再婚禁止期間 …………………………………………………… 532
　　⑷　近親婚の禁止 …………………………………………………… 533
　3　夫婦の姓 ………………………………………………………… 534
　4　婚姻の無効 ……………………………………………………… 534
　　⑴　無効事由 ………………………………………………………… 534
　　⑵　申立人 …………………………………………………………… 534
　　⑶　国王の許可がある場合 ………………………………………… 534
第2　婚姻の解消 ………………………………………………………… 536
　1　制度の概要 ……………………………………………………… 536
　2　離婚の請求 ……………………………………………………… 536
　3　離婚事由 ………………………………………………………… 536
　　⑴　夫婦が離婚合意に同意している場合 ………………………… 536
　　⑵　夫婦の一方からの申請の場合 ………………………………… 536
第3　出　　生 …………………………………………………………… 538
　1　嫡出子の身分 …………………………………………………… 538

52　目　次

2　国籍留保届 ·· 538

3　出生場所の記載 ··· 538

(1)　行政区画 ··· 538

(2)　戸籍の記載 ··· 538

4　出生証明書 ··· 538

5　子の姓 ·· 539

第4　養子縁組 ·· 539

1　根拠法 ·· 539

2　制　　度 ··· 540

3　実質的成立要件 ··· 540

(1)　嫡出養子縁組 ·· 540

(2)　単純養子縁組 ·· 540

4　保護要件 ·· 540

(1)　嫡出養子縁組 ·· 540

(2)　単純養子縁組 ·· 541

5　養子縁組の効力 ··· 541

(1)　嫡出養子縁組 ·· 541

(2)　単純養子縁組 ·· 542

第5　養子縁組の撤回 ·· 545

1　嫡出養子縁組 ·· 545

2　単純養子縁組 ·· 545

第6　国　　籍 ·· 545

1　二重国籍 ·· 545

2　モナコ国籍の喪失 ··· 546

【要件具備証明書例等】 ········· 547

173　モーリシャス —————————————549

第1　婚　　姻 ·· 549

1　婚姻要件具備証明書 ··· 549

2　婚姻証明書 ··· 549

3　実質的成立要件 ··· 549

(1)　婚姻適齢 ··· 549

(2)　重婚の禁止 ……………………………………………………………549

　　(3)　近親婚の禁止 …………………………………………………………549

　　(4)　再婚禁止期間 …………………………………………………………550

　4　婚姻の効力 …………………………………………………………………550

　　(1)　夫婦の姓 ………………………………………………………………550

　　(2)　モーリシャス国籍の取得 …………………………………………550

第2　出　　　生 …………………………………………………………………551

　1　嫡出子の身分 ………………………………………………………………551

　2　国籍留保届 …………………………………………………………………552

　　(1)　モーリシャスで出生した場合 ……………………………………552

　　(2)　モーリシャス国外で出生した場合 ………………………………552

　3　出生場所の記載 ……………………………………………………………553

　　(1)　行政区画 ………………………………………………………………553

　　(2)　戸籍の記載 ……………………………………………………………553

　4　出生証明書 …………………………………………………………………553

第3　認　　　知 …………………………………………………………………555

　1　認知証書 ……………………………………………………………………555

第4　養子縁組 ……………………………………………………………………555

　1　根拠法 ………………………………………………………………………555

　2　制　　　度 …………………………………………………………………555

　3　実質的成立要件 ……………………………………………………………555

　　(1)　単純養子縁組 …………………………………………………………555

　　(2)　完全養子縁組 …………………………………………………………556

　4　保護要件 ……………………………………………………………………556

　　(1)　養子の同意 ……………………………………………………………556

　　(2)　両親の同意 ……………………………………………………………556

　　(3)　裁判所の関与 …………………………………………………………556

　5　養子縁組の効力 ……………………………………………………………557

　　(1)　単純養子縁組 …………………………………………………………557

　　(2)　完全養子縁組 …………………………………………………………557

　　(3)　モーリシャス国籍の取得 …………………………………………558

　6　ハーグ国際養子縁組条約 …………………………………………………558

54　目　次

第5　養子縁組の撤回 ……………………………………………………559
　1　単純養子縁組 ………………………………………………………559
　　(1)　養子縁組の撤回 ……………………………………………559
　　(2)　撤回の効力 …………………………………………………560
　2　完全養子縁組 ………………………………………………………560
第6　国　　籍 ……………………………………………………………560
　1　二重国籍 ……………………………………………………………560
　2　市民権の喪失 ………………………………………………………560
　　　　　　　　　　　　【要件具備証明書例等】…………561

174　モーリタニア ──────────────────565

第1　婚　　姻 ……………………………………………………………565
　1　実質的成立要件 ……………………………………………………565
　　(1)　婚姻適齢 ……………………………………………………565
　　(2)　近親婚等の禁止 ……………………………………………565
　　(3)　再婚禁止期間 ………………………………………………565
　2　モーリタニア国籍の取得 …………………………………………565
第2　離　　婚 ……………………………………………………………566
　1　モーリタニア人男と日本人女の協議離婚届の受否 ……………566
第3　出　　生 ……………………………………………………………567
　1　国籍留保届 …………………………………………………………567
　2　出生場所の記載 ……………………………………………………567
　　(1)　行政区画 ……………………………………………………567
　　(2)　戸籍の記載 …………………………………………………567
第4　養子縁組 ……………………………………………………………568
第5　国　　籍 ……………………………………………………………568
　1　二重国籍 ……………………………………………………………568
　2　モーリタニア国籍の喪失 …………………………………………568
　　(1)　自動的喪失 …………………………………………………568
　　(2)　申請による喪失 ……………………………………………569

目　次　55

175　モルディブ————————————————570

第1　婚　　姻————————————————————570
　1　実質的成立要件————————————————————570
　　(1)　婚姻適齢————————————————————————570
　　(2)　近親婚の禁止————————————————————570
　　(3)　女性の婚姻の禁止————————————————570
　　(4)　一夫多妻————————————————————————570
　　(5)　非イスラム教徒との婚姻の制限————————570
　2　婚姻の無効————————————————————————571
第2　出　　生————————————————————572
　1　国籍留保届————————————————————————572
　2　出生場所の記載————————————————————572
　　(1)　行政区画————————————————————————572
　　(2)　戸籍の記載————————————————————572
第3　養子縁組————————————————————573
第4　国　　籍————————————————————573
　1　二重国籍————————————————————————573
　2　市民権の喪失————————————————————573

176　モルドバ————————————————575

第1　市民権の証明————————————————575
第2　婚　　姻————————————————————575
　1　婚姻要件具備証明書————————————————575
　2　婚姻証明書————————————————————————575
　3　実質的成立要件————————————————————576
　　(1)　婚姻適齢————————————————————————576
　　(2)　近親婚等の禁止————————————————576
　　(3)　重婚の禁止————————————————————576
　　(4)　責任能力————————————————————————576
　4　婚姻の効力————————————————————————576

56　目　次

　　　⑴　効力発生日 ……………………………………………… 576
　　　⑵　婚姻による姓の変動 …………………………………… 576
　　5　婚姻の無効 ………………………………………………… 577
第3　離　　婚 …………………………………………………… 578
　　1　制　　度 …………………………………………………… 578
　　2　離婚の制限 ………………………………………………… 578
　　3　離婚後の氏 ………………………………………………… 578
第4　出　　生 …………………………………………………… 579
　　1　国籍留保届 ………………………………………………… 579
　　2　戸籍の記載 ………………………………………………… 579
　　　⑴　行政区画 ………………………………………………… 579
　　　⑵　戸籍の記載 ……………………………………………… 579
　　3　出生証明書 ………………………………………………… 579
第5　養子縁組 …………………………………………………… 580
　　1　根拠法 ……………………………………………………… 580
　　2　実質的成立要件 …………………………………………… 580
　　　⑴　養親の要件 ……………………………………………… 580
　　　⑵　養親と養子の年齢差 …………………………………… 580
　　　⑶　養子の要件 ……………………………………………… 581
　　　⑷　複数の者による養子縁組の禁止 ……………………… 581
　　3　保護要件 …………………………………………………… 581
　　　⑴　実親の同意 ……………………………………………… 581
　　　⑵　養子の同意 ……………………………………………… 581
　　　⑶　裁判所の関与 …………………………………………… 582
　　4　モルドバ市民権の取得 …………………………………… 582
　　5　ハーグ国際養子縁組条約 ………………………………… 582
第6　死　　亡 …………………………………………………… 584
第7　国　　籍 …………………………………………………… 584
　　1　二重国籍 …………………………………………………… 584
　　2　市民権の喪失 ……………………………………………… 585
　　　　　　　　　　　　【要件具備証明書例等】 ………… 586

目　次　57

177　モロッコ―――――――――――――598

第1　婚　　姻――――――――――――598
　1　婚姻要件具備証明書 ―――――――598
　2　婚姻証明書 ――――――――――598
　3　実質的成立要件 ――――――――598
　　(1)　婚姻適齢 ――――――――――598
　　(2)　婚姻持参金 ―――――――――598
　　(3)　近親婚の禁止 ――――――――599
　　(4)　再婚禁止期間 ――――――――599
　　(5)　一夫多妻 ――――――――――599
　4　モロッコ国籍の取得 ――――――599

第2　出　　生――――――――――――600
　1　出生子の身分 ―――――――――600
　2　国籍留保届 ――――――――――600
　3　出生場所の記載 ――――――――601
　　(1)　行政区画 ――――――――――601
　　(2)　戸籍の記載 ―――――――――601
　4　出生証明書 ――――――――――601

第3　認知（準正）―――――――――602
　1　胎児認知 ―――――――――――602
　2　モロッコ国籍の取得 ――――――602

第4　養子縁組―――――――――――602
　1　制　　度 ―――――――――――602
　2　実質的成立要件 ――――――――602
　3　保護要件 ―――――――――――602

第5　国　　籍――――――――――――603
　1　二重国籍 ―――――――――――603
　2　モロッコ国籍の喪失 ――――――603

　　　　　　　【要件具備証明書例等】―――604

178 モンゴル―――――――――――――――611

第1	**市民権の証明** ………………………………………	611
第2	**姓名制度** ……………………………………………	611
1	嫡出子の場合 ………………………………………	611
2	嫡出でない子の場合 ………………………………	611
3	養子の場合 …………………………………………	612
第3	**婚　　姻** ……………………………………………	612
1	婚姻要件具備証明書 ………………………………	612
2	婚姻証明書 …………………………………………	612
(1)	事　例 ……………………………………………	612
(2)	婚姻成立日 ………………………………………	612
(3)	婚姻証明書の様式 ………………………………	612
3	実質的成立要件 ……………………………………	613
(1)	婚姻適齢 …………………………………………	613
(2)	重婚の禁止 ………………………………………	613
(3)	近親婚等の禁止 …………………………………	613
(4)	後見人又は被後見人との婚姻 …………………	613
(5)	慢性の精神障害 …………………………………	613
4	形式的成立要件 ……………………………………	613
(1)	健康証明書の提出 ………………………………	613
(2)	登　録 ……………………………………………	613
5	婚姻の無効 …………………………………………	614
(1)	無効原因 …………………………………………	614
(2)	裁判所の却下 ……………………………………	614
第4	**離　　婚** ……………………………………………	615
1	制　　度 ……………………………………………	615
(1)	方　法 ……………………………………………	615
(2)	行政手続 …………………………………………	615
(3)	裁判手続 …………………………………………	616
2	離婚の無効 …………………………………………	616
(1)	無効原因 …………………………………………	616

| | (2) 無効による効果 | 616 |

第5 出　　生 618

1 国籍留保届 618

(1) モンゴルで出生した場合 618

(2) モンゴル国外で出生した場合 618

2 出生場所の記載 618

(1) 行政区画 618

(2) 戸籍の記載 619

3 出生証明書 619

第6 養子縁組 620

1 根拠法 620

2 実質的成立要件 620

(1) 養親の要件 620

(2) 配偶者の同意 620

(3) 養子縁組の時期 620

3 保護要件 620

(1) 養子の同意 620

(2) 実親の同意 620

(3) 児童保護センターの同意 620

4 形式的成立要件 621

(1) 申　　請 621

(2) 養子縁組の登録 621

5 養子縁組の効力 621

(1) 実父母との関係 621

(2) 養子の市民権 621

6 養子縁組の取消し 621

(1) 取消事由 621

(2) 取消権者 621

7 報告的養子縁組届 621

8 ハーグ国際養子縁組条約 622

第7 国　　籍 623

1 二重国籍 623

60　目　次

　　2　モンゴル市民権の喪失……………………………………623
　　　　　　【要件具備証明書例等】………625

179　モンテネグロ———————————————637

第1　市民権の証明……………………………………637
第2　婚　　姻……………………………………637
　1　婚姻証明書……………………………………637
　2　実質的成立要件……………………………………637
　　(1)　婚姻適齢……………………………………637
　　(2)　近親婚の禁止……………………………………637
　　(3)　重婚の禁止……………………………………637
　　(4)　精神障害等……………………………………638
　3　夫婦の姓……………………………………638
第3　離　　婚……………………………………639
　1　離婚原因……………………………………639
　2　同意による離婚……………………………………639
　3　離婚の成立……………………………………639
　4　離婚の制限……………………………………639
第4　出　　生……………………………………640
　1　出生子の身分……………………………………640
　　(1)　原　　則……………………………………640
　　(2)　母が再婚している場合……………………………………640
　2　国籍留保届……………………………………640
　　(1)　モンテネグロで出生した場合……………………………………640
　　(2)　モンテネグロ国外で出生した場合……………………………………641
　3　出生場所の記載……………………………………641
第5　養子縁組……………………………………642
　1　根拠法……………………………………642
　2　制　　度……………………………………642
　3　実質的成立要件……………………………………643
　　(1)　養子の要件……………………………………643
　　(2)　養親の要件……………………………………643

目　次　61

　　　(3)　配偶者の同意 ……………………………………………644
　　4　保護要件 ……………………………………………………644
　　　(1)　親の同意 ………………………………………………644
　　　(2)　養子の同意 ……………………………………………645
　　5　養子縁組の効力 ……………………………………………645
　　　(1)　完全養子縁組 …………………………………………645
　　　(2)　不完全養子縁組 ………………………………………645
　　　(3)　モンテネグロ市民権の取得 …………………………645
　第6　国　　籍 …………………………………………………647
　　1　二重国籍 ……………………………………………………647
　　2　モンテネグロ市民権の喪失 ………………………………648
　　　(1)　市民権の離脱 …………………………………………648
　　　(2)　市民権の喪失 …………………………………………648
　　　　　　　【要件具備証明書例等】…………649

180　ヨルダン ―――――――――――――――――651

　第1　婚　　姻 …………………………………………………651
　　1　婚姻届の受理 ………………………………………………651
　　2　婚姻証明書 …………………………………………………651
　　3　実質的成立要件 ……………………………………………652
　　　(1)　婚姻適齢 ………………………………………………652
　　4　報告的届出 …………………………………………………652
　　5　ヨルダン国籍の取得 ………………………………………652
　第2　出　　生 …………………………………………………653
　　1　国籍留保届 …………………………………………………653
　　2　出生場所の記載 ……………………………………………654
　　　(1)　行政区画 ………………………………………………654
　　　(2)　戸籍の記載 ……………………………………………654
　　3　出生証明書 …………………………………………………654
　第3　国　　籍 …………………………………………………655
　　1　二重国籍 ……………………………………………………655
　　2　ヨルダン国籍の喪失 ………………………………………655

62　目　次

　　　　　　　　　　　【要件具備証明書例等】‥‥‥‥657

181　ラオス————————————————663

第1　姓名制度‥‥‥‥‥‥‥‥‥‥‥‥‥‥‥‥‥‥‥‥‥‥‥663
第2　家族法制‥‥‥‥‥‥‥‥‥‥‥‥‥‥‥‥‥‥‥‥‥‥‥663
第3　婚　　姻‥‥‥‥‥‥‥‥‥‥‥‥‥‥‥‥‥‥‥‥‥‥‥663
　1　婚姻要件具備証明書‥‥‥‥‥‥‥‥‥‥‥‥‥‥‥‥‥663
　2　実質的成立要件‥‥‥‥‥‥‥‥‥‥‥‥‥‥‥‥‥‥‥664
　　(1)　婚姻適齢‥‥‥‥‥‥‥‥‥‥‥‥‥‥‥‥‥‥‥‥‥664
　　(2)　近親婚の禁止‥‥‥‥‥‥‥‥‥‥‥‥‥‥‥‥‥‥664
　　(3)　精神障害又は病気‥‥‥‥‥‥‥‥‥‥‥‥‥‥‥‥664
　　(4)　一夫一婦制‥‥‥‥‥‥‥‥‥‥‥‥‥‥‥‥‥‥‥664
　3　形式的成立要件‥‥‥‥‥‥‥‥‥‥‥‥‥‥‥‥‥‥‥664
　　(1)　婚姻手続及び登録‥‥‥‥‥‥‥‥‥‥‥‥‥‥‥‥664
　　(2)　婚姻成立日‥‥‥‥‥‥‥‥‥‥‥‥‥‥‥‥‥‥‥665
　　(3)　ラオス人と外国人との婚姻における必要書面‥‥‥665
　4　ラオス人と外国人との婚姻の規定‥‥‥‥‥‥‥‥‥‥666
　5　夫婦の姓‥‥‥‥‥‥‥‥‥‥‥‥‥‥‥‥‥‥‥‥‥‥666
　6　婚姻の無効‥‥‥‥‥‥‥‥‥‥‥‥‥‥‥‥‥‥‥‥‥666
　　(1)　無効事由‥‥‥‥‥‥‥‥‥‥‥‥‥‥‥‥‥‥‥‥666
　　(2)　無効の決定‥‥‥‥‥‥‥‥‥‥‥‥‥‥‥‥‥‥‥666
　　(3)　無効の効果‥‥‥‥‥‥‥‥‥‥‥‥‥‥‥‥‥‥‥666
　7　婚姻に関する国際私法‥‥‥‥‥‥‥‥‥‥‥‥‥‥‥667
第4　婚姻の解消‥‥‥‥‥‥‥‥‥‥‥‥‥‥‥‥‥‥‥‥‥669
　1　婚姻解消事由‥‥‥‥‥‥‥‥‥‥‥‥‥‥‥‥‥‥‥‥669
　2　離婚の方式‥‥‥‥‥‥‥‥‥‥‥‥‥‥‥‥‥‥‥‥‥669
　3　任意離婚‥‥‥‥‥‥‥‥‥‥‥‥‥‥‥‥‥‥‥‥‥‥669
　　(1)　要　件‥‥‥‥‥‥‥‥‥‥‥‥‥‥‥‥‥‥‥‥‥669
　　(2)　手　続‥‥‥‥‥‥‥‥‥‥‥‥‥‥‥‥‥‥‥‥‥670
　4　離婚原因‥‥‥‥‥‥‥‥‥‥‥‥‥‥‥‥‥‥‥‥‥‥670
　5　離婚の制限‥‥‥‥‥‥‥‥‥‥‥‥‥‥‥‥‥‥‥‥‥670
　6　裁判離婚‥‥‥‥‥‥‥‥‥‥‥‥‥‥‥‥‥‥‥‥‥‥671

|目　次|63|

```
  (1)　裁判所の審査 ……………………………………………671
  (2)　手　　続 …………………………………………………671
  (3)　子の保護 …………………………………………………671
 7　離婚に関する国際私法 …………………………………………672
第5　出　　生 ……………………………………………………………673
 1　国籍留保届 …………………………………………………………673
  (1)　ラオスで出生した場合 …………………………………673
  (2)　ラオス国外で出生した場合 ……………………………674
 2　出生場所の記載 …………………………………………………674
  (1)　行政区画 …………………………………………………674
  (2)　戸籍の記載 ………………………………………………674
 3　子の姓 ……………………………………………………………674
  (1)　親が同じ姓の場合 ………………………………………674
  (2)　親の姓が異なる場合 ……………………………………674
第6　認　　知 ……………………………………………………………676
 1　認知の手続 …………………………………………………………676
 2　任意認知 …………………………………………………………676
  (1)　認知の方法 ………………………………………………676
  (2)　保護要件 …………………………………………………676
 3　強制認知 …………………………………………………………677
第7　養子縁組 ……………………………………………………………677
 1　根拠法 ……………………………………………………………677
 2　実質的成立要件 …………………………………………………678
  (1)　養親の要件 ………………………………………………678
  (2)　養子の要件 ………………………………………………678
  (3)　養親と養子の年齢差 ……………………………………678
 3　保護要件 …………………………………………………………678
  (1)　養子の同意 ………………………………………………678
  (2)　実親の同意 ………………………………………………678
 4　手　　続 …………………………………………………………678
  (1)　申立て ……………………………………………………678
  (2)　養子縁組の許可決定 ……………………………………678
```

64 目 次

  (3) 許可証の発行 ……………………………………………… 678
 5 養子縁組の効力 ……………………………………………… 679
  (1) 実親との関係 ……………………………………………… 679
  (2) 養親との関係 ……………………………………………… 679
  (3) 効力発生日 ………………………………………………… 679
  (4) 養子の氏名 ………………………………………………… 679
  (5) ラオス市民権の取得 ……………………………………… 679
 6 養子縁組の無効, 取消し ………………………………… 679
  (1) 養子縁組の無効 …………………………………………… 679
  (2) 養子縁組の取消し ………………………………………… 679
  (3) 取消請求権者 ……………………………………………… 680
 7 養子縁組に関する国際私法規定 ………………………… 680
 8 ハーグ国際養子縁組条約 ………………………………… 680
第8 国 籍 ………………………………………………… 682
 1 二重国籍 …………………………………………………… 682
 2 ラオス市民権の喪失 ……………………………………… 682
  (1) 喪失原因 …………………………………………………… 682
  (2) ラオス国籍の離脱 ………………………………………… 682
  (3) ラオス国籍の取消し ……………………………………… 682
  (4) 外国における居住 ………………………………………… 682
第9 家事登録制度 …………………………………………… 684
 1 家事登録制度の概要 ……………………………………… 684
 2 家事登録項目 ……………………………………………… 685
  (1) 出生登録 …………………………………………………… 686
  (2) 失踪登録 …………………………………………………… 686
  (3) 死亡登録 …………………………………………………… 687
  (4) 婚姻登録 …………………………………………………… 687
  (5) 離婚登録 …………………………………………………… 687
  (6) 養子縁組登録 ……………………………………………… 688
  (7) 認知又は後見人選任の登録 ……………………………… 688
  (8) 姓名変更の登録 …………………………………………… 688
  (9) 国籍変更の登録 …………………………………………… 689

⑽ 転居の登録 ……………………………………………………………689

182 ラトビア————————————————697

第1 国際私法 ……………………………………………………………697
1 制定及び改正 ……………………………………………………697
2 一方的抵触規定 …………………………………………………697
3 婚姻の締結 ………………………………………………………697
4 婚姻の解消及び無効 ……………………………………………697
5 夫婦の法律関係 …………………………………………………698
6 父子関係の確定 …………………………………………………698
7 親子間の法律関係 ………………………………………………698
8 養子縁組 …………………………………………………………698
9 反　　致 …………………………………………………………698
第2 婚　　姻 ……………………………………………………………701
1 婚姻要件具備証明書 ……………………………………………701
　⑴ 婚姻要件具備証明書として取り扱うことができる書面 ……701
　⑵ 婚姻要件具備証明書として取り扱うことができない書面 …701
2 婚姻証明書 ………………………………………………………701
3 実質的成立要件 …………………………………………………702
　⑴ 婚姻適齢 ………………………………………………………702
　⑵ 精神疾患等 ……………………………………………………702
　⑶ 近親婚等の禁止 ………………………………………………702
　⑷ 重婚の禁止 ……………………………………………………702
4 形式的成立要件 …………………………………………………702
　⑴ 婚姻締結の申請 ………………………………………………702
　⑵ 申請の公表 ……………………………………………………702
　⑶ 婚姻の挙行 ……………………………………………………703
5 婚姻の無効 ………………………………………………………704
　⑴ 無効原因 ………………………………………………………704
　⑵ 提訴権者 ………………………………………………………704
　⑶ 提訴期間 ………………………………………………………705

（4） 無効の効力 ……………………………………………………… 705

6 夫婦の姓 ……………………………………………………………… 705

第3 婚姻の解消 …………………………………………………………… 709

1 制度の概要 ………………………………………………………… 709

2 離婚の請求 ………………………………………………………… 709

3 離婚原因 …………………………………………………………… 709

4 婚姻の解消日 ……………………………………………………… 709

5 解消後の姓 ………………………………………………………… 710

第4 出　　生 …………………………………………………………… 711

1 嫡出子の身分 ……………………………………………………… 711

（1） 嫡出の推定 …………………………………………………… 711

（2） 嫡出否認 ……………………………………………………… 711

2 国籍留保届 ………………………………………………………… 712

3 出生場所の記載 …………………………………………………… 712

（1） 行政区画 ……………………………………………………… 712

（2） 戸籍の記載 …………………………………………………… 712

4 子の姓 ……………………………………………………………… 712

（1） 原　　則 ……………………………………………………… 712

（2） 両親の姓が異なる場合 ……………………………………… 712

（3） 両親が子の姓に同意しない場合 …………………………… 712

5 出生証明書 ………………………………………………………… 712

第5 認　　知 …………………………………………………………… 715

1 制　　度 …………………………………………………………… 715

2 保護要件 …………………………………………………………… 715

（1） 母等の同意（申請） ………………………………………… 715

（2） 子の同意 ……………………………………………………… 715

3 胎児認知 …………………………………………………………… 715

4 認知の手続 ………………………………………………………… 715

（1） 申　　請 ……………………………………………………… 715

（2） 登　　録 ……………………………………………………… 716

5 子の姓 ……………………………………………………………… 716

6 認知の無効 ………………………………………………………… 716

目 次 67

　　(1)　無効事由 ……………………………………………… 716

　　(2)　提訴期間 ……………………………………………… 716

　　(3)　訴訟の係属 …………………………………………… 716

第6　養子縁組 …………………………………………………… 718

　1　根拠法 …………………………………………………… 718

　2　実質的成立要件 ………………………………………… 718

　　(1)　養親の要件 …………………………………………… 718

　　(2)　夫婦共同縁組 ………………………………………… 718

　　(3)　複数の者による養子縁組の禁止 ………………… 718

　　(4)　養子縁組の制限 …………………………………… 718

　3　保護要件 ………………………………………………… 718

　　(1)　実親等の同意 ……………………………………… 718

　　(2)　養子の同意 ………………………………………… 719

　4　養子縁組の効力発生 …………………………………… 719

　5　養子縁組の効力 ………………………………………… 719

　　(1)　養親との関係 ……………………………………… 719

　　(2)　実親との関係 ……………………………………… 719

　　(3)　養子の姓 …………………………………………… 719

　6　ハーグ国際養子縁組条約 …………………………… 720

第7　養子縁組の撤回 ………………………………………… 721

　1　養子縁組の撤回 ………………………………………… 721

　2　撤回の効力発生日 ……………………………………… 722

　3　撤回の効力 ……………………………………………… 722

第8　国　　籍 …………………………………………………… 722

　1　二重国籍 ………………………………………………… 722

　2　ラトビア市民権の喪失 ……………………………… 723

　　(1)　市民権の喪失 ……………………………………… 723

　　(2)　市民権の撤回 ……………………………………… 723

　　　　　　　　　　【要件具備証明書例等】 ………… 727

183　リトアニア ―――――――――――――――――――735

第1　国際私法 ………………………………………………… 735

1　外国法の適用 ………………………………………………… 735
2　外国法の適用の制限 ………………………………………… 735
3　反　　致 ……………………………………………………… 735
4　婚姻の実質的成立要件 ……………………………………… 735
5　婚姻の方式 …………………………………………………… 736
6　離婚の準拠法 ………………………………………………… 736
7　養子縁組の準拠法 …………………………………………… 737
第2　市民権の証明 ………………………………………………… 741
第3　婚　　姻 ……………………………………………………… 741
1　婚姻要件具備証明書 ………………………………………… 741
2　婚姻証明書 …………………………………………………… 741
　(1)　発行権者 …………………………………………………… 741
　(2)　婚姻証明書 ………………………………………………… 742
3　実質的成立要件 ……………………………………………… 742
　(1)　同性婚の禁止 ……………………………………………… 742
　(2)　婚姻の自由な意思 ………………………………………… 742
　(3)　婚姻適齢 …………………………………………………… 742
　(4)　行為無能力者 ……………………………………………… 742
　(5)　重婚の禁止 ………………………………………………… 742
　(6)　近親婚の禁止 ……………………………………………… 742
4　婚姻要件の審査 ……………………………………………… 742
5　形式的成立要件 ……………………………………………… 743
　(1)　婚姻登録の申請 …………………………………………… 743
　(2)　婚姻成立の要件遵守の確認 ……………………………… 743
6　夫婦の姓 ……………………………………………………… 743
7　婚姻の無効 …………………………………………………… 744
　(1)　無効事由 …………………………………………………… 744
　(2)　裁判所の決定 ……………………………………………… 744
　(3)　申立て …………………………………………………… 744
　(4)　無効の効力 ………………………………………………… 746
　(5)　裁判所の通知 ……………………………………………… 746
第4　婚姻の解消 …………………………………………………… 750

1 婚姻の解消事由	……………………………	750
2 夫婦の一方の死亡による婚姻の解消	………………	750
(1) 解消事由	…………………………………	750
(2) 婚姻の解消日	………………………………	751
(3) 婚姻の復活	…………………………………	751
3 離　　婚	……………………………………	751
(1) 夫婦相互の合意に基づく離婚	………………	751
(2) 夫婦の一方の申請に基づく離婚	……………	752
(3) 夫婦の一方又は双方の責任に基づく離婚	…	752
(4) 離婚の効力	…………………………………	753
4 別　　居	……………………………………	754
(1) 別居の申請	…………………………………	754
(2) 別居手続	……………………………………	754
(3) 別居の法的効力	……………………………	754
(4) 別居の終了	…………………………………	755

第5　出　　生 …………………………………… 759

1 出生子の身分	……………………………………	759
(1) 父との関係	…………………………………	759
(2) 父についての争訟	…………………………	759
(3) 嫡出否認	……………………………………	760
2 国籍留保届	………………………………………	761
3 出生場所の記載	…………………………………	761
(1) 行政区画	……………………………………	761
(2) 戸籍の記載	…………………………………	761
4 出生証明書	………………………………………	761
(1) 様　式	………………………………………	761
(2) 証明書の発行	………………………………	761

第6　認　　知 …………………………………… 765

1 認知の条件	………………………………………	765
2 認知手続	…………………………………………	765
3 保護要件	…………………………………………	765
(1) 子の同意	……………………………………	765

70 目 次

    4 胎児認知···766
第7 養子縁組···767
  1 根拠法···767
  2 実質的成立要件···768
    (1) 夫婦共同縁組···768
    (2) 養親の要件···768
    (3) 養親と養子の年齢差·····································768
    (4) 養子の要件···768
    (5) 複数の者による養子縁組の禁止···························769
  3 保護要件···769
    (1) 養子の同意···769
    (2) 実親等の同意···769
    (3) 裁判所の関与···769
  4 養子縁組の効力···770
    (1) 実親との関係···770
    (2) 養親との関係···770
    (3) 養子の姓名···770
    (4) リトアニア市民権の取得·································770
  5 ハーグ国際養子縁組条約·····································770
第8 国   籍···777
  1 二重国籍···777
  2 リトアニア市民権の喪失·····································777
                  【要件具備証明書例等】···········780

184 リビア―――――――――――――――786

第1 婚   姻···786
  1 婚姻証明書···786
  2 実質的成立要件···786
    (1) 婚姻適齢···786
  3 報告的届出···786
  4 リビア国籍の取得···786
第2 出   生···787

目　次　71

1　国籍留保届	……………………………………	787
2　出生場所の記載	……………………………………	787
(1)　行政区画	……………………………………	787
(2)　戸籍の記載	……………………………………	787

第3　養子縁組 …………………………………………… 788

第4　国　　籍 …………………………………………… 789

　　1　二重国籍 …………………………………………… 789

　　2　リビア国籍の喪失 ………………………………… 789

　　　　　　　　　【要件具備証明書例等】………… 790

185　リヒテンシュタイン————————————795

第1　婚　　姻 …………………………………………… 795

　　1　婚姻証明書 ………………………………………… 795

　　2　実質的成立要件 …………………………………… 795

　　　(1)　婚姻適齢 ……………………………………… 795

第2　出　　生 …………………………………………… 795

　　1　国籍留保届 ………………………………………… 795

　　2　出生場所の記載 …………………………………… 795

　　3　出生証明書 ………………………………………… 796

第3　認　　知 …………………………………………… 796

　　1　強制認知（死後認知） …………………………… 796

第4　養子縁組 …………………………………………… 796

　　1　根拠法 ……………………………………………… 796

　　2　実質的成立要件 …………………………………… 796

　　　(1)　養親の要件 …………………………………… 796

　　　(2)　養親と養子の年齢差 ………………………… 796

　　3　保護要件 …………………………………………… 797

　　　(1)　養子の同意 …………………………………… 797

　　　(2)　裁判所の関与 ………………………………… 797

　　4　ハーグ国際養子縁組条約 ………………………… 797

　　　　　　　　　【要件具備証明書例等】………… 798

72　目　次

186　リベリア———————————————802

第1　婚　　姻……………………………………………802
　1　実質的成立要件……………………………………802
　⑴　婚姻適齢……………………………………………802
　⑵　重婚の禁止…………………………………………802
　⑶　近親婚の禁止………………………………………802
第2　出　　生……………………………………………803
　1　国籍留保届…………………………………………803
　2　出生場所の記載……………………………………803
　⑴　行政区画……………………………………………803
　⑵　戸籍の記載…………………………………………803
第3　養子縁組……………………………………………804
　1　実質的成立要件……………………………………804
　⑴　養親の要件…………………………………………804
　⑵　養子の要件…………………………………………804
　2　保護要件……………………………………………804
　⑴　実親の同意…………………………………………804
　⑵　子の同意……………………………………………805
　⑶　裁判所の関与………………………………………805
　⑷　養子縁組機関の関与………………………………805
　3　養子縁組の効力……………………………………805
　⑴　実親及び養子の関係………………………………805
　⑵　養親及び養子の関係………………………………805
第4　国　　籍……………………………………………806
　1　二重国籍……………………………………………806

187　ルクセンブルク———————————————807

第1　国籍証明……………………………………………807
　1　国籍を証するもの…………………………………807
　2　国籍証明書…………………………………………807

		目　次　73

　(1)　国籍証明書の発行 ………………………………………807

　(2)　発行権者及び有効期限 …………………………………807

第2　婚　　姻 ………………………………………………808

1　婚姻証明書 ………………………………………………808

2　実質的成立要件 …………………………………………808

　(1)　婚姻適齢 …………………………………………………808

　(2)　父母等の同意 ……………………………………………808

　(3)　重婚の禁止 ………………………………………………808

　(4)　近親婚の禁止 ……………………………………………808

　(5)　禁止に対する許可 ………………………………………809

　(6)　再婚禁止期間 ……………………………………………809

3　形式的成立要件 …………………………………………809

4　婚姻無効の請求 …………………………………………809

　(1)　自由な同意がない場合又は錯誤による場合 …………809

　(2)　父母等の同意がない場合 ………………………………810

　(3)　婚姻適齢，重婚の禁止，近親婚の禁止 ………………810

　(4)　無効と宣言された場合の効力 …………………………810

第3　出　　生 ………………………………………………812

1　出生子の身分 ……………………………………………812

2　国籍留保届 ………………………………………………813

3　出生場所の記載 …………………………………………813

　(1)　行政区画 …………………………………………………813

　(2)　戸籍の記載 ………………………………………………813

4　出生証明書 ………………………………………………813

第4　認知（準正） …………………………………………814

1　保護要件 …………………………………………………814

2　ルクセンブルク国籍の取得 ……………………………814

第5　養子縁組 ………………………………………………815

1　制　　度 …………………………………………………815

　(1)　根　　拠 …………………………………………………815

　(2)　完全養子縁組と単純養子縁組 …………………………815

2　単純養子縁組 ……………………………………………815

74　目　次

　　　(1)　実質的成立要件‥‥‥‥‥‥‥‥‥‥‥‥‥‥‥‥‥‥‥815
　　　(2)　保護要件‥‥‥‥‥‥‥‥‥‥‥‥‥‥‥‥‥‥‥‥‥‥816
　　　(3)　単純養子縁組の効力等‥‥‥‥‥‥‥‥‥‥‥‥‥‥‥817
　　3　完全養子縁組‥‥‥‥‥‥‥‥‥‥‥‥‥‥‥‥‥‥‥‥‥818
　　　(1)　実質的成立要件‥‥‥‥‥‥‥‥‥‥‥‥‥‥‥‥‥‥‥818
　　　(2)　保護要件‥‥‥‥‥‥‥‥‥‥‥‥‥‥‥‥‥‥‥‥‥‥819
　　　(3)　完全養子縁組の効力‥‥‥‥‥‥‥‥‥‥‥‥‥‥‥‥820
　　4　渉外的養子縁組の準拠法‥‥‥‥‥‥‥‥‥‥‥‥‥‥‥821
　　　(1)　養親の準拠法‥‥‥‥‥‥‥‥‥‥‥‥‥‥‥‥‥‥‥‥821
　　　(2)　養子の準拠法‥‥‥‥‥‥‥‥‥‥‥‥‥‥‥‥‥‥‥‥821
　　　(3)　養子縁組の効力‥‥‥‥‥‥‥‥‥‥‥‥‥‥‥‥‥‥821
　　5　ハーグ国際養子縁組条約‥‥‥‥‥‥‥‥‥‥‥‥‥‥‥822
　第6　養子離縁‥‥‥‥‥‥‥‥‥‥‥‥‥‥‥‥‥‥‥‥‥‥‥825
　　1　単純養子縁組‥‥‥‥‥‥‥‥‥‥‥‥‥‥‥‥‥‥‥‥‥825
　　2　完全養子縁組‥‥‥‥‥‥‥‥‥‥‥‥‥‥‥‥‥‥‥‥‥825
　第7　国　　籍‥‥‥‥‥‥‥‥‥‥‥‥‥‥‥‥‥‥‥‥‥‥‥826
　　1　二重国籍‥‥‥‥‥‥‥‥‥‥‥‥‥‥‥‥‥‥‥‥‥‥‥826
　　2　ルクセンブルク国籍の喪失‥‥‥‥‥‥‥‥‥‥‥‥‥‥826
　　　　　　　　　　　　　　　【要件具備証明書例等】‥‥‥‥827

188　ルーマニア——————————831

　第1　市民権の証明‥‥‥‥‥‥‥‥‥‥‥‥‥‥‥‥‥‥‥‥‥831
　　1　原　　則‥‥‥‥‥‥‥‥‥‥‥‥‥‥‥‥‥‥‥‥‥‥‥831
　　2　14歳未満の子の市民権‥‥‥‥‥‥‥‥‥‥‥‥‥‥‥‥831
　第2　婚　　姻‥‥‥‥‥‥‥‥‥‥‥‥‥‥‥‥‥‥‥‥‥‥‥832
　　1　婚姻要件具備証明書‥‥‥‥‥‥‥‥‥‥‥‥‥‥‥‥‥832
　　2　婚姻要件具備証明書が具備されていない場合の審査‥‥‥832
　　3　婚姻証明書‥‥‥‥‥‥‥‥‥‥‥‥‥‥‥‥‥‥‥‥‥833
　　4　実質的成立要件‥‥‥‥‥‥‥‥‥‥‥‥‥‥‥‥‥‥‥833
　　　(1)　婚姻適齢‥‥‥‥‥‥‥‥‥‥‥‥‥‥‥‥‥‥‥‥‥833
　　　(2)　重婚の禁止‥‥‥‥‥‥‥‥‥‥‥‥‥‥‥‥‥‥‥‥833
　　　(3)　近親婚の禁止‥‥‥‥‥‥‥‥‥‥‥‥‥‥‥‥‥‥‥833

(4)	養子関係の婚姻の禁止	834
(5)	後見人と未成年の被後見人間の婚姻の禁止	834
(6)	精神障害者等の婚姻の禁止	834
5	夫婦の氏	834
6	ルーマニアの方式による婚姻手続	834
(1)	婚姻要件具備証明書の作成	834
(2)	婚姻要件具備証明書の市役所への提出	834
(3)	届出に必要な書類	835
(4)	その他の注意点	835

第3　離　　婚 836
1　離婚の確定日 836
2　復　　氏 836
3　離婚後の親権 836
　(1)　原　　則 836
　(2)　事　　例 837

第4　出　　生 838
1　出生子の身分 838
　(1)　父の推定等 838
　(2)　嫡出否認 839
2　国籍留保届 840
3　出生場所の記載 840
　(1)　行政区画 840
　(2)　戸籍の記載 841
4　嫡出子の名前 841
　(1)　原　　則 841
　(2)　両親の姓が異なる場合 841
5　出生証明書 841

第5　認　　知 846
1　制　　度 846
2　任意認知 846
　(1)　実質的成立要件 846
　(2)　形式的成立要件 846

3 保護要件……………………………………………………847
4 裁判認知……………………………………………………847
 (1) 制　度……………………………………………………847
 (2) 手　続……………………………………………………847
 (3) 裁判認知の時効………………………………………847
5 認知の無効…………………………………………………847
6 認知に係る係争……………………………………………847
第6 養子縁組……………………………………………………848
1 根拠法………………………………………………………848
2 養子の種別…………………………………………………849
3 実質的成立要件……………………………………………849
 (1) 配偶者に関する要件…………………………………849
 (2) 配偶者の同意…………………………………………849
 (3) 養親の要件……………………………………………849
 (4) 養子の要件……………………………………………849
 (5) 養親及び養子の年齢差………………………………849
 (6) 兄弟姉妹の養子縁組…………………………………849
 (7) 複数の親による養子縁組の禁止……………………849
 (8) 試験養育………………………………………………849
4 保護要件……………………………………………………850
 (1) 養子の同意……………………………………………850
 (2) 実親等の同意…………………………………………850
 (3) 児童保護委員会の同意………………………………850
5 養子縁組の効力……………………………………………851
 (1) 親族関係………………………………………………851
 (2) 養子の姓………………………………………………851
 (3) 養子縁組の登録及び出生証明書……………………851
 (4) ルーマニア市民権の取得……………………………851
6 養子縁組の無効……………………………………………852
 (1) 養子縁組の無効の可否………………………………852
 (2) 無効の請求……………………………………………852
 (3) 無効後の姓……………………………………………852

目　次　**77**

　　(4)　実親との関係 ……………………………………… 852

　7　ハーグ国際養子縁組条約 …………………………… 852

第7　養子離縁 ………………………………………… 855

　1　制　　度 ……………………………………………… 855

　2　ルーマニア市民権の喪失 …………………………… 855

第8　国　　籍 ………………………………………… 855

　1　二重国籍 ……………………………………………… 855

　2　ルーマニア市民権の喪失 …………………………… 855

　　(1)　ルーマニア市民権の撤回 ………………………… 855

　　(2)　ルーマニア市民権の放棄の受諾 ………………… 856

　　　　　　　【要件具備証明書例等】………… 857

189　ルワンダ———————————863

第1　国籍証明 ………………………………………… 863

　1　国籍証明 ……………………………………………… 863

　2　出生による国籍の証明 ……………………………… 863

　3　証明書等の発行当局 ………………………………… 863

第2　婚　　姻 ………………………………………… 864

　1　婚姻要件具備証明書 ………………………………… 864

　2　実質的成立要件 ……………………………………… 864

　　(1)　婚姻適齢 …………………………………………… 864

　　(2)　一夫多妻の禁止 …………………………………… 864

　　(3)　近親婚等の禁止 …………………………………… 864

　　(4)　重婚の禁止 ………………………………………… 865

　　(5)　再婚禁止期間 ……………………………………… 865

　3　ルワンダ国籍の取得 ………………………………… 865

第3　出　　生 ………………………………………… 866

　1　出生子の身分 ………………………………………… 866

　2　国籍留保届 …………………………………………… 866

　3　出生場所の記載 ……………………………………… 867

　　(1)　行政区画 …………………………………………… 867

　　(2)　戸籍の記載 ………………………………………… 867

78　目　次

第4　養子縁組……………………………………………………868

　1　根拠法…………………………………………………868

　2　実質的成立要件………………………………………868

　　(1)　養親の要件………………………………………868

　　(2)　養親と養子の年齢差……………………………868

　　(3)　配偶者の同意……………………………………868

　　(4)　複数の者による養子縁組の禁止………………869

　3　保護要件………………………………………………869

　　(1)　親の同意…………………………………………869

　　(2)　裁判所の関与……………………………………869

　4　養子縁組の効力………………………………………869

　　(1)　実親との関係……………………………………869

　　(2)　養親との関係……………………………………869

　　(3)　養子の姓名………………………………………869

　　(4)　ルワンダ国籍の取得……………………………869

　5　ハーグ国際養子縁組条約……………………………869

第5　国　　籍……………………………………………………871

　1　二重国籍………………………………………………871

　2　ルワンダ国籍の喪失…………………………………871

190　レソト ————————————————————872

第1　婚　　姻……………………………………………………872

　1　実質的成立要件………………………………………872

　　(1)　婚姻適齢…………………………………………872

　　(2)　同意を要する婚姻………………………………872

　　(3)　重婚の禁止………………………………………872

　　(4)　精神障害…………………………………………872

　　(5)　近親婚の禁止……………………………………872

　2　レソト市民権の取得…………………………………872

第2　出　　生……………………………………………………873

　1　国籍留保届……………………………………………873

(1) レソトで出生した場合	873
(2) レソト国外で出生した場合	874
2 出生場所の記載	874
(1) 行政区画	874
(2) 戸籍の記載	874
第3 養子縁組	**875**
1 根拠法	875
2 実質的成立要件	875
(1) 養親の要件	875
(2) 養親と養子の年齢差	875
(3) 養子の要件	875
3 保護要件	876
(1) 養子の同意	876
(2) 親又は後見人の同意	876
(3) 裁判所の関与	876
4 養子縁組の申請	876
5 養子縁組の効力	876
(1) 実親等との関係	876
(2) 養親との関係	876
6 ハーグ国際養子縁組条約	876
第4 国 籍	**878**
1 二重国籍	878
2 レソト市民権の喪失	878
(1) 21歳に達した時に，レソト市民で，かつレソト以外の国の市民である者	878
(2) 自発的な外国市民権の取得等	878
(3) レソト人と婚姻し，登録によりレソト市民になった女性等	878
(4) 例外規定	878

80　目　次

191　レバノン———————————880

第1　婚　　姻………………………………………880

　1　制　　度………………………………………880

　2　レバノン国籍の取得 ………………………880

第2　出　　生………………………………………880

　1　国籍留保届………………………………………880

　2　出生場所の記載……………………………881

　　(1)　行政区画………………………………………881

　　(2)　戸籍の記載…………………………………881

第3　認知（準正)……………………………881

　1　レバノン国籍の取得 ………………………881

第4　養子縁組………………………………………881

　1　根拠法…………………………………………881

　2　実質的成立要件……………………………882

　　(1)　養親の要件…………………………………882

　　(2)　養親と養子の年齢差……………………882

　　(3)　居住要件………………………………………882

　　(4)　宗教関係………………………………………882

　3　保護要件………………………………………882

　　(1)　養子の同意…………………………………882

　　(2)　裁判所の関与………………………………882

　4　ハーグ国際養子縁組条約 ………………882

192　ロシア———————————883

第1　姓名制度………………………………………883

第2　家族法典………………………………………883

第3　婚　　姻………………………………………884

　1　婚姻要件具備証明書………………………884

　2　婚姻証明書…………………………………884

　3　実質の成立要件……………………………884

目　次　81

　（1）　婚姻適齢 ………………………………………………………884
　（2）　重婚の禁止 ……………………………………………………884
　（3）　近親婚の禁止 …………………………………………………884
　（4）　養親子間の婚姻の禁止 ………………………………………884
　（5）　行為無能力者の婚姻の禁止 …………………………………884
　（6）　当事者の自発的な合意 ………………………………………885
4　　形式的成立要件 …………………………………………………885
　（1）　婚姻の締結 ……………………………………………………885
　（2）　婚姻締結の手続 ………………………………………………885
5　　婚姻の効力 ………………………………………………………885
　（1）　夫婦の姓 ………………………………………………………885
　（2）　ロシア市民権の取得 …………………………………………886
6　　ロシア連邦における渉外的婚姻成立の準拠法 ………………886
7　　婚姻の無効 ………………………………………………………887
　（1）　無効事由 ………………………………………………………887
　（2）　無効確認 ………………………………………………………887
　（3）　無効の棄却 ……………………………………………………887
　（4）　婚姻の無効確認請求権 ………………………………………887
　（5）　婚姻無効の効力 ………………………………………………888
第4　婚姻の解消 …………………………………………………………892
1　　婚姻の解消 ………………………………………………………892
　（1）　解消事由 ………………………………………………………892
　（2）　解消の制限 ……………………………………………………892
2　　登録所における婚姻の解消 ……………………………………892
　（1）　解消事由 ………………………………………………………892
　（2）　婚姻の解消及び証明書の交付 ………………………………892
3　　裁判手続による婚姻の解消 ……………………………………892
　（1）　解消事由 ………………………………………………………892
　（2）　夫婦が婚姻の解消に合意した場合 …………………………893
　（3）　解消時期 ………………………………………………………893
4　　婚姻の解消日及び再婚 …………………………………………893
5　　婚姻解消後の姓 …………………………………………………893

82 目 次

 6 失踪宣告等が取り消された者の婚姻の回復······················893
 7 ロシア連邦における渉外的婚姻解消の準拠法··················893
 8 離婚証明書···894
第5 出 生··897
 1 出生子の身分···897
  (1) 母子関係···897
  (2) 嫡出父子関係···897
  (3) 嫡出でない父子関係·······································898
  (4) 裁判手続による父の確定···································898
  (5) 登録された親子関係の否認·································898
 2 出生による国籍取得···899
  (1) 国籍留保届···899
  (2) 出生場所の記載···899
 3 出生登録簿への子の父母の登録·································900
  (1) 両親が婚姻している場合···································900
  (2) 両親が婚姻していない場合·································900
  (3) 子が婚姻していない母から出生し，子の両親の共同申請
    及び父との血縁関係を確定する裁判所の決定がない場合······900
 4 登録された親子関係の否認·····································900
 5 子の姓及び父称・名···901
  (1) 父母の姓が異なる場合·····································901
  (2) 子の姓又は名について父母の協議が調わない場合············901
  (3) 父が確定していない場合···································901
 6 出生証明書···901
第6 認 知··906
 1 制 度··906
 2 実質的成立要件···906
  (1) 父の認知意思···906
  (2) 後見機関等の同意···906
  (3) 裁判所の決定···906
 3 保護要件···907
  (1) 認知される者の同意·······································907

目　次　83

　　　⑵　母の同意 ……………………………………………………907
　4　形式的成立要件 …………………………………………………907
　5　報告的届出 ………………………………………………………907
第7　養子縁組 ………………………………………………………907
　1　根拠法 ……………………………………………………………907
　2　実質的成立要件 …………………………………………………907
　　　⑴　養子となることができる者 …………………………………907
　　　⑵　養親となることができる者 …………………………………908
　　　⑶　養親と養子の年齢差 …………………………………………908
　　　⑷　養親の配偶者の同意 …………………………………………908
　　　⑸　複数の者による養子縁組の禁止 ……………………………908
　3　保護要件 …………………………………………………………909
　　　⑴　父母等の同意 …………………………………………………909
　　　⑵　後見人，里親及び親の監護なく放置された子を保護して
　　　　　いる施設の長の同意 …………………………………………910
　　　⑶　養子の同意 ……………………………………………………910
　4　形式的成立要件 …………………………………………………911
　　　⑴　方式と申請権者 ………………………………………………911
　　　⑵　手　続 …………………………………………………………911
　　　⑶　登　録 …………………………………………………………911
　5　養子縁組の効力 …………………………………………………911
　　　⑴　親族関係 ………………………………………………………911
　　　⑵　養子の姓，父称及び名 ………………………………………912
　　　⑶　養子縁組の秘密の保護 ………………………………………912
　　　⑷　ロシア市民権の取得について ………………………………913
　　　⑸　養親を養子の父母としての登録 ……………………………913
　　　⑹　効力発生日 ……………………………………………………913
　6　ロシア連邦における渉外的養子縁組の準拠法 ………………913
　　　⑴　渉外的要素を持った養子縁組の成立要件について適用す
　　　　　べき法令（準拠法）…………………………………………913
　　　⑵　外国人又は無国籍者が，ロシア国内においてロシア連邦
　　　　　市民である子を養子とする縁組 ……………………………913

84　目　次

　⑶　ロシア連邦市民が，国内において外国人である子を養子
　　とする縁組 ……………………………………………………… 914
　⑷　養子縁組の取消し等 ………………………………………… 914
　⑸　外国に居住しているロシア連邦の市民である子が，外国
　　人養親の本国法によりその国の権限機関によってされた養
　　子となる縁組 ………………………………………………… 914
　7　養子縁組の取消し …………………………………………… 914
　⑴　取消事由 ……………………………………………………… 914
　⑵　取消手続 ……………………………………………………… 914
　⑶　取消しの効力 ………………………………………………… 915
　⑷　取消しの制限 ………………………………………………… 915
　8　ハーグ国際養子縁組条約 …………………………………… 915
第8　死　　亡 ………………………………………………………… 921
第9　国　　籍 ………………………………………………………… 922
　1　二重国籍 ……………………………………………………… 922
　2　ロシア市民権の喪失 ………………………………………… 922
　　　　　　　【要件具備証明書例等】………… 924

　　　　先例索引 …………………………………………………… 941
　　　　判例索引 …………………………………………………… 942
　　　　地域別掲載国索引 ……………………………………… 943

第2編 各論

151　ペルー（ペルー共和国）

第1　姓名制度

1　ペルー人の姓名

　ペルー人の姓名は，1つ又は複数の名前と父方の第1姓（パテルノ）と母方の第1姓（マテルノ）で構成されている。

2　夫婦の子の姓

　夫婦間の子については，父の父方の姓及び母の父方の姓を称する（民法20条）。
したがって，父が「ピサロ・アントニオ・ロペス・サンチェ」
　　　　　　母が「マリア・ローサ・トーレス・サンチェ」であったときは，
　　　　　　子は「〇〇・〇〇・ロペス・トーレス」となる。

〔根拠法条〕

民法（1984年7月24日公布（同年11月14日施行））

第1編　人の権利

第1章　自然人

第3節　名

第19条（権利及び義務）

　全ての人は，1つの名を持つ権利及び義務を有する。これは姓を含む。

第20条（夫婦間の子の姓）

　夫婦間の子については，父の父方の姓及び母の父方の姓がそれに該当する。

第21条（婚姻外の子の姓）

　婚姻外の子については，その者を認知した直系尊属の姓がそれに該当する。

　その者が双方によって認知されたときは，2人の最初の姓を保持する。

　裁判の言渡しによる親子関係の場合には，同一の規則が規律する。

第22条（養子の姓）

　養子は，養親又は養親双方の姓を保持する。

第23条（未知の両親から出生した直後の子の姓）

　両親が未知である出生した直後の子は，民事身分の登録吏がその者に指定する適切な名をもって登録されなければならない。

第24条（妻の夫の姓を保持する権利）

　妻は，その者へ付加された夫の姓を保持し，かつ，新しい婚姻を締結しない間は，持続する権利を有する。かような権利は，離婚又は婚姻無効の場合において

2 第2編 各 論

終了する。

　別居に関連し，妻は夫の姓を保持する権利を持続する。争議の場合には，裁判官が決定する。

第25条（名の証明）

　名に関する証明は，身分登録簿におけるそれぞれのその登録から結果として生ずる。

第26条（名の異議申立て）（略）

第27条（名に関する合意）（略）

第28条（名の不法使用）（略）

第29条（名の変更又は付加）

　いかなる者も，正当な理由により，かつ，裁判により，適切に公示，登録された許可による場合を除いて，その名を変更することも，それを付加することもできない。

　名の変更又は追加は，その場合には，配偶者及び未成年の子へも及ぶ。

（笠原俊宏・徐瑞静「ペルー共和国民法典中の人事・家事・渉外規定の邦訳(1)」時報693-41，2013）

第2　婚　姻

1　婚姻証明書

　ペルー国全国身分登録事務所発行の婚姻証明書（婚姻記録）は，資料151-1（本文66頁）参照。

2　実質的成立要件

(1)　婚姻年齢

　未成年者（18歳に達しない者）は，婚姻をすることができない。

　ただし，正当な理由があり，かつ当事者が16歳（注）に達しており，明白に婚姻の意思を表明し，裁判官がこの障害事由を免除したときは，婚姻をすることができる（民法241条1号）。

　　（注）　1999年11月14日法律第27201号により改正。改正前は，「未成年。ただし，重大な理由があり，かつ男性が満16歳以上，女性が満14歳以上である場合，裁判官はこの障害事由を免除することができる。」とされていた（民月56-8-148）。

(2)　一般的な婚姻障害

　慢性，伝染性等の病気を持つ者，聴力，視力あるいは言語機能に障害があるため，自分の意思を明確に表示することができない者及び慢性的な精神障害と

診断された者の婚姻は認められない（民法241条2号〜4号）。

また，重婚は禁止される（民法241条5号）。

(3)　近親婚の禁止

直系血族，三親等以内の傍系血族，直系姻族との婚姻，養親と養子及び養子の親族との婚姻等，法律が規定する一定範囲の親族との婚姻は禁止される（民法242条1〜5号）。

(4)　後見人及び生存配偶者の婚姻の制限

後見人は，その職務を遂行している間又は管理の計算が終わらない間は，被後見人（未成年者又は精神上の障害により判断能力を欠く常況にある者）と婚姻をすることができない。ただし，被後見人の父又は母が遺言又は公正証書でその婚姻を許可した場合は，後見人と被後見人間の婚姻が認められる（民法243条1号）。

生存配偶者（寡夫，寡婦）が，その親権に服する子に属する財産について検察庁の検査済みの財産目録を作成したことを証明し得ない場合又は親権に服する子が存在しない旨若しくは子が財産を所有しない旨を事前に宣誓申告しない場合は，その婚姻は認められない（民法243条2号）。

(5)　再婚禁止期間

女性は，夫の死亡，婚姻の無効若しくは離婚による婚姻解消後300日を経過しない間は，出産した場合を除き，再婚をすることができない。なお，裁判官は，夫による妊娠の可能性がない場合には，事情を考慮して再婚禁止期間を免除することができる（民法243条3号）。

(6)　同意を要する婚姻

未成年者が婚姻をする場合は，父母の同意を要する。①父母の一方が同意しないとき，②父母の一方がいないとき又は完全な精神上の障害により判断能力を欠く常況にある者であるとき，③親権を剥奪されているときは，他の一方の同意で足りるものとされている（民法244条1項・2項）。

①父母が共にいないときや精神上の障害により判断能力を欠く常況にある者である等のときは，祖父母の同意を要し，②その一方が同意しないときは，他の一方の同意のみで足りるものとされる。また，祖父母も共にいないとき，又

4　第2編　各　論

は完全な精神上の障害により判断能力を欠く常況にある者であるときは，未成
年裁判所の裁判官が，婚姻の許可・不許可を決定する（民法244条3項・4項）。

3　形式的成立要件等

(1)　婚姻の申出等

　ア　申出及び成立

　　　婚姻の成立及び登録について，民法第248条は，民事婚姻を締結しよう
　　とする者は，当事者のいずれかの住所地の市又は区の長に対し，口頭又は
　　書面で，その旨を申し出なければならないと規定する。

　　　ただし，婚姻は申出のみにより成立するのではなく，申出時に提出され
　　た婚姻障害に該当しないことの証明書等の必要書面の確認，一般に向けて
　　の婚姻をすることの告示（市・区庁舎の掲示板など）と予告（一般新聞紙
　　上）を経て，婚姻資格があることが判決により確認された後，市・区庁舎
　　において，市・区長の面前で，証人立会いの下で，両当事者に婚姻の意思
　　があることを確証し，しかる後に証書が作成される。この一連の手続が形
　　式的婚姻成立要件であるが，最終的に婚姻証明書に両当事者，証人及び
　　市・区長の署名がなされることで，成立手続が完了することから，署名時
　　が成立時である。

　　（注）　申出は，一連の婚姻成立手続の契機となる当事者の婚姻意思の宣言であり，
　　　　我が国の届出主義との相違が大きいことから，「届出」の語を用いず，「申
　　　　出」としている。

　イ　添付書面

　　　婚姻の申出の際に提出しなければならない書類は，以下のとおりである。

　　(ア)　全ての当事者に適用されるものとして，以下①～③の3点がある（民
　　　法248条2項）。

　　　①　両当事者の出生証明書の正式な写し（写しであることが証明された
　　　　もの）

　　　②　両当事者の現住地の居住証明書

　　　③　提出直前30日以内に発行された，伝染性，遺伝性などの病気に関す

る婚姻障害事由（民法241条2号）がないことを証明した医師の証明書。ただし，住所地に公立の無料の医療機関がないときは，この婚姻障害が存在しないことを宣言した宣誓書。

そのほかに民法第248条に明文の規定はないが，事実上提示が必須要件であるものとして，以下のものがある。

④　国家身分証明カード（DNI）

同カードの提示は，身分登録に限らず，本人であることの確認のためには絶対条件である。提示がない場合，登録は事実上受け付けられない。

（注）　1995年法律「身分証明及び民事上の身分に関する国家登録構成法；RENIEC」により新設された制度（1995年11月7日制定，12月7日施行）。

(イ)　該当者のそれぞれの事情に応じて適用があるもの（民法248条3項）。

①　未成年者の場合には，父母等の同意書。父母がいないか，親権剥奪等の場合は祖父母，祖父母も同様な状況の場合はこれに代わる裁判所の許可書

②　三親等以内の傍系血族に該当する場合には，裁判所による婚姻障害免除決定の証明書（民法242条2号）

③　前婚が死別の場合は，前配偶者の死亡証明書の正式な写し

④　前婚が婚姻無効又は離婚の場合には，その判決証書の正式な写し

⑤　婚姻当事者が外国人である場合は，独身又は生存配偶者（寡夫，寡婦）たる身分を証明する領事の証明書

(ウ)　書類提出免除の特例

必要書類の提出が不可能な場合，第1審裁判官は提出義務を免除することができる（民法249条）。この免除は，1993年8月1日の民事訴訟法の改正により，非訟事件として処理されることになった（法律第786号）。

ウ　証人の出頭

婚姻当事者双方が，当事者の婚姻障害の有無を証言することができる3年以上前からの知人である成人を同行しなければならない。なお，同じ者が当事者双方の証人を兼ねることも可能である（民法248条4項）。

6　第2編　各　　論

エ　証明書の交付

　　婚姻申出が口頭でなされたときは，市・区長，当事者，未成年の場合は同意を与えた者及び証人がそれぞれ署名した証明書が発行される（民法248条5項）。

(2)　告知と婚姻予告

ア　告知，予告の方式

　　行政区庁で婚姻申出があった場合，これを区庁舎内に告知として8日間掲示し，さらに地域の新聞に婚姻予告（avisos）として1回掲載する（注）（民法250条1項）。

　　予告は，通常新聞により行われるが，新聞のない地域では新聞に代えてラジオで行う旨が規定されている（民法250条2項）。その際は，放送された内容についてラジオ局の代表者が署名したものに，費用の明細を添付して，登録所に提出することになる。

　　婚姻の予約には，各当事者の氏名，国籍，年齢，職業，住所，婚姻挙行地が記載され，さらに，当該婚姻について何らかの婚姻障害があることを知る全ての者はその旨を通報しなければならないと注意を促す通告の明記が法文に規定されている（民法250条3項。（注）1993年7月1日法律第26205号第1条により改正）。

　　婚姻の申出の受付は住所地のある行政区庁で行うが，当事者双方の住所地が異なる場合，申出を受けた行政区が，もう一方の行政区長に対し，文書で通知し，これを受けた行政区でも同様に，8日間の告知を行うことになる（民法251条）。

　　【婚姻予告の掲載例】

　　　　ミラフローレス区役所

　　　　民事登録

　　　　婚姻の予告

　　　　民法第250条に従って，以下のことを通知する。

　　　　男性　　○○○・○○○・○○○，29歳

　　　　民事上の身分：独身。　地質技師。

カナダ国ケベック州セプトイレス出生，国籍カナダ。

住所：カナダ国ケベック州○○○。

女性　○○○○・○○○○・○○○○，26歳

民事上の身分：離婚。　秘書。

リマ市ヘススマリア区出生，国籍ペルー。

住所：ミラフローレス区○○○。

（両者は）当市役所にて婚姻締結を希望。

婚姻障害原因のあることを知る者は民法第253条に規定する方式で告発することができる。

　　ミラフローレス，2015年11月3日

　　○○○○○○－民事登録吏長

(**注**)　首都リマ市内で販売されている新聞には，各区の婚姻予告が毎日数件掲載されている。

イ　利害関係人の異議申立て

　行政区庁の告知と新聞等の予告により，婚姻障害があるとして，利害関係人が異議を申し立てる場合は，告知を行った行政区長に対して，書面で行う。異議の内容の正当性を1次的に判断するのは受け付けた行政区長である。異議申立てが法的な根拠に基づかない場合は，これを却下し，それ以上の不服申立ては認めない。

　申立てが根拠のあるものであり，しかも婚姻当事者が異議を申し立てられた婚姻障害の存在を否定する場合には，行政区長はこの異議申立てを当該地の地区裁判所（**注**）の裁判官に移送する（民法253条・256条）。

　行政区長からの異議申立ての送付を受け，裁判官は5日以内に申立てを処理するために，婚姻に反対している者を召喚する（民法256条）。

(**注**)　地区裁判所（Juzgado de Paz Letrada）（裁判所構成法54条）。単一区又は一定の人口に達するよう複数の地区を統合した地域ごとに置かれた，民事，刑事，労働及び家族事件を扱う第1審裁判所。家事事件は，1999年の児童未成年法制定に伴う同年の裁判所構成法の改正により，新たに管轄事項となる。家事事件の控訴は，家事裁判所（Juzgado de Familia）に対して行われる。

8　第2編　各　論

設置地域，管轄区は司法執行審議会により決定される。

ウ　婚姻無効事由の存在する場合の異議申立て

婚姻障害が婚姻無効のいずれかの要件を具備するものである場合，検察庁が職権で異議申立てをする（民法254条）が，利害関係人のみならず誰でもこれを通告することができる。一般人が口頭又は書面で行った通告は検察庁に送られ，検察庁において通告内容が根拠のあるものと判断された場合，地区裁判所に対し異議申立てがなされる（民法255条）。

検察庁が行う異議申立ては，行政区庁舎で行われる告知又は婚姻障害の通報を受けてから10日以内に提訴しなければならず（民法256条），この期間経過後は提訴することができない。この訴訟は，即決手続で行われる。

エ　不当な異議申立て

異議申立てが法的根拠のないものであると判決が下された場合，申立者に対し損害賠償の義務が発生し，同一の判決内で賠償額（慰謝料を含む。）が判示される。悪意で行われた異議申立ても同様である。ただし，職権の発動による検察官と，尊属はこの責任を問われない（民法257条）。

(3)　挙式手続

ア　婚姻資格宣言

告示期間が経過しても異議申立てがなく，あるいは異議申立てが提起されても却下された場合，行政区長は婚姻障害が存在しないとして，婚姻申出者に対し，婚姻の資格があることを宣言し，それから4か月以内に婚姻が可能であることを告げる。

ただし，何らかの婚姻障害があることを知り，又は提出書類等から婚姻資格があることが証明し得ない結果となった場合，これを裁判官に移送し，裁判官は検察官を召喚し，3日以内にこれを処理する（民法258条）。

イ　儀式の挙行

(ア)　区庁舎での区長による挙式

婚姻は，申出を受けた行政区の区庁舎で，同区長の面前で，両当事者と成人の証人2人以上及び地域住民立会いの下で，公開して挙行される。

第1に，区長が婚姻の効果としての夫婦の権利義務に関する民法の規

定（民法287条～290条）及び親権の意味とその行使についての民法の規定（民法418条・419条）を読み上げ，婚姻当事者それぞれに対し，自らの意思で婚姻を挙行するか否かを質問し，両者がこれに肯定の返答をした後，区長，両当事者及び証人が婚姻証明書に署名し，これを発行する（民法259条）。この署名をもって婚姻が成立し，「署名時に記入された日付」が婚姻成立日となる。

(イ) 他の役人・司祭等による挙式

区長は挙式を取り仕切る任務を，行政区の他の官吏や役職者，病院や類似施設の長などに委任することができ，その際の書面による委任手続による。さらに，同様に教区司祭や司教に委任することもできる（民法260条1項・2項）。実際には，教会で挙式が行われることがほとんどであるが，これは本来行政官が行う任務を委任したものであり，いわゆる宗教婚ではない。

司祭又は司教が挙式を執り行った場合，挙行後48時間以内に婚姻証明書を民事登録所に移送しなければならない（民法260条3項）。

(ウ) 他所での例外的挙式

挙式は，申出を行った行政区の区庁舎内で行うことが原則であるが，民法は例外的な場合を規定している。

① 申出以外の他の行政区での挙式。この場合は，管轄行政区の長から文書で委任がなされる（民法261条）。

② 農山村地域や先住民地域では，教育機関や各地域共同体の上位の地位にあるもの2人から成る代表者会の下で，この会の上位の地位にある者のうち1人が主宰者となって執り行う婚姻も，国家法に基づく民事婚と認められる（民法262条）。

③ 挙式には，本人の出頭が原則であるが，例外的に代理人による挙式が予定されている。公的文書で特別に代理権を付与された代理人が，本人のDNIカード（注）を持参して行うもので，DNIカードがない場合は婚姻が無効となる。DNIカードは個人の同一性を証明する唯一，絶対のものであることから，本人が出頭し得ない場合といえども本人

10　第2編　各　　論

であることの保障を確保している（民法264条）。

(注)　前掲第2の3(1)イ(ア)④参照。

④　いわゆる臨終婚の場合，一方が死の危険に直面している場合，その
他の要件を充足しなくとも，司教又は他の聖職者の立会いで挙行する
ことができる。

ただし，当事者双方に意思能力があることが必要である。この方式
で挙行された婚姻を登録するには，教会の婚姻証明書の写しのみが必
要となる。ただし，挙式後1年以内に，死の危機を脱した当事者又は
配偶者が登録を行われなければ，婚姻は無効となる（民法268条）。

(エ)　婚姻完成までの無償の確保

申出，挙式及び登録の婚姻成立の全段階において，国家法の下で行わ
れる法律行為であり，費用がかからない。申出書類として添付する医師
の診断書（民法248条），新聞による公告も無料である（新聞に代わるラ
ジオの場合は，費用明細書を提示）。明文では，「婚姻の手続及び挙式に
関わる全ての公務員や公的業務を行う者は，手数料を取ってはならない
（民法266条）。」と規定する。これに反した者は，その職務を解任される
（民法267条）。

4　婚姻の証明

(1)　効力発生要件としての登録

ア　国家単位の登録制度の導入（1995年）

婚姻が成立した場合，これを登録しなければならない。法文は，登録が
婚姻の民事上の効力発生要件であることを，「婚姻の法的効力を主張する
ためには，民事登録証書の正式な写しを提示しなければならない（民法
269条）。」と明記する（登録自体は，「身分証明及び民事上の身分に関する
国家登録構成法」に従ってなされる。）。

ちなみに，同法制定以前も登録は一連の婚姻手続の最終作業であり，効
力発生要件であったことに変わりはなかった。しかし，登録が25の各行政
区ごとに行われていたため，方式が異なり，要件が異なることもあり，異

なる行政区間で婚姻の渉外的問題が発生する余地があった（例えば，重婚など）。そこで，各行政区ごとに管理していた登録を単一の国家機関（身分証明及び民事上の身分に関する国家登録所）に集中させるに至った。1995年以降，実際の登録は従来どおり行政機関の窓口で行い，一定期間の保存も各行政機関で行うが，手書きで処理した登録証書などを機械入力の上，国家登録所で保存することになった。

(注) 1995年以前に成立した婚姻についても順次機械化の作業を行っているが，全体としてはなおかなりの時間がかかるであろうといわれている。

イ　証明としての登録証書

通常，婚姻成立を証明する書類として提示するのは，行政区長又は司祭の面前での挙式の際に署名して作成した証書の正式な写しである。これを通常本人が所持しており，必要ある際に提示することになり，DNIカードとともに本人を証明する重要な書類である。

本人の保管管理であることから，紛失の可能性も生じる。その際，民法は，他の手段での証明も可能と規定する（民法270条）。実務上は，既婚証明書を発行するのが通常である。

5　報告的届出

(1)　概　説

ペルー国では，婚姻をしようとする者は，自分の住所のある県又は行政区の長に婚姻の申請をし（民法248条1項），その旨が公示されて（場合によっては公示が免除されることもあるが），その婚姻に障害がないと認められれば，婚姻当事者らは，役所に出頭し，証人立会いの下で，公に結婚式をすることになる（民法250条〜259条）。そして無事に婚姻手続が終了すると，その役所の登記簿に婚姻事項が記載される。民法第269条には，「婚姻の法的効力を証明するには，登録簿の写しを提出しなければならない。」と規定されていることから，行政区の長が作成する登録簿の写しは，ペルー国の方式による婚姻の成立を証する唯一の書面ということになる。

また，ペルー国では，婚姻証明書の様式は各役場によって異なっているよう

であり，通常，一度婚姻して離婚した者が再婚する場合には，後婚の婚姻証明書のその者の欄には"Divorciada（離婚した者）"という記載がされる（戸籍669-79）。

(2) 旧民法施行前の法制等

旧民法施行前に教会に登録された婚姻は，民事上の婚姻と同等の効力を有する旨が，旧民法第1827条，現行民法（1984年11月14日施行）第2115条に規定されている。

ア　旧々民法下（1936年11月13日以前）

平成4年9月30日民二第5676号回答のとおりであれば，教会婚は法的に有効なものと考えられるが，民事上の婚姻については，その制度があったかを含め，資料がないため明らかではない。

しかし，法律の規定振りや婚姻法制の変遷を総合的に判断すると，旧々民法下において，教会婚は法的に有効とされていたものと推測できる。

なお，念のために旧々民法の規定を調べておくことが望ましいので，在日ペルー大使館等に婚姻当時の法制について照会されたい。

イ　旧民法下（1936年11月14日〜1984年11月13日）

民事上の婚姻が原則であり，民事上の婚姻は，婚姻しようとする者が夫婦の一方の住所地又は所在地の市区町村長にその旨の申告を要するものとされている（民法101条）。

例外として，「民事上の婚姻は，主任司祭，教区司祭又はその依嘱を受けた牧師によってもこれを挙式できる。」（民法124条）とされ教会婚も可能とされているが，民法第126条で「民法第124条によって執り行った婚姻は，戸籍簿に記入されない限り，効力は発生しない。」とされている。また，民法第127条の規定によれば，「婚姻の民事上の効力を主張するためには，戸籍簿の証明書を提示する。」とされていることから，民事上の婚姻を証明するものとして，戸籍簿の証明書によることが必要となる。

したがって，司教区発行の婚姻証明書は，宗教上の婚姻が成立したことを証する証明書としては有効であるが，同証明書をもってペルー国の民事上の婚姻の効力が発生したものとは認められない（平成6．2．16民二941

号回答（戸籍617-81・戸籍674-68）。

(3) ペルー国リマ大司教区で発行する婚姻証明書

リマ大司教区において発行する1988年以降の婚姻登録証明書は，資料151－2様式（本文68頁）によることとされており，証明書の発行年月日が1991年3月14日であるにもかかわらず，リマ大司教区において1988年以降に発行する証明書の様式とは明らかに異なることから，同証明書の有効性が疑われるところであり，戸籍法第41条に規定する有効な証書として取り扱うことはできない（平成4.9.30民二5676号回答（戸籍598-68））。

6 反　　致

ペルー法上ペルー人が日本に住所を有すると認められる場合は，反致が適用されるものとして，ペルー人男の婚姻要件について日本法を適用して差し支えないとされた事例がある（平成18.7.25民一1690号回答）。

①ペルー民法第2075条は，ペルー民法第10編国際私法第3章準拠法の中の規定であり，「各配偶者が住所を有する地の法律が準拠法になる。」との内容である，②ペルー民法第10編国際私法は，住所について具体的に定めていないため，原則として，ペルー民法第33条から第41条の規定による。

したがって，ペルー法上住所が日本にあることを事件本人に証明させ，日本に住所があることが確認できた場合には，ペルー国の国際私法たるペルー民法第2075条に規定の反致により，日本法が準拠法となる（戸籍804-91）。

7 婚姻の無効及び取消し

(1) 婚姻の無効（民法274条・286条）

ア　無効原因

一般的には，婚姻成立の本質的要件（民法241条）を欠く場合及び社会秩序に関する強行規定（民法242条）に反して挙行された婚姻は無効である（民法274条）。

法定無効原因は，以下のとおりである。

①　精神障害者との婚姻（民法241条3号・274条1号）

14 第2編 各 論

② 聾唖者等との婚姻（民法241条4号・274条2号）

③ 既婚者との婚姻（民法241条5号・274条3号）

前婚配偶者が死亡か，婚姻が無効・取消しとなった場合は，訴権者は後婚の善意の配偶者のみで，しかも重婚の事実を知った日から1年以内にのみ提訴が認められる。失踪宣告後の再婚は，失踪者が生還しても無効とはならないが（民法68条），宣告を受けていない事実上の失踪者の配偶者との婚姻は，善意の後婚の配偶者のみが提訴できる。

④ 直系血族又は直系姻族との婚姻（民法242条1号・3号・274条4号）

⑤ 二親等又は三親等の傍系血族との婚姻（裁判により許可を得ている場合を除く。）（民法242条2号・274条5号）

⑥ 婚姻が離婚により解消し，元の配偶者が生存する場合における二親等の傍系血族との婚姻（ただし，前婚配偶者生存中のみ）（民法242条4号・274条6号）

⑦ 夫婦の一方を故意に殺害し，又はこれに関与して有罪判決を受けた者と，被害者の遺族との婚姻（民法242条6号・274条7号）

⑧ 法定の婚姻手続（民法248条〜268条）を経ずに行った婚姻（民法274条8号）

⑨ 婚姻挙行に関わる権限のない役人の下で，当事者がその事実を知りながら行った婚姻。ただし，当事者に訴権はない（民法274条9号）。

⑩ 第243条に違反して挙行された婚姻（注）等

（注） 民法第286条では，「第243条に違反して締結された婚姻は無効である。※」と定められているものの，再婚禁止期間の規定違反は民法第274条に定められている婚姻無効の原因の中には含まれていない上，在日ペルー大使館からの回答では，再婚禁止期間の規定に違反した婚姻は訴訟によって取り消されるまでは有効なものとして取り扱われているということであり，再婚禁止期間の規定に違反した婚姻は当然無効ではなく，取り消すことができるとされているものと解される（戸籍669-82）。
※ 条文上は「有効」が正しい。

イ　無効手続

　(ア)　訴権者

　　　婚姻無効訴訟は取消訴訟と異なり，一般的に検察庁か，法律上又は現実的（経済的若しくは道徳的）利害関係を持つ者が提訴し得る（民法275条）。ただし，訴権者について無効原因（民法274条）の項で特に指示のある場合もある。

　　　無効の訴えは，無効な婚姻が継続する間はいつでもすることができる（民法276条）。

　　　無効が明白な場合は，裁判官が職権で無効の宣言をするが，既に婚姻が解消されているときは，無効宣言ができない。また，そのときは，検察官も提訴することも訴追をすることもできない（民法275条）。

　(イ)　無効訴訟の審理

　　　無効訴訟は，検察官が必要的に関与する手続で行われる（民法281条）。

　　　婚姻無効については，法律第27155号により家事地域検察官の権限となった。

　　　「同法第96条　家事地域検察官の権限，1　婚姻無効，別居及び離婚の手続において，異議の申立てを提起して，証拠を提出して，当事者として関与する。」

ウ　無効婚の効力

　(ア)　原則 – 相対的効力

　　　離婚及び別居と同様，婚姻無効の効力は，無効原因ごとに規定があり相対的である。民法は，原則を「無効とされた婚姻は，それが善意で締結されたとき，夫婦及び子に関し，民事上の効力を生ずる。」と規定する。ただし，夫婦の一方が悪意であればその者には効力を生ぜず，他方と子にとってのみ，民事上の効力が生ずる（民法284条）。

　　　さらに，第三者に対しても，善意（注）であれば離婚によって解消された有効な婚姻の効力を認めている（民法285条）。

　(注)　「善意」の解釈については，単なる知・不知とは異なると解される。例えば，判例では，無効原因事実を意図的に隠すなどの行為をもって「悪い

16　第2編　各　　論

信条」と表現し，婚姻の効力なしと判示しているものもある（1998. 4. 30
ペルー最高裁判決）。

(イ)　再婚禁止期間の婚姻

再婚禁止規定に違反して成立した婚姻については，有効である（民法
286条）（注）。

（注）　「外国身分関係法規集（Ⅵ）」には無効と記載されているが，原文は
válido（有効）であると規定する。

(ウ)　離婚・別居規定の準用

無効の効果は，離婚・別居に関する規定の準用が以下の場合になされ
ている。

a　親権者決定

当事者に子がいる場合，親権者の決定は裁判官の判断によるが，原
則として，7歳以上の男子は父親，女子及び7歳未満の男子は母親に
託される。ただし，他方配偶者の親権が停止されている状態であり，
親権行使の親の死亡又は法律上の理由により親権を行使し得なくなっ
た場合は，裁判官の決定により親権は他方の配偶者に移行する。

b　損害賠償

財産上の処理について，婚姻無効では，損害賠償についてのみ準用
がされている。

(2)　**婚姻の取消し**（民法277条）

取消原因は，以下のとおりである。

ア　婚姻適齢に達していない者の婚姻（1号）

適齢に達した後，当事者たる夫婦は追認をすることができる。

（注）　2(1)（注）に記載したように，婚姻適齢は1999年の改正で男女とも16歳と
なった。適齢に至っても未成年者（18歳未満）の婚姻には原則として両親の
同意が必要であり，両親及びこれに代わる祖父母も共にいないとき，意思能
力がないとき，又は親権を剥奪されているときは，未成年保護審判所の審判
官が判断し，婚姻の許可，不許可を決定することになる（民法244条）。した
がって，事実婚はともかくとして，適齢違反の婚姻が法的に成立することは
実際には稀である。

イ　慢性，伝染性又は遺伝性の病気等を有する者との婚姻（2号）

ウ　誘拐者と被害者の婚姻又は強制的な監禁による婚姻（3号）

エ　一時的な原因により知的能力が十分に機能していない状態にある者との婚姻（4号）

オ　他方の肉体的同一性に対する錯誤や共同生活を不可能にする重大な欠陥（不名誉な生活，同性愛，薬物中毒，慢性の性格上の重大な欠陥，故意犯による禁錮刑に服したこと，又は離婚歴の隠匿等）（5号）

カ　特に第三者に向けられた強迫により締結した婚姻（6号）

キ　婚姻成立時に性的不能者であった者との婚姻（7号）

ク　権限のない公務員の面前で，善意で挙行した婚姻。挙行後6か月以内に夫婦の一方又は双方から提訴し得る（8号）。

　　なお，提起期間又は提訴できる者にそれぞれ制限がある。

〔根拠法条〕

民法（1984年7月24日公布（同年11月14日施行））

第1編　人の権利

第1章　自然人

第4節　住所

第33条（住所の創設）

　　住所は，人による何れかの場所における平常の居所によって構成される。

第34条（特別住所）

　　法律行為を実行するため，特別住所が指定されることができる。指定は，異なる契約を除いて，該当する領域の管轄への服従のみを意味する。

第35条（住所の複数）

　　幾つかの場所において交互に生活するか，又は，平常の職業を有する者については，その者は，それらの何れにおいても居住するものと考えられる。

第36条（夫婦の住所）

　　夫婦の住所は，夫婦が一緒に生活するそれか，又は，それがないときは，共有した最後のそれとする。

第37条（無能力者の住所）

　　無能力者は，住所として，その法定代理人のそれを有する。

第38条（公務員の住所及び外国における一時的居所）

　　公務員はその職務を遂行する場所に居住するものとし，その場合には，第33条において規定されたところを損ねることがないものとする。

　　国家の職務の遂行においてか，又は，他の理由により，一時的に外国に居住する者の住所は，国内領域に有した最後の住所とする。

第39条（住所の変更）

住所の変更は，他の場所への平常の居所の移転によって行なわれる。

第40条（住所の変更の反対）

　住所の変更は，債権者に対し，明確な通信により，その認識に置かれなかったとき，その者に対抗することができない。

第41条（住所の法律上の推定）

　平常の居所を有しない者については，その者は，居合わせる場所に住所を有するものと考えられる。

第5節　能力者と無能力者

第42条（年齢要件）

　第43条及び第44条の規定を除き，18歳に達した者は，市民権を行使することができる完全な法的資格を有する。

第43条（完全な無能力者）

　次の者は，完全な無能力者である。

1　16歳未満の者。ただし，法に特別の定めがある場合を除く。

2　原因を問わず，精神に障害を来した者

3　自己の意思を明確に表明することができない聴力，視力及び言語機能に障害がある者

第44条（相対的な無能力者）

　次の者は，相対的な無能力者である。

1　16歳以上18歳未満の者

2　精神遅滞者

3　精神的な損傷を患っている者で自己の自由意思を表明することができないもの

4　破産者

5　悪事を犯した者

6　アルコール中毒者

7　麻薬中毒者

8　公民権の停止を付加刑とする刑罰を受けた者

第7節　人の最期

第3款　生存の確認

第68条（配偶者の新しい婚姻に関する効力）

　生存の確認は，配偶者が締結した新しい婚姻を無効としない。

第3編　家族の権利

第2章　婚姻関係

第1節　行為としての婚姻

第1款　婚約

第239条（婚姻の相互の約束）

　婚姻の相互の約束は，それを締結する法的義務も，それの不履行の場合について口約束されたところに従う法的義務も生ぜしめない。

第240条（婚約破棄の効力）

　婚姻の約束が，結婚するについて法的に適合した者の間において明らかに正式となり，かつ，婚約者の一方のみのために，履行することが放棄され，それにより，他方又は第三者に対して損害を惹起しているとき，その者は，それを賠償する義務を負うものとする。

　訴訟は，約束の破棄から1年間以内に行使されなければならない。

　同一期間内において，婚約者のいずれの一方も，企図された婚姻を理由として，他方のために行った贈与を撤回することができる。返還が可能でないときは，第1635条に規定されたところが遵守される。

第2款　婚姻障害

第241条（絶対的障害）

　次に掲げる者は，婚姻を締結することができない。

1　未成年者。裁判官は，婚姻当事者が

少なくとも満16歳であり，かつ，結婚するその意思を表明するとき，常に，正当な理由により，その障害を免除することができる。

2　遺伝によるか，又は，子孫にとって危険となる悪習により，慢性疾患，伝染病及び遺伝性疾患を患う者

3　覚醒期があるとしても，慢性的に精神病を患う者

4　明確な方法をもってその意思を表示することができない聾唖者，盲唖者及び盲聾者

5　既婚者

第242条（相対的障害）

次に掲げる者の間において，婚姻は締結されることができない。

1　直系血族の間。認知もされておらず，裁判上宣告もされていない婚外子のための扶養料の支払を言い渡す判決もまた，本号が規定する障害を生ずる。

2　二親等及び三親等の傍系血族の間。三親等に関して，裁判官は，重大な理由が存在するとき，その障害を免除することができる。

3　直系姻族の間

4　姻族関係を発生させる婚姻が，離婚によって解消され，かつ，元の配偶者が生存するときは，二親等の傍系姻族の間

5　養親，養子及び血族及び姻族についての第1号から第4号において指示された系及び親等内のそれらの者の家族の間

6　夫婦の一方による故意の殺人における関係者として有罪判決を言い渡された者，その理由によって起訴された者

と遺族との間

7　誘拐が持続するか，又は強要的監禁がある間において，誘拐者男子と誘拐された女子との間又は逆の間

第243条（禁止となる障害）

次に掲げる者の婚姻は，認められない。

1　後見又は保佐に服する者の父又は母が，遺言又は公の文書によって婚姻を許可していない限り，任務の遂行の間においても，管理の計算が法的に承認される前においても，後見人又は保佐人の未成年者又は精神上の障害により判断能力を欠く常況にある者との婚姻

禁止に違反する後見人又は保佐人は，任務の遂行から派生する責任を損なうことなく，その者が権利を有する報酬を失う。

2　寡夫又は寡婦が管理しているその子に帰属する財産の法的財産目録であって，検察庁の検査を伴うものを作成したことを証明しないか，又は，その者の親権の下における子を有しないこと，若しくは，子が財産を有しないことの宣誓した宣言が先行することのない寡夫又は寡婦の婚姻

本法規の違反は，前記の子の財産に対する法定使用権の喪失をもたらす。

本規定は，親権の下にある婚外子を有する父又は母へと同様に，婚姻が無効とされたか，又は，離婚によって解消された配偶者へ適用される。

3　出産しない限り，夫の死亡から少なくとも300日が経過前の寡婦。本規定は，離婚されたか，又は，婚姻が無効とされた女子にも適用される。

女子が，権限を有する官庁によって

発行された医師の証明書により，夫に
よる妊娠の可能性がないことを証明す
るとき，待婚期間は免除される。

本号に含まれた禁止に違反する寡婦
は，その夫から無料で受け取った財産
を喪失する。

第333条第5号の場合について，禁
止は支配しない。

本号は，新しい夫に関しての父子関
係の推定に適用される。

第244条（未成年者の婚姻）

未成年者は，婚姻を締結するについ
て，その両親の明らかな同意を必要とす
る。両親の間における不一致は，同意に
相当する。

両親の一方がいないか，又は，その絶
対的行為無能力若しくは親権行使の剥奪
により，他方の同意をもって足る。

両親双方がいないか，又は，両者が絶
対的に行為無能力であるか，若しくは，
親権の行使を剥奪されているときは，祖
父及び祖母が同意を与える。反対意見の
同等の場合には，不一致は同意に相当す
る。

祖父又は祖母がいないか，又は，それ
らの者が絶対的に行為無能力であるか，
若しくは，後見を解任されているとき，
補充的許可を与えるか，又は，拒否する
かは，未成年保護審判所審判官に合致す
る。同一の帰属は，孤児若しくは遺棄さ
れた未成年者又は特別管轄権の下にある
者に関し，未成年保護審判所審判官に合
致する。

婚外子は，父が自発的に子を認知して
いるときは，父又は父方の祖父母の同意
のみを必要とする。同一の規則は，母又

は母方の祖父母へ適用される。

第245条（理由の表示のない同意の拒否）

両親又は尊属の同意を与えることへの
拒否は，根拠を必要としない。その拒否
に対しては，何らの不服申立てもない。

第246条（拒否の審判）

第244条が規定する拒否の審判は，根
拠づけられなければならず，かつ，それ
に対して，控訴裁判所は，両方の結果に
おける控訴を裁判する。

第247条（同意のない未成年者の婚姻）

第244条及び第245条が規定する同意が
なく結婚する未成年者は，成年に達する
まで，その財産の所有，管理，使用権
も，負担又は処分の権能も享有しない。

戸籍登録の公務員であって，結婚がそ
の者の下において挙行された者は，刑事
責任の余地を損ねることなく，少なくと
も，相当する地位の生活に不可欠な最低
の給料10か月分の罰金を受ける。

第3款　婚姻の挙行

第248条（方式及び要件）

民事上の婚姻を締結しようとする者
は，口頭又は書面により，当事者のいず
れかの住所の県又は郡の市町村長へ，そ
れを届け出る。

出生登録の証明された控え，住所証明
及び第241条第2号及び第243条第3号に
定められた障害を有しないことを証明す
る30日以内の日付で発行された医師の証
明書，又は公的で無料の医療業務がない
地にいるときは，かような障害を有しな
いことの宣誓された宣言を添付するもの
とする。

そのそれぞれの場合において，婚姻不
適齢の司法上の免除，両親若しくは尊属

の同意を記載する法律文書又は司法上の補充的許可証，三親等の傍系血族関係の免除，前配偶者の死亡証明の認証された写し又は前婚の離婚若しくは無効の判決文，独身若しくは寡婦の領事証明書及び諸状況に従い，他の全ての必要な文書も添付するものとする。

それぞれの婚姻希望者は，さらに，少なくとも３年前からその者を知る２人の成年の証人であって，宣誓して，何らかの障害があるか否かに関して証言する者を提示する。同一の証人は，婚姻希望者の双方のそれになることができる。

届出が口頭によるときは，市町村長，婚姻希望者，同意を与えた者及び証人によって署名される証書が作成されるものとする。

第249条（司法による文書提出の免除）

第１審裁判所の裁判官は，婚姻希望者に対し，いずれかの文書の取得が非常に困難であるか，又は，不可能であるとき，それを提出する義務を免除することができる。

第250条（婚姻の告知）

市町村長は，８日間にわたり，地方自治体の役所に掲示され，かつ，新聞があるところにおいては，それに１回掲載される告知により，企図された婚姻を公示するものとする。

新聞がない区域においては，告知は，婚姻締結者が選ぶそれぞれの地方又はその地方の至近のラジオ放送局を通じて行われるものとする。公表される本文は，ラジオ放送局の責任者の署名及びその費用の証明書を付して国民身分証とともに，民事登録所長へ提出されなければな

らない。

告知は，婚姻締結者の氏名，国籍，年齢，職業，住居又は事務所，住所，婚姻が挙行される場所及び何らかの障害の存在を知る全ての者がそれを通報しなければならないことの通告を明記するものとする。

第251条（住所の相違による告知）

婚姻締結者の住所が異なるときは，該当する市町村長に対し，その管轄において，第250条に定められた掲載が重ねて行われるため，公式に通知されるものとする。

第252条（婚姻の告知掲載の免除）

市町村長は，相当な理由があるとき，及び，第248条において求められた全ての文書が提出されるとき，常に，告知の掲載を免除することができる。

第253条（婚姻の挙行に対する異議申立て）

正当な利害関係を有する全ての者は，何らかの障害が存在するとき，婚姻の挙行に対して異議を申し立てることができる。異議申立ては，書面により，告知を掲載したいずれかの市町村長の下へ表明される。

異議申立てが法定理由に基づかないとき，市町村長は，何らかの不服申立てを許すことなく，直に拒否するものとする。異議申立てが法定理由に基づいており，かつ，婚姻希望者がその存在を否定するとき，市町村長は，訴訟手続が執られたそれを裁判官へ移送するものとする。

第254条（検察庁の異議申立て）

検察庁は，何らかの無効理由の存在の通報を受けるとき，職権により，婚姻に対して異議を申し立てなければならない。

22　第2編　各　論

第255条（婚姻障害の告発）

　何らかの無効理由となる障害の存在を
知るいずれかの者は，それを告発するこ
とができる。

　告発は，口頭又は書面によって行われ
ることができ，かつ，検察庁に委ねら
れ，それは，告発に根拠があるとき，異
議申立てを表明する。

第256条（異議申立ての権限及び手続）

　婚姻に対する異議申立てを審理する権
限は，それが挙行されるはずであった地
の調停治安裁判所の裁判官が有する。

　市町村長による異議申立ての訴訟手続
が移送されたとき，裁判官は，請求に関
与するため，5日間以内に異議申立人を
召喚するものとする。検察官は，第250
条に規定された告知が掲載されたか，又
は，前条に引用された告発が表明されて
から数えて10日間以内に，その請求を行
うものとする。

　請求に関与することなく，前項に引用
された期限が切れたとき，訴訟手続が執
られたものは，完全に不問とされるもの
とする。

　異議申立ては，即決手続として処理さ
れる。

第257条（根拠のない異議申立てによる賠
償）

　異議申立てに根拠がないことが言い渡
されるとき，それを申し立てた者は，損
害賠償の支払に服することとなる。

　尊属及び検察官は，その責任を免除さ
れる。告発が悪意のものであるときは，
それを申し立てた者と同様に責任があ
る。両方の場合において，賠償について
は，裁判官が，精神的損害を考慮して，

慎重にそれを決定する。

第258条（婚姻締結者の能力の宣言）

　異議申立てがなく，告知の掲載につい
て指示された期間が経過したか，又は，
異議申立てが拒否され，かつ，いかなる
障害の通報もないとき，市町村長は，婚
姻希望者の能力及び4か月以内に婚姻を
締結することができることを宣言するも
のとする。

　市町村長は，何らかの障害の通報を受
けたか，又は，提出された文書及び情報
から，結果として，婚姻希望者の能力が
保証されないこととなるとき，裁判官へ
訴訟手続が取られたものを移送し，裁判
官は，3日間の期間に，検察官を召喚し
て，それを適切に解決する。

第259条（婚姻挙行の方式）

　婚姻は，地方自治体において，2人の
成年の証人及びその地の住民の立会いの
下に，婚姻締結者が出頭して，届出を受
けた市町村長の面前において，公開して
挙行される。市町村長は，第287条，第
288条，第289条，第290条，第418条及び
第419条を読んだ後，それぞれの婚姻希
望者に対し，その意思において婚姻を締
結することを持続するかを質問するもの
とし，かつ，両者は，肯定的に返答し
て，市町村長，婚姻締結者及び証人に
よって署名される結婚証書を作成する。

第260条（婚姻を挙行する権能の委任）

　市町村長は，書面により，他の首長，
自治体の公務員，病院又は類似の施設の
指導者又は長へ，婚姻を挙行する権能を
委任することができる。

　婚姻は，それぞれの市町村長の委任に
より，教区の主任司祭又は司教の下にお

いても挙行されることができる。

その場合には，主任司祭又は司教は，48時間以内に，それぞれの戸籍登録事務所へ婚姻証明書を送付するものとする。

第261条（異なる市町村における婚姻挙行）

婚姻は，権限を有する市町村長の書面による許可により，他の市町村役場の市町村長の下において挙行することができる。

第262条（農村及び出身の共同体における婚姻）

民事上の婚姻は，農村及び出身の共同体において，教育機関によって創設され，かつ，それぞれの共同体の上位の階級の２名の役員によって構成された特別委員会の下においても手続され，かつ，挙行されることができる。委員会の議長には，共同体の上位の階級の役員の１人が就任する。

第263条（民事登録所長の婚姻挙行の権能）

戸籍登録が特別公務員の職務である県都においては，その長が，本節によって市町村長へ付与された権限を行使する。

第264条（代理人による婚姻）

婚姻は，公文書によって特別に授権された代理人により，共に挙行すべき者の身元確認をした上で締結することができるものとし，さもなければ，無効とする。その後者の立会いは，挙行行為において欠いてはならない。

婚姻は，本人が挙行前に権限を撤回するか，又は，無能力になるときは，代理人がかような事実を知らないときであっても，無効とする。効力を発生するためには，撤回は代理人及び地方婚姻締結者へ通知されなければならない。

権限は，委任されてから６か月で消滅する。

第265条（地方自治体外における婚姻挙行）

市町村長は，例外的に，地方自治体の所在地外において婚姻を挙行することができる。

第266条（婚姻手続の無償）

婚姻の手続及び挙行に関係する公務員又は公的従業員のいかなる者も，いかなる権利も得ないものとする。

第267条（無償違反の罰則）

第266条の違反者は，刑事責任を損なうことなく，職務を罷免されるものとする。

第268条（切迫した死亡の危険による婚姻）

婚姻締結者のいずれかの者が切迫した死亡の危険に瀕しているとき，婚姻は，それに先行しなければならない正規の手続を遵守することなく，挙行されることができる。その婚姻は，主任司祭又は他のいずれかの聖職者の下において挙行され，また，婚姻締結者のいずれかの者が無能力であるときは，民事上の効力を生じない。

登録には，教区記録簿の証明書の写しの提出のみを要する。

当該登録は，生存するか，又は，死亡の危険に直面する者がいないとき，婚姻が挙行されて１年間以内に行われなければならず，さもなければ，無効とする。

第４款　婚姻の証明

第269条（婚姻の証明）

婚姻の民事上の効力を主張するためには，戸籍登録簿の証明された写しが提出されなければならない。

婚姻の身分の不断の占有は，登録簿に

従い，その方式のみのいずれかの不備を補正する。

第270条（婚姻の補充的証明）

登録簿又は相当する証書の瑕疵又は遺漏が明らかとなったとき，他のいずれかの証明方法が許される。

第271条（婚姻の証明としての刑事判決）

婚姻の証明が刑事訴訟から派生するとき，戸籍登録簿への判決の記載は，証明書と同一の証拠力を有する。

第272条（既婚者身分の不断の占有）

両親の既婚者身分の不断の占有は，それらの者が死亡しているか，又は，表現すること，若しくは，情報を与えることが不可能な状態にあるとき，婚姻の証明方法の一つとなる。

第273条（婚姻挙行に対する疑惑）

婚姻の挙行に対する疑惑は，夫婦が既婚者身分を不断に占有して生活するか，又は，生活したとき，それが以前から存在することにつき，有利に解決される。

第5款　婚姻の無効

第274条（婚姻無効の原因）

次に掲げる婚姻は，無効とする。

1　病気が行為の挙行後に明らかになったか，又は，それに覚醒期があるときであっても，精神障害者の婚姻。ただし，病気がその十分な能力を回復したときであっても，訴訟は損害を受けた配偶者のみに属し，かつ，無能力が終了した日から1年間以内に行われないとき，出訴権は消滅する。

2　明確な方法で意思を表示できない聾唖者，盲唖者，盲聾者の婚姻。ただし，疑いの余地なく表示することを習得したときは，第1号に定められた

ところが適用されるものとする。

3　既婚者の婚姻。ただし，重婚者の最初の配偶者が死亡したか，又は，最初の婚姻が無効とされたか，若しくは，離婚によって解消した場合は，重婚者が2番目の配偶者のみが，善意で行為していたときに限り，無効を要求することができる。訴訟が前婚を知った日から1年間以内に行われないとき，出訴権は消滅する。

行方不明者の配偶者により，その者の推定死亡が宣告されることなく，締結された新しい婚姻に関しては，失踪の状態が継続する間は，新しい配偶者のみにより，かつ，その者が善意で手続したときに限り，異議を申し立てることができる。

推定死亡が宣告された者の配偶者によって締結された婚姻の場合においては，第68条が適用されるものとする。

4　直系の血族及び姻族の婚姻

5　二親等又は三親等の傍系血族の婚姻。ただし，三親等に関しては，婚姻は，司法上の親族関係の免除が得られるとき，承認される。

6　前婚が離婚によって解消され，かつ，前配偶者が生存するときは，二親等の傍系姻族の婚姻

7　夫婦の一方による故意の殺人によって有罪判決を言い渡された者の第242条第6号が規定する遺族との婚姻

8　第248条から第268条に定められた正規の手続を無視して挙行する者の婚姻。ただし，婚姻締結者が善意で行為し，かつ，遺漏が補充されるときは，承認されるものとなる。

9 両者が悪意で行為して，権限を有しない公務員の下において，その者の行政上，民事上又は刑事上の責任を損ねることなく，それを挙行する婚姻締結者の婚姻。訴訟は，夫婦によって提起することができない。

第275条（無効の訴え）

無効の訴えは，検察庁によって提起されなければならず，かつ，それに対して正当で現実的な利害関係を有するいずれかの者によっても提起することができる。

無効が明らかであるとき，裁判官は，職権により，それを言い渡す。ただし，婚姻が解消されたときは，検察庁は無効の訴えを提起することも，継続することもできず，裁判官が職権によってそれを言い渡すこともできない。

第276条（訴えの不消滅の性質）

無効の訴えは，消滅しない。

第277条（婚姻の取消可能性の原因）

次に掲げる婚姻は，取り消すことができる。

1 婚姻年齢に達していない婚姻。主張は，成年年齢に達した後に，その者により，婚姻についての同意を与えていないときは，尊属により，また，尊属がいないときは，家族会議によって行うことができる。取消しは，未成年者が成年年齢に達した後も，妻が懐胎したときも，申し立てることができない。取消しが言い渡されたとしても，成年年齢の夫婦は，それらの者の婚姻を確認することができる。確認は，夫婦の住所地の調停治安裁判所の裁判官に対して申し立てられ，かつ，非訟手続として処理される。確認を認める解

決は，遡及的効力を生ずる。

2 第241条第2号に従って障害がある者の婚姻。訴えは，患者の配偶者によってのみ提起されることができ，かつ，病気又は悪習を知った日から1年間以内に提起されないときは，出訴権は消滅する。

3 誘拐者と被誘拐者若しくはその逆の婚姻又は強制的な監禁をもって行われた婚姻。訴えは，専ら被害者側にのみ属し，かつ，誘拐又は強制的な監禁が終了した1年間以内に提起するときにのみ許されるものとする。

4 一時的な原因によって精神的能力の十分な行使ができない者の婚姻。訴えは，結婚の挙行から2年間以内，かつ，原因の消滅後6か月間にわたって共同生活をしていないときに限り，その者によってのみ提起することができる。

5 他方の婚姻締結者の身体的同一性に対する錯誤によるか，又は，共同生活を耐え難くするその者の何らかの重大な欠陥を知らないことによって締結した者の婚姻。重大な欠陥とみなされるものとは，恥ずべき生活，同性愛，麻薬中毒，慢性的な性格上の重病，欺罔的犯罪による2年以上の自由剥奪刑の有罪判決又は不妊手術若しくは離婚の隠蔽とする。訴えは，挙行後2年間以内に，被害を受けた配偶者によってのみ提起することができる。

6 強迫された者に恐怖の状態をもたらし得る重大で切迫した害悪の強迫であって，それがなければ，締結していなかったものの下に締結した者の婚姻。裁判官は，諸状況，特に，強迫が

第三者に対して向けられたかを判別するものとする。訴えは，被害を受けた配偶者に属し，かつ，挙行後2年間以内にのみ提起することができる。畏敬に満ちた単純な恐怖は，婚姻を取り消さない。

7　挙行当時に絶対的な性的不能症を患う者の婚姻。訴えは，夫婦の双方に属し，かつ，性的不能症が継続するときに限り提起されることができる。夫婦のいずれも性的交渉を行うことができないとき，取消しは行われない。

8　権限を有しない公務員の行政上，民事上又は刑事上の責任を損ねることなく，当該公務員の下において，善意で締結した者の婚姻。訴えは，善意の配偶者の1人のみ，又は夫婦に属し，かつ，婚姻の挙行後6か月間以内に提起しなければならない。

第278条（無効及び取消しの訴えの身分的性質）

第274条第1号，第2号及び第3号並びに第277条が限定する訴えは，相続人へ受け継がれないが，それらの者は，被相続人による開始者の地位を継続することができる。

第279条（相続人による取消しの訴え）

第274条の他の場合において，配偶者へ属する取消しの訴えもまた，その相続人へ受け継がれ，それらの者は，その被相続人による開始者の地位を継続することができる。ただし，それは，前記の相続人が，取消しにおける正当な関係者として，自ら取得する訴訟提起の権利に影響を与えない。

第280条（代理による無効の訴え）

婚姻の無効は，受任者が明らかに，かつ，公文書によって権能を有するとき，さもなければ，無効となるものとして，その者によって請求することができる。

第281条（婚姻の無効の手続）

婚姻の無効の主張は，認識の手続として処理され，かつ適切であるときは，原因のある別居又は離婚の手続について定められた諸規定がそれに適用される。

第282条（婚姻無効の場合における親権）

婚姻の無効を言い渡すとき，裁判官は，離婚について定められたところに従い，親権の行使に関して決定する。

第283条（婚姻無効による賠償）

損害の賠償に係る離婚の場合について定められた諸規定は，婚姻の無効へ適用される。

第284条（無効な婚姻の民事上の効力）

無効とされた婚姻は，それが善意で締結されたとき，夫婦及び子に関し，有効な婚姻が離婚によって解消されたときのように，民事上の効力を生ずる。

夫婦の一方において害悪があったとき，婚姻はその者に有利な効力を生じないが，他方及び子に関しては，それらの者に有利な効力を生ずる。

権利の過失は，善意を損なわない。

第285条（第三者に対する婚姻無効の効力）

無効とされた婚姻は，善意で行為した第三者に対し，離婚によって解消された有効な婚姻の効力を生ずる。

第286条（違法な婚姻の有効性）

第243条に違反して締結された婚姻は，有効とする。

（笠原，徐・前掲(2)「同(2)」時報694-89，2013）

151 ペルー　27

〔先判例要旨〕

◎　1988年以降にペルー国リマ大司教区で発行する婚姻登録証明書の様式と異なるため戸籍法41条に規定する婚姻証明書として取り扱うことができないとされた事例　　　　　　　　　　　　　　（平成４．９．30民二5676号回答）

◎　ペルー国における宗教上の婚姻は，市区町村役場の戸籍簿に記載されない限り，民事上の効力は発生しない。　　　　（平成６．２.16民二941号回答）

◎　ペルー人男と中国人女の創設的婚姻届において，ペルー人男の本国法上，同人が日本に住所を有すると認められる場合は，反致が適用されるものとして，その婚姻要件について日本法を適用して差し支えないとされた事例
（平成18.７.25民一1690号回答）

第3　離　　婚

1　離婚制度の成立

　歴史的には，ペルーも完全離婚を認容しない法制度下にあった。1936年に提出された法案は，明白な理由がある場合に限って完全離婚を認め，同時に両者の合意による別居（協議別居）を認めるものであったが，導入されたのは1984年の現行民法成立の時であった。

2　離婚の態様

　ペルーで法的に離婚を成立させるためには，２つの方法がある。

　第１は，民法第333条第１号から第12号に規定された12件の離婚原因（別居の原因を準用）のいずれかに該当する場合に，離婚判決を得る方法である。

　第２は，夫婦双方の協議による別居を介在させる方法である（民法333条13号）。離婚成立から２年以上経過した後に，両当事者の請求で別居請求が出され，判決でこれが認められた場合，相互の扶養義務は継続するが，同居協力（食卓及び居住）の義務は停止し，夫婦財産制も終了する。さらに，この協議別居判決から６か月経過すると，どちらの配偶者からでも完全離婚の請求ができることになり（民法354条），間接的ではあるが，離婚判決を得る方法である。

28　第2編　各　　論

協議別居も判決による司法行為であり，離婚，別居とも届出のみによるもの
は存在せず，事実上の別居はこの場合の別居に該当しない。

3　離婚の要件

(1)　原因ある離婚（有責離婚）及び別居

民法第349条は，別居原因として第333条第1号から第12号に掲げる，以下の
理由がある場合，離婚訴訟を提起できると規定する。

① 不貞行為

　判例は，「配偶者の一方の，第三者に対する肉体的接近」（1982.6.14ペ
ルー最高裁判決）と説明する。故意性があれば，結果のいかんを問わない。

② 肉体的，精神的暴力

③ 配偶者の生命に対する侵害行為

④ 重大な侮辱

　離婚原因となるためには，共同生活を不可能とするほどの許し難い攻撃，
甚だしい軽蔑，屈辱的無礼が伴う必要がある（1983.1.18ペルー最高裁判
決）。

⑤ 継続して2年以上家庭を不当に遺棄するか，遺棄の期間が2年を超えた
場合

（注）　1936年民法の別居原因では悪意の遺棄が要件であったが，現行法は正当な
　　　根拠のない遺棄とする。

⑥ 共同生活を耐え難くするほどの不名誉な行為

　判例では，内部関係者間に伝わった場合に第三者が拒絶するほどの，あ
るまじき，又はスキャンダラスな態度や行為（1984.1.23ペルー最高裁判
決）とされている。

⑦ 幻覚剤又は麻薬中毒をもたらし得る物質の常習的及び不当な使用

⑧ 婚姻挙行の後に罹患した重度の性病

（注）　婚姻前の罹患であれば，民法第277条第2号により，取り消し得る婚姻と
　　　なる。

　　　1936年民法に同じ規定があり，当時は性病者が人として欠陥ある者との認

識によっていた。現行法では，これを根拠としないが，他方配偶者に有害な影響を及ぼすことを離婚理由たる根拠としている。

⑨　婚姻継続中に突発した同性愛

　1984年の民法で初めて離婚理由として導入された規定である。

⑩　婚姻挙行後に故意犯により 2 年以上の禁錮刑の科刑

　　要件を故意による犯罪行為，禁錮刑，婚姻挙行後の行為であることに限定した点で，旧法を変更している。

(2)　**協議別居判決**

　実質的要件は 2 点であり，当事者間に別居することについての合意があること，及び婚姻締結から 2 年を経過していることである。

　協議別居では，親権行使，扶養及び価格評価を受けた財産目録に従っての取得財産の清算につき取決めをし，両当事者がこれに署名することが必須要件となる。

4　離婚の方式

(1)　**申立て，第 1 審**

　手続は，①協議別居，②協議別居に続く離婚，③原因のある別居及び離婚訴訟の 3 種でそれぞれ異なり，根拠規定は民事訴訟法（1993年 7 月28日法令第768号）及び法律第27155号である。

　協議別居は，即決裁判で処理される（民訴573条〜580条）。協議別居後の離婚，有責性（原因）のある別居及び離婚裁判は，検察官も当事者として関わり，審理手続による（民訴546条 2 項・480条以下）。管轄は，夫婦の住所地の裁判官である。ただし，協議別居においても，婚姻義務の履行請求や，他方配偶者及び未成年の子の保護に関わる問題が介在する場合は，検察官の関与の下で判決が下される。

　ア　協議別居

　　家事審判官に対して別居の申立てがなされた場合，両当事者と検察官が召喚され，財産上の保障，証拠内容の確認につき聴取を受け，また調停を受ける。別居請求に添付された協議についての合意書は，認容判決が交付

30　第2編　各　論

された後，法的効力を持つ。しかし，配偶者は双方とも，判決が出された後30日以内であれば別居の合意を撤回することができる。なお，当事者に代わり代理人の出頭も可能となった。

イ　別居・離婚裁判

原因のある別居・離婚請求の場合は，民事訴訟法第480条から第485条の別居及び離婚裁判手続の規定に従う。証拠の確認と調停の後，相手方の反論がない場合，手続が終了する。扶養，親権，子供の引取り（訪問権，その具体的な行使方法）については単一手続で，判決が下される。

地区検察官の離婚裁判への関わりは，民事訴訟法第481条及び第574条と検察官構成法に基づき，第1審での聴取に当事者として参加し，申立内容への反論を行う。

ウ　別居に引き続く離婚

協議別居判決後6か月を経過しなければ離婚訴訟を提起し得ない（民法354条1項）。

民法第354条第2項では，原因のある裁判別居においても，判決後無責配偶者側から離婚請求ができる旨を定める。

（注）　旧法では，別居判決を得た後，即座に離婚訴訟に切り替えて提起することができた。

(2)　控訴に代わる諮問

第1審判決で離婚が宣告され，これに対し控訴の手続が執られない限り，諮問が行われる（民法359条）。第1審判決が諮問手続で高等裁判所により修正されない場合には第1審判決が法的効力を持つことから，諮問は手続全体の総括としての重要性を持つ。

(3)　上　告

最高裁判所に対する上告は，以下の場合にすることができる（民訴385条）。

①　高等裁判所の検証によって宣告された判決に対して。

②　高等裁判所によって交付された，検証により結審した訴訟手続に対して。

③　法律解釈について。

(4) 別居・離婚相互間の関係

　ア　離婚請求から別居請求への転換

　　　民法第357条は，離婚申請者が別居請求に転換し得ることを規定し，こ
　　れに呼応して民事訴訟法も同様に判決前のどの段階においても，請求者が
　　転換できるとする（民訴482条）。民事訴訟法上の通常の訴因変更（民訴
　　428条）とは異なり，判決言渡しの前であればいつでも可能とする。

　イ　離婚請求に対し別居判決を下す裁判官の権限

　　　申立て又はそれへの反訴が離婚を目的としていても，夫婦に和解の可能
　　性が認められる場合は，裁判官は別居を宣告することができる（民法356
　　条）。

(5) 民事登録

　　裁判所による判決又は承認を経て，当事者は身分登録所での離婚登録を行う
　（身分証明及び民事上の身分に関する国家登録構成法44条）。

　　離婚の効力発生は，離婚判決が確定し，宣告された時であり，登録の時では
　ない。ただし，第三者に対しては，民事登録に記載されることで対抗力を持つ。

5　離婚の効力

(1) 別居の効力

　　判決により同居の義務は免除されるが，扶養，親権や未成年者及び無能力者
　に関わる義務は免れない。

　　なお，実務上は，判決で命じられた子の引取りや訪問権に関する取決めを遵
　守しなかった場合，子の連れ出し，相手方への引渡しなどを検察官関与の上で
　強制的に行う。

(2) 離婚の効力

　ア　配偶者間の効果

　　　離婚は，婚姻を将来に向かって解消する（民法348条）法的手段である。

　(ア)　両配偶者に，共に新しい婚姻を締結する権利が発生する。ただし，女
　　　性には民法第243条第3号に規定する再婚禁止期間がある（第2，2(5)参
　　　照）。

32　第2編　各　論

(イ)　扶養義務については，原則として終了するが，一方の有責原因によっ
て離婚判決が宣言された場合には，有責配偶者から無責配偶者に対して，
無責者が十分な財産又は収入を持たず，仕事もなく，他に生計の手段が
ないときにのみ扶養義務が発生する。

扶養総額は裁判官の判断によるが，扶養義務者の収入の3分の1を超
えてはならない。

他方で配偶者の一方が窮乏状態に陥っている場合，たとえ離婚原因を
作った側であっても，他方の前配偶者に対して，合理的な範囲で扶養料
の提供を請求することができる。この扶養義務は，被扶養者の新たな婚
姻で終了する（民法350条）。

(ウ)　離婚原因を作った配偶者は，他方の財産から生ずる利益を失う（民法
352条）。

(エ)　相互の相続権の喪失（民法353条）

(オ)　離婚を決定づけた事実から発生する道義的損害賠償義務（民法351条）

イ　子に関する効果

(ア)　親権の一方のみの行使。原則として，有責者の親権は停止する。ただ
し，裁判官の判断による。

配偶者双方に別居原因がある場合は，7歳以上の男子は父親が，女子
及び7歳未満の男子は母が親権を行使する（民法340条）。

(イ)　両配偶者とも，子に対する扶養義務は継続する。離婚判決の中で決定
される。

〔根拠法条〕

民法（1984年7月24日公布（同年11月14日
施行））
第4節　婚姻関係の衰退と解消
第1款　別居
第332条（定義）
　　別居は，婚姻関係を存続させながら，
寝床及び居住に関する義務を停止し，か

つ，夫婦共有財産制を終了させる。
第333条（原因）
　　別居の原因は，次に掲げるものとする。
1　姦通
2　裁判官が諸状況に従って判別する身
体的又は精神的な暴力
3　配偶者の生命に対する侵害

4 共同生活を耐え難くする重大な侮辱

5 連続した２年以上に亘るか，又は，遺棄期間の合計した継続が当該期間を超えるときの婚姻住居の不当な遺棄

6 共同生活を耐え難くする不名誉な行為

7 第347条に規定されたところを除き，幻覚を誘発する麻薬，又は，麻薬中毒を引き起こしうる物質の平常的かつ不当な使用

8 婚姻挙行後に罹った性的感染の重病

9 婚姻中に突発した同性愛

10 婚姻挙行後に科せられた２年以上の自由を剥奪する刑罰の不正な犯行による有罪判決

11 裁判手続において然るべく証明された共同生活することの不可能

12 継続した２年間の夫婦の事実上の別居。前記の期間は，夫婦が未成年の子を有するとき，４年とする。その場合において，第335条に規定されたところは適用されないものとする。

13 婚姻挙行２年経過後における別居の合意

第334条（別居訴訟の資格所有者）

別居訴訟は夫婦に属する。

夫婦の何れかの者が精神病又は失踪によって行為無能力者であるとき，その者の尊属の何れの者も，特別原因に基づくとき，訴訟を提起することができる。それらの者がいないとき，特別後見人が無能力者を代理する。

第335条（固有の事実）

夫婦の何れの者も，請求を自分自身の事実に基づかせることができない。

第336条（姦通に基づく訴訟）

姦通による別居は，無責の者がそれを唆したか，容認したか，又は，許したとき，提訴されることができない。姦通の認識後の同居は，訴訟を開始するか，又は，続行することを妨げる。

第337条（原因の評価）

残忍性，重大な侮辱及び不名誉な行為は，裁判官により，双方の配偶者の教育，習慣及び行動を考慮して評価される。

第338条（周知の犯行による訴訟の不適切）

結婚する前に犯行を知った者は，第333条第10号が言及する原因を援用することができない。

第339条（出訴期限の徒過）

第333条第１号，第３号，第９号及び第10号に基づく訴訟は，無責の者による原因の認知の６か月，又，何れの場合においても，原因発生の５年で期限が切れる。第２号及び第４号に基づく訴訟は，原因発生の６か月で期限が切れる。その他の場合において，訴訟は，それを理由付ける事実が継続する間処理される。

第340条（親権の行使）

子は，裁判官が，子の福祉のため，他方配偶者，又は，重大な理由があるときは，第三者が全て若しくは何れかの者を引き受けることを決定するのでなければ，特別原因による別居を取得した配偶者へ委ねられる。当該指名は，可能で，かつ，適当であるときは，祖父母，兄弟姉妹，又は，おじ・おば夫婦の何れかの者へ，その順序で委ねなければならない。

夫婦の双方が有責であるときは，裁判官が他のことを決定するのでなければ，７歳以上の男の子は父の責務に止まり，又，７歳未満の男の子と同様に，未成年

の女の子は母の世話を受ける。

子が委ねられた父又は母は，子に関し，親権を行使する。他方の者は行使を停止されるが，最初の者が死亡するか，又は，法律上，障害者となるとき，正式にそれを取り戻す。

第341条（子のための裁判上の措置）

何れの時においても，裁判官は，両親の一方，成年の兄弟姉妹又は家族会議の申立てにより，新しい事実によって必要とされ，かつ，子にとって利益になると考える決定を下すことができる。

第342条（扶養手当の裁判上の決定）

裁判官は，判決において，両親又はその一方が子へ付与すべき扶養手当，並びに，夫が妻へ支払うべき，又は，逆の扶養手当を指定する。

第343条（相続権の喪失）

自らの有責によって別居された配偶者は，その者に帰属する相続権を失う。

第344条（合意による別居の同意の撤回）

合意による別居が求められるときは，当事者の何れの者も，意見聴取の次の30自然日以内にその同意を撤回することができる。

第345条（合意による別居における親権及び扶養料）

合意による別居又は事実上の別居の場合において，裁判官は，適当であるとき，未成年の子及び家庭の利益，又は，夫婦の双方が合意するところを守りながら，親権の行使，子の扶養料，及び，妻又は夫の扶養料に関する制度を決定する。

第340条最終項及び第341条に含まれた諸規定は，合意による別居及び事実上の別居へ適用される。

第345A条（侵害の場合における賠償）

第333条第12号の仮定を援用するため，原告は，夫婦により，相互に一致して契約されたその扶養又はその他の義務の支払日にあることを証明しなければならないものとする。

裁判官は，事実上の別居によって侵害された結果となる配偶者の経済的安定性を，その子のそれと同様に，留意するものとする。その者に属しえた扶養手当とは別に，個人的損害を含めて，損害の賠償を指定するか，又は，婚姻共同体の財産の優遇的判定を命じなければならないものとする。

第323条，第324条，第342条，第343条，第351条及び第352条に含まれた諸規定は，適切であるとき，事実上の別居によってより侵害された結果となる配偶者の有利に適用される。

第346条（和解の効力）

別居の効力は，夫婦の和解によって終了する。和解が裁判中に生じるとき，裁判官は，訴訟を中断することを指揮する。それが確定判決の後に起きるとき，夫婦は，同一の訴訟の間の裁判官へ，そのことを知らせるものとする。

判決も，その後に生じた和解も，身分登録簿へ登録される。

和解した夫婦は，新しいか若しくは最近の周知の原因によってのみ，新たに別居を訴えることができる。当該裁判においては，裁判官が前記の原因の価値を判別することに役立つときを除いて，許された事実は援用されないものとする。

第347条（同居義務の停止）

夫婦の一方の精神病又は伝染病の場合

において，他方は，夫婦のその他の義務を存続させて，共同生活を行なう義務が停止されることを訴えることができる。

第2款　離婚

第348条（定義）

離婚は婚姻関係を解消する。

第349条（原因）

離婚は，第333条第1号ないし第12号に指示された原因によって請求されることができる。

第350条（離婚の効力）

離婚により，夫と妻との間の扶養義務は中止する。

夫婦の一方の有責による離婚が言い渡され，かつ，他方が，十分な固有財産若しくは夫婦共有財産を欠くか，又は，働くか若しくは他の方法によってその窮乏を補うことが不可能であるとき，裁判官は，その者へ，有責配偶者の収入の3分の1を超えない扶養手当を割り当てるものとする。

前配偶者は，重大な原因により，扶養手当の資産化，及び，相当する資産の引渡しを求めることができる。

貧困者は，離婚の理由をもたらしたとしても，その前配偶者によって援助されるべきものとする。

本条が言及する義務は，被扶養者が新たな婚姻を締結するとき，自動的に中止する。窮乏の状態が消失するとき，義務者は，免除，及び，場合により，返還を要求することができる。

第351条（無責配偶者への精神的損害の賠償）

離婚を決定した事実が，無責配偶者の正当な個人的利益を著しく害するとき，

裁判官は，精神的損害の賠償として，その者に一定の金額を認めることができるものとする。

第352条（有責配偶者による夫婦共有の喪失）

自らの有責によって離婚された配偶者は，他方の財産に由来する共有財産を喪失するものとする。

第353条（相続権の喪失）

離婚した夫婦は，それらの者の間における相続する権利を有しない。

第354条（別居の離婚への転換期限）

合意による別居の判決，市町村役場の決定若しくは公正証書，又は，事実上の別居による別居の判決が通知された後2か月の経過により，夫婦の何れの者も，それらに基づき，該当するものに従い，手続を知っている裁判官，市町村長又は公証人に対し，婚姻関係が解消されたものと宣告されることを要求することができる。

特別原因による別居の無責配偶者は，同様の権利を行使することができるものとする。

第355条（離婚の適用法規）

第334条ないし第342条に含まれた諸規則は，適切ならば，離婚へ適用される。

第356条（夫婦の和解）

特別原因による離婚裁判の手続の間，裁判官は，夫婦が和解するとき，訴訟を中断することを命じるものとする。

第346条最終項は和解へ適用される。

別居の離婚への転換を取り扱うとき，夫婦の和解，又は，転換を要求する者の取下げは，当該申立てを効力のないものとする。

36 第2編 各 論

第357条（別居による離婚請求の変更）
　原告は，何れの原因の状態において
も，その離婚請求を変更して，それを別
居請求へ転換することができる。
第358条（離婚でなく別居を言い渡す権限）
　請求又は反訴が離婚を目的とするとし
ても，裁判官は，夫婦が和解することの
可能性が高いと判断するとき，別居を言

い渡すことができる。
第359条（判決の意見）
　離婚を言い渡す判決が控訴されないと
きは，合意による別居の判決に依拠して
離婚を言い渡すそれを例外として，相談
されるものとする。
（笠原，徐・前掲(2)「同(3)」時報697-
29, 2013)

〔先判例要旨〕

◎　ペルー人夫と日本人妻との離婚調停事件について，離婚並びにそれに伴
う子の親権者の指定及び子との面接交渉権について，いずれもペルー法を
適用して，妻を親権者と定め，夫の子に対する面接交渉事項を定めた上，
家事審判法第24条により離婚審判をした事例(昭和63. 2. 23東京家裁審判)
（注）　法例改正後における離婚の準拠法については，通則法第27条（25条）及び
第34条参照。

第4　出　　生

1　出生子の身分

(1)　嫡出推定

　婚姻中又は婚姻解消後300日以内に出生した子は，母の夫の子と推定され
（民法361条），母が夫の子であることを否定し，不貞行為としての判決（民法
333条1号の別居・離婚原因としても）を受けても，その子は夫婦の子と推定
される。

(2)　出生登録

　子が出生した場合，子の出生を登録することは両親の義務である（身分証明
及び民事上の身分に関する国家登録記載規則25条，以下「登録規則」という。）。

　保健省又は社会保障協会の病院で登録を行う場合は，病院内に設置された民
事登録所の出張所において，出生から3日以内に行われなければならない。

その他の民事登録出張所のある公・私立病院やクリニックでの場合も同様に，3日以内に登録をしなければならない。

それ以外の場所での出産の場合，出生後30日以内に，出生した地域か住所地の民事登録所で登録をしなければならない。

出生登録の際には，専門家のいない地域でない限り，出産に立ち会った保健省の認可を受けている専門家の証明書を添付しなければならない（登録規則23条）。

母のみが婚姻内出生子の出生登録に出頭した場合，登録吏は両親の婚姻証明書の提示を求めて，配偶者の父性を記載することを義務付けられている。子が，両親の離婚又は婚姻無効か，取消し後300日以内の出生である場合も，同様の義務が生ずる（登録規則38条）。

(3) 父性の否認

ア　否認権行使の条件

夫が父性を否定する場合は，以下の場合に限定される（民法363条）。

① 子が婚姻挙式後180日以内に生まれた場合

② 子の出生の前300日の初めの121日の間に妻と同居していたことが，種々の状況から明らかに不可能な場合

③ ②と同じ期間に，裁判上の別居をしていた場合

④ 絶対的性的不能の病気である場合

⑤ DNA証明と，同等かそれ以上の確実性で科学的に有効なその他の証拠により，親子の関係が存在しないことが示された場合

親子関係の不存在について，遺伝学的及び同等かそれ以上の確実性のある証明がなされた場合，裁判官は①から④までの推定を却下する。

イ　否認権者と期間等

(ア)　否認権者

否認権を行使し得るのは，夫のみである（民法364条）。

(イ)　否認権行使の相手方

否認訴訟の相手方は，母と子である（民法369条）。

(ウ)　提訴期間

提訴し得る期間は，夫が現地にいる場合は子の出生の翌日から，いない場合は現地に帰ってきた日の翌日から90日以内である（民法364条）。

上述の90日の提訴期間内に夫が訴訟を提起せずに死亡した場合，相続人又は尊属が提訴することができ，既に訴訟が開始されている場合は，同様に相続人らが訴訟を引き継ぐ（民法367条）。夫が法的無能力者の場合は，夫の尊属が提起する（民法368条）。

ウ　立証責任

懐胎推定期間中に妻との同居がなかったこと，及び性的不能であることの立証義務は夫に，法的別居期間中に同居していたこと，及び夫に否認権阻却事由があることの立証義務は妻に属する。否認権阻却事由として明記されているのは以下の場合である（民法366条）。

①　婚姻成立から180日以内に出生した場合に，夫が婚姻前に懐胎の事実を知っていた場合

②　出生前300日の初めの121日間に法定別居をしていた場合に，法定別居解消のための和解（民法346条）手続の前に夫が懐胎の事実を知っていた場合

③　明白に又は暗黙のうちに自分の子であると認めた場合

④　子が死亡した場合，父子関係を明白にする合理的利益が存在するとはいえない場合（民月56‐8‐169）

2　国籍留保届

出生による国籍の取得について，ペルーは生地主義国であり，ペルー国内において出生した事実によって同国の国籍を取得する（憲52条，国籍2条）。したがって，日本人夫婦及び夫婦の一方が日本人の子がペルー国内で出生した場合は，出生の日から3か月以内に国籍留保届をしないと日本国籍を喪失する（日国12条）。

また，補足的に血統主義を採用し，ペルー以外の外国で出生した子は，父又は母がペルー人であり，未成年の間に登録したときはペルー人となる（**注**）（国

籍2条3号）。

> （注）　在日ペルー共和国公館で出生の登録をすることが，日本の国籍法第11条第
> 1項に規定する「自己の志望によって外国の国籍を取得した」場合に当たる
> か否かについて，ペルー共和国国籍法の規定からすると，出生登録により初
> めてペルー国籍を取得するようにみえるが，実体法上はそのように解されず，
> 単に形式的届出の意義しかないことから，出生登録した行為は，「自己の志
> 望によって外国の国籍を取得した」場合に当たらない（時報722-75，2015）。
> なお，これにより，時報698号（2013）112頁の記載は訂正された。

3　出生場所の記載

(1)　行政区画

24の県（departamentos）とカヤオ特別区（Provincia Constitucional del Callao）によって編成されている。

地方行政区分としては上位から「地域（**注1**）」，「県（**注2**）」があり，その下に「郡（**注3**）」（provincia）と「区」（district）が置かれている。

> （**注1**）　「地域」は，1979年の憲法において，県の上位行政区分として新たに規
> 定されたもので，県のうち1つないし2つ以上を合わせて編成することが
> 定められているが，全国的に確立した「地域」体制は施行されていない
> （幡谷則子『ラテンアメリカの都市化と住民組織』93頁（古今書院，
> 1999））。
> （**注2**）　資料によっては，「州」としているものも存在する。
> （**注3**）　「郡」を一般的に「市」としている。

(2)　戸籍の記載

「ペルー国リマ県リマ市で出生」（【出生地】ペルー国リマ県リマ市）と記載する。

4　出生証明書

ペルー国全国身分登録事務所発行の出生証明書（出生記録）は，資料151-3（本文70頁）参照。

40　第2編　各　論

〔根拠法条〕

憲法（1993年10月31日，2000年11月5日法
　律第27365号，2002年3月7日法律第
　27680号，2004年11月17日法律第28389
　号，2004年11月17日法律第28390号，
　2005年4月5日法律第28484号，2005年
　10月4日法律第28607号，2009年9月8
　日法律第29402号改正）

第2編　国家及び国民
第1章　国家，国民及び領土について
第2節　政府及び国家に関する事項につい
　て
第52条（出生及び帰化による国籍の取得）
　　出生によるペルー人は，領土内で出生
　した者及び父又は母がペルー人で国外に
　おいて出生し，未成年の間に正式に登録
　された者である。
　　帰化又は選択により国籍を取得した者
　もペルーに居住している限り，ペルー人
　である。

国籍法（1996年1月法律第26574号）
第1　国籍
第2条（出生による国籍の取得）
　　出生によるペルー人は，以下の者であ
　る。
1　共和国で出生した者
2　棄児である未成年者で，共和国の領
　土に居住し，両親の知れない子
3　外国の領土で出生した者で，父又は
　母がペルー人で，国家の出生部門，ペ
　ルー領事館の出生登録所に未成年の間
　に登録された者。本号により付与され
　た権利は，3世代まで子孫に認められ
　る。

民法（1984年7月24日公布（同年11月14日
　施行））

第3編　家族の権利
第3章　親子関係
第1節　嫡出親子関係
第1款　嫡出子
第361条（父性の推定）
　　婚姻中又はその解消後300日以内に出
　生した子は，夫を父とする。
第362条（嫡出子の推定）
　　子は，母がその夫の子でないことを宣
　言するか，又は姦通者として非難される
　としても，嫡出を推定される。
第363条（父性の否認）
　　自分が妻の子の父であると信じない夫
　は，次に掲げる場合，そのことを否認す
　ることができる。
1　婚姻挙行後の180日が満了する前に，
　子が出生した場合
2　諸状況を考慮して，子の出生に先立
　つ300日の初めの121日間に，その妻と
　同居することが明らかに不可能である
　場合
3　第2号に指示されたのと同一の期間
　にわたり，裁判によって別居している
　場合。ただし，当該期間中に，その妻
　と同居したときは除く。
4　完全な性的不能症である場合
5　親子関係が存在しないことが，DNA
　検査又は同等若しくはそれ以上の程度
　の確実性を有する科学的に妥当な他の
　証明を通じて示される場合
　　親子関係の存在が，裁判官が，遺伝
　学的証明又は同等若しくはそれ以上の
　程度の確実性を有する科学的に妥当な

他の証明によって実現されたとき，前各号の推定を退けるものとする。

第364条（異議申立訴訟の期限）

異議申立訴訟は，夫により，その者がしかるべき場所にいたときには，分娩の翌日から，又は，不在であったときには，その帰還の翌日から起算された90日間内に行われなければならない。

第365条（出生前の子の否認の禁止）

出生前の子の父性は，争うことができない。

第366条（異議申立訴訟の不受理）

夫は，次に掲げる場合，子の母が第363条第1号及び第3号の場合に出産した子の父性を争うことができない。

1　それぞれ，婚姻又は和解の前に，妊娠の認識を有していた場合

2　明示的又は黙示的に，子がその者の子であることを認めた場合

3　親子関係を明らかにする正当な利益が存続しないまま，子が死亡した場合

第367条（異議申立訴訟の資格）

父性を争うための訴訟は，夫へ帰属する。ただし，その相続人及びその尊属は，その者が第364条に指示された期限が終了する前に死亡したときは，それを提起し，また，いかなる場合にも，それが提起していたときは，裁判を継続することができる。

第368条（行為無能力の夫の尊属による異議申立訴訟）

訴訟は，第43条第2号及び第3号並びに第44条第2号及び第3号の場合に，夫の尊属によって行われることができる。それらの者がそれを提起しないとき，夫は，その無能力が停止して90日の間に，

それを行うことができる。

第369条（異議申立訴訟の被告）

訴訟は，子及び母の双方に対して提起され，その場合には，第606条第1号に規定されていたところが遵守される。

第370条（立証責任）

立証責任は，第363条第2号及び第4号の場合において，夫に帰する。第1号の場合には，婚姻証明書及び出生証明書の認証された写しを提出する義務のみを負い，また，第3号の場合には，別居の決定及び出生証明書の認証された写しを提出する義務のみを負う。第363条第3号又は第366条に規定された諸状況が行われたことを証明することは，それぞれの場合において，妻に帰する。

第371条（母性の異議申立て）

母性は，偽りの分娩又は子の取違えの場合において，異議を申し立てることができる。

第372条（母性の異議申立ての期限）

訴訟は，偽りが分かった翌日から起算された90日間内に提起され，かつ，推定される母のみに帰属する。その者が訴訟を開始したままであるときは，その相続人又は尊属のみがそれを継続することができる。訴訟は，子に対し，また，子の場合には，父とみなされる者に対して向けられる。

第373条（親子関係訴訟）

子は，その親子関係が宣言されることを訴えることができる。当該訴訟は，時効がなく，かつ，父及び母の双方に対して，又は，その相続人に対して提起されるものとする。

第374条（親子関係訴訟の承継可能性）

42 第2編 各 論

訴訟は，次に掲げるときは，子の相続人へ承継される。

1 子が請求することなく，満23歳に達する前に死亡したとき。

2 子が前記年齢に達する前に，行為無能力となり，かつ，同様の状態で死亡したとき。

3 子が訴訟を開始したままであるとき。

第1号の場合には，相続人は，訴訟を提起するにつき，2年の期間を有する。

第375条（嫡出親子関係の証明）

嫡出親子関係は，子の出生証明書及び両親の婚姻証明書をもって，又は，第366条第2号の場合には，他の公文書によって，又は第363条の場合には，請求を棄却する判決によって証明される。

それらの証明がないとき，嫡出親子関係は，身分の恒常的占有が提示された裁判において下された判決によって，又は，常に，両親の一方に由来する書証の原則が存在するいずれかの方法によって保証されるものとする。

第376条（嫡出親子関係の異議申立て）

嫡出親子関係のため，身分の恒常的占有並びに婚姻証明書及び出生証明書が与える根拠が集まるときは，いずれの者によっても，また，子自身によってさえも，それは争うことができる。

（笠原，徐・前掲⑵「同⑷」時報698-62，2013）

第5 認 知

1 実質的成立要件

⑴ 父母による認知

嫡出でない子は，父母の双方又はその一方のみにより認知することができる（民法388条）。

⑵ 祖父・祖母に対する認知請求

父若しくは母が死亡するか，又は無能力者の場合は，嫡出でない子はその祖父又は祖母に対して認知を請求することができる（民法389条）。

⑶ 未成年者による認知

14歳（注）に達した全ての者は，婚外子を認知することができる（民法393条）。

（注） 従前は，16歳以上の者とされていた。

⑷ 死亡した子の認知

子の死亡後には，その子に卑属がある場合に限り，認知をすることができる（民法394条）。

⑸ 既婚の母の子の認知

既婚の母の子を認知するには，夫がその者を否認し，かつ，勝訴判決を取得した後でなければ，認知することができない（民法396条）。

2 保護要件

⑴ 子の同意

成人の子を認知するには，その者の同意を要する（民法398条）。

3 形式的成立要件

⑴ 出生登録

子の出生後，両親が行う出生登録は義務であるが（民法390条，法律第26497号44条），婚外子の場合，この出生登録を行うことで認知の効力が発生する。認知する者が出生子の登録事項を記載することで，有効となる（登録事項については，第7，2⑴参照）。

さらに，認知者，認知者が無能力の場合はその法定代理人が署名した証書により，登録吏が認知宣言することによってもなし得る。

同様に，公正証書又は遺言でも，認知を行うことができる（民法391条，登録36条）。

⑵ 一方のみの認知

認知が父又は母により単独で行われた場合，子の親として記載された他方の名前を明らかにすることはできない。登録吏は，自己の責任の下で，公表しない方の表示を書かないでおく。この処置を行う際には，父又は母が既に行った他方の名前に関する情報は，当事者の請求により削除される（登録37条）。

⑶ 認知の撤回

認知者側からの認知の撤回はできない（民法395条）。

⑷ 異議申立て

認知を拒否し，異議申立てができる者は，父又は母の一方のみの認知の場合は他方の親，その子自身，子が死亡しているときはその卑属及び法的利害関係人であり（民法399条），認知を知ってから90日以内に行わなければならない

44 第2編 各 論

（民法400条）。

4 裁判上の父性宣言（裁判認知）

一定の条件の下で裁判により父子関係を宣言することができる。1999年に親子関係の確定に遺伝子（DNA）鑑定を導入するための法改正（民法363条等）が行われたことに関連して，父性宣言に関する規定も改正された。

⑴ 状況による推定

以下の状況のいずれかの場合には，裁判による婚姻外の父子関係を宣言し得る（民法402条）。

① 父性を認めるに足る明白な書類が存在する場合

② 子が継続して婚姻外の子としての状態にいるか，当該請求の1年前まではいたことが，父又はその家族の直接的行為で証明される場合

③ 父と推定される者が母の懐胎時に，母と内縁関係にあった場合

④ 婦女暴行，婦女誘拐（（注）性的関係を持つことを目的とする。），監禁があった場合，その犯罪行為と懐胎の時期が同じ場合

⑤ 懐胎と同じ時期に婚姻の約束をすることで誘惑した場合。ただし，約束したことが明白に分かる場合に限る。

⑵ DNA鑑定による推定

1999年の改正で，民法第402条に第6号が追加され，「6 DNAの証拠又は遺伝学的あるいは同程度以上の確実性のある科学的証拠により父とされている者と子の間に親子関係が証明される場合。本条の規定は，既婚女性の子についてその夫が父性を否定している場合には適用しない。遺伝学的又はその他の同等以上の科学的確実性ある証拠が明らかとなったとき，裁判官は前号までのこれに反する却下をするものとする。」と規定された。

さらに，関連して父性宣言裁判での科学的証拠能力に関する旧民法第413条が「血液型その他の科学的証明力を持つ証拠」と規定されていたものを，「生物学的，遺伝学的又はその他の同等以上の科学的確実性を持つ証拠」（民法413条）となった。

(3) **不貞の抗弁の削除**

　同じく1999年の改正で，内縁関係中の場合は内縁の夫の子と推定するが，同時期に母が不道徳な生活をし，推定上の父（内縁の夫）以外の男性と情交を持ったことが明白なときは，父性宣言の請求ができないとされていた規定は削除された。

(4) **訴訟当事者**

　原告は，子のみである。ただし，子が未成年の間は母が子を代理して提訴する。その場合は，後見人が家庭評議会の許可を得る。

　子が死亡した場合は，既に訴訟が開始しているときは子の卑属が承継する（民法407条）。

　被告は父であり，父が死亡した場合はその相続人を相手として訴える（民法406条）。

5　母性宣言

　父性と同様，母性宣言を行うことができる。婚姻外親子関係の確定は，身分登録による認知（任意認知）か裁判による宣言（強制認知）のいずれかであり，原則は父と母で異ならないことによる。

　規定は，父性宣言に関する当事者適格，裁判管轄につき，母性宣告の場合に準用する（民法411条）。

6　父性・母性宣言の効果

　ア　婚姻外子の裁判上の父性・母性宣言は，認知の効力を持つ（民法412条）。認知した親は，子に対して親権を行使し，扶養の義務を負う。

　イ　認知した親が，子に対して扶養及び相続の権利を持つことはない。
　　　子が父に認知された場合，子の母が子の父に対し，妊娠・出産費用及び出産前後60日間の扶養請求をすることができ，場合によっては，慰謝料請求もできる。ただし，子の出生前及び出生後1年以内に，父又はその相続人に対して提訴する（民法414条）。

46　第2編　各　　論

ウ　父性宣言による場合に，認知された子は18歳に達するまで，懐胎時母と
性的関係にあった者に扶養料請求をなし得る。なお，懐胎時に母が不道徳
な生活をしていたことを理由に強制認知請求を認めないとする民法第403
条が削除されたことから，扶養請求の際にも，旧第403条の援用を規定し
ていた第416条は削除された（1999年法律27048号6条）。

7　認知の法令及び出生証明書に父の表示がある場合の認知の効力の有無

ペルー国においては，1852年に民法が施行され，その後，1936年及び1984年
にその改正が行われている。

1936年民法第350条には，嫡出でない子について，「父子関係を立証する唯一
の方法は，認知と裁判による父の確定である。」と定められていることから，
ペルー国の認知の方式としては，任意認知と裁判認知があるものと解される。

(1)　1852年制定の民法第238条

「嫡出でない子の認知は，出生登録簿，洗礼登録証明書，公正証書又は遺言
状をもってこれを行うことができる。」と認知の方式及び立証について規定し
ており，実際上，最も一般的な認知の方式は出生登録簿すなわち出生登録証明
書に「父の表示」があり，かつ，「父が届出人」である場合であり，この場合
は，認知を証する書面として認めることができる。

しかし，それらの証書作成の際に父から認知の効力のある行為がされない場
合，例えば，出生登録証明書であれば実父自らが届出人になっていない場合に
は，事後，当該証書の欄外に認知を行うか，又は1852年民法に規定する他の方
法で認知を行うことができる（例えば，出生登録簿に認知の記載がされていな
くとも，洗礼登録証明書において別途認知をすることができるという趣旨と思
われる。）とされている。また，1955年10月7日付けペルーの最高裁判決は，
1852年民法の解釈として，「父親が牧師宛て文書をもって認知を行っても，そ
の認知が洗礼登録証明書欄外に記載がされていない限り，嫡出でない子は認知
されたことにはならない。」と判示している。

洗礼登録証明書により有効な認知が行われたことが証明されるためには，①
証書に父の認知した旨が記載され，父の署名（父が署名できない場合は，その

代理人）があること，②①がない場合，証書登録時に認知が成立したことは認められないが，事後，証書欄外に第238条が規定するその他の方法でも行うことができ，その記載があることが必要である。

ちなみに，1936年民法第354条においては，認知の方法としての洗礼登録証明書は削除されているが，同民法施行後（1936年11月14日以後）に洗礼を受けた場合であっても，洗礼当時に管轄区域役場が存在しなかった旨を立証する書面を添付することにより，当該洗礼登録証明書は，引き続き出生登録と同等の効力を有するとされている。これは役場が近隣になく出生登録ができない，すなわち出生登録による認知ができない場合に，認知者と証人2名の自署のある洗礼登録証明書に認知の効力を認めようとするものであると思われる。

⑵ 1936年民法第354条及び1984年民法第390条

「認知は，出生登録簿又は公正証書若しくは遺言状をもってこれを行うことができる。」と規定しており，出生登録証明書は，それぞれ認知を証する書面として認めることができる（第7の2参照）。

この場合，出生登録証明書に「父の表示」があり，かつ，「父が届出人」であることを要する。

出生登録証明書に「父の表示」がない場合，また父の表示があっても「父が届出人」でない場合は，その後において，父が認知届出を行い（1936年民法355条，1984年民法391条），同証明書に認知事項が記載されていない限り認知の効力はない。

この出生登録簿による認知の方式は，ペルー国において，1852年の民法施行以後，改正の前後を通じて一貫して採られてきた制度であり，実際上，最も一般的な方式である。

（注）　在日ペルー領事館発行の出生登録証明書に「父の表示」があり，かつ，届出人欄に父の氏名が記載されている場合は，ペルー国内で発行された出生登録証明書と同様に，子の本国法であるペルーの方式による認知が成立した証書として取り扱って差し支えない。

ただし，血縁上の父以外の者が認知したと推測される場合（例えば，客観的証拠や父の言動などから父子関係に疑義がある場合）には，認知の成立を証する出生登録証明書の提出があったとしても，認知届の受否について管轄

48 第2編 各 論

法務局に照会すべき事案になる。

　なお，ペルー国外で出生したペルー人の子の出生登録期間は，子が成人（18歳）になるまでの間である（戸籍905-29）。

(3) 裁判認知

　民法第366条以下に規定がある。父の確定の裁判は第366条に掲げられた各場合に行われ，子以外は訴えを提起することができないが（民法375条），子が未成年であるときには母が子の名前において訴訟を起こすことができる（民法376条）。また，判決の効果として認知と同一の効力を認めている（民法388条）。

　「父の表示」はあるが，届出人の記載はなく，また，出生登録が出生登録命令の裁判によるものである旨が記載された出生登録証明書は，法定期間経過後に，法令の定めるところに従い，裁判命令によって行われた出生登録に関する証明書であり，「父の記載」はあるが「父が届出人」でなく，また，認知事項がないので，ペルー国の方式によって認知が成立したことを証する書面とは認められない。

　すなわち，ペルー国においては，父子関係の創設はあくまで，認知と父の確定の裁判によるものであり，ここでいう父の確定の裁判とは民法第366条以下に定めるものであると解されるところ，出生登録命令裁判は，いまだ出生の登録がされていない子についてこれを登録することを目的としていることから，認知の裁判と同一に取り扱うことはできない。

　また，1852年に制定され，1936年に改正される以前の民法の取扱いにおいても，出生登録証明書に認知効を認めるためには，父からの届出が要件となっていることから，1852年民法においても，記載命令書による出生登録証明書は，認知を証する書面にはならない（平成9．7.10民二1223号回答（戸籍663-68・戸籍619-70），村重慶一「ペルー人女の非嫡出子につき出生登録命令裁判による出生登録証明書に基づく認知事項の記載」時報506-42・1999，平成14.1.30民一274号回答（戸籍730-74），平成15.12.24民一3794号通知（戸籍756-72））。

(参考) 平成15.12.24民一3794号通知（戸籍730-87）

	1852年民法・出生登録証書	1852年民法・洗礼登録証書	1936年民法・出生登録証書	1936年民法・洗礼登録証書
証書作成時に認知する場合	① 証書自体に父の表示があり，かつ，実父からの届出が必要。	② 証書自体に父の表示及び認知の旨の記載があること。	③ 証書自体に父の表示があり，かつ，実父からの届出が必要。	④ 洗礼当時に管轄区域役場が存在しなかった旨の証明書を添付の上であれば，②と同じ。
証書作成の事後に認知する場合	⑤ 父から届出されていない場合として，証書自体に父の表示があり，かつ，証書欄外に認知の旨と実父と証人2名の自署が必要。	⑥ 証書欄外に認知の旨と実父と証人2名の自署が必要（②と同様）。	⑦ 父から届出されていない場合として，証書自体に父の表示があり，かつ，証書欄外に認知の旨と実父と証人2名の自署が必要。	⑧ 洗礼当時に管轄区域役場が存在しなかった旨の証明書を添付の上であれば，⑥と同じ。

8　報告的届出

　出生登録証明書が，ペルー国の市民登録局が発行したものであり，発行者である登録局事務長の署名を区長が認証し，さらに，その区長の署名をペルー国外務省が認証したものであれば，ペルー国の権限ある身分登録機関が発行した真正な証書であると認めることができる。

〔根拠法条〕

民法（1984年7月24日公布（同年11月14日施行））

第3編　家族の権利

第3章　親子関係

第2節　婚外親子関係

第1款　婚外子の認知

第386条（婚外子）

　　婚姻外において懐胎し，かつ，出生した子を婚外子とする。

第387条（婚外親子関係における証拠方法）

　　認知及び父性又は母性を宣言する判決が，婚外親子関係の立証の唯一の方法と

する。

　　前記の認知又は父性若しくは母性を宣言する判決は，新しい出生の証明書又は証書の発行に従い，それらを作成することを義務付ける。

第388条（婚外子の認知）

　　婚外子は，父及び母の双方によるか，又は，それらの者の一方のみによって認知されることができる。

第389条（祖父母による認知）

　　婚外子は，父若しくは母が死亡した場合に，又は，それらの者が第43条第2号

50 第2編 各 論

及び第3号並びに第44条第2号及び第3号若しくは第47条に含まれている場合，更に，また，両親が14歳未満である場合，それぞれの家系の祖父又は祖母によって認知することができる。その最後の場合において，未成年者が満14歳に達した後は，その者は，その子を認知することができる。

第390条（認知の方式）

認知は，出生登録簿，公文書又は遺言へ明記される。

第391条（出生登録所における認知）

登録所における認知は，出生を登録するとき，又は，それを行う者によって署名され，かつ，該当する官吏によって認められた証書による後の宣言がなされるとき，行うことができる。

第392条（直系尊属の一方による認知）（廃止）

第393条（認知能力）

第389条に指示された行為無能力に含まれず，かつ，少なくとも満14歳に達したものとみなされる者は全て，婚外子を認知することができる。

第394条（死亡した子の認知）

卑属を残して死亡した子は，認知することができる。

第395条（認知の撤回の不可）

認知は方式を認めず，かつ，撤回することができない。

第396条（既婚の母の婚外子の認知）

既婚の母の子は，夫がその者を否認し，かつ，勝訴判決を取得した後でなければ，認知することができない。

第397条（婚外子が夫婦の家庭に生活するための同意）

夫婦の一方によって認知された婚外子は，他方の同意なしに，夫婦の家において生活することができない。

第398条（成年の子の認知の効力）

成年の子の認知は，子が，その者に関し，身分を恒常的に占有するか，又は，認知に同意する場合におけるほかは，その者に対し，相続権も扶養料請求権も行使することを認めない。

第399条（認知の異議申立て）

認知は，第395条に規定されたところを損なうことなく，それに関係しない父若しくは母，又はその者が死亡したときは，本来の子又はその卑属及び正当な利益を有する者により，否認することができる。

第400条（認知否認の期限）

認知を否認するための期限は，行為を知った日から90日とする。

第401条（行為無能力停止時における認知の否認）

未成年又は行為無能力たる子は，いかなる場合においても，その成年の翌年の間又はその行為無能力が止んだとき，その者のために行われた認知を否認することができる。

第2款　婚外親子関係の裁判上の宣言

第402条（婚外父子関係の裁判上の宣言の手続）

婚外父子関係は，次に掲げるとき，裁判によって宣言されることができる。

1　それを認める父の明白な文書が存在するとき。

2　子が，父若しくはその家族の直接的な行為によって立証された婚外子の身分を恒常的に占有しているか，又は，

請求の1年前まで，それを恒常的に占有していたとき。

3　推定される父が，妊娠の時期に，母と内縁関係であったとき。その効力のため，男子及び女子が，それらの間において，婚姻することなく，かように同棲するとき，内縁関係があるものとみなされる。

4　女子の暴行，誘拐又は暴力的監禁の場合において，犯行の時期が妊娠の時期と一致するとき。

5　妊娠と同時期に，婚姻の約束をもって実行された誘惑の場合において，常に，約束が明白な方法をもって成立するとき。

6　推定される父と子の間の血族関係が，DNA検査又は同等若しくはそれ以上の程度の確実性を有する他の遺伝学的若しくは科学的証明を通じて保証されるとき。

本号に規定されたところは，夫が父性を否認しなかった既婚女子の子に関し，適用されない。

裁判官は，同等若しくはそれ以上の程度の確実性を有する遺伝学的若しくは他の科学的有効性が実現されたとき，前各号の推定を却下する。

第403条（訴訟の不受理）（廃止）

第404条（既婚女子の子の父性の裁判上の宣言）

母が妊娠の時期に既婚であった場合，夫がその父性を争い，かつ，勝訴判決を取得したときにのみ，訴訟は許される。

第405条（出生前の訴訟提起）

訴訟は，子の出生前に提起することができる。

第406条（裁判上の父性宣言における被告）

訴訟は，父又はその者が死亡したときは，その相続人に対して提起される。

第407条（訴訟の資格所有者）

訴訟は，子のみに帰属する。ただし，母は，その者が未成年であるときは，子が未成年の間は，その者の名において，訴訟を提起することができる。後見人及び保佐人は，それらの者の場合において，親族会議の授権を得なければならない。

訴訟は，子の相続人に承継されない。ただし，その者の卑属は，提起された裁判を続行することができる。

第408条（権限を有する裁判官）

訴訟は，被告又は原告の住所地の裁判官の下へ提起されることができる。

第409条（婚外母性の裁判上の宣言）

婚外母性もまた，分娩の事実及び子の同一性が立証されるとき，裁判によって宣言することができる。

第410条（訴訟の消滅不可）

婚外親子関係が宣言されるための訴訟は，失効しない。

第411条（補充の基準）

第406条から第408条の各規定は，母及びその相続人へ適用される。

第412条（婚外親子関係の判決の効力）

婚外の父性又は母性を宣言する判決は，認知と同一の効力を生ずる。いかなる場合においても，父又は母に対しては，扶養料請求権も相続権も授与しない。

第413条（生物学的又は遺伝学的証明）

婚外の父性又は母性の宣言に関する手続においては，生物学的，遺伝学的又は同等若しくはそれ以上の程度の確実性を

52 第2編 各 論

有する他の科学的有効性の証明が許される。

　同様に，それらの証明は，第402条第4号の場合において，犯行者が複数であるとき，原告側の申立てによって許される。証明のいずれかが，他の被告に帰する可能性を除去するときにのみ，被告の1人の父性が宣言されるものとする。被告の中の1人がいずれかの証明を受け入れることを拒むときであって，その者の父性が宣言されるものとする。

　扶養義務は，いずれかの証明を受け入れることを拒む者に関し，連帯責任とする。

第414条（母のための扶養料及び精神的損害の賠償）

　第402条の場合において，父が子を認知したときと同様に，母は，分娩前の60日間及びその後の60日間の扶養料並びに分娩及び妊娠によって生じた費用の支払を請求する権利を有する。同様に，その者は，権限の濫用又は婚姻の約束をしていたことが明らかな場合，あるいは懐胎した時に不道徳な同居をし，又は未成年であった場合にも，精神的損害の賠償を請求する権利を有する。

　それらの訴訟は，一身上のものであり，子の出生前又はその翌年の間に提起されなければならない。それらは，父又はその相続人に対して向けられ，かつ，被告又は原告の住所地の裁判官の下へ提起されることができる。

（笠原，徐・前掲(42)）

第6　養子縁組

1　ペルーの養子制度

　民法上の養子規定は，第3章・親子関係の第1節・嫡出親子関係の中で，第1款・嫡出子の次に第2款として規定されている。すなわち，養子は縁組により嫡出子の身分を取得し，実方との親族関係は終了するものとされ（民法377条），断絶型の養子制度を採用している。

　また，民法は養子の種類を分類していないが，一般的には未成年養子については未成年法典に規定があるから，養子が成人である場合は民法及び民事訴訟法により，未成年の場合は未成年法典によることになる。

　養子縁組は，全て判決によって決定し，登録のみによる縁組は存在しない。なお，孤児及び養育者のいない子を保護するための行政養子の制度がある。この行政養子は，警察，弁護士，心理カウンセラー等の同席の下，Promudeh（プロムーデ）の主導により決定され，裁判を経ないで行われることから，行

政養子と呼ばれている（戸籍730-40）。

2　実質的成立要件

(1)　養親の要件

　養親となる者は，道徳的資質を享有し，養親の年齢が，少なくとも，成年年齢及び養子にしようとする子の年齢の合計に等しいことを要する（民法378条1号・2号）。

　なお，法律に規定はないが，養親は25歳から55歳であり，養親が25歳から43歳のときは3歳までの子，養親が44歳から50歳のときは3歳から6歳までの子，養親が51歳から55歳のときは6歳以上の子を養子とすること。また，養親が単身で，35歳から50歳のときは5歳以上の子を養子とするガイドラインがある。

　なお，婚姻期間に関する規定はなく，婚姻期間にかかわらず養親となることができる。

(2)　複数の者による養子縁組の禁止

　夫婦共同縁組の場合を除き，複数の者が養親となることはできない（民法382条）。

(3)　養親と養子の年齢差

　ガイドラインとして，養親は，養子より18歳以上年長でなければならない。

(4)　配偶者の同意

　養親が既婚であるときは，その配偶者の同意を要する（民法378条3号）。

(5)　後見人と被後見人間の縁組

　後見人は，財産の管理の計算を終えて清算を済ませていなければ，その被後見人を養子とすることはできない（民法383条）。

(6)　財産を有する者を養子にする縁組

　財産を有する者を養子にしようとする場合は，財産目録を調製し，裁判によってその評価を行うとともに，裁判所が認める担保を養親となる者が提供しなければ，縁組をすることができない（民法384条）。

54　第2編　各　論

3　保護要件

(1)　両親等の同意

養子にする者がその両親の親権の下にあるか，又は，それらの者の保佐の下にあるときは，両親のが同意を要する。

また，養子にする者が無能力であるときは，養子にする者の後見人又は保佐人及び親族会議の意見を聞かなければならない（民法378条5号・6号）。

(2)　養子の同意

養子が10歳以上である場合は，その者の同意を要する（民法378条4号）。

(3)　裁判官の承認

原則として，裁判官の承認を要する（民法378条7号）。

4　形式的成立要件

養子縁組の手続は，民事訴訟法典又は未成年法典に従って行うものとされ，その手続が終了したときは，裁判官は，民事身分登録所に対し，養子の養親の下での新たな出生証明書を作成し，従前の出生証明書と差し替えることを命じる。なお，従前の出生証明書は，婚姻障害に関してのみ効力を有するものとされる（民法379条）。

5　養子縁組の効力

養子縁組により，養子は養親の嫡出子としての身分を取得し，実方の血族との親族関係は終了する（民法377条）。

6　養子縁組の取消し

縁組関係は，原則として取り消すことができない（民法380条）。ただし，養子が未成年者又は精神上の障害により判断能力を欠く常況にある者の場合は，その者が成年に達してから，又は能力を回復してから1年以内に縁組の取消しを求める訴えを提起することができる。

縁組取消しの宣告がされた場合は，実方の親族との親族関係が復活するが，

その取消しの効力は遡及しない。

また，出生証明書は縁組前のものとなり，登記簿には裁判所の命令により，その旨登記される（民法385条）。

7　国際間の養子

(1)　成文による原則

養子が未成年の場合の渉外縁組は，未成年法典により国際養子条約の規定に基づいて行われることになるから（新未成年法典130条），協定にない国との養子縁組は行わない。

(2)　外国の判決の国内的効力

ア　協議による養子縁組の承認の問題

外国の判決を承認する際は，原則として領事の認可を得る場合と，ペルー国内での司法判断による場合とがある。問題となるのは，外国での判決が国内の社会秩序に反する場合の効力と，社会秩序には反しないが国内法が認める要件と異なる法規定に基づく判決である場合の国内的効力とがある。

未成年養子に関しては，渉外的問題を国際条約に則って処理するが，成人間の養子縁組については，国内の司法判断に委ねられることになる。家族法の分野で渉外的効力をめぐって問題となるのが婚姻の取消し，離婚の事例（前掲第3「離婚」を参照）であるが，この問題の本質的部分は養子縁組にも共通する。すなわち，我が国の普通養子縁組が届出のみによるのに対して，ペルー法では，原則として家事裁判所で検察官の介在の下で審理され，判決によって効力を生ずるという違いがある。

イ　家族法最高司法会議（PJF）の結論

司法行政についての最高会議の1つである，家族法上の諸問題を解決するための家族法最高司法会議は，1999年に「婚姻の解消を命じた外国の行政的決定の承認を求める申請は認められるか」について，多数意見は認められないとした。

その根拠は，①外国判決の効力を規定する民法第2102条が「外国の裁判

56　第2編　各　　論

所で下された判決」と明言しており，行政的性格を排除していること，②
外国判決の承認の際には判決言渡し内容を検討することがペルー法の原則
であること，③行政手続は裁判権の手続的保障を満たさないこと等が挙げ
られた。

8　養子縁組の撤回

養子縁組は，撤回することができない（民法380条）。

9　ハーグ国際養子縁組条約

1995年（平成7年）批准

〔根拠法条〕

民法（1984年7月24日公布（同年11月14日
施行））
第3編　家族の権利
第3章　親子関係
第1節　嫡出親子関係
第2款　養子縁組
第377条（養子縁組の概念）
　　養子縁組により，養子は養親の子の身
　分を取得し，かつ，その血族へ帰属しな
　いこととなる。
第378条（養子縁組の要件）
　　養子縁組については，次に掲げること
　が要求される。
　1　養親が道徳的資質を享有しているこ
　　と。
　2　養親の年齢が，少なくとも，成年年
　　齢及び養子にしようとする子の年齢の
　　合計に等しいこと。
　3　養親が既婚であるときは，その配偶
　　者の同意があること。
　4　養子にする者が10歳以上であるとき

は，その者が同意を与えること。
　5　養子にする者がその両親の親権の下
　　にあるか，又は，両親の保佐の下にあ
　　るときは，両親が同意すること。
　6　養子にする者が無能力であるとき
　　は，養子にする者の後見人又は保佐人
　　及び親族会議の意見を聞くこと。
　7　特別法に規定されたところを例外と
　　して，裁判官によって承認されること。
　8　養親が外国人であり，かつ，養子に
　　する者が未成年者であるとき，養親は
　　裁判官の下において，養子縁組をする
　　その意思を自ら承認する。未成年者が
　　健康上の理由によって外国に所在する
　　とき，当該要件は除外される。
第379条（養子縁組の手続）
　　養子縁組は，それが該当するところに
　より，民事訴訟法典，児童及び青年法
　典，法律第26981号，裁判上遺棄と宣告
　された未成年者の養子縁組の行政手続法
　又は法律第26662号，公証人権限法にお

いて規定されたところに従って手続される。

養子縁組を処理した裁判官，養子縁組事務所の権限を有する官吏又は公証人は，手続を終了したとき，養子縁組が余白に記録される原本に代えて，新しい証書が作成されるために，出生が登録された民事身分登録所へ公式に通知するものとする。

新しい出生証明書において，養父母は証人として記入され，それらの者は証書に署名するものとする。養子縁組に関する全ての記述は，登録吏の責任の下に禁止される。

元の証書は，婚姻障害の効力のためにのみ，有効性を保持する。

第380条（養子縁組の撤回の不可）

養子縁組は，撤回できない。

第381条（純粋行為としての養子縁組）

養子縁組は，いずれかの方式の下に行われることができない。

第382条（複数の養親の禁止）

いかなる者も，夫婦によらない限り，1人の者によってしか養子とされることができない。

第383条（被後見人及び被保佐人の養子縁組）

後見人及び保佐人は，その管理の報告が承認され，かつ，それから結果として生ずる欠損が償われた後にのみ，その被後見人及びその被保佐人を養子にすることができる。

第384条（養子の財産の財産目録）

養子にしようとする者が財産を有するときは，前記財産が財産目録を作成され，かつ，裁判上，評価されることなく，また，養親が裁判官の裁判へ十分な担保を備えることなく，養子縁組は実行することができない。

第385条（養子の要求による養子縁組の中止）

養子縁組された未成年者又は精神上の障害により判断能力を欠く常況にある者は，その成年又はその能力を回復した事実の翌年の間に，養子縁組が無効とされることを訴えることができる。裁判官は，より多くの手続なしに，それを宣告するものとする。

かような場合において，実親子関係及び該当する証書は，撤回の効力を有することなく，有効性を回復する。それぞれの民事身分の登録簿は，令状により，その場合の記入が行われる。

（笠原，徐・前掲(42)）

第7　身分登録

1　機関の組織・機構

⑴　組織設立の経緯

ペルー憲法第183条は，「個人の身分証明書と民事上の身分につき行う国家登録は，出生，婚姻，離婚，死亡及びその他の民事上の身分を修正する行為を登

録することに責任がある。」と規定する。この憲法規範の内容を具体化するため，法律第26497号「身分証明及び民事上の身分に関する国家登録組織法」（1995年12月7日施行）が制定され，身分証明及び民事上の身分に関する国家登録所（RENIEC）が設立された。

身分登録が「民事上の身分登録」と記載されるのは，人の身分に関する管轄が教会（秘蹟）から国家の手，すなわち民事行為に移ったことによる。

ペルーで身分登録の民事化が行われたのは1936年であり，当時は財務商業省の管轄であった。その後司法省の管轄となり，登録が国民の義務となってから，制度の周知徹底がなされるに至った。

登録事務自体は，各地区（Municipio）ごとに行われ，以前は書式が統一されていないこともあり，国内での渉外的問題も発生することもあった。また，文書管理の機械化を推進することもあり，1995年以降身分証明及び民事上の身分に関する国家登録所が集中管理することとなった。

(2) 機　構

実際の登録行為は，従来どおり県及び直轄区のある自治体で行われ，最終的に登録事項を機械入力したものを身分証明及び民事上の身分に関する国家登録所に送ることになるが，自治体と身分証明及び民事上の身分に関する国家登録所とに上下関係はない。

1995年法施行以降，登録用紙については身分証明及び民事上の身分に関する国家登録所が作成し，各自治体に配布していることから，書式の統一がなされているが，1995年以前のものについても，現在遡って入力作業が行われている。

2　身分登録手続証書と証明様式

(1) 証書と記載方法

民事登録の記載内容及びその方法等は，「身分証明及び民事上の身分に関する国家登録記載規則」に定められている。身分証明及び民事上の身分に関する国家登録所が一定の様式を決め配布した記入用紙で行われ，証書（ACTAS）に登録官吏の署名が付され，これが製本した本に綴じられ，さらにその写しが本人に渡される。

この証書は公的文書となり，各訴訟などの証明手段として機能する。

ア　出生登録

　　出生登録の登録事項は，次のとおりである。

①　出生の日時，場所

②　性別

③　登録された者の名

④　父，母それぞれの父方，母方の姓・名，年齢，国籍

⑤　登録申請した者の父方・母方の姓・名

⑥　登録官吏の父方・母方の姓・名

イ　出生についての未登録者の行政登録

　　子（未成年に限る。）を認知した親が出生登録を行った場合には，親子関係を発生させる。

(2)　**民事登録証書の訂正**

　証書に記載されたデータの訂正は，以下の２通りの方法で行い得る。

ア　公正証書による場合

　　係争性のない場合においては，公証人が訂正する。

　　この手続が可能な場合として，姓，名，出生，婚姻及び死亡，さらには本人の証書の文面からあるいは証拠となるような他の文書の登録につき，日付の誤り及び書き落としの訂正は，公証人の面前で行うことができる。ただし，人の名又は姓，あるいは性別の変更，管轄区で記載されたもので明らかに誤りとはいえない他の情報を変更することは，いかなる場合でも公証人の面前ではできない。

イ　裁判によるもの

　　民法第29条には，「いかなる人といえども，名前を変えることも，付加することもできない。ただし，正当な理由により，裁判所の許可があり，かつ，しかるべく公表及び登録された場合は，この限りでない。前項は，夫婦及び未成年の子供に対する名前の変更又は追加にも適用する。」と規定されている。

　　婚姻又は死亡証明書の記載又は訂正の申請及び出生証明書の訂正の申請

は，法定期間内に行わなかった場合又は裁判官が申請理由があると判断した場合にのみ，手続を行うことができる。出生証明書の記載の申請は，事項別に法律に規定されている。

名前，性別，当該事項の日付あるいは民事上の身分の訂正が取り扱われる場合，訂正されるものを明確に提示しなければならない。

本項の規定は，国家の権限ある機関の面前での登録がなされていないペルー人の外国で発生した出生，婚姻及び死亡の記載にも適用される。

同様に国家の権限ある機関の面前での登録があるペルー人の外国で発生した出生，婚姻及び死亡の証書の訂正にも適用される。

ウ　登録後の証書の交付について

民事登録された事項内容は，国家の管理するところで（身分証明は，写真付きの携帯型のカードであり，国民は原則として携帯が義務付けられ，各種証書交付申請，公的機関への出入り等の際には提示を求められる。これと異なり，各種登録証書は，A4判の書類である。），登録時に登録所が保管するものが正本，本人に手渡されるものが正式に認証された写し（副本）であり，後日，登録内容を証明する文書として登録証書の記載内容を証明する文書の交付申請があった場合は，正本に基づき以下の要領で正本と相違ないことを明記した書類が交付される。

通常，公証人事務所において良心に基づく宣誓供述書を添付の上申請する。交付されるものには登録経過（登録所名・日時・登録申請者）と登録内容が明記され，かつ後日の交付を申請した者の氏名及びサイン，交付した登録所の所長名及びサイン，市長のサイン，この交付書面を作成した公証人の氏名とサイン，交付日が書き込まれ，さらに「この写しは表・裏ともオリジナルと絶対的に一致することを証明する」とタイプが打ち込まれる。

〔根拠法条〕

身分証明及び民事上の身分に関する国家登録組織法（法律第26497号。1995年12月7日施行）

第7条（目的）

　身分証明及び民事上の身分に関する国家登録の職務は，以下のとおりである。

　a）～e）（略）

　f）個人の身分証明登録を管理する。

　g）個人の身分証明の正当性を証明する唯一の文書を，写し（副本）として発行する。

第27条（登録義務）

　身分証明書は，全ての国民に義務付けられているものである。その使用方法についても，現在の法の条項，申請方法の規則，さらに補足の規則に従わなければならない。

第31条（コード番号の付与）

　身分証明書は，国内又は共和国領土外において出生したペルー国籍者に対して，出生した日又は国籍取得を承認された日から与えられる。

　この証明書は，身元の確定のために固定した1つのコード番号が与えられ，この番号は保持者が死亡するまで変更されない。

第37条（証明書の有効期間）

　国家発行の身分証明書は，大幅な損傷がないか，民事上の身分，名前又は事故等の出来事の結果，写真が同一性を失うほどの肉体的外観に重大な変化がない限り，6年間有効である。損傷や重大な変化などの場合，登録所は必要部分の変更をした新しい証明書を発行する。通常の有効期間が満了した場合は，身分証明書は同じ有効期間で更新される。

第39条（60歳以上の国民）

　身分証明書を所持している国民で60歳に到達した場合は，無期限に有効となり，更新を要求されない。

第58条（証明書の効力）

　身分証明書及び民事上の身分に関する国家登録所により発行された登録の証明書は，公文書とみなされ，関連する事実は，裁判により当該文書の無効が宣言されない限り，真正であることが証明される。

非訟事件における公証人の権限に関する法（1996年法律第26662号）

第1章

第3条（公証人の行為）

　本法第1条に規定する事項についての公証人の行為は，本法の規定するところに従い，さらに補充的に公証人法及び民事訴訟法の規定に従う。

　非訟事件手続に関与し得るのは，弁護士資格を有する公証人のみである。

第12条（公証文書の効力）

　公証人作成の文書は，真正の証明書であり，修正がなされるか，又は裁判により無効が宣言されない限り，全ての効力を生ずる。

第8　親　権

1　嫡出子の親権者

(1)　父母が婚姻継続中の場合

父母が婚姻中のときは，父母が共同して親権を行使する（民法419条）。

(2)　父母の離婚等の場合

両親の別居，離婚等の場合は，親権は子の養育を行う者が行使する（民法420条）。

2　嫡出でない子の親権者

父に認知されていない嫡出でない子の親権は，母が行使する（民法421条）。

3　親権の終了

(1)　親権の消滅

親権は，①両親又は子の死亡，②子の行為無能力の停止，③子が満18歳に達した場合に終了する（民法461条）。

(2)　親権の喪失

親権は，それを生じる有罪判決によるか，又は継続的な6か月にわたり，子を遺棄することによるか，若しくは，遺棄の合計された期間がその期間を超えるとき，喪失する（民法462条）。

(3)　親権剥奪事由

両親は，①その子に対し，堕落した命令，忠告，手本を与えるか，又は，物乞いをさせること，②過度に厳しく子を取り扱うこと，③子へ扶養料を与えることを拒否することにより，親権を剥奪させることができる（民法463条）。

〔根拠法条〕

民法（1984年7月24日公布（同年11月14日施行））

第3編　家族の権利

第3章　親子関係

第3節　親権

単1款　親権の行使，内容及び終了

第418条（親権の概念）

　　親権により，両親は，その未成年の子の身上及び財産を世話する義務及び権利を有する。

第419条（親権の共同行使）

　　親権は，婚姻中，父及び母によって共同行使され，子の法定代理は双方へ帰属する。

　　意見が相違する場合には，児童及び青年裁判所の裁判官が，即決手続に従って解決する。

第420条（親権の一方による行使）

　　別居，離婚又は婚姻無効の場合において，親権は，子が任せられる配偶者によって行使される。他方は，その間，その行使を停止される。

第421条（婚外子の親権）

　　婚外子に対する親権は，その者を認知した父又は母によって行使される。

　　両親の双方が子を認知したとき，未成年者裁判所の裁判官は，子の年齢及び性別，両親との同居又は別居の状況及び全ての場合において，未成年者の利益を斟酌して，親権が帰属する者を決定する。

　　本法に含まれた法規は，母に関し，未成年であっても適用される。ただし，裁判官は，父が親権を有しないとき，子の利益から求められるならば，子の身上又は財産の保護を後見人に任せることができる。

第461条（親権消滅事由）

　　親権は，次に掲げる事由によって終了する。

1　両親又は子の死亡

2　第46条に従う子の行為無能力の停止

3　子の満18歳の充足

第462条（親権喪失事由）

　　親権は，さもなければ，それを生じる有罪判決によるか，又は継続的な6か月にわたり，子を遺棄することによるか，若しくは，遺棄の合計された期間がその期間を超えるとき，喪失する。

第463条（親権剥奪事由）

　　両親は，次に掲げる事由により，親権を剥奪させることができる。

1　その子に対し，堕落した命令，忠告，手本を与えるか，又は，物乞いをさせること。

2　過度に厳しく子を取り扱うこと。

3　子へ扶養料を与えることを拒否すること。

（笠原，徐・前掲(2)「同(5)」時報699-67・2013，横山正司「帰化許可の申請等における法定代理人について（下）」時報427-53・1993参照）

64　第2編　各　論

第9　死　　亡

1　死亡推定宣告

(1)　宣告事由

①行方不明者の最後の消息の後10年を，又は80歳以上である場合は5年を経過したとき，②行方不明が死亡の危険から成る状況において発生している場合は，2年が経過したとき（期間は，危険な出来事がやんだ時から経過する。），③死体が発見されるか，又は，識別されていないが死亡の確実性が存在するときは，いずれかの利害関係人又は検察庁の申立てにより，失踪者の死亡を必要とせず，死亡推定宣告を行う（民法63条）。

(2)　死亡推定宣告による婚姻の解消

死亡推定の宣告は，行方不明者の婚姻を解消し，死亡登録簿へ記載される（民法64条）。

2　生存の確認

(1)　確認の申立て

死亡が裁判によって宣告された者の生存は，その者，いずれかの利害関係人又は検察庁の申立てによって確認されることができる。主張は，非訟手続として，死亡推定宣告の申立人の召喚をもって処理される（民法67条）。

(2)　新しい婚姻に関する効力

生存の確認は，配偶者が締結した新しい婚姻を無効としない（民法68条）。

〔根拠法条〕

民法（1984年7月24日公布（同年11月14日施行））

第1編　人の権利

第1章　自然人

第7節　人の最期

第1款　死亡

第61条（人の最期）

死亡は，人を終わらせる。

第62条（同時死亡の推定）

2人又はそれ以上の者のいずれが先に死亡したかを証明できないとき，それらの者は同時に死亡したものとみなされ，かつ，それらの者の間においては，相続権の移転はない。

第2款　死亡推定宣告

第63条（死亡推定宣告の場合）

　　次に掲げるときは，いずれかの利害関係人又は検察庁の申立てにより，失踪者の死亡を必要とせず，死亡推定宣告を行う。

　1　行方不明者の最後の消息の後10年を，又は80歳以上である場合は5年を経過したとき。

　2　行方不明が死亡の危険から成る状況において発生している場合は，2年が経過したとき。期間は，危険な出来事がやんだ時から経過する。

　3　死体が発見されるか，又は，識別されていないが死亡の確実性が存在するとき。

第64条（死亡推定宣告による婚姻の解消）

　　死亡推定の宣告は，行方不明者の婚姻を解消する。かような解決は，死亡登録簿へ記載される。

第65条（死亡推定解決の内容）

　　死亡推定を宣告する解決においては，可能性の高い事実及び可能であれば，行方不明者の死亡地が指示される。

第66条（死亡推定の不適切による失踪宣告）

　　死亡推定宣告を不適切と思料する裁判官は，失踪を宣告することができる。

第3款　生存の確認

第67条（存在の確認の手続方法）

　　死亡が裁判によって宣告された者の生存は，その者，いずれかの利害関係人又は検察庁の申立てによって確認されることができる。主張は，非訟手続として，死亡推定宣告の申立人の召喚をもって処理される。

第68条（配偶者の新しい婚姻に関する効力）

　　生存の確認は，配偶者が締結した新しい婚姻を無効としない。

（笠原，徐・前掲(2)）

第10　国　　籍

1　二重国籍

　ペルーでは，二重国籍は認められている。

2　ペルー国籍の喪失

　他国の国籍を取得する出生によるペルー人は，権限ある政府機関にペルー国籍の放棄を表示しなければ，国籍を喪失しない。

66　第2編　各　　論

資料151−1〔婚姻証明書（婚姻記録）〕

REPÚBLICA DEL PERU

REGISTRO NACIONAL DE IDENTIFICACIÓN Y ESTADO CIVIL

ACTA DE MATRIMONIO

FECHA DE CELEBRACION ※ DE JUNIO DEL 2010
LUGAR LIMA / LIMA / SANTIAGO DE SURCO (14 01 30 000)
CELEBRANTE ※ ※ ※ ※
CARGO SUB.GERENT.DE TRAMI.DOCUM.MUNICIPALIDAD DE SANTIAGO DE SURCO
EXPEDIENTE ※ ※ : ※ ※

DATOS	LA CONYUGE	EL CONYUGE
Prenombres	△ △	□ □
Primer apellido	△ △	□ □
Segundo apellido	△ △	□ □
Documento de identidad	※ ※ ※ ※	※ ※ ※ ※
Edad	※	※
Estado civil	SOLTERO	SOLTERO
Nacionalidad	PERUANA	PERUANA
Lugar de nacimiento	LIMA / LIMA / LIMA (14 01 01 000)	LIMA / LIMA / SAN ISIDRO (14 01 24 000)

FECHA DE REGISTRO 23 DE JULIO DEL 2010
OFICINA REGISTRAL LIMA / LIMA / SAN BORJA (14 01 40 000)
REGISTRADOR CIVIL ※ ※ ※ ※
DNI ※ ※ ※ ※
OBSERVACIONES

REGISTRO NACIONAL DE IDENTIFICACIÓN Y ESTADO CIVIL

（署名）
※ ※ ※ ※
Registrador Civil

※ ※ ※ ※ ※

資料151－1

(左端上にバーコード※※※※があり、中央にペルー国章がある。その右端上にRENIEC全国身分登録事務所と書かれたロゴタイプがある)

ペルー共和国
全国身分登録事務所

婚姻記録

挙式日　　2010年6月※日
場所　　　リマ/リマ/サンテイアゴ　デ　スルコ（14 01 30 000）
挙行者　　※※※※
職務　　　サンテイアゴ　デ　スルコ区役所、書類処理部副部長
登記書類　※※－※※

データー	配偶者（女性）	配偶者（男性）
名前	△△	□□
父親の最初の苗字	△△	□□
母親の最初の苗字	△△	□□
身分証明	国民身分証明書/選挙手帳 ※※※※	国民身分証明書/選挙手帳 ※※※※
年齢	※	※
婚姻状況	未婚	未婚
国籍	ペルー	ペルー
出生場所	リマ／リマ／リマ （14 01 01 000）	リマ／リマ／サン イシドロ （14 01 24 000）

登記日　　　　　　2010年7月23日
登記所　　　　　　リマ／リマ／サン　ボルハ（14 01 40 000）
市民登記官　　　　※※※※
国民身分証明書　　※※※※
注釈

資料151-2 〔婚姻登録証明書〕

ARZOBISPADO DE LIMA

CONSTANCIA DE MATRIMONIO   N⁰

Por la presente se certifica que en el Archivo de la Parroquia (Capellanía, etc.) _____
se encuentra en el Libro de Matrimonios N° _____ a fojas _____ número _____
una Partida cuyos datos son:
ESPOSO
Nombres y Apellidos _____
Lugar y Fecha de Nacimiento _____
Padre _____
Madre _____
Parroquia (Capellanía, etc.) de Bautismo _____
Fecha de Bautismo _____
ESPOSA
Nombres y Apellidos _____
Lugar y Fecha de Nacimiento _____
Padre _____
Madre _____
Parroquia (Capellanía, etc.) de Bautismo _____
Fecha de Bautismo _____
DATOS DEL MATRIMONIO
Fecha de Matrimonio _____
Ministro Asistente _____
Padrinos _____
Testigos _____

ANOTACIONES MARGINALES _____
_____

(署名) _____   Lima,   de   de 19
           Sello
El suscrito certifica la autenticidad de la firma y
sello de la presente Constancia de Matrimonio.
Lima,   de   de 19

Notario Eclesiástico   Sello de la Curia Episcopal

資料151-2

ARZOBISPADO DE LIMA
（リマ大司教区）
CONSTANCIA DE MATRIMONIO No.XXXXX
（婚姻登録証明書）

....

....

....

....

ESPOSO（夫）
Nombres y Apellidos（氏名）
Lugar y Fecha de Nacimiento（出生年月日及び出生地）
Padre（父）
Madre（母）
Parroquia (Capellania, etc.) de Bautisumo（洗礼教会）
Fecha de Bautisumo（洗礼年月日）
ESPOSA（妻）
Nombres y Apellidos（氏名）
Lugar y Fecha de Nacimiento（出生年月日及び出生地）
Padre（父）
Madre（母）
Parroquia (Capellania, etc.) de Bautisumo（洗礼教会）
Fecha de Bautisumo（洗礼年月日）
DATOS DEL MATPIMONIO（婚姻データ）
Fecha de Matrimonio（婚姻年月日）
Ministro Asistente（司祭名）
Padrinos（教父）
Testigos（教母）

....

サイン   ....

....

....

70 第2編 各 論

資料151－3〔出生証明書（出生記録）〕

資料151－3

(RENIEC全国身分登録事務所と書かれたロゴタイプ、その右横にバーコード※※※※がありその下にCUIと書かれている)

ペルー共和国

全国身分登録事務所

出生記録

(出生記録とある右端にバーコード※※※※とその左横にペルー共和国と書かれた国章がある)

登記事務所

01	07	2009		リマ		14		リマ		01
日	月	年		県		コード		市		コード
ミラフローレス						15				
区						コード		村落／先住民コミュニティー・農村		コード

出生児のデーター

○○			○○		
父親の最初の苗字			母親の最初の苗字		
○○		1	男性		
名前		性	1．男性　2．女性		

リマ		14		リマ		01
出生地：県		コード		市		コード
ミラフローレス		15				
区		コード		村落／先住民コミュニティー・農村　コード		
※：※	午後		※	06	2009	2009年6月※日
時間	午前／午後		日	月	年	出生年月日を文字で表す
2	クリニック			※※、※※　※※※※		

1.病院　2.クリニック 3.診療所 4.自宅 5.その他　名前と住所

母親のデーター

△△			△△		
父親の最初の苗字			母親の最初の苗字		
△△	※	ペルー人　1 外国人　2	1	リマ	1	※※※※
名前	年齢	国籍		出生地（市）	身分 証明	1.国民身分証明書 2.軍身分証 明書 3.外国人カード 4.その他

※※※※※※※※
母親の住所

翻訳者：※　　※　　※　　※

72 第2編 各 論

資料151－3

父親のデーター

□□				□□		
父親の最初の苗字				母親の最初の苗字		
□□	※	ペルー人 外国人	1 1 2	リマ	1	※ ※ ※ ※
名前	年齢	国籍		出生地（市）	身分 証明	1.国民身分証明書 2.軍身分証 明書 3.外国人カード 4.その他

申告者

△△				△△		
父親の最初の苗字				母親の最初の苗字		
△△	※	ペルー人 外国人	1 1 2	母親	1	※ ※ ※ ※
名前	年齢	国籍		関係	身分 証明	1.国民身分証明書 2.軍身分証 明書 3.外国人カード 4.その他

申告者

□□				□□		
父親の最初の苗字				母親の最初の苗字		
□□	※	ペルー人 外国人	1 1 2	父親	1	※ ※ ※ ※
名前	年齢	国籍		関係	身分 証明	1.国民身分証明書 2.軍身分証 明書 3.外国人カード 4.その他

登録官

※ ※ ※ ※	※ ※ ※ ※
登録官の氏名	身分証明：1.国民身分証明書

参考：－－－－－－－－－－－－－－－－－－－－－－－－－－－－－－－－－－

登録される者：結婚日… 市民登記・・登録番号・・登録帳・・死亡日…市民登記・・
登録番号・・登録帳・・

申告者 の指紋	(指紋)	右手人 差し指	サイン Ⅰ-申告者	申告者 の指紋	(指紋)	右手人 差し指	サイン Ⅱ-申告者

（Ⅱ－申告者のサイン右端に、ミラフローレス、英雄的な町と書かれた区章がある）

ミラフローレス区役所

※ ※ ※ ※氏のサイン

※ ※ ※ ※

登録官

152　ベルギー（ベルギー王国）

第1　国際私法

1　属人法の連結点

　属人法事項の連結点としての常居所の国籍に対する優位がある。例えば，当事者の共通本国法，その共通常居所地法，密接関連法への段階的連結という「ケーゲルの梯子」の規則は，養子縁組（国際私法67条）を除いて，当事者の共通常居所地法，その共通本国法，ベルギー法の順序に修正された上で，婚約（国際私法45条），婚姻の身分的効果（国際私法48条1項），離婚（国際私法55条1項）に関して採用されている。

　しかし，なお，本国法に依拠するのが，身分及び能力一般（国際私法34条1項1文），氏名（国際私法37条1文），不在（国際私法41条1文），婚姻の実質的成立要件（国際私法46条1文），親子関係（国際私法62条1項1文）である。

2　反　　致

　国際私法典第16条において，外国法の指定について実質法指定説の立場を明言することにより，準拠法の決定における簡潔性の確保が意図されているが，特別規定によって留保されている事項については，反致が認められている。

　特別規定とは，特定のベルギー政策を支える場合における反致を例外的に許すいくつかの条項であるが，人の能力について，狭義の反致を認めるのが国際私法典第34条第1項第2文であり，外国の成年無能力者の保護を拡大するという特定の目的の達成を可能とするためである。

3　例外条項

　国際私法典第19条においては，顧慮されるのが「非常に密接な」関係を有する法である一方，排除されるのは，「非常に希薄な」関係しかない法であり，そのようなことの状況が「明らか」であるときに，「例外的に」，前者の法が後

74　第2編　各　論

者の法に代わって適用されるというように，文言は極めて制限的である。加え
て，法的安定性の確保を目して当事者にとっての準拠法の予見可能性の要請及
び係争法律関係に関係を有する国家の国際私法に従った合法的形成の状況を考
慮することが求められている。

「例外に対する例外」の場合として，同条第2項が定めているのが，当事者
による準拠法選択の場合，又は，準拠法の指定がその法の内容に根拠を置く場
合である。前者は，当事者自治として，当事者意思が尊重されるべき場合であ
り，後者は択一的連結により，実質法上における一定の利益保護の政策が顧慮
されるべき場合である。親権，後見及び無能力者の保護に関する国際私法典第
35条による指定が後者の例として挙げられる。

なお，例外条項たる国際私法典第19条は，特別例外条項との関係においては
適用されない。例えば，養子縁組に関する国際私法典第67条第3文におけるた
だし書が特別例外条項とみられる。まず，養子縁組の創設の準拠法については，
養親の共通本国法，その共通常居所地法，ベルギー法の段階的連結の立場が採
られている（国際私法67条1文・2文）。ただし，準拠外国法の適用が養子の
利益を明らかに侵害することになり，かつ，養親が明らかにベルギーと密接な
関係を有するものと考えられるときは，ベルギー法が適用されることになる。

4　強行規定の特別連結

国際私法典第20条は強行規定又は公序規定の適用を保障する規定であるが，
その保障の対象は，ベルギー法上におけるそれに限られることなく，事案が密
接な関係を有するいずれかの国の法における強行規定又は公序規定の優先的適
用が認められている。

5　公　　序

国際私法典第21条の公序則の特徴は，準拠外国法の適用が排除された場合の
補充法に関する第3文に認められ，ベルギー法上の公序と両立し得ない外国法
規定に代えて適用されるべきとされているのが，まず，当該外国法上の他の適
当な規定である。そして，必要な場合には，副次的にベルギー法上の規定が適

用される。

公序則が公序に反するとして排除するのは，外国法体系の全体ではなく，反公序性を有するとみられた外国法規定に局限されている。

6　婚姻関係の準拠法

婚姻の実質的成立要件の準拠法に関する国際私法典第46条の基本規定たる第1項は，伝統的な立場に従い，各当事者について婚姻挙行当時のそれぞれの本国法によるべきことを定めている。属人法における常居所地法主義の優位の立場の例外として，婚姻当事者の本国における承認を確保することにより，跛行婚の発生を回避することが顧慮されているとみられる。

それに対し，新規に同条第2項が追加され，2003年2月13日の「同性の者に婚姻を開放し，かつ，民法典のいくつかの規定を修正する法律」の成立により，同性婚の制度が導入されたことを受けて追加された。

また，婚姻に準ずるものとする北欧諸国におけるパートナーシップにも第46条第2文は適用される。

7　離婚の準拠法

離婚の準拠法に関する国際私法典第55条は，夫婦による準拠法の選択を認めている。

新法が立法化される以前は，離婚の準拠法の選定について定めていたのは，1960年6月27日の「夫婦の少なくとも一方が外国人である場合における離婚の許容性に関する法律」（新法の施行により廃止）であり，その内容は，ベルギー法が適用される場合を中心とした一方的抵触規定と呼ばれるべきものであり，ベルギー法の優先的適用を定めるものであった（同法1条は，外国人間の婚姻の場合における離婚の許容性について，原告たる配偶者の本国法が反対しない限り，ベルギー法によると規定し，同法2条は，夫婦の一方がベルギー人である場合におけるそれについて，ベルギー法によると規定し，同法3条が離婚原因については，ベルギー法によるとする。）。

新国際私法典第55条第1項は，夫婦の共通常居所地法（1号），それがない

76 第2編 各 論

ときは，夫婦の一方が常居所を有することを条件として，夫婦の最後の共通常居所地法（2号），それもないときは，夫婦の共通本国法（3号），そして，それもないときはベルギー法（4号）という段階的連結の規則を採用している。

このような規則とともに，国際私法典第55条第2項が定めているのが，夫婦の共通本国法かベルギー法のいずれかの選択を許容する制限的当事者自治の立場である。同条第1項と第2項との関係についていえば，共通本国法の選択が意味を有するのは，同条第1号及び第2号の法が存在する場合であり，一方，ベルギー法の選択が意味を有するのは，同条第1号から第3号の法が存在する場合であると考えられる。

（1〜7につき，笠原俊宏「ベルギー国際私法（2004年）の邦訳と解説（下）」時報594-57，2006）

8 親子関係の準拠法

親子関係については，いずれかの者の父子関係又は母子関係の創設及び確認は，その者が子の出生の当時又はその創設が任意的行為の結果として生じるときはその行為の当時，国籍を保有する国家の法によって規律される。

国際私法典第62条によって指定された法が，かような承諾の要求を定めないときは，子の承諾の要求及び条件並びにその承諾の表示の方法は，その者が承諾の当時その常居所を有する領域が帰属する国家の法によって規律される（国際私法62条1項）。

〔根拠法条〕

国際私法典（2004年7月16日法律，ベルギー報知新聞2004年7月27日公布，同年10月1日施行）

第1章　総則規定

第1節　導入規定

第1条（規定事項）

本法は，憲法77条に規定された事項を規律する第5条から第14条，第23条第1項及び第2項，第27条第1項第4文及び第2項，第31条第1項第3文，第32条，第33条，第36条，第40条，第42条，第43条，第59条，第61条，第66条，第73条，第77条，第85条，第86条，第96条，第97条，第109条，第118条，第121条第4項，第123条，第126条第1項，第134条，第135条，第136条並びに第139条第

5号及び第8号を除き，憲法第78条に規定された事項を規律する。

第2節　目的

第2条（目的）

　国際条約，欧州連合法又は特別法中に含まれた規定の適用の留保の下に，本法は，民事及び商事に関し，国際的状況において，ベルギー裁判所の管轄権，準拠法の決定並びに外国裁判及び公署証書のベルギーにおける効力の要件を規律する。

第3節　国籍，住所及び居所の決定

第3条（国籍）

① 自然人がいずれかの国家の国籍を保有するか否かの問題は，その国家の法によって規律される。

② 2つ又は多数の国籍を保有する自然人の国籍への本法によって行われた準拠は，全て，次に掲げる国籍を指示する。

　1　ベルギー国籍がそれらの国籍の中に存在するときは，同国籍

　2　その他の場合には，特に常居所を考慮の上，状況の全体により，その者が最も密接な関係を有する国家の国籍

③ 法律又はベルギーを拘束する国際条約により，無国籍者又は難民の身分を有する自然人の国籍への本法によって行われた準拠は，全て，常居所への準拠によって代用される。

④ 国籍を確証できない自然人の国籍への本法によって行われた準拠は，全て，常居所への準拠によって代用される。

第4条（住所及び常居所）

① 本法の適用に際し，住所は次のとおりに解される。

　1　自然人が，主として，ベルギーにおいて住民登録簿，外国人登録簿又は仮

登録簿上に登録されている場合

　2　法人が，ベルギーにおいてその定款上の本拠を有する場所

② 本法の適用に際し，常居所は次のとおりに解される。

　1　自然人が，いかなる登録もなく，かつ，滞在又は居住する許可と関係なくとも，主として居住した場所。その場所の決定については，特にその場所との継続的関係又はそのような関係を結ぶ意思を示す身分的又は職業的性質の状況が考慮される。

　2　法人がその主たる事務所を有する場所

③ 本法の適用に際し，法人の主たる事務所は，特に指揮の中心及び取引又は活動の中心並びに補助的に，定款上の本拠を考慮して決定される。

第4節　裁判管轄権

第5条（被告の住所又は常居所に基づく国際管轄権）

① 本法が別段に規定する場合を除き，被告が請求開始の当時ベルギーに住所を有するか，又は，その常居所を有するとき，ベルギー裁判所は管轄権を有する。

　複数の被告がいるときは，それらの1人がベルギーに住所を有するか，又はその常居所を有するときは請求が被告を外国におけるその住所又はその常居所の裁判所の外へ召還するためにのみ提起されたものでない限り，ベルギー裁判所は管轄権を有する。

② ベルギー裁判所は，ベルギーに住所も常居所も有しない法人の副次的事務所が請求開始の当時ベルギーに所在するとき，その事務所の経営に関する全ての請

求を裁判する管轄権をも有する。

第6条（国際管轄権の任意的拡張）

① 当事者が，ベルギー法により，それらの者がその権利を自由に処分する事項について，権利関係を原因として生じたか，又は生ずべき紛争を裁判するため，ベルギー裁判所又はその1つの管轄権を有効に合意したときは，ベルギー裁判所のみが管轄権を有する。

本法が別段の定めをする場合を除き，被告が出頭するベルギーの裁判官は，出頭が管轄権を争うことを主たる目的とする場合でない限り，その者に対して提起された請求を裁判する管轄権を有する。

② ただし，第1項に定められた場合において，状況の全体から，訴訟がベルギーといかなる重要な関係も提示しないことになるときは，裁判官はその管轄権を拒否することができる。

第7条（国際管轄権の任意的排除）

当事者がベルギー法により，それらの者がその権利を自由に処分する事項について，権利関係を原因として生じたか，又は生ずべき紛争を裁判するため，外国裁判所又はその1つの管轄権を有効に合意し，かつ，ベルギーの裁判官が受理するときは，外国裁判がベルギーにおいて承認若しくは執行されることができないことが予見可能であるか，又はベルギー裁判所が第11条によって管轄権を有する場合でない限り，ベルギーの裁判官は裁決を延期しなければならない。外国裁判が本法によって承認されることができるときは，ベルギーの裁判官は却下する。

第8条（保証又は訴訟参加の請求及び反訴請求）（略）

第9条（国際的関連）（略）

第10条（暫定的及び保全的措置並びに執行措置）（略）

第11条（国際的管轄権の例外的付与）

本法の他の規定にかかわらず，訴訟がベルギーとの密接な関係を提示し，かつ，外国における手続が不可能であることを示すか，又は，請求が外国において提起されることを合理的に要求されることができないときは，ベルギー裁判所は例外的に管轄権を有する。

第12条（国際的管轄権の審査）（略）

第13条（国内的管轄権）（略）

第14条（国際的訴訟係属）（略）

第5節　法律の抵触

第15条（外国法の適用）

① 本法によって指定された外国法の内容は，裁判官によって確定される。

外国法は，外国において認められた解釈に従って適用される。

② 裁判官がその内容を確定することができないときは，その者は当事者の協力を要求することができる。

その者がしかるべき期間に外国法の内容を確定することが明らかに不可能であるときは，ベルギー法が適用される。

第16条（反致）

本法の意味において，かつ，特別規定の留保の下に，いずれかの国家の法とは，その国家の国際私法規則を除いた法規と理解される。

第17条（多数法体系）

① 本法が2つ又は多数の法体系を包含する国家の法を指定するときは，それらのいずれも，準拠法の決定の目的のため，国家の法とみなされる。

② 自然人が国籍を保有する国家の法へ行われた指定は，第1項の意味において，その国家において施行されている規則によって指定された体系又はかような規則がないときは，その者が最も密接な関係を有する体系を指す。

2つ又は多数の人的に異なる部類の準拠法の体系を包含する国家の法へ行われた指定は，第1項の意味において，その国家において施行されている規則によって指定された体系又はかような規則がないときは，法律関係が最も密接な関係を有する体系を指す。

第18条（法律詐欺）（略）

第19条（例外条項）

① 本法によって指定された法は，状況の全体により，状況が他のいずれかの国家と非常に密接な関係を提示するのに，それが指定された法が帰属する国家と非常に希薄な関係しか有しないことが明らかであるときは，例外的に適用されてはならない。その場合には，当該他国家の法が適用される。

第1項の適用の際には，特に次に掲げることが考慮される。

－準拠法の予見可能性の要請及び

－係争関係が，その関係がその形成当時に関係を提示した国家の国際私法規則に従って合法的に形成された状況

② 本法の規定に従った当事者による準拠法選択の場合，又は，準拠法の指定が同法の内容に根拠を置くときは，第1項は適用されない。

第20条（適用可能性の特別規則）

本法の規定は，抵触規定によって指定された法が何であれ，法律によるか，又

は，その明白な目的を理由として，国際的状況を規律しようとするベルギー法上の強行的又は公の秩序の規則の適用を侵害しない。

本法によるいずれかの国家の法の適用の際には，状況が密接な関係を提示する他国の法律に従い，同国の強行的又は公の秩序の規定が抵触法規によって指定された法にかかわらず適用される限りにおいて，それらの規定に効力が与えられることができる。効力がそれらの規定に与えられなければならないか否かを決定するについては，それらの性質及びそれらの目的並びにそれらの適用又はそれらの不適用から生ずる結果が考慮される。

第21条（公の秩序の例外）

① 本法によって指定された外国法規定の適用は，それが明らかに公の秩序と両立し得ない効果を生ずる限りにおいて退けられる。

② その両立不可能性は，特に状況のベルギー法秩序との結合の強さ及びその外国法の適用が生ずる効果の重要性を考慮して評価される。

③ 外国法の規定がその両立不可能性のために適用されないときは，同法又は必要な場合には，ベルギー法の他の適当な規定が適用される。

第2章　自然人

第1節　身分，能力，親権及び無能力者の保護

第32条（身分及び能力に関する国際的管轄権）

本法が別段に規定する事項を除き，ベルギー裁判所は，本法上の総則によって定められた場合におけるほか，次に掲げ

るとき，人の身分又は能力に関する全て
の請求について裁判する管轄権を有する。

  1 その者が請求開始の当時，ベルギー
    にその常居所を有するとき。又は，

  2 その者が請求開始の当時，ベルギー
    人であるとき。

第33条（親権，後見及び無能力者の保護に
関する国際的管轄権）

  ベルギー裁判所は，本法総則及び第32
条に定められた場合に，親権，後見，及
び成人の無能力の決定並びに無能力者の
保護に関する全ての請求について裁判す
る管轄権を有する。

  ベルギー裁判所は，請求がベルギーに
所在する財産に関するとき，本法総則及
び第32条に定められた場合のほか，無能
力者の財産の管理に関する全ての請求に
ついて裁判する管轄権を有する。

  ベルギー裁判所は，それが婚姻無効，
離婚又は別居の請求を受理するとき，親
権及び両親とそれらの者の満18歳以下の
子との身分関係における権利の行使に関
する全ての請求についても，裁判する管
轄権を有する。

  緊急の場合には，ベルギー裁判所は，
ベルギーにある者に関し，状況が求める
措置を講じる管轄権をも有する。

第34条（身分及び能力の準拠法）

① 本法が別段に規定する事項を除き，人
の身分及び能力は，その者が国籍を保有
する国家の法によって規律される。

  ただし，能力は，外国法がベルギー法
の適用に導くとき，ベルギー法によって
規律される。

  第1項及び第2項による準拠法に従っ
て取得された能力は，国籍の変更の効果

によって喪失されない。

② いずれかの法律関係に固有の無能力
は，その関係の準拠法によって規律され
る。

第35条（親権，後見及び無能力者の保護の
準拠法）

① 親権，後見及び成年者の無能力の決定
並びに無能力者の身上及び財産の保護
は，親権の決定，後見の開始又は保護措
置の採用を生ぜしめる事実の当時，その
者がその常居所を有する領域が帰属する
国家の法によって規律される。常居所の
変更の場合には，いまだ親権又は後見の
責任を負わされていない者の権限の下に
おけるそれの決定は，新しい常居所の国
家の法によって規律される。

  親権又は後見の実行は，子が，その実
行が求められる当時，その常居所を有す
る領域が帰属する国家の法によって規律
される。

② 第1項において指定された法が，人又
はその財産が必要とする保護を確保する
ことを許さないときは，人が保有する国
籍が帰属する国家の法が適用される。

  準拠外国法によって定められた措置を
講ずることが，物理的又は法的に不可能
であることが判明するときは，ベルギー
法が適用される。

第2節 氏及び名

第36条（氏及び名の国際的管轄権）

  ベルギー裁判所は，本法総則によって
定められた場合におけるほか，人が請求
開始の当時，ベルギー人であるか，又は
ベルギーにその常居所を有するとき，そ
の者の氏又は名を決定することを目的と
する全ての請求を裁判する管轄権を有す

る。

ベルギー官庁は，人が請求開始の当時，ベルギー人であるとき，その者の氏又は名を変更することを目的とする全ての請求を裁判する管轄権をも有する。

第37条（氏及び名の決定の準拠法）

人の氏及び名の決定は，その者が保有する国籍が帰属する国家の法によって規律される。

人の氏及び名に関する国籍変更の効果は，その者の新しい国籍の国家の法によって規律される。

第38条（氏又は名の変更の準拠法）

自由な意思の行為又は法律の効果による人の氏又は名の変更は，その者が変更の当時保有する国籍が帰属する国家の法によって規律される。

夫婦の一方が保有する国籍が帰属する国家の法が，その者に婚姻の際に氏を選択することを許すときは，戸籍官吏は婚姻証書にその氏を記載する。

第39条（外国において生じた氏又は名の決定又は変更）

人の氏又は名の決定又は変更に関する外国裁判又は行政決定は，第25条に定められた拒絶事由の存在のほか，次に掲げるとき，ベルギーにおいて承認されない。

1　自由な意思の行為による変更の場合には，取得した氏が，人が同様に保有する国籍が帰属する欧州連合の加盟国家において適用される氏の決定に関する規則に従っていない限り，その者が変更の当時ベルギー人であったとき，又は，

2　氏又は名の決定が，その者がその決定の当時ベルギー人であって，ベル

ギー法に従っていないとき，又は

3　その他の場合には，その決定又はその変更が，その者が保有する国籍が帰属する国家において承認されないとき。

第3節　不在　（略）

第3章　婚姻関係

第1節　国際的管轄権

第42条（婚姻関係の国際的管轄権）

ベルギー裁判所は，次に掲げるとき，婚姻又はその効果，夫婦財産制，離婚又は別居，その他の本法総則規定によって定められた場合における事項に関する全ての請求を裁判するための管轄権を有する。

1　共同請求の場合には，夫婦の一方が請求開始の当時，ベルギーにその常居所を有するとき。

2　夫婦の最後の共通常居所が請求開始の前12か月以内にベルギーに所在したとき。

3　原告である配偶者が，請求開始の当時少なくとも12か月以前からベルギーにその常居所を有するとき，又は

4　夫婦が請求開始の当時，ベルギー人であるとき。

第43条（婚姻及び離婚の管轄権の拡張）

ベルギー裁判所は，次に掲げる全ての請求を裁判するための管轄権をも有する。

1　ベルギーにおいて下された別居に関する裁判を離婚へ転換するか，又は，ベルギーにおいて下された婚姻，離婚若しくは別居の効果に関する裁判を再審理しようとするもの。

2　検察官により，かつ，婚姻がベルギーにおいて挙行されたか，又は，夫婦の一方が請求開始の当時，ベルギー

人であるか若しくはベルギーにその常居所を有するときは，その有効性に関し，申し立てられたもの。

第44条（ベルギー官庁の婚姻を挙行する管轄権）

　婚姻は，挙行の当時，婚姻当事者の一方がベルギー人であるか，ベルギーに住所を有するか，又は3か月以上前からベルギーにその常居所を有するときは，ベルギーにおいて挙行されることができる。

第2節　婚約の準拠法

第45条（婚約の準拠法）

　婚約は，次に掲げる法によって規律される。

　1　婚姻当事者の双方が婚約の当時，それらの常居所を有する領域が帰属する国家の法

　2　同一国家の領域上の常居所がないときは，婚姻当事者の双方が婚約の当時，国籍を保有する国家の法

　3　その他の場合には，ベルギー法

第3節　婚姻の準拠法

第46条（婚姻形成の準拠法）

① 　第47条の留保の下に，婚姻の有効性の要件は，夫婦のそれぞれにつき，その者が婚姻挙行の当時，国籍を保有する国家の法によって規律される。

② 　第1項によって指定された法の規定の適用は，その規定が同性者の婚姻を禁止するときは，同性の者たちの一方が，かような婚姻を許容する法が帰属する国家の国籍を保有するか，又は，その領域上にその常居所を有する限り，退けられる。

第47条（婚姻挙行の方式の準拠法）

① 　婚姻挙行に関する方式は，婚姻が挙行される領域が帰属する国家の法によって

規律される。

② 　その法は，特に次に掲げる事項を決定する。

　1　婚姻に先立つ宣言及び公告が同国家において要求されるか否か，及び，その方向の如何

　2　婚姻証書が同国家において作成かつ記載されなければならないか否か，及び，その方向の如何

　3　宗教的権威の前において挙行された婚姻が法的効果を有するか否か，及び，その方向の如何

　4　婚姻が代理人によって実行されることができるか否か，及び，その方向の如何

第48条（婚姻の効果の準拠法）

① 　第49条から第54条の留保の下に，婚姻の効果は，次に掲げる法によって規律される。

　1　夫婦の双方において，その効果が援用されるとき，又は，援用された効果がいずれかの法律行為に影響を及ぼす場合には，それが行われたとき，それらの常居所を有する領域が帰属する国家の法

　2　同一の国家の領域上に常居所がないときは，夫婦の双方において，その効果が援用されるとき，又は，援用された効果がいずれかの法律行為に影響を与える場合には，それが行われたとき，国籍を有する国家の法

　3　その他の場合には，ベルギー法

② 　第1項において指定された法は，特に次に掲げる事項を決定する。

　1　同居及び貞操の義務

　2　夫婦の婚姻費用の分担

3　夫婦のそれぞれによる収入の収受及びその割当て

4　夫婦間の契約及び無償譲与の許容性並びにそれらの撤回

5　夫婦の一方による他方の代理の方法

6　夫婦の一方によって行われた行為であって，家族の利益に影響を与えるものの他方に対する有効性並びにかような行為の同者に対する損害惹起の結果の賠償

③　第1項及び第2項に反して，家族の主たる住居に使用される不動産が所在する領域が帰属する国家の法は，夫婦の一方によるその不動産又はそれに備わる動産に関する権利の行使を規律する。

第4節　夫婦財産制の準拠法　（略）

第5節　婚姻の解消及び別居

第55条（離婚及び別居の準拠法）

①　離婚及び別居は，次に掲げる法によって規律される。

1　夫婦の双方が請求開始の当時，それらの常居所を有する領域が帰属する国家の法

2　同一国家の領域上に常居所がない場合には，夫婦の一方が，請求開始の当時それらの最後の共通常居所が所在した領域が帰属する国家の領域上にその常居所を有するとき，その国家の法

3　最後の共通常居所が所在した国家の領域上に夫婦の一方の常居所がない場合には，夫婦の双方が請求開始の当時，国籍を保有する国家の法

4　その他の場合には，ベルギー法

②　ただし，夫婦は，離婚又は別居の準拠法を選択することができる。

それらの者は，以下に掲げる法の中の1つのみを指定することができる。

1　双方が請求開始の当時，国籍を保有する国家の法

2　ベルギー法

その選択は，最初の出頭の際に表明されなければならない。

③　第1項において指定された法の適用は，同法が離婚制度を知らない限り退けられる。

その場合には，第1項によって補助的に定められた基準に応じて指定された法の適用が行われる。

第56条（離婚及び別居の準拠法の範囲）

離婚及び別居の準拠法は，特に次に掲げる事項を決定する。

1　別居の許容性

2　離婚若しくは別居の原因及び要件又は共同請求の場合には，表示の方法を含め，合意の要件

3　夫婦の身分，扶養料及び財産並びに夫婦が責任を負う子に関する措置についてのそれらの者の間における合意の義務

4　婚姻関係の解消又は別居の場合には，その関係の弛緩の範囲

第57条（外国における夫の意思に基づく婚姻の解消）

①　外国において作成された証書であって，妻が同等の権利を有することなく，婚姻を解消することなく，婚姻を解消する夫の意思を証明するものは，ベルギーにおいて承認されてはならない。

②　ただし，かような証書は，次に掲げる累積的要件の審査後，ベルギーにおいて承認されることができる。

1　証書が，それが作成された国家のい

84 第2編 各 論

ずれかの裁判所によって承認されたこと。

2 承認の当時，夫婦のいずれも婚姻解消のその方式を知らない法が帰属する国家の国籍を保有しなかったこと。

3 承認の当時，夫婦のいずれも婚姻解消のその方式を知らない法が帰属する国家における常居所を有しなかったこと。

4 妻が確実な方法により，かつ，強制なしに婚姻の解消を承諾したこと。

5 第25条に定められたいかなる拒絶事由も承認に反対しないこと。

第4章 共同生活関係 （略）

第5章 親子関係

第1節 生物学的親子関係

第61条（親子関係の国際的管轄権）

ベルギー裁判所は，本法総則によって定められた場合におけるほか，次に掲げるとき，父子関係又は母子関係の創設又は確認に関する全ての請求を裁判する管轄権を有する。

1 子が，請求開始の当時，ベルギーにその常居所を有するとき。

2 父子関係若しくは母子関係を求められるか，若しくは争われる者が，請求開始の当時，ベルギーにその常居所を有するとき，又は，

3 子及び父子関係若しくは母子関係を求められているか，若しくは争われる者が，請求開始の当時，ベルギー人であるとき。

第62条（親子関係の準拠法）

① いずれかの者の父子関係又は母子関係の創設及び確認は，その者が子の出生の当時又はその創設が任意的行為の結果と

して生じるときはその行為の当時，国籍を保有する国家の法によって規律される。

本条によって指定された法が，かような承諾の要求を定めないときは，子の承諾の要求及び条件並びにその承諾の表示の方法は，その者が承諾の当時その常居所を有する領域が帰属する国家の法によって規律される。

② 本法による準拠法に従い，幾人かの同性の者に対して，親子関係の紐帯が有効に確定されるときは，法律の結果として当然に生じる親子関係を規律する法が，その親子関係に対する認知行為の効力を決定する。法律の結果として，当然に生ずるいくつかの親子関係の間における衝突がある場合には，指定された諸法の中，状況が最も密接な関係を提示する国家の法が適用される。

本法による準拠法に従い，幾人かの同性の者により，子が有効に認知されるときは，最初の認知を規律する法が，その認知に対する後の認知の効力を決定する。

第63条（親子関係の準拠法の範囲）

第62条による準拠法は，特に次に掲げる事項を決定する。

1 親子関係の紐帯を探索するか，又は，確認することを許される者

2 親子関係の紐帯の証明の責任及び対象並びに証明方法の決定

3 身分占有の要件及び効果

4 訴訟提起の期限

第64条（認知の方式の準拠法）

認知の証書は，第62条第1項第1文による親子関係の準拠法によるか，それが作成される領域が帰属する国家の法によって定められた方式に従って作成され

る。

第65条（認知を認める管轄権）

認知の証書は，次に掲げるとき，ベルギーにおいて作成されることができる。

1　作成者が証書作成の当時，ベルギー人であるか，ベルギーに住所を有するか，若しくは，その常居所を有するとき。

2　子がベルギーにおいて出生しているとき，又は，

3　子が証書作成の当時，ベルギーにその常居所を有するとき。

第6章　扶養義務　（略）

（笠原・前掲(76)「同（上）」時報593-20，2006）

第2　姓名制度

名＝1，氏＝1が一般的。

	名	氏
（男）	Andre'	TATON
（女）	Andree	BOCART

（福田義輝「外国人の氏・名について」民月40-10-108）

第3　婚　　姻

1　婚姻要件具備証明書

駐日ベルギー大使館が発給した婚姻要件具備証明書は，資料152-1（本文105頁）参照（戸籍528-58）。

2　婚姻証明書

ベルギー国登録官吏発行の婚姻証明書は，資料152-2，152-3，152-4（本文106頁以下）参照。

3　実質的成立要件

(1)　婚姻適齢

男女とも18歳である（民法144条）。

ただし，重大な理由があるときは，家庭裁判所（**注**）は，例外を認めること

ができる（民法145条）。

　（注）　2013年の改正で，「少年裁判所」から「家庭裁判所」に変更された。

⑵　両親の同意

　未成年者は，両親の同意を要する。

　父母が同意を拒否する場合は，その拒否が濫用と判断したとき，又は父母の一方が同意を拒否した場合は，その拒否に根拠がないと判断したときは，裁判所は婚姻を許可することができる（民法148条）。

⑶　近親婚の禁止

　ア　直　系

　　婚姻は，尊属及び卑属間並びに同系の親族間で禁止される（民法161条）。

　イ　傍　系

　　婚姻は，兄弟姉妹間で禁止される（民法162条）。

　　また，おじと姪若しくは甥又はおばと姪若しくは甥との婚姻は，禁止される（民法163条）。

　　ただし，重大な理由があるときは，国王は上記の婚姻の禁止を解くことを許可することができる（民法164条）。

⑷　重婚の禁止

　重婚は，禁止されている（民法147条）。

⑸　再婚禁止期間

　再婚禁止期間の規定は，1987年に廃止されている（千藤洋三「再婚禁止期間について」時報688-22・2012，Council of Europe Family Policy Database）。

4　形式的成立要件

⑴　挙行日

　婚姻の宣言の行為が証明された日から14日を経過する前には，挙行することができない（民法165条1項）。

⑵　6か月以内に挙行されなかった場合

　婚姻の宣言が証明された日から14日の期間の満了日から6か月以内に挙式が

行われなかった場合は，新たな婚姻の宣言をしなければ，婚姻をすることができない（民法165条3項）。

⑶　挙行の方法

　婚姻は，身分吏の面前で公開で行われる（民法166条）。

　身分吏は，婚姻締結のために規定する地位及び要件を満たしていないことが明らかなとき，又は挙式が公序に反すると考えるときは，婚姻を挙行することを拒否する（民法167条）。

5　夫婦の氏

　夫の氏は不変であるが，妻が夫の氏を称したり，自己の氏に夫の氏を付加することができるとされている（二宮周平「婚姻の力⑴～夫婦の氏」時報650-43，2010）。

6　法定同棲，同性間婚姻

⑴　法定同棲

　ベルギーにおいて，1998年（平成10年）に制定された法定同棲の制度は，兄弟姉妹を含み，異性間だけでなく，同性間の同棲も認めている（民法143条）。

⑵　同性間婚姻

　ベルギーでは，法定同棲のほかに，2003年（平成15年）に同性間のみを対象とする同性間婚姻の制度が制定された。

（6につき，鳥澤孝之「諸外国の同性パートナーシップ制度」レファレンス711-32）。

7　婚姻の無効

　婚姻適齢（民法144条），重婚の禁止（民法147条），近親婚の禁止（民法161条～163条）等の規定に反して締結された全ての婚姻について，夫婦，利害関係を有する全ての者，検察官は訴えることができる（民法184条）。

　人の錯誤があるときは，錯誤を引き起こした配偶者のみが婚姻を訴えることができる（**注**）（民法180条）。

　ただし，無効の請求は，配偶者が完全な自由を取得又は錯誤を知った時から

88　第2編　各　論

6か月間同棲していたときは，無効を請求することができない（民法181条）。

(注)　2007年の改正前は，夫婦の，又は夫婦の一方の自由な同意がなく締結された婚姻は，夫婦又は自由な同意をしていない配偶者のみが訴えることができるとされていた。

〔根拠法条〕

民法（Civil Code）
第1巻　人
第5編　婚姻
第1章　婚姻締結に要する地位及び要件
第143条（2003年2月13日法律第36号，2003年6月1日施行）

　2人の異性又は同性の者は，婚姻を締結することができる。

　婚姻が同性者間で締結されたときは，第315条は適用されない。
第144条（1990年1月19日）

　いかなる者も，18歳前には婚姻を締結することができない。
第145条（1990年1月19日）

　家庭裁判所は，重大な理由があるときは，前条の禁止を免除することができる。（以下，略）
第146条

　全く同意のない婚姻はない。
第147条

　前婚が解消する前に，再婚を締結することはできない。
第148条（1990年1月19日）

　未成年者は，父母の同意がなければ婚姻を締結することができない。

　同意は，年齢の免除を請求する控訴裁判所によって認められる。

　父母が同意を拒否する場合は，拒否が

濫用と判断したときは，裁判所は婚姻を許可することができる。

　父母の一方が同意を拒否した場合は，拒否に根拠がないと判断したときは，裁判所は婚姻を許可することができる。（略）

　父母の一方が自己の意思を表明することができず，他方が同意を拒否した場合は，拒否が濫用と判断したときは，裁判所は婚姻を許可することができる。

　父も母も自己の意思を表明することができないか，出頭しないときは，裁判所が婚姻を許可することができる。
第149条から第160条の2まで（廃止）
第161条（1987年3月31日）

　直系において，婚姻は，尊属及び卑属間並びに同系の親族間で禁止される。
第162条（1987年3月31日）

　傍系において，婚姻は，兄弟姉妹間で禁止される（2001年3月27日改正（2001年5月21日施行），2003年2月13日改正（2003年6月1日施行））。
第163条（2003年2月13日法律第36号（2003年6月1日施行））

　婚姻は，おじと姪若しくは甥又はおばと姪若しくは甥との婚姻は禁止される。
第164条（2003年2月13日法律第36号（2003年6月1日施行））

ただし，重大な理由があるときは，国王は前条に関する禁止を解くことを許可することができる（2005年2月13日法律第31号（2005年3月5日施行））。

第2章　婚姻の挙式に関する手続

第165条（1999年5月4日法律第63号（2000年1月1日施行））

① 結婚は，第63条で定められた婚姻の宣言の行為が証明された日から14日を経過する前には，挙行することができない。

② （略）

③ 第1項で定められた14日の期間の満了日から6か月以内に挙式が行われないときは，第63条に規定された様式で，新たな婚姻の宣言をしなければ，婚姻をすることができない。（以下，略）

第166条（1999年5月4日法律第63号（2000年1月1日施行））

婚姻は，（略）身分吏の面前で公開で行われる。

第167条（1999年5月4日法律第63号（2000年1月1日施行））

身分吏は，婚姻締結のために規定する地位及び要件を満たしていないことが明らかなとき又は挙式が公序に反すると考えるときは，婚姻を挙行することを拒否する。（以下，略）

第168条〜第170条（廃止）

第170条の2　（略）

第170条の3，第171条（削除）

第3章　婚姻に対する異議　（略）

第4章　婚姻の無効請求

第180条

人の錯誤があるときは，錯誤を引き起こした配偶者のみが婚姻を訴えることができる。

第181条

前条の場合は，無効の請求は，配偶者が完全な自由を取得又は錯誤を知った時から6か月間同棲していたときは，無効を請求することができない。

第182条，第183条（廃止）（1990年1月19日）

第184条

第144条，第146条の2，第146条の3，第147条，第161条，第162条，第163条，第341条又は第351.13条の規定に反して締結された全ての婚姻について，夫婦，利害関係を有する全ての者，検察官は訴えることができる。（以下，略）

第4　出　　生

1　出生子の身分

婚姻中又は婚姻の解消若しくは無効から300日の期間に出生した子は，夫が父とみなされる（民法315条）。

ただし，母の婚姻の解消又は無効後300日で，母の再婚後に出生した子は，再婚後の夫が父とみなされる（民法317条）。

なお，婚姻が同性者間で締結されたときは，婚姻中若しくは婚姻の解消又は

無効から300日の期間に出生した子は，夫が父とみなされるという民法第315条の規定は適用されない（民法143条）。

2 国籍留保届

(1) ベルギーで出生した場合

　ベルギーは，父母両系血統主義国であり，ベルギー国内で出生した事実だけでは同国の国籍を取得しない（国籍8条）。

　したがって，日本人夫婦の子がベルギーで出生した場合は，国籍留保の届出を要しないが，夫婦の一方が日本人で，他方がベルギー人の子がベルギーで出生した場合は，出生の日から3か月以内に日本国籍を留保する意思を表示しなければ，子は日本国籍を喪失する（日国12条）。

(2) ベルギー国外で出生した場合

　ベルギー人と日本人夫婦の子がベルギー以外の外国で出生した場合は，親がベルギー国内で出生したか，又は，子の出生から5年以内に届出を行ったときは，子はベルギー人とする（国籍8条1項2号）。

3 出生場所の記載

(1) 行政区画

　ベルギーは，1993年の憲法改正により，連邦制に移行した。連邦は，ブリュッセル首都圏地域と，フランダース地域，ワロン地域の3つの地域があり，後の2つの地域についてはそれぞれ5つの州（注）に分かれている。

> （注）　フランダース地域は，アントワープ州，西フランダース州，東フランダース州，フレミッシュ・ブラバント州，リンブルク州である。
> 　　　　ワロン地域は，エノー州，ナミュール州，ブラバン・ワロン州，リエージュ州，リュクサンブール州である（ベルギー観光局）。

(2) 戸籍の記載

　「ベルギー国ブリュッセル市で出生」（【出生地】ベルギー国ブリュッセル市），「ベルギー国アントワープ州アントワープ市で出生」（【出生地】ベルギー国アントワープ州アントワープ市）と記載する。

4　出生証明書

ベルギー国登録官吏発行の出生証明書は，資料152－5（本文110頁）参照。

〔根拠法条〕

国籍法（Code de la nationalité belge）（1984
　年6月28日，1985年1月1日，1991年5
　月22日，1991年6月13日，1993年8月6
　日，1995年4月13日，1998年12月22日，
　2000年4月25日，2006年12月27日，2012
　年12月4日，2013年7月30日，2014年5
　月23日，2015年7月20日改正）
第2章　ベルギー国籍の付与
第1節　父又は母の国籍によるベルギー国
　籍の付与
第8条
①　次の各号のいずれかに該当する子は，
　ベルギー人とする。
　1　ベルギー人を親としてベルギーで出
　　生した子
　2　外国で出生した子であって，
　　(a)　その親が，ベルギー若しくはベル
　　　ギーの主権に服する領土又はベル
　　　ギーの統治する領土で出生した者
　　(b)　親がその子のために，ベルギー国
　　　籍の付与を要求する届出を，出生か
　　　ら5年以内に行った者
　　(c)　親がベルギー人であり，かつ，そ
　　　の子が，18歳に達するまで，又は18
　　　歳未満で後見が解除されるに至るま
　　　で，他の国籍を有しないか，又は他
　　　の国籍を留保していない場合
　　第1段の第2号の(b)に定められる届出
　は，第22条第4項に従って行われ，登録

され，また，記載される。
　　第1段の第2号の(c)に従ってベルギー
　国籍を付与された者は，18歳に達する前
　に，又は，18歳未満で後見解除される以
　前に，外国の国籍を有することが証明さ
　れない限り，ベルギー国籍を保持する。
②　第1項の適用を受けるためには，親
　は，子の出生の日に，ベルギー国籍を有
　していなければならない。また，子の出
　生以前に死亡した場合には，その死亡の
　日にベルギー国籍を有していたことを必
　要とする。
③・④　（略）
（民月41-11-135参照）

民法
第2巻　親子関係
第7編　親子関係
第2章　親子関係の創設
第1節　親の推定
第315条（1987年3月31日）
　　婚姻中又は婚姻の解消若しくは無効か
　ら300日の期間に出生した子は，夫が父
　とみなされる。
第317条（1987年3月31日）
　　母の婚姻の解消又は無効後300日で，
　母の再婚後に出生した子は，再婚後の夫
　が父とみなされる。
（以下，略）

第5 養子縁組

1 制 度

1969年3月21日の法律で，未成年者（18歳未満）を対象とする完全養子縁組制度を創設し，それ以降，ベルギーでは，単純養子縁組と完全養子縁組の2制度が，必要に応じて選択的に活用されている。

2 根拠法

根拠法は，「民法」である。

3 実質的成立要件

(1) 養親の要件

ア　養親の年齢

養親は，25歳以上でなければならない（注）。

ただし，養子が養親の一親等の卑属又は配偶者若しくは同棲者の子であるときは，18歳に達していれば足りる（民法345条）。

（注）　従前は，35歳以上（旧民法345条）であった。

イ　養親となり得る者

夫婦だけでなく，単身者も養親となることができる。また，2006年の改正で同棲者も養親となることができることとされた（民法345条）。

ウ　養子縁組の制限

母との親子関係が創設されたものは，母の養子となることが，父との親子関係が創設された者は，父の養子となることができない（民法344.2条）。

(2) 養子の要件

ア　養子の年齢

完全養子縁組は，養子縁組の申請書の提出時に，18歳未満の者についてのみ認めることができる（民法355条）。

単純養子縁組については，年齢の制限はない。

イ　親子関係

　母との親子関係が創設された者は，母の養子となることができない。また，父との親子関係が創設された者は，父の養子となることができない（民法344. 2条）。

(3)　**養親と養子の年齢差**

養親は，養子より15歳以上年長でなければならない。

ただし，養子が養親の一親等の卑属又は配偶者若しくは同棲者の養子であるときは，養子よりも10歳以上年長であれば足りる（民法345条）。

(4)　**転縁組**

ア　単純又は完全養子縁組の形式で既に養子となっている子

　全ての再養子縁組の創設の要件を満たし，①前の養親が死亡した場合，②以前の養子縁組が修正されたか，以前の単純養子縁組が養親について撤回された場合，③新たな養子縁組が検察官の請求で言渡しが命じられる非常に重大な理由がある場合は，単純又は完全養子縁組の再養子縁組の養子となることができる（民法347. 1条）。

イ　単純又は完全養子縁組の形式で，既に2人の養親の養子となっている者

　全ての再養子縁組の創設の要件を満たし，①前の一方の養親が死亡した場合，②以前の単純養子縁組が，一方の養親について撤回された場合，③新たな養子縁組が検察官の請求で言渡しが命じられる非常に重大な理由がある場合は，新たな配偶者又はその同棲者の一方の配偶者の単純又は完全養子縁組の再養子縁組の養子となることができる（民法347. 2条）。

4　保護要件

(1)　**養子の同意**

養子が12歳以上の場合は，その者の同意を要する（注）（民法348. 1条）。

　（注）　従前は，15歳以上の場合には，同意を要するとされていた（旧民法348条3号）。

94　第2編 各　論

(2) 実父母等の同意

ア 同意の要否

両親の同意を要する。ただし，一方が自己の意思を表明することができないときは，他方の同意で足りる（民法348.3条）。

イ 同意時期の制限

両親は，子の出生後2か月を経過するまでは，同意をすることができない（民法348.4条）。

ウ 同意の拒否

両親が同意を拒否する場合，裁判所がその拒否が不当であると判断したときは，養親又は検察官の請求で，裁判所は養子縁組を言い渡すことができる（民法348.11条）。

5 養子縁組の効力

(1) 効力発生日

請求が提出されたときから効力を生ずる（民法349.1条）。

(2) ベルギー国籍の取得

①ベルギーで生まれ，ベルギー人の養子となった子，②外国で生まれ，ベルギー等で生まれたベルギー人の養子となった子は，養子縁組が効力を生ずる日にベルギー人となる（国籍9条）。

> (注)　オランダの養子縁組は，オランダの裁判所によって言い渡されなければ国籍法的な効果は生じないとされているが，ベルギーについては，外国養子縁組も国籍法的な効果を持つとされている（ジェラール・ルネ・デ・フロート（著），山内惟介（訳）「西ヨーロッパにおける国籍法の展開(2)」時報329-7，1985）。

(3) 単純養子縁組の効力

ア 養子の姓

(ア) 原　則

養子は，自己の姓に代わり，養親の姓が付与される。夫婦又は2人の同棲者による養子縁組の場合は，養親の一方の姓又は養親の姓の中から

選択された２つの姓が付与される。

　　ただし，裁判所に，養子の姓を保持するが，養子の姓に養親の姓を加えることを請求することができる（民法353．１条）。

　(注)　2014年の改正前は，養子は，自己の姓に代わり，養親の姓が付与され，夫婦又は２人の同棲者による養子縁組の場合は，男性の姓が付与される。ただし，裁判所に，養親又は男性の養親の姓の前又は後に養子の姓を保持することを請求することができる（旧民法353．１条）とされていた。

　㈡　養子が18歳以上である場合

　　裁判所に養子の姓を変更しないことを請求することができる（民法353．３条）。

イ　養子の親権

　　養親は，養子に関する婚姻に対する同意権を含めた親権が付与される。養子が未成年の間に養親が死亡するか，親権を行使することができないと判断されるときは，後見人が選任される（民法353．８条）。

　　夫婦若しくは同棲者による養子縁組の場合又は養子が未成年者であるか，配偶者若しくは養親の同棲者の子である場合は，夫婦又は２人の同棲者が共同して親権を行使する（民法353．９条）。

　　また，養親の死亡の場合は，養子の母及び父が，又は，その一方が少年裁判所にその親権の下に戻すことを請求することができる。この請求が認められたときは，前の後見は終了する（民法353．10条）。

ウ　養親子関係

　　養子縁組から生じた親の関係は，養子の卑属にも及ぶ（民法353．12条）。

エ　婚姻の禁止

　　①養親と養子又はその卑属間，②養子と養親の前の配偶者間，③養子と養親の前又は現在の同棲者間，④養親と養子の前の配偶者間，⑤養親と養子の前又は現在の同棲者間，⑥同じ養親の養子間，⑦養子と養親の子間の婚姻は，禁止される。

　　ただし，⑥，⑦の場合については，正当な理由があるときは，国王が禁止を解除することができる（民法353．13条）。

96　第2編　各　論

オ　相続権

　　養子及びその卑属は，元の家族の中で全ての相続権を保持する。また，
子又はその卑属と同様の権利で，養親の相続権を取得するが，養親の親の
いかなる相続権も取得しない（民法353.15条）。

(4)　完全養子縁組の効力

ア　養子と養親との関係

　　完全養子縁組は，養子及びその卑属に，子が養親の子であるのと同様の
権利及び義務を有する地位を付与する（民法356.1条）。

イ　養子と実親との関係

　　民法第161条から第164条に規定する近親婚の禁止の婚姻障害を留保して，
完全養子縁組の対象となる子は，元の家族の一員ではなくなる。

　　ただし，養親の配偶者又は同棲者の子又は養子は，引き続き配偶者又は
同棲者の家族の一員である（民法356.1条）。

ウ　養子の姓

　　養子は，自己の姓に代わり，養親の姓が付与される。夫婦又は2人の同
棲者による養子縁組の場合は，養親の一方の姓又は養親の姓の中から選択
された2つの姓が付与される（民法356.2条）。

（注）　2014年の改正前は，子に養親又は男性の養親の姓を付与する。ただし，女
性による配偶者又は同棲者の子又は養子の完全養子縁組の場合には，子の姓
にはいかなる変更も生じない（旧民法356.2条）とされていた。

（1〜5につき，菊池緑「ベルギーの養子制度―その国内養子制度を中心に―」湯沢
雍彦（監），養子と里親を考える会（編）『養子と里親―日本・外国の未成年養子制
度と斡旋問題―』293頁（日本加除出版，2001）参照）

6　国際養子縁組

(1)　管轄権

　　2004年国際私法典は，第66条で，「本法総則に反して，ベルギー裁判所は，
養親，養親の一方又は養子が請求開始の当時，ベルギー人であるか，又は，ベ
ルギーにその常居所を有するときにのみ，養子縁組を言い渡す管轄権を有す

る。」（1文），「ベルギー裁判所は，第1文に定められた条件の下にか，又は，養子縁組がベルギーにおいて創設されたとき，先に存在する親子関係の紐帯を断絶することを効果として有しなかった養子縁組の完全な養子縁組への転換を宣言する管轄権を有する。」（2文），「ベルギー裁判所は，第1文に定められた条件の下にか，又は，養子縁組がベルギーにおいて創設されたとき，養子縁組の取消しを宣言する管轄権を有する。」（3文），「ベルギー裁判所は，第1文に定められた条件の下にか，養子縁組がベルギーにおいて創設されたときか，又は，養子縁組を創設する裁判がベルギーにおいて承認されたか，若しくは執行できるものと宣言されたとき，養子縁組の再審を宣言する管轄権を有する。」（4文）と定めている。

(2) **準拠法**

ア　養子縁組の創設の要件の準拠法

国際私法典第67条が，養子縁組の創設の要件の準拠法として，「民法典第357条の適用を妨げることなく，養親子関係の創設は，養親又は養親の一方及び他方がその当時国籍を保有する国家の法によって規律される。」（1文），「養親が同一国家の国籍を保有しないときは，養親子関係の創設は，一方及び他方がその当時それらの常居所を有する領域が帰属する国家の法又は同一国家における常居所がないときは，ベルギー法によって規律される。」（2文），「ただし，裁判官が，外国法の適用が明らかに養子の優越した利益を侵害することになり，かつ，養親又は養親双方が明らかにベルギーと密接な関係を有するものと考えるときは，その者はベルギー法を適用する。」（3文）と定める。

イ　承諾の準拠法

国際私法典第68条が，「民法典第358条の適用を妨げることなく，養子及びその両親又は法定代理人の承諾並びにその承諾の表示方法は，養子が養子縁組のための移動の直前又はかような移動がないときは養子縁組の当時，その常居所を有する領域が帰属する国家の法によって規律される。」（1文），「ただし，第1文による準拠法がかような承諾の必要性を定めないか，又は，養子縁組の制度を知らないとき，ベルギー法が養子の承諾を規律す

98　第2編　各　論

る。」（2文）と定めている。

ウ　養子縁組の創設方法の準拠法

　国際私法典第69条が，「ベルギーにおける養子縁組の創設方法は，ベルギー法によって規律される。」（1文），「養子縁組の証書が，それが締結された国家の法に従い，外国において作成され，かつ，その法が司法手続の必要性を定めるときは，それは，ベルギー法によって定められた手続に従い，ベルギーにおいて遂行されることができる。」（2文）と定めている。

　国際私法典第70条が，養子縁組によって創造された紐帯の性質として，「第67条による準拠法は，養子縁組によって創造された紐帯の性質及び養子がその生来の家族に属することを止めるか否かを決定する。」と定めている。

　国際私法典第71条が，養子縁組の転換，取消し及び修正の準拠法として，「民法典第359.2条の適用を妨げることなく，養子縁組の転換は，第67条から第69条による準拠法によって規律される。」（1文），「養子縁組の取消しは，第67条から第69条による準拠法によって規律される。ただし，連結の要素は，養子縁組の創設の当時におけるその具体化に応じて評価される。」（2文），「養子縁組の再審は，ベルギー法によって規律される。」（3項）と定めている。

　外国養子縁組について，国際私法典第72条が，「本法の諸規定に反して，養子縁組の創設，転換，取消し，再審又は無効に関する外国裁判又は公署証書は，民法典第365.1条から第366.3条の諸規定が遵守されなかったとき，及び同法典第367.1条に定められた裁判がその法典第367.2条に従って登録されない限り，ベルギーにおいて承認されない。」と定めている。

（6につき，笠原俊宏「スペイン国際養子縁組法における養子保護の展開」東洋法学54-3-269）

7　ハーグ国際養子縁組条約

2005年（平成17年）批准

〔根拠法条〕

民法

第2巻　親子関係

第8編　養子縁組（2003年4月24日法律第32号，2005年9月1日施行）

第1章　国内法（2003年4月24日法律第32号，2005年9月1日施行）

第1節　総則（2003年4月24日法律第32号，2005年9月1日施行）

第343条

① 以下の者を意味する。

　a　養親：個人，夫婦又は同棲者（2006年5月18日法律第44号，2006年6月30日施行）

　b　（略）

　c　子：18歳未満の者

② 養子縁組には，2種類ある。：単純養子縁組と完全養子縁組

第2節　2種類の養子縁組の共通条項（2004年4月24日法律第32号，2005年9月1日施行）

第1　養子縁組の要件

A　基本的要件

第344. 1条　（略）

第344. 2条

　母との親子関係が創設されたものは，母の養子となることができない。父との親子関係が創設された者は，父の養子となることができない。

B　年齢

第345条

　養親は，25歳に達し，養子よりも15歳以上年長でなければならない。

　ただし，養子が養親（死亡しているときも同様に）の一親等の卑属又は配偶者若しくは同棲者の養子であるときは，養親は18歳に達し，養子よりも10歳以上年長であれば足りる。

　この要件は，養子縁組の出願時に満たされなければならない。

C　適格性

第346. 1条，第346. 2条　（略）

D　再養子縁組

第347. 1条

　単純又は完全（養子縁組）の形式で既に養子となっている子は，全ての再養子縁組の創設の要件を満たし，以下である場合は，単純又は完全（養子縁組）の再養子縁組の養子となることができる。

1　前の養親が死亡した場合

2　以前の養子縁組が修正されたか，以前の単純養子縁組が養親について撤回された場合

3　新たな養子縁組が検察官の請求で言渡しが命じられる非常に重大な理由がある場合

第347. 2条

　単純又は完全（養子縁組）の形式で，既に2人の養親の養子となっている者は，全ての再養子縁組の創設の要件を満たし，以下である場合は，新たな配偶者又はその同棲者の　方の配偶者の単純又は完全（養子縁組）の再養子縁組の養子となることができる。

1　前の一方の養親が死亡した場合

2　以前の単純養子縁組が，一方の養親について撤回された場合

3　新たな養子縁組が検察官の請求で言渡しが命じられる非常に重大な理由がある場合

E　同意

100 第2編 各 論

第348. 1条
　養子縁組の判決時に，少なくとも12歳
である全ての者は，養子縁組に対して同
意しなければならない。（以下，略）
第348. 3条
　子（略）の親子関係が，父又は母に関
して成立したときは，全ての2人は養子
縁組に対して同意しなければならない。
ただし，その一方が自己の意思を表明す
ることができないときは，（略）他方の
同意で足りる。（以下，略）
第348. 4条
　父及び母は，子の少なくとも出生後2
か月後でなければ養子縁組に対し，同意
することができない。（以下，略）
第348. 11条
　第348. 2条から第348. 7条によって養
子縁組に対する同意をしなければならな
い者が同意を拒否する場合において，裁
判所がその拒否が不当であると判断する
ときは，養親又は検察官の請求で養子縁
組を言い渡すことができる。（以下，略）
養子縁組の効力
第349. 1条
　裁判所法第1231.19条に従って登記さ
れた決定により言い渡された養子縁組
は，請求が提出された時から効力を生ず
る。
第349. 2条
　養親は，手続中いつでも，裁判所に養
子の姓の変更を申し立てることができ
る。養子が12歳に達しているときは，変
更するにはその同意を要する。
第3節　それぞれの養子縁組の種類の固有
　の規定
第1　単純養子縁組

A　効力
第353. 1条
　養子縁組により，自己の姓に代わり，
養親の姓が付与される。夫婦又は2人の
同棲者による養子縁組の場合は，養親の
一方の姓又は命令で養子の姓の中から選
択された2つの連結した姓が付与される。
　ただし，当事者が裁判所に，養子が自
己の姓を保持するか，養親の姓を加える
か，夫婦又は2人の同棲者による場合
は，前記に従って選択された養親の姓で
ある。（以下，略）
第353. 3条
　養子が18歳以上であるときは，当事者
は裁判所に養子の姓を変更しないことを
請求することができる。
第353. 8条
　養親は，養子に関する（略）婚姻に対
する同意権を含めた親権が付与される。
養子が未成年の間に養親が死亡するか，
親権を行使することができないと判断さ
れるときは，本巻第10編第2章に従っ
て，後見人が選任される。
第353. 9条
　夫婦若しくは同棲者による養子縁組の
場合又は養子が未成年者であるか，配偶
者若しくは養親の同棲者の子である場合
は，夫婦又は2人の同棲者が共同して親
権を行使する。本巻第9編の規定が適用
される。（以下，略）
第353. 10条
　養親の死亡の場合は，養子の母及び父
が，又は，その一方が家庭裁判所にその
親権の下に戻すことを請求することがで
きる。この請求が認められたときは，前
の後見は終了する。

第353.12条

　養子縁組から生じた親の関係は，養子の卑属にも及ぶ。

第353.13条

　以下の者の間の婚姻は，禁止される。

1　養親と養子又はその卑属

2　養子と養親の前の配偶者

3　養親と養子の前の配偶者

4　同じ養親の養子

5　養子と養親の子

　第1号，第2号及び第5号の障害，正当な理由がある場合は，国王が解除することができる。

第353.14条　（略）

第353.15条

　養子及びその卑属は，元の家族の中で全ての相続権を保持する。養子及びその卑属は，子又はその卑属と同様の権利で，養親の相続権を取得するが，養親の親のいかなる相続権を取得しない。

第2　完全養子縁組

A　年齢要件

第355条

　完全養子縁組は，養子縁組の申請書の提出時に，18歳未満の者についてのみ認めることができる。

B　効力

第356.1条

　完全養子縁組は，養子及びその卑属に，子が養親の子であるのと同様の権利及び義務を有する地位を付与する。

　第161条から第164条に規定する婚姻障害を留保して，完全養子縁組の対象となる子は元の家族の一員ではなくなる。

　ただし，養親の配偶者又は同棲者の子又は養子は，引き続き配偶者又は同棲者

の家族の一員である。（以下，略）

第356.2条

　完全養子縁組により，養子は，自己の姓に代わり，養親の姓が付与される。夫婦又は2人の同棲者による養子縁組の場合は，養親の一方の姓又は養親の姓の中から選択された2つの姓が付与される。（以下，略）

国際私法典（2004年7月16日法律，ベルギー報知新聞2004年7月27日公布，同年10月1日施行）

第5章　親子関係

第2節　養親子関係

第66条（養子縁組の国際的管轄権）

　本法総則に反して，ベルギー裁判所は，養親，養親の一方又は養子が請求開始の当時，ベルギー人であるか，又は，ベルギーにその常居所を有するときにのみ，養子縁組を言い渡す管轄権を有する。

　ベルギー裁判所は，第1文に定められた条件の下にか，又は，養子縁組がベルギーにおいて創設されたとき，先に存在する親子関係の紐帯を断絶することを効果として有しなかった養子縁組の完全な養子縁組への転換を宣言する管轄権を有する。

　ベルギー裁判所は，第1文に定められた条件の下にか，又は，養子縁組がベルギーにおいて創設されたとき，養子縁組の取消しを宣言する管轄権を有する。

　ベルギー裁判所は，第1文に定められた条件の下にか，養子縁組がベルギーにおいて創設されたときか，又は，養子縁組を創設する裁判がベルギーにおいて承認されたか，若しくは執行できるものと

宣言されたとき，養子縁組の再審を宣言する管轄権を有する。

第67条（養子縁組の創設の準拠法）

　民法典第357条の適用を妨げることなく，養親子関係の創設は，養親又は養親の一方及び他方がその当時国籍を保有する国家の法によって規律される。

　養親が同一国家の国籍を保有しないときは，養親子関係の創設は，一方及び他方がその当時それらの常居所を有する領域が帰属する国家の法又は同一国家における常居所がないときは，ベルギー法によって規律される。

　ただし，裁判官が，外国法の適用が明らかに養子の優越した利益を侵害することになり，かつ，養親又は養親双方が明らかにベルギーと密接な関係を有するものと考えるときは，その者はベルギー法を適用する。

第68条（承諾の準拠法）

　民法典第358条の適用を妨げることなく，養子及びその両親又は法定代理人の承諾並びにその承諾の表示方法は，養子が養子縁組のための移動の直前又はかような移動がないときは養子縁組の当時，その常居所を有する領域が帰属する国家の法によって規律される。

　ただし，第1文による準拠法がかような承諾の必要性を定めないか，又は，養子縁組の制度を知らないとき，ベルギー法が養子の承諾を規律する。

第69条（養子縁組の創設方法の準拠法）

　ベルギーにおける養子縁組の創設方法は，ベルギー法によって規律される。

　養子縁組の証書が，それが締結された国家の法に従い，外国において作成され，かつ，その法が司法手続の必要性を定めるときは，それは，ベルギー法によって定められた手続に従い，ベルギーにおいて遂行されることができる。

第70条（養子縁組によって創造された紐帯の性質）

　第67条による準拠法は，養子縁組によって創造された紐帯の性質及び養子がその生来の家族に属することを止めるか否かを決定する。

第71条（養子縁組の転換，取消し及び修正の準拠法）

① 　民法典第359.2条の適用を妨げることなく，養子縁組の転換は，第67条から第69条による準拠法によって規律される。

② 　養子縁組の取消しは，第67条から第69条による準拠法によって規律される。ただし，連結の要素は，養子縁組の創設の当時におけるその具体化に応じて評価される。

③ 　養子縁組の再審は，ベルギー法によって規律される。

第72条（外国において創設された養子縁組の承認）

　本法の諸規定に反して，養子縁組の創設，転換，取消し，再審又は無効に関する外国裁判又は公署証書は，民法典第365.1条から第366.3条の諸規定が遵守されなかったとき，及び同法典第367.1条に定められた裁判がその法典第367.2条に従って登身分国家登録部門録されない限り，ベルギーにおいて承認されない。

（笠原・前掲(85)-37）

第6　養子離縁

1　完全養子縁組

完全養子縁組は，撤回することができない（民法356. 4条）。

2　単純養子縁組

⑴　撤回の請求

単純養子縁組の撤回は，非常に重大な事由があるときは，養親，一方の養親，養子又は検察官の請求により，言い渡すことができる。

夫婦又は同棲者による養子縁組の場合は，家庭裁判所はその一方について撤回を言い渡すことができる（民法354. 1条）。

また，単純養子縁組の撤回の場合は，養親又は夫婦又は同棲者，父及び母又はその一方に関する子は，それらの者の親権の下に戻すことを請求することができる（民法354. 2条）。

⑵　撤回の効力

身分登録官による登録決定により，言い渡された撤回は，その登録の時から養子縁組の効力を失う。

ただし，養親の養子又はその卑属等の民法第353.13条に規定する婚姻障害は引き続き適用される（民法354. 3条）。

〔根拠法条〕

民法

第8編　養子縁組（2003年4月24日法律第32号，2005年9月1日施行）

第1章　国内法（2003年4月24日法律第32号，2005年9月1日施行）

第3節　それぞれの養子縁組の種類の固有の規定（2004年4月24日法律第32号，2005年9月1日施行）

1　単純養子縁組

B　撤回

第354. 1条

単純養子縁組の撤回は，非常に重大な事由があるときは，養親，一方の養親，養子又は検察官の請求により，言い渡すことができる。

夫婦又は同棲者による養子縁組の場合は，家庭裁判所はその一方について撤回を言い渡すことができる。

第354.2条

　　単純養子縁組の撤回の場合は，養親又は夫婦又は同棲者，父及び母又はその一方に関する子は，それらの者の親権の下に戻すことを請求することができる。(以下，略)

第354.3条

　　身分登録官（l'etat civil）による登録決定により，言い渡された撤回は，その登録の時から養子縁組の効力を失う。第353.13条に規定する婚姻障害は引き続き適用される。

第2　完全養子縁組

B　効力

第356.4条

　　完全養子縁組は，撤回することができない。(以下，略)

第7　国　　籍

1　二重国籍

　従前は，二重国籍は認められていなかったが，現在は，ベルギー国籍を喪失せずに，外国の国籍を取得することが認められている。

2　ベルギー国籍の喪失

　18歳に達した者は，ベルギー国籍を放棄することができる。

　ただし，外国の国籍を保持するか，又は，放棄の宣言により，外国の国籍を取得するか，回復することを証明しなければならない（国籍22条）。

〔根拠法条〕

国籍法（1984年6月28日，2015年7月20日改正）

第4章　ベルギー国籍の喪失

第22条

①　以下の場合に，ベルギー人の地位を喪失する。

　1　（2006年12月27日法律第32号削除）

　2　18歳に達し，ベルギー国籍の放棄を宣言した者，（略）

　3～7　（略）

②～④　（略）

資料152-1 〔婚姻要件具備証明書〕

EMBASSY OF BELGIUM
※ ※ ※ ※, Chiyoda-ku,
Tokyo-※, Tel: ※ ※ ※ ※
Fax:※ ※ ※ ※

ベルギー国大使館
〒※東京都千代田区※ ※ ※ ※
電話 ※ ※ ※ ※
Fax: ※ ※ ※ ※

証 明 書

駐日ベルギー国大使（氏　　名）は、ベルギー国籍（氏　　名）
によって提出された書類を検討した結果、現在、該当者が外国において結婚
するに際ベルギー国法律に照らし何の障害もないことを証明する。

氏名　　：
生年月日：
住所　　：
父　　　：
母　　　：

提出書類
　出生証明書
　住居登録証明書
　身分証明書
　ベルギー国旅券

東京、昭和　　年　月　　日

（氏　　名）

（編注：日本文で発行されたものである）

106　第2編　各　論

資料152－2〔婚姻証明書〕

Royaume de Belgique
Région de Bruxelles-Capitale
Commune d'Etterbeek
※ ※, avenue d'Auderghem　※ Etterbeek

Tél.: ※ ※ ※ ※
Fax: ※ ※ ※ ※

Mariages/2010/ ※

Copie d'acte

Le ※ octobre deux mille dix à onze heures trente-cinq minutes, devant Nous ※ ※ ※ ※, Echevin, remplissant les fonctions d'Officier de l'Etat civil de la commune d'Etterbeek, en remplacement de l'Echevin titulaire, du Bourgmestre et des Echevins nous précédent, empêchés, ont comparu publiquement en la maison communale :

☐ ☐ ☐ ☐　, domicilié à Etterbeek, rue du ※ ※, ※, né à Turin (Italie) le ※ mars mil neuf cent soixante-quatre, de nationalité italienne, divorcé de ※ ※ ※ ※, à Turin (Italie) le ※ juillet deux mille dix, fils majeur de ※ ※ ※ ※ et de ※ ※ ※ ※ ※, tous deux domiciliés à Turin (Italie), d'une part,
et,
△ △ △ △, domiciliée à Kosai-shi, Shizuoka-ken (Japon), née à Kosai-cho, Shizuoka-ken (Japon) le ※ mai mil neuf cent soixante-huit, de nationalité japonaise, divorcée de ※ ※ ※ ※, à Kosai-shi, Shizuoka-ken (Japon) le ※ mars deux mille huit, fille majeure de ※ ※ ※ ※ et de ※ ※ ※ ※ ※, tous deux décédés, d'autre part.

Les comparants Nous ont requis de procéder à la célébration du mariage projeté entre eux.
Faisant droit à leur requête, après avoir donné lecture aux parties des pièces relatives à leur état, pièces que Nous avons paraphées avec les comparants et qui resteront annexées au présent acte, comme aussi des formalités du mariage et du chapitre VI, titre V du code civil, intitulé : DU MARIAGE, Nous avons demandé au futur et à la future s'ils veulent se prendre pour époux, chacun d'eux Nous ayant répondu séparément et affirmativement, Nous prononçons, au nom de la loi, QU'ILS SONT UNIS PAR LE MARIAGE.
La mariée n'ayant pas une connaissance suffisante de la langue française, la lecture du code civil, les questions, interpellations, déclarations, réponses et la lecture de l'acte de mariage ont été traduites en langue anglaise, par ※ ※ ※ ※, traductrice jurée près le tribunal de première instance de Bruxelles, domiciliée à Woluwe-Saint-Lambert, rue ※ ※ ※ ※, ※ ; qui a prêté le serment d'accomplir fidèlement sa mission.
Les époux déclarent ne pas avoir arrêté de conventions matrimoniales.
En présence de ※ ※ ※ ※, non parent ni allié des époux, âgé de ※ ans, domicilié à Kraainem.
Le présent acte de mariage a été dressé sur-le-champ et, après lecture faite, les comparants et le témoin ont signé avec Nous.

Pour copie conforme, délivrée pour le Consulat avec timbre communal à Etterbeek le 10 novembre 2010.

Sceau de la commune

Pour l'Officier de l'Etat Civil,
le Fonctionnaire délégué (art. 126 n.l.c.),

（署名）

※ ※ ※ ※
Aux. Admin.
Hulpbed.

資料152－3〔婚姻証明書〕

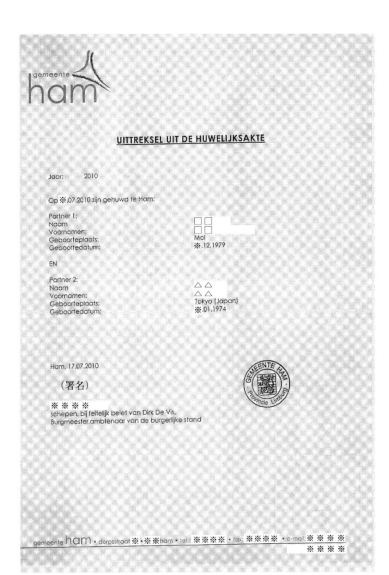

108 第2編 各 論

資料152-4 〔婚姻証明書〕

Blad nr 14

Huwelijk:
※ ※

Naam:	□□ ---
Voornamen:	□□ ---
Geboorteplaats:	Hiroshima-ken (Japan) ---
Geboortedatum:	※ augustus negentienhonderdachtenzeventig (※.08.1978) ---
	meerderjarig ---
Woonplaats:	Wezembeek-Oppem ---
Ouders:	※ ※ ※ ※, Hiroshima-ken (Japan) ---
	※ ※ ※ ※ , Hiroshima-ken (Japan) ---

EN

Naam:	△ △ ---
Voornamen:	△ △ ---
Geboorteplaats:	Leuven ---
Geboortedatum:	※ juni negentienhonderdtweeëntachtig (※.06.1982) ---
	meerderjarig ---
Woonplaats:	Wezembeek-Oppem ---
Ouders:	※ ※ ※ ※ , Oud-Heverlee ---
	※ ※ ※ ※ , Oud-Heverlee ---

Huwelijkscontract
Voor:	notaris ※ ※ ※ ※ te Brussel ---
Datum:	※ augustus tweeduizend dertien (※.08.2013) ---
Stelsel:	het stelsel van gemeenschap van goederen ---

Voltrekking
Plaats:	Wezembeek-Oppem ---
Datum en uur:	※ augustus tweeduizend dertien (※.08.2013) om ※.※ uur ---

Zij aanvaarden elkaar tot echtgenoten. De ambtenaar van de burgerlijke stand verklaart dat zij door de echt zijn verbonden zoals voorzien in het Burgerlijk Wetboek, ---

Getuige 1:	※ ※ ※ , Huldenberg, ※ jaar ---
Getuige 2:	※ ※ ※ , Sint-Joost-ten-Node, ※ jaar ---
Door:	※ ※ ※ ※ , schepen, ambtenaar van de burgerlijke stand ---

Na voorlezing tekent de ambtenaar van de burgerlijke stand samen met de echtgenoten en de getuigen. ---

（署名） （署名）

（署名） （署名）

（署名）

Voor eensluidend afschrift
WEZEMBEEK-OPPEM, de
Voor de Burgemeester-
De Gemachtigde, ※ ※ ※

De Ambtenaar van de Burgerlijke stand,

（署名）

※ ※ ※ ※

資料152－4

結婚

氏：
名：
出生場所：
生年月日：

住所：
両親：

と

氏：
名：

出生場所：
生年月日：

住所：
両親：

<u>婚姻契約</u>
ブリュッセルの交渉人※※※※によって，
日時：
方式：

<u>成立</u>
場所：
日付と時間：
彼らはお互いを配偶者として受け入れ，登録官吏は彼らが民法の下夫婦となると述べ
証人1：
証人2：
担当係：

官吏が読み上げた後，夫婦は証人と共に登録簿に署名した。

発行場所　番号
官吏
署名
氏名

資料152-5 〔出生証明書〕

Geboorteakte ※ van het jaar 2013 van Antwerpen district Deurne

Kind
Naam: ○○ ---
Voornamen: ○○ ---
Geslacht: mannelijk ---
Geboorteplaats: Antwerpen district Deurne ---
Geboortedatum: ※ augustus tweeduizend dertien (※.08.2013) om 13:20 uur ---

Moeder
Naam: △△ ---
Voornamen: △△ ---
Geboorteplaats: Matsumoto, Nagano, Japan ---
Geboortedatum: ※ negentienhonderd tachtig (※.06.1980) ---
Woonplaats: Antwerpen-Deurne ---

Vader
Naam: □□ ---
Voornamen: □□ ---
Geboorteplaats: Tartu, Unie d. Socialist. Sovjetrep. ---
Geboortedatum: ※ september negentienhonderd éénenzeventig (※.09.1971) ---
Woonplaats: Antwerpen-Deurne ---

Aangifte
Plaats: Antwerpen district Deurne, districtshuis ---
Datum en uur: zevenentwintig augustus tweeduizend dertien (27.08.2013) om ※:※ uur
Door: de vader ---
Voor: ※ ※ ※ ※, voorzitter van het districtscollege ambtenaar van de burgerlijke stand ---
Na voorlezing tekent de ambtenaar van de burgerlijke stand samen met de vader.---

---

Antwerpen district Deurne, 27 augustus 2013
Voor de ambtenaar van de burgerlijke stand
De gemachtigde beambte (art. 45 B.W.).

（署名）

※ ※ ※ ※

DISTRICT DEURNE

Maurice Dequeeckerplein※, ※ ※ Deurne
※ ※ ※ ※

資料152-5

 出生

子
氏：
名：
性別：
出生地：
出生日

母
氏：
名：
出生地：
出生日：
住所：

父
氏：
名：
出生地：
出生日：
住所：

申告
場所：
日時：
申告者：
本証書は申告人に読み上げた後，（氏名，役職）が申告者と共に署名した。

発行場所，発行日
記録係　役職
　　署名
　　氏名

112　第2編　各　論

153　ボスニア・ヘルツェゴビナ（ボスニア・ヘルツェゴビナ）

（平成15年国名表を「ボスニア・ヘルツェゴヴィナ」から変更）

第1　市民権の証明

　ボスニア・ヘルツェゴビナの市民権は，市民権の証明書又はパスポートにより証明される（市民34条・35条）。

〔根拠法条〕

市民権法（Law on Citizenship of Bosnia and Herzegovina）（1999年8月26日法律第13号，2002年法律第41号，2003年法律第14号，2005年法律第82号，2009年法律第43号，2009年法律第76号，2013年法律第87号改正）

第6章　ボスニア・ヘルツェゴビナ市民権の証拠

第34条　ボスニア・ヘルツェゴビナの市民権は，ボスニア・ヘルツェゴビナ市民権の証明書又はボスニア・ヘルツェゴビナ

のパスポートにより証明される。

第35条

① ボスニア・ヘルツェゴビナの市民権証明書は，出生登録及び（又は）市民簿（book of citizens）の管理を所管する官憲により発行される。

② 市民権は，第6条から第8条の規定により市民権を取得する要件を満たすことが確認されたときに，特別な決定なしに出生登録簿に登録される。

③〜⑤　（略）

第2　婚　姻

1　婚姻証明書

　ボスニア・ヘルツェゴビナ国市役所発効の婚姻証明書（婚姻登録簿からの抜粋）は，資料153-1（本文121頁）参照。

2　実質的成立要件

⑴　**婚姻適齢**

　男女とも18歳である。

ただし，裁判所は，16歳以上で，女性が妊娠している等正当な理由がある場合は，婚姻を許可することができる（家族39条）。

(2) 重婚の禁止

前婚が終了していない者は，婚姻をすることができない（家族34条）。

(3) 精神的無能力

精神障害の者又は精神的に遅れている者は，婚姻をすることができない（家族35条）。

(4) 近親婚の禁止

完全養子縁組あるいは姻戚間の婚姻に基づくものを含め，親族間の婚姻はすることができない。直系の間，四親等内の親族（兄弟姉妹，父又は母の兄弟姉妹，おじと姪，おばと甥，兄弟姉妹の子，父又は母の兄弟姉妹の子）間の婚姻は，禁止される（家族36条）。

姻戚では，夫（妻）の父と息子の妻の間，夫（妻）の母と娘の夫の間，継夫と継娘の間，継母と継息子の間の婚姻は，禁止される（家族38条）。

3　婚姻の効力

夫婦は，称する姓を決定しなければならない（Council of Europe Family Policy Database）。

4　婚姻の無効

16歳未満の者の婚姻は，無効である。

第3　離　婚

1　離婚原因

配偶者は，夫婦関係が著しく，永続的に損なわれたときは，離婚を請求することができる（家族41条）。

2　離婚の方式

離婚は，訴訟又は相互の合意によって請求することができる（家族42条）。

ただし，夫婦の合意だけで離婚できるのではなく，裁判所に申立てをしなければならない。

3　離婚の制限

夫は，妻の妊娠中又は子が3歳になるまでは，離婚を提訴することができない。

（第3につき，Council of Europe Family Policy Database）

第4　出　　生

1　出生子の身分

婚姻中又は離婚後300日以内に出生した子は，嫡出子である（家族106条）。

離婚後300日以内に出生した子が自分の子でないときは，父は出生の事実を知った日から6か月以内に訴えを提起することができる（家族125条）。

2　国籍留保届

(1)　ボスニア・ヘルツェゴビナで出生した場合

ボスニア・ヘルツェゴビナは，父母両系血統主義国であり，ボスニア・ヘルツェゴビナ国内で出生した事実だけでは，同国の市民権を取得しない（市民6条）。

したがって，日本人夫婦の子がボスニア・ヘルツェゴビナで出生した場合は，国籍留保の届出を要しないが，夫婦の一方が日本人で，他方がボスニア・ヘルツェゴビナ市民の子がボスニア・ヘルツェゴビナ国内で出生した場合は，出生の日から3か月以内に日本国籍を留保する意思を表示しなければ，子は日本国籍を喪失する（日国12条）。

(2) **ボスニア・ヘルツェゴビナ国外で出生した場合**

子の出生時に両親の一方がボスニア・ヘルツェゴビナ市民である場合は，子はボスニア・ヘルツェゴビナ市民権を取得する。

ただし，23歳に達するまでに，ボスニア・ヘルツェゴビナ市民権の登録をしなければならない（市民6条4号）。

  （注）　従前は，23歳になるまでに市民登録をしたとき，又はボスニア・ヘルツェゴビナに常居所を定めたときは，子はボスニア・ヘルツェゴビナ市民となる（旧市民6条4号）とされていた。

3　出生場所の記載

(1)　行政区画

ボスニア・ヘルツェゴビナは，10の県（カントン）（注）から構成されている。

  （注）　県（Canton）は，ウナ＝サナ（Una-Sana）県，ポサヴィナ（Posavina）県，トゥズラ（Tuzla）県，ゼニツァ＝ドボイ（Zenica-Doboj）県，ボスニア＝ポドリニェ（Bosniak Podrinje）県，中央ボスニア（Central Bosnia）県，ヘルツェゴビナ＝ネレトヴァ（Herzegovina-Neretva）県，西ヘルツェゴビナ（West Herzegovina）県，サラエボ（Sarajevo）県，第十県（Canton 10）である。

(2)　戸籍の記載

「ボスニア・ヘルツェゴビナ国サラエボ県サラエボ市で出生」（【出生地】ボスニア・ヘルツェゴビナ国サラエボ県サラエボ市）と記載する。

〔**根拠法条**〕

市民権法（1999年8月26日法律第13号，2013年法律第87号改正）

第2章　ボスニア・ヘルツェゴビナ市民権の取得

第5条（一般原則）

　ボスニア・ヘルツェゴビナ市民権は，本法の以下の規定に従って取得される。

　1　血統により。

　2　ボスニア・ヘルツェゴビナ領内における出生により。

　3　養子縁組により。

　4　帰化により。

　5　国際協定により。

第6条（血統による取得）

　憲法施行後に出生した以下の子は，血統によるボスニア・ヘルツェゴビナ市民

116 第2編 各 論

権を取得する。

1 出生の場所にかかわらず，両親がボスニア・ヘルツェゴビナ市民である者

2 出生の時に両親の一方がボスニア・ヘルツェゴビナ市民で，子がボスニア・ヘルツェゴビナ国内で出生した者

3 国外で出生し，出生の時に両親の一方がボスニア・ヘルツェゴビナ市民であり，ボスニア・ヘルツェゴビナ市民とならなければ無国籍になる者

4 子が国外で出生し，子の出生の時に両親の一方がボスニア・ヘルツェゴビナ市民である者。ただし，子が23歳に達するまでにボスニア・ヘルツェゴビナ市民権の登録申請を主務官庁に提出することを条件とする。

第7条（ボスニア・ヘルツェゴビナ国内での出生による取得）

憲法施行後にボスニア・ヘルツェゴビナ国内で出生したか，又は発見された両親が共に知れないか，その市民権が知れないか，又は市民権を有しない子は，ボスニア・ヘルツェゴビナ市民権を取得する。

第5 認 知

1 制 度

ボスニア・ヘルツェゴビナは，事実主義ではなく，認知主義を採用している（家族106条）。

また，胎児認知も認められている（家族112条）。

2 保護要件

(1) 母の同意

認知の宣言は，自治体の登録事務所，社会サービスセンター又は宣言を受領する権限を有する団体に提出されるが，母が同意したときに登録簿に記載されることから，母の同意が保護要件であると思われる。

(2) 認知される者の同意

母又は16歳以上の子が認知に対して同意をしないときは，認知者は訴訟を提起することができる（家族117条）とされており，16歳以上の子の同意も保護要件と思われる。

153 ボスニア・ヘルツェゴビナ　117

第6　養子縁組

1　根拠法

根拠法は，「家族法」（Family Law）である。

2　実質的成立要件

(1)　養親の要件

ア　養親の年齢

養親は，18歳以上でなければならない（注）。

（注）　養親の年齢は，法律上特に規定されていないが，(2)記載のとおり，養親は，養子より少なくとも18歳以上年長でなければならないことから，間接的に18歳以上となる。

イ　単身者の可否

不完全養子縁組の場合は，単身者も養親となることができる。

完全養子縁組の場合は，婚姻している夫婦でなければならない（家族155条1項）。

ウ　その他の制限事項

親権を喪失した者，労働する能力がないか，又は制限された者，精神障害又は精神的に遅れている者等は，養親になることができない（家族153条）。

エ　近親者との養子縁組の制限

養親と近い血族（in close blood kinship）は，養子縁組をすることができない。

(2)　養親と養子の年齢差

養親は，養子より18歳以上年長でなければならない（家族148条2項）。

なお，法律には規定がないが，40歳以上年長である場合は，養子縁組は認められないようである。

(3)　養子の要件

不完全養子縁組の場合は，未成年者（18歳未満）に限られる。

118　第2編　各　論

完全養子縁組の場合は，5歳未満でなければならない（家族154条）。

3　保護要件

⑴　実親の要件

　ア　同意の要否

　　実親の同意を要する。

　イ　同意の免除

　　親が親権を喪失しているとき，法的無能力であるとき，1年以上所在が不明であるときは，同意は要求されない。

⑵　養子の同意

　養子が10歳以上である場合は，その者の同意を要する（家族142条2項）。

⑶　社会福祉省（The Ministry of Social Policy）の許可

4　養子縁組の効力

⑴　完全養子縁組

　完全養子縁組の場合は，実親の子と同様の完全な親族関係が創設される。

⑵　ボスニア・ヘルツェゴビナ市民権の取得

　ボスニア・ヘルツェゴビナ市民の完全養子となった18歳未満の子は，ボスニア・ヘルツェゴビナ市民権を取得する（市民8条）。

5　ハーグ国際養子縁組条約

　未批准（2017年（平成29年）現在）

〔**根拠法条**〕

市民権法（1999年8月26日法律第13号，2013年法律第87号改正）

第2章　ボスニア・ヘルツェゴビナ市民権の取得

第5条（一般原則）

　ボスニア・ヘルツェゴビナ市民権は，

本法の以下の規定に従って取得される。

　1・2　（略）

　3　養子縁組により。

　4・5　（略）

第8条（養子縁組による取得）

　憲法施行後にボスニア・ヘルツェゴビ

ナ市民の完全養子となった18歳未満の子は，ボスニア・ヘルツェゴビナ市民権を　取得する。

第7　国　籍

1　二重国籍

ボスニア・ヘルツェゴビナでは，ボスニア・ヘルツェゴビナとその国家の2国間協定がある等の場合には，二重国籍は認められている（市民4条）。

2　ボスニア・ヘルツェゴビナ市民権の喪失

(1)　法の適用による喪失

ボスニア・ヘルツェゴビナとその国家の2国間協定が他に規定していなければ，ボスニア・ヘルツェゴビナ市民権は，外国の市民権を自発的に取得することにより喪失する（旧市民17条）とされていたが改正により削除された。

したがって，外国の市民権を自発的に取得しても，当然にはボスニア・ヘルツェゴビナ市民権を喪失しない。

(2)　ボスニア・ヘルツェゴビナ市民権の放棄

18歳に達し，外国に常居し，外国の市民権を取得したか，又は保証されている市民は，ボスニア・ヘルツェゴビナ市民権を放棄する権利を有する（市民19条）。

(3)　ボスニア・ヘルツェゴビナ市民権の喪失日

ボスニア・ヘルツェゴビナの市民権は，放棄又は取消しの決定が当事者に送達された時に喪失する（市民24条1項）。

居住地が知れないか，又は確定できないときは，ボスニア・ヘルツェゴビナの市民権はボスニア・ヘルツェゴビナの官報の発行日に喪失する（市民24条2項）。

120 第2編 各 論

〔根拠法条〕

市民権法（1999年8月26日法律第13号，
2013年法律第87号改正）

第1章 総則

第4条

憲法第4条第4項第d号に従って議会
が承認した本件に適用されるボスニア・
ヘルツェゴビナとその国家の2国間協定
がある場合には，ボスニア・ヘルツェゴ
ビナ市民は，外国の市民権を保持するこ
とができる。

第3章 ボスニア・ヘルツェゴビナ市民権
の喪失

第15条

第23条第1号に規定されている場合を
除き，関係者が無国籍になるときは，市
民権を喪失することができない。

第16条

ボスニア・ヘルツェゴビナ市民権は，
以下の場合に喪失する。

　a　放棄により

　b　離脱により

　c　撤回により

　d　国際協定により

放棄

第19条

① 18歳に達し，外国に常居し，外国の市
民権を取得したか，又は保証されている
市民は，ボスニア・ヘルツェゴビナ市民
権を放棄する権利を有する。

②・③ （略）

喪失日

第24条

① ボスニア・ヘルツェゴビナの市民権
は，放棄又は取消しの決定が当事者に送
達された時に喪失する。

② その者の居住地が知れないか，又は確
定できないときは，ボスニア・ヘルツェ
ゴビナの市民権はボスニア・ヘルツェゴ
ビナの官報の発行日に喪失する。

資料153－1 〔婚姻証明書〕

Bosna i Hercegovina
Federacija Bosne i Hercegovine
Kanton Sarajevo
Grad Sarajevo
OPĆINA NOVO SARAJEVO

Oslobođeno od takse po
čl. ※ tar. br. ※
Zakona o administrativnim
taksama broj: ※ ※

IZVOD IZ MATIČNE KNJIGE VJENČANIH

※ ※ ※ ※ ※ ※
(JMB ženika)
/ / / / / / / / / / / / / / / / / / /
(JMB nevjeste)

U matičnoj knjizi vjenčanih koja se vodi za mjesto .... grad ....

pod rednim brojem .... ※ . ... za godinu 1999. .... izvršen je upis zaključenja braka:

Mjesto zaključenja braka	NOVO SARAJEVO	
Dan, mjesto i godina zaključenja braka	※ . juni 1999.	
	ženika	nevjeste
Prezime	□□	△△
Ime	□□	△△
Dan, mjesec i godina rođenja	※ . ※ . 196※ .	※ . 1o. 1965.
Mjesto i općina rođenja	Centar Sarajevo	Iwate, Japan
Državljanstvo	BiH	japansko
Prebivalište	Sarajevo, Splitska ※ .	Japan, Iwate
Prezime i ime roditelja	oca	※ ※ ※ ※	※ ※ ※ ※
	majke	※ ※ ※ ※	※ ※ ※ ※
Prezime koje su bračni drugovi uzeli pri zaključenju braka	□□	△△
Naknadni upis i bilješke:		

Broj: ※ ※ ※
U Sarajevu ,
Dana: 3o.6.1999.

M.P.

（署名）
....
(Potpis matičara)

122 第2編 各 論

資料153- 1

ボスニア・ヘルツェゴヴィナ
ボスニア・ヘルツェゴヴィナ連邦
・・・・県
・・・・市
・・市役所

婚姻登録簿からの抜粋

　　　　　　　　　　　　　　　新郎個人番号

　　　　　　　　　　　　　　　新婦個人番号

正式な婚姻として＿＿＿＿＿＿＿＿の婚姻登録簿に，以下の
通り＿＿＿（年）＿の＿＿（番号）＿＿に婚姻登録しました。

婚姻成立場所			
婚姻日			
		新郎	新婦
氏			
名			
出生日			
出生場所			
国籍			
居住地			
親の氏名	父		
	母		
婚姻後の氏			
特記事項			
登録番号 発行場所 日付			登録者　署名

154 ボツワナ（ボツワナ共和国）

第1 婚姻

1 婚姻証明書

ボツワナ国婚姻登録官発行の婚姻証明書（婚姻宣言原簿（写））は，資料154 －1（本文132頁）参照。

2 適用

婚姻法は，ボツワナの慣習法又はイスラム教，ヒンドゥ教その他の宗教儀式に従って締結された婚姻を除き，ボツワナで行われた全ての婚姻に適用される（婚姻2条）。

3 実質的成立要件

(1) 婚姻適齢及び同意を要する婚姻

18歳未満の者は，婚姻をすることができない（婚姻14条）。

婚姻法が2001年に改正され，未成年者又は寡婦若しくは寡夫でない21歳未満の者は，両親又は後見人の書面による同意がなければ婚姻をすることができない（婚姻15条）。

なお，ボツワナでは，多くの結婚が慣習法に基づき行われているが，慣習法では年齢の制限はない。

(2) 重婚の禁止

婚姻法の規定に基づき以前に婚姻を締結した者は，前婚が裁判所の判決で解消又は無効とされなければ，婚姻を締結することができない（婚姻13条1項）。

また，慣習法又はイスラム教，ヒンドゥ教その他の宗教上の儀式に従って，以前に婚姻を締結した者は，前婚が適用された法に従って解消又は無効とされなければ，婚姻法に基づいて婚姻を締結することができない（婚姻13条2項）。

124 第2編 各 論

(3) 精神障害の者

婚姻に対して同意をすることができない精神障害の者は，婚姻をすることができない（婚姻14条）。

(4) 近親婚の禁止等

いかなる者も禁止されている親等の近親婚をすることはできず（婚姻16条1項），以下に掲げる関係にあるときは，禁止されている親等となる（婚姻16条2項）。

① 親等にかかわらず，直系の尊属及び卑属，例えば，親と子，親と孫など

② その者の子又は子と他の孫若しくはその者の更に離れた卑属の傍系，例えば，兄弟姉妹，おじと姪又は姪の娘など

③ ①及び②に規定されている関係，すなわち，当事者の一方の以前の夫又は妻が，他方の当事者に関係している場合。ただし，夫が死亡した女性は，死亡した夫の兄弟と婚姻すること，妻が死亡した男性は死亡した妻の姉妹と婚姻することができるが，女性が夫の生存中に離婚した夫の兄弟と婚姻すること，男性が妻の生存中に離婚した妻の姉妹と婚姻することは合法でない。

4 形式的成立要件

(1) 婚姻の準備

婚姻予告（婚姻4条）が発行されてから，又は特別許可（婚姻5条）が得られてから3月以内でなければ，婚姻は有効でない（婚姻3条）。

(2) 挙 行

ア 婚姻吏による挙行

婚姻吏が挙行していないときは，婚姻は有効でない（婚姻7条）。

イ 婚姻吏が行う質問等

婚姻予告が公表されたという証拠がなければ若しくは婚姻のための特別許可が発行されるのでなければ，又は，法的な婚姻障害がないと判断しなければ，婚姻吏は婚姻を挙行してはならない（婚姻8条）。

ウ　婚姻の挙行

全ての婚姻は，午前6時から午後6時までの間，法廷で，証言能力のある少なくとも2人の証人の面前で挙行される（婚姻9条）。

5　婚姻の無効

近親婚の禁止の規定に反して締結された婚姻は，無効である（婚姻16条）。

6　婚姻の登録

全ての婚姻吏は，自らが挙行した婚姻の登録簿を保持する。

婚姻の挙行後直ちに，婚姻吏は，登録簿に婚姻の挙行，その場所，日時，当事者のフルネーム，年齢，状況（寡夫か未婚男性か，寡婦か未婚女性か）及び住居等を登録する（婚姻11条1項）。

7　慣習法又はイスラム，ヒンドゥその他の宗教婚の登録等

婚姻登録官は，夫婦に定められた事項を記載した登録証明書を発行する。

また，有効な慣習婚，イスラム，ヒンドゥその他の宗教婚が夫婦が登録したと判断しないときは，婚姻を登録してはならない（婚姻24条）。

〔根拠法条〕

婚姻法（Marriage Act 2001）（2001年法律第18号，同年12月28日施行）
（第29：01章）
第1部　民事婚
第1条（略称）
　　本法は，「2001年婚姻法」と引用される。
第2条（適用）
　　本部は，ボツワナの慣習法又はイスラム教，ヒンドゥ教その他の宗教儀式に従って締結された婚姻を除き，ボツワナで行われた全ての婚姻に適用される。

第3条（婚姻の準備）
　　第4条に基づき婚姻予告が発行されてから，又は第5条に基づき特別許可が得られてから3月以内でなければ，婚姻は有効でない。
第4条（婚姻予告の発行）　（略）
第5条（特別許可）　（略）
第6条（未成年者の保護）　（略）
第7条（婚姻吏）
①　婚姻吏（marriage officer）が挙行していないときは，婚姻は有効でない。
②〜④　（略）

第8条（婚姻吏が行う質問）

① 本法で要する婚姻予告が公表されたという証拠がなければ，若しくは婚姻のための特別許可が発行されるのでなければ，又は，法的な婚姻障害がないと判断しなければ，婚姻吏は婚姻を挙行してはならない。

② その者が婚姻を挙行する法的資格を有するか疑いを抱く婚姻吏は，そのことについて大臣に法的意見を問い合わせることができる。

第9条（婚姻の挙行）

① 全ての婚姻は，午前6時から午後6時までの間，法廷で，証言能力のある少なくとも2人の証人の面前で，挙行される。

② （略）

第11条（婚姻の登録）

① 全ての婚姻吏は，本部に基づき自らが挙行した婚姻の登録簿を保持する。婚姻の挙行後直ちに，婚姻吏は，登録簿に婚姻の挙行，その場所，日時，当事者のフルネーム，年齢，状況（寡夫か未婚男性か，寡婦か未婚女性か）及び住居（略）を登録する。

②～⑧ （略）

第13条（婚姻障害）

① 本部に基づき以前に婚姻を締結した者は，前婚が裁判所の判決で解消又は無効とされなければ，本部に基づくか，又は慣習法若しくはイスラム教，ヒンドゥ教その他の宗教上の儀式に従って，婚姻を締結することができない。（以下，略）

② 慣習法又はイスラム教，ヒンドゥ教その他の宗教上の儀式に従って，以前に婚姻を締結した者は，前婚が適用された法に従って解消又は無効とされなければ，

本部に基づいて婚姻を締結することができない。（以下，略）

③～⑤ （略）

第14条（精神障害の者及び年齢以下の者）

婚姻に対して同意をすることができない精神障害者及び18歳未満の者は婚姻をすることができない。

第15条（未成年者による婚姻に対する同意）

未成年者又は寡婦若しくは寡夫でない21歳未満の者は，両親又は後見人の書面による同意がなければ婚姻をすることができない。

ただし，

1 親の一方が同意し，他方が同意を拒否したときは，未成年者の居住する行政地区の治安判事裁判所又は高等法院に婚姻に対する同意を申請することができ，未成年者は申請のために法定後見人の法的な補助を要しない。

2 未成年者が嫡出でない子であるときは，母又は他の法定後見人の同意のみを要する。

3 未成年者に親又は後見人がいないときは，未成年者の居住する地区の行政担当者は，未成年者の婚姻に権限を与える書面による命令をすることができる。

4 不本意であるという以外の理由で未成年者の両親若しくは後見人から同意を得ることができないか，又は，同意が明らかに正当な理由なく留保されているときは，未成年者の居住する地区の行政担当者が，又は未成年者がボツワナ国外に居住しているときは，両親又は後見人が居住している地区の行政担当官が未成年者の婚姻に権限を与え

る書面による命令をすることができる。

第16条（近親婚の禁止等）

① いかなる者も禁止されている親等の近親婚をすることはできない。

② 本法において，以下に掲げる関係にあるときは，禁止されている親等に関係する。

  a 親等にかかわらず，直系の尊属及び卑属，例えば，親と子，親と孫など。

  b その者の子又は子と他の孫若しくはその者の更に離れた卑属の傍系，例えば，兄弟姉妹，おじと姪又は姪の娘など。

  c 第a号及び第b号に規定されている関係，すなわち，当事者の一方の以前の夫又は妻が，他方の当事者に関係している場合。

    ただし，

    i 夫が死亡した女性は，死亡した夫の兄弟と婚姻すること，妻が死亡した男性は死亡した妻の姉妹と婚姻することができる。

    ii 女性が夫の生存中に離婚した夫の兄弟と婚姻すること，男性が妻の生存中に離婚した妻の姉妹と婚姻することは合法でない。

③ 第16条第1項及び第2項の規定に反して締結された婚姻は，無効である。

第2部　慣習法又はイスラム，ヒンドゥその他の宗教婚の登録

第24条（登録の証明書の発行）

① 婚姻登録官は，夫婦に定められた事項を記載した登録証明書を発行する。

② 有効な慣習婚，イスラム，ヒンドゥその他の宗教婚が夫婦が登録したと判断しないときは，婚姻を登録してはならない。

第2　別　　居

別居の場合は，監護権は，伝統的に夫の家族に認められ，母は訪問権を有するのみである。

第3　出　　生

1　国籍留保届

ボツワナで出生した事実だけでは，同国の国籍を取得しない（市民4条・5条）。

したがって，日本人夫婦の子がボツワナ国内で出生した場合は，国籍留保の届出を要しないが，夫婦の一方が日本人で他方がボツワナ市民の子が，ボツワナ（又はその他の外国）で出生した場合は，出生の日から3か月以内に日本国

128 第2編 各 論

籍を留保する意思を表示しなければ，子は日本国籍を喪失する（日国12条）。

(注) 従前は，ボツワナ国内で出生した場合は，生来のボツワナ市民となるが，出生時に父からの血統により外国の市民権を取得するときは，ボツワナ市民とならない（旧市民4条）とされていた。

また，ボツワナ国外で出生した場合は，父がボツワナ市民であるときはボツワナ市民となる（旧市民5条）とされていたが，市民権法の改正により，父及び母の差異はなくなった。

2 出生場所の記載

「ボツワナ国ハボロネ市で出生」（【出生地】ボツワナ国ハボロネ市）と記載する。

〔根拠法条〕

市民権法（Citizenship Act）（1998年4月24日法律第8号，2002年法律第9号，2004年法律第1号改正）
第1条（略称）
本法は，市民権法と略称される。
第4条（出生による市民権）
① ボツワナで出生した者は，出生時に，その者の父又は母がボツワナ市民であったときは，出生によるボツワナ市民である。
② 本法の施行前に出生した者は，その施行時に市民でなかったときは，本条による市民ではない。
第5条（血統による市民権）
① ボツワナ国外で出生した者は，出生時に，その者の父又は母がボツワナ市民であったときは，出生によるボツワナ市民である。
② 本法の施行前に出生した者は，その施行時に市民でなかったときは，本条による市民ではない。

第4 養子縁組

1 根拠法

根拠法は，「児童養子縁組法」（Adoption of Children Act）である。

2 実質的成立要件

⑴ 養親の要件
養親は，25歳以上でなければならない。

⑵ 養親と養子の年齢差
養子が16歳以上である場合は，養親は少なくとも25歳以上年長でなければならない。

⑶ 養子の年齢
特に制限はない。

⑷ 試験養育
養親は，養子縁組をする前に，少なくとも6か月以上，養子を養育しなければならない。

3 保護要件

⑴ 養子の同意
養子が10歳以上である場合は，その者の同意を要する。

⑵ 裁判所の関与
養子縁組には，裁判所が関与する。

4 ボツワナ国籍の取得

⑴ 養子が3歳以下の場合
養子が3歳以下の場合は，養子縁組の日にボツワナ市民でなかったときは，養親が，夫婦共同縁組の場合は，養親の一方が養子縁組の日に，ボツワナ市民であったときは，子は養子縁組の日に養子縁組により市民となる（市民7条）。

⑵ 養子が3歳を超える場合
養子が3歳を超える子が，養子縁組の日にボツワナ市民でなかったときは，養親の所定の方式による申請に基づき，大臣は，その子をボツワナ市民として登録することができる。

ただし，子が十分に成熟し，人格を形成し，その良い人格でないと判断した

ときは，大臣は，本条に基づきボツワナ市民として登録しない（市民8条）。

5 国際養子縁組

国際養子縁組の場合は，養子縁組命令の後，少なくとも12か月以上ボツワナにとどまらなければならない。
（1～3，5につき子の養子縁組：傾向と政策（国連2009年報告））

6 ハーグ国際養子縁組条約

未批准（2017年（平成29年）現在）

〔根拠法条〕

市民権法（1998年4月24日法律第8号，2002年法律第9号，2004年法律第1号改正）
第7条（養子縁組による市民権）

養子縁組に関する成文法の規定に基づいて養子となった3歳以下の子は，養子縁組の日に市民でなかったときは，養親が，（夫婦）共同縁組の場合は，養親の一方が養子縁組の日に，市民であったときは，養子縁組の日に養子縁組により市民となる。

第8条（3歳を超える養子の登録）

養子縁組に関する成文法の規定に基づいてボツワナ市民の養子となった3歳を超える子が，養子縁組の日に市民でなかったときは，養親の所定の方式による申請に基づき，大臣は，その子を市民として登録することができる。

ただし，子が十分に成熟し，人格を形成し，その良い人格でないと判断したときは，大臣は，本条に基づきボツワナ市民として登録しない。

第5 国 籍

1 二重国籍

原則として，二重国籍は認められておらず，21歳に達する前に，①外国の市民権を放棄するか，②忠誠の宣誓を行うか，③所定の手続で居住に関する意思を宣言しなければ，21歳に達した時にボツワナ市民でなくなる（市民15条）。

2 ボツワナ市民権の喪失

　21歳以上である者が，自発的な公式な行為で外国の市民権を取得したときは，ボツワナ市民でなくなる（市民15条）。

〔根拠法条〕

市民権法（1998年4月24日法律第8号，2002年法律第9号，2004年法律第1号改正）

第15条（二重市民権）

① ボツワナ市民であり，また外国の市民である者は，21歳に達する前に，以下に掲げることを行わなければ21歳に達した時に，ボツワナ市民でなくなる。

　a　外国の市民権を放棄する。

　b　忠誠の宣誓を行う。

　c　所定の手続で居住に関する意思を宣言する。

② 21歳以上である者が，自発的な公式な行為で外国の市民権を取得したときは，ボツワナ市民でなくなる。

③ （略）

④ 市民の配偶者の国の法律が市民の外国人の配偶者がその国の市民として登録されることを要する場合又はその国の法律が自動的にその市民の外国人の配偶者に市民権を付与する場合は，以下のときは，ボツワナ市民は，ボツワナ市民ではなくならない。

　a　登録を要するか否かにかかわらず，その者が自発的な公式な行為により，その者の配偶者の国を取得していないとき。

　b　婚姻を締結した後，その者がボツワナに居住し続けるとき。

132 第2編 各 論

資料154－1 〔婚姻証明書〕

FORM 29

REPUBLIC of BOTSWANA
DUPLICATE ORIGINAL REGISTER

Marriage solemnized in the District of GABORONE at GABORONE in the presence of ℄ on the ※ day of SEPTEMBER 2013

No.	When Married	Names and Surnames	Age	Condition	Rank or Profession	Residence at the Time of Marriage	After Banns or Licence	Consent by whom given or by Judge's Order
※ ※	※/9/2013	JAPAN P/PNO. ※ ※ ※	※	DIVORCEE	※ ※	GABORONE	BANNS	OWN
/ 2013	※/9/2013	NIGERIA P/PNO. ※ ※ ※	※	SPINSTER	※ ※	GABORONE	BANNS	OWN

Married in .... Court at GABORONE aforesaid, by me .... Marriage Officer

This marriage was solemnized between us .... in the presence of .... ※ ※ ※
※ ※ ※

I the undersigned, do hereby certify that the above Marriage was contracted by the parties thereto on the ※ day of SEPTEMBER 2013 in my presence and in the presence of the parties who have signed their names thereto as witnesses, under and by virtue of the Marriage Proclamation (Cap. 144 Laws of the Republic of Botswana) that 8 have examined this Duplicate Original with the Original Register and found it correct, and that the explanation required by section 12 of the said Proclamation has been made to the parties.

Dated at GABORONE this 26TH day of SEPTEMBER 2013

（署名）

※ ※ ※ ※
※ ※ ※ ※
Marriage Officer

DISTRICT COMMISSIONER
2 6 SEP 2013
TEL. ※ ※ ※ ※
FAX ※ ※ ※ ※
PO. BOX ※ ※, GABORONE

資料154－1

ボツワナ共和国
原簿（写）

2013年　9月　※日　ハボロネの裁判所にて正式にとり行われた結婚

番号	婚姻日	姓名	年齢	状況	職業	婚姻時住所	結婚予告または認可後結婚予告	自己または裁判員により同意
※※ ／	2013年9月※※日	□□□□　日本　旅券番号　※※※※	※※歳	再婚	※※	ハボロネ	結婚予告	自身による同意
2013	2013年9月※※日	△△△△　ナイジェリア　旅券番号　※※※※	※※歳	初婚	※※	ハボロネ	結婚予告	自身による同意

婚姻担当官※※※※ハボロネ※※※※立ち会いのものハボロネの法廷による婚姻

立会人　　　※※※※※※
　　　　　　※※※※※※

この結婚は我々の間で　　□□□□（署名）
正式に執り行われた。　　△△△△（署名）

下記に署名をした私は、私及び署名をした証人の立ち会いのもと、結婚宣言（ボツワナ法144条）に則り、2013年9月※※日両当事者によって上記結婚が成立したことを証明する。8枚の結婚宣言原簿（写）は本原簿と相違なく、また本宣言12項による説明は両当事者になされた。

年月日　ハボロネ　2013年　9月　26日ハボロネ市区長印

(担当官署名)
※※※※※
婚姻担当官

翻訳：□□□□（署名）

※訳者注：Bams：教会で挙式の予告を公示して異議の有無を問うもの

134 第2編 各 論

155 ポーランド（ポーランド共和国）

第1 婚 姻

1 婚姻要件具備証明書

ポーランド共和国男について，同国官憲が発給した婚姻要件具備証明書は，資料155－1（本文152頁）参照（戸籍648-52）。

2 婚姻証明書

ポーランド国ドルノシロンスケ県戸籍事務所発行の婚姻証明書（婚姻証明書抄本）は，資料155－2（本文155頁）参照。

3 実質的成立要件

(1) 婚姻適齢

18歳未満の者は，婚姻を締結することができない。

ただし，重大な事由がある場合は，婚姻が新たに成立する家族の最善の利益に則っているときは，後見裁判所は，16歳に達した女性の婚姻を許可することができる（家族10条1項）。

(2) 法的能力

完全な法的無能力者は，婚姻をすることができない（家族11条1項）。

(3) 近親婚の禁止

直系の尊属及び卑属間及び兄弟姉妹の婚姻は，禁止される。

ただし，重大な理由がある場合は，姻戚間の婚姻については，裁判所は同意をすることができる（家族14条）。

(4) 重婚の禁止

重婚は禁止されている（家族13条）。

4 形式的成立要件

(1) 婚姻の方式

ポーランドでは，婚姻の方式として，民事婚と宗教婚が認められている（家族1条）。

(2) 婚姻の締結

ア 国内における場合

① 婚姻は，男子と女子が登録事務所の長の面前で，夫婦として婚姻することを宣言することにより締結される（家族1条1項）。

② 婚姻は，男子と女子が教会法その他の宗教法の下で，聖職者の面前で，ポーランド法の下で互いが婚姻の意思を表示することにより，又は登録事務所の長が婚姻証明書を作成することによってもまた締結される。

これらの要件が満たされたときは，聖職者の面前で意思を表示した時に婚姻は締結されたものとみなされる（家族1条2項）。

イ 国外における場合

外国に滞在する男子と女子は，ポーランド領事又は領事の機能を行うために任命された者の面前でも締結することができる（家族1条4項）。

(3) 待機期間

婚姻を計画している者は，婚姻の締結を妨げる事由を知らないことを登録事務所の長に陳述書を提出してから1か月以内は，婚姻を締結することができない。

ただし，重大な理由で婚姻の締結を正当化できるときは，登録事務所の長は期間前に許可をすることができる（家族4条）。

(4) 証　明

ア 発行権者

登録事務所の長は，婚姻をしようとする者に証明書を発行する（家族4－1条1項）。

イ 証明書の内容

証明書には，婚姻の締結を妨げる事情がないこと，夫婦及び夫婦の子の

136 第2編 各　論

今後の姓に関して提出された陳述の内容及び日付を示す（家族4－1条1項）。

　ウ　証明書の有効期間

　　証明書は，発行日から3か月で効力を失う（家族4－1条2項）。

5　婚姻後の妻の氏

　本国官憲発給の婚姻証書を提出して，ポーランド人妻の氏名を日本人夫の氏（漢字）に変更する旨の記載の申出があったときは受理することができる。

　ポーランド身分法令によると，①「妻は婚姻を締結するに当たり，申立てにより自己の以前の姓を保持し，又はそれに夫の姓を結合することができる。」，②「申立てがない場合は，妻は夫の姓を受け入れる。」とあり（家族25条），婚姻により，原則として，妻は夫の氏を称することが本国法上の効果として認められている。

　また，婚姻証書には，「妻は，夫の氏を称することとなった。」旨が印刷されており，その婚姻証書をポーランド人妻が日本人配偶者の氏をその姓として称したことを証する本国官憲の証明書として認定できる（戸籍495-61）。

6　婚姻の無効

(1)　無効訴訟

　婚姻証明書が，法律の規定が順守されなかったにもかかわらず作成されたときは，法律上の利益を有する者は，婚姻を無効とする訴訟を提起することができる（家族2条）。

(2)　無効事由（家族17条）

　ア　婚姻適齢違反

　　(ア)　年齢及び請求権者

　　　18歳に達しない男子，16歳に達していないか，又は裁判所の許可なく16歳から18歳の間に婚姻した女子が締結した婚姻は，一方の配偶者の請求で無効とすることができる。

㈠　無効の請求の制限

訴訟が提起される前に配偶者が婚姻適齢に達したときは，年齢を理由に無効とすることができない。

また，女性が妊娠しているときは，夫は年齢を理由に無効を主張することはできない。

イ　法的無能力

一方の配偶者は，法的無能力を理由に婚姻を無効とすることができる。

ただし，法的無能力でなくなったときは，法的無能力を理由に婚姻を無効とすることができない。

ウ　重　婚

重婚は無効であるが，前婚が解消されたか，又は，無効の判決が下されたときは，無効にはならない。

エ　近親婚

近親婚の禁止に反する婚姻は，無効である（Family Law in Poland: Overview等参照）。

(3)　無効の主張期限

錯誤，強迫により自己の意思を表明できなかった場合は 6 か月を経過するまで，また，全ての場合は婚姻締結から 3 年を経過するまで，婚姻の無効を主張する権利を有する。

〔根拠法条〕

家族及び後見法（The Family and Guardi-
anship Code of 25 Feburuary 1964）
（1975年法律第45号，1986年法律第36号，
1995年法律第83号，1998年法律第117号，
1999年法律第52号，2000年法律第122号，
2001年法律第128号，2003年法律第83号，
2003 年 法 律 第130号，2004 年 法 律 第162
号，2007年法律第121号，2007年法律第
134号，2007年法律第192号，2008年法律

第220号改正）
第 1 編　婚姻
第 1 節　婚姻の締結
第 1 条（婚姻の締結）
①　婚姻は，男子と女子が登録事務所の長
　の面前で，夫婦として婚姻することを宣
　言することにより締結される。
②　婚姻は，男子と女子が教会法（canon
　law）その他の宗教法の下で，聖職者の

面前で，ポーランド法の下で互いが婚姻の意思を表示することにより，又は登録事務所の長が婚姻証明書を作成することによって締結される。これらの要件が満たされたときは，聖職者の面前で意思を表示した時に婚姻は締結されたものとみなされる。

③　前項の規定は，婚姻が登録事務所の長の面前で締結されたように，批准された国際条約又は国家と教会若しくはその他の宗教会間の関係を規定する法律が，同様の効果を有する教会法その他の宗教会の下で締結された夫婦としての婚姻を認める。

④　外国に滞在する男子と女子は，ポーランド領事又は領事の機能を行うために任命された者の面前でも締結することができる。

第2条（婚姻の無効）

　　婚姻証明書が，前条の規定が順守されなかったにもかかわらず作成されたときは，法律上の利益を有する者は，婚姻を無効とする訴訟を提起することができる。

第4条（待機期間）

　　婚姻を計画している者は，婚姻の締結を妨げる事由を知らないことを登録事務所の長に陳述書により提出してから1か月以内は，婚姻を締結することができない。ただし，正当化できる重大な理由があるときは，登録事務所の長は期間前に婚姻の締結を許可することができる。

第4－1条（証明）

①　第1条，第2条及び第3条に規定された形式による婚姻の場合は，登録事務所の長は，婚姻をしようとする者に証明書を発行する。証明書には，婚姻の締結を妨げる事情がないこと，夫婦及び夫婦の子の今後の姓に関し提出された陳述の内容及び日付を示す。

②　証明書は，発行日から3か月で効力を失う。

③　証明書の発行に際し，登録事務所の長は，当事者に婚姻締結にさらに必要な行為について知らせる。

第10条（年齢）

①　18歳未満の者は，婚姻を締結することができない。ただし，重大な事由があるときは，後見裁判所（the guardianship court）は，状況が婚姻が新たに成立する家族の最善の利益に則っていることを示しているときは，16歳に達した女性の婚姻を許可することができる。

②　18歳に達しない男子，16歳に達していないか，又は裁判所の許可なく16歳から18歳の間に婚姻した女子が締結した婚姻は，一方の配偶者の請求で無効とすることができる。

③　訴訟が提起される前に配偶者が婚姻適齢に達したときは，年齢を理由に無効とすることができない。

④　女性が妊娠しているときは，夫は年齢を理由に無効を主張することはできない。

第11条（完全な法的無能力）

①　完全な法的無能力者は，婚姻をすることができない。

②　一方の配偶者は，法的無能力を理由に婚姻を無効とすることができる。

③　法的無能力でなくなったときは，法的無能力を理由に婚姻を無効とすることができない。

第13条（重婚）

①　既に婚姻している者は，婚姻を締結す

ることができない。

②・③ （略）

第2節　夫婦の権利義務

第25条（妻の氏）

① 妻は，婚姻締結の際に行った申立てにより，自己の従前の氏を保持するか，又

は夫の氏を付加することもでき，また夫の氏を称することもできる。以上につき，申立てがなかった場合，妻は夫の氏を称するものとする。

②・③ （略）

第2　離婚及び法定別居

1　離　　婚

(1)　制　　度

ポーランドでは，直接夫婦間の協議による離婚（協議離婚）は認められておらず，離婚は，常に裁判所の判決によらなければならない（家族56条）。

(2)　離婚原因

完全かつ長期の別居状態がある場合，夫婦の双方又は一方は，裁判所に離婚の請求をすることができる。

ただし，原則として，別居の原因が夫婦の一方の責めに帰すべき事由による場合には，当該有責者は，離婚の請求をすることができない（家族56条）。

(3)　離婚後の親権

裁判所は，離婚判決において，夫婦間の未成年の子に対する親権について定める（家族58条1項）。

(4)　離婚による氏の変動

婚姻により氏を変更した配偶者は，離婚の日から3か月以内に，戸籍事務所長に対し届出をすることにより，婚姻前の氏に復することができる（家族59条）。

2　法定別居

(1)　制　　度

法定別居は，婚姻しているカップルのパートナーが別居することである（パートナーの関係は継続していたとしても，同じ住まいに居住はしていないことである。）。

140 第2編 各 論

法定別居は，離婚と同様の効果を生ずる。

ただし，婚姻を終了しないことから，配偶者は再婚することができない（家族61条）。

(2) 別居事由

法定別居は，離婚よりも手続が容易であり，別居をするには，婚姻が完全に破綻している要件があれば足り，婚姻の破綻が取り返しができないものであり，感情的，身体的及び経済的な条件で生じたことを証明する必要はない。

(3) 裁判所の決定

夫婦に共通の未成年の子がいないときは，裁判所は双方の申請に基づき別居を命ずることができる。

(4) 離婚と別居の関係

夫婦の一方が別居及び離婚を請求し，請求が正当と認められる場合は，裁判所は離婚を認める。しかし，離婚が認められないときで，別居の請求が正当と認められる場合は，裁判所は別居を認める。

(5) 別居による姓の変更

別居の場合は，従前の姓に復氏する可能性はない。

（2につき，Differences between Czech and Polish Family Law-Comparative Analysis）

〔根拠法条〕

家族及び後見法（1964年2月25日，2008年法律第220号改正）

第1章　夫婦及び後見
第4節　婚姻の解消
第56条
① 夫婦間において完全かつ長期の別居状態がある場合，夫婦の双方又は一方は，裁判所に離婚の請求をすることができる。
② 夫婦間の未成年の子が不利益を被り，又は離婚により社会生活上好ましくない結果をもたらすときは，前項の規定を適用しない。

③ 別居の原因が夫婦の一方の責めに帰すべき事由による場合には，当該有責者は，離婚の請求をすることができない。ただし，その配偶者と合意しているとき又はその配偶者の拒否が社会生活上好ましくない結果をもたらすときは，この限りでない。

第58条
① 裁判所は，離婚判決において，夫婦間の未成年の子に対する親権及び養育費の負担額について定める。裁判所は，夫婦の一方の子に対する権利義務関係を一定

の範囲に制限し，他の一方に対し親権の行使を委ねることができる。

②〜④　（略）

第59条　婚姻により氏を変更した配偶者は，離婚の日から3か月以内に，戸籍事務所長に対する届出をすることにより，婚姻前の氏に復することができる。

第3　出　　生

1　出生子の身分

父母の婚姻中又はその消滅若しくは無効確認の日から300日以内に出生した子は，子の母の夫から出生したものと推定される（家族62条（大阪だより52-46））。

2　国籍留保届

ポーランドは，父母両系血統主義国であり，ポーランド国内で出生した事実だけでは，同国の国籍を取得しない（市民14条）。

したがって，日本人夫婦の子がポーランド国内で出生した場合は，国籍留保の届出を要しないが，夫婦の一方が日本人で他方がポーランド市民の子がポーランド（又はその他の外国）で出生した場合は，出生の日から3か月以内に日本国籍を留保する意思を表示しなければ，子は日本国籍を喪失する（日国12条）。

（注）　従前は，父母の一方をポーランド市民とし，他の一方を外国人として出生した子は，出生によりポーランド市民権を取得するが，子の出生から3か月以内に父母が共同して，子の市民権を父母の一方が属する外国の市民権にしようとする旨の意思表示を当該官庁に表示する場合において，当該外国の法律がこの方法による国籍の取得を認めるときは，子は当該市民権を選択することができるとされ，父母の協議が調わないときは，子の出生の日から3か月以内に父母の一方から裁判所に決定を求めることができるとされていた（旧市民6条）。

142 第2編 各 論

3 出生場所の記載

(1) 行政区画

1999年の改正以降，16の県（**注**）がある。

> （**注**） 県は，ドルノシロンスケ（ドルヌィ・シロンスク）県，クヤヴィ・ポモー
> ジェ県，ルブリン県，ルブシュ県，ウッチ県，マウォポルスカ県，マゾフ
> シェ県，オポーレ県，ポトカルパチェ県，ポドラシェ県，ポモージェ県，シ
> ロンスク県，シフィェンティクシシュ県，ヴァルミア・マズールィ県，
> ヴィェルコポルスカ県，ザホドニェ・ポモージェ県である。

(2) 戸籍の記載

「ポーランド国マゾフシェ県ワルシャワ市で出生」（【出生地】ポーランド国
マゾフシェ県ワルシャワ市）と記載する。

4 出生証明書

ポーランド国マゾフシェ県ワルシャワ市戸籍事務所発行の出生証明書（出生
証明書謄本）は，資料155-3（本文157頁）参照。

〔根拠法条〕

市民権法（Law on 2 April 2009 on Polish
Citizenship）（2012年8月15日施行）
第2章 ポーランド市民権の自動取得
第14条

子は，出生の時に以下の場合は，ポー
ランド市民権を取得する。

1 両親の少なくとも一方が，ポーラン
ド市民権を有している場合

2 子が，親が知れないか，国籍がない
か，市民権が決定できない親からポー
ランド共和国の領土内で出生した場合
第15条

親の知れない子は，ポーランド共和国
の領土内で発見された場合は，ポーラン
ド市民権を取得する。

第4　認知・準正

1　制　　度

ポーランドは，事実主義ではなく，認知主義を採用している。

2　任意認知

父は，胎児についても認知をすることができる（家族75条）。

3　保護要件

(1)　母の同意

認知をする場合は，認知される者が未成年の子，成人，胎児のいずれのときでも母の承諾を得なければならない（家族77条）。

母の承諾は，公証人が署名した文書でしなければならない（家族78条1項）。

(2)　認知される者の同意

認知される者が成人である場合は，その者及び母の同意を要する（家族77条3項）。

4　形式的成立要件

子の認知は，市役所の長又は家庭裁判所に対して行うことができる（家族79条1項）。

5　認知の無効

①　子を認知した男又は認知の承諾の意思表示をした者は，認知の日から1年間その意思表示の瑕疵を理由に認知の無効を請求することができる（家族80条）。

②　成年に達する前に認知された子は，認知した男が父でない場合には，成人後3年以内に認知の無効を請求することができる（家族81条）。

144　第2編　各　　論

〔根拠法条〕

家族及び後見法（1964年2月25日，2008年
　法律第220号改正）
第1章　夫婦及び後見
第75条　父は，胎内にある子でも認知する
　ことができる。
第77条
①　未成年の子を認知するには，母の承諾
　を得なければならない。子の母が死亡し
　ている場合，その親権者がいない場合又
　は母の承諾を得ることが困難な場合に
　は，その法定代理人の承諾を得なければ
　ならない。
②　胎内にある子を認知するには，母の承
　諾を得なければならない。
③　成人した子を認知するには，母が死亡
　している場合又は母の承諾を得ることが
　困難な場合を除き，その子及び母の承諾
　を得なければならない。
第78条
①　前条に掲げる者の承諾は，公証人が署
　名した文書でしなければならない。
②　承諾の意思表示は，認知の前，それと
　同時又は認知後3か月以内にすることが
　できる。
第79条
①　子の認知は，市役所の長又は家庭裁判
　所に対して行うことができる。
②　（略）
第80条
①　子を認知した男は，認知の日から1年

間その意思表示の瑕疵を理由に認知の無
　効を請求することができる。
②　前項の規定は，認知の承諾の意思表示
　をした者について，準用する。
第81条
①　成年に達する前に認知された子は，認
　知した男が父でない場合には，認知の無
　効を請求することができる。
②　前項の請求は，成人後3年以内にする
　ことができる。
第82条
①　認知をした男がその無効を請求するに
　は，子及び母に対する訴えによって行わ
　なければならない。母が死亡している場
　合には，子に対する訴えによって行わな
　ければならない。
②　母が認知の無効を請求するには，子及
　び認知した男に対する訴えによって，行
　わなければならない。男が死亡している
　場合には，子に対する訴えによって行わ
　なければならない。
③　子が認知の無効を請求するには，認知
　した男と母に対する訴えによって，行わ
　なければならない。母が死亡している場
　合には，認知した男に対する訴えによっ
　て行わなければならない。男が死亡して
　いる場合には，家庭裁判所により選任さ
　れた後見人に対する訴えによって行わな
　ければならない。

（外国身分関係法規集（Ⅶ）152頁参照）

第5 養子縁組

1 根拠法

根拠法は，「家族及び後見法」（Family and Guardianship Code）である。

2 養子縁組の種別

(1) 完全養子

ポーランドは，完全養子（**注1**）だけでなく，不完全養子（**注2**）も認められている（**注3**）。

> （**注1**） 養子が実親や実方親族と親族関係を断絶し，養親及び養方親族に対して完全に嫡出子化される制度である。
>
> （**注2**） 養子と養親の間に親子関係が発生するが，養子と養方親族の間には親族関係が発生せず，養子と「実方及び実方親族」の間の関係が断絶しない制度である。
>
> （**注3**） 戸籍誌（730-69）では，決定型かつ断絶型と記載されているが，完全養子のことを意味していると思われる。

(2) 特別養子・普通養子

ポーランドは，特別養子（**注1**）を認めず，普通養子（**注2**）だけを認めている。

ポーランドの普通養子は，完全養子と不完全養子の両方を含んでいる。

> （**注1**） 養子の身分事項登録簿に，養親を実親として記載する制度である。
>
> （**注2**） 養子の身分事項登録簿に，養親を養親として記載する制度である。

(3) 未成年養子

未成年（18歳未満）養子だけを認めている。

3 実質的成立要件

(1) 配偶者に関する要件

養親・養子について，夫婦による共同縁組は必要的なものとしていない。

146　第2編　各　論

(2)　養親の要件

養親は，成人（18歳以上）でなければならない。

(3)　養子の要件

養子は，養子縁組の申請時に未成年者でなければならない（家族114条）。

(4)　養親と養子の年齢差

「適当な年齢差」を必要としている。なお，具体的な年齢差については，条文上は明らかにされていない。

(5)　配偶者の同意

養親となる者に配偶者がある場合は，配偶者の同意が必要である（家族116条）。

(6)　無子要件

養親に実子がいないという無子要件については，特に規定はない。

(7)　実子を養子とすることについて

特に規定はない。

(8)　転縁組について

特に規定はない。

4　保護要件

(1)　養子の同意

養子が13歳以上である場合は，その者の同意を要する。

(2)　実父母又は法定代理人の同意

ア　同意の要否

実父母又は法定代理人の同意を要する（家族119条）。

イ　同意の免除

親が親権を剥奪されているか，住所が知られていない場合又は親の同意を得ることが極めて困難な場合は，同意が免除される（家族119条）。

ウ　白紙同意

特定の養親を問わず，不特定の者が子を養子とすることに父母が同意を与える白紙同意を認めている。

エ　同意時期の制限

　子の養子縁組に対する父母の同意は，子の出生後1か月を経過するまでは，表明することができない。

オ　同意の撤回

　養子縁組の申請がなされる前であれば，父母は，後見裁判所に申し出ることによってその同意を撤回することができる。

(3)　**裁判所の関与**

養子縁組に裁判所が関与する（家族117条）。

5　養子縁組の手続及び申請権者

ポーランドの養子縁組は，契約型でなく，官庁宣言型であり，縁組の申請権者は養親となる者である。

養子縁組に関与する官庁は，裁判所である（家族117条）。

6　報告的届出

日本人養親がポーランド人をポーランドの方式により養子とする場合は，以下のようにする。

(1)　**ポーランドの方式による養子縁組**

ポーランドで養子縁組を意味する「przysposobienie」という記載のある，養子縁組の成立を証する裁判所発行の証明書と，日本人養親が父として記載されているポーランド人養子の出生登録証明書が添付されているので，ポーランドの方式で有効に成立した養子縁組と認めることができる。

また，養子縁組後は，養子の出生登録証明書には養親が父又は母として記載されている。

(2)　**実方の血族との親族関係の断絶**

養子とその実方の血族との親族関係の終了については，通則法第31条第1項前段に定める縁組当時の養親の本国法によることになり，ポーランド人の養子のその実方の血族との親族関係の終了については，日本法により判断することになる。

148 第2編 各 論

日本民法による特別養子縁組は成立していないことから，普通養子縁組の効力しか認められないということになるから，日本では，ポーランド人養子とその実方の血族との親族関係の断絶効は認められないことになる。

したがって，養親の戸籍の身分事項欄に記載する養子縁組事項は，ポーランド人を養子とする普通養子縁組の記載をすることになる。

（6につき，戸籍730-69）

7 養子縁組の効力

(1) 親族関係

ア 完全養子

(ア) 養親等との関係

養子と養親の間に親子関係が発生するだけでなく，「養子及びその卑属」と養方の親族との間に親族関係が発生する（家族121条）。

(イ) 実親等との関係

「養子及びその卑属」と「実親及び実方親族」の間の親族関係は断絶する。

ただし，夫婦の一方が他方の子を養子とする場合には，適用されない（家族121条）。

イ 不完全養子

(ア) 養親等との関係

養子と養親の間に親子関係が発生するが，養子と養方親族の間には親族関係は発生しない（ただし，ポーランドでは，この場合でも養子縁組の効果は，養子の卑属には及ぶ（家族124条）。）。

(イ) 実親等との関係

養子と「実親及び実方親族」の間の親族関係は断絶しない（家族124条）。

(2) 養子の姓

養子は，養親の姓を称する。

ポーランドでは，養子となる者の申請に基づき，養親の同意をもって，養子

が従来の姓と養親の姓を結合した姓（合姓）を称する旨を後見裁判所が決定する。

(3) 養親の再命名権

ポーランドでは，養親の希望により養子の名を変更すること，すなわち，養子に新しい名を付けることを認めている。

ただし，養子が13歳に達しているときは，名の変更は養子の同意を得なければすることができない。

(4) 養子縁組の登録

ポーランドでは，養子縁組は裁判所の決定に基づき，身分事項登録簿に登録される。

(5) ポーランド市民権の取得

完全養子縁組の場合は，ポーランド国民の養子になり，16歳になる前に完全養子縁組が効力を生じたときは，養子はポーランド市民権を取得する（市民16条）。

8　養子縁組の無効・取消し

(1) 養子縁組の無効

ポーランドでは，縁組の無効に関する規定はない。

(2) 養子縁組の取消し

養子，養親及び検察官は，裁判手続による縁組の取消しを請求することができる。

ただし，結果として子の利益に影響を及ぼすときは，養子縁組の取消しは認められない（家族125条）。

(3) 取消しの効果

縁組の取消しは，その効力を既往に及ぼさず，縁組取消しの判決があった時から，「養子及びその卑属」と「実親及び実方親族」の間の親族関係が復活する。

また，姓については，ポーランドでは，縁組取消し後も養子は養子縁組の結果として取得した姓を引き続き称するのが原則であり，重大な理由の存在する

150 第2編 各　論

場合には，裁判所は養親又は養子の申請に基づき，縁組取消しの判決において，養子が縁組以前の姓に復する旨の決定をすることができる。

9　ハーグ国際養子縁組条約

1995年（平成7年）批准
（第5につき，稲子宣子「ソ連・東欧の養子法」ジュリスト787-62参照，Family Law in Poland: overview（West Law））

〔根拠法条〕

市民権法（2012年8月15日施行）
第2章　ポーランド市民権の自動取得
第16条
　　ポーランド国民の養子になり，子が16歳になる前に完全養子縁組が効力を生じた場合は，法的権限により，未成年者はポーランド市民権を取得する。未成年者は，出生によりポーランド市民権を取得したものとみなされる。

第6　養子離縁

ポーランドでは，縁組当事者の合意のみによる離縁を認めている。

第7　国　　籍

1　二重国籍

ポーランド法の下においてポーランド市民である者は，外国の市民権に依拠する法的効力を有しない（市民3条）と規定し，二重国籍を否定している。
　ただし，外国の市民権を取得した場合でも，ポーランド市民権を喪失しない（注）。
　　（注）　従前は，外国の市民権を取得した場合は，ポーランド市民権を当然に喪失するとされていたが，1998年に規定が削除された。

2　ポーランド市民権の喪失

　ポーランド市民は，大統領の同意に基づき，ポーランド市民権を喪失する（市民46条）。

　大統領は，市民の申請に基づきポーランド市民権の放棄に対し，同意をするか，又は同意を拒否する（市民47条）。

〔根拠法条〕

市民権法（2012年 8 月15日施行）

第 1 章　総則

第 3 条

① （略）

② ポーランド共和国に関し，ポーランド市民は，外国の市民権に依拠するか，又はそれに従って生ずる権利義務に依拠するいかなる法的効力を有しない。

第 6 章　ポーランド市民権の喪失

第46条

（略）ポーランド市民は，ポーランド市民権の放棄についての大統領の同意に基づき，ポーランド市民権を喪失する。

第47条

① ポーランド共和国の大統領は，市民の申請に基づきポーランド市民権の放棄に対し，同意をするか，又は同意を拒否する。

②・③ （略）

資料155-1 〔婚姻要件具備証明書〕

Rzeczpospolita Polska
Urząd Stanu Cywilnego
w Zielonej Górze

USC OOOO/OO/96

ZAŚWIADCZENIE

Na podstawie art. 71 ust. 2 Ustawy z dnia 29.09.1986 r. - Prawo o aktach stanu cywilnego - zaświadcza się, że niżej wymieniona osoba zamierzająca zawrzeć małżeństwo w zagranicznym urzędzie posiada zdolność prawną do zawarcia małżeństwa zgodnie z prawem polskim.

Nazwisko	Imiona
☐☐ ------	☐☐ ----

Nazwisko rodowe	Data i miejsce urodzenia
☐☐ -----	OO lipca 1900 r. ZOOOO GOO

Obywatelstwo	Stan cywilny
polskie ----	kawaler --------

Nazwisko i imię ojca	Nazwisko i imię matki, nazwisko rodowe matki
※※※※ ------	※※※※ , rod. ※※

Miejsce zamieszkania
ZiOOO GóOO ul. OOOOOOOO 6/4

Dane o osobie, z którą zamierza wstąpić w związek małżeński :

Nazwisko i imiona	Obywatelstwo
△△△△ ---------	japońskie --

Pieczęć urzędu wystawiającego dokument	Zaświadczenie niniejsze traci moc po upływie sześciu miesięcy od dnia wystawienia
	Data wystawienia : OO.O.1996 r.
	Pieczątka i podpis Kierownika USC
	KIEROWNIK Urzędu Stanu Cywilnego (署名) ※※※※

資料155-1

訳文

ポーランド共和国
ジエロチ グラ市役所婚姻課

登録番号　※※※/※/96

証明書

　　１９８６年９月２９日の婚姻法・７１項（1986法律第36の第１８０項、１９８８年法律第19の132項）に基づき、下記のものは、ポーランド共和国の法律上、外国で婚姻する要件を満たしていることを証明します。

姓　　　　　　　　　　　　　　　名
　□□　　　　　　　　　　　　　　□□

旧姓　　　　　　　　　　　　　　生年月日、出生地
　□□　　　　　　　　　　　　　　１９６８年７月※日、ジ○○○　グ○
　　　　　　　　　　　　　　　　　Zoooo Goo

国籍　　　　　　　　　　　　　　市民資格
　ポーランド　　　　　　　　　　　独身

父親の氏名　　　　　　　　　　　母親の氏名並びに旧姓
　※※※※　　　　　　　　　　　　※※※※　　　　　　　（旧姓：
　　　　　　　　　　　　　　　　　※※　　　　　　）

現住所
　ジ○○○　グ○市○○○○○○○○○通り6/4
　Goooo Gooo　　ul. oooooooooo

婚約者の情報
　氏名　　　　　　　　　　　　　国籍
　△△△△　　　　　　　　　　　　日本

市役所の丸印　　　　　　　　　　この証明書は、発行日から６か月有効であります。

　　　　　　　　　　　　　　　　発行日　　１９９６年○月○○日

　　　　　　　　　　　　　　　　市役所婚姻課長
　　　　　　　　　　　　　　　　※※※※

154　第2編　各　論

資料155－1

証明書裏面の在日大使館の認証

AMBASADA
Rzeczypospolitej Polskiej
Wydział Konsularny
w Tokio

Nr Rej. ※ | ※ |96
Stwierdzam zgodność niniejszego
dokumentu z prawem miejsca
jego wystawienia.
TOKIO, dnia 26.04 1986

（署名）
Za Ambasadora
※ ※ ※ ※
I Sekretarz Ambasady

訳文裏面の在日大使館の認証

AMBASADA
Rzeczypospolitej Polskiej
Wydział Konsularny
w Tokio

Nr ※ | ※ |86
Stwierdzam zgodność tłumaczenia
na język JAPOŃSKI
z oryginałem odpisem tłumaczeniem
sporządzonym w języku POLSKIM
TOKIO, dnia 26.04 1986 r.

（署名）
Za Ambasadora
※ ※ ※ ※
I Sekretarz Ambasady

155 ポーランド 155

資料155－2 〔婚姻証明書〕

RZECZPOSPOLITA POLSKA

Województwo dolnośląskie

Urząd Stanu Cywilnego w we Wrocławiu

ODPIS SKRÓCONY AKTU MAŁŻEŃSTWA

I. Dane dotyczące osób zawierających małżeństwo:

	Mężczyzna	Kobieta
1. Nazwisko	□□	△△
2. Imię (imiona)	□□	△△
3. Nazwisko rodowe	□□	△△
4. Data urodzenia	※ listopada 1980 r.	※ marca 1981 r.
5. Miejsce urodzenia	Wrocław	Osaka

II. Dane dotyczące daty i miejsca zawarcia małżeństwa:

1. Data ※ sierpnia dwa tysiące dziesiątego

   (※.08.2010) roku

2. Miejsce Wrocław

III. Dane dotyczące rodziców:

A. Ojciec
1. Imię (imiona) ※ ※ ※ ※

2. Nazwisko rodowe ※ ※ ※ ※

B. Matka
1. Imię (imiona) ※ ※ ※ ※

2. Nazwisko rodowe ※ ※ ※ ※

IV. Nazwisko noszone po zawarciu małżeństwa:

1. Mężczyzny □□

2. Kobiety △△

3. Dzieci □□

V. Adnotacje o ustaniu, unieważnieniu lub separacji małżeństwa:

Poświadcza się zgodność powyższego odpisu

z treścią aktu małżeństwa Nr ※ ※/2010

Wrocław data 20.08.2010

Kierownik
Urzędu Stanu Cywilnego

(署名)

※ ※ ※ ※

156　第2編　各　論

資料155－2

ポーランド共和国

県

戸籍事務所

婚 姻 証 明 書 抄 本

Ⅰ．婚姻当事者に関する事項

　　　　　　　　　　　　男　性　　　　　　女　性

　　1．姓

　　2．名

　　3．旧姓

　　4．出生年月日

　　5．出生地

Ⅱ．婚姻成立の年月日等に関する事項

　　1．年月日

　　2．場所

Ⅲ．結婚当事者の両親に関する事項

　　　　　　　　　　　　男　性　　　　　　女　性

　　A．父　1．名

　　　　　　2．姓（旧姓）

　　B．母　1．名

　　　　　　2．姓（旧姓）

Ⅳ．婚姻後の姓に関する事項

　　1．男性

　　2．女性

　　3．子

Ⅴ．婚姻に関する特記事項

　　上記の内容は、婚姻登録簿（第　　　　　）の原本の内容に
相違ないことを証明する。

印紙　　　公印　　　地名　　　日付：　　年　　月　　日

　　　　　　　　　　　　　　　戸籍事務所長（署名）

翻訳者：

155 ポーランド　157

資料155－3〔出生証明書〕

（表）

RZECZPOSPOLITA POLSKA

Województwo mazowieckie

Urząd Stanu Cywilnego w m.st. Warszawy

Nr / ※ ※ /2010　Warszawa, dnia 19 października 2010 r.

ODPIS ZUPEŁNY AKTU URODZENIA

I. Dane dotyczące dziecka:

1. Nazwisko ○○
2. Imię (imiona) ○○
3. Płeć　męska
4. Data urodzenia ※ października dwa tysiące dziesiątego (※.10.2010) roku (godz. ※2※).
5. Miejsce urodzenia Warszawa

II. Dane dotyczące rodziców:

	Ojciec	Matka
1. Nazwisko	△△	△△
2. Imię (imiona)	△△	△△
3. Nazwisko rodowe	△△	△△
4. Data urodzenia	※ marca 1981 r.	※ sierpnia 1977 r.
5. Miejsce urodzenia	Grójec	Fukushima-Ken
6. Miejsce zamieszkania	Radom	Warszawa

（裏）

III. Dane dotyczące osoby (zakładu) zgłaszającej urodzenie:

1. Nazwisko i imię (nazwa zakładu)　※ ※ ※ ※
2. Miejsce zamieszkania (siedziba zakładu)　Warszawa, ul. Grzybowska ※ m.※ ※

IV. Uwagi:

/-/ ※ ※ ※ ※

Podpis osoby zgłaszającej

Urzędu Stanu Cywilnego

Wzmianki dodatkowe:　/-/ z-ca Kier. USC　※ ※ ※

Pobrano opłatę skarbową w wysokości 33,- na opłatę skarbową

Poświadcza się zgodność powyższego odpisu z treścią aktu w księdze urodzeń.

Warszawa　dnia　14.12.2010

Urzędu Stanu Cywilnego　（署名）

PODINS※ ※ ※ ※

※ ※ ※ ※

資料155－3

（表）

ポーランド共和国

県　戸籍事務所　　　　日付
番号

出生証明書謄本

I．子供に関する事項
1．姓
2．名
3．性　別
4．生年月日
5．出生地

II．両親に関する事項

	父	母
1．姓		
2．名		
3．家族の姓		
4．生年月日		
5．出生地		
6．現住所		

（裏）

III．出生届出人
1．姓名（施設名）
2．住　所
IV．備考

届出人

戸籍事務所長

追記欄

上記の謄本は、出生登録の原本の内容に相違ないことを証明する。

印紙

公印

日付
地名　　戸籍事務所長
署名者
翻訳者氏名　　㊞

156 ボリビア（ボリビア多民族国）
（2009年3月18日「ボリビア共和国」から改称）

第1 婚 姻

1 婚姻要件具備証明書

在東京ボリビア領事館が発給した婚姻要件具備証明書には，資料156-1（本文197頁）がある（戸籍653-44）。

2 概 要

法律が婚姻として認めているのは，4以下に記載した要件を満たした民事婚のみである（家族41条）。

宗教婚は，法律上の婚姻とは異なり，当事者の信仰に基づき自由に挙式できる。したがって，宗教婚の成立に法律が制約を加えることはなく，また，原則として宗教婚が法律上の効力を持つこともない（家族42条）。

ただし，例外的状況として，民事登録事務所の存在しない遠隔地，あるいは人里離れた地方で挙行された宗教婚（事実的慣習による婚姻の儀式を含む。）に対し，民事登録を経た上で法的効力を認めることはある（家族43条）。

民事登録に関する最高法令第24247号第41条には，婚姻が権限を有する者により，あるいは，その他の状況で挙行された場合には，婚姻証書の備考欄にその旨を記載すべきとされている。

3 婚姻証明書

① 民事登録簿に記載された婚姻証明書は，資料156-2（本文198頁）参照（戸籍747-51）。

② ボリビア国国家選挙機関戸籍管理局戸籍事務所発行の婚姻証明書は，資料156-3（本文200頁）参照。

160　第2編　各　　論

4　婚姻の成立要件

(1)　実質的成立要件

　ア　婚姻適齢

　　　男性は16歳以上，女性は14歳以上でなければ婚姻をすることができない。

　　　ただし，この年齢規定に反する場合であっても，重大かつ正当とみなされ得る理由により裁判で許可された場合は，婚姻が可能である（家族44条）。

　　　年齢規定については，1988年に改正されている。

　イ　精神障害

　　　精神的な疾病により後見の言渡しを受けた者は，婚姻をすることができない（家族45条）。

　　　本条違反の婚姻は，後見人又は検察官による取消事由となる。

　ウ　重婚の禁止

　　　前婚が解消する前は，新たな婚姻を締結することができない（家族46条）。

　エ　親族間の婚姻の禁止

　　　直系親族の場合は，尊属・卑属及び親等のいかんを問わず，また，傍系の場合は，兄弟間では婚姻を締結することができない（家族47条）。

　オ　姻族間の婚姻の禁止

　　　直系姻族の場合，親等のいかんを問わず，婚姻を締結することができない。いったん姻族関係が発生した婚姻が無効・取消しとなった場合でも同様である。

　　　ただし，裁判により考慮すべき理由があるとして許可決定がされた場合は除かれる（家族48条）。

　カ　養親子間の婚姻の禁止

　　　養親と養子及びその卑属との間（家族49条1項），同じ親の養子となった者同士（家族49条2項），養子と養親の子供であった者との間（家族49条3項），養子と養親の前配偶者及び養親と養子の前配偶者との間（家族49条4項）では，相互に婚姻が禁止されている。

　　　なお，児童青少年法典施行後は，同一の養親の下に複数の養子が存在す

ることが，新たに発生することはなくなった。

　家族法第49条第 2 項及び第 3 項に関しては，司法免除（dispensa judicial）が規定され，重大な事情がある場合には，裁判官が当該婚姻を許可することができる。

　利害関係人等による司法免除に対する異議（家族62条）は，婚姻取消しの一般規定の例外規定として，儀式後30日を経過した後でなければ申し立てられない（家族80条）。

キ　殺人罪の場合

　一方が他方の配偶者に対する殺人の罪で有罪となった場合には，当該 2 人は婚姻をすることができない（家族50条）。

　事件が係争中の間は，有罪が確定するまで婚姻の儀式は停止する。

ク　後見人と被後見人

　後見人とその直系及び四親等までの傍系親族並びに二親等までの姻族は，後見の任務遂行中及び管理費用の計算が裁判で承認されるまでは，後見に服していた者と婚姻をすることができない。

　ただし，親権を行使していた最も近い尊属から，公正証書又は遺言で許可があるか，住所地の裁判官が重大な理由があるとして許可した場合は，この限りでない（家族51条）。

ケ　再婚禁止期間

　夫と死別若しくは離婚し，又は婚姻が無効となった女性は，夫の死，別居判決又は無効判決確定から300日経過後でなければ，再婚をすることができない。

　ただし，裁判官は，事情を勘案して，当該女性が夫の子を妊娠することが不可能であると判断した場合には，この期間を免除することができる。

　また，女性が期限満了前に出産した場合は，この規定は適用されない（家族52条）。

コ　未成年者の婚姻

　未成年者は，父母の同意がない限り婚姻をすることはできない。両者の意見が一致しないときは，裁判官が決定する。

162 第2編 各 論

一方が死亡，不在又はその他の事由で意思の表明が不可能な場合は，他方のみの同意で足りる。両親がいない場合は，後見人が同意する。

未成年者は，同意が得られなかった場合には，裁判官に訴えることができ，裁判官は，当事者と検察官から事情を聴取した後，婚姻を成立させる十分な理由がある場合には，許可を与えなければならない（家族53条）。

サ　未成年の孤児等

孤児，捨て子等の未成年者は，未成年保護の行政機関や後見機関等の許可を得なければならない。

なお，親が知れず親権を行使する者もいないが，実際に世話をしている特定の者が存在する場合には，その者の許可を得て行うことができる（家族54条）。

(2)　形式的成立要件

ア　婚姻の申込み

(ア)　婚姻意思の表明

要件の第1は，婚姻の意思の表明である（家族55条）。

婚姻を締結することを希望する当事者は，どちらかの住所又は居所にある登録所に出頭し，それぞれが任意に自己の意思を表明することが必要である。

(イ)　申込みに必要な書類

婚姻意思の表明のために出頭する際に要する書類は，次のとおりである（家族56条）。

①　身分証明カード又は身分を証明するための同等の文書

②　出生証明書の原本

必要ある場合には，婚姻障害の裁判上の免除を証明するもの。

③　離婚判決又は死亡証明書の原本

④　外国人の場合は，領事証明書

なお，農村部住民や先住民等で，文書の提示の困難な者については，証人の証言をもってこれに代えることも同条に明記されている。

また，健康診断書及び心身に関する他の同様の証明書の提示について

は，家族法には規定がないが，保健衛生法に規定されている（担当官の説明では，実際の登録事務では，提示を要求することが大半である。）。

(ｳ) 意思表明（婚姻申出）証書の作成（家族57条）

登録官吏は，提示書類を明記して，婚姻意思表明を証書として作成し，これに署名する。

婚姻を申し出た当事者及び出席した関係者，さらに法文上2人の証人の出頭が必要とされる場合には，その証人もこれに署名する。

(ｴ) 宣　誓

当事者の婚姻意思の表明に引き続き，2人の証人が，当事者2人をよく知っていること，及び当事者に婚姻障害事由も禁止事項も存在しないことを証言する（家族58条，民法1327条）。

(ｵ) 儀式日程の設定と公示（Edicto）

前記の手続が全て完了した場合，その後15日以内に儀式を行うことが可能となる。15日を経過した場合は，手続を最初からやり直すことになる（家族59条）。

宣誓までの手続が完了した後，登録官吏は，登録所の扉に5日間，当事者の名前を記載した婚姻の公示を掲示することになる。

これは，地域社会に広く公告し，次のイの異議申立ての機会の提供の意義がある（家族60条）。

ただし，当事者の一方に死の危険が迫っている状況では，婚姻障害がないことが確認され次第，公示を省き，即座に儀式を行うことになる（いわゆる「臨終婚」）。

他方，その他の緊急時あるいは重要な理由があるときは，これと異なり，裁判で許可を得なければ，手続はできないこととされている（家族2条）。

その他の緊急の場合には，公証人（Notario de Fe Pública）の代理行使により，儀式を行うことが可能な場合がある（家族61条）。

164　第2編　各　　論

イ　婚姻への異議申立ての時期

(ア)　異議申立ての時期

　　婚姻の公示から儀式までの間に異議を申し立てることができる。

(イ)　申立権者

　①　何らかの婚姻障害か，他の法律上の禁止事項があるケースでは，婚姻当事者のどちらかの両親，両親がいない場合には，祖父母及び四親等までの傍系親族

　②　後見に服している子の場合には，その後見人

　③　前婚を解消しないまま新たに婚姻を締結しようとしている場合には，その者の配偶者

　④　直系姻族間の婚姻，養親と養子に関係する禁止事項に該当する婚姻，犯罪条項に該当する婚姻及び女性の再婚禁止期間違反の婚姻の場合には，前配偶者及びその相続人

　⑤　その他婚姻障害や禁止条項に関わる場合には，検察官

(ウ)　通告義務

　　婚姻障害事由が存在することを知っている者は，検察官に通告する義務がある。

　　通告が登録官吏に対してなされた場合には，同官吏は，そのまま処理することなく，検察官に連絡しなければならない。

(エ)　異議申立ての方式

　　婚姻の異議申立者は，婚姻の申込みがなされた登録所の登録官吏の面前で，文書又は口頭で行うこととされている。

(オ)　異議申立て文書に記載又は応答すべき事項

　　文書による申立ての場合は，次のとおりであるが，口頭による申立ての場合には，登録官吏がこれらの事項について必要書類を作成することとされている。

　①　異議申立者の姓名と個人情報

　②　婚姻当事者との関係性と異議の根拠

　③　婚姻障害が存在することを証明する文書の提示

㈍　異議申立ての効果

　　適法な異議申立権者によって法的原因を根拠になされた場合には，異議申立てに根拠がないことが裁判で宣言されるまでは，婚姻の儀式は停止する。

㈎　異議申立ての家事裁判官への移送

　　登録官吏は，異議の審理のために，裁判所が検察官を召喚させて意見を聴取したり，婚姻当事者と異議申立者を出頭させるのに先立って，異議申立ての関係書類を家事裁判官に移送しなければならない。

ウ　婚姻の儀式

　　登録所での一連の婚姻手続を，原語は「儀式（Celebración）」と称する。「儀式」は，我が国の結婚式と異なり，婚姻の申請を承認し，その成立を法律行為として確証し，国家登録簿に収めるまでの法律行為全体を指す。

㈠　場所，日時

　　婚姻は，婚姻意思の表明がなされた登録所又は住所地の登録所の登録官吏の面前で，公然かつ法定の方式で行われる。

　　登録官吏は，利害関係人の請求により，場所及び日時を決定し，以下の手続で儀式を行う。

　　なお，婚姻に対して異議申立てがなされ，それが既に却下されている場合には，同様に以下の手続を行う。

㈡　登録官吏が執り行う儀式の手順

　　婚姻の儀式は，次の手順で行われる。

①　両当事者又は一方の特別代理人及び意思表明の時に立ち会った２人の証人の参加の上で，当該儀式が執り行われることを宣言する。

②　ⅰ出された文書を説明，ⅱ婚姻の公示と儀式の日時を示した指令，ⅲ異議申立てがあった場合は，決定した判決の内容を読み上げる。

③　家族法第68条第３項附則に規定された婚姻締結の言葉を言い渡す。

④　両当事者それぞれに，その姓と名を挙げた上，他方を夫とし，妻とすることを望むかを質問し，両方の肯定の答えを得た上で，定式文句を宣言する。

166 第2編 各　論

⑤　以上の行った全ての行為を記録に残し，登録官吏，当事者及び証人がこれに署名し，民事登録のそれぞれの帳簿に婚姻の記録をする。

同時に，当事者に「家族簿」（注）と婚姻証書を引き渡す。

（注）　家族簿は，個人の証書以外に家族全体の記録の存在が便利であることから，1988年の改正で導入された制度である（戸籍746-53参照）。

(ウ)　婚姻意思の欠如による儀式の停止

儀式の最中に，どちらかが，登録官吏の発した婚姻意思の確認の質問に対し，確固たる応答をしないか，意思は自由なものでも自発的なものでもなかったと発言したり，あるいは後悔していると述べた場合には，同官吏は，自らの責任で即座に婚姻の儀式を停止しなければならない。当事者がその発言を撤回しても，同じ日には儀式を行うことはできない。

(エ)　登録官吏の権限

登録官吏は，当事者，両親及び後見人としての出席者，証人，場合によっては代理人に対し，個人の識別と婚姻障害の不存在を認定するための必要な，あらゆる資料，文書，宣言等を請求する権限を有する。

(オ)　ボリビア人の外国での婚姻

ボリビア人同士が外国で婚姻を挙行する場合には，領事館あるいは民事登録の任務を果たす領事の任を果たす機関において，ボリビア家族法に従って婚姻を締結することができる。

エ　婚姻の証明

(ア)　婚姻の証明

婚姻を証明するものは，前述の儀式で作成された，民事登録簿に記載された婚姻証明である（家族73条）。

婚姻証明に配偶者の記載がある場合は，儀式の不備があったとしても，これを補って正当な婚姻とみなされる。

(イ)　登録原本の滅失又は損壊

登録原本が滅失又は損壊した場合は，関係規定に従い，他の適切な証拠によって，婚姻を証明することになる。

官吏の故意又は過失によって，あるいは，不可抗力が原因で，婚姻の

記述をする証書に記載がされていなかったり，その欠如を補完する儀式の証書もないことが明白な場合には，両当事者又はその一方，あるいは，その尊属及び卑属は，裁判官に対し，婚姻の確認と，それに引き続く登記簿への挿入記載を請求することができる。

ただし，婚姻の儀式がなされたことが証明されていることと，当事者が夫婦であることが利害関係者の間で一致しているという2つの条件が合致していなければならない（家族76条）。

㈡　証書がない場合の婚姻の証明

何らかの刑事事件の事実認定の際に，婚姻登録はされていないものの，婚姻関係の存在が明らかになった場合には，登録簿にその判決結果が記載されることになっており，それが，婚姻の十分な証明となる（家族77条）と規定されている。

家族法第77条に基づく婚姻証明の作成方法につき，明確な規定は存在しない。本条の意義につき，婚姻証書は事実関係の証明手段であり，本条は，被害配偶者救済の趣旨からも，裁判所で命ぜられた場合に，登録官吏による職権的作成が行われ，欄外に当該刑事事件の事件名，事件番号と共に職権で作成した旨が記載され，裁判所並びに登録官吏の印章及びサインを記すことになる（民事登録事務所長からの聴き取り）。

5　婚姻による「氏」の変動

民法典中の「人格についての権利」の章に規定があり，既婚女性は，生来の姓を保持するが，さらに姓の次に前置詞 "de" を付加して，夫の姓を使用することもできると規定されている（民法11条）。

妻が夫の姓を使用する権利は，夫死亡後も消滅しないが，離婚した場合には，もはや使用することはできないことになっている（民法11条3項・4項）。

現実には，夫の姓を付加して使用している事例が多いため，日常的に夫の姓を使用していることが，事実上婚姻関係が存在することの証明となっている。

168　第2編　各　　論

6　婚姻の無効及び取消し

(1)　無効概念

　ボリビア法における婚姻の無効に関しては，家族法第2章「婚姻の無効性」
に，無効，絶対的取消し及び相対的取消しの3種に分けて規定されている（家
族78条〜95条）。

(2)　無効（Nulidad）

　婚姻が，登録所での儀式によって行われていない場合は，婚姻は成立してお
らず無効である。

　ただし，民事婚の効力を持つ宗教婚（家族43条に則ったもの）によって行わ
れている場合には有効である（家族78条）。

(3)　絶対的取消し（Anulabilidad Abusoluta）

　ア　取消事由

　　以下に掲げる条項に該当する場合には，婚姻は取り消される（anulable）
　　ものとしている。

　　㋐　家族法第44条の規定する年齢に達しない場合

　　　ただし，婚姻年齢に達した後1か月経過後，あるいは婚姻年齢以下で
　　あっても女性が妊娠している場合を除く。

　　㋑　同法第46条に規定する重婚に該当する場合

　　　ただし，後婚当事者が前婚の無効を争っている場合は除く。

　　㋒　同法第47条に規定する親族間の婚姻の場合

　　㋓　同法第48条に規定する直系姻族間の婚姻の場合

　　㋔　同法第49条に規定する養親と養子に関係する禁止条項に該当する場合

　　㋕　同法第50条に規定する犯罪条項に該当する場合

　　㋖　同法第67条に規定する儀式の場所日時に反した場合

　　㋗　同法第68条に規定する儀式行為の手順に反した場合

　　　ただし，㋓と㋔は，裁判上の許可判決を得て婚姻障害が免除されるもの
　　であり，その場合には，儀式から30日経過後に異議申立てがなされること
　　がある（家族80条）。

また，前掲4(2)エ(ア)後段の事実的関係をもって婚姻とみなされる場合は，取消しの対象とはならない（家族74条）。

イ　訴権と時効

アに該当する場合の婚姻取消訴訟には，原則として時効はない。

取消権は，両配偶者のそれぞれ，両親，尊属のほか，法律上か事実上かを問わずに利害関係を持つ全ての者及び検察官にある（家族83条）。

(4) 相対的取消し（Anulabilidad Relativa）

ア　取り消すことができる事由（poder anularse）と申立者

(ア) 自由意思の欠如の場合

登録官吏の（婚姻意思確認の）質問に対し，当事者の一方が自由意思での婚姻の希望を表明していないか，意思の有無につき明確には肯定していない場合には，その本人の申立てによる。

ただし，既に本人が婚姻証書に署名したか，意思表明をしなかったとしても婚姻の儀式の後に同居している場合は除く（家族84条）。

(イ) 精神疾患による婚姻禁止

後見の言渡しがされているか，あるいは，儀式の時に既に病気に罹っており，後になって後見の言渡しがされた者の婚姻である場合には，後見人又は検察官の申立てによる。

また，後見の言渡しが取り消された場合にも，かつて被後見人であったことを理由に申し立てることができるが，取消しの後に同居していたのであれば，取消訴訟は提起できない（家族85条）。

(ウ) 暴力と錯誤による人違い

任意の婚姻意思が暴力によってもたらされたか，あるいは，他方配偶者に対する人違いによって生じたものである場合には，訴権は，暴力を被ったか，錯誤を生じた側の配偶者に発生する。

ただし，暴力又は錯誤の後に同居を始めた場合には，もはや訴訟は提起できない（家族86条）。

(エ) 同意の欠如

未成年者の婚姻（家族53条）の際に，必要な同意が得られていない場

170 第2編 各 論

合には，同意権者からの異議申立て，あるいは，同意を得る必要のある未成年者自身からも訴訟提起ができる。

ただし，同意権者が婚姻を事実上承認しており，あるいは，儀式の通知から3か月経過後は，訴訟提起ができない。

また，当事者が成年に達してから1か月経過後は，同意を求める訴訟は提起できない（家族87条）。

(オ) 生殖能力欠如

生殖能力不能を理由とする取消しは，配偶者の一方が生殖器官を欠く場合に婚姻取消原因として引き合いに出し得るにすぎない。

その場合の訴権は，他方の配偶者にあるが，婚姻以前にその欠陥を知らなかった場合にのみ提起することができ，この欠陥を知ってから3か月経過後は，訴訟は提起できない（家族88条）。

イ 取消訴訟と時効

アの事由に基づく婚姻取消訴訟は，特に消滅時効の定めがない限り2年で時効となる。

時効の起算点は，婚姻意思の欠如の場合は婚姻の儀式の時，後見の言渡しの場合は言渡しの取消しの時，暴力や錯誤による場合は，暴力が止み，人違いであることを認識した時に始まる。

生殖能力の身体的不能の場合は，儀式の時が起算点である（家族89条）。

(5) **取消しの効果**

絶対的であると相対的であるとを問わず，取り消された婚姻は，両当事者が善意の場合には，取消しの判決が確定するまでは有効である（家族92条・406条）。

当事者一方のみが善意の場合には，婚姻の効果は善意の者に対してのみ効力を生ずる。

両者とも悪意の場合には，当事者に関しては婚姻は存在しなかったものとみなされる。

しかし，いずれの場合も，子供に関しては効力を生ずる（家族92条）。

(第1～以下第6につき，「ボリビア共和国家族法制度の概要について(1)～(4)」戸籍

746-42, 747-29, 749-25, 751-22参照)

第2　離　婚

1　婚姻解消と離婚法制の経緯

　キリスト教の影響が強く，フランス法（直接的には1804年ナポレオン法典）を基に形成されたボリビア法では，婚姻非解消の教会法の原則どおり，当初は，「別居（Separación）」をもって離婚としていたが，1932年に完全離婚を制度化し，法定理由に基づく絆からの離婚を認めることとなり，現行法まで継続している。

　婚姻の解消には，①当事者の一方の死亡及び死亡宣告による解消と，②離婚判決による絆の解消とがある。

　また，離婚とは別に，法定原因に基づく判決により，居所は別にはするが，夫婦としての扶養等の義務は存続するとする，別居制度が存在する。

　別居から離婚に移行する際にも，裁判所の判決が必要である（家族129条）。

　当事者間に離婚の合意が存在しても，当事者だけの手続で離婚を成立させることは認めていない。

2　離婚の類型

(1)　完全離婚の種類

　法定別居と区別するため，離婚を完全離婚と称することがある。

　離婚を得るためには，法定原因による離婚訴訟と，合意の上，2年間以上別居を継続することで得られる別居離婚訴訟とがある。

　いずれも裁判所の認定が必要な司法上の決定である。

　ア　法定原因（有責）離婚

　　夫婦の一方に，不貞行為や虐待（子に対するものを含む。），悪意の遺棄があり，あるいは，他方，配偶者の生命財産に対する犯罪（未遂を含む。）を犯したことを理由として，他方の配偶者から離婚訴訟の申立てがあった場合には，裁判官は，証拠を調べ，子がいる場合にはその子の利益及び婚

172 第2編 各 論

姻共同体の利害などを考慮し，婚姻の本質自体を深く危うくするほどの重大な事由があると認める場合は，離婚請求を認容しなければならない（家族130条）。

なお，悪意の遺棄の場合は，他方から提訴がなされてから6か月経過後も正当な理由もなく，共同生活を回復しない場合には，常に離婚理由となる。

この6か月の期限を阻止するだけのために家庭に戻った場合には，その後2か月間に新たに遺棄があったときに，6か月の期限が到来したものとみなされる。

イ　事実上の別居による離婚請求

法定離婚原因とは別に，両者が自由に合意して継続的に2年以上にわたり事実上別居していた場合には，どちらからでも離婚請求をすることができる。

この場合には，法定離婚原因の有無にかかわりなく，証拠の確定は，継続的に2年以上の別居が存在していたか否かの点だけである（家族131条）。

ウ　外国人との離婚

外国人と婚姻している者が，ボリビア国内で裁判離婚の申請をするためには，婚姻を挙行した国の法律が完全離婚を認めていることが必要である。

ただし，両配偶者ともボリビア人であるか，ボリビア人と他国籍の者との婚姻である場合において，婚姻を挙行した国が完全離婚を認めていなくとも，ボリビア共和国領土内に居住している限り，ボリビア法に基づいて離婚することは可能である（家族132条，民事訴訟法130条4項）。

(2)　**離婚訴訟**

ア　訴訟当事者

離婚訴訟を提起し得るのは，夫，妻又は双方からのみである（家族133条）。

しかし，いずれの場合も有責者からは提訴できない（家族134条）。

有責者が離婚を望む場合は，事実上の別居離婚は可能である。

離婚請求をし得る権利を放棄し，又はこれを制約する行為は一切無効で

ある（家族135条）。

イ　和解調停

(ア)　訴訟上の和解

離婚訴訟手続のいずれの段階でも，裁判官は，付随的に調停の手続を行い，和解が可能であれば，理由を付した判決で裁判の終了を宣言する（家族136条）。

(イ)　和解の推定

夫婦が離婚請求を行った後に同居生活に戻った場合には，和解があったものと推定され（家族137条），(ア)の手続に従い，離婚訴訟は終了する。

(ウ)　和解後の再提訴

和解によっていったん訴訟が終了した場合であっても，原告配偶者は，和解の後に新たに離婚原因が発生又は発見された場合は，その原因に基づいて，再提訴することができ，かつ，離婚理由として，和解以前の原因をも利用することができる（家族138条）。

ウ　消滅時効

離婚事由の消滅時効は，6か月である。

離婚原因となる事由が発生してから6か月提訴しなかった場合は，もはや提訴することができない。また，提訴した後も，2年以上訴訟活動に参加しない場合にも，離婚訴訟は消滅する。

ただし，事実上の別居による離婚訴訟の場合（家族131条）には，消滅時効は適用されない（家族140条）。

3　離婚の効力

(1)　効力発生の時期

離婚判決は，裁判が成立した日から効力を生じ，婚姻を解消する（家族141条）。

(2)　子の措置（親権，後見，監護権）

ア　親権（Autoridad de los Padres）

裁判官は，子の状況を十分注意し，心身の利益を考慮して，離婚判決を

174 第2編 各 論

下す義務がある（家族145条1項）。

両親が取り決めた約束や提案は，その親権に服する全ての子に対する配慮や利益と矛盾しない限り，受け入れることができる（家族145条2項）。

未成年の子がいる場合には，その子は裁判官の決定に従い，父又は母の親権に服することになる。

親権者の義務は，子の心身の利益を最大限に保護することであり，したがって，離婚後双方の配偶者とも，裁判官が判示した内容に添って，それぞれ自己に応じた親権を行使し，子の措置につき協力することが義務付けられる（家族145条3項・146条）。

具体的には，子の必要性と父又は母の可能性に応じ，各自が子の扶養と教育の義務を負う。特に母は，子の世話をする寄与が可能であると規定されている（家族147条）。

イ 監護（guarda）

監護につき，道義性，健康又は教育を理由として，親を排し，父方若しくは母方の祖父母又は夫婦の兄弟に委ねることができる。さらに，必要な場合には，第三者たる適切な知人に子の監護を託すこともできる。

その際の手続は，家族法第389条及び第390条の規定に基づいて，裁判によって決められる。

裁判官は，状況により，関係者を召喚して家族会議（Audiencia）を開くことができる（家族145条・389条2項）。

監護が相続人，夫婦の兄弟又は第三者に委ねられている場合には，この監護者に後見（tutela）に関する規定が適用される。

後見は，子の監護を必要とする際に，裁判によって命じられるもので，通常後見と特別後見がある。

後見は，親権者に代わるものであり，特別後見は，公的機関が行う国家後見である。両者とも1999年（平成11年）の児童青少年法典により規定された（児童青少年法51条～56条）。

世話及び監護の程度，分担は，判決で決定される（家族147条）。

ウ 事情変更による修正判決

　　子にとって必要である限り，当事者からの請求を待って，裁判官はいつ
　でも，子に関する取決めを変更する決定を下すことができる（家族148
　条・397条）。

(3) 再婚可能性

　離婚した者は，同一当事者とであれ，第三者とであれ，婚姻を締結するこ
とができる（家族150条）。

4 別居訴訟

(1) 別居原因

　別居は，次のような原因がある場合に請求できる（家族152条）。

ア 法定離婚原因（家族130条）がある場合

イ 危険な物質の常習的飲用，密売及び不法な使用をする場合

ウ 婚姻生活をかく乱するほど重大で，かつ他方配偶者又は子の安全性や健
　康を危険にするほどの精神的又は伝染性の病気を有する場合

エ 婚姻成立から2年経過後であれば，両配偶者が成人であり，子がいない
　か，又は子が既に自立している場合に限って，両当事者の合意による場合

(2) 離婚訴訟への変換

　離婚訴訟を提起している者は，判決が下されるまではこれを法定別居の訴え
に変えることができるが，再度の変換は他方の了解がなければならない。

　別居訴訟を離婚訴訟に変えることはできない（家族153条）。

(3) 離婚規定の準用

　家族法の離婚規定中，訴訟当事者及び和解規定（家族130条〜142条）並びに
扶養料規定（家族149条）は，別居に準用される（家族154条）。

(4) 別居の効果

ア 別居は，婚姻の絆は継続したまま共同生活を停止し，夫婦財産共同体を
　解消する（家族155条）。

イ 別居判決後，当事者間で同居を再開した場合には，別居判決の効果は停
　止し，財産共同体は，財産分離判決が当事者の請求により停止した場合の

176　第2編　各　　論

条文（家族127条）が準用される（家族156条）。

ウ　別居判決が確定してから2年経過後は，夫婦のどちらか一方の請求により離婚判決に変換し得る。

その許可に際しては，裁判官は，他方配偶者に通知し，家事事件検察官の意見を聴取して，離婚への変換を判示する。

離婚に変換しても，人，財産及び子の措置に関する取決めは効力を持続するが，扶養料や子の保護について修正がある場合には，判決の中で，新たな修正内容が判示され，その限りで別居の効果は変更される（家族157条）。

第3　出　　生

1　出生子の身分

(1)　父性推定

子が婚姻中に懐胎された場合は，母の夫がその子の父と推定され（家族178条），さらに，婚姻の儀式から180日経過後又は婚姻の解消若しくは取消しから300日以内に生まれた子は，婚姻中に懐胎されたものと推定される。

なお，解消，取消しの場合の期間の起算点は，別居が開始した時である（家族179条）。

> （注）　従前は，ボリビア法の下でも，嫡出・嫡出でない子の概念が存在したが，この分類及び用語は廃止された。現行法は，婚姻内出生子と婚姻外出生子の区別を置き，両者に共通する総説に，両者の権利義務は平等であると規定している。

(2)　父性競合

子の父として，法律上連続して2人の夫に父性が帰属する可能性がある場合には，あらゆる証明手段を用い，提出された証拠と裁判官が認定した状況から，どちらがより信憑性があるかを勘案して決定される（家族180条）。

(3)　父性の証明

ア　出生証書による場合

父母が婚姻している場合の子と親との関係は，登録簿の子の出生と親の

婚姻の証書に記載された項目が証明となる（家族181条）。

イ　証書不存在の場合－事実関係による

　　出生証書がない場合には，両親の婚姻から生まれた子の地位を保持していたことで足りる。

　　この効果を得るための地位の保持とは，ある人間の，尊属とされている者や，そこに属すると推定される家族との，親子関係や親族の関係に影響する事実関係全体から発生する。

　　具体的には，以下の事実が全て必要的絶対的条件であると規定されている。

a　父とされている者の姓を使用してきたこと。

b　父と母は，子としての扶養や教育をして，子としての扱いを認容してきたこと。

c　社会生活でも，親子として継続的に認識されてきていること。

d　家族にもその関係が承認されていること。

　　なお，地位の保持は，親子関係訴訟の規定（家族181条〜194条）に従って，家事裁判官の面前での略式手続で検証される。

　　この決定が確定した後，高等裁判所の再審査を経て，民事登録の出生簿に登録する。

　　この略式裁判に対する異議申立て等の当事者及び利害関係人の権利は，略式裁判の終了後2年間で消滅する（家族182条）。

ウ　証書も事実関係もない場合

　　出生証書も地位保持の事実関係もない場合又は無関係の者の子として若しくは虚偽の名前で記載されている場合の親子関係の証明は，証人の喚問と証拠主義に基づく通常の裁判手続による（家族183条，民事訴訟法370条・374条参照）。

エ　反　証

　　反証は，請求者が母とされている女性の子ではないか，あるいは，母性は既に証明されている場合には，母の夫の子ではないことを明確にするために適切と思われるあらゆる手段で提起し得る（家族184条）。

178 第2編 各 論

⑷ 親子関係訴訟

ア 婚姻成立の180日以前に生まれた子の場合

夫は，妻が懐妊している事実を知らなかった場合に限り，婚姻締結の時に否定することができる（家族185条）。

この事実を知っていた場合は，出生後，嫡出否認訴訟（ウ参照）の通常手続による。

イ 離婚・別居請求の際の子の否認

裁判所に離婚あるいは別居の請求が係属している場合には，別居判決から300日経過後又は離婚や別居の取下げ若しくは和解後180日経過以前に生まれた子は，父性の推定を受けず，また，懐胎の合理的時期に夫婦が会っていなかった場合には，夫は自分の子であることを否定することができる（家族186条）。

ウ 婚姻継続中の子の否認

夫が，妻が婚姻継続中に懐胎した子を，同人の父親ではあり得ないことを示すあらゆる証明手段を提示して，否認することができる。

しかし，その子が，夫の文書による同意を得て行われた人工授精で懐胎した場合には，否認は認められない。

妻が，「夫は父親ではない」と明言しただけでは，父性を否定する決定要因とはならない（家族187条）。

エ 提訴期間

否定であれ否認であれ，父性の推定を受ける子の出産の日から3か月経過後は，夫から提訴することはできない。

夫が提訴期間内に訴訟を起こさずに死亡した場合には，夫の相続人は，その死から3か月以内，また，子が夫の死後出生した場合には，子の出生から3か月以内に訴訟を起こすことができる（家族188条）。

オ 提訴の相手方

否定・否認の訴訟は，子及びその母を相手として提訴する。必要な場合には，子の後見人を指名することもできる（家族189条）。

カ　婚姻解消後300日経過後の出生子

　　婚姻の解消又は取消しから300日以降に生まれた子は，家族法第179条の反対解釈により，父性の推定は受けない。

　　同規定は，夫不在の場合に類推され，夫がいなくなった日から同じ日数経過後の出生子についても適用される。

　　この場合，子の父を確認するための権利は，消滅しない（家族190条）。

キ　父又は母を求める訴え（親子関係存在確認請求訴訟）

　　婚姻継続中の父母の子からの親子関係を求める訴訟は，子の生存中は提訴が可能である。

　　子がこの訴訟の意思表示をせずに死亡した場合には，子の相続人から提訴することはできない。

　　ただし，子が未成年の間か，成年に達した後2年以内に死亡した場合は，相続人が2年以内に訴訟を提起することができる（民法2条）。

　　子が訴訟を提起してから死亡した場合は，相続人がこれを承継する（家族191条）。

ク　請求阻却事由

　　親子として生活し，出生登録も親子であることが証明されているような，登録証書の内容と地位の保持（親子関係の実態）とが一致している場合は，これと異なる親子関係を請求することも，この親子関係を否定することもできない（家族192条）。

　　この規定は，家族法序章第20条に規定する家族の平穏維持に不要な訴訟は提起できないとする原則に合致するところである。

　　ただし，虚偽出生又は子の取替えの場合には，子の登録証書の内容と地位の保持とが一致していても，これと異なる親子関係であることの証拠を提示して訴えることができる。

　　この場合，利害関係人も請求し得る（家族193条）。

180 第2編 各 論

2 国籍留保届

(1) ボリビアで出生した場合

ボリビアは生地主義国であり，原則として，ボリビアで出生した者は，ボリビア人となる（憲141条）。

したがって，日本人夫婦の子又は夫婦の一方が日本人の子がボリビアで出生した場合は，出生の日から3か月以内に日本国籍を留保する意思を表示しなければ，子は日本国籍を喪失する（日国12条，日戸104条）。

ただし，外交使節の子である場合を除く。

(2) ボリビア国外で出生した場合

外国で出生し，父又は母がボリビア人である者は，出生によるボリビア人である（憲141条）。

したがって，日本人とボリビア人の夫婦の子が外国で出生した場合は，出生の日から3か月以内に日本国籍を留保する意思を表示しなければ，子は日本国籍を喪失する（日国12条，日戸104条）。

3 出生場所の記載

(1) 行政区画

ボリビアは，9つの県（注）から構成されている。

　　（注）　県は，オルロ県，コチャバンバ県，サンタクルス県，タリハ県，チュキサカ県，パンド県，ベニ県，ポトシ県，ラパス県である。

(2) 戸籍の記載

「ボリビア国ラパス県ラパス市で出生」（【出生地】ボリビア国ラパス県ラパス市）と記載する。

4 出生証明書

　① 出生証明書（様式，実例，1977年の例）は，資料156-4（本文202頁）参照（戸籍749-39）。

　② ボリビア国戸籍登録官作成の出生証明書は，資料156-5（本文205頁）

参照（戸籍580-73）。

③ ボリビア国国家選挙機関戸籍管理局作成の出生証明書は，資料156－6（本文207頁）参照。

〔根拠法条〕

憲法（Bolivian Constitution of 2009）
タイトル5 国籍及び市民権
第1章 国籍
第141条
　ボリビア国籍は，出生又は帰化により取得される。ボリビアで出生した者は，出生によるボリビア人である。ただし，外交使節の外国人の子又はボリビア人の母又は父から外国で出生した子を除く。外国で出生し，父又は母がボリビア人である者は，出生によるボリビア人である。

第4 認 知

1 制 度

　ボリビアは，事実主義ではなく，認知主義を採用している。

　認知には，司法手続と司法外手続の2通りの方法がある。

　司法手続は，家族事件手続として，裁判所での父又は母の告白と称せられるものであり，司法外手続とは，登録所の官吏又は公的資格を持つ者の面前での自発的意思によるものである。

　そのほかに，他の法律行為に付随して行った行為又は書かれた文書に結果的に認知の効力を認めるといった転換的効果を発生させる方法もある。

2 任意認知

(1) 認知を明示する方法

　ア 民事登録による出生証明書か，官吏又は司祭の面前での教区簿への記載
　　　民事登録，教区簿のいずれの場合も，記載時あるいはその他の時点で，2人の証人の参加が必要である（家族195条1号）。

182　第2編　各　　論

イ　家事裁判官の面前で申述する方法で行った公的文書又は遺言の作成によるものである（家族195条2号）。

ウ　2人の証人の面前で確認され作成された私的文書によるものである（家族195条3号）。

　私的文書の様式の規定はない。近隣の者等の立会いで書かれる場合もあるが，通常は公証人が作成することが多い（民事登録所長からの聞き取りによる。）。

(2)　認知の明示のない方法

　認知をするためになされたものではないが，ほかの目的のために行われた行為の中又は公的証明書に値する文書の中で，付随的になされた宣言又は意思表明の結果として，認知する意思が明確に，かつ，間違いなくなされたものである場合に限り，認知の効力が発生する。

　上記の要件も満たさない宣言又は意思表明は，文書による証明要因としては，有用なこともある（家族196条1項）。

　また，利害関係人は，必要な場合には，家事裁判所での判事の立会いの下において，宣言をした者又はその相続人を召喚して行う略式手続により，宣言又は意思表明を認知と認めさせることが可能である（家族196条2項）。

　決定が確定した場合は，高等裁判所での再審査を経た上で，民事登録をしなければならない（家族196条3項）。

　これに対する異議申立ては，家族法第204条に従い，通常訴訟で提起することができる（家族196条4項）。

(3)　父又は母が個別に行った認知

　父又は母が個別に行った認知は，認知を行った者との関係で効力を生ずるにすぎない（家族197条）。

(4)　既婚女性の行った認知

　既婚女性は，現在の婚姻以前に出生した未登録の子を認知することができ，現在の婚姻継続中に出生した子について父性否認訴訟が認容された場合において，当該子の出生登録が父のみによりなされている場合には，この子についても認知することができる（家族198条1項）。

⑸ 未成年者が行う認知

未成年者は，婚姻適齢に達した後は，自己の子を認知するのに同意を得る必要はない（家族198条2項）。

⑹ 認知の撤回不能性

認知は撤回することができず，認知が遺言でなされた場合には，無遺言自体が無効となっても，効力を生ずる（家族199条）。

⑺ 別居の場合の認知の禁止

婚姻中の両親から生まれた子の法律に合致している親子関係について，認知を争うことはできない。

ただし，当該親子関係の否定又は否認の判決が確定した場合は，この限りではない（家族200条1項）。

子が裁判別居のみならず，事実上の別居の間に懐胎された場合において，子が第三者の子として養育されている事実（地位の保持）がある場合は，いつでも第三者の認知が認められる。

ただし，婚姻に関する登録上の証書と子の現実の保持している地位とが一致している場合は，家族法第192条の規定するとおり，その認知は無効となる。

⑻ 胎児・死者の認知

胎児も認知されることができ，かつ，既に死亡した者もその者の配偶者及び卑属のために認知されることができる（家族201条）。

⑼ 成人の子の認知

成人の子を認知するには，その子の同意を得なければならず，その子が既に死亡している場合には，その者の配偶者及び卑属がいる場合は，その者の同意を得なければならない（保護要件）（家族202条）。

⑽ 認知に対する異議申立て

認知に対しては，子及び利害関係人が異議申立てをすることができる。

ただし，認知から5年経過後は，異議申立てをすることができない。

この期間の起算点は，未成年者の場合は成年に達したとき，被後見人の場合は回復したときである（家族204条）。

184　第2編　各　　論

3　司法による認知（強制認知）

(1)　訴訟当事者

　認知も地位の保持もない子は，裁判で父子関係の確立を請求することができる（家族206条1項）。

　この訴訟は，家族法第191条の規定に従って，父と思われる者の存命中にのみ，子及びその代理人，子が死亡した場合は，子の相続人から提訴できる。

　ただし，例外的に父の死後2年間は，相続人に対して提訴することも認められている（家族206条2項）。

　請求は，提訴者の住所地の家事地方裁判所（Partido Familiar）に対して行うことができ，訴訟手続は，通常の事実審の方法で処理される（民事訴訟法327条・716条・750条・751条）。

(2)　父性の証明

　父性は，正確に決定するために有用と思われるあらゆる証明手段を援用して宣告され得る。

　証拠を証明する場合には，証人資格のある4人の証人が必要であり，宣告は家族法第392条に従い，判事と検察官の責任で決定される（家族207条）。

(3)　父性宣告を請求し得るケース

　母に対する強要や暴力，詐欺的婚姻の約束等が懐胎の時期と一致していた場合には，父性宣告を請求し得る。

　しかし，この事実が刑事事件となった場合には，刑事事件で出された父であることを証明する確定判決が父性宣告の十分な証拠となり得る。

4　認知の登録

　民事登録規則（1996年4月7日最高法令第24247号，民事登録に関する規則）によれば，認知に関しては民事登録法第57条から第59条までの規定により，婚姻していない両親から生まれた子の認知は，家族法の示す要件により，出生台帳の相応の証明書の所見欄に登録することとされている。

5 報告的届出

　ボリビア共和国の家族法第195条において，認知の方式として，以下の方法が認められている。

① 戸籍吏に対する戸籍簿への出生登録又は証人2人とともにする牧師に対する信者の登録

② 公文書又は遺言

③ 証人2人が確認し，その面前で作成された私文書

　認知届に添付されている市の戸籍総務局発行の出生証明書に，父の氏名があることから，①の戸籍吏に対する戸籍簿への出生登録という方法によってボリビア国の方式による有効な認知が行われ，かつ，「出生登録の日」に認知が成立しているものと判断することができるから，当該証明書を戸籍法第41条に規定する認知証書として取り扱って差し支えない（平成3.7.4民二3728号回答（戸籍580-71），平成3.7.4民二3729号回答（戸籍580-77））。

6 事 例

　旧国籍法施行時において，日本人男とボリビア人女との間で婚姻前に出生した子らの認知事項記載申出について，添付された婚姻登録証に被認知者が婚外子の認知欄に記載されていることをもって，ボリビア多民族国の法制上，婚姻登録証を認知の成立を証する書面として取り扱うことはできないとして，処理することはできないとされた事例がある（平成24.12.20民一3561号回答（民月68-4-311））。

〔根拠法条〕

家族法

第195条

　子の認知は，次の方法によりすることができる。

　1 戸籍吏に対する戸籍簿への出生登録又は証人2人と共にする牧師に対する

信者の登録（以下，略）

　2 公文書又は遺言

　3 証人2人が確認し，その面前で作成された私文書

第196条

　① 認知は，明白で疑いの余地なく親子関

係を認めるような自白又は他の目的で作成された公文書の付随的供述によりなされる。

② これらの要件を全て満たすことのできない自白又は供述は，書証として扱うことができる。

③・④ （略）

第197条

父又は母が別々になしたことが明らかな認知は，認知をした者との間でのみ効力を有する。

第198条

① 婚姻中，妻（母）は，父性の否認又は取消しの訴えを提起できることを前提にして，婚姻前に懐胎し婚姻中に出生した子を認知することができる。

② 未成年者は，婚姻適齢に達したとき

は，同意を得ずに子を認知することができる。

第199条

認知は取り消すことができない。遺言による認知は，たとえ遺言が取り消されたとしても，効力を有する。

第200条

① 適法に婚姻している両親（父母）の子としての身分を取得した者は，血統の否認又は取消しについての執行力のある判決が認められない限り，認知されることはできない。

② 裁判上，なおかつ事実上も夫婦（両親）が別居している間に出生した子は，その夫婦の子として財産を有していても，第三者に認知されることができる。

第5 養子縁組

1 根拠法

根拠法は，「児童青少年法」（Codigo Niño, Niña y Adolescente（Code for Children and Adolescents））である。

2 養子法の基本原則

(1) 迅速性

養子取決手続は，家事予審裁判所で，児童青少年裁判官が取り扱う事項であるが，この手続に要する全日数は，申請の受理から判決まで30日を経過してはならないと規定されている（児童64条）。

(2) 国内養子優先

養親としての申請を受ける際には，ボリビア人かボリビア国内に2年以上居住する外国人の申請を，外国人か外国に居住するボリビア人よりも優先する

（児童74条）。

(3) 代償（金銭等）接受の禁止

いかなる状況であれ，利益追求を目的とし，あるいは養子の物質的効用を動機とする養子の取決めは禁止されている。

3 国内養子縁組と国際養子縁組

(1) 国内養子

国内養子とは，養親がボリビア国籍を保有し，ボリビア国内に住所を有する者又は永住権を有する外国人で，2年以上ボリビア国内に居住している者であり，養子となる子が出生によるボリビア人である場合をいう（児童79条）。

(2) 国際養子

ア 基本原則

(ア) 国際養子概念

国際養子とは，申請者（養親側）が外国籍を有し，かつ，国外に住所を定めている者であるが，ボリビア国籍者であるが国外に常住している者であり，養子はボリビア国籍を持ち，国内に居る者である場合の法制度に基づく養子取決めをいう（児童84条）。

国際養子は，子の最善の利益を配慮して行う制度としては，例外的方法であると規定されている。

国内で家庭を持たない子に，本来は国内で代わりの家庭を与えるためのあらゆる手段がなされるべきであるが，これが困難な場合の代替的処置として，国外での養子が位置づけられている（児童85条）。

(イ) 国際条約の遵守

養子を希望する外国人は，児童青少年法のみならず，ボリビアが批准している国際条約や国家間協約等を遵守する必要がある（児童86条）。

その前提として，養親の住所地のある国とボリビアとの間での養子協約があることが必須要件となる。

条約批准国は，養子を取り扱う統括機関の設置を義務付けられているので，各国のこの機関を通じて，組織的方法での処理がなされることに

188　第2編　各　　論

なる。

　ボリビアでの統括機関は,国家機関として設置されている（児童87条)。

　各国の養子機関は，養子成立後も2年間は，6か月ごとに判決を言い渡した裁判官と検察官に追跡報告を送付しなければならない(児童89条)。

4　実質的成立要件

(1)　養子の要件

　①　養子の年齢は，申請時点で18歳未満（**注**）であること（既に養親の保護の下にある場合を除く。)。

　（**注**）　資料では,「18歳以下」と記載されているが，条文は,（debe ser menor dedieciocho años）であることから，18歳未満とした。

　②　孤児の状態であるか，家族の絆が存在していない状態であることが明らかにされた上で，実親の親権を喪失させる判決が確定していること。

　③　養子となる子に対し，養子という状況について，適切な説明と助言が与えられたことを裁判官が確証すること。

(2)　養親の要件

　ア　国内養子・国際養子共通

　　第三者の養子となった者の尊属及び兄・姉は，養子を受け入れることはできない（児童66条)。

　イ　国内養子

　　(ア)　年齢及び養親と養子の年齢差

　　　養親は，25歳以上50歳以下であり，かつ，養子よりも15歳以上年長でなければならない。

　　　ただし，養子受入れに先立って，既に3年間以上養子と共に生活している場合には，50歳以下の要件は，適用除外される。

　　(イ)　夫婦であること

　　　通常は，婚姻証書により証明されるが，事実婚の場合は，事実上安定した夫婦同様の関係であることが裁判所で承認される必要がある（裁判所構成法179条)。

（注）　法文には，「独身者及び事実婚又は安定した自由な結合を持続している者は，養親となり得る（児童青少年法80条）」と規定されているが，この場合の独身者とは，形式的には独身者ではあるが，事実婚を形成している者を指す。

(ウ)　肉体的・精神的に健全であることが，医師の診断書及び精神科医の判断により証明されていること

(エ)　身元が確かであること

(オ)　犯罪を犯した前歴がないこと

(カ)　養子の親になる事前準備を受けた証明があること

(3)　複数の者による養子縁組の禁止

1人の養子に対し，養親は1組の夫婦（事実婚を含む。）又は1人のみであり，複数の養親の養子となることはできない。

(4)　成立前の同居

養子取決めに際しては，決定以前に養子となる子と養親の間で，生活を共にすることが必要である。

その期間は，各事例ごとの特性を考慮して，予審判事が決定する。

特例として，①養親が外国人であるか，国外に居所・住所を有するボリビア人である場合であり，同居期間は最低15日以上をボリビア国内で行わなければならない，②養子になる子が養親となる者と，家族的絆を持つのに十分と評価されるだけの長期間生活を共にする必要があるが，既に共に暮らしてきている場合には，申請後の同居期間の法定要件は免除される（児童65条）。

5　保護要件

(1)　養子の意見を聞くこと

裁判官が，養子となる子に，個別に本人の意見を聞くこと（児童62条）。

(2)　施設の代表からの意見の聴取

裁判官が，養子となる子の保護をしてきた施設の代表からの意見を聞くこと（児童62条）。

190　第2編　各　　論

(3)　**親等の同意**

①　親・尊属・事実上保護していた者など，同意することが要請されている者は，判断能力のある状態で，圧力も，金銭の支払や補償の約束も介在することなく，養子取決めの法律的，社会的，精神的結果を十分認識した上で，これを承認したかを確認すること。

②　同意をした場合には文書にし，さらに児童青少年裁判官の前に出頭させ，口頭でその事実を認めること（2001年新設，法律第2175号）。

③　直系尊属が同意を与えた場合は，その同意が養子となる子の出生の後であったことの確認をすること。同意を与えた者が，同意を取り消すことはできない。

④　親，尊属が存在しないか，存在していても同意できない場合は，裁判官が代わって行う。

6　手　　続

(1)　**手続完了前の放棄又は死亡**

養子取決めの手続を開始し，最終手続である養子宣告の前に，配偶者の一方が取り下げた場合には，養子手続は終了する。

配偶者の一方が死亡した場合は，生存配偶者が最終手続まで継続して完了することができる（児童71条）。

(2)　**秘密性厳守**

養子手続は，手続の全過程を通じて秘密性の厳守が絶対的要請であり，利害関係人の要請により裁判所が認めた場合以外は，部外者に書類が開示されることがあってはならない（児童72条）（2001年法律第2175号）。

(3)　**養子縁組の登録**

養子取決めが決定した場合には，裁判官は，判決で養子の宣告をし，その後，養親の子として民事登録に登載される。

出生証明書には，養子の経緯は，記載されない。

家族簿とされる証明書類には，養親の出生子と記載される（児童73条1項）。

従前の証明書には，欄外付記事項欄に取消しと記載されるのみで，これに関

する証明書類は添付しない（児童73条2項）。

新たに作成される証明書には，詳細を省いて判決の宣言事項のみが記載される。

なお，判決文は，秘密保持の扱いとして，ファイルに綴じられる（児童73条3項）。

(4) 知る権利

養子となった子には，養子の経緯及び生来の家族について知る権利があり，その情報を提供するのは，養親の義務と規定されている（児童78条）。

(5) 追跡調査

養子の決定を下した裁判官は，各県又は市町村の専門調査官に対し，養子関係を定期的に調査し，2年を経過するまでの間，6か月ごとに報告することを命ずる（児童83条）。

7 国際養子縁組の申請及び手続等

(1) 申　請

養子を望む外国人及び外国に居住するボリビア人は，居住国の養子機関を通じて申請することになる。

ボリビアの裁判所に直接申請することは，いかなる場合といえどもあり得ない（児童88条）。

(2) 手　続

養子手続においては，外国に居住する申請者は，ボリビアで行われる最初の聴聞から判決の日まで，ボリビアにおいて手続に参加することが義務付けられている（児童90条）。

(3) 申請書類

養親になるには，①養子となる子の出生よりも前に，婚姻を挙行したことが証明できる婚姻証書，②夫婦が25歳以上であり，養子より15歳以上年長であることを証明する，夫婦各自の出生証明書，③50歳以下であること，④肉体的・精神的に健全であることを証明する医師の診断書。疑問の余地のある場合は，裁判官は専門医の鑑定に処する。⑤経済的能力を証明する，出身国のしかるべ

き機関が発行した証明書，⑥居住国で作成された精神状況の報告書，⑦養親となる事前講習受講証明書，⑧有効なパスポート，⑨犯罪歴がない事実を申請者の国の発行する証明書で明らかにすること，⑩居住国のしかるべき機関が発行した適当な証明書，⑪居住国への養子の入国を許可する許可書類が必要である。

以上の全ての書類は，真正の物でなければならず，さらに全ての申請者の居住国のしかるべき機関の規定に基づいてスペイン語に翻訳され，ボリビアの相応する機関によって認証されなければならない（児童91条）。

(4) 養子の国籍

外国人の養子となったボリビア人の子は，養親の国籍を付加的に取得し，生来の国籍も保有する（児童92条）。

8 養子縁組の効力

(1) 実方及び実方親族との関係

実方及び実方親族との関係は，婚姻障害を除いて消滅し，養親の死亡によっても絆も親権回復しない（児童59条）。

　(注)　養子法の変遷
　　(1)　児童青少年法典制度（1999年12月27日）以前
　　　ア　根拠法
　　　　児童青少年法典制度以前の根拠法は，「家族法」であった。
　　　イ　未成年養子
　　　　(ア)　実質的成立要件，保護要件
　　　　　「未成年養子」については，養親の要件（家族216条）と養子の要件（家族217条）につき，「自己の子を持たない40歳以上の名声と経済力を持つ者で，配偶者がいる場合は，配偶者の同意を得ることが養親たる要件であり，他方，養子となる要件は，18歳未満の自らには子がいない未婚者で，親がいる場合はその同意を，後見人がいる場合又は施設に居る場合は，後見人又は施設の管理者・担当者の意見を聴いた上で，未成年裁判官が養子の決定を判決により宣告する」ことになっていた。
　　　　(イ)　養子縁組の効力
　　　　　実親との関係については，親権が養親に移ること以外の権利義務関

係が存続するとしていた（家族223条）。

ウ　孤児取込みに関する第2章

(ア)　実質的成立要件

　　親の知れない子，遺棄された子の利益のために，6歳未満の孤児か遺棄された子を対象に（家族233条），婚姻関係にある30歳以上の夫婦が，「未成年養子」の養親となり得る要件（家族216条2項・3項）を充足した上で，最低6か月間の現実の養育期間を経た（家族235条）後，養子とすることを承認する判決によって，養子の取決めが決定される（家族237条）ものであった。

(イ)　養子縁組の効力

　　実子と全く同じ効果が発生し，民事登録には養親が自己の子として出生登録し，出生登録届の欄外に，子のそれ以前の証書事実（既に出生登録がされている場合は，その事実）は，全て抹消された旨の記載がなされる（家族239条）こととなっていた。

　　子と実親との関係は，婚姻障害を除き，全て断絶される（家族242条）。

エ　制　度

　　条文上の用語ではないが，普通未成年養子である単純養子と孤児養子である完全養子の2種類があると説明されていた。

(2)　児童青少年法典の制定

　　1999年12月27日に児童青少年法典が制定されたことにより，家族法中の「子」に関する多くの規定が改廃されることとなり，養子に関しては，第2巻第3編の「未成年養子」（第1章）と「孤児引取り」（第2章）の全条文（家族215条〜243条）が廃止となった。

　　同様に親権の拡大，免除，停止に関する家族法第276条〜第281条までも廃止となっている（児童青少年法典移行規則附則「廃止規定」3条）。

　　なお，「児童青少年法」は，子の利益を尊重する理念で1992年に制定された「未成年者法典」を基本的に受け継ぎつつ，さらにその趣旨を徹底するために，「未成年者法典」のみならず，その同法典を執行する上での基本法である家族法を合わせて改廃したものである（未成年者法典については，形式上は全文廃止。児童青少年法典移行規則附則「廃止規定」1条）。

　　ちなみに，児童青少年法制定による他の関連法の改正は，民事登録法第32条，第33条にも及ぶが，他方，養子の相続法の効果についての民法第1100条及び第1101条は廃止条項には含まれていない（相続法は，家族法で

194 第2編 各 論

はなく民法の領域である。)。

（8につき，「ボリビア共和国家族法制度の概要について（4・完）」戸籍751-22）

9 ハーグ国際養子縁組条約

2002年（平成14年）批准

第6 身分登録関係

1 登録事項と証書

民事登録は，出生，婚姻及び死亡の3部門について行われる（戸籍746-53参照）。

民事登録法によれば，証書は，民事登録事務所（以下「登録所」という。）でそれぞれの台帳に民事登録官吏（以下「登録官吏」という。）によって記載・承認がなされ，当事者自身と成人の証人2名が署名し（この者が署名することができない場合は，指紋押捺をする。），それぞれの部門の登録簿に収載されることを規定している。

登録証書は，正副2通作成される。

登録された証書の正本並びに付与された副本は，民事上の地位に関する登録においては，証書に明記された行為の真実性を保証するものであることが規定されている（民法13条・1526条）。

なお，副本については，法文には「副本（Copia）」の用語が使用されているが，副本も正本と同様に選挙裁判所，登録所の印章及び登録官吏のサインがオリジナルとして記載されており，単なる複写ではない。

2 各証明書の証拠能力

ア 民事登録法第25条・第26条

登録を任務とする者が署名し，その役職の印章を押して登録された証書は，年齢，婚姻状態及び死亡を証明する証拠となる。

イ　民法第1534条

　　民事上の地位に関する登録で作成された証明書は，公文書登録局で付与
　された複写と同じように，当該書面に記載された行為の証明となる。

ウ　家族法第73条

　　婚姻は，民事登録簿上に記載されている婚姻証書を証拠として証明され
　る。

エ　最高法令第24247号，民事登録規則第66条

　　国家及び郡民事登録局の交付した複写した登録証書は，人の民事上の地
　位を証明する公的文書である。

3　証明書の修正・再発行について

ア　訂正・修正に言及している条文及び決定

　①　民法第1537条

　　　登録された証書の修正，訂正又は追加は，一切禁止されている。

　　　これらをなし得るのは，当該裁判所の判決によった場合のみである。

　②　民事登録法（1898年）第21条・第22条

　　　「いったん署名した証書は，当該事件の管轄の裁判官による判決によ
　　らない限り修正も追加も行うことができない（民法21条）。」

　　　同様に，「管轄裁判官の許可がない限り，何人といえども苗字又は名
　　前の変更，又は追加を記載することはできない（民法22条）。」

　③　最高法令第24247号，民事登録規則第63条から第65条

　　　「郡選挙裁判所は，個別のケースにつき明確な理由を明記した文書に
　　よる決定を下すことで，配下の民事登録局に対し，誤って記入された情
　　報を記載した出生，死亡及び婚姻の各証書の修正をすることができる。」

　　　また，「いかなる場合も証書の訂正は，登録された元の証書の同一性
　　の変更（本質的変更）ではない。」

イ　証書の紛失・毀損の場合の再生も同様，裁判を経なければならない（民法1535条）。

ウ　行政手続による修正・訂正

　　裁判外の登録の訂正・修正に関して，2001年8月27日国家選挙裁判所（大法廷決定第145／2001号）は，「各郡選挙裁判所の所長及び顧問（顧問の場合は投票による絶対多数決による）は，利害関係人の申請と行政上の予備手続があり次第，出生，死亡及び婚姻の各証書のデータの承認，不備補完及び修正を行うことができる」と決定した（戸籍746-42）。

資料156－1 〔婚姻要件具備証明書〕

Consulado de la República de Bolivia en Tokio
在東京ボリヴィア共和国領事館

CERTIFICATE
（証明書）

NAME IN FULL; □□□□
氏名

DATE OF BIRTH; JANUARY ○, 19○○
生年月日

PASSPORT NUMBER;※※※※
旅券番号

This is to certify that the above mentioned person fulfills the requisites for marriage prescribed by the Civil Code of the Republic of Bolivia.

上記の者、ボリヴィア共和国民法の規定する婚姻の要件を具備している事を証明する。

（署名）
※※※※
CONSUL-HONONARIO DE BOLIVIA
TOKIO-JAPON

〒※※ 東京都千代田区※※※※
ボリヴィア共和国領事館

○○ ○ 19○○

198 第2編 各 論

資料156－2〔婚姻証明書〕

婚 姻 証 明 書

| CORTE NACIONAL ELECTORAL REGISTRO CIVIL BOLIVIA Ley 1367 de 9 de Nov. de 1992 | Nọ ※※ | Form. Nº ※ R.C. Nº 2 SERIE ※ ※ |

Bs. 1.-（手数料1ボリビアーノス）

CERTIFICADO DE MATRIMONIO

以下の婚姻につき、登録があることを証明する。

Certifico que en la Oficialia No. 職員番号___ Libro No. 登録簿番号___ Partida No. 証明書番号___ Folio No. 頁番号___

del Departamento___ 県___ Provincia 地方___ Localidad 地区___

Con fecha de partida:Día__日__ Mes__月___ Año__年___
Se halla inscrito el matrimonio de:

NOMBRES Y APELLIDOS DEL ESPOSO
夫の姓名

Nacionalidad 国籍		Ocupación 職業
Edad 年令	Fecha de nacimiento 出生日	C.I./RUN 身分証明書番号
Estado Civil anterior al Matrimonio 婚姻前の民事身分	Testigo 証人	C.I./RUN 身分証明書番号

NOMBRES Y APELLIDOS DE LA ESPOSA
妻の姓名

Nacionalidad 国籍		Ocupación 職業
Edad 年令	Fecha de nacimiento 出生日	C.I./RUN 身分証明書番号
Estado Civil anterior al Matrimonio 婚姻前の民事身分	Testigo 証人	C.I./RUN 身分証明書番号

OBSERVACIONES___
注記

LUGAR Y FECHA DE EMISION 発行場所・日付	LOCALIDAD 地区	DIA 日	MES 月	AÑO 年

印
SELLO
CORTE NACIONAL ELECTORAL
REGISTRO CIVIL
選挙裁判所民事登録所

印
SELLO, NOMBRE Y FIRMA DEL
OFICIAL DE REGISTRO CIVIL
民事登録官の氏名とサイン

Este certificado queda NULO si en él hubieran hecho raspaduras o enmiendas

Editora ATENEA S R L RUC 135290 Serie "A-2000" Nº del 001 al 150,000 4/2000

裏面あり　表

156　ボリビア　199

資料156－2

HIJOS RECONOCIDOS POR EL MATRIMONIO 嫡出子		
NOMBRES 名前	EDAD 年令	SEXO 性別

Este matrimonio fué declarado disuelto por sentencia de divorcio de fecha　日付 _____
本婚姻は、以下の離婚判決によって解消されたことを宣告する。
en (lugar) 場所 _____
_____ Por el Juez de Partido
de Familia (N° de Juzgado) 裁判所名 _____ Nombre del Juez 裁判官名 _____

HIJOS QUE SE QUEDAN　子の監護者決定					
父の監護におく子 CON EL PADRE	年令 EDAD	性別 SEXO	母の監護におく子 CON LA MADRE	年令 EDAD	性別 SEXO

証明書 LUGAR Y FECHA DE CANCELACION DE LA PARTIDA	LOCALIDAD 地区	DIA 日	MES 月	AÑO 年

Este matrimonio fue anulado en fecha　日付 _____ por sentencia del Juez
判決により本婚姻は無効となった。
de Partido de Familia. (N° de Juzgado) 裁判所名 _____

Nombre de Juez 判事名 _____

NOTAS: 附記事項 _____
_____

Lugar y Fecha 場所・日時 _____

SELLO
CORTE NACIONAL ELECTORAL
REGISTRO CIVIL
選挙裁判所民事登録所の印

SELLO, NOMBRE Y FIRMA DEL
OFICIAL DE REGISTRO CIVIL
民事登録官の氏名とサイン印

200　第2編　各　論

資料156－3〔婚姻証明書〕

156　ボリビア　201

資料156－3

ボリビア他民族国
国家選挙機関
戸籍管理局　　　　　　　　　　　号
フォーム代　Bs.1

婚 姻 証 明 書

戸籍事務所番号：.........................　台帳番号：.........................
登録番号：.........................　頁：...............
県：.........................　郡：.....................　市：.....................
登録年月日：.........................

で下記の者の婚姻が登録されていることを証明します。

....
夫の氏名
国籍：...............　生年月日：...............　婚姻前の身分：...............
....
妻の氏名
国籍：...............　生年月日：...............　婚姻前の身分：...............
注意書き：...
婚姻日：.........................

発行地及び年月日	市	日	月	年

（戸籍事務所印）　　　　　　　（戸籍登録担当官氏名、署名、印）

フォーム
シリーズ　　　本証明に除去、削除または修正があった場合は無効となる

202　第2編　各　論

資料156－4〔出生証明書〕

出 生 証 明 書

CORTE NACIONAL ELECTORAL
REGISTRO CIVIL
BOLIVIA
Ley 1.367 del 9 de Nov. de 1992

N° ※※

Form. N°※
R.C.
SERIE " ※ ※ "

Bs. 1.- (手数料1ボリビアーノス)

CERTIFICADO DE NACIMIENTO

登録所番号
Certifico que en la Oficialía No. ＿＿＿

登録帳 巻
Libro No. ＿＿＿

証明書番号
Partida No. ＿＿＿

頁番号
Folio No. ＿＿＿

del Departamento ＿県＿＿＿＿＿ Provincia ＿地方＿＿＿＿＿＿＿＿＿＿＿＿＿＿＿＿

Cantón ＿＿＿＿＿＿ Localidad ＿市＿＿＿＿＿＿＿＿＿＿＿＿＿＿＿＿

証明書の日付
Con fecha de partida: Día ＿日＿ ' Mes ＿月＿＿＿＿＿＿＿＿＿＿ Año ＿年＿＿

Se halla inscrito el nacimiento de:

○○○○の出生が登載されている。
出生届記載の姓名
Nombres y Apellidos del Inscrito

出生地
Lugar de nacimiento:

県	地方	市
Departamento	Provincia	Localidad

出生日
Fecha de nacimiento:

日	月	年	時間	性別
Día	Mes	Año	Hora	Sexo:

父の姓名
Nombres y Apellidos del Padre

身分証明書番号
C.I.

母の姓名
Nombres y Apellidos de la Madre

身分証明書番号
C.I.

附記
OBSERVACIONES ＿＿＿＿＿＿＿＿＿＿＿＿＿＿＿＿＿＿＿＿＿＿

行場所・日付 LUGAR Y FECHA DE EMISION	LOCALIDAD	DIA	MES	AÑO
	地区	日	月	年

SELLO 印
CORTE NACIONAL ELECTORAL
REGISTRO CIVIL
選挙裁判所民事登録所

SELLO, NOMBRE Y FIRMA DEL
OFICIAL DEL REGISTRO CIVIL
民事登録官の氏名とサイン印
Este certificado queda NULO si en el hubieran hecho raspaduras o enmiendas

Impresiones Trama S.R.L. RUC 3841820 - 'Serie D - 2001' del 700.001 al 1.350.000 - 12/01

156 ボリビア 203

資料156－4

出 生 証 明 書（実例）

CORTE NACIONAL ELECTORAL
REGISTRO CIVIL   ＮＯ ※ ※   Form. N°※
BOLIVIA   R.C.
Ley 1367 del 9 de Nov. de 1992   SERIE "※ ※"

Bs. 1.- （手数料1ボリビアーノス）

CERTIFICADO DE NACIMIENTO

Certifico que en la Oficialía No. DIRNAL Libro No. ※ ※ Partida No. ※ Folio No. ※
登録事務所   証明書番号   頁

del Departamento La Paz ──── Provincia Murillo ────

Cantón LA PAZ ──────── Localidad Nuestra Señora de La Paz ──────────

Con fecha de partida: Día 18 Mes abril Año 1974

Se halla inscrito el nacimiento de:

◯ ◯ ◯ ◯

──────────────────────────
Nombres y Apellidos del Inscrito

Lugar de nacimiento: Belgica   LOVAINA
                     Departamento   Provincia   Localidad

Fecha de nacimiento: ※ agosto 1966   Sexo: Femenino
                     Día Mes Año Hora

☐ ☐ ☐ ☐

──────────────────────────
Nombres y Apellidos del Padre 父の姓名   C.I.

△ △ △ △

──────────────────────────
Nombres y Apellidos de la Madre 母の姓名   C.I.

OBSERVACIONES COPIA DEL LIBRO
附記   （謄本の写し）

LUGAR Y FECHA DE EMISION	LOCALIDAD	DIA	MES	AÑO
	La Paz	16	enero	2002

（署名）

SELLO
CORTE NACIONAL ELECTORAL   SELLO, NOMBRE Y FIRMA DEL
REGISTRO CIVIL   OFICIAL DEL REGISTRO CIVIL

Este certificado queda NULO si en él hubieran hecho raspaduras o enmiendas

Impresiones fianix R.C. RUC 3341620 - "Serie O - 2001" del 700.001 al 1.350.000 - 12/01

資料156－4

出生証明書（実例）（1977年の例）

Certificado de Nacimiento

TESORO

Distrito .... Libro N° ※ .... Oficialia R. C. N° ※ ....
Partida N° ※ .... Fecha de Partida ....
Departamento .... Provincia .... Localidad ....

| Apellidos y nombres del inscrito | 姓 名 |

Sexo .... ※ .... Raza ....　性別　民族
Fecha de nacimiento .... ※ ....　出生日

LUGAR DE NACIMIENTO:　出生場所

Departamento ....
Provincia ....
Localidad ....
Hijo (legitimo o natural) ....
Apellidos y nombres del padre:　父の姓名

Apellidos y nombres de la madre:　母の姓名

OBSERVACIONES:　附記

Lugar y fecha ....

(SELLO)　El Oficial del Registro Civil
（署名）

（A la Vuelta）

156 ボリビア　205

資料156－5〔出生証明書〕

DIRECCION GENERAL DEL ·Nº ※ ※　·Precio $b. 320.000
REGISTRO CIVIL

※ ※ Form. No. ※
R. C. No. ※
SERIE ※ ※

CERTIFICADO DE NACIMIENTO

Certifico que en la O. R. C. No ※ ※ Libro No. ※ ※ Partida No. ※ Del departamento

Sta. Cruz Provincia *Ichilo* Localidad *San Juan*

Con fecha de partida *25 de Abril de 1987 años*

Se halla inscrito el nacimiento de:

○ ○ ○ ○

Apellidos y nombres del inscrito

San Juan ※ *de Marzo de 1987*

Fecha de Nacimiento

Masculino ...

Sexo　　　　　　　　　　Hora

☐ ☐ ☐ ☐

Apellidos y nombres del padre

△ △ △ △

Apellidos y nombres de la madre

OBSERVACIONES:

FE... DEL CER...ADO	...CALIDAD	DIA	MÉS	AÑO
	...Juan	*25*	*Abril*	*1987*

Este Certificado queda NULO el ... si se hubieran hecho raspaduras o enmiendas

(署名)

Oficial del Registro Civil
※ ※ ※ ※
Oficial de Registro Civil No. ※ ※
San Juan de Yapacani
Prov. Ichilo - Santa Cruz

JOURNAL... LTDA

資料156－5

DIRECCION GENERAL DEL
REGISTRO CIVIL
(戸籍総務局)　　No.※※
(番号)　　　出生登録証明書訳文

CERTIFICADO DE NACIMIENTO
(出生証明書)

Cörtico que en la O.R.C. No.※※ Libro No.※※ Partida No.※ Del departa
(戸籍登記事務所証明番号)　(台帳番号)　(登録番号)　　(州)

サンタクルス Provincia イチロ Localidad サンフアン
(州)　　　　　　　(地区)

Con fecha de Partida 1987年4月25日
(登録年月日)

Se halla inscrito el nacimiento de:
(出生登録)　　　　　　　○○○○
Apellidos y nombres del inscrito
(登録される者の氏名)

サンフアン 1987年3月※日
Fecha de Nacimiento
(出生年月日)

男　　　　　　午前※時
Sexo　　　　　Hora
(性別)　　　　(時間)

□□□□
Apellidos y Nombres del Padre
(父の氏名)

△△△△
Apellidos y Nombres de la Madre
(母の氏名)

OBSERVACIONES:
(備考)

(印)

FECHA DEL CERTIFICADO (証明年月日)	LOCALIDAD (地区)	DIA (日)	MES (月)	AÑO (年)
	サンフアン	25	4	1987

TIMBRE
(印代)　　SELLO D.G.R.C.
(戸籍総務局印)
(印)　　　(署名)

Oficina del Registro civil
(戸籍登録係官)

156 ボリビア 207

資料156－6〔出生証明書〕

資料156－6

ボリビア他民族国
国家選挙機関
戸籍管理局　　　　　　　　　　　　　号

フォーム代　Bs.1

出 生 証 明 書

戸籍事務所番号：........................　台帳番号：.........................

登録番号：........................　頁：.............

県：.................................　郡：..................................

市：...

登録年月日：...............................

で下記の者の出生が登録されていることを証明します。

....
　　　　　　　　　　　　　　　登録者氏名

出生地：.........................県.....................郡...................市

生年月日：...........................　性別：..............................

....
　　　　　　　　　　　　　　　父親の氏名

....
　　　　　　　　　　　　　　　母親の氏名

注意書き：..

発行地及び年月日	市	日	月	年

　（戸籍事務所印）　　　　　　　（戸籍登録担当官氏名、署名、印）

フォーム
シリーズ　　　本証明に除去、削除または修正があった場合は無効となる

157 ポルトガル 209

157　ポルトガル（ポルトガル共和国）

第1　姓名制度

```
          名                 氏
（男）Carlos  Jose    FILONMENO  O'AQUINO
                    （母方の姓）　（父方の姓）
（女）Cecilia  Maria     SITO    VELASQUEZ
                    （母方の姓）　（父方の姓）
```

氏について，母方の姓と父方の姓の配列がスペインと逆である。

（福田義輝「外国人の氏・名について」民月40-10-110）

第2　国籍証明

1　生来の国籍の証明

生来の国籍の証明は，出生登録等により証明される（国籍21条）。

2　国籍証明書

登録が存在するか否かにかかわらず，中央登録事務所の登録吏は，利害関係者の申請に基づき，ポルトガル国籍証明書を発行することができる（国籍24条）。

〔根拠法条〕

国籍法（1981年10月3日法律第37／81号，同年10月8日に効力が発生し，1982年8月12日法律第322／82号により実際上の効果が与えられた。1994年8月19日法律第37／81号，2006年4月17日法律第2号，2013年法律第1号，2015年法律第8号改正）

第2編　国籍の登録，証拠及び審判手続
第2章　国籍の証明
第21条（生来の国籍の証明）
① 第1条第1項a号，b号及びf号が適用される者の生来のポルトガル国籍は，出生登録により証明される。
② 出生登録に親の一方の外国国籍又はそ

210 第2編 各 論

れが知れないことが記載されていない者は，ポルトガル人とみなされる。

③ 第1条第1項c号が適用される者の生来の国籍は，ポルトガル登記所で登記された出生登録又は付与のもととなる宣言により登録に含まれる情報によって証明される。

④ 第1条第1項d号が適用される者の生来の国籍は，一方の親がポルトガルで出生し，そこに居住する情報を含んだ出生登録によって証明される。

⑤ 第1条第1項e号に掲げる者の生来のポルトガル国籍は，付与のもととなる登録を含んだ出生登録によって証明される。

第22条（国籍の取得及び喪失の証明）

① 国籍の取得及び喪失は，それぞれの登録又は出生登録に付記された注記により証明される。

② 養子縁組による国籍の取得の証明は，第21条第1項に従って提示される。

第24条（国籍証明書）

① 登録が存在するか否かにかかわらず，中央登録事務所の登録吏は，利害関係者の申請に基づき，ポルトガル国籍証明書を発行することができる。

② （略）

第3 婚 姻

1 婚姻要件具備証明書

在京ポルトガル大使館で発行する婚姻要件具備証明書につき，変更された婚姻要件具備証明書は，資料157－1（本文223頁）参照（平成27. 3. 25民一事務連絡）。

> （注） 変更前の駐日ポルトガル大使館が発給した婚姻要件具備証明書は，資料157－2（本文225頁）参照（戸籍536-19）。

2 婚姻証明書

ポルトガル国リスボン戸籍登録保存所作成の婚姻証明書（婚姻登録謄本）は，資料157－3（本文226頁）参照。

3 実質的成立要件

(1) 婚姻適齢及び同意を要する婚姻

男女とも16歳である。当事者の一方が16歳未満の場合は，婚姻は無効である。また，16歳以上18歳未満の男女は，両親の同意がなければ，婚姻をすること

がV できない。

⑵ 重婚の禁止

重婚は，無効である。

⑶ 近親婚の禁止

直系及び傍系の三親等内の親族との婚姻は，無効である。

男性は，母，祖母，娘，姉妹，義母，継母，継娘と婚姻することができない。女性も同様の範囲で禁止される。

⑷ 精神障害

重大な精神障害がある者の婚姻は，無効である。

⑸ 再婚禁止期間

前婚の解消後，女性は300日，男性は180日，婚姻をすることができない。

この規定に反した婚姻は無効とされないが，経済的な制裁がある。

4 夫婦の氏

婚姻は，夫婦の姓に影響を及ぼさない。

ただし，それぞれの配偶者は，他方の配偶者の姓を付加する複合氏とすることができる。なお，姓は4つを超えてはならない（民法1677条）（大村敦志『家族法』47頁（有斐閣，第3版，2010）参照）。

（男）Carlos Jose FILONMENO Q'AQUINO と
（女）Cecilia Maria SITO VELASQUEZ が婚姻した場合，
妻の氏名は，Cecilia Maria VELASQUEZ Q'AQUINO となる。
　　　　　　　　　　　　　（女の父方の姓）（男の父方の姓）

5 婚姻手続

⑴ 婚姻許可申請

最寄りの戸籍登録保存所で，婚姻許可申請（processo preliminar de casamento）に必要な書類を提出する。提出が受理された場合，戸籍登録保存所長名で婚姻許可の決裁書が発行され，その決裁書の有効期間内（6か月）に婚姻を執り行う日時を戸籍登録保存所と相談して決定する。

212　第2編 各　論

(2)　婚姻の成立

　婚姻手続の当日，戸籍登録保存所長の立会いの下で，宣誓を行うなどして婚姻が正式に成立する。

　新郎新婦の身元が公的な身分証明書類で確認できる限り，証人の出頭は必要ない。しかし，ポルトガル語を解さない場合には，通訳人の立会いを要求されることもある。

　戸籍登録保存所での手続の詳細については，戸籍登録保存所を所管する登録・公証庁（Instituto dos Registos e do Notariado：IRN）のウェブサイト又は最寄りの戸籍登録保存所で確認する必要がある。

（5については，在ポルトガル日本大使館ホームページ）

第4　離　　婚

1　制　　度

　ポルトガル法上，離婚には，判決による離婚の方法のほかに，当事者の合意に基づく協議離婚の2つの形式が存在する。

　1990年代の改正により，相互の合意による離婚の手続が導入された。

2　協議離婚

　双方の合意に基づいて，（調停期間を伴うが）夫婦はいつでも，離婚を請求することができる。

　　（注）　1974年の家族法の改正により，協議離婚の制度が導入された。当初は，必ず裁判所に離婚を請求しなければならなかったが，1995年法令第163号（Decree 163/95）において，夫婦間に子がいないか，又は親権が決定されている場合には，裁判所外で，当局者（civil authorities）により相互の合意による離婚が行われることとなった。その後，要件は更に緩和され，2001年法令第272号（Decree 272/2001）により，双方の合意に基づく離婚は，全て当局者が行うこととされた。

　　　　また，「夫婦は婚姻後3年以上経過しなければ，協議離婚の請求をすることができない」（旧離婚1775条1項）とされていたが，1998年に，3年とい

う期間の制限が廃止された（Council of Europe Family Policy Database）。

3　裁判離婚

裁判離婚は，夫婦の義務に対する違反，婚姻生活の破綻という２つの事由により申請することができる。

裁判離婚では，裁判所が子に関する親の責任を決定する。

4　離婚の効力発生日

離婚は，離婚の判決が確定した時に，その効力を生ずる。

第5　出　　生

1　国籍留保届

⑴　ポルトガルで出生した場合

両親の一方がポルトガル人である子は，ポルトガル人となる（国籍１条１項a））。

したがって，ポルトガル人と日本人夫婦の子がポルトガル国内で出生した場合は，出生の日から３か月以内に日本国籍を留保する意思を表示しなければ，子は日本国籍を喪失する。

また，両親の一方が日本人で，その者がポルトガルで出生及び居住している場合も同様である（日国12条）。

⑵　ポルトガル国外で出生した場合

ポルトガル人の母又は父から出生した子で，ポルトガル人の親がポルトガル国家の仕事に従事していた場合並びにポルトガル人の母又は父から出生した子で，ポルトガルの登記簿にその出生を登録するか又はポルトガル人となることを望むことを宣言した場合には，子はポルトガル人となる（国籍１条１項b）・c））。

したがって，ポルトガル人と日本人夫婦の子がポルトガルの国外で出生し，上記の場合に該当し，子がポルトガル人となる場合は，出生の日から３か月以

214　第2編　各　　論

内に日本国籍を留保する意思を表示しなければ，子は日本国籍を喪失する（日国12条）。

2　出生場所の記載

⑴　行政区画

ポルトガルの地方行政制度は，2004年に改正され，県が廃止され，2013年9月12日の法律により，大都市圏（リスボン大都市圏及びポルト大都市圏）の2つと，都市間共同体に区分される。

⑵　戸籍の記載

「ポルトガル国リスボン大都市圏リスボン市で出生」（【出生地】ポルトガル国リスボン大都市圏リスボン市），「ポルトガル国ポルト大都市圏ポルト市で出生」（【出生地】ポルトガル国ポルト大都市圏ポルト市）と記載するのが適当と思われる。

3　出生証明書

ポルトガル国リスボン戸籍登録保存所作成の出生証明書（出生登録謄本）は，資料157-4（本文230頁）参照。

〔根拠法条〕

国籍法（1981年10月3日法律第37／81号，1982年8月12日法律第322／82号，2015年法律第8／2015号改正）
第1編　国籍の付与，取得及び喪失
第1章　国籍の付与
第1条（生来の国籍）
①　次に掲げる者は，生来のポルトガル人である。
　　ａ）ポルトガルの領土で，ポルトガル人の母又は父から出生した子
　　ｂ）外国でポルトガル人の母又は父から出生した子で，ポルトガル人の親がポ

ルトガル国家の仕事に従事していた場合
　　ｃ）外国でポルトガル人の母又は父から出生した子で，ポルトガルの登記簿にその出生を登録するか，又はポルトガル人となることを望むことを宣言した場合
　　ｄ）権原にかかわらず，出生時に，ポルトガルにおいて，外国人の両親から出生した者で，両親の少なくとも一方がポルトガルで出生及び居住している場合

e）ポルトガルの領土で，それぞれの国に仕えていない外国人の両親から出生し，ポルトガル人となることを希望する宣言をし，両親の一方が，子の出生時に少なくとも5年以上ポルトガルに適法に居住している場合

f）ポルトガルの領土で出生し，外国の国籍を有しない者

② 反証がある場合を除き，ポルトガルに遺棄されていた新生児は，ポルトガルの領土で出生したものとみなされる。

第6 認 知

1 制 度

ポルトガルは，事実主義ではなく，認知主義を採用している。

2 認知証書

認知は，ポルトガル国民法第1830条により，「任意認知は，a子の出生届出の際に届出することにより，b出生届出後，戸籍役場職員に対し届出することにより，c遺言により，d裁判所において作成された証書により行うことができる。」とされているので，父母からの出生届があったときに認知が成立すると認められている（昭和48. 5. 29民二3954号回答（戸籍474-65・戸籍521-74））。

第7 養子縁組

1 制 度

⑴ 根 拠

根拠法は，「民法」（Civil Code），1993年5月22日法律第185号（Decree Law No.185 of 22 May 1993），1998年5月8日法律第120号（Decree Law No.120 of 8 May 1998），2001年5月11日法律第7号（Decree Law No.7 of 11 May 2001），2003年8月22日法律第31号（Decree Law No.31 of 22 August 2003）である。

⑵ 完全養子縁組と制限養子縁組

ポルトガル法は，完全養子縁組（adopção plena）と制限養子縁組（**注**）

216　第2編　各　論

（adopçâo restrict）の2つの制度を規定している。なお，制限養子縁組はあまり普及していない。

　また，完全養子縁組と制限養子縁組では要件が異なり，制限養子縁組の方が受け入れられやすい。

　　（注）　従前は，単純養子縁組としていたが，原文の（adopçâo restrict）という
　　　　　記載から，今回は，制限養子縁組と訳した。

2　完全養子縁組

(1)　実質的成立要件

　ア　養子の要件

　　裁判所に正式な養子縁組の申請をした時に，15歳以下でなければならない。

　　ただし，子が成人であることを宣言されておらず，養親の配偶者の子であるか，15歳になる前に養親の一方が世話をしていた場合には，18歳になるまで養子となることができる（民法1980条）。

　イ　養親の要件

　　(ｱ)　単身の可否

　　　1977年の改正により，夫婦だけでなく，単身の者についても養親になることが認められている。

　　(ｲ)　夫婦共同縁組

　　　婚姻している場合は，夫婦が共同して養子縁組をすることができる。

　　　なお，2001年5月11日法律第7号の第7条により，婚姻していない同居者と共同して養子縁組をする場合についても認められるに至ったが，異性の場合に限られている。

　　(ｳ)　年齢等

　　　養親は，少なくとも4年以上婚姻し，別居しておらず，双方が25歳以上でなければならない。

　　　養親が単身の者の場合は，30歳以上でなければならない。

　　　ただし，養子が配偶者の子の場合は，25歳以上で足りる（民法1979条）。

養親の最高年齢は，子を扶養した時点で，60歳である。

ただし，養子が配偶者の子である場合は，適用されない。

ウ　養親と養子の年齢差

養親と養子の年齢差は，50歳以下でなければならない。

養親と養子の年齢差が50歳以上である場合において，養親に年齢差が50歳以上である子が既にある場合は，特に例外的とされる。

ただし，養子が配偶者の子である場合は，年齢差の要件は適用されない（民法1979条）。

エ　配偶者の同意

養親が夫婦の場合は，夫婦が法的に別居していない限り，配偶者の同意を要する（民法1981条）。

オ　試験養育

養子が配偶者の子でない場合は，養親に託置された子のみが養子となる資格がある（民法1980条）。

カ　複数の養子縁組の禁止

養子となっている子は，子の養親の新たな配偶者である場合を除き，再度養子縁組をすることができない（民法1975条）。

(2) 保護要件

ア　親の同意

(ア)　親の同意の要否

養子が未成年者である場合は，監護権を行使しているか否かにかかわらず，親の同意を要する（民法1981条）。

なお，親が子を遺棄しているか，子に重大な危険を及ぼしているか，又は少なくとも３か月以上明らかに子に無関心である場合には，親の代わりに子の尊属，三親等の傍系親族又は子の後見人が同意をすることができる（民法1981条）。

(イ)　同意時期の制限

母は，子が生後６週間を経過するまでは，同意をすることができない（民法1982条）。

218 第2編 各 論

　　㈅　同意の免除

　　　　子が裁判上の保護の下にあるか，又は養子縁組のための他の手段の下
　　　に置かれている場合は同意が免除される（民法1981条）。

　イ　養子の同意

　　　養子が12歳以上である場合は，その者の同意を要する（民法1981条）。

　ウ　裁判所の関与

　　　養子縁組には，家庭・未成年者裁判所（Tribunal de Familia e Meno-
　　res）が関与する。

3　制限養子縁組

(1)　実質的成立要件

　ア　養親の要件

　　　養親は，25歳以上でなければならない。

　　　養親の最高年齢は完全養子縁組と同じく60歳であるが，50歳以上の養親
　　と養子の年齢差は問題とされない（民法1992条）。

　　　それ以外の要件については，完全養子縁組の要件が適用される。

(2)　保護要件

　完全養子縁組と同様である。

4　養子縁組の手続

(1)　裁判所の宣言

　家庭・未成年者裁判所のみが，養子縁組の法律行為を宣言することができる。

(2)　養子縁組までの手続

　ア　養子縁組に適当な子を知ったときは，公的又は私的な施設が，地方の社
　　会保障機関に報告を行う。養子縁組の申請は，養親となる者が居住する地
　　区の社会保障機関に行う。

　イ　養親は，自己の状況，健康，未成年者の教育の適合性，財産的状況及び
　　申請理由を詳細に知らせなければならない。

　ウ　申請から6か月以内に，社会保障機関は申請について決定する。

エ 養子が養親の配偶者の子ではないときは、次の段階として、将来の養子縁組を目的とした扶養が義務付けられ、社会保障機関又は家庭・未成年者裁判所が扶養について決定する。

オ 養子縁組前の期間は、扶養期間が確認された後に開始し、6か月を超えない期間、社会保障機関は、養子及び養親となる者について監視する。その後30日間で未成年者の教育の適合性、財政的な状況及び養子縁組を希望する理由と同様に養親となる者及び養子の個性や健康状況を記載した養子縁組前のレポートを作成し、裁判所に提出する。

5　養子縁組の登録

養子縁組は、登録所（the civil registry）に登録される。

新しい出生登録には、養子の従前の親子関係は記載されない。出生証明書は、新しい出生登録に基づいて作成される。

6　養子縁組の効力

⑴　完全養子縁組

ア　養親との関係

完全養子縁組の場合は、その者が養親の生来の子であるとみなされる効力を生ずる（民法1973条）。

イ　以前の家族との関係

養子と以前の家族関係は、親族の養子となった場合を除き、完全に解消される（民法1986条）。

ウ　養子の姓

養子は、民法の規定に従って新しい親の姓（family name）を称する（民法1986条）。

エ　養子の名

通常は、養子は名（first name）を保持するが、養親の申請に基づき、例外的な場合は、変更によって養子の利益を保護し、変更することにより新しい家族への子の統合が促進されるときは、裁判所は養子の名を変更す

ることができる（民法1988条）。

オ　ポルトガル国籍の取得

完全養子の場合は，ポルトガル人の養子となった子はポルトガル国籍を取得する（国籍5条）。

(2) 制限養子縁組

ア　養親との関係

制限養子縁組の法的効力は限定され，養子は養親の法律上の子とはみなされない（民法1994条）。

ただし，親権は養親が有し，養子が配偶者の子であるときは，配偶者とともに親権を有する。

一般的に，養親と養子は，法的にはそれぞれの相続人とはみなされていない（民法1996条）。ただし，養親に配偶者，尊属及び卑属がいないか，又は養子に配偶者，尊属，卑属及び兄弟姉妹又は他の親族がいない場合は，相続人となる（民法1999条）。

イ　実親との関係

実親との関係は断絶せず，養子縁組関係と共存する。

法律に規定がないときは，養子の全ての権利及び義務は，実の家族との間で存続する（民法1994条）。

ウ　養子の姓

養子は，養親の姓を称しない。

ただし，養親の申請に基づき，裁判所は，養子の姓を実親の姓と養親の姓を結合した姓に変更することができる（民法1995条）。

7　養子縁組の無効

後掲第8に記載するように，完全養子縁組は撤回することができないが，①養親又は実親が必要とされる同意をしていなかった場合，②両親の同意が不当に撤回された場合，③養親又は実親の同意が強制されていた場合，④養子の必要な同意がない等の場合には，養子縁組命令を無効とすることができる。

ただし，養子の利益に相当な反対の影響を与えるときは，無効の可能性は排

除される（民法1990条）。

8　制限養子縁組から完全養子縁組への転換

　制限養子縁組は，完全養子縁組の要件が満たされているときは，申請に基づき，完全養子縁組に転換することができる（民法1977条）。

9　外国の養子縁組の承認

(1)　養子縁組の制限

　国際手続的な児童取引を防止し，養親と養子間の安定的な関係を創設することを保障するため，法は，外国に居住する者によるポルトガルに居住する養子縁組を厳密に制限している。この制限は居住地に関するものであり，国籍に関するものではなく，ポルトガルに居住する外国人は，ポルトガルに居住するポルトガル人と同様の条件で子を養子とすることができる。

(2)　準拠法

　新しい家族関係のための関連法は，養親の国籍の法である（民法60条）。

　ポルトガルの裁判所は，必要に応じて，外国の法を適用する。

　また，外国法が養子の同意を要求するときは，その要件は満たさなければならない（民法61条）。

10　ハーグ国際養子縁組条約

　2004年（平成16年）批准

（第7につき，Overview of Portuguese Adoption Law参照）

〔根拠法条〕

国籍法（1981年10月3日法律第37／81号，
　1982年8月12日法律第322／82号，2015
　年法律第8／2015号改正）
第1編　国籍の付与，取得及び喪失
第2章　国籍の取得

第2節　養子縁組による国籍の取得
第5条（完全養子による取得）
　　ポルトガル人の完全養子となった子
　は，ポルトガル国籍を取得する。

第8 養子縁組の撤回

1 完全養子縁組

完全養子は，養親及び養子が撤回を望む場合でも，撤回をすることができない（民法1988条）。

2 制限養子縁組

制限養子縁組は，取り消すことができる。

養親が親としての義務を履行しないか，養子の利益又は教育に有害である場合には，実親等は撤回を請求することができる（民法2002条）。

第9 国　　籍

1 二重国籍

ポルトガルでは，二重国籍が認められており，外国の国籍・市民権を保持又は取得しても，ポルトガル国籍を喪失しない。

2 ポルトガル国籍の喪失

外国人である者が，ポルトガル人であることを希望しないことを宣言することにより喪失する（国籍8条）。

〔根拠法条〕

国籍法（1981年10月3日法律第37／81号，1982年8月12日法律第322／82号，2015年法律第8／2015号改正）
第1編　国籍の付与，取得及び喪失
第3章　国籍の喪失

第8条（国籍喪失に関する宣言）

ポルトガル国籍は，外国人である者が，ポルトガル人であることを希望しないことを宣言することで喪失する。

資料157－1〔婚姻要件具備証明書〕

Secção Consular da Embaixada de Portugal em Tóquio, Japão

Certificado para Casamento

Processo Preliminar de publicações n° 3/2015

Nubente: ███████████, de ██ anos de idade, nascido(a) a ██ de ██████ de 19██, no estado de Solteiro(a), natural de ██████, Japão, filho(a) de ████████████ e de ██████ ██████, de nacionalidade Japonesa, com residência habitual em ██ ████████, ██████-cho, ████-shi, ████-ken Japão, indentificado(a) pela exibição de Passaporte n° ████████ emitido em ████████ por Ministério dos Negócios Estrangeiros do Japão.

Nubente: ███████████, de ██ anos de idade, nascida a ██ de ██████ de 19██, no estado de Solteiro(a), natural de freguesia de ██████, filha de ██████████ e de ██████████, de nacionalidade Portuguesa, com residência habitual em ██ ████████, ████-cho, ████-shi, ████-ken Japão, identificada pela exibição de Cartão de Cidadão n° ████████ válido até ██████ ██████.

　　　　　　　　　　　　　　※ ※ ※ ※ , Encarregado Secção Consular, por competência própria:
　　　　Certifico, por estar ultimado o processo de verificação de capacidade matrimonial que correu os seus termos nesta Secção Consular da Embaixada de Portugal em Tóquio e, nele não se ter verificado qualquer impedimento, que a nubente tem plena capacidade para contrair casamento com o nubente, ambos acima devidamente identificados.

　　　　Este certificado é passado nos termos do artigo 163°, n.° 2 do Código de Registo Civil, com base em despacho de 06 de Fevereiro de 2015 e destina-se exclusivamente a provar a capacidade da referida nubente portuguesa, para contrair casamento no estrangeiro.

　　　　Este certificado tem a validade de seis meses a contar da data da sua passagem.

Data: 6 de Fevereiro de 2015

O/A Encarregado Secção Consular,　　　　※ ※ ※ ※　　　　, Por
competência própria

資料157−1

EMBAIXADA DE PORTUGAL EM TÓQUIO
SECÇÃO CONSULAR

【翻訳】

日本国在京ポルトガル大使館領事部
婚姻証明書

２０１５年第３号公示予備手続き

夫になる人：■■■■，■歳，１９■■年■月■日生まれ，独身，日本国■■県出身，■■■■および■■■■の子，日本国籍，現住所日本国■■県■市■町■■■番地，日本国外務省により■■■年■月■日発行の■■■■■■■番旅券の呈示により身分確認。

妻になる人：■■■■■，■歳，１９■■年■月■日生まれ，独身，■■■■■■■出身，■■■■■■および■■■■の娘，ポルトガル国籍，現住所日本国■■県■市■■■■■■番地，■■■年■月■日まで有効のポルトガル政府発行身分証明書の呈示により身分確認。

※※※※領事担当官の権限により：

私は、在京ポルトガル大使館領事部において実施された婚姻能力の確認手続きが成立し、また同領事部においてポルトガル国籍の婚姻者が日本国籍の婚姻者との婚姻契約の完全な能力を有することを阻む何らの障害もないことが確認され、上記両者の身分確認がなされたことを証明する。

本証明書は、戸籍法第１６３条２項に関する事実であり、２０１５年２月６日の決裁に基づき処理される。また、外国における婚姻契約のため前述のポルトガル国籍者の婚姻能力の証明のみを行うものである。

本証明書は、下記日付より６ヶ月間有効である。
日付：２０１５年２月６日

※※※※領事担当官の権限による

上記の翻訳は、原文（ポルトガル語）の邦訳であることを証明する。

２０１５年２月６日

（署名）

※※※※
ポルトガル大使館領事部担当参事官

※※※※，※※※※，Chiyoda-ku, Tóquio ※※，Japão
Tel:※※※※ Fax:※※※※
Email:※※＠※※※※ http://※※※※※※※

資料157－2〔婚姻要件具備証明書〕

EMBAIXADA DE PORTUGAL,
SECÇÃO CONSULAR
TOKYO.

証　明　書

氏　名：　　　（　　　）

住　所：

生年月日：　西暦　　　年　月　日

出 生 地：

身 分 証 明：　パスポート番号
　　　　　　　　年　月　　日付　在東京ポルトガル大使館領事部発行。

　　　　上記の者は、　ポルトガル共和国の法律により、　結婚可能な
年齢であり、　法律上または他の理由により、　結婚不適格でないことを証明する。

　　　年　月　日

　　　　　　ポルトガル大使館　領事部
　　　　　　　　　副領事　　　　　（サ　イ　ン）
　　　　　　　　　　　　　　　　　（氏　名）

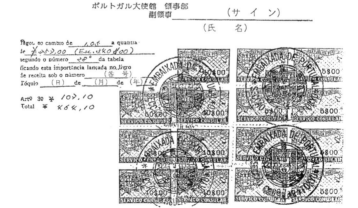

資料157-3 〔婚姻証明書〕

Conservatória do Registo Civil Lisboa

Avenida Fontes Pereira de Melo, nºs.※ a ※
Tel.: ※ ※ ※ ※ Fax.: ※ ※ ※ ※
Email: ※ ※ ※ ※@※ ※ ※ ※

Relativamente à certidão requisitada sob o nº ※ ※/2010

CERTIFICO

Que o presente documento está conforme o original do registo nº ※ ※ do ano de 2010 da Conservatória do Registo Civil Lisboa. Substitui a certidão de cópia integral Assento de Casamento artº 10º nº 1 al.S)RERN

Conservatória do Registo Civil Lisboa, 2010-09-01 14:31

2º Ajudante, ※ ※ ※ ※

01 Certidão ※ ※/2010
1/2

2010-09-
- Página

157 ポルトガル 227

資料157-3

Conservatória do Registo Civil Lisboa
Assento de Casamento n.º ※ ※ do ano de 2010

Nubente

Nome: ☐☐☐☐ ***
Idade: ※ anos ***
Naturalidade: freguesia de **Alvalade** ***
concelho de **Lisboa** ***
Residência habitual: ※ ※ ※ ※ , nº※, ※ , **Nossa Senhora de Fátima, Lisboa** ***
Filho de: ※ ※ ※ ※ ***
e de: ※ ※ ※ ※ ***

Nubente

Nome: △ △ △ △ ***
Idade: ※ anos ***
Naturalidade: ※ ※ , **Tokyo, Japão** ***
Residência habitual: ※ , ※ ※ ※ ※ , ※ ※ , ※ ※ , **Kanagawa, Japão** ***
Filho de: ※ ※ ※ ※ ***
e de: ※ ※ ※ ※ ***

Hora e data: ※ horas e ※ minutos , do dia ※ **de Setembro de 2010** ***
Lugar da celebração: **nesta Conservatória** ***
Casamento: **Civil, sem convenção antenupcial** ***

Os nubentes declararam celebrar de livre vontade o seu casamento, perante **a ajudante.** ***

Apelido(s) Adoptado(s): ***

Menções especiais: **Declaração prestada perante oficial público. Interveio como intérprete do
nubente** △ △ △ : ※ ※ ※ ※ , **a qual
prestou juramento legal** ***
Testemunhas: ※ ※ ※ ※ , com residência habitual em
※ ※ ※ ※ , nº ※ ,※º direito, Lisboa ***
※ ※ ※ ※ , com residência habitual em ※ ※
※ ※ , nº ※ ,※º direito, Lisboa ***
Data do assento: **1 de Setembro de 2010** ***

O/A 2º Ajudante, ※ ※ ※ ※ , **Por competência própria**

Processo n.º ※ ※ / **2010**

資料157-3

リスボン戸籍登録保存所

アベニーダ　フォンテス　ペレイラ　デ　メロ　※-※番

Tel：※※※※　Fax：※※※※

Email：※※※※＠※※※※

N°※※/2010に基づく証明について

証明書

この証明書は、2010年No.※※としてリスボン戸籍登録保存所に記録された婚姻台帳からの複写であり、原本の第10条1項と相違なく、本証明書をもって、婚姻登録謄本として、全ての用途に有効であることを証明する。

リスボン第三戸籍登録保存所，2010年9月1日　14：31

副所長　※※※※　（シールプレス）

日報番号：※※/2010

＊＊＊＊＊＊＊＊＊＊＊＊＊＊＊＊＊＊＊＊＊＊＊＊

157　ポルトガル　229

資料157－3

リスボン戸籍登録保存所
婚姻記録台帳　2010年No.※※

新郎（夫）

氏名：　□□□□
年齢：　※歳
出生地：リスボン市　アルバラーデ区
住所：　リスボン市　ノッサセニョーラデファティマ区　※※
　　　　※※　※番　※
両親：　※※※※
　　　　※※※※

新婦（妻）

氏名：　△△△△
年齢：　※歳
出生地：日本国　東京都　※※区
住所：　日本国　神奈川県　※※　※※　※※※※※
両親：　※※※※
　　　　※※※※

婚姻日時：　2010年9月※日　午前※※時※※分
婚姻場所：　当戸籍保存所
婚姻：　　　民事婚、婚前協定なし

当戸籍登録保存所副所長の面前で、新郎新婦は自らの意思で婚姻することを宣言した。

新姓：改姓なし

特記事項：当戸籍登録保存所副所長の面前にて、婚姻を宣言。※※※※が法的宣言を行った上で、新婦の通訳として立ち会う。

立会人：※※※※
　　　　（住所　リスボン　※※※※　※番※階）
　　　　※※※※
　　　　（住所　リスボン　※※※※　※番※階）
登録日：2010年9月1日

戸籍登録保存所副所長　※※※※
書類番号　※※/2010

翻訳者：△△△△

資料157-4 〔出生証明書〕

Conservatória do Registo Civil Lisboa

Avenida Fontes Pereira de Melo, nºs.※ a ※
Tel.:※ ※ ※ ※ Fax.:※ ※ ※ ※
Email:※※※※@※ ※ ※ ※

Relativamente à certidão requisitada sob o nº ※ ※ /2013

CERTIFICO

Que o presente documento está conforme o original do registo nº ※ ※ do ano de 2013 da Conservatória do Registo Civil Lisboa. Substitui a certidão de cópia integral Assento de Nascimento para Outros fins.

Conservatória do Registo Civil Lisboa, 2013-10-01 16:21

2º Ajudante, ※ ※ ※ ※

2013 16:21:32 Certidão ※ ※ /2013

01-10-
- Página

157　ポルトガル　231

資料157－4

Conservatória do Registo Civil Lisboa
Assento de Nascimento n.° ※ ※ do ano de 2013

Registando

Nome próprio	○○　　***
Apelidos:	○○　　***
Sexo:	**Feminino ***
Hora e data do nascimento:	※ horas e ※ minutos , do dia ※ **de Setembro de 2013 ***
Naturalidade:	freguesia de **São Sebastião da Pedreira *** concelho de **Lisboa ***

Pai

Nome:	□□□□　　***
Idade:	※ anos ***
Estado:	**Casado(a) ***
Naturalidade:	**República de Moçambique ***
Residência habitual:	※ ※ ※ ※ 　, lote※. ※ ※ , 　 ※ ※ 　, **Parque das Nações, Lisboa** ***

Mãe

Nome:	△△△△　　***
Idade:	※ anos ***
Estado:	**Casado(a) ***
Naturalidade:	**Tóquio, Japão ***
Residência habitual:	※ ※ ※ ※ 　, lote※. ※ ※ , 　 ※ ※ 　, **Parque das Nações, Lisboa** ***

Avós paternos:	※ ※ ※ ※ 　　　 e 　※ ※ ※ ※ 　　　　　***
Avós maternos:	※ ※ ※ ※ 　 e 　※ ※ ※ ※ 　　***

Declarante(s):	**Pai. *** **Mãe. ***
Menções especiais:	**Declaração prestada perante oficial público. ***
Testemunha(s):	***
Data do assento:	**01 de Outubro de 2013 ***

O/A 2° Ajudante,　　　※ ※ ※ ※ 　　, **Por competência própria**

Processo n.° ※ ※ / **2013**

資料157-4

登録公証総局
リスボン戸籍登録保存所

フォンテス　ペレイラ　デ　メロ通り　※番から※番

電話：※※※※　ファックス：※※※※

Ｅメール：※※※※＠※※※※

※※/2013番について申請された証明書

証明書

この証明書は、リスボン戸籍登録保存所において2013年※※番
に登録されたものと相違ありません。証明書をもって、出生登
録謄本とする。

リスボン戸籍登録保存所　2013年10月01日　16時21分

第二補佐官　※※※※

＊＊＊＊＊＊＊＊＊＊＊＊＊＊＊＊＊＊＊＊＊＊＊＊＊＊＊

資料157－4

リスボン戸籍登録保存所

出生記録台帳　2013年No.※※

台帳に記録される者

    個人名：　○○

    姓：　　　○○

    性別：　　女

    出生日時：2013年9月※日　※時※分

    出身地：　リスボン市サン　セバスティアン　ダ　ペドレイラ区

父

    氏名：　　□□□□

    年齢：　　※歳

    身分：　　既婚

    出身地：　モザンビーク共和国

    現住所：　リスボン市　パルク　ダス　ナソインシュ　※※※※

          ※団地．※※，※※

母

    氏名：　　△△△△

    年齢：　　※歳

    身分：　　既婚

    出身地：　日本国　東京都

    現住所：　リスボン市　パルク　ダス　ナソインシュ　※※※※

          ※団地．※※，※※

父方祖父母：※※※※　及び　※※※※

母方祖父母：※※※※　及び　※※※※

届出人：　　両親

特記事項：　公認役人の面前でされた宣言

証人：　　　なし

登録日：　　2013年10月01日

第二補佐官権限の元に　※※※※

書類番号　※※/2013

翻訳者　△△△△

234 第2編 各 論

158 ホンジュラス（ホンジュラス共和国）
（平成15年国名表を「ホンデュラス」から変更）

第1 婚 姻

1 婚姻証明書

ホンジュラス国フランシスコモラサン県国民登録局発行の婚姻証明書は，資料158－1（本文242頁）参照。

2 実質的成立要件

(1) 婚姻適齢

男女とも21歳以上の場合は，両親の同意を要せず婚姻をすることができる。

なお，18歳以上の者は，両親又は法定代理人の同意を得て，婚姻をすることができる。

(2) 近親婚の禁止

直系と卑属，兄弟姉妹間の婚姻は禁止されている（民法99条）。

第2 出 生

1 出生子の身分

①婚姻中に出生した子，②婚姻関係が消滅して300日以内に出生した子で，母親が新たな婚姻をしていない場合は，夫婦の子と推定される（家族107条）。

2 国籍留保届

(1) ホンジュラスで出生した場合

ホンジュラスは，生地主義国であり，外交官の子である場合を除き，ホンジュラスで出生した事実により，ホンジュラス人となる（憲23条1号）。

したがって，日本人夫婦の子又は夫婦の一方が日本人で他方が外国人の子が，

ホンジュラス国内で出生した場合は，出生の日から3か月以内に日本国籍を留保する意思を表示しなければ，子は日本国籍を喪失する（日国12条）。

⑵ ホンジュラス国外で出生した場合

父又は母がホンジュラス人であるときは，出生によるホンジュラス人となる（憲23条2号）。

したがって，夫婦の一方が日本人で他方がホンジュラス人の子が，ホンジュラス国外で出生した場合は，出生の日から3か月以内に日本国籍を留保する意思を表示しなければ，子は日本国籍を喪失する（日国12条）。

3 出生場所の記載

⑴ 行政区画

ホンジュラスは，18の県（departamentos）（注）から構成されている。

> （注）　県は，アトランティダ県（Atlántida），チョルテカ県（Choluteca），コロン県（Colón），コマヤグア県（Comayagua），コパン県（Copán），コステル県（Cortés），エルパライソ県（El Paraíso），フランシスコモラサン県（Francisco Morazán），グラシアスアディオス県（Gracias a Dios），インティブカ県（Intibucá），イスラスデラバイア県（Islas de la Bahía），ラパス県（La Paz），レンピラ県（Lempira），オコテペケ県（Ocotepeque），オランチョ県（Olancho），サンタバルバラ県（Santa Bárbara），バジェ県（Valle），ヨロ県（Yoro）である。

⑵ 戸籍の記載

「ホンジュラス国フランシスコモラサン県テグシガルパ市で出生」（【出生地】ホンジュラス国フランシスコモラサン県テグシガルパ市），「ホンジュラス国エルパライソ県トロヘス市で出生」（【出生地】ホンジュラス国エルパライソ県トロヘス市）と記載する。

4 出生証明書

ホンジュラス国国民登録局発行の出生証明書は，資料158－2（本文244頁）参照。

236　第2編　各　　論

〔根拠法条〕

憲法（1982年1月11日法令第131号，2009年改正）

第2編　国籍及び市民権

第1章　ホンジュラス人

第22条

　　ホンジュラス国籍は，出生又は帰化により取得される。

第23条　次に掲げる者は，出生によるホンジュラス人である。

1　外交官の子を除き，共和国領土内で出生した者

2　出生によるホンジュラス人の父又は母の子として国外において出生した者

3　ホンジュラス軍艦若しくは軍用機で又はホンジュラス領海内にある商船上で出生した者

4　ホンジュラス領土内で発見された父母の知れない子

　（民月41-3-106）

家族法

第3編　父子関係とその調査

第3章　父親関係の調査と推定

認知

第107条（婚姻者間の子と推定される者）

1　婚姻中に出生した子

2　婚姻関係が消滅して300日以内に出生した子で，母親が新たな婚姻をしていない場合。この事項の推定は，他に第21条の2項に記載。

第3　認　　知

1　制　　度

　ホンジュラスは，事実主義ではなく，認知制度を採用している。

2　胎児認知

　胎児認知をすることができる（家族111条）。

3　保護要件

(1)　子の同意

　成年に達した子については，その者の同意を要し，公文書によって作成されなければならない（家族103条）。

(2)　胎児認知

　胎児認知については，保護要件は存在しない。

　なお，家族法第109条では，「父親として子を扱い，自らの氏を名乗らせ，1

年以上にわたる一定期間，自分の子として教育，養育に携わり，社会的見地からも明らかな場合」と規定されているが，この規定は保護要件に該当しない。

また，同法第111条は，「出生前の子の認知は，公証人の証書で作成することができる。」とされているが，公証人作成の証書が胎児認知の意思を証明するための要件となっているものではなく，絶対要件ではないから，これも保護要件には該当しない（平成24．6．14民一1489号回答（民月67-11-65））。

4 認知の方法等

父親から認知することができ，出生前の子についても公証人の証書を作成することで認知をすることができる（家族110条）。

5 認知の登録

公文書又は遺言書により，戸籍課の出生記録に記帳される（家族110条）。

6 認知の異議申立て

① 出生した子が両者間の子であり得ない場合には，異議の申立てができる（家族114条）。

② 父子関係の異議申立ては，推定された子の出生日又は推定された父親がその知らせを受けた日から１年以内に申し立てをしなければならない。期間中に推定された父親が死亡した場合には，その子らも異議を申し立てることができる（家族115条）。

③ 未成年で認知された子は，成人に達した日から１年を経過した日から認知の異議申立てができる（家族116条）。

④ 他の者から既に認知されている子が，自分の血縁の子とみなす者はいつでも異議申立てできる（家族117条）。

〔根拠法条〕

家族法

第3編　父子関係とその調査

第1章　父子関係

第101条

　　父親によって認知又は届け出られた子
は，法的に両親の家族の一員に加えら
れ，この法の全ての効果に準ずる。

第102条

　　子の出生登録は国民登録局で行われ，
両親の一方によってなされる。両親が，
婚姻又は事実婚をしている場合，法的に
両者の合意としてみなされる。

第103条

　　成年に達した子の認知は，本人の同意
を必要とし，公文書によって作成される。

第104条

　　子の親子関係は，各戸籍簿の出生登録
台帳に記録される。登録証明書は，法形
式に基づき発行され，出生を証明する。
同様に，認知又は親子関係の届出が公文
書，裁判判決文として提出された場合
は，戸籍課においてその事項が記載され
る。

第105条

　　両親の届出によって子の出生登録が行
われず，他者により届け出られた場合に
は，親子関係の証明なしに両親の名を登
録しなければならない。

第3章　父親関係の調査と推定

認知

第106条

　　父子関係が確定されない場合には，父
親，母親又は両者によって父親の調査が
行われる。父子調査申請の権利は，子，
その子孫，認知した父親又は母親にあ

る。この権利は，時効によって消滅しな
い。父子関係が裁判によって確定した場
合は，戸籍に登録されなければならない。

第107条（婚姻者間の子と推定される者）

　1　婚姻中に出生した子

　2　婚姻関係が消滅して300日以内に出
　　生した子で，母親が新たな婚姻をして
　　いない場合。この事項の推定は，他に
　　第21条の2項に記載。

第108条（父子関係と推定される者）

　1　父親が確かな書類によって届出をし
　　た場合

　2　暴力，婦女暴行，拉致の刑事事件で
　　妊娠期間がその事件に該当する場合

　3　母親の妊娠期間中，出産を通じて子
　　の父親として個人的，社会的に振る
　　舞ってきた場合

第109条

　　父親として子を扱い，自らの氏を名乗
らせ，1年以上にわたる一定期間，自分
の子として教育，養育に携わり，社会的
見地からも明らかな場合

第110条

　　婚姻外又は事実婚外に出生した全ての
子は，その父親から認知されることがで
きる。

　　この認知は，公文書又は遺言書によ
り，戸籍課の出生記録に記帳される。

第111条

　　出生前の子の認知は，公証人の証書で
作成することができる。ただし，出生し
て，戸籍課に登録された後，その効力を
生じる。同様に，死産の子の認知もでき
る。

第4章　父子関係の証明

158 ホンジュラス 239

第112条

　父子関係は，出生証明書又は父親の届出により戸籍課に登録された認知届によって証明される。

第113条

　父子関係の調査の訴訟又は認知の強要によって届け出られた場合は，戸籍課による判決を登録しなければならない。

第114条

　子の出生登録は，第102条によって定められている。ただし，出生した子が両者間の子であり得ない場合には，異議の申立てができる。

第115条

　父子関係の異議申立ては，推定された子の出生日又は推定された父親がその知らせを受けた日から1年以内に申し立てなければならない。期間中推定された父親が死亡した場合には，その子らも異議申立てができる。

第116条

　未成年で認知された子は，成人に達した日から1年を経過した日から認知の異議を申し立てることができる。

第117条

　他の者から既に認知されている子が自分の血縁の子とみなす者は，いつでも異議を申し立てることができる。

第118条

　父親の調査又は異議申立ての裁判において，血液型，遺伝的特徴その他の父子関係に必要な検査が認められる。これらの検査は，血液免疫学を専門とする医師によって行われなければならない。

(民月67-11-75)

第4　養子縁組

1　根拠法

　根拠法は，「家族法」（Family Code）及び「児童及び青年法」（Code on Children and Adolescents）等である。

2　実質的成立要件

(1)　養親の要件

　ア　養親の年齢

　　養親は，30歳以上でなければならない（注）。

　（注）　国連報告では，30歳以上となっているが，他の資料では，25歳以上50歳以下でなければならず，養親夫婦の場合は，一方が25歳以上50歳未満であれば足りるとする。

240　第2編　各　論

　イ　単身者の可否

　　　単身者も養親となることができる。

　ウ　夫婦共同縁組及び婚姻期間

　　　夫婦の場合は，共同して養子縁組をしなければならない。

　　　また，養親が夫婦の場合は，３年以上婚姻をしていなければならない。

(2)　養親と養子の年齢差

　養親は，養子より少なくとも15歳以上年長でなければならない。

3　保護要件

(1)　裁判所の認証

　養子縁組は契約によるが，裁判所の認証を要する。

4　養子縁組の効力

(1)　単純養子縁組

　実親と養子の間の関係は断絶せず，養親の嫡出子として出生した場合と同様の養親子関係は生じないが，養親の嫡出子としての身分を取得する。

(2)　完全養子縁組

　実親と養子の間の関係は断絶し，養親の嫡出子として出生した場合と同様の養親子関係が生じる。

（１～４につき，子の養子縁組：傾向と政策（国連2009年報告））

5　ハーグ国際養子縁組条約

　未批准（2017年（平成29年）現在）

第5　国　　籍

1　二重国籍

　従前は，外国に帰化した場合は，ホンジュラス国籍が剥奪されたが，現行法では，外国の国籍を取得した場合でも，ホンジュラス国籍は喪失しない（憲28

条)。

〔根拠法条〕

憲法（1982年1月11日法令第131号，2009
　年改正）
第2部　国籍及び市民権
第28条

　出生によるホンジュラス人は，国籍を
剥奪されない。外国の国籍を取得した場
合でも，出生によるホンジュラス人であ
る権利を保持する。

資料158-1 〔婚姻証明書〕

資料158－1

婚姻証明書

下記署名者である市民登録者は、婚姻届保管所にある2011年、第※巻、用紙第※、婚姻届番号 ※ ※ ※ ※ － ※ ※ ※ ※ － ※ ※ ※ ※ ※ を下記の内容をもって証明する。

1．夫になる人

    a）□□　　　　b）□□
    　　第一姓　　　　　　第二姓

    c）　　□□　　　d）ホンジュラス共和国
    　　　名前　　　　　　　　国籍

2．妻になる人

    a）△△　　　　b）……
    　　第一姓　　　　　　第二姓

    c）△△　　　　d）日本
    　　名前　　　　　　　国籍

3．婚姻した場所と日付

    f）中央地区（テグシガルパ市）　　c）フランシスコ　モラサン県
    　　　　　　市　　　　　　　　　　　　　　県

    f）2011年8月※日
    　　　　日付

4．付加情報

    ホンジュラス国籍の婚姻を取り結ぶ人

    a）※※※※　　　　　　b）………………
    　　男性の身分証明書番号　　　　女性の身分証明番号

    外国人の婚姻を取り結ぶ人

男性：a）……………　　　b）……………　　c）……………
    　　身分証明書番号　　　　　　交付場所　　　　　　交付日

女性：a）※※※※／パスポート　　b）………………
    　　身分証明書番号　　　　　　　　交付場所

    c）2005年2月8日
    　　交付日

    4）注釈
    なし _____

    _____

    発行場所　　中央地区　　　　フランシスコ　モラサン県
    　　　　　　　　市　　　　　　　　　　　県

    発行日　　2011年10月5日

                   翻訳者：△　△　△　△

244　第2編　各　論

資料158－2〔出生証明書〕

資料158－2

ホンジュラス共和国

国民登録局

自治体市民登録

No.※※※※

出生証明書

以下の署名をもち、市民登録係官は、出生証明番号※※※※※※が1959年※巻※頁に登録されていることを証明する。内容は以下の者に属する。

a）第1姓＿＿＿＿＿＿＿＿＿＿　　b）第2姓＿＿＿＿＿＿＿＿＿＿

c）名前＿＿＿＿＿＿＿＿＿＿　　　性別　女　　　男

　　1）出生場所、生年月日

a）市＿＿＿＿＿＿　　b）県＿＿＿＿＿＿　　c）国＿＿＿＿＿＿

d）日＿＿＿＿＿＿　　e）月＿＿＿＿＿＿　　f）年＿＿＿＿＿＿

　　2）父親の氏名と国籍

a）第1姓＿＿＿＿＿＿＿＿＿＿　　b）第2姓＿＿＿＿＿＿＿＿＿＿

c）名前＿＿＿＿＿＿＿＿＿＿　　　d）国籍＿＿＿＿＿＿＿＿＿＿

　　3）母親の氏名と国籍

a）第1姓＿＿＿＿＿＿＿＿＿＿　　b）第2姓＿＿＿＿＿＿＿＿＿＿

c）名前＿＿＿＿＿＿＿＿＿＿　　　d）国籍＿＿＿＿＿＿＿＿＿＿

　　4）その他の特記事項

＿＿＿＿＿＿＿＿＿＿＿＿＿＿＿＿＿＿＿＿＿＿＿＿＿＿＿

発行場所　　　　　市　　　　　県

発行日

係官のサインと印

246 第2編 各 論

159 マケドニア旧ユーゴスラビア共和国
（マケドニア旧ユーゴスラビア共和国）

（注）当該国は憲法上，自国名を「マケドニア共和国（Republic of Macedonia）」
とし，公式文書で同名称を用いている。また，当該国との間では儀礼上の理
由から，我が国として当該国の国名を「マケドニア共和国」及び「Republic
of Macedonia」と表記する場合がある。

第1 市民権の証明

マケドニア旧ユーゴスラビア共和国の市民権は，有効な身分証明書，渡航文
書又は内務省が発行したマケドニア共和国の市民権の証明書で証明される（市
民23条）。

〔根拠法条〕

市民権法（Law on Citizenship of the Re-
public of Macedonia）（1992年法律第67
号・同年11月11日施行，2004年法律第8
号，2008年法律第98号，2011年法律第
158号改正・同年11月23日施行）
Ⅳ マケドニア共和国の市民権の決定，記
録の保管及び証明の権限を有する国家機
関
第22条
マケドニア共和国の国民及びマケドニ
ア共和国の領土内で出生した外国人に関

する記録は，内務省において保管され
る。（以下，略）
第23条
マケドニア共和国の市民権は，有効な
身分証明書（identity card）又は渡航文
書（travel document）で証明される。
マケドニア共和国の市民権は，本法第
22条第1段落に記した記録を基に内務省
が発行したマケドニア共和国の市民権の
証明書で証明される。

第2 婚 姻

1 婚姻証明書

マケドニア国登録所発行の婚姻証明書は，資料159-1（本文261頁）参照。

2 宗教婚と民事婚

マケドニアにおいて，民事婚と宗教婚があるが，法的な効果が生じるのは民事婚であり，宗教婚は法的な効果を生じない。

3 実質的成立要件

(1) 婚姻適齢

男女とも18歳である（家族16条1項）。

ただし，16歳以上18歳未満の者については，婚姻で生ずる権利義務を行使するのに必要とされる身体的及び精神的な成熟に達している場合は，裁判所は婚姻を許可することができる（家族16条2項）。

(2) 近親婚の禁止

祖父母，父母，兄弟姉妹，異父（母）兄弟姉妹，おじと兄弟姉妹の子，おばと兄弟姉妹の子，いとこ間の婚姻は禁止されている（家族20条）。

また，夫の父と息子の妻，娘の夫と夫の母，継父と継娘，継母と継息子との間の婚姻も禁止される。ただし，この場合は，正当な事由があるときは裁判所は婚姻を許可することができる（家族21条）。

(3) 婚姻障害事由

精神障害の徴候の存在及び病気が残存する徴候があり，婚姻及び婚姻から生ずる義務を理解，判断することができない者，知能指数36以下で精神的に遅れており，深刻かつ重大な精神的遅滞である者は，婚姻をすることができない（家族18条）。

(4) 重婚の禁止

前婚が終了していない場合は，再婚をすることができない（家族17条）。

4 婚姻による氏の変動

配偶者は，他方の配偶者の氏を称することができる。また，自己の氏を維持することも，自己の氏に他方の配偶者の氏を付加することもできる（家族31条）。

248 第2編 各 論

〔根拠法条〕

家族法（Law on family）（1992年法律第80号）

第16条

① 18歳に達していない者は，婚姻を締結することができない。

② 医療機関から事前に得た見解，（略）に基づき，その者が婚姻で生ずる権利義務を行使するのに必要とされる身体的及び精神的な成熟に達していることが証明された場合は，管轄裁判所は，非訟手続で，16歳に達した者が婚姻を締結することを許可する。

第17条

前婚が終了していない場合は，再婚を締結することができない。

第18条

精神病の徴候の存在及び病気が残存する徴候があり，婚姻及び婚姻から生ずる義務を理解することができず，同時に判断することができない者は，婚姻をすることができない。知能指数36以下で精神的（心理学的）に遅れており，深刻かつ重大な精神的遅滞であるグループに属する者は，婚姻をすることができない。（以下，略）

第19条

暴力又は錯誤により婚姻に対する同意がされたときは，婚姻は無効である。

第20条

同系の血族（祖父，祖母，母，父，孫）は，実の兄弟姉妹，父，母の兄弟姉妹，おじと兄弟の甥，おじと姉妹の子，おばと兄弟の子，おばと姉妹の子，いとこ同様に婚姻をすることができない。

第1段落の関係が養子縁組に基づく者もまた，婚姻をすることができない。

第21条

そのような親族となった婚姻が終了しているかにかかわらず，義理の父，義理の娘，義理の息子，義理の母，継父，継娘，継母，継息子は婚姻をすることができない。

正当な事由があるときは，管轄裁判所は，裁判手続外で第1段落の親族の間の婚姻を認めることができる。

Ⅱ 夫婦の権利義務

第31条

婚姻をするときに，夫婦は一方又は他方の姓を称することを合意すること，又は自己の姓を保持すること，若しくはそれぞれの配偶者が他方の姓を自己の姓に付加すること，夫婦が他方の配偶者の姓を称し，その姓に自己の姓を付加することができる。

第3 離 婚

1 制 度

日本のように当事者の合意のみにより成立する協議離婚制度は存在せず，当事者が離婚に合意している場合でも裁判所の決定が必要である。

2 離婚事由

相互の生活が耐えられない程度に婚姻関係が破綻しているときは，夫婦の一方の請求により離婚することができる（家族40条）。

また，婚姻関係が，1年以上前に事実上終了しているときは，配偶者は離婚を請求することができる（家族41条）。

3 離婚による氏の変動

離婚によっても婚姻中の氏を保持するが，氏の変更を請求することができる（家族42条）。

〔根拠法条〕

家族法（1992年法律第80号）
Ⅲ　婚姻の終了
第39条
① 婚姻は，夫婦の相互の合意により離婚することができる。
② （略）
第40条
　相互の生活が耐えられない程度に婚姻関係が破綻しているときは，夫婦の一方の請求により離婚することができる。

第41条
　婚姻関係が，1年以上前に事実上終了しているときは，配偶者は離婚を請求することができる。
第42条
　離婚又は婚姻の無効の場合は，前のそれぞれの配偶者は，現在の姓を保持するか，又はその姓を変更するよう求めることができる。

第4　出　　生

1　出生子の身分

母の配偶者は，婚姻中又は離婚から300日以内に出生した子の父とみなされる（家族50条）。

2　国籍留保届

マケドニアは，父母両系血統主義国であり，マケドニア国内で出生した事実

だけでは，同国の国籍を取得しない（市民4条・5条）。

　したがって，日本人夫婦の子がマケドニア国内で出生した場合は，国籍留保の届出を要しないが，夫婦の一方が日本人で，他方がマケドニア市民間の子がマケドニア（又はその他の外国）で出生した場合は，出生の日から3か月以内に日本国籍を留保する意思を表示しなければ，子は日本国籍を喪失する（日国12条）。

　ただし，子がマケドニア国内で出生した場合でも，日本国籍を取得することについて父母が合意しているときは，子はマケドニア市民とならない（市民4条2号）（注）。

　また，子がマケドニア国外で出生した場合は，マケドニア市民権を取得するには，18歳までにマケドニア市民として登録するか，マケドニア国内に常居することという要件がある（市民5条1項）。

　　（注）　子が日本国籍を取得することについて，父母が合意し，マケドニア市民とならず，国籍留保をしない場合は，その旨を届書の「その他」欄に記載するのが適当である。

3　出生場所の記載

(1)　行政区画

　マケドニアには，州や県に該当する行政区画は存在しない。

(2)　戸籍の記載

　「マケドニア旧ユーゴスラビア共和国スコピエ市で出生」（【出生地】マケドニア旧ユーゴスラビア共和国スコピエ市）と記載する。

4　出生証明書

　マケドニア国登録所発行の出生証明書は，資料159－2（本文263頁）参照。

〔根拠法条〕

市民権法（1992年法律第67号・同年11月11日施行，2011年法律第158号改正・同年11月23日施行）

Ⅱ　マケドニア共和国の市民権の取得

第3条

　　マケドニア共和国の市民権は，次に掲げる事由により取得する。

　(1)　血統

　(2)　マケドニア共和国の領土内での出生

　(3)　帰化

　(4)　国際協定

1　血統による場合

第4条　子は，次に掲げる場合に，血統により，マケドニア共和国の市民権を取得する。

　(1)　出生時に父母が共にマケドニア共和国の国民である場合。

　(2)　出生時に父母の一方がマケドニア共和国の国民である場合であって，マケドニア共和国内で出生したとき。ただし，他方の国籍を取得することについて父母が合意している場合を除く。

　(3)　出生時に父母の一方がマケドニア共和国の国民であり，他方が国籍が知れないか，又は無国籍の場合において，国外で出生したとき。

　　養子は，養父母の双方又は一方がマケドニア共和国の国民である場合にも，血統により，マケドニア共和国の市民権を取得する。

第5条

①　国外で出生した子で，出生時に父母の一方がマケドニア共和国の国民であり，他方が外国の国民である者は，18歳に達するまでにマケドニア共和国の市民とし

て登録するための書類を提出した場合，又は，18歳に達するまでにマケドニア共和国の国民である親とマケドニア共和国内で恒久的に居住することとなった場合は，血統により，マケドニア共和国の市民権を取得する。子の監護権の付与について裁判で争われている場合は，裁判所の決定がなされた後に，市民権を取得する。

②　第1項に定める条件を満たす者で，18歳になるまで父母のいずれかからも登録がされなかった者は，23歳に達するまでにマケドニア共和国の国民としての登録の申請書を提出することにより，マケドニア共和国の市民権を取得することができる。

③　第1項及び第2項の申請書は，子の出生についての追加書類が載録される登録書類の保管をする機関又は在外のマケドニア共和国の大使館若しくは領事館に提出しなければならない。

④　第4条並びに本条第1項及び第2項によりマケドニア共和国の市民権を取得した子は，出生の時からマケドニア共和国の国民であったものとみなす。

2　マケドニア共和国の領土内での出生

第6条（2004年2月23日改正）

①　マケドニア共和国の領土内で発見又は出生し，その両親が知れないか，又は国籍を有しない子は，マケドニア共和国の市民権を取得する。

②　本条第1項の子のマケドニア共和国の市民権は，その者が15歳に達する前に，親が外国人であることが証明された場合は，終了する。ただし，子が無国籍になるときを除く。

252　第2編　各　論

家族法（1992年法律第80号）
第50条
　　母の配偶者は，婚姻中又は婚姻の終了

後300日以内に出生した子の父とみなされる。

第5　認　　知

1　制　　度

(1)　認知主義

　マケドニアは，事実主義ではなく，認知主義を採用している（家族51条）。

(2)　胎児認知

　胎児認知もすることができる（家族53条）。

(3)　認知の制限

　父は死亡した子については，その子に卑属がある場合に限り，認知をすることができる（家族54条）。

2　保護要件

(1)　実母の同意

　認知をするときは，実母の同意を要する（家族56条）。

(2)　子の同意

　認知される子が16歳以上である場合は，その者の同意を要する。同意は，認知の通知を受けてから30日以内にしなければならない（家族57条1項）。

3　認知の登録

　母が認知の通知を受けてから30日以内に同意をしたときは，子の出生登録簿にその旨が記載される（家族56条1項・2項）。

〔根拠法条〕

家族法（1992年法律第80号）
第51条

①　嫡出でない子の父は，自己の子として
　子を認知した者とみなされる。

②・③　（略）

第53条

　　嫡出でない子の父の認知の宣言は，子の出生前にすることができる。子の出生前にされた宣言は，子が生きて生まれたときは，法的効力を有する。

第54条

　　子の死亡後は，子に卑属がいないときは，認知をすることができない。

第56条

①　父の認知は，子の母が認知に同意し，登録官に通知したときは，法的効力を有し，出生登録簿に登録される。

②　父の認知の同意の宣言は，通知の受領後30日以内に母が行う。

③　（略）

第57条

①　子が16歳以上の場合は，父の認知に対するその者の同意を要する。同意の宣言は，通知の受領後30日以内に行われる。

②　（略）

第6　養子縁組

1　根拠法

　根拠法は，「家族法」である。

2　制　　度

　マケドニアは，完全養子縁組及び不完全養子縁組の2つの制度がある（家族95条）。

　以下，特に記載がなければ，完全養子縁組及び不完全養子縁組に共通である。

3　実質的成立要件

(1)　**養子の要件**

　養子は，未成年者に限られる（家族96条）。

(2)　**養親と養子の年齢差**

　養親は，養子より18歳以上年長でなければならない。

　ただし，配偶者の子を養子とする場合は，この限りでない。

　また，養親が夫婦のときは，夫婦の一方が養子より18歳以上年長であれば足りる（家族100条）。

254 第2編 各 論

(3) 養親の要件

ア 養親の年齢

(2)の要件から，間接的に養親は18歳以上となる。

イ 養子縁組の制限

一親等の親族，兄弟姉妹の関係にある者は，養子縁組をすることができない（家族101条）。

ウ その他の要件

親権を喪失している者，労働能力が制限されているか，喪失している者又は養親の地位を利用して，養子を害する合理的な疑いがある者は，養親になることができない（家族102条）。

(4) 試験養育

養子が3歳以上である場合は，社会福祉センター（the Center for Social Welfare）は，養親となる者に一定期間，ただし1年以内の期間託置をさせる（子の養子縁組：傾向と政策（国連2009年報告））。

(5) 複数の者による養子縁組の禁止

養親が夫婦である場合を除き，複数の者が養子縁組をすることができない（家族98条）。

4 保護要件

(1) 実親等の同意

ア 同意の要否

養子の両親の同意が必要である（家族103条1項）。

イ 同意の免除

労働能力又は親権の行使を喪失している親又は1年以上居住地が知れない親の同意は要しない（家族103条2項）。

ウ 同意時期の制限

同意は，子の出生後3か月を経過していなければならない（家族107条1項）。

エ　同意の撤回

養子縁組が成立するまでは撤回することができる（家族107条3項）。

(2)　養子の同意

ア　同意の要否

養子が10歳以上である場合は，その者の同意を要する（家族103条1項）。

イ　同意の免除

10歳になる前に養親の家族と生活していた養子の同意は要しない（家族103条3項）。

ウ　同意の撤回

養子縁組が成立するまでは撤回することができる（家族107条3項）。

5　養子縁組の効力

(1)　完全養子縁組

ア　養親との関係

養親とその家族及び養子の間に相続権を含め，血族関係の権利と義務を創設する（家族113条1項）。

イ　実親との関係

養子と実親の間の権利及び義務は消滅する（家族113条2項）。

ただし，養親が養子の親の一方の配偶者であるときは，養子縁組は親族に対するのと同様に養子と子の親との関係に影響を及ぼさない（家族113条3項）。

(2)　不完全養子縁組

不完全養子縁組は，養親と養子の間にのみ親子関係を創設する（家族115条1項）。

養親と養子及びその卑属との間の相続関係は相互に関連し，養子縁組の時に養親に子があるときは，養親と養子の間の相続権は制限されるか，又は存在しない。

(3)　マケドニア市民権の取得

養父母の双方又は一方がマケドニアの国民である場合は，養子はマケドニア

256　第2編　各　論

市民権を取得する（市民4条3号）。

6　ハーグ国際養子縁組条約

未批准（2017年（平成29年）現在）

〔根拠法条〕

家族法（1992年法律第80号）

第95条

① 養子縁組は，出生により生ずるような関係を創設する完全養子縁組（full adoption）又は親と子間にのみ関係を創設する不完全養子縁組（partial adoption）がある。

② （略）

第96条

　未成年者のみが養子になることができる。

第98条

　養親が夫婦である場合を除き，複数の者が養子縁組をすることができない。

第100条

① 養子より少なくとも18歳以上年長である者は，養親になることができる。

② 子が子の親の配偶者の養子となる場合は，年齢差は少なくてもよい。

③ 夫婦が子を同時に養子縁組する場合は，（略）年齢差は夫婦の一方のみに存在する必要がある。

第101条

　一親等の親族，兄弟姉妹は，養子となることができない。

第102条

　養親は，以下の者がなることができない。

親権を喪失している者

労働能力が制限されているか，喪失している者

養親の地位を利用して，養子を害する合理的な疑いがある者（以下，略）

第103条

① 養子縁組には，養子が10歳以上である場合は養子と，後見人である養子の両親の同意を要する。

② 労働能力又は親権の行使を喪失している親又は1年以上居住地が知れない親の同意は要しない。

③ 10歳になる前に養親の家族と生活していた養子の同意は要しない。

④ （略）

第104条

① 養子縁組を希望する者は，申請者の居住に従った管轄社会福祉センターに申請を提出しなければならない。

②〜④ （略）

第107条

① 親は，子が生後3か月が経過した後に養子縁組の同意をしなければならない。

② 子の養子縁組は，最も早くて子の生後3か月後である。

③ 養子縁組の同意は，子の養子縁組が成立するまでは撤回することができる。

第113条

① 完全養子縁組では，養親とその家族及び養子とその卑属間において，近親者間の権利義務としての権利義務が創設される。

② 完全養子縁組では，養子と前の家族との間の相互の権利義務は喪失する。

③ 養親が養子の親の一方の配偶者であるときは，養子縁組は親族に対するのと同様に養子と子の親との関係に影響を及ぼさない。

第115条

① 養親と養子間の不完全養子縁組では，親と子の間の関係のみが創設される。

②〜⑤ （略）

第7 養子離縁

1 完全養子縁組

完全養子縁組は，解消することができない（家族116条）。

2 不完全養子縁組

(1) 養子離縁の可否

養親及び養子間での合意に基づき終了することができる（家族117条1項）。

合意に基づく場合に，養子が未成年であるときは，社会福祉センターは養子縁組の終了が養子にとって有益であるか否かを調査する義務を負う（家族117条2項）。

そして，社会福祉センターは，養子の利益のために終了させることが必要であると立証されたときは，不完全養子縁組を終了させることができる（家族118条）。

また，養親又は養子の請求に基づき，社会福祉センターは，正当な事由があるときは，不完全養子縁組を終了させる決定をすることができる（家族119条）。

(2) 撤回の効力

ア 実親との関係

不完全養子縁組が終了したときは，養子と前の家族との間の相互の権利義務は復活する（家族122条）。

イ 養子の姓

養子は，以前の姓に戻る。

258 第2編 各 論

　　ただし，養親が同意したときは，請求に基づき，養親から与えられた姓を保持することができる（家族122条）。

〔根拠法条〕

家族法（1992年法律第80号）

第116条

　　完全養子縁組は，解消することができない。

第117条

① 不完全養子縁組は，養子縁組に適用される規定に従い，養親及び養子間での合意に基づき終了することができる。

② 養子が未成年の場合は，社会福祉センターは養子縁組の終了が養子にとって有益であるか否かを調査する義務を負う。

第118条

① 社会福祉センターは，養子の利益のために終了させることが必要であると立証されたときは，不完全養子縁組を終了させることができる。

② （略）

第119条

　　養親又は養子の請求に基づき，社会福祉センターは，正当な事由があるときは，不完全養子縁組を終了させる決定をすることができる。

第120条

　　不完全養子縁組における手続の途中で，養親又は養子が死亡したときは，養子縁組の解消の請求は，その法定相続人が継続することができる。

第122条

　　不完全養子縁組が終了したときは，養子と前の家族との間の相互の権利義務は復活する。養子は，以前の姓に戻り，養親が同意したときは，請求に基づき，養親から与えられた姓を保持することができる。

第8 国　　籍

1　二重国籍

　　マケドニア共和国の国民は，二重国籍が認められており，他国の市民権も保持することができる（市民2条）。

2　マケドニア市民権の喪失

(1)　放棄できる場合

　　①18歳に達している場合，②起訴された犯罪で，マケドニア共和国において，その者に対して刑事手続が開始されていないか，又は，有罪の判決を受けてい

る場合は，その刑期に服したとき，③外国の市民権を保持しているか，又は外国の市民権が与えられることを証明した等のときは，マケドニア市民権を離脱することができる（市民16条・17条）。

また，養親が外国人で，完全養子となった場合も離脱をすることができる（市民20条）。

⑵　放棄の手続

18歳未満の子又は未成年者の養子については，マケドニアの市民権が放棄により終了した両親の申請に基づき，又は両親の一方がマケドニア共和国の市民権がそのような方法で終了し，他方の親が同意したときに，終了する。

また，他方の親が，子のマケドニア共和国の市民権の放棄に同意しないときは，子の利益になるときは，権限ある後見機関がその放棄について同意を与えることで，子は放棄が認められる。

なお，子又は養子が15歳に達しているときは，放棄に対する子の同意を要する（市民19条・20条）。

⑶　効力発生日

市民権は，マケドニア共和国の市民権の放棄の決定が送達された日に終了する（市民17条）。

⑷　放棄の取消し

放棄が認められた者が引き続きマケドニア共和国で生活するか，又は外国に移住し，放棄の決定の送達の日から1年以内に外国の市民権を取得しなかったときは，マケドニア共和国の市民権からの放棄の決定は，取り消される。

また，マケドニア共和国の市民権の放棄が認められた者は，外交領事団又はマケドニア共和国の当局に決定の取消しの申請を提出することができる（市民18条）。

〔**根拠法条**〕

市民権法（1992年法律第67号・同年11月11日施行，2011年法律第158号改正・同年11月23日施行）

Ⅱ　マケドニア共和国の市民権の取得
1　総則
第2条

マケドニア共和国の国民は，他国の市民権もまた保持することができる。

他国の市民権を保持するマケドニア共和国の国民は，国際協定で他に規定がなければ，マケドニア共和国内では，マケドニア共和国のみの国民とみなされる。

Ⅲ　市民権の喪失

第16条

マケドニア共和国の市民権は，次に掲げる場合に終了する。

1　放棄により。

2　国際協約に従い。

第17条（2004年2月23日改正）

その者が，以下に掲げる要件を満たして本人が申請を提出したときは，マケドニア共和国の市民権は終了する。

1　18歳に達していること。

2～4　（略）

5　職権で起訴された犯罪で，マケドニア共和国において，その者に対して刑事手続が開始されていないか，又は，有罪の判決を受けているときは，その刑期に服したこと。

6　外国の市民権を保持しているか，又は外国の市民権が与えられることを証明すること。

管轄する国家機関は，第1段落に規定する要件が満たされている場合でも，マケドニア共和国の安全及び防衛又は外国が要求する相互主義若しくはその他の理由があるときは，マケドニア共和国の市民権の放棄の請求を拒否する。

その者のマケドニア共和国の市民権は，マケドニア共和国の市民権の放棄の決定が送達された日に終了する。

第18条

放棄が認められた者が引き続きマケドニア共和国で生活するか，又は外国に移住し，放棄の決定の送達の日から1年以内に外国の市民権を取得しなかったときは，マケドニア共和国の市民権からの放棄の決定は，取り消される。

マケドニア共和国の市民権の放棄が認められた者は，外交領事団（the diplo-matic-consular mission）又はマケドニア共和国の当局に決定の取消しの申請を提出することができる。

第19条（2004年2月23日改正）

18歳未満の子のマケドニア共和国の市民権は，マケドニア共和国の市民権が放棄で終了した両親の申請に基づき，又は両親の一方がマケドニア共和国の市民権がそのような方法で終了し，他方の親が同意したときに，終了する。（以下，略）

本条第1及び第2段落の規定は，未成年の養子についても適用される。

他方の親が，子のマケドニア共和国の市民権の放棄に同意しない場合は，子の利益になるときは，権限ある後見機関がその放棄について同意を与えることで，子は放棄が認められる。

子が15歳に達しているときは，本条第1，第2及び第3段落の意味における市民権の放棄に対する子の同意を要する。

第20条

養親が外国人で，マケドニア共和国の国民である未成年者の養子の市民権は，完全養子縁組の場合は，養親の申請に基づく放棄により終了する。

養子が15歳に達しているときは，本条第1段落の意味における市民権の終了に対する養子の同意を要する。

159 マケドニア旧ユーゴスラビア共和国　261

資料159－1 〔婚姻証明書〕

РЕПУБЛИКА　МАКЕДОНИЈА

ИЗВОД ОД МАТИЧНАТА КНИГА НА ВЕНЧАНИТЕ

ОПШТИНА ___Скопје___

Во матичната книга на венчаните што се води за местото ___Скопје___ под
тековен број ___※ ※___ за година ___2011___ залишано е склучувањето на бракот:

	на младоженецот	на невестата
Ден, месец и година на склучувањето на бракот	※/шеснаесетти/април 2011 година	
Место на склучувањето на бракот	Скопје	
Име	□ □	△ △
Презиме	□ □	△ △
Ден, месец и година на раѓањето	※ август 1984 г.	※ октомври 1984 г.
Место на раѓањето	Скопје	Гумма-кен Кирју-иди
Државјанство	Р.Македонија	јапонско
Живеалиште и адреса на станот	Скопје, "П.Ф.Гавката"	※ ※ Гумма-кен Ота-ши,Јапонија
Име и презиме на родителите	на таткото ※ ※ ※ ※	※ ※ ※ ※
	на мајката (и мычинско презиме) ※ ※ ※ ※	※ ※ ※ ※
Брачните другари после склучувањето на бракот го носат презимето:	младоженецот □ □	
	невестата △ △	

Забелешки:

Бр ___※ ※ / ※___
___10.04.20 11___ год.
___Скопје___

（署名）
Потпис на Матичарот
※ ※ ※ ※

資料159-1

マケドニア共和国

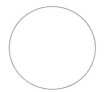

婚姻証明書

自治体＿＿＿＿＿＿

＿＿＿＿＿＿の婚姻登録所において，＿＿＿（年）の＿＿＿（番号）＿＿に婚姻登録しました。

婚姻成立年月日			
婚姻成立場所			
		夫	妻
名			
氏			
出生年月日			
出生場所			
市民権			
居住地			
両親の氏名	父		
	母		
婚姻後の氏	夫		
	妻		
注釈			

番号
日付
自治体

登記者署名

159 マケドニア旧ユーゴスラビア共和国　263

資料159－2〔出生証明書〕

РЕПУБЛИКА　МАКЕДОНИЈА

ИЗВОД ОД МАТИЧНАТА КНИГА НА РОДЕНИТЕ

ОПШТИНА __ГАЗИ БАБА__

ГРАД __Скопје__

Во матичната книга на родените што се води за местото __Скопје__ под

tековен број __※__ за година __2011__ запишано е раѓањето на:

Име	○○	Пол	
Презиме	○○		Ж.
Ден, месец, година и час на раѓањето	※(※) јуни 2011 год.во ※ , ※ ч.		
Место на раѓањето	Скопје		
Државјанство	Р.Македонија		
Матичен број	※ ※ ※ ※		
Податоци за родителите	Татко	Мајка	
Име	□□	△ △	
Презиме (за мајката и моминско)	□□	△ △	
Живеалиште и адреса на станот	Скопје⁾	Скопје	

Забелешки:

Бр. __※ ※ / ※ / ※ ※__

__21.06.__ __20 11 __год.

__Скопје__

（署名）

Потпис на матичарот
※ ※ ※ ※

資料159-2

マケドニア共和国

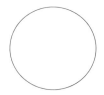

出生証明書

自治体＿＿＿＿＿＿
市

＿＿＿＿の出生登録所において，＿＿＿(年)＿＿の＿＿(番号)＿＿に婚姻登録しました。

名		性別
氏		
出生年月日		
出生場所		
市民権		
個人登録番号		
両親	父	母
名		
氏（婚姻前の氏）		
居住地		

注釈

番号
日付
自治体　　　　　　　　　　　　　　　登記者署名

160　マーシャル（マーシャル諸島共和国）

第1　婚　　姻

1　制　　度

マーシャルでは，民事婚だけでなく慣習婚も認められている。

慣習婚には，出生，死亡及び婚姻登録法は適用されない（登録434条）。

2　実質的成立要件

(1)　婚姻適齢

男子は18歳未満，女子は18歳未満（注）の者は，婚姻をすることができない（登録428条 a 号）。

> （注）　従前は，女子は16歳未満とされていたが，2016年（平成28年）の改正で，
> 　　　　18歳未満となった。

(2)　近親婚の禁止

当事者が法律又は慣習による禁止の親等間にないこと（登録428条 b 号）。

(3)　重婚の禁止

以前に婚姻している場合は，前の配偶者が死亡しているか，又はその当事者の婚姻が，無効又は解消されていなければならない（登録428条 c 号）。

〔根拠法条〕

出生，死亡及び婚姻登録法（Birth, Death and Marriage Registration Act 1988）（1998年，2016年改正）

第4章　出生，死亡及び婚姻登録

第4部　婚姻

第428条（婚姻要件）

　　有効な婚姻を締結するためには，以下のことが必要である。

a　婚姻締結時に，男子が18歳未満でなく，女子が18歳未満でないこと。

b　当事者が法律又は慣習による禁止の親等間にないこと。

c　当事者の一方が，以前に婚姻し，その当事者の前の配偶者が死亡しているか，又はその当事者の婚姻が，管轄裁判所において無効又は解消されている

266　第2編　各　論

こと。

第434条（慣習婚）

本部の規定は，承認された慣習に従っ

て市民間で締結された婚姻には適用され
ない。承認された慣習に従って市民間で
締結された婚姻は，有効である。

第2　出　　生

1　国籍留保届

マーシャルは，父母両系血統主義国であり，マーシャル国内で出生した事実
だけでは同国の市民権を取得しない（憲11条）。

したがって，日本人夫婦の子がマーシャル国内で出生した場合は国籍留保の
届出を要しないが，夫婦の一方がマーシャル市民で他方が日本人の子がマー
シャル（又はその他の外国）で出生した場合は，出生の日から3か月以内に日
本国籍を留保する意思表示をしなければ，子は日本国籍を喪失する（日国12条）。

　（注）　昭和63年12月16日に，日本はマーシャル諸島との外交関係を樹立した。

　　　　日本がマーシャル諸島を承認するまでは，その市民は，「未だ国籍の帰属
　　　が確定しない市民」として，戸籍の実務では取り扱うことで差し支えないと
　　　思われる（民月44-12-127参照）とされていた。

2　出生場所の記載

「マーシャル諸島共和国で出生」（【出生地】マーシャル諸島共和国）と記載
する。

〔**根拠法条**〕

憲法（1979年5月1日施行，1995年改正）

第11条　市民権

第1節（市民になる者）

① 本憲法が施行される直前において信託
統治領の市民であった者は，本人又は両
親の一方が諸島の権利を有しているとき
は，憲法が施行された日にマーシャル諸

島の市民となる。

② 本憲法の施行日以降に出生した者は，
次の各号に該当するときは，マーシャル
諸島の市民となる。

(a) 出生時に，両親の一方がマーシャル
諸島の市民であるか，又は，

(b) マーシャル諸島で出生し，かつ，出

生により他国の市民であるか，又は他
国の市民となる資格を付与されないと
き。

③　（略）

第2節・第3節　（略）

第3　養子縁組

1　根拠法

根拠法は，「養子縁組法」である。

2　実質的成立要件

(1)　養親の要件

婚姻しているか，単身者であるかにかかわらず，成人である者が，又は夫と妻が共同して，子を養子縁組する申請をすることができる。

ただし，同性のカップル又は同性のカップルの一員として生活している者は，子を養子縁組するための申請を裁判所にする資格を有しない（養子811条1項・3項）。

(2)　養親と養子の年齢差

養親は，養子より少なくとも15歳以上年長でなければならない（養子811条2項）。

(3)　養子の年齢

養子は，16歳未満でなければならない（養子803条・818条）。

3　保護要件

(1)　親の同意

ア　同意の要否

実親の同意を要する。

養子となる子が，親の監護の下にないときは，裁判所の命令又はマーシャルの文化に従って，主に子を後見又は監護する者の同意を要する（養子813条）。

268　第2編　各　論

イ　同意の免除

　実親が重大な精神的な病気で子の世話をすることができない場合，実親がともに子を遺棄し，子が他人の監護下又は後見下にある場合，実親の権利が裁判所の命令で終了している等の場合は，親の同意は要しない（養子816条）。

ウ　同意の撤回

　実親又は後見人は，手続の間はいつでも養子縁組に対する同意を撤回することができる。ただし，撤回は，養子縁組を認める命令が登録される前に裁判所に伝えられなければならない（養子817条1項）。

⑵　養子の同意

　養子が12歳以上である場合は，その者の同意を要する（養子819条2項）。

4　養子縁組の効力

⑴　実親との関係

　実親と養子の間の全ての権利，義務は消滅する（養子826条2項）。

⑵　養親との関係

　養親と子との法律関係が生じ，全ての権利及び義務を有する（養子826条1項）。

5　ハーグ国際養子縁組条約

　未批准（2017年（平成29年）現在）

〔**根拠法条**〕

養子縁組法（Adoption Act 2002）（2002年11月11日施行）
第26編　家族
第8章　養子縁組
第801条（略称）
　本法は，「2002年養子縁組法」と引用される。

第803条（定義）
　本法において，以下として適用される。（略）
　(h)　「子」は，本法において，16歳より若い者を意味する。
　(i)　「裁判所」は，マーシャル諸島共和国の高等法院を意味する。（以下，略）

(o) 「省」は，内務省（the Ministry of Internal Affairs）を意味する。

第808条（子の養子縁組）

　本法で規定される以外の方法による子の養子縁組は，有効ではない。

第811条（養子縁組の申請資格）

① 婚姻しているか，単身者であるかにかかわらず，成人である者が，又は夫と妻が共同して，子を養子縁組する申請をすることができる。

② 申請者は，少なくとも養子よりも15歳以上年長でなければならない。

③ 同性のカップル又は同性のカップルの一員として生活している者は，子を養子縁組するための申請を裁判所にする資格を有しない。

第813条（養子縁組に対する同意）

　これに関するそれぞれの条において，同意が不必要とされていないときは，子を養子縁組する申請は，次に掲げる者の同意が得られた場合にのみ認めることができる。

(a) 実親の同意

(b) 養子となる子が，親の監護の下にないときは，裁判所の命令又はマーシャルの文化に従って，主に子を後見又は監護する者の同意

第816条（必要とされない同意）

　上記の同意の規定にかかわらず，以下の場合は同意の取得を要しない。

(a) 養子となった子が嫡出でない子で，子の親権を有しない親が子を認知しないか，子の養育を助けないか，子との関係を築かない場合は，その親の同意は要しない。

(b) 養子となった子が嫡出でない子で，

子の実父が誰か分からないか，又は決定できない場合は，父の同意は要しない。

(c) 子が実の母に対する性的暴行又は他の性的犯罪の結果として妊娠した場合は，加害者の同意は要しない。

(d) 実親が重大な精神的な病気で子の世話をすることができない場合は，その親の同意は要しない。精神的な病気は資格医師の証言で立証することができる。

(e) 実親がともに子を遺棄し，子が他人の監護下又は後見下にある場合は，その親の同意は要しない。

(f) 実親の権利が裁判所の命令で終了している場合は，その親の同意は要しない。

第817条（同意の撤回）

① 実親又は後見人は，手続の間はいつでも養子縁組に対する同意を撤回することができる。ただし，撤回は，養子縁組を認める命令が登録される前に裁判所に伝えられなければならない。

② このような撤回は，以下の場合に成立する。

(a) 養子縁組の手続中に裁判所に撤回を書面で交付し，それが，養子縁組を認める命令の登録前である場合

(b) 養子縁組の手続中に公開の法廷で口頭で撤回し，それが養子縁組を認める命令の登録前である場合

第818条（養子縁組適格者）

　全ての場合において，申請者は子を養子とすることができる。ただし，子が16歳に達していてはならない。

第819条（子の同意及び代理）

270 第2編 各 論

① （略）
② 養子が12歳以上である場合は，その者が同意する前に，養子縁組の子の理解について裁判所が審査しなければならない。
③・④ （略）
第826条（判決の効果）
① 養子縁組の判決が認められた後は，子と養親は，互いに親と子の法律関係を保持し，全ての権利を有し，その関係の義務に服する。
② 養子の実親は，判決が認められた日に，子に対する親としての全ての義務を免れ，子に対して何ら権利を有しない。
③ 本法に基づく養子は，養親の実子と同様に相続権を有する。

第4 国 籍

1 二重市民権

マーシャルは，二重市民権を認めておらず，外国の市民権又は国籍を放棄しなければ，マーシャル市民になることができない（市民411条）。

2 マーシャル市民権の喪失

(1) 市民権の喪失

成人に達し，完全な行為能力を有する者は，その者が婚姻以外の自発的な行為により外国の国籍又は市民権を取得した事由により，大臣から高等法院への申請に基づき，市民権を喪失する対象となる。

ただし，内閣の明示された承認がある場合を除く（市民406条）。

(2) 市民権の放棄

成人で，完全な行為能力を有する市民は，規定された方法で，市民権を放棄することができる。

ただし，その者が既に外国の市民権又は国籍を有している場合又は放棄が，外国の市民権を取得することを目的としている場合でなければ，市民権を放棄することはできない（市民408条）。

〔根拠法条〕

市民権法（Citizenship Act）（1984年3月14日施行，1986年法律第33号，1989年法律第37号，1989年法律第53号，1989年法律第68号，1991年法律第119号，1991年法律第120号，1994年法律第97号，1995年法律第137号，2001年法律第30号，2002年法律第54号，2002年法律第70号，2009年法律第25号，2010年法律第40号改正）

第43編　市民権，出入国管理

第4章　登録及び帰化

第1部　序

第401条（略称）

　　本章は，1984年市民権法と引用される。

第3部　市民権の喪失及び放棄

第406条（市民権の喪失；総則）

　　成人に達し，完全な行為能力を有する者は，その者が（婚姻以外の）自発的な行為により外国の国籍又は市民権を取得した事由により，大臣から高等法院への申請に基づき，聴取の後，市民権を喪失する対象となる。ただし，内閣の明示された承認がある場合を除く。

第408条（市民権の放棄）

① 　本条第2項及び第3項を条件として，成人で，完全な行為能力を有する市民は，規定された方法で，市民権を放棄することができる。

② 　以下の場合でなければ，市民権を放棄することはできない。

　　a 　その者が既に外国の市民権又は国籍を有している場合。

　　b 　放棄が，外国の市民権を取得することを目的としている場合。

③ 　戦時には，市民権は内閣の事前の同意がなければ，放棄することができない。

第4部　登録による市民権

第411条（二重市民権）

　　本章第412条を条件として，その者が保持する市民権を放棄し，規定された方法で，規定された宣誓をし，署名をしなければ，マーシャル諸島憲法第11条第2項に従って登録による市民になることはできない。

161 マダガスカル（マダガスカル共和国）

第1 国籍証明

　民事裁判所の所長又は支部の裁判官のみが，マダガスカル国籍を有することを証明する全ての者に対して，その国籍の証明書を交付する資格を有する（国籍87条）。

〔根拠法条〕

国籍法（Ordonnance n°60-064 du 22 juillet 1960 portant Code de la nationalité malgache）（1960年7月22日，1961年12月13日法律第61-052号，1962年6月6日法律第62-005号，1995年9月18日法律第95-021号，2016年12月15日法律第2016-038号改正）
第4編　マダガスカル国籍の取得又は喪失

に関する行為の要件及び形式
第4章　マダガスカル国籍の証明書
第87条
　民事裁判所の所長又は支部の裁判官のみが，マダガスカル国籍を有することを証明する全ての者にマダガスカル国籍の証明書を交付する資格を有する。

第2 婚 姻

1 婚姻要件具備証明書

　マダガスカルには，権限ある行政区（長）が婚姻要件具備証明書を発行する制度があり，「結婚及び夫婦財産制に関する法律」第11条において，結婚を登録する前に，夫婦は，それぞれ戸籍担当官憲に対し，直近6か月以内に発行された出生証明書の写し及び行政区長が発行する婚姻要件具備証明書（独身証明）の写しを提出しなければならない旨が規定されている。

　マダガスカル人男と日本人女との創設的婚姻届について，双方の実質的成立要件が満たされた届出として受理して差し支えないとされた事例がある（平成24. 4. 19民一994号回答（戸籍873-64））。

2　婚姻証明書

マダガスカル国アンタナナリブ市助役発行の婚姻証明書は，資料161－1（本文283頁）参照。

3　実質的成立要件

(1)　婚姻適齢

男女とも18歳である。

ただし，婚姻適齢に達する前も重大な理由がある場合は，親等の同意があるときは，婚姻をすることができる（婚姻3条）。

（注）　従前は，婚姻適齢は，女性は14歳，男性は17歳であった。

(2)　重婚の禁止

前婚が解消する前は，再婚をすることができない（婚姻7条）。

(3)　再婚禁止期間

女性は，前婚の解消から180日が経過する前は，再婚をすることができない。

ただし，婚姻挙行地を管轄する裁判長は，前夫が妻と150日の間同居してないときは，その期間を短縮することができる（婚姻8条）。

なお，再婚禁止期間は，出生により終了する（婚姻10条）。

(4)　近親婚の禁止

①直系の全ての親等，②傍系，兄弟姉妹間，おじと姪，おばと甥の婚姻は禁止される（婚姻11条）。

4　マダガスカル国籍の取得

マダガスカル人の男性と婚姻した外国人女性は，当然にマダガスカル国籍を取得するのではなく，請求に基づくか，その本国法の規定に従い，必然的に国籍を喪失するときにのみ，マダガスカル国籍を取得する（国籍22条）。

〔根拠法条〕

婚姻及び婚姻制度に関する2007年8月20日法律第2007-022号（Loi N 2007-022 du aout 2007 portant relative au mariage et aux regimes matrimoniaux）

第2章　婚姻を締結するための要件

第3条

　　婚姻適齢は，18歳である。ただし，この年齢前に，重大な理由がある場合は，道徳に反する罪の刑事告発を損なうことなく，父及び母又は子に対して権限を行使する者の請求に基づき，子の同意とその者の明確な同意があるときは，第1審裁判所の所長は，婚姻を許可することができる。（以下，略）

第5条

　　子は，18歳に達する前は，父又は母の同意，父又は母がいないときは，慣習又は法律に基づいてその者に親権を有する者の同意がなければ，婚姻を締結することができない。

第7条

　　前婚が解消する前は，再婚をすることができない。（以下，略）

第8条

　　女性は，前婚の解消から180日が経過する前は，再婚をすることができない。

　　婚姻挙行地を管轄する裁判長は，前夫が妻と150日の間同居してないときは，事前に検察官に通知する簡易な請求に基づき，その期間を短縮することができる。（以下，略）

第10条

　　いずれの場合でも，この期間は出生により終了する。

第11条

　　嫡出又は嫡出でない親類縁者間で，以下の婚姻は禁止される。

1　直系の全ての親等

2　傍系，兄弟姉妹間，おじと姪，おばと甥

国籍法（1960年7月22日，1961年12月13日法律第61-052号，2016年12月15日法律第2016-038号改正）

第2編　マダガスカル国籍の取得

第2章　婚姻を理由とするマダガスカル国籍の取得

第22条

　　マダガスカル人の男性と婚姻した外国人女性は，特別の請求に基づくか，又は，その本国法の規定に従い，必然的に国籍を喪失するときは，マダガスカル国籍を取得する。

　　マダガスカル人と婚姻した無国籍の女性は，マダガスカル国籍を取得する。

第3　出　　生

1　出生子の身分

　父母の婚姻中又は婚姻解消後300日以内に出生した子は嫡出子である（親子

3条)。

2 国籍留保届

マダガスカルは，父母両系血統主義国（**注**）であり，マダガスカル国内で出生した事実だけでは，同国の国籍を取得しない（国籍9条）。

したがって，日本人夫婦の子がマダガスカル国内で出生した場合は，国籍留保の届出を要しないが，夫婦の一方がマダガスカル人で，他方が日本人の子がマダガスカル（又はその他の外国）で出生した場合は，出生の日から3か月以内に日本国籍を留保する意思を表示しなければ，子は日本国籍を喪失する（日国12条）。

> （**注**） 従前は，父系血統主義国であったが，2016年（平成28年）に国籍法が改正され，父母両系血統主義国となった。

3 出生場所の記載

(1) 行政区画

マダガスカルは，6つの州（**注**），24の県，117の郡から構成されている。

> （**注**） 州は第1級地方行政区であり，アンタナナリボ州，アンツィラナナ州，トアマシナ州，トゥリアラ州，フィアナランツァ州，マジュンガ州である。

(2) 戸籍の記載

「マダガスカル国アンタナナリボ州アンタナナリボ市で出生」（【出生地】マダガスカル国アンタナナリボ州アンタナナリボ市）と記載する。

〔**根拠法条**〕

国籍法（1960年7月22日，1961年12月13日法律第61-052号，2016年12月15日法律第2016-038号改正）
第1編 原有国籍としてのマダガスカル国籍の付与
第9条
　父及び（又は）母がマダガスカル人か

ら出生した子は，マダガスカル人である。
　（注） 従前は，①マダガスカル人を父とする嫡出子，②マダガスカル人の母と無国籍又は国籍不明の父との間に出生した嫡出子とされていた。
第10条
　次の者は，マダガスカル人である。

276 第2編 各 論

1 マダガスカル人の母より出生した嫡出でない子
2 母が不明又は母の国籍が不明であるが，父をマダガスカル人とする嫡出でない子
第11条
両親は知れないが，少なくともそのいずれかがマダガスカル人と推定され，かつ，マダガスカルにおいて出生した子は，マダガスカル人である。

子の名，身体の特徴，養育者の人格，養育者に引き取られるに至った条件，教育，生活環境は，特に考慮されることがある。

ただし，外国人との親子関係が未成年の間に確定された場合には，その子は遡ってマダガスカル人でなかったものとみなされる。

マダガスカルで発見された新生児は，反証のあるまで，マダガスカルで出生したものと推定される。

親子関係，養子縁組，否認，後見法（Loi N°63-022 du Novembre 1963 sur Filiation, L'adoption, Le Rejet et La Tutelle）
第1編 親子関係
第1章 父子関係
第1節 父の推定
第3条
婚姻中に妊娠又は出生した子の父は，夫である。

父の推定は，以下の場合には適用されない。
1 子が婚姻の解消から300日後に出生した場合
2 （略）

第4 認 知

1 認知制度

マダガスカルの法律によれば，認知制度が存在する（マダガスカル共和国1963年11月20日付け法律第63-022号）。

2 形式的成立要件

マダガスカル国の公証人の面前で認知に関する手続を終了した場合は，同国の法律上の要件を満たしている。

（第4につき，時報287-54，1982）

第5 養子縁組

1 根拠法

根拠法は,「親子関係,養子縁組,否認,後見法」である。

2 制 度

養親と養子の間に人為的に養子に嫡出子の地位を付与する親子関係を創設することを目的とする完全養子縁組(養子30条)と無関係の2人の間に協定による親子関係を創設し,同じ家族の既に存在する親子関係又は姻戚関係を強固にするために用意された法律行為である単純養子縁組(養子18条)の2つの制度がある(養子16条)。

3 実質的成立要件

(1) 養親の年齢

ア 完全養子縁組

完全養子縁組は,養子縁組の日に,30歳以上である夫婦についてのみ認められる(養子33条)。

イ 単純養子縁組

養親は,21歳以上でなければならない(養子19条)。

(2) 夫婦共同縁組

完全養子縁組は,共同して養子縁組をしなければならない(養子34条)。

(3) 養子の要件

ア 完全養子縁組

12歳未満で,かつ①配偶者の一方と親族関係又は姻族関係にある子,②受入センターを含む認定機関に自発的に委ねられた子,③遺棄されたか,父母が知れないか,若しくは死亡した子のみを養子とすることができる(養子36条)。

また,3人を超える子を養子縁組することができない(養子34条)。

278 第2編 各 論

イ 単純養子縁組の場合

年齢にかかわらず，養子とすることができる（養子20条）。

4 保護要件

(1) 裁判所の関与

養子縁組には，少年裁判所が関与する。

(2) 親の同意

ア 完全養子縁組

(ア) 同意の要否

子が遺棄されていない場合又は父母が生存している場合は，養子縁組に対する双方の同意を要する。

父母の一方が死亡しているか，又は自己の意思を表明することができない場合は，死亡した親の家族に通知した後，他方の同意で足りる（養子41条）。

(イ) 同意時期の制限

養子縁組に対する同意は，仮保護命令があった日から6か月後にすることができる。

また，母の養子縁組に対する同意は，子の出生後にのみすることができる（養子42条）。

イ 単純養子縁組

養子が未成年である場合は，父母の同意を要する（養子21条）。

ただし，両親の一方が死亡しているか，又は自己の意思を表明することができない場合は，他方の同意のみで足りる（養子22条）。

5 養子縁組の効力

(1) 完全養子縁組

養子と実の家族との関係を切断し，養親の家族の中で嫡出子の身分を付与する（養子69条）。

(2) 単純養子縁組

養子縁組は，実の家族との関係を切断しない。

養子は，権利，特に相続権を保持し，引き続き全ての義務を負う（養子25条）。

6 マダガスカル国籍の取得

マダガスカル人の養子となった子は，宣言の日にマダガスカルに5年間居住しているときは，成人に達する前に，マダガスカル人の資格を請求することができる（国籍17条）。

7 ハーグ国際養子縁組条約

2004年（平成16年）批准

〔根拠法条〕

養子縁組に関する2005年9月7日法律第2005-014号（Loi N 2005-014 du 7 septembre 2005 relative a l'adoption）

第2編 養子縁組

第16条

養子縁組には，2つの様式がある。単純養子縁組と完全養子縁組である。（以下，略）

第1章 単純養子縁組

第1節 要件

第18条

単純養子縁組は，2人の他人の間に協定による親子関係を創設し，同じ家族にある2人の間の既に存在する家族関係又は姻戚関係を強固にするための法律行為である。

第19条

この養子縁組は，いずれか一方が21歳以上の者についてのみ許される。

第20条

全ての成人又は未成年を単純養子縁組の対象とすることができる。

第21条

養子が未成年で，父母との親子関係が成立している場合は，父母双方の養子縁組に対する同意を要する。（略）

母との親子関係のみが成立している場合は，母の同意のみで足りる。

第22条

両親の一方が死亡しているか，又は自己の意思を表明することができない場合は，他方の同意のみで足りる。

第2節 効果

第25条

単純養子縁組は，実の家族との関係を切断しない。

養子は，権利，特に相続権を保持し，引き続き全ての義務を負う。（以下，略）

第2章 完全養子縁組

第30条

完全養子縁組は，養親と養子の間に，嫡出子の地位を与える関係を創造することを目的とする法律上の制度である。

完全養子縁組は，裁判上の決定で言い渡される。

第1節　養親に関する要件

第33条

完全養子縁組は，養子縁組の日に，30歳以上である夫婦についてのみ認められる。（以下，略）

第34条

養子縁組は，共同でしなければならない。

3人以上の子を養子とすることはできない。

第2節　養子に関する要件

第36条

完全養子縁組の対象として，以下の要件である12歳未満の者のみを養子とすることができる。

―配偶者の一方と親族関係又は姻族関係にある子

―受入センターを含む認定機関に自発的に委ねられた子

―遺棄されたか，父母が知れないか，若しくは死亡した子

第41条

子が遺棄されていない場合又は父母が生存している場合は，養子縁組に対する双方の同意を要する。

父母の一方が死亡しているか，又は自己の意思を表明することができない場合は，死亡した親の家族に通知した後，他方の同意で足りる。（以下，略）

第42条

養子縁組に対する同意は，仮保護命令があった日から6か月後にすることができる。（略）

母の養子縁組に対する同意は，子の出生後にのみすることができる。（以下，略）

第3章　完全養子縁組の段階

第3節　完全養子縁組の効力

第69条

国内又は国際の完全養子縁組は，養子と実の家族との関係を切断し，養親の家族の中で嫡出子の身分を付与する。

国籍法（1960年7月22日，1961年12月13日法律第61-052号，2016年12月15日法律第2016-038号改正）

第2編　マダガスカル国籍の取得

第1章　親子関係，出生又は養子縁組を理由とする国籍の取得

第17条

マダガスカル人の養子となった子は，宣言の日にマダガスカルに5年間居住しているときは，成人に達する前に，マダガスカル人の資格を請求することができる。

第19条

前記第16条及び第17条の規定の場合は，宣言の日にマダガスカル国籍を取得する。

〔参考〕

親子関係，養子縁組，否認，後見法（Loi N63-022 du Novembre 1963 sur Filiation, L'adoption, Le Rejet et La Tutelle）

第2編　養子縁組

第1節　裁判上の養子縁組

第51条

　裁判上の養子縁組は，養親と養子の間に人為的に養子に嫡出子の地位を付与する親子関係を創設することを目的とする。

第52条

　裁判上の養子縁組は，正当な理由があり，養子の利益のためにのみ行われる。

第53条

　養子縁組は，養子縁組の日にどちらか一方が30歳以上である者についてのみ許可される。（略）

第54条

　夫婦でない場合は，複数の者が養子縁組をすることができない。夫婦の場合は，共同して養子縁組をしなければならない。

　夫婦の一方が必要とされる年齢に達していれば足りる。

第55条

　3人を超える子を養子縁組することができない。

第56条

　以下の子で，妊娠中又は10歳未満のみが裁判上の養子縁組の対象となる。

　1　棄児又は父母が知れないか，又は死亡している子

　2　（略）

第57条

　養子が棄児でないか，又は父母が生存している場合は，養子縁組に対するそれぞれの同意を要する。

　父母の一方が死亡しているか，又は自己の意思を表示することができない場合は，他方

の同意で足りる。（略）

第58条

　重大な事由があり，子の利益である場合は，裁判官が同意の拒否を問題にしないことができる。

第59条

　養子は，（略）第11条及び第12条の禁止を条件として，実の家族には属さなくなる。

第66条

　裁判上の養子縁組は，いかなる理由でも撤回することができない。

第2節　単純養子縁組

第67条

　単純養子縁組は，無関係の2人の間に協定による親子関係を創設し，同じ家族の既に存在する親子関係又は姻戚関係を強固にするためにするために用意された法律行為である。

第68条

　この養子縁組は，少なくとも21歳以上の者についてのみ認められる。

第69条

　全ての成人又は未成年を単純養子縁組の対象とすることができる。

第70条

　養子が未成年である場合は，父又は母の同意を要する。

第72条

　単純養子縁組では，引き続き実の家族に属する。（略）

第77条

　単純養子縁組は，いかなる理由でも撤回することができない。

第6　養子縁組の撤回

1　完全養子縁組

完全養子縁組は撤回することができない（養子68条）。

282　第2編　各　　論

2　単純養子縁組

単純養子縁組は，管轄裁判所が重大な理由があると正式に評価した場合にのみ撤回又は無効とすることができる（養子28条）。

〔根拠法条〕

養子縁組に関する2005年9月7日法律第
　2005-014号
第2編　養子縁組
第1章　単純養子縁組
第2節　効果
第28条
　　単純養子縁組は，管轄裁判所が重大な

理由があると正式に評価した場合にのみ撤回又は無効とすることができる。
第3章　完全養子縁組の段階
第3節　完全養子縁組の効力
第68条
　　完全養子縁組は，撤回することができない。

第7　国　　　籍

1　二重国籍

マダガスカルでは，外国人との婚姻により外国の国籍を取得した場合に限り，二重国籍を認めている。

2　マダガスカル国籍の喪失

自発的に外国の国籍を取得した成人のマダガスカル人は，マダガスカル国籍を喪失する（国籍42条）。

〔根拠法条〕

国籍法（1960年7月22日，1961年12月13日
　法律第61-052号，2016年12月15日法律
　第2016-038号改正）
第3編　マダガスカル国籍の喪失及び失効
第1章　マダガスカル国籍の喪失

第42条
　　自発的に外国の国籍を取得した成人のマダガスカル人は，マダガスカル国籍を喪失する。

資料161-1 〔婚姻証明書〕

REPOBLIKAN'I MADAGASIKARA
Tanindrazana - Fahafahana - Fandrosoana

Teny midina laharana faha-788-MJ/CAB
tamin'ny 29 desambra 1961 nataon'ny
Minisitry ny Fitsarana
sy Mpitahiry ny Kasem-panjakana

KOPIAN' NY SORA-PIANKOHONANA

FARITANY ANTANANARIVO

Kaominina Antananarivo Renivohitra

Boriborintany Fahaenina

Nalaina tamin'ny bokim-piankohonana taona enina sy roa arivo, Kaominina Antananarivo Renivohitra - Boriborintany Fahaenina izao soratra manaraka izao :

Androany　　※　　Desambra taona enina sy roa arivo, dia tonga teto anatrehanay,　　※ ※ ※ ※　　, Mpiandraikitra ny sora-piankohonana ao amin'ny Kaominina Antananarivo Renivohitra - Boriborintany Fahaenina :

1°　☐☐☐☐　, ※ ※ , mizaka ny zom-pirenena Japon, teraka tao Fukuoka Ken Kasuyagu　※ ※　, tamin'ny　　※　　Aprily taona fito amby enimpolo sy sivinjato sy arivo, monina ao　※ ※　, zanak'i ※ ※ ※ ※ , ※ ※ sy ※ ※ ※ ※ , ※ ※ .

Faha : ※ ※ ※ ※

※ Desambra 2006

Sora-panambadiana

☐☐
☐☐
sy
△△
△△

Tsy asiana hajia
Araky ny art.416 C.G.E.T

2°　△△△△　, , mizaka ny zom-pirenena Malagasy, teraka tao Befelatanana Antananarivo faha efatra, tamin'ny ※ Desambra taona roa amby valopolo sy sivinjato sy arivo, monina ao Mahamasina sud, zanak'i　　　　　※ ※ ※ ※　　, ※ ※ , teraka tao Tsimialonjafy, tamin'ny　　　※　　　Aogositra taona telo amby dimampolo sy sivinjato sy arivo sy　　※ ※ ※ ※ ※ ※ , teraka tao Manjakandriana, tamin'ny ※ Novembra taona valo amby dimampolo sy sivinjato sy arivo.

Samy milaza izy ireo fa mifanaiky ny hifampakatra, ka dia nambaranay tamin'ny anaran'ny lalàna fa mpivady izy ireo manomboka izao.

Rehefa nanontanianay Mpiandraikitra ny sora-piankohonana izy ireo dia nanambara fa nisafidy ny lalam-pizaram-pananana zara mira.

Ny fanoratana dia natao teo anatrehan'i　　　※ ※ ※ ※　　, , teraka tao Befelatanana tamin'ny　　　※　　　Jolay taona fito amby fito ̄ '૦ sy sivinjato sy arivo, monina ao Besarety sy ※ ※ ※ ※ , , teraka tao Befelatanana tamin'ny　　　※　　　Janoary taona telo amby fitopolo sy sivinjato sy arivo, monina ao Mahamasina. Ka re' ʿa novakiana tamin'izy ireo ity soratra ity, dia miara-manao sonia aminay ˌᴄy mivady sy ny vavolombelona .

- - - - - - - - - - - MANARAKA NY SONIA - - - - - - - - - - -

SORATRA AN-TSISINY : TSY MISY
Kopia nadika manontolo tamin'ny boky androany sivy Janoary taona fito sy roa arivo.

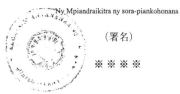

Ny Mpiandraikitra ny sora-piankohonana

（署名）

※ ※ ※ ※

284　第2編　各　論

資料161－1

婚姻証明書（訳文）

婚姻証明　※※※※　　　　　　婚姻日　2006年12月※日
夫　□□□□　　　　　　　　　妻　△△△△

この証明書はアンタナナリブの戸籍簿に記載されている2006年の台帳の妙
本である。アンタナナリブ市助役、※※※※の面前、日時2006年12月※日
に記帳された。

夫になる人　氏名　　（氏）　□□　　　（名）　□□
　　　　　　職業　※※　　国籍　日本
　　　　　　出生地　福岡県糟屋郡※※　　　出生年月日　1967年4月※日
　　　　　　住所　　福岡県糟屋郡※※
　　　　　　父　　※※※※
　　　　　　母　　※※※※
妻になる人　氏名　　（氏）　△△　　　（名）　△△
　　　　　　職業　※※　　国籍　マダガスカル共和国
　　　　　　出生地　アンタナナリブ市　ベフェラタナナ
　　　　　　出生年月日　1982年12月※日
　　　　　　父　　※※※※　　職業　※※
　　　　　　出生地　チミアルンザフィ　　出生年月日　1953年8月※日
　　　　　　母　　※※※※　　職業　※※
　　　　　　出生地　マンザカンジィアナ　出生年月日　1958年11月※日

　　上記の者、2人は夫婦になる事を宣言した。そして私は結婚が成立した
事を法の名の下に宣言する。下記の者が証人として同席の上記帳し、婚姻
成立後、夫婦と証人及びアンタナナリブ市助役※※※※が署名した。
　　　　　　氏名　※※※※
　　　　　　出生地　ベフェラタナナ　　　出生年月日　1977年7月※日
　　　　　　住所　ベサレティ
　　　　　　氏名　※※※※
　　　　　　出生地　ベフェラタナナ　　　出生年月日　1973年1月※日
　　　　　　住所　ママスナ
　　　　証明書発行者職名　　アンタナナリブ市助役
　　　　発行年月日　　　　　平成19年1月9日

　　　　　　　　　　　　　　　　　翻訳者氏名　　□□□□

162 マラウイ 285

162　マラウイ（マラウイ共和国）

第1　婚　　姻

1　婚姻証明書

　マラウイ国登録長官発行の婚姻証明書（婚姻法25：01章）は，資料162－1（本文294頁）参照。

2　実質的成立要件

⑴　婚姻適齢及び同意を要する婚姻

　男女とも18歳である（憲22条6項）。

　なお，15歳から18歳までの者は，両親又は後見人の同意を得て婚姻をすることができる（憲22条7項）。

⑵　一夫多妻

　マラウイでは，一夫多妻制が認められている。

⑶　重婚の禁止

　重婚は禁止され，処罰される（離婚12条1項）。

⑷　近親婚の禁止

　当事者が，実の関係であるか，法律上の関係であるかにかかわらず，禁止された親等の血族であるか，又は姻族である場合は，婚姻は禁止される（離婚12条1項）。

3　婚姻の無効

⑴　無効申請

　夫又は妻は，裁判所に婚姻の無効を宣言することを求める申請をすることができる（離婚11条）。

⑵　無効事由

　①被告が婚姻時に永久的な性交不能者である場合，②近親婚の禁止の関係に

286　第2編　各　　論

ある場合，③当事者の一方が，婚姻時に精神障害であるか，知的障害である場
合，④重婚の禁止に反する場合，⑤婚姻が，被告の悪意で婚姻の完結を拒否し，
婚姻が完結しない場合，⑥被告が婚姻時に，伝染性の性病に罹患していた場合
が無効事由となる（離婚12条）。

4　マラウイ国籍の取得

マラウイ男性と婚姻した外国人女性は，当然にはマラウイ国籍を取得しない。

〔根拠法条〕

憲法（1994年）
第4章　人権
第22条（家族及び婚姻）
①～⑤　（略）
⑥　18歳以上のいかなる者も婚姻を妨げら
　れない。
⑦　15歳から18歳の者は，両親又は後見人
　の同意があれば婚姻をすることができる。
⑧　（略）

離婚法（25.04章）
第1条（略称）
　　本法は，離婚法と引用することができ
　る。
婚姻の無効
第11条（婚姻無効の申請）
　　夫又は妻は，裁判所に婚姻の無効を宣
　言することを求める申請をすることがで
　きる。
第12条（無効の判決事由）

①　次に掲げる事由は，婚姻の無効判決を
　することができる事由である。
　a　被告が婚姻時に永久的な性交不能者
　　であること。
　b　当事者が，（実の関係であるか，法
　　律上の関係であるかにかかわらず）禁
　　止された親等の血族であるか，又は姻
　　族であること。
　c　当事者の一方が，婚姻時に精神障害
　　であるか，知的障害であること。
　d　婚姻時に，当事者の一方の前の夫又
　　は妻が生存し，その前夫又は妻との婚
　　姻が効力を有していたこと。
　e　（略）
　f　婚姻が，被告の悪意で婚姻の完結を
　　拒否し，婚姻が完結しないこと。
　g　被告が婚姻時に，伝染性の性病に罹
　　患したこと。
②・③　（略）

第2 出 生

1 国籍留保届

(1) マラウイで出生した場合

両親の一方がマラウイの市民である場合（注）は，出生の日にマラウイ市民となる（市民4条）。

したがって，日本人夫婦の子がマラウイ国内で出生した場合は，国籍留保の届出を要しないが，夫婦の一方が日本人で他方がマラウイ市民の子がマラウイ国内で出生した場合は，出生の日から3か月以内に日本国籍を留保する意思を表示しなければ，子は日本国籍を喪失する（日国12条）。

なお，その者の父がマラウイと交戦中の国の市民で，かつ，その者が敵国によって占領されている地において出生したものであるときは，適用されない（市民4条）。

> （注） 改正前は，両親の一方がマラウイ市民だけでなく，かつアフリカ民族人であるときということが要件とされていた。

(2) マラウイ国外で出生した場合

父又は母が出生によるマラウイ市民であるとき（注）は，出生の日にマラウイ市民となる（市民5条）。

したがって，夫婦の一方が日本人で他方がマラウイ市民の子がマラウイ以外の外国で出生した場合は，出生の日から3か月以内に日本国籍を留保する意思を表示しなければ，子は日本国籍を喪失する（日国12条）。

> （注） 父又は母がマラウイ市民であるが，出生によらないマラウイ市民であり，子がマラウイ市民にならない場合は，届書の「その他」欄に，その旨を記載するのが適当である。

2 出生場所の記載

(1) 行政区画

マラウイは，3つの州（注）から構成されている。

> （注） 州は，北部州，中部州，南部州である。

288　第2編 各　論

(2)　戸籍の記載

「マラウイ国中部州リロングウェ市で出生」（【出生地】マラウイ国中部州リロングウェ市）と記載する。

〔根拠法条〕

市民権法（Malawi Citizenship Act）（第15：01章）（1966年法律第28号・同年7月6日施行，1967年法律第37号，1971年法律第5号，1992年法律第22号）

第1部　序
第1条（略称）
　　本法は，「マラウイ市民権法」と略称する。
第2条（解釈）
①～③　（略）
④　本法において，外国において，登録された船舶若しくは航空機又はいかなる国の政府の登録されていない船舶若しくは航空機で出生した者は，船舶若しくは航空機が登録された場所で，又は場合によっては，その国で出生したものとみなされる。
⑤　本法施行後に，マラウイで棄児として発見された新生児は，反対の証明がない限り，マラウイの市民権を有する親から

マラウイで出生したものとみなされる。
⑥　（略）
第2部　出生及び血統による市民権
第4条（出生による市民権）（1971年法律第5号，1992年法律第22号改正）
　　1966年7月5日以降にマラウイで出生した全ての者は，両親の一方がマラウイの市民であるときは，出生の日にマラウイ市民となる。
　　ただし，この規定は，その者の父がマラウイと交戦中の国の市民で，かつ，その者が敵国によって占領されている地において出生したものであるときは，適用されない。
第5条（血統による市民権）（1992年法律第22号改正）
　　1966年7月5日以降にマラウイ国外で出生した者は，父又は母が出生によるマラウイ市民であるときは，出生の日にマラウイ市民となる。

第3　養子縁組

1　根拠法

根拠法は，「児童養子縁組法」である。

児童養子縁組法は，1949年に制定され，その後数回の改正を経て，2009年9月に最終改正されている。

2　実質的成立要件

⑴　養親の要件

ア　年　齢

　　養親は，25歳以上でなければならない（養子3条1項）。

イ　単身者の養子縁組の制限

　　単身者も養親となることができるが，裁判所が特別な事情があると認めた場合でなければ，単身の男性は女性を養子とすることはできない（養子3条2項）。

⑵　養子の要件

　養子は，婚姻したことのない21歳未満の者でなければならない（養子2条）。

⑶　養親と養子の年齢差

　養親は，養子より21歳以上年長でなければならない。

　ただし，養親と養子が血族である場合は，年齢差が21歳以上ない場合でも，裁判所は養子縁組を許可することができる（養子3条1項）。

⑷　配偶者の同意

　　夫婦の一方のみが養親になる場合は，他の配偶者の同意を要する（養子3条4項）。

⑸　複数の者による養子縁組の禁止

　　養親が夫婦である場合を除き，複数の者が養親になることができない（養子2条3項）。

3　保護要件

⑴　親等の同意

　子を監護する親，監護人等の同意を要する（養子3条3項）。

⑵　裁判所の関与

　養子縁組には，児童治安裁判所（the Child Justice Court）が関与する。

290　第2編　各　　論

4　養子縁組の効力

⑴　実親と養子の関係

実親と養子間の関係は，断絶し，権利及び義務は消滅する（養子6条）。

⑵　養親と養子の関係

養子は，養親の嫡出子として出生したのと同様の養親子関係が生じる（養子6条）。

5　ハーグ国際養子縁組条約

未批准（2017年（平成29年）現在）

〔根拠法条〕

養子縁組法（An Act to Provide for the Adoption of Children）（第26：01章）（1949年法律第13号（同年6月16日），1957年法律第19号，1958年法律第22号，1963年法律第8号，1967年法律第21号改正）

第1条（略称）

　本法は，「児童養子縁組法」と略称する。

第2条（養子縁組命令をする権限）

① 婚姻したことのない子を養子とする権限を与えられることを希望する者による規定された方法による申請に基づき，裁判所は，本法に従い，申請者に子を養子縁組することを認める命令をすることができる。

② （略）子は，21歳未満の者を意味する。

③ 養子縁組命令を求める申請を夫婦が共同してしたときは，裁判所は，養子縁組することを夫婦に認める命令をすることができる。ただし，上記を除き，1人を超える者が子を養子とする養子縁組はな

されない。

第3条（養子縁組命令の制限）

① 養子縁組命令は，以下の場合にはなされない。

　a　申請者が25歳未満であるか，又は

　b　申請者が，申請がされた子よりも21歳以上年長でない場合

　ただし，申請者と子が血族の禁止親等内の関係である場合は，裁判所が適当と判断したときは，申請者が子よりも21歳以上年長でないときでも，裁判所が養子縁組命令をするのは適法である。

② 申請者が男性のみであり，申請がされた子が女性である場合は，養子縁組命令をすることが例外的な手段であるとして正当化できる特別な事情があると裁判所が判断しないときは，いかなる場合であっても，養子縁組命令をしてはならない。

③ 申請がされた子の親若しくは監護人であるか，現実に子の監護権を有する監護

人であるか，子の扶養に責任を有する全ての者又は機関の同意がなければ，養子縁組をしてはならない。（以下，略）

④　他方の配偶者の同意がないときは，夫婦の一方からの申請に基づき養子縁組命令をしてはならない。（以下，略）

⑤　（略）

第6条（養子縁組命令の効力）

①　養子縁組命令がなされると，後見人を指名し，婚姻に対する同意又は不同意する全ての権利を含め，子の将来の監護，扶養及び教育に関する子の親又は後見人の全ての権利，義務及び責任は消滅し，全てのこれらの権利，義務及び責任は，子が婚姻で生まれた子であるかのように養親に与えられ，実行され，有効となる。（以下，略）

②〜⑤　（略）

第4　国　　籍

1　二重国籍

マラウイでは，二重国籍は認められていない（市民6条・7条）。

2　マラウイ市民権の喪失

(1)　マラウイ市民権の喪失

ア　自発的な行為による外国の市民権の取得

婚姻以外の自発的な行為によりマラウイ以外の外国の市民権を取得した成人で能力者であるマラウイ市民は，外国の市民権を取得した日にマラウイの市民でなくなる（市民8条）。

イ　自発的な行為又は婚姻以外の方法による外国の市民権の取得

成人で，自発的な行為又は婚姻以外によりマラウイ以外の外国の市民権を取得したマラウイ市民は，記念日前に，マラウイの市民権を保持する意思を宣言し，自分の力の及ぶ限り，外国の市民権を放棄することの書面による宣言をしなければ，最初の記念日にマラウイ市民でなくなる。

また，成人でなく，自発的な行為又は婚姻以外でマラウイ以外の市民権を取得したマラウイ市民は，22歳の誕生日の前に上記で要求される宣言をしない場合は，22歳の誕生日にマラウイ市民でなくなる（市民10条）。

ウ　未成年者の市民権の喪失

外国の市民権を保持する未成年者は，忠誠の宣言を行い，マラウイの市

292　第2編　各　　論

民権を保持する意思，自己の力の及ぶ限り，外国の市民権を放棄すること，
マラウイに常居する意思を書面で宣言しなければ，22歳の誕生日に，マラ
ウイの市民でなくなる（市民7条）。

(2)　マラウイ市民権の放棄

　成人で，能力者で，外国の市民であるか，大臣が外国の市民になったと判断
したマラウイ市民は，マラウイの市民権の放棄の宣言をしたときは，大臣は宣
言を登録し，その登録に基づき，その者はマラウイの市民でなくなる（市民23
条）。

〔根拠法条〕

市民権法（第15：01章）（1966年法律第28
号・同年7月6日施行，1992年法律第22
号）
第3部　二重国籍
第6条（成人の二重国籍の禁止）
① 成人で能力者であるいかなるマラウイ
　市民も，外国の市民の資格を与えられな
　い。
② 本人の知る限りでは，確かに外国市民
　である成人で能力者であるマラウイ市民
　は，第24条の規定に従ってマラウイの市
　民権を喪失しなければならない。
③ （略）
第7条（未成年者の二重国籍）
① 21歳に達したマラウイ市民で，本人の
　知る限りでは，外国の市民でもある者
　は，以下に掲げる場合でなければ，22歳
　の誕生日に，マラウイの市民でなくなる。
　(a) 別表第2に規定された形式で忠誠の
　　宣言を行い，
　(b) マラウイの市民権を保持する意思を
　　別表第3に規定された形式で，書面で
　　宣言を行い

　(c) 自己でできる限り，外国の市民権を
　　放棄することを別表第4に規定された
　　形式で，書面で宣言を行い，
　(d) マラウイに常居する意思を別表第5
　　に規定された形式で，書面で宣言を行
　　う。
② 第1項に関し，第6条第2項が適用さ
　れる。
第8条（自発的な行為による外国の市民権
の取得）
　婚姻以外の自発的な行為によりマラウ
イ以外の外国の市民権を取得した成人で
能力者であるマラウイ市民は，外国の市
民権を取得した日にマラウイの市民でな
くなる。
第9条（婚姻による外国の市民権の取得）
　婚姻によりマラウイ以外の外国の市民
権を取得した女性のマラウイ市民は，結
婚記念日前に，以下に掲げる書面による
宣言をしなければ，最初の婚姻記念日に
マラウイ市民でなくなる。
　(a) 別表第3に規定された形式で，マラ
　　ウイの市民権を保持する意思を宣言し，

(b) 別表第4に規定された形式で，自分のできる限り，外国の市民権を放棄すること。

第10条（他の方法による外国の市民権の取得）

① 成人で，自発的な行為又は婚姻以外によりマラウイ以外の外国の市民権を取得したマラウイ市民は，記念日前に，以下に掲げる書面による宣言をしなければ，最初の記念日にマラウイ市民でなくなる。

(a) 別表第3に規定された形式で，マラウイの市民権を保持する意思を宣言し，

(b) 別表第4に規定された形式で，自分のできる限り，外国の市民権を放棄すること。

② 成人でなく，自発的な行為又は婚姻以外でマラウイ以外の市民権を取得したマラウイ市民は，22歳の誕生日の前に第1項で要求される宣言をしない場合は，22歳の誕生日にマラウイ市民でなくなる。

第5部　市民権の放棄及び剥奪

第23条（市民権の放棄）

① 成人で，能力者で，外国の市民であるか，大臣が外国の市民になったと判断したマラウイ市民は，別表第6に規定された形式でマラウイの市民権の放棄の宣言をしたときは，大臣は宣言を登録し，その登録に基づき，その者はマラウイの市民でなくなる。

② （略）

資料162－ 1 〔婚姻証明書〕

MALAWI　　　　　GOVERNMENT

THE MARRIAGE ACT (CAP. 25:01)

LILONGWE

CERTIFICATE OF MARRIAGE

No. ※ ※ ※

When Married	Name and Surname	Full Age or Minor	Condition	Rank or Profession	Residence at Time of Marriage	Father's Name and Surname	Rank or Profession of Father
※ JUNE, 2013	□□□	FULL	BACHELOR	※ ※ ※	AREA ※, plot ※ LILONGWE	※ ※ ※ ※	※ ※ ※
	△△△	FULL	SPINSTER	※ ※ ※	AREA ※, PLOT ※ LILONGWE	※ ※ ※ ※	※ ※ ※

※ ※ ※ ※
□□□

I ＿＿＿＿ Registrar General at Blantyre, do hereby certify that this is a true copy of the entry of the

Marriage of ＿＿＿＿ and ＿＿＿＿ △△△△ No. ＿＿＿＿ ※ ※ ※ according to the

Register in my custody. Witness my hand and seal this ＿＿ 3RD ＿＿ day of ＿＿ JULY ＿＿ 20 13

(署名)

＿＿＿＿＿ Registrar General

資料162-1

MALAWI   GOVERNMENT

THE MARRIAGE ACT (CAP. 25.01)

LILONGWE

CERTIFICATE OF MARRIAGE

No. ※ ※ ※

When Married	Name and Surnames	Full Age or Minor	Condition	Rank or Profession	Residence at Time of Marriage	Father's Name and Surname	Rank or Profession of Father
※ JUNE, 2013	□□□	FULL	BACHELOR	※ ※ ※	AREA ※ plot LILONGWE	※ ※ ※	※ ※ ※
	△△△	FULL	SPINSTER	※ ※ ※	AREA ※ PLOT LILONGWE	※ ※ ※	※ ※ ※

I, ※ ※ ※ , Registrar General at Blantyre, do hereby certify that this is a true copy of the entry of the

Marriage of □□□ and △△△ , No. ※ ※ ※ , according to the

Register in my custody. Witness my hand and seal this 3RD day of JULY, 20 13

(署名)

———————————— Registrar General

296 第2編 各　論

163　マリ（マリ共和国）

第1　婚　姻

1　独身証明書

　マリ共和国人男と日本人女の創設的婚姻届の受理について，マリ共和国において発給された独身証明書（資料163-1・本文306頁）を添付した創設的婚姻届について，同証明書はマリ共和国の法制上婚姻の成立に必要な要件を備えていることを証明する書面として認められることから，当該婚姻届を受理して差し支えないとされた事例がある（平成16. 4 . 13民一1178号回答（戸籍760-52））。

2　制　度

　マリでは，一夫一妻制と一夫多妻制を選択することができる。

　一夫一妻制では，夫婦は，前婚の解消前は再婚をすることができない。ただし，一夫一妻制を選択した男性は，配偶者の特別の同意を得て，選択を見直すことができる。

　また，一夫多妻制では，女性がそれに同意しなければならず，かつ，同時に4人以上の女性と婚姻関係にあることはできない（家族307条）。

3　実質的成立要件

(1)　婚姻適齢

　男子は18歳，女子は16歳である。

　ただし，行政単位の長は，民事裁判所に訴え，重大な理由があれば年齢を免除することができ，15歳以上の配偶者になる者についてのみ許可を発することができる（家族282条）。

　なお，年齢要件が免除された場合は，配偶者は原則として父母の同意がなければ婚姻を締結することができない。父母の意見が不一致の場合は，父の同意で足りる（家族284条）。

（注）　従前は，婚姻及び後見法により，婚姻適齢は男子は21歳，女子は18歳であった。ただし，18歳以上21歳未満の男子，15歳以上18歳未満の女子は，両親の同意があれば婚姻をすることができるとされていた。

⑵　近親婚の禁止

母と息子，兄弟姉妹，父と娘等の関係にある者間の婚姻は禁止される（家族289条）。

⑶　再婚禁止期間

離婚した女性は，離婚の日から３か月の期間が経過する前は再婚をすることができない（家族366条）。

4　マリ国籍の取得

マリ国民と婚姻した外国人女性は，当然にマリ国籍を取得する。

ただし，外国人女性は，その国の国籍法上その国籍を保有することが認められている場合には，婚姻挙行に先立ち，マリ国籍の辞退を宣言することができる（国籍23条）。

5　婚姻の無効

近親婚の禁止及び２の婚姻制度に反して締結された婚姻は，無効である（家族311条）。

〔根拠法条〕

人及び家族法（Code des personnes et de la famille）（2011年法律第2011－087号（同年12月30日））

第２巻　婚姻
第２編　婚姻の形成
第１章　婚姻要件
第１節　要求される年齢
第282条
　　婚姻の最低年齢は，男子は18歳，女子は16歳である。

　　ただし，行政単位の長は，決定によって，民事裁判所に訴え，重大な理由があれば年齢を免除することができる。この許可は，15歳以上の配偶者になる者についてのみ発することができる。（以下，略）
第２節　婚姻に対する同意
第284条

年齢要件が免除された場合は，配偶者は原則として父母の同意がなければ婚姻を締結することができない。不一致の場合は，父の同意で足りる。

第4節　禁止婚

第289条

以下の者間の婚姻は，禁止される。

母と息子

兄弟姉妹

父と娘

直系で一親等のおじと姪

父方又は母方の甥とおば

男性と授乳した女性

男性と授乳した女性の娘

男性と乳母の父方又は母方のおば

男性と乳母の娘の子

男性と妻の母

男性と息子の前妻

男性と父の前妻

男性と他の婚姻から出生した配偶者の娘

男性と生存している配偶者の姉妹

男性と配偶者の姪

同性者

第3章　婚姻の選択

第307条

以下の婚姻を締結することができる。

一夫一妻制では，夫婦は，前婚の解消前は再婚をすることができない。ただし，一夫一妻制を選択した男性は，配偶者の特別の同意を得て，選択を見直すことができる。

一夫多妻制では，女性がそれに同意しなければならず，かつ，同時に4人以上の女性と婚姻関係にあることはできない。

第4章　婚姻の無効

第311条

本巻第289条及び第307条の規定に反して締結された婚姻は，刑法による訴追は別にして，無効である。

第4編　婚姻の解消

第1章　離婚による婚姻の解消

第3節　離婚の効力

第366条

離婚した女性は，離婚の日から3か月の期間が経過する前は再婚をすることができない。

国籍法（Loi N°62-18AN-RM du 3 Février 1962, Code de la nationalité malienne）（1962年2月3日法律第62-18号，1995年8月25日法律第95-70号改正）

第2編　マリ国籍の取得

第1章　マリ国籍の取得手段

第1節　血統によるマリ国籍の取得

第23条

マリ国民と婚姻した外国人女性は，マリ国籍を取得する。

ただし，外国人女性は，その国の国籍法上その国籍を保有することが認められている場合には，婚姻挙行に先立ち，マリ国籍の辞退を宣言することができる。

外国人女性は，未成年であっても，授権を要することなく，この権利を行使することができる。

第24条

1年以内に，政府は布告によって，その取得に反対することができる。（略）

政府が反対する場合は，当事者は，マリ国籍を取得したことがないとみなされる。

第2　出　　生

1　出生子の身分

　子は出生前の180日から300日の間に妊娠したとみなされる。この推定に対しては反証は認められる（家族449条）。

　婚姻中に妊娠した子は，父を夫とする（家族468条）。

　また，親子関係の推定は，婚姻の解消後300日後に出生した子には適用されない（家族472条）とされていることから，婚姻の解消後300日以内に出生した場合は，親子関係が推定されることになる。

2　国籍留保届

　マリは，父系血統主義国であり，マリ国内で出生した事実だけでは，同国の国籍を取得しない（国籍8条）。

　したがって，日本人夫婦の子がマリ国内で出生した場合は，国籍留保の届出を要しないが，妻が日本人で夫がマリ人の子がマリ（又はその他の外国）で出生した場合は，出生の日から3か月以内に日本国籍を留保する意思を表示しなければ，子は日本国籍を喪失する（日国12条）。

3　出生場所の記載

(1)　行政区画

　マリは，8つの州（注）と，首都バマコのバマコ特別区から構成されている。
　　（注）　州は，ガオ（Gao）州，カイ（Kayes）州，キダル（Kidal）州，クリコロ（Koulikoro）州，シカソ（Sikasso）州，セグー（Ségou）州，トンブクトゥ（Tombouctou）州，モプティ（Mopti）州である。

(2)　戸籍の記載

　「マリ国バマコ特別区バマコ市で出生」（【出生地】マリ国バマコ特別区バマコ市）と記載する。

300　第2編　各　　論

〔根拠法条〕

国籍法（1962年2月3日法律第62-18号，
1995年8月25日法律第95-70号改正）
第1編　出生によるマリ国籍
第8条
　　以下に掲げる者は，マリで出生して
も，外国で出生しても，マリ国籍が付与
される。
1　マリ人の父の嫡出子
2　マリ人の母と，国籍を有しないか，
　又は国籍が知れない父の嫡出子
3　親との関係が最初に創設されたとき
　に，両親の一方がマリ人である嫡出で
　ない子
4　他方の親が国籍を有しないか又は国
　籍が知れないときにおいて，その親と
　の関係が後に創設された両親の一方が
　マリ人である嫡出でない子
5　マリ人母と外国人父の子。ただし，
　法の規定するところにより，成人に達
　した後6か月以内にマリ国籍を放棄す
　る未成年の権利に服する。
第11条
　　（略）マリで見つかった新生児は，マ
リで出生したものとみなされる。

第12条
　　マリで出生し，父又は母がマリで出生
したアフリカ人の血統（african origin）
である嫡出子又は嫡出でない子はマリ国
籍が付与される。

人及び家族法（2011年法律第2011-087号
（同年12月30日））
第4巻　親子関係
第1編　共通規定
第1章　親子関係の推定
第449条
　　法律は，子の出生前の180日から300日
の間に妊娠したとみなす。（以下，略）
　　推定に対して反証は認められる。
第2編　嫡出親子関係
第1章　親子関係の推定
第468条
　　婚姻中に妊娠した子は，父を夫とす
る。（以下，略）
第472条
　　親子関係の推定は，婚姻の解消後300
日後に出生した子には適用されない。（以
下，略）

第3　養子縁組

1　根拠法

　根拠法は，「人及び家族法」である。

2　制　　度

　養親と養子の間に，現行法が定める権利及び義務を強固にするか，又は創設
する「保護養子縁組」（L'ADOPTION-PROTECTION）と，嫡出親子関係か

ら生ずるのと同様な関係を創設する「親子関係養子縁組」（L'ADOPTION-FILIATION）の制度がある（家族522条）。

3　実質的成立要件

(1)　保護養子縁組

　ア　養親の要件

　　　夫婦の場合は，経済的若しくは道徳的に遺棄されている状態にあるか，又は親から委ねられた1人又は数人の子を養子とすることができる。

　　　独身の女性は，善良な品行で，十分な資力を有する場合は同様に養子縁組をすることができる。

　　　独身の男性で，十分な資力を有する男性は，13歳以上の同性の子のみを養子とすることができる（家族526条）。

　イ　養子の年齢

　　　養子の年齢にかかわらず認められる（家族527条）。

　ウ　養子の数

　　　養子縁組は，子の数にかかわらず行われる（家族526条）。

(2)　親子関係養子縁組

　ア　養親の要件

　　　①子も嫡出の卑属もいないマリ国籍の夫婦で，夫婦の一方が30歳以上である場合又は②30歳以上の子も嫡出の卑属がいない独身者，離婚者又は寡夫（寡婦）である場合でなければならない（家族540条）。

　イ　養子の要件

　　(ア)　対象者

　　　　棄児又は親の知れない子のみが親子関係養子縁組の対象になることができる（家族537条）。

　　(イ)　養子の年齢

　　　　養子は，5歳未満の子でなければならない（家族537条）。

(3)　保護養子縁組及び親子関係養子縁組の共通要件

　養親が夫婦でないときは，複数の者による養子縁組はできない（家族525条）。

302　第2編　各　　論

4　保護要件

(1)　養子の同意

　保護養子縁組で，養子が13歳以上である場合は，養子縁組に対する本人の同意を要する（家族527条）。

(2)　裁判所の関与

　養子縁組には，裁判所が関与する（家族523条）。

5　養子縁組の効力

(1)　親子関係養子縁組

ア　養親との関係

　養親と養子の間に嫡出の親子関係から生ずるのと同様の権利義務を創設する（家族541条）。

イ　養子の姓

　養子は，養親の姓を称する（家族541条）。

(2)　マリ国籍の取得

　父がマリ人の完全養子となった子は，マリ国籍が付与される（国籍20条）。

6　ハーグ国際養子縁組条約

　2006年（平成18年）批准

〔根拠法条〕

人及び家族法（2011年法律第2011-087号
　（同年12月30日））
第4巻　親子関係
第4編　養子縁組
第1章　共通規定
第522条
　　品行方正な全ての者は，その子が必要とする扶養，教育，金銭的又は道徳的な

保護を保障するために，又は子孫を得るために，1人又は数人の子を養子とすることができる。
　　第1の場合は，養親と養子の間に，現行法が定める権利及び義務を強固にするか，又は創設する"保護養子縁組"が行われる。
　　第2の場合は，嫡出親子関係から生ず

るのと同様な関係を創設する"親子関係養子縁組"が行われる。（以下，略）

第523条

　全ての養子縁組は，もっぱら子の最善の利益を考慮して行われる。

　養子縁組は，裁判所の決定によらなければならない。（以下，略）

第525条

　現行法において，養親が夫婦でないときは，複数の者による養子縁組はできない。（以下，略）

第2章　保護養子縁組

第526条

　（略）夫婦は，経済的若しくは道徳的に遺棄されている状態にあるか，又は親から委ねられた1人又は数人の子を養子とすることができる。

　善良な品行で，十分な資力を有する独身の女性も同様である。

　独身の男性で，十分な資力を有する男性は，13歳以上の同性の子のみを養子とすることができる。

　養子縁組は，子の数にかかわらず行われる。

第527条

　保護養子縁組は，養子の年齢にかかわらず認められる。

　養子が13歳以上である場合は，養子縁組に対する本人の同意を要する。

第3章　親子関係養子縁組

第537条

　棄児又は親の知れない子のみが親子関係養子縁組の対象になることができる。

　養子縁組は，5歳未満の子のみが許可される。

第540条

　上記第522条の規定を条件として，親子関係養子縁組は以下の場合に請求することができる。

―子も嫡出の卑属もいないマリ国籍の夫婦で，夫婦の一方が30歳以上である場合

―30歳以上の子も嫡出の卑属がいない独身者，離婚者又は寡夫（寡婦）である場合

第541条

　親子関係養子縁組は，養親と養子の間に嫡出の親子関係から生ずるのと同様の権利義務を創設する。

　養子は，養親の姓を称する。

国籍法（1962年2月3日法律第62-18号，1995年8月25日法律第95-70号改正）

第2編　マリ国籍の取得

第1章　マリ国籍の取得手段

第1節　血統によるマリ国籍の取得

第20条

　マリ国籍は，マリ人の父の完全養子となった子に付与される。

第4　養子縁組の撤回

1　保護養子縁組

保護養子縁組は，子の利益又は重大な理由がある場合は，いつでも撤回する

304 第2編 各 論

ことができる（家族535条）。

2 親子関係養子縁組

親子関係養子縁組は，撤回することができない（家族542条）。

〔根拠法条〕

人及び家族法（2011年法律第2011-087号
　（同年12月30日））
第4巻　親子関係
第4編　養子縁組
第2章　保護養子縁組
第535条
　　保護養子縁組は，子の利益又は重大な

理由がある場合は，いつでも撤回するこ
とができる。（以下，略）
第3章　親子関係養子縁組
第542条
　　親子関係養子縁組は，撤回することが
できない。

第5 国　　籍

1 二重国籍

マリでは，二重国籍は認められており，外国の国籍を取得した場合でも，自
動的にはマリ国籍は喪失しない（国籍38条・39条）。

2 マリ国籍の喪失

外国の国籍を自らの意思で取得し，外国に常居している成人のマリ人は，意
思を宣言することで，マリ国籍を喪失する（国籍38条）。

マリ国籍は，外国の国籍を取得し，その請求によりマリ国籍の喪失が認めら
れたマリ人が喪失する（国籍39条）。

〔根拠法条〕

国籍法（1962年2月3日法律第62-18号，
　1995年8月25日法律第95-70号改正）
第3編　マリ国籍の喪失

第38条
　　マリ国籍は，外国の国籍を自らの意思
で取得し，外国に常居している成人のマ

リ人は，現行法第45条及び次条の規定に従ってその意思を宣言することで，喪失する。

第39条

マリ国籍は，外国の国籍を取得し，その請求によりマリ国籍の喪失が認められたマリ人が喪失する。

（以下，略）

資料163-1 〔独身証明書〕

MINISTERE DE L'ADMINISTRATION
TERRITORIALE ET DE LA SECURITE

REPUBLIQUE DU MALI
Un Peuple - Un But - Une Foi

DISTRICT DE BAMAKO

MAIRIE DE LA COMMUNE III
SERVICE DE L'ETAT CIVIL

CERTIFICAT DE CELIBATAIRE

L'an mil neuf cent) deux mille Trois et le ※ Août ....par-devant Nous. ○○○○○○○○○○○○

Officier de l'Etat Civil :

À Comparu

Le nommé ○○○○○○○○ ......né le ○○○○○ 1968
à Bamako ......Fils de ○○○○○ et de ○○○○○○○○○○
......(1) suivant acte de naissance N° ○○○○○○
......en date du 12.6.8 ......Profession ○○○○○○○
......Domicilié à ○○○○○○○ ...lequel déclare n'avoir jamais contracté mariage
et qu'il est en conséquence Celibataire en présence des temoins ci-dessous mentionés :
1er témoin : Prénoms et Noms. ○○○○○○○○○○○
Date et lieu de naissance ※ /08/1948 à Tombouctou
Fils de ○○○○○○○○ ....et de ○○○○○○○○○
Profession ○○○○○○○○ ......domicilié à Bamako ○○○○○○○
1er témoin : Prénom et Nom ○○○○○○○○○○○
Date et lieu de naissance Vers 1953 à Bamako
Fils de ○○○○○○○○ ....et de ○○○○○○○○
Profession ○○○○○○○○○○ ...... fame
2ème témoin : Prénoms et Noms ......
Date et lieu de naissance ......
Fils de ......
Profession ......

Après lecture faite ont signé avec nous ou opposé leur signature

1er Témoin ○○○○○○   L'intéressé   Fait à Bamako le 25 Août 2003

2è Témoin ○○○○○○   (署名)

資料163－1

国土安全行政省　　　　　　　　　　　　　　　　　　マリ共和国
バマコ地区

第3区市役所　　　　　　　　┌─────────────┐
　　　　　　　　　　　　　　│　独　身　証　明　書　│
戸籍課　　　　　　　　　　　└─────────────┘

　　　　　２００３年○月○○日、戸籍事務管掌者である市議会議員○○○○○
　　　　（○○○○○　）に申請した、
姓名、　○○○○○○○○　　（○○○○○○　）は、
１９６８年○　月○　日、バマコにおいて、○○○○（○○○○）と○○○○○
（○○○○○　）　○○○○○（○○○○　）夫妻の息子として出生した。出
生証明書番号は１９６８年○○○○○○である。職業は○○○○○○
○○○○○（○○○○○）に居住する。本書はこの者がかつて一度も結婚歴が
なく、従って独身であることを以下の２人の証人の前で明らかにするものであ
る。

第１証人：姓名　○○○○○○　（○○○○○　）
　　　　生年月日、出生地：１９４８年８月　※　日、Tombouctou（トンブク
トゥ）出身、○○○○○○（○○○○○）、　○○○○○○　（○○○○
○○○　）夫妻の娘であり、職業は○○○○○○○○○○　　であり、
Bamako、○○○○○○○　に居住する。

第２証人：姓名　○○○○○○○○○　　（○○○○○○○○○○　　）
　　　　生年月日、出生地：　１９５３年　Bamako（バマコ）出身。○○○○
　○○○○（○○○○○○）、○○○○○○○（○○○○○○　）夫妻の
息子であり職業は○○○○○○　Famé（ファメ）に居住する。

上記の証人は確認後署名を行った。
第１証人：署名
第２証人：署名　　　　　　　　　　　　　　　２００３年８月25日バマコにて。
　　　　　　　　　　　　　　　　　　　　　　戸籍事務官
　　　　　　　　　　　　　　　　　　　　　　　印　及び　署名

翻訳者：○　○　○　○

308　第2編　各　　論

164　マルタ（マルタ共和国）

第1　婚　　姻

1　婚姻証明書

マルタ国市役所発行の婚姻証明書は，資料164－1（本文331頁）参照。

2　実質的成立要件

(1)　**婚姻適齢**

男女とも16歳である（婚姻3条）。

(2)　**近親婚の禁止**

直系の尊属卑属間，全血又は半血にかかわらず，兄弟姉妹間及び直系の姻族
関係の者間等の婚姻は禁止される（婚姻5条1項）。

(3)　**重婚の禁止**

前婚が解消されていない者との婚姻は，禁止される（婚姻6条）。

(4)　**精神疾患者**

精神疾患者は，婚姻をすることができない（婚姻4条）。

3　形式的成立要件

(1)　**婚姻予告**

婚姻の挙式が行われる前に，婚姻予告が行われなければならない（婚姻7条
1項）。

(2)　**婚姻の形式**

婚姻は，民事上の形式，すなわち民事婚として制定された形式か，又は宗教
上の形式，すなわち宗教婚として制定された形式のいずれかで締結することが
できる。

また，民事上又は宗教上の形式にかかわらず，婚姻に一般的に適用される本
法の全ての規定が満たされ，遵守されているときは，婚姻は有効である（婚姻

11条)。

(3) 証 人

全ての婚姻は，職員，書記又は他の結婚式をつかさどる者に加え，少なくとも2人の証人の面前で締結される（婚姻13条1項）。

(4) 民事婚

ア 民事婚の形式

民事婚は，登録吏，婚姻をつかさどる登録吏により権限を与えられた婚姻登録の職員及び本法で求められる証人の面前で締結される（婚姻15条1項）。

イ 民事婚が締結される場所

民事婚は，婚姻登録所又は他の公共に公開された婚姻をする者が提示し，登録吏が適当と認めた場所で締結される。

ただし，婚姻をする者の一方が身体的な疾患又は他の法的な原因で，その場所に出席することができないときは，婚姻は，登録吏が適当とみなした場所で締結される（婚姻16条）。

(5) 宗教婚の形式

宗教婚は，本法の目的として認められるか，又は婚姻する者の一方が属するか，信仰する教会又は宗教の儀式又は慣習に従って締結される（婚姻17条1項）。

(6) カトリック教の婚姻

婚姻法では，別途カトリック教婚の承認について規定され，教会法（Canon Law）で制定された規範及び手続に従って挙行された婚姻は，その挙行の時から承認され，婚姻法に従って挙行された婚姻と同じ民事上の効果を有するとされている。

カトリック教婚には，婚姻の形式（婚姻11条），証人（婚姻13条），民事婚の規定（婚姻15条・16条）及び宗教婚の規定（婚姻17条）は適用されない（婚姻32条）。

310 第2編 各 論

4 婚姻の有効及び無効

(1) 無効事由

婚姻適齢（婚姻3条），精神疾患（婚姻4条），近親婚の禁止（婚姻5条），重婚の場合（婚姻6条）のほか，当事者の一方の同意が，身体的又は道徳的な暴力又は恐れによりされた場合及び当事者の一方の同意が，他方の当事者に人違いでされた等の場合にも，婚姻は無効である（婚姻19条1項）。

(2) 婚姻無効の訴訟

婚姻無効の訴訟は，当事者の一方のみが開始することができる。

また，婚姻当事者が訴訟を開始したときは，相続人が訴訟を継続することができる（婚姻19条2項）。

〔**根拠法条**〕

婚姻法（Marriage Act）（第255章）（1975年8月12日，1981年，1983年，1995年，2000年，2002年，2004年，2005年，2009年，2014年，2017年改正）

婚姻の制限

第3条（婚姻適齢）
① 当事者の一方が16歳未満の者との間で締結される婚姻は，無効である。

②・③ （略）

第4条（精神疾患）
精神疾患により締結することができない者との間で締結された婚姻は，禁止されているか否かにかかわらず，無効である。

第5条（近親婚）
① 以下の者の間で締結される婚姻は，その関係が嫡出又は嫡出でないにかかわらず，無効である。
(a) 直系の尊属卑属間
(b) 全血又は半血にかかわらず，兄弟姉

妹間
(c) 直系の姻族関係の者間
(d) 養親と養子若しくはその卑属又は養子の夫若しくは妻間

② 第1項において，養子の関係は，実の家族及び養親の家族に関して存続する。

③ 配偶者の一方が居住する管轄権を有する任意の裁判所は，正当な理由が示されたときは，第1項第(c)号及び第(d)号の規定を免除することができる。

第6条（前婚が解消されていない者）
当事者の一方が前婚が解消されていない者との間の婚姻は，無効である。

婚姻に先行する手続

第7条（婚姻前の手続）
① 婚姻予告の発表が，婚姻の挙式に先行しなければならない。

②～⑧ （略）

婚姻の手続

第11条（婚姻の形式）

① 婚姻は，民事上の形式，すなわち民事
婚として本法で制定された形式か，又は
宗教上の形式，すなわち，本法の規定に
従った宗教上の形式のいずれかで締結す
ることができる。

② 民事上又は宗教上の形式にかかわら
ず，それに加えて婚姻に一般的に適用さ
れる本法の全ての規定が満たされ，遵守
されているときは，婚姻は有効である。

③ （略）

第13条（証人）

① 全ての婚姻は，職員，書記又は他の結
婚式をつかさどる者に加え，少なくとも
２人の証人の面前で締結される。

② （略）

第15条（民事婚の形式）

① 民事婚は，登録吏，婚姻をつかさどる
登録史により権限を与えられた婚姻登録
職員及び本法で求められる証人の面前で
締結される。

②～④ （略）

第16条（民事婚が締結される場所）

① 民事婚は，婚姻登録所又は他の公共に
公開された婚姻をする者が提示し，登録
吏が適当と認めた場所で締結される。

② 婚姻をする者の一方が身体的な疾患又
は他の法的な原因で，第１項に示された
場所に出席することができないときは，
婚姻は，登録吏がこのような事情の下で
適当とみなした場所で締結される。

第17条（宗教婚の形式）

① 第21条の規定を除き，宗教婚は，本法
の目的として認められるか，又は婚姻す
る者の一方が属するか，信仰する教会又
は宗教の儀式又は慣習に従って締結され
る。（以下，略）

② ・③ （略）

婚姻の有効及び無効

第19条（婚姻の無効）

① 本法の他の規定に従って無効とされる
場合に加え，以下に掲げる場合は，婚姻
は無効である。

(a) 当事者の一方の同意が，身体的又は
道徳的な暴力又は恐れによりされた場
合

(b) 当事者の一方の同意が，他方の当事
者に人違いでされた場合

(c)～(h) （略）

② 本法の規定に従い，婚姻無効の訴訟
は，当事者の一方のみが開始することが
できる。（略）訴訟が婚姻当事者が開始
したときは，訴訟は，相続人が継続する
ことができる。

カトリック教の婚姻

第21条（カトリック教婚の承認）

① 本条の施行後にマルタで教会法で制定
された規範及び手続に従って挙行された
婚姻は，その挙行の時から承認され，本
法の規範及び手続に従って挙行された婚
姻当事者に同じ民事上の効果を有する。

② 第１項の規定は，以下に掲げる場合に
のみ適用される。

(a) 本法によって求められる婚姻予告は
第７条から第10条に従って発表される
か，又は免除され，登録吏はその発表
又は免除を証明する証明書を発行する。

(b) （略）

(c) 第３条，第４条，第５条及び第６条
に規定される婚姻障害が存在しないこ
と。ただし，カトリック教会の権限あ
る機関は，本法に基づくカトリック婚
の目的のため，第３条第２項及び第５

312 第2編 各　論

条第1項第(c)号及び第(d)号の制限を免除することができる。

③　(略)

第32条（カトリック教婚に対する他の規定
の適用）

　第11条から第17条は，本法施行後に挙式したカトリック教婚には適用されない。

第2　別居及び離婚

1　別　　居

(1)　同居義務の終了

　別居により，夫婦の同居の義務は，効力を失う（民法35条1項）。

(2)　別居の発生

　一方の配偶者の他方の配偶者に対する請求及び夫婦の相互の同意を除き，個人の別居は生じない（民法36条）。

(3)　別居の請求事由

　ア　姦　通

　　一方の配偶者は，他方の配偶者の関係する姦通を理由に，別居を請求することができる（民法38条）。

　イ　不行跡，虐待等

　　夫婦の一方は，原告若しくはその子に対する不行跡，虐待，強迫若しくは身体に対する重大な傷害を理由に，又は夫婦が婚姻が回復できないほど破綻し，同居することが合理的に期待できないことを理由に，別居を請求することができる。

　　ただし，婚姻が回復できないほど破綻していることを理由とする別居は，婚姻から4年を経過するまでは申請をすることができず，夫婦のいずれもそれを理由に申請をしていない場合でも，それを理由に裁判所は別居を宣告することができる（民法40条）。

　ウ　遺　棄

　　2年以上の間，合理的な理由なく他方の配偶者を遺棄している場合は，夫婦の一方は，別居を申請することができる（民法41条）。

(4) 別居の終了

ア 和 解

別居は，夫婦の和解により消滅する（民法42条1項）。

イ 当事者の合意等

判決又は相互の同意にかかわらず，別居した夫婦は，いずれも再び一緒になることができ，第三者が取得した権利を除き，別居の効果は完全に又は一部が終了する（民法63条）。

ウ 自発的な同居

自発的に同居することで再び一緒になる効果を生じ，婚姻から生ずる同居及び扶養の義務が回復する（民法64条）。

2 離婚及び婚姻の解消

(1) 離婚制度

カトリック教徒の多いマルタでは，従前は離婚は認められていなかったが（時報672-24，2011），2011年（平成23年）に民法が改正され，離婚が認められるようになった。

(2) 別居の要否

それぞれの配偶者は，離婚又は婚姻の解消を要求する権利を有し，離婚を請求する前に，配偶者は契約又は判決により別居することを要しない（民法66A条1項）。

(3) 離婚又は婚姻の解消の請求

いずれか一方の配偶者の申請に基づく権限ある民事裁判所の判決又は夫婦が婚姻を解消することに同意した裁判所の判決で認められる（民法66A条2項）。

(4) 離婚の必要要件

離婚は夫婦双方が共同して，又は夫婦の一方が他方に対して請求する場合を除き，①離婚手続の開始日に，直前の5年間に4年間若しくは通算して4年間夫婦が別々に生活しているか，又は法的な別居の日から少なくとも4年間を経過していること，②夫婦間に和解する合理的な期待がないこと，③夫婦と全ての子が十分な扶養を受けていることの要件が満たされていない場合は，離婚は

314　第2編　各　　論

認められない（民法66B条）。

⑸　既に別居している場合の離婚

　夫婦が契約又は裁判所の判決により，既に別居しているときは，離婚を請求する配偶者は，婚姻の解消のみを請求することができる。

　他方の当事者は，⑷①の別居の期間が経過していないか，又は離婚を請求する配偶者が裁判所によって命じられたか，別居契約で同意した生活費を支払わないこと，そして，離婚の請求が認められたときは，生活費を取得することがより困難になることを証明して争うことができる。

　以上の抗弁が正当なものであることが証明されたときは，裁判所は離婚の請求を認めないことができる（民法66D条2項）。

⑹　婚姻解消の効果

　管轄の民事裁判所が夫婦間の離婚を宣言したときは，夫婦は再婚する権利を有する。

　また，離婚の宣言は，子に関する親としての権利及び義務，子の監護に関して当事者間の達した合意には影響を及ぼさない（民法66L条）。

〔根拠法条〕

民法（Civil Code）（第16章）（1968年命令第7号，1870年2月11日，1873年命令第1号，1874年1月22日，1907年，1908年，1913年，1920年，1930年，1932年，1933年，1934年，1935年，1937年，1938年，1939年，1940年，1944年，1948年，1952年，1961年，1962年，1963年，1965年，1966年，1967年，1968年，1972年，1973年，1974年，1975年，1976年，1977年，1979年，1981年，1982年，1983年，1984年，1985年，1986年，1989年，1990年，1991年，1992年，1993年，1994年，1995年，1997年，2000年，2002年，2004年，2005年，2006年，2007年，2008年，2009年，2010年，2011年，2012年，2013年，2014年，2015年，2016年，2017年改正）

第1巻　人

第1編　婚姻から生ずる権利及び義務

サブタイトル3　個人的な別居

第35条（別居による同居の義務の終了）

① 管轄権のある民事裁判所の判決で宣告されるか，命令で認められた個人的な別居により，夫婦の同居の義務は，全ての民事上の効力を失う。

② 他の裁判所が宣告した別居は，いかなる民事上の効力も生じない。

第36条（いかにして別居が認められるか）

　一方の配偶者の他方の配偶者に対する

請求及び次項に記載する理由又は第59条に規定されている夫婦の相互の同意を除き，個人の別居は生じない。

第38条（姦通）

　一方の配偶者は，他方の配偶者の関係する姦通を理由に別居を請求することができる。

第40条（不行跡，虐待等）

　夫婦の一方は，原告若しくはその子に対する不行跡，虐待，強迫若しくは身体に対する重大な傷害を理由に，又は夫婦が婚姻が回復できないほど破綻し，同居することが合理的に期待できないことを理由に別居を請求することができる。

　ただし，婚姻が回復できないほど破綻していることを理由とする別居は，婚姻から4年を経過するまでは申請をすることができず，更に，本条の施行前又は施行後にかかわらず，夫婦のいずれもそれを理由に申請をしていない場合でも，それを理由に裁判所は別居を宣告することができる。

第41条（遺棄）

　2年以上の間，合理的な理由なく他方の配偶者を遺棄している場合は，夫婦の一方は，別居を申請することができる。

第42条（和解）

① 別居の行為は，夫婦の和解により消滅する。

② （略）

第58条（別居の行為を中止する裁判所の権限）

① そうすることが得策であると判断したときは，裁判所は適当と思われる期間，別居の行為を中止する命令をすることができ，状況が必要であるときは，仮命令

をすることができる。

② （略）

第63条（当事者は別居を終了させることができる）

　判決又は相互の同意にかかわらず，別居した夫婦は，いずれも再び一緒になることができ，第三者が取得した権利を除き，別居の効果は完全に又は一部が終了する。

第64条（再び一緒になる効果を生じる自発的な同居）

① 自発的に同居することで再び一緒になる効果を生じ，婚姻から生ずる同居及び扶養の義務が回復する。

② （略）

サブタイトル4　離婚

第66A条（離婚）

① それぞれの配偶者は，本サブタイトルに規定されるところに従って，離婚又は婚姻の解消を要求する権利を有する。離婚を請求する前に，配偶者は契約又は判決により別居することを要しない。

② 離婚又は婚姻の解消は，いずれか一方の配偶者の申請に基づく権限ある民事裁判所の判決又は夫婦が婚姻を解消することに同意した裁判所の判決で認められる。

③・④ （略）

第66B条（離婚の必要要件）

　本条の規定を損なうことなく，離婚は夫婦双方が共同して，又は夫婦の一方が他方に対して請求する場合を除き，裁判所は以下に掲げる場合であると判断しないときは，離婚は認められない。

(a) 離婚手続の開始日に，直前の5年間に4年間若しくは通算して4年間夫婦が別々に生活しているか，又は法的な

316　第2編　各　　論

別居の日から少なくとも4年間を経過
している場合

(b)　夫婦間に和解する合理的な期待がな
い場合

(c)　第57条に規定される特別な状況に
従って，夫婦と全ての子が十分な扶養
を受けている場合

ただし，夫婦は，いつでも扶養の権利
を放棄することができる。（以下，略）

第66D条（夫婦の一方の申請に基づき認め
られる離婚）

①　（略）

②　夫婦が契約又は裁判所の判決により，
既に別居しているときは，離婚を請求す
る配偶者は，婚姻の解消のみを請求する
ことができる。他方の当事者は，第66B
条第(a)号に規定する期間が経過していな
いか，又は離婚を請求する配偶者が裁判
所によって命じられたか，別居契約で同
意した生活費を支払わないこと，そし
て，離婚の請求が認められたときは，生
活費を取得することがより困難になるこ
とを証明して争うことができる。以上の
抗弁が正当なものであることが証明され
たときは，裁判所は離婚の請求を認めな

いことができる。

③　夫婦が契約又は裁判所の判決により，
別居していないときは，離婚の請求をす
る配偶者は，本編サブタイトル3に従っ
て別居の原因として認められる全ての請
求をすることができる。（以下，略）

④・⑤　（略）

第66E条（配偶者の過失の結果）

本サブタイトルの他の規定を損なうこ
となく，当事者の一方の請求に基づき，
裁判所は，他方の配偶者が第38条，第40
条及び第41条に規定されている理由によ
り婚姻の破綻を引き起こした責任がある
と判断したときは，その当事者に対して
第48条の規定を準用することができる。

第66L条（婚姻解消の効果）

①　管轄の民事裁判所が夫婦間の離婚を宣
言したときは，夫婦は再婚する権利を有
する。

②　離婚の宣言は，子に関する親としての
権利及び義務，第56A条の規定を損なう
ことなく，子の監護に関して当事者間の
達した合意には影響を及ぼさない。

③～⑥　（略）

第3　出　　生

1　出生子の身分

(1)　嫡出子の身分

婚姻の挙式から180日後，婚姻の無効又は解消から300日以内に出生した子は，
婚姻中に妊娠したものとみなされる（民法68条）。

(2) 嫡出否認

ア 配偶者が子を否認できない場合

①配偶者が，婚姻前に妊娠を知っていた場合，②配偶者が子の親であることを認知するための出生の文書作成に要求される宣言をした場合，③子が生存していないと宣言された場合には，婚姻から180日以内に出生した子を否認することができない（民法69条）。

イ 配偶者が子を否認できる場合

配偶者は，①子の出生の300日前から180日前までの間に配偶者とは離れているか，又は他の出来事により妻と同居することができなかったことを証明した場合，②①の期間中に，夫が妻と事実上又は法定別居していたことを証明した場合（ただし，その期間中に，一時的であっても再会したときは，子を否認することはできない。），③性交不能が子をもうけることができないことのみであっても，①の期間中に，性交不能であったことを証明した場合，④①の期間中に，子を出生した配偶者が姦通するか，その配偶者が妊娠，子の出生を隠していた場合，⑤親であることを排斥する遺伝子及び科学的なテスト及びデータで他の事実の証拠を示した場合は，子が嫡出子であることを否認することができる（民法70条）。

ウ 提訴期間

①配偶者がマルタにあるときは，出生の日から6か月以内，②配偶者が出生の時に不在であるときは，マルタに帰国してから6か月以内，③出生が隠されていたときは，それが発覚した時から6か月以内に提訴をしなければならない（民法73条）。

エ 訴訟の相手

その者が成人である場合は，子を相手として，子が未成年者で，訴訟追行ができないときは，訴訟が提起される前に裁判所によって指名された後見人を相手とする。

また，全ての場合において，他方の配偶者は訴訟の当事者になることができる（民法75条）。

318 第2編 各 論

2 国籍留保届

(1) マルタで出生した場合

　指定日（1964年9月21日）以降にマルタで出生した者は，出生の日にマルタ市民となったとみなされるか，又は市民となる。

　ただし，1989年8月1日以降に出生した場合は，出生の時に父又は母がマルタ市民等でなければ，マルタの市民にならない（市民5条1項）。

　したがって，日本人夫婦の子がマルタ国内で出生した場合は，国籍留保の届出を要しないが，夫婦の一方が日本人で他方がマルタ市民の子がマルタ国内で出生した場合は，出生の日から3か月以内に日本国籍を留保する意思を表示しなければ，子は日本国籍を喪失する（日国12条）。

(2) マルタ国外で出生した場合

　1989年8月1日以降に出生し，出生の時に，父又は母がマルタ国外で出生した者でないマルタ市民である場合には，出生の時にマルタ市民となったとみなされるか，又は市民となる（市民5条2項）。

　したがって，夫婦の一方が日本人で，他方がマルタ国外で出生した者でないマルタ市民の子がマルタ国外で出生した場合（注）は，出生の日から3か月以内に日本国籍を留保する意思を表示しなければ，子は日本国籍を喪失する（日国12条）。

> （注）　父又は母がマルタ市民で子がマルタ市民にならない場合は，届書の「その他」欄に，父又は母がマルタ国外で出生した者で，子がマルタ市民にならない旨を記載するのが適当である。

3 出生場所の記載

(1) 行政区画

　マルタは，県や州に相当する国と市の中間レベルの地方行政単位は存在しない。

(2) 戸籍の記載

　「マルタ国ヴァレッタ（バレッタ）市で出生」（【出生地】マルタ国ヴァレッ

タ（バレッタ）市）と記載する。

4　出生証明書

マルタ国市役所発行の出生証明書（様式１）は，資料164−2（本文333頁）参照。

〔根拠法条〕

市民権法（Maltese Citizenship Act）（第188章）（1965年法律第30号，1970年法律第２号，1972年法律第31号，1974年法律第58号，1975年法律第９号，1983年法律第８号，1989年法律第24号，2000年法律第４号，2007年法律第10号，2013年法律第15号（同年11月15日）改正）

序章

第１条（略称）

　　本法の略称は，「マルタ市民権法」である。

第２条（解釈）

①　本法において，文脈上別段の解釈を要する場合を除き，（略）

　　"指定日"とは，憲法第124条により指定されたのと同じ意味を有する。(以下，略)

　　（**注**）「指定日」は，1964年９月21日である。

②　本法の適用上，外国で登録された船舶若しくは航空機又は外国政府の登録されていない船舶若しくは航空機内で出生した者は，その船舶又は航空機が登録されている場所又は場合により，当該外国で出生したものとみなされる。

③　（略）

第１部　指定日に，他の者による登録により取得する市民権

第３条（指定日にマルタ市民となる者）

①　マルタで出生し，指定日前日にイギリス及び植民地の市民であった者は，指定日にマルタ市民権を取得したものとみなされる。

　　ただし，両親がいずれもマルタで出生していないときは，本項によってマルタ市民となったとみなされない。

②　マルタ国外で出生し，指定日前日にイギリス及び植民地の市民であった者で，第１項の規定により，父がマルタ市民である者又は死亡していなければマルタ市民となるべき者であった場合は，指定日にマルタ市民になったものとみなされる。

　　ただし，指定日前日に，母がイギリス及び植民地の市民であった者で，第１項の規定により，母がマルタ市民である者又は死亡していなければマルタ市民となるべき者であった場合は，別に規定される方式により申請し，忠誠の宣誓をすることで，マルタ市民として登録される資格を有する。

③　マルタ国外で出生し，指定日前日にマルタで出生した親と同様にマルタで出生した尊属の直系の卑属であることを証明した場合は，本条次項により，別に規定

される方式により申請し，忠誠の宣誓を
することで，マルタ市民として登録され
る資格を有する。

④ 2007年8月1日前に死亡したか，死亡
していなければ本条でマルタ市民権を取
得する資格を有する第3項に規定されて
いる尊属は，第3項において，この市民
権を取得したものとみなされる。

⑤ 第3項によるマルタ市民として登録が
適用される者の親が2007年8月1日に生
存し（本条において，"関係する親（the
relevant parent）"とされる。），関連す
る親がマルタで出生した親と同様にマル
タで出生した尊属の直系の卑属である場
合は，その者は，第3項においてマルタ
市民として登録される資格を有しない。
ただし，関係する親は，いつでも本条で
マルタ市民権を取得する場合を除く。し
かし，2010年8月1日前に死亡し，第3
項において，市民権を取得する資格を有
する者は，本項において市民権を取得し
たものとみなされる。

⑥ 第3項においてマルタ市民としての登
録が適用されている者は，関係する親が
2010年7月31日後に死亡し，関係する親
が本条においてマルタ市民権が認めるこ
とが適用されるか，又は認められる資格
を有する場合は，マルタ市民として登録
される資格を有する。

第5条（指定日以降に出生した者の出生又
は血統による市民権の取得）

① 指定日以降にマルタで出生した者は，
出生の日にマルタ市民となったとみなさ
れるか，又は市民となる。

ただし，1989年7月31日以前に出生し
た者が，出生の時に次の各号の規定に該

当するときは，マルタ市民とはみなされ
ない。

a 両親いずれもが，マルタ市民でな
く，父がマルタに派遣された外国使節
に与えられる訴訟・法的手続の免除を
有している者又は，

b 父が敵国の市民であり，その国が占
領している場所で出生した者

ただし，1989年8月1日以降に出生し
た場合は，出生の時に父又は母が次の各
号の規定に該当するのでなければ，マル
タ市民にならない。

a マルタ市民であるか，又は，

b 憲法第44条第4項第a号又は第b号
に該当する者

ただし，本項の前の2つのただし書
は，市民権のない者がマルタの地で遺棄
された新生児として発見された場合には
適用されず，他の市民権の権利が創設さ
れるまでは，マルタ市民であり続ける。

② 指定日以降にマルタ国外で出生した者
は，次の場合には，出生の時にマルタ市
民となったとみなされるか，又は市民と
なる。

a 1989年7月31日以前に出生し，出生
の時に，父が本項又は本法第3条第2
項以外の規定によるマルタ市民である
場合。

ただし，1989年7月31日以前に出生
した者は，出生の時に母が本項又は本
法第3条第2項以外の規定によるマル
タ市民である場合は，別に規定される
方式により申請し，忠誠の宣誓をする
ことで，マルタ市民として登録される。

b 1989年8月1日以降に出生し，出生
の時に，父又は母が本項又は本法第3

条第2項又は第3項以外の規定による
マルタ市民である場合

③　マルタ国外で出生し，指定日前日にマルタで出生した親と同様にマルタで出生した尊属の直系の卑属であることを証明した場合は，別に規定される方式により申請し，忠誠の宣誓をすることで，マルタ市民として登録される資格を有する。

　ただし，同人が未成年者であるときは，法に従ってその未成年者に対して権限を有する者は，マルタ市民としてその未成年者の登録の申請を提出することができる。

④　2007年8月1日前に死亡したか，死亡していなければ本条でマルタ市民権を取得する資格を有する第3項に規定されている尊属は，第3項において，マルタ市民権を取得したものとみなされる。

⑤　第3項によるマルタ市民として登録が適用される者の親が2007年8月1日に生存し（本条において，"関係する親"とされる。），関係する親がマルタで出生した親と同様にマルタで出生した尊属の直系の卑属である場合は，その者は，第3項においてマルタ市民として登録される資格を有しない。ただし，関係する親は，いつでも本条又は第3項でマルタ市民権を取得する場合を除く。しかし，2010年8月1日前に死亡し，第3項又は第3条第3項において，市民権を取得する資格を有する者は，本項において市民権を取得したものとみなされる。

⑥　第3項によるマルタ市民として登録が適用される者の親が2007年8月1日以降に出生し（本条において，"関係する親"とされる。），関係する親がマルタで出生

した親と同様にマルタで出生した尊属の直系の卑属である場合は，その者は，第3項においてマルタ市民として登録される資格を有しない。ただし，関係する親は，いつでも本項でマルタ市民権を取得する場合を除く。

⑦　第3項においてマルタ市民としての登録が適用されている者は，関係する親が2010年7月31日後に死亡し，関係する親が本条又は第3条においてマルタ市民権が認めることが適用されるか，又は認められる資格を有する場合は，マルタ市民として登録される資格を有する。

民法（第16章）（1968年命令第7号，2017年改正）

第1巻　人
第2編　血縁関係
サブタイトル1　婚姻生活で妊娠又は出生した子の血縁関係
第68条（婚姻期間中の妊娠の推定）

　婚姻の挙式から180日後，また婚姻の無効又は解消から300日以内に出生した子は，婚姻中に妊娠したものとみなされる。

第69条（配偶者が子を否認できない場合）

　配偶者は，次に掲げる場合には，婚姻から180日以内に出生した子を否認することができない。

　a　婚姻前に，子を出生していない配偶者が妊娠を知っていた場合

　b　子の親であることを認知するための出生の文書作成に要求される宣言をした場合

　c　子が生存していないと宣言された場合

322　第2編　各　論

第70条（配偶者が子を否認できる場合）

① 子を出生した配偶者を除き，配偶者は，以下に掲げる場合には，嫡出子を否認することができる。

a 子の出生の300日前から180日前までの間に配偶者と離れているか，又は他の出来事により配偶者と同居することができなかったことを証明した場合

b 前記の期間中に，子を出生した配偶者と事実上又は法定別居していたことを証明した場合

　ただし，その期間中に，一時的であっても再会したときは，子を否認することはできない。

c 性交不能が子をもうけることができないことのみであっても，前記の期間中に，性交不能であったことを証明した場合

d 前記の期間中に，子を出生した配偶者が姦通するか，その配偶者が妊娠，子の出生を隠していた場合

e 親であることを排斥する遺伝子及び科学的なテスト及びデータで他の事実の証拠を示した場合

② 他方の配偶者が子の実親ではないという子を出生した配偶者の宣言の効果として，訴訟において他方の配偶者が親でないとして排斥される。

③〜⑧（略）

第73条（子を否認する訴訟の提訴期間）

　夫婦が子との関係を否認することができるときは，以下に掲げる期間内に提訴をしなければならない。

a 配偶者がマルタにあるときは，出生の日から6か月以内

b 配偶者が出生の時に不在であるとき

は，マルタに帰国してから6か月以内

c 出生が隠されていたときは，それが発覚した時から6か月以内

（以下，略）

第75条（訴訟の相手）

① 子の関係の否認の訴訟は，以下に掲げる者を相手とする。

a その者が成人である場合は，子を相手として。

b 子が未成年者で，訴訟追行ができないときは，訴訟が提起される前に裁判所によって指名された後見人を相手として。

　ただし，裁判所は既に子に指名された後見人に代理させることができる。

② 全ての場合において，他方の配偶者は訴訟の当事者になることができる。

第76条（婚姻解消の300日後に出生した子）

　婚姻解消の300日後に出生した子の血縁関係については，全ての利害関係人が訴えることができる。

第77条（夫の身体的に同居が不可能であること）

　第81条の規定を損なうことなく，嫡出子の血縁関係は，以下に掲げる場合には利害関係人が訴えることができる。

a 子の出生前300日から180日の期間に，夫が妻と離れていたか，又は他の事故のため，妻と身体的に同居が不能であることを証明した場合

b 上記の期間に，妻が姦通の罪を犯し，更に，遺伝子並びに科学的なテスト及びデータで父であることを排除する他の事実の証拠が出たことを証明した場合

第77A条（親子の宣言の申請）

第81条の規定の適用を妨げることなく，嫡出子の実親であることを主張する者，もしその者が子の出生前に死亡したときはその相続人は，子の出生前300日から180日の期間に，妻が姦通の罪を犯し，更に，遺伝子並びに科学的なテスト及びデータで父であることを排斥する他の事実の証拠が出たことを証明したときは，管轄権を有する裁判所で，妻，夫及び子，その者が死亡しているときは，その相続人に対して宣誓した申請で，訴訟を提起することができる。

第77B条（子を出生した配偶者により行われる請求）

　子を出生した配偶者が子の出生前300日から180日の期間に，他方の配偶者が姦通の罪を犯し，さらに，遺伝子並びに科学的なテスト及びデータで実親であることを排斥する他の事実の証拠が出たことを証明し，その者が子の実親であることを示し，前条に規定する実親の宣言を求める裁判上の請求は，他方の配偶者，実親及び嫡出子に対して管轄権を有する裁判所において宣誓による申請を行うことを実行することができる。

第77C条（子の出生から6か月以内の宣誓による申請）

　第77条，第77A条及び第77B条に規定された場合は，嫡出子の実親であることを主張する者又は子を出生した配偶者は，宣誓による申請が子の出生から6か月以内に提出されたときは，親の宣言を求める訴訟を進めることができる。

　ただし，民事裁判所（家族部）は，嫡出子の実親であることを主張する者又は子を出生した配偶者の宣誓による申請の後，可能であれば，全ての当事者を聴取し，原告及び子の権利を考慮した後，いつでも嫡出子として出生した子の実親であることを主張する者又は第77A条及び第77B条に規定された親の宣言を求める訴訟を提起することを子を出生した配偶者に認めることができる。（以下，略）

第4　養子縁組

1　根拠法

根拠法は，「民法」である。

2　実質的成立要件

(1)　養親の要件

養親は，①養子となる者の父若しくは母で，かつ成人である場合か，又は②申請者，共同申請の場合は，申請者の一方が28歳に達し，養子よりも少なくとも21歳以上年長で，かつ45歳以上年長でない場合でなければならない。

ただし，②の場合は，申請者が裁判所に兄弟を養子縁組する権限を求めたときは，少なくとも子の1人に関して年齢差があり，養子縁組が全ての兄弟の利益になるときは，要件は満たされたものとみなされる（民法115条1項）。

(2) 養子の年齢

養子は，原則として，18歳未満でなければならない。

ただし，①養子となる者の母又は父のみが申請者である場合，②親と配偶者が少なくとも継続して5年以上生活し，養子縁組に同意している親と配偶者である場合，③養子となる者を少なくとも継続して5年以上養育し，養子となる者が養子縁組に同意している里親（a foster carer）である場合を除く（民法115条2項）。

(3) 夫婦共同縁組

養子縁組命令は，婚姻し，同居している夫婦の申請に基づき行われ，原則として，夫婦の一方のみの申請では行うことはできない。

ただし，養子となる者が夫婦の一方の実子であり，他方の配偶者の同意がある場合を除く（民法114条2項）。

(4) 複数の者による養子縁組の禁止

夫婦による養子縁組の場合を除き，複数の者が養親になることはできない（民法114条3項）。

(5) 試験養育

養親又は養親の一方が養子の親であるときを除き，養子となる者が養子縁組命令日の直前の少なくとも3か月間継続して申請者の監護の下にいなければ，養子縁組命令は行われない（民法116条1項）。

3 保護要件

(1) 養子の同意

養子が11歳以上である場合は，その者の同意を要する（民法115条3項d号）。

ただし，裁判所は，11歳に達した養子となる子の利益のために，同意を免除することができる（民法117条4項）。

(2) 実親の同意

ア 同意の要否

実親の同意を要する。

嫡出でない子として出生した場合は，18歳に達していないときでも，母が生存しているときは，母の同意を要する（民法115条3項）。

イ 同意の免除

①同意を与えることが求められる者が，同意をすることができない場合，②親が見つからないか，遺棄し，無視し，又はひどい扱いをしたか，養子となる者の扶養することを無視又は拒否し，養子縁組に関して必要とされる同意を認める報酬として支払又は他の報酬を要求したか，得ようとした場合，③両親の一方が，合理的な理由なく同意を留保した場合，④両親の一方が，養子となった子に対する親権を剥奪された場合，⑤親が不当に，少なくとも18か月間，養子との接触がない場合，⑥同意を免除することが養子の最善の利益になる等の場合には，親の同意を免除することができる（民法117条）。

ウ 同意時期の制限

養子となる者が生後6週間を経過するまでは，母は同意をすることができない（民法118条）。

(3) 裁判所の関与

養子縁組は，申請に基づき養子縁組委員会による推薦による命令で認められた管轄裁判所の許可によってのみ行われる（民法114条1項）。

(4) 関係者の聴取

裁判所は，①養子の監護を委託された者，②妊娠し，嫡出でない子として出生した場合は，実の父が自己の子として養子を認知し，裁判所が，養子の扶養に貢献し，真に，関心を示していると判断したときは，実の父，③養子となる者がチューターシップ（後見人の地位）の下にあるか，親ではなく，事実上の監護者である者と生活しているときは，後見人又は監護を行う者を聴取する（民法115条4項）。

326　第2編　各　　論

4　養子縁組の効力

⑴　養親との関係

養子は，互いの権利及び義務に関して，養親の嫡出子として出生した者とみなされる（民法121条 a 号）。

⑵　実親との関係

養子の実親は，養子縁組の時から，子に対する全ての親の義務，養子となった子の全ての責任を免れ，養子に対して権利を喪失する（民法121条 b 号）。

⑶　オープン養子縁組

オープン養子縁組の場合は，実親又は実の家族と接触する権利を保持する（民法121条 d 号）。

⑷　養子の氏名

　ア　養子の姓

養子縁組命令に基づき，養子は，養親の姓を称する。

ただし，夫婦に養子縁組命令がなされたときは，養子は，養母の姓を付加した養父の姓を称する（民法124条）。

　イ　養子の名

養子が3歳以下であるときは，裁判所の許可を得て，養親は養子に新しい名を付すことができる（民法124条）。

5　養子縁組の登録

全ての養子縁組命令は，別表第1の第2部で示された様式H（資料164－3・本文335頁）の養子登録簿（the Adopted Persons Register）に登録長官（the Director of the Public Register）が登録をする指示を含んでおり，その様式の2から7欄の項目に詳細を記載する（民法125条1項）。

6　ハーグ国際養子縁組条約

2004年（平成16年）批准

〔根拠法条〕

民法（第16章）（1968年命令第7号，2017年改正）

第1巻　人

第3編　養子縁組

第113条（解釈）

① · ②　（略）

③　文脈上別段の解釈を要する場合を除き，

a〜c　（略）

d　「子」は，18歳未満の者を意味する。

e · f　（略）

g　「オープン養子縁組（open adoption)」は，養子縁組管理法（Adoption Administration Act）第2条に規定されているのと同じ意味を有する。

第114条（養子縁組命令をする権限）

①　養子縁組は，夫婦の申請に基づき養子縁組委員会による推薦による命令（以下「命令」という。）で認められた管轄裁判所（以下「裁判所」という。）の許可によってのみ行われる。

②　養子縁組命令は，婚姻し，同居している夫婦の申請に基づき行われ，夫婦に共同して養子縁組する権限を与え，夫婦の一方のみの申請では行うことはできない。

　ただし，養子となる者が夫婦の一方の実子であり，第115条第3項第c号の規定に従うことを条件として，養子となる者の実親のみが申請し，裁判所が養子縁組委員会の推薦を請求又は再審理することを義務付けられないときも，養子縁組命令をすることができる。

③　同居している夫婦の場合を除き，1人を超える申請者に養子縁組する権限を与える養子縁組命令はなされない。

④　（略）

⑤　18歳に達し，第115条第2項第a号の規定に従い養子となった者の場合は，養子縁組委員会推薦は要せず，ソーシャルワーカー及び（又は）子の擁護者（a children's advocate）は指名されない。

第115条（養子縁組命令の制限）

①　申請者，共同申請の場合は，申請者の一方が以下に掲げる場合でなければ，養子縁組命令はなされない。

a　28歳に達し，養子よりも少なくとも21歳以上年長で，かつ45歳以上年長でない場合。

　ただし，申請者が裁判所に兄弟を養子縁組する権限を求めた場合は，少なくとも子の1人に関して年齢差があり，養子縁組が全ての兄弟の利益になるときは，本号の要件は満たされたものとみなされる。

b　養子となる者の父又は母であり，成人である場合

②　以下に掲げる場合には，養子縁組命令はなされない。

a　18歳に達した子に関して，次の場合を除く。

(i)　養子となる者の母又は父のみが申請者である場合

(ii)　親と配偶者が少なくとも継続して5年以上生活し，養子縁組に同意している親と配偶者である場合

(iii)　養子となる者を少なくとも継続して5年以上養育し，養子となる者が養子縁組に同意している里親である場合

b · c　（略）

③　第117条に従うことを条件として，以

下に掲げる場合には，養子縁組命令はなされない。

a　妊娠し，嫡出でない子として出生した以外の場合。ただし，親が18歳に達していない場合でも，養子となる者で現在生存している親の全ての者の同意があるときを除く。

b　妊娠し，嫡出でない子として出生した場合は，18歳に達していないときでも，母が生存しているときは，母の同意があるときを除く。

c　第114条第2項の規定に基づき夫婦の一方の申請に基づく場合。ただし，他方の配偶者の同意があるときを除く。

d　養子となる者が11歳に達している場合。（以下，略）

④　第117条の規定に従うことを条件として，養子縁組命令がされる前に，裁判所は，以下に掲げることをする。

a　養子の監護を委託された者の聴取

b　妊娠し，嫡出でない子として出生した場合は，実の父が自己の子として養子を認知し，裁判所が，養子の扶養に貢献し，真に，関心を示していると判断したときは，実の父を聴取する。

c　養子となる者が後見人の地位の下にあるか，親ではなく，事実上の監護者である者と生活しているときは，後見人又は監護を行う者を聴取する。

d　（略）

第116条（養子縁組前の養子となる者）

①　申請者又は申請者の一方が養子の親であるときを除き，養子となる者が養子縁組命令日の直前の少なくとも3か月間継続して申請者の監護の下にいなければ，未成年者に関する養子縁組命令は行われ

ず，裁判所に明らかにされた日が養子となる者の生後6週間に達する以前の期間は計算されない。

ただし，養子縁組命令をする前に，申請者は，裁判所に養子となる者の一時的な監護を認めることを請求することができる。（以下，略）

②・③　（略）

第117条（同意を免除する権限）

①　裁判所は，以下に掲げる要件が満たされる場合は，第115条により求められる同意又は聴取を免除することができる。

a　同意の免除の場合は，

i　同意を与えることが求められる者が，同意をすることができない場合

ii　親が見つからないか，遺棄し，無視し，又はひどい扱いをしたか，養子となる者の扶養することを無視又は拒否し，養子縁組に関して必要とされる同意を認める報酬として支払又は他の報酬を要求したか，得ようとした場合

iii　両親の一方が，合理的な理由なく同意を留保した場合

iv　両親の一方が，第154条第1項に従って養子となった子に対する親権を剥奪された場合

v　養子が両親の一方の監護になく，養子縁組委員会が子が母及び（又は）父と再会する合理的な希望がないと宣言した場合

vi　親が不当に，少なくとも18か月間，養子との接触がない場合

vii　同意を免除することが養子の最善の利益になる場合

b　聴取の免除の場合は，聴取が求めら

れる者が見つからないか，又は自己の意見を表示することができない場合

c 特別で例外的な事由を考慮し，全ての関係者の利害を考慮した上で，そのような聴取及び同意を免除することが適当な場合

② 裁判所は，同意を免除できる者が見つからないか，同意をすることができないか，配偶者が別居又は離婚し，別々に居住し，その別居が永続するときは，養子縁組命令の申請者の配偶者の同意を免除することができる。

③ （略）

④ 裁判所は，11歳に達した養子となる子の利益のために，子の擁護者の申請に引き続き要求される同意又は聴取を免除することができる。

第118条（同意の証拠）

① （略）

② 養子の母の同意を表明する書面は，以下に掲げる場合でなければ，本条における十分な証拠とはならない。

a 養子となる者が，書面の作成日に少なくとも生後6週間を経過し，

b 書面は，その日に宣誓管理者（a Commissioner for Oaths），擁護者又は公証人，マルタ国外で行われたときは，規定されたクラスの者により証明される。

③・④ （略）

第121条（権利及び義務）

養子縁組命令がなされると，

a 養子縁組命令がなされた者は，互いの関係において，親族の権利及び義務に関して養親から嫡出子として出生し，養親に由来する関係を有する子とみなされる。

b 養子縁組命令がなされた者の親族は，その者に関して，全ての権利を喪失し，全ての義務を免れる。

c （略）

d オープン養子縁組の場合は，養子縁組命令がなされた者に関して接触を維持する権利を保持する。

e （略）

第124条（養親の姓を称する養子）

養子縁組命令に基づき，養子縁組命令がされた者は，養親の姓を称する。

ただし，夫婦に養子縁組命令がなされたときは，養子縁組命令がなされた者は，養母の姓を付加した養父の姓を称する。

ただし，養子が3歳以下であるときは，裁判所の許可を得て，養親は養子に新たな名を付すことができる。

第125条（養子縁組の登録）

① 全ての養子縁組命令は，本法別表第1の第2部で示された様式Hに従って養子登録簿に登録長官が登録をする指示を含んでおり，（次項の規定に従い）その様式の2から7欄の項目に詳細を記載する。

②～⑥ （略）

第5 国 籍

1 二重国籍

マルタでは，二重国籍は認められており，マルタ市民は，同時に外国市民であることは合法とされている（市民7条）。

2 マルタ市民権の喪失

外国市民でもある成人で，能力を有するマルタ市民が別に定める方法でマルタ市民権の放棄を宣言したときは，大臣は登録する宣言を行い，登録に基づき，その者はマルタ市民でなくなる。

ただし，マルタが交戦期間中に宣言がされるか，又は公序に反するときは，大臣は，宣言の登録を拒否することができる（市民13条）。

〔根拠法条〕

市民権法（第188章）（1965年法律第30号，2013年法律第15号改正）
第4部　複数市民権
第7条（複数市民権）
　　マルタ市民である者で，同時に外国の市民であることは合法である。
第6部　市民権の放棄及び剥奪
第13条（市民権の放棄）
①　外国市民でもある成人で，能力を有するマルタ市民が別に定める方法でマルタ市民権の放棄を宣言したときは，大臣は登録する宣言を行い，登録に基づき，その者はマルタ市民でなくなる。
②　マルタが交戦期間中に宣言がされるか，又はそれが公序に反するときは，大臣は，第1項に規定された宣言の登録を拒否することができる。

164 マルタ 331

資料164－1 〔婚姻証明書〕

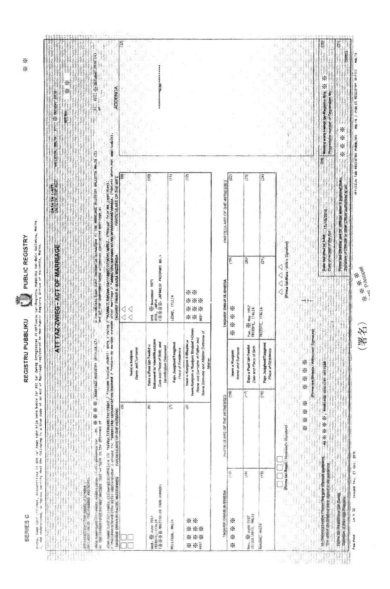

332　第2編　各　論

資料164－1

シリーズC

公記録 ◯

下記に記述する婚姻証明書は真実であると共にマルタ政府・・(自治体)・・市役所により正式に記録されたことをここに証明する。

婚姻証明書

夫婦の宣言

夫の詳細		妻の詳細	婚姻成立日	番号
	氏名			追補
	生まれた日と場所 身分証明書類			
	住所			
	父の氏名、母の氏名と婚姻前の氏			

証人の詳細

証人の詳細		証人の詳細	
	氏名		
	生まれた日と場所		
	住所		

(夫署名)　　　　　　　　　　(証人署名)

(妻署名)

証明日	証明番号
発行者	

資料164-2〔出生証明書〕

FORMULA I
FORM I

REGISTRU PUBBLIKU
PUBLIC REGISTRY

Jiena, hawn taht iffirmat, b'dan niccertifika illi dan li gej huwa ESTRATT veru mir-registrazzjoni tat- ... tas-sena ... lir-Registrati ta'
I, the undersigned, do hereby certify that the following is a true EXTRACT from entry no. ... of the year 2013 in the Civil Status

※ ※

l-Istat Civili zmar Atti tat-Twelid u r-Registru ta' Persuni Adottati mizmuma fl-Ufficcju tar-Registru Pubbliku, il-Belt, Valletta, Malta, ' mkond id-dispozizzjonijiet
records relative to Acts of Birth and the Adopted Personal Register kept in the Public Registry Office, Valletta, Malta, in accordance with the provisions

tas-Kodici Civili (Kap 16)
the Civil Code (Cap. 16)

Isem Tal-Twelid First Name Twelid	Post Tal-Twelid Place of Birth	Jum, Il-Waqt Name of the Child	Sess Sex	Isem u Kunjom u post, tal-twelid Name and Surname and place of Birth of the Father	Isem u Kunjom u post, tal-twelid Name and Surname and place of Birth of the Mother
TAL-ORDOU MELIDA MALTA	Wed. ※ August 2013	○○○	Female	Tat-Ministru □□□ BELFAST NORTHERN IRELAND)	△△△ △△△ MRS' WIFE OF THE △△△ GARETH △ △ (TOKYO JAPAN)

UFFICCJU TAR-REGISTRU PUBBLIKU-MALTA
PUBLIC REGISTRY OFFICE-MALTA

（署名）
DIRETTUR-
DIRECTOR

Date Fri 13 September 2013

Dritt imhallas
Fee Paid EUR 2.33

※ ※ ※
※ ※ ※
SERVUS ....

資料164－2

公記録

番号

フォーム1

私、文末の署名者は民法典Cap.16の条項に基づき、マルタ共和国・・・(自治体名)・・・公共登録所において、出生及び養子に関する民法上の身分記録の・・・(年)・・・の登録番号・・・(番号)・・・から以下の記載を正確に抜粋したことをそれによって証明する。

出生地	生まれたとき	子の氏名	性別	父の氏名と出生地	母の氏名と出生地

料金支払い済み

マルタ共和国公共登録所
署名
所長
日付
官職 氏名

資料164−3 〔養子登録簿〕

Added by: Ord. XXI. 1962.19.

FORM H

[SECTION 125]

FORM OF ENTRY IN ADOPTED PERSONS REGISTER

1	2	3	4	5	6	7	8	9
No. of entry	Date, country and place of birth of person adopted	Name and surname of person adopted	Sex of person adopted	Name and surname age, identification document place of birth and place of residence of adopter or adopters	Name and surname of father of adopter or adopters	Date of adoption decree	Date of entry	Signature of Director of Public Registry

336 第2編 各　論

165　マレーシア（マレーシア）
（平成15年国名表を「マレイシア」から変更）

第1　姓名制度

1　マレーシア人の姓名の表記

（マレー族）名のみ

名

（男）　Mohamad　Ali　Bin　Ahamad　（アハマッドの息子のモハメッドアリ）
　　　（本人の名）　　（〜の息子）（父の名）
（女）　Halima　　Binti　Abu　Bakar（アブバカルの娘のハリマ）
　　　（本人の名）　　（〜の娘）（父の名）
（称号）Tunku, Dato（女はDatin, 功労者）
　　　Haji（Hajah）……回教暦12月に聖都メッカの大祭に参拝した者。

（中国系）
　　（氏→名）中国の伝統的慣習による。
（アラビア系）
　　（名→氏）Send Shah SHAHABUDIN
（パキスタン系）
　　（氏→名）DOSSAI Akabor Mohamed
（インド系）
　　（氏→名）姓のある者とない者がある。

（福田義輝「外国人の氏・名について」民月40-10-120）

なお，証明書に，S／Oの表記がある場合があるが，これはson ofの略記であり，例えば，「フェビアン　ロレンス　S／O　ルーカス」とされている場合は，戸籍にはS／Oを省略して，「フェビアン　ロレンス　ルーカス」と記載する。

2　日本人夫とマレーシア人妻の婚姻につき，届書及びパスポートに妻となる者の氏名を漢字で記載している場合の取扱い

マレーシア国民の3分の1程度が中国系のマレーシア人であるが，マレーシア国は，漢字使用国とは認められないので，マレーシア人の氏名は片仮名で記

載する（時報特別増刊号No.507照会・回答62頁，同No.530-76頁，（参考）大阪だより
52-50）。

第2　マレーシアの法制

　マレーシアは，マレー半島部の諸州から成るマラヤ連邦が，1957年にイギリ
スから独立し，1963年にシンガポール及びボルネオ島の2州（サバ州，サラワ
ク州）が加盟してマレーシア連邦が誕生した。しかし，シンガポールは1965年
にマレーシアから分かれて独立国となった。現在マレーシアは，マレー半島部
の11州，ボルネオ島の2州及び連邦直轄領から成る連邦国家である。2012年の
統計によると，総人口2,900万人のうちマレー系65％，中国系24％，インド系
8％から成る多民族国家である。また，同時に様々な宗教が併存する多宗教国
家で，イスラーム教が国教であり，マレー系を中心に広く信仰されている。中
国系は仏教，インド系はヒンドゥー教徒が多い。また，イギリス植民地時代の
影響でキリスト教徒もいる。東アジアの非イスラーム教国に住むムスリム（イ
スラーム教徒）は，一般にマレーシアの見解に従うことが多い。

　独立後のマレーシアにおいて，イスラームは各州（旧各王国）の管轄事項と
なり，それぞれの州（州議会）で条例として立法化されることになる。具体的
にはイギリス植民地時代に制定されていたスランゴール州の「ムスリム法施行
条例（1952年）」をモデルとしつつ，各州においてイスラーム教義を現実に具
体化するための条例が整えられ，1980年代以降はイスラームの法制化が急速に
進展し，様々な領域においてイスラームに関する法の整備が進められた（多和
田裕司「マレーシア」柳橋博之編著『現代ムスリム家族法』10頁（日本加除出版，
2005））。

　ところで，マレーシアには全国民に適用される統一した家族法は存在せず，
各人の宗教及び民族によって異なる家族法が適用される，いわゆる人的不統一
法国である。さらに，ムスリムの家族法については，前述のように，各州（連
邦直轄領では連邦）が独立の立法権を持ち，それぞれイスラーム家族法に関す
る法令を定めている。

338 第2編 各 論

　なお，州及び連邦直轄領が定めるイスラーム家族法の内容は，一部の州を除いてほぼ同じであり，連邦直轄領が定める「イスラーム家族法（IFLA）（連邦法律第303号）」が各州のイスラーム家族法のモデルとなっている。また，先住民を除く非ムスリムに適用される家族法には，連邦法律第164号の「婚姻・離婚法（LRA）」（1976年改正・1982年施行）や「嫡出法（連邦法律第60号）」等がある。

（以下のムスリム家族法及び非ムスリム家族法は，桑原尚子「マレーシア家族法制度調査報告書（上）（下）」戸籍784-1・785-1，2006を参照）

第3　婚　　姻

1　婚姻要件具備証明書

　マレーシア人について，同国大使館で発給した婚姻要件具備証明書は，資料165-1（本文394頁）参照（戸籍742-29）。

2　婚姻証明書

　マレーシア国登録所発行の婚姻証明書（イスラム家族法・1984（セクション26））は，資料165-2（本文396頁）参照。

3　ムスリムの婚姻

⑴　**実質的成立要件**（連邦直轄領・イスラーム家族法・連邦法律第303号）

　ア　婚姻適齢

　　　男性は満18歳，女性は満16歳にならなければ，婚姻をすることができない。ただし，シャリーア裁判官（イスラーム法裁判所）**（注）**の許可がある場合は，この限りでない（IFLA 8条）。

　　（注）　州の裁判所には，原則として連邦の裁判所とは別系統のシャリーア裁判所があり，養子を除くムスリムの家事事件について管轄権を持っている。

　イ　後見人の同意

　　　両当事者が婚姻意思を有し，かつ，女性の後見人が，「シャリーアの法

規則」に従って，婚姻に同意することが婚姻成立の要件とされる。ただし，後見人がいない場合又は後見人が十分な理由なく同意しない場合は，女性の居住地区を管轄するシャリーア裁判所裁判官又は裁判官が任命する者が，後見人として同意を与えることができる（IFLA 13条）。

ウ　近親婚の禁止（IFLA 9条）

　(ア)　男性は，次に掲げる者と婚姻をすることができない。

　　①　血族関係

　　　直系血族，姉妹，姪，姪の卑属，おば，おばの尊属

　　②　義母，妻の直系尊属，父の現在の妻（一時的婚姻障害），祖父の現在の妻（一時的婚姻障害），義理の娘，婚姻が完成した妻の女の継子

　(イ)　女性は，次に掲げる者と婚姻をすることができない。

　　①　血族関係

　　　直系血族，兄弟，甥，甥の卑属，おじ，おじの尊属

　　②　義父，夫の直系尊属，母の現在の夫（一時的婚姻障害），祖母の現在の夫（一時的婚姻障害），義理の息子，婚姻が完成した夫の男の継子

　(ウ)　乳親子関係が成立すると，乳親子関係を通じて婚姻が禁止される血族関係及び姻族関係にある者同士の婚姻が禁止される。

　(エ)　女性同士が血族関係，姻族関係，乳親子関係にある場合に，男性は，この2人の女性を同時に妻にしてはならない（一時的婚姻障害）。

エ　宗　教

　　男性はムスリムの女性及び啓典の民（Kitabiyah）の女性（注），女性はムスリムの男性としか婚姻をすることができない（IFLA 10条）。

　(注)　啓典の民の女性とは，「ヤコブを先祖とする女性，預言者ムハンマドが啓示を受ける以前からキリスト教徒であった者を先祖とするキリスト教徒の女性又は預言者イザヤの誕生以前からユダヤ教徒であった者を先祖とするユダヤ教徒の女性」と定義されている（IFLA 2条）。

オ　女性が重婚でないこと（IFLA 14条1項）。

　(注)　妻は重婚が禁止されているが，夫については重婚が認められている。

340　第2編　各　論

　　　日本人男とマレーシア人女との間でマレーシア国の方式で婚姻が成立した
　　として提出された報告的婚姻届及び同女との子の嫡出子出生届について，日
　　本人男は，既に他のマレーシア人女と婚姻しており，重婚となっているが，
　　後婚は取り消し得べき婚姻であり，無効とはいえないとして，受理して差し
　　支えないとした事例がある（平成25.12.26民一1041号回答（戸籍900-75））。

カ　女性が再婚禁止期間中（イッダ：'iddah）でないこと（IFLA 14条 2 項
　(a)号）
（注）　イッダとは，別の婚姻契約を結ばず待つ期間として，3 回の生理が来るま
　　での期間をいう。夫が死亡した場合は，4 か月と10日とされている。

キ　完全に取り消し得ない離婚（ba-in kubra）によって離婚した前配偶者
　間の婚姻の制限
　　　完全に取り消し得ない離婚に該当する 3 回分の夫からの一方的離婚（「お
　　前を 3 回離婚する」という宣言）又は 3 回の連続した一方的離婚の宣言
　　（「お前を離婚する」と 3 回繰り返す宣言）によって離婚した当事者間の婚
　　姻は，前妻が第三者と婚姻契約を締結し，婚姻が完成した後に当該婚姻が
　　解消され，妻の再婚禁止期間が満了するまでは認められない（IFLA 14条
　　2 項(c)号）。

ク　男性に 4 人以上妻がいないこと。

ケ　リーアン（li'an）の方式による離婚をした配偶者間の婚姻禁止
　　　この方式による婚姻解消は，完全に取り消し得ない離婚であり，当事者
　　双方の婚姻障害となる（IFLA 50 A 条 1 項）。
（注）　リーアンとは，夫が裁判官の面前で妻の姦通を訴え，又は嫡出否認をする
　　ことによる呪詛と，妻が夫の訴えは虚偽であることを宣言した後に，裁判官
　　が婚姻解消を命じる方式をいう。

コ　婚資金
　　　挙式に際し，2 人以上の証人の面前で，男性又はその代理人は，女性又
　　はその代理人に対し婚資金を支払わなければならない（IFLA 21条 1 項）。
　　ただし，婚資金の支払がなくても，婚姻は無効とはならない。

(2)　形式的成立要件（連邦直轄領・イスラーム家族法・連邦法律第303号）

　ア　婚姻の許可

　　㊀　婚姻許可の申請

　　　　婚姻をしようとする者は，原則として挙式の7日以上前に，女性が居住するモスク（イスラームの礼拝堂）行政区（kariah masjid）の登録官に対し，挙式の許可を申請する。男性が女性と異なるモスク行政区に居住する場合には，所定の書類に記載された内容が真実である旨について，男性が居住するモスク行政区の登録官が記載した書面が添付される（IFLA 16条）。

　　㊁　婚姻許可状の発行

　　　　登録官は，婚姻障害のないことを確認の上で，婚姻許可状を発行する（IFLA 17条）。

　　㊂　シャリーア裁判所裁判官への付託

　　　　登録官は，次に掲げる場合に，女性の居住する地区を管轄するシャリーア裁判所の許可を求める申請を付託する。シャリーア裁判所が婚姻障害がないことを確認した上で，婚姻許可状を発行する（IFLA 18条）。

　　　①　婚姻をしようとする当事者が，婚姻適齢（IFLA 8条）に達していない場合

　　　②　女性がIFLA第14条で規定するジャンダ（janda：婚姻完成後に離婚した女性の意（IFLA 2条））に該当する場合

　　　③　「シャリーアの法規則」に照らして，親族の中に女性の後見人がいない場合

　イ　挙　式

　　㊀　挙式の場所

　　　　挙式の場所は，原則として女性の居住するモスク行政区であるが，登録官又は裁判官の許可を得て，他の場所で挙式できる（IFLA 20条）。

　　㊁　挙式の方式

　　　　挙式は，次に掲げるいずれかの方式による（IFLA 7条）。

　　　①　登録官の面前で，後見人によって執り行われる。

342　第2編 各　論

② 登録官の面前で，登録官の許可を得て，後見人の代理人によって執り行われる。

③ 後見人の代理人である登録官によって行われる。ただし，「シャリーアの法規則」に照らして，親族に後見人がいない女性を当事者とする場合は，王の後見人だけが挙式を執り行うことができる。

ウ　身分登録

挙式後直ちに，登録官は，婚姻登録簿に婚姻の必要事項及び法定又は任意の約定を登録する（IFLA 29条）。登録の際は，当事者双方，後見人及び2人の証人が立ち会い，証人となる。登録簿は，登録官が保管する。

4　非ムスリムの婚姻

(1)　法律及び適用

ア　法　律

婚姻・離婚法（Law Reform（Marriage and Divorce）Act 1976（LRA））は，1976年に制定，公布されたが，施行は1982年3月1日である。

同法は，一夫一婦婚，婚姻成立要件としての挙式及びその登録について定めている。この法律によって，従来の離婚に関する規定は改正・統一され，一夫一婦婚及び離婚に関する規定が整理されることとなった。

同法の施行日前に挙式が行われた婚姻としては，1952年民事婚条令（Civil Marriage Ordinance 1952）又は1956年キリスト教徒婚姻条令（Christian Marriage Ordinance 1956）のような制定法上の規定に基づいて挙式が行われた婚姻，ヒンドゥー婚，ムスリム婚及びコモン・ロー上の婚姻が存在する。

イ　適　用

ムスリム以外の全ての者の婚姻に適用される。原則として，婚姻・離婚法（LRA）は，マレーシア国内にいる全ての者及び国外に居住するマレーシアにドミサイル（本拠）を有する全ての者に対して適用される。

ただし，ムスリム及びイスラーム法に基づいて婚姻を締結した者は，同法の適用から除外される。

⑵　**実質的成立要件**（婚姻・離婚法（LRA）・連邦法律第164号）

　ア　重婚の禁止

　　　婚姻・離婚法第5条第1項で，法律施行後の重婚について規定している。

　　　同法施行日において，法，宗教，慣習又は慣行に則して婚姻した者は，当該婚姻又は複婚がマレーシア国内又は国外のいずれで挙式されたものであろうとも，当該婚姻又は複婚継続中は，いかなる法，宗教，慣習又は慣行に基づく有効な婚姻を重ねてすることはできないと規定されている。

　　　この規定により，現行婚姻・離婚法施行前のパーソナル・ロー上の有効な複婚の存在は認められるが，同法施行後は，重ねて別の女性との間で婚姻締結をすることが否定された。

　イ　同性婚の禁止

　　　婚姻の無効原因となる（LRA69条⒟号）。

　ウ　婚姻適齢

　　　満18歳にならなければ婚姻をすることができない。ただし，女性の場合は，婚姻適齢に達しないときであっても，16歳以上であれば，首相の許可を得て婚姻をすることができる（LRA10条・21条2項）。

　エ　近親婚の禁止

　　㈦　血族間の婚姻禁止

　　　　二親等内の直系血族又は四親等内の傍系血族（従兄弟姉妹を除く。）間では婚姻をすることができない。ただし，ヒンドゥー教徒の場合は，母方の叔父と姪との婚姻が認められている（LRA11条1項）。

　　㈪　姻族間の婚姻禁止

　　　　二親等内の直系姻族の間では婚姻をすることができない。これは，姻族関係の終了後にも適用される（LRA11条2項・3項）。

　　㈢　養親子間の婚姻禁止

　　　　養親子間の婚姻は禁止されている（LRA11条4項）。

　　　なお，上記㈦〜㈢で禁止されている近親婚であっても，両当事者に適用される法，宗教，慣習又は慣行に違反していない場合は，首相はその婚姻を許可することができる（LRA11条6項）。

344　第2編　各　　論

オ　未成年者の婚姻

　(ア)　未成年者とは,「21歳未満で,寡婦又は寡夫でない者」をいう（LRA
　　　2条1項）。

　(イ)　未成年者が婚姻をする場合は,書面による父の同意を要する（LRA 12
　　　条1項(a)号）。

　(ウ)　未成年者が婚姻をする際に,その未成年者が

　　　①　嫡出でない子である場合又は父が死亡している場合は,書面による
　　　　母の同意を要する（LRA 12条1項(b)号）。

　　　②　養子である場合は,書面による養父の同意を要する。養父が死亡し
　　　　ているときは,書面による養母の同意を要する（LRA 12条1項(c)号）。

　　　③　父母（養子の場合には養父母）が共に死亡している場合は,親代わ
　　　　りの地位にある者（in loco parentis）の書面による合意を要する
　　　　（LRA 12条1項(d)号）。

　　　　ただし,未成年者であっても,離婚をした者はこれらの同意等を要し
　　　　ない（LRA 12条5項）。

　　　　裁判所は,次のいずれかの事由に該当する場合には,LRA第12条第
　　　　1項が定める者に代わって,婚姻の同意をすることができる（LRA 12
　　　　条2項）。

　　　①　婚姻への同意が不合理に与えられていない。

　　　②　LRA第12条第1項で定める全ての者が死亡している。

　　　③　婚姻に対する同意を得ることが実現不可能である。

(3)　**形式的成立要件**（婚姻・離婚法（LRA）・連邦法律第164号）

　ア　挙　式

　　　挙式には,民事的方式による挙式と,宗教上の儀式,慣習,慣行による
　　挙式があり,それぞれの挙式に先立って要する予備的行為が異なる。

　イ　予備的行為

　　　婚姻の意思を有する各当事者は,各人が婚姻予告直前の7日間居住して
　　いる婚姻地区（marriage district）登録官に対して署名を付した所定の書
　　面をもって婚姻予告をしなければならない。

(ｱ) 民事的方式による場合

登録官の婚姻許可状又は首相の特別婚姻許可状が必要とされる。

所定の書面に記載された宣言が婚姻成立の諸要件を具備している場合には，登録官は，婚姻・離婚法第15条に基づく婚姻予告の公示から21日が経過し，かつ所定の費用を受領した上で，婚姻許可状を発行しなければならない。

(ｲ) 宗教上の儀式，慣習又は慣行による場合

婚姻・離婚法第24条で，宗教，慣習又は慣行に基づく婚姻の挙式を認めている。

この場合，婚姻の意思を有する両当事者は，同法第22条第３項で定められる誓約書を所轄大臣が任命する補助婚姻登録官（Assistant Registrar）たる教会又は寺院の聖職者に提出しなければならない。

婚姻・離婚法第22条第３項が定める誓約書においては，各当事者が満21歳に達していること，当事者が21歳未満の場合は寡婦又は寡夫であること，一方当事者が未成年である初婚となる場合は（当該当事者が女性の場合は満16歳に達していること）同法第12条の規定で権限を付与された者による当該婚姻に対する合意が付与又は免除されていることのいずれかが宣言されなければならない。これらの条件を満たした上で，法定の婚姻障害が存在しないこと，及びいずれの当事者にも当該婚姻が重婚とならないことについても，宣言されなければならない。

ウ　婚姻の挙式

婚姻の挙式は，「登録官」（Registrar）が行う。「登録官」とは，婚姻・離婚法に基づいて任命された「婚姻登録官」（Registrar of Marriages）をいう。

婚姻は，登録官及び２人以上の信頼し得る証人の面前で挙式されなければならない（LRA22条５項）。登録官が当事者に婚姻意思があることを認めなければ，挙式してはならない（LRA22条６項）。

(ｱ) 民事的方式

登録官事務所又は特別許可状で認められた場所で行わなければならな

い。婚姻登録官は当事者に対し，自らの意思で婚姻をするかを質問し，両者がこれを肯定した後，婚姻締結の文言を宣言する。次いで，当事者に対し婚姻障害事由があるかを質問し，両者がこれを否定した後，両当事者それぞれに，他方を合法な夫とし，合法な妻とするかを質問し，これに対する両者の肯定によって挙式が完了する（LRA22条2項・23条）。

(イ)　宗教上の儀式

　　首相によって婚姻補助登録官に任命された教会又は寺院の聖職者は，宗教上の儀式に基づく婚姻を挙行する。慣習又は慣行による挙式を執り行う者についても，首相が補助登録官として任命する（LRA24条）。

エ　婚姻登録

　　民事的方式による挙式及び宗教上の儀式，慣習又は慣行による挙式の後，直ちに登録官は，婚姻登録簿に必要事項を登録する（LRA25条1項）。登録には，婚姻当事者及び証人の証言並びに婚姻の儀式を執り行った登録官の署名が必要とされる（LRA25条2項・3項）。

　　婚姻・離婚法第26条は，外国で挙式が行われた場合の取扱いについて，外国で婚姻の挙式を行った者については，現行婚姻・離婚法の要件を満たす場合であれば，その効力が認められる。

　　また，婚姻・離婚法第31条は，外国で婚姻の挙式を行ったマレーシア人の婚姻が同法に則して婚姻されなければならないことを定めている。この場合には，少なくとも当事者の一方がマレーシア国民であるか，マレーシアにドミサイルを有するものでなければならない。

(4)　**婚姻の無効・取消し**

　裁判所は，次に掲げることが認定された場合に，婚姻無効判決又は婚姻取消判決を下す。

ア　婚姻無効

　　婚姻の無効原因に関しては，婚姻・離婚法第69条で，次の4つの場合が規定されている。

　　ただし，ここで規定されている婚姻無効の対象となるのは，同法施行日（1982年3月1日）以降に，成立した婚姻に限られる。

① 婚姻の際に，既に有効な婚姻が存在している場合

② 男性が18歳未満又は女性が16歳以上18歳未満であり，かつ，同法第10条で定める特別許可状を首相から付与されていない場合

③ 同法が禁止する近親婚である場合（ただし，同法11条6項が規定する特別許可状が付与されている場合を除く。）

④ 同性愛である場合

イ　婚姻取消し

　　婚姻の取消原因に関しては，婚姻・離婚法第70条で，次の6つの場合が規定されている。

　　ただし，婚姻無効と同様に，同法施行日（1982年3月1日）以降に，成立した婚姻に限られる。

① 当事者のいずれか一方が，性的不能であるため婚姻が完成されていない場合

② 相手方が故意に婚姻の完成を拒否している場合

③ 当事者のいずれか一方が強迫，錯誤，精神障害その他の事由によって婚姻締結の意思を欠く場合

④ 婚姻の際には婚姻締結の意思を有する場合であっても，当事者のいずれか一方が継続的又は断続的であれ，1952年精神病令（the Mental Disorders Ordinance 1952）が定める精神障害者であり，精神障害により有効な婚姻を行うことができない程度だとされるとき

⑤ 婚姻の際に，相手方が伝染性の性病に罹患していた場合

⑥ 婚姻の際に，相手方が本人以外の子を妊娠していた場合

ウ　婚姻無効・婚姻取消しの効力

　　婚姻の挙式時に両当事者の双方又はいずれか一方が，当該婚姻を有効であると信じ，かつそのことについて合理的理由が存する場合は，その婚姻から生まれた子は，両当事者の嫡出子として扱われる。

（第3につき，ラサマニ＝カンディア（著），桑原尚子（訳），小川富之（監）「マレーシア家族法」時報603-33，2006）

348　第2編　各　論

〔根拠法条〕

イスラーム家族法（連邦直轄領）IFLA
（1984年連邦法律第303号）（1992年7月
17日法律A828号，1994年9月9日法律
A902号改正）
第1部　序
第1条（通称，適用範囲及び施行）
① 本法は，「イスラーム家族法（連邦直
　轄領）1984年」と称し，クアラルンプー
　ル及びラブアンの連邦直轄領にのみ適用
　される。
② （略）
第2条（解釈）
① 本法において，文脈上，別段の解釈を
　要する場合を除き，
　　「タッリーク（ta'liq）」とは，イスラー
　ム教義及び本法の規定に従って婚姻の挙
　行後に，夫が表明する約束を意味する。
　（略）
　　「啓典の民」とは，
　(a) ヤコブの血統を祖先とする女性
　(b) 預言者ムハンマドの時代以前のキリ
　　スト教徒を祖先とするキリスト教徒の
　　女性
　(c) 預言者イザヤの時代以前のユダヤ教
　　徒を祖先とするユダヤ教徒の女性
　を意味する。
　　「親子関係（nasab）」とは，合法的な
　血縁関係に基づいた子孫を意味する。
　（略）
②～④ （略）
第2部　婚姻
第8条（婚姻最低年齢）
　　男性が18歳未満又は女性が16歳未満で
　ある場合は，シャリーア裁判官の書面に
　よる許可がないときは，本法に基づき婚

姻を挙行することができない。
第9条（婚姻が禁じられる関係）
① 男性又は女性は，それぞれの場合に準
　じて，血縁上の理由により以下の人物と
　婚姻できない。
　(a) 母あるいは父
　(b) 父方及び母方の祖母あるいは曾祖母
　　等及びその尊属
　(c) 娘，息子，孫及びその卑属
　(d) 同父母兄弟姉妹，同父兄弟姉妹，同
　　母兄弟姉妹
　(e) 兄弟姉妹の子及び兄弟姉妹の卑属
　(f) 父方のおば又はおじ及びその尊属
　(g) 母方のおば又はおじ及びその尊属
② 男性又は女性は，それぞれの場合に準
　じて，姻戚という理由により以下の人物
　と婚姻できない。
　(a) 配偶者の父母及び配偶者の尊属
　(b) 自己の父母の配偶者である継父母
　(c) 父方及び母方の祖父母の配偶者であ
　　る継祖父母
　(d) 子の配偶者
　(e) 既に婚姻が完了した（注：床入り後
　　（the marriage has been consummat-
　　ed））妻又は夫の継娘又は継息子及び
　　その卑属
③ 男性又は女性は，それぞれの場合に準
　じて，授乳という理由により，授乳行為
　を通して自己と関係する男性又は女性，
　言い換えるならば，もし授乳行為が出産
　行為であったとしたとき，血縁及び姻戚
　を理由に婚姻が禁じられる範囲にいる男
　性又は女性とは婚姻できない。
④ 男性は，そのいずれかの一方が男性で
　ある場合，イスラーム教義においてその

婚姻が非合法であるとされるような，血縁，姻戚，授乳によって関係のある2人の妻を同時に持つことはできない。

第10条（他の宗教を信仰する者）

① 男性は，啓典の民を除いて，非ムスリム教徒と婚姻してはならない。

② 女性は，非ムスリム教徒と婚姻してはならない。

第11条（無効婚）

婚姻は，その正当性を認められるのに必要な，イスラーム教義上（Hukum Syarak）（注）の全ての条件が満たされない場合は，無効である。

（注）　"Hukum Syarak" means Islamic Law according to any recognized Mazhab（第2条第1項）

第12条（登録できない婚姻）

① 本法に違反する婚姻は，本法の下で登録することはできない。

② 第1項にかかわらず，本第2部のいずれかの規定に反する形で締結され，しかし，他の点ではイスラーム教義上有効であるとされる婚姻は，裁判所の命令により本法の下で登録することができる。ただし第40条第2項の適用を免れない。

第13条（必要とされる同意）

婚姻をなす両者がそれについて同意し，さらに，以下のいずれかの条件が満たされないときは，婚姻は認められないし，本法の下で登録することもできない。

(a) 女性の後見人が，イスラーム教義に従って同意を与えること。

(b) 女性の居住する地域の司法権を有するシャリーア裁判官又はシャリーア裁判官の代わりに特別に権限を与えられた者が，全ての関係者の中で必要な審問を行った後，イスラーム教義に従って，王による後見人としてその婚姻に同意を与えること。ただし，そのような同意は，イスラーム教義に従って，後見人の役を果たす血縁による後見人がいない場合，当該後見人が見つからない場合又は後見人が十分な理由もなく同意することを拒んだ場合について，行うことができる。

第14条（女性の婚姻）

① 女性は，ある男性と婚姻関係にあるとき，他のいかなる男性とも婚姻できない。

② 女性が離婚経験者（janda）（注）である場合，

(a) 第c項の適用を受けるとともに，イスラーム教義に従って算出される再婚禁止期間が終了するまでは，最後に離婚した男性以外のいかなる者とも婚姻できない。

(b) （略）

(c) もしその離婚が完全に取消不能なもの（ba-in kubra）である場合，つまり3回の離婚宣言（talaq）によってなされたものである場合，当該女性は，夫以外の者と合法的に婚姻し，その婚姻が完了し（注：床入り後），その後合法的に婚姻が解消され，さらに再婚禁止期間が終了するまでは，前夫と婚姻することはできない。

③ 女性が，婚姻が完了する前に離婚されたと申し立てる場合にあっても，当該女性は，彼女が居住する地域を管轄するシャリーア裁判官の許可のあるときを除いて，離婚に関する通常の再婚禁止期間の間は，前夫以外のいかなる者とも婚姻できない。

④ 女性が寡婦である場合,

  (a) イスラーム教義に従って算出される再婚禁止期間が終了するまでは,いかなる者とも婚姻できない。

  (b) 当該女性は,彼女の夫の死亡証明書を有するか,又は他の方法により夫の死亡を証明しなければ,婚姻できない。

(注) "janda" means a woman who has been married and divorced after consummation (第2条第1項)

第15条（婚約）

  口頭で又は書面によって,個人的に又は仲介者を介して,イスラーム教義に従って婚約をなした者が,その後合法的な理由もなく婚姻の意思がある相手との婚姻を拒絶した場合,不履行の側は,もしあれば婚姻の贈物又はそれに等価値の物を返却するとともに,婚姻の準備のために相手方によって,又は相手側のために賄われた費用を誠実に支払わなければならない。これは,裁判所の職権によってなされることができる。

婚姻の準備

第16条（婚姻許可の申請）

① 連邦直轄領において婚姻の締結を希望する者は,婚姻を望む両者が,妻になろうとする女性が居住するモスク行政区の登録官に対して,所定の様式によって婚姻の許可を申請しなければならない。

② 男性が,女性とは異なるモスク行政区の居住者又は他の州の居住者である場合には,男性は申請の際に,その理由に応じて男性側のモスク行政区の登録官又は州の当該事項の責任者による,知り得る限り申請者に記されたことは真実であるという旨の陳述を書き添えるか又は陳述

書を併せて提出しなければならない。

③ 両者の申請書は,婚姻を希望する日の少なくとも7日前までに,登録官に提出されなければならない。しかし,登録官は,特別な場合にあっては,より短い日数であっても許可することができる。

④ 両者の申請は,1つの共同申請として扱われる。

第17条（婚姻許可状の発行）

  第18条の下で,登録官は,申請書に記載された事項の事実,予定されている婚姻の正当性及び男性が既婚の場合は第23条で必要とされる許可が認められていることを確認し,申請後,所定の支払がなされた時点で,婚姻の許可状を所定の様式で申請者に対して発行する。

第18条（シャリーア裁判官への付託）

① 以下のいずれかの場合,すなわち,

  (a) 婚姻を求める両者のいずれかが,第8条に明示された年齢に達しない場合

  (b) 女性が,離婚経験者であり,第14条第3項の適用を受ける場合

  (c) 女性が,イスラーム教義に基づく,血縁による後見人がいない場合

  登録官は,第17条の下で,手続を進めるのではなく,当該女性が居住する地域を管轄するシャリーア裁判官に申請を付託する。

② シャリーア裁判官は,申請書に記載された事項の事実,予定されている婚姻の正当性及びそれぞれの理由に応じてその事例が第8条又は第14条第3項によって許可を与えることが利益になること,又は,第13条第b号により王による後見人による婚姻締結に同意を与えることが利益になることを確認し,申請が委託され

た後，所定の支払がなされた時点で，婚姻の許可状を所定の様式で申請者に対して発行する。

第19条（挙行に先立って必要な許可）

　以下の者によって婚姻の許可が与えられない場合，いかなる婚姻も挙行されない。

　(a) 女性が連邦直轄領の住民である場合の婚姻については，第17条に基づく登録官，第18条に基づくシャリーア裁判官

　(b) 女性が他の州の住民である場合の婚姻については，その州における当該事項の責任者

第20条（婚姻の場所）

① 女性が居住するモスク行政区以外では，いかなる婚姻も締結され得ない。しかし，第17条又は第18条の下で婚姻の許可を与える登録官又はシャリーア裁判官は，連邦直轄領又は他州において婚姻が締結されることを許可することができる。

② 第1項の下での許可は，第17条又は第18条に基づき与えられた婚姻の許可に記載することができる。

③ 第1項の規定にもかかわらず，以下のときには，女性が居住する以外のモスク行政区においても婚姻を締結することができる。

　(a) 女性が連邦直轄領に居住する場合にあっては，そのモスク行政区での婚姻締結の許可が第17条又は第18条に基づき与えられ，かつ，他のモスク行政区での婚姻の挙式の許可が第1項に基づき与えられているとき。

　(b) 女性が他の州に居住する場合にあっては，婚姻の許可及び他のモスク行政

区での婚姻締結の許可が，その州の当該事項の責任者によって与えられているとき。

第21条（婚資（Mas Kahwin）（**注1**）及び贈物（pemberian）（**注2**））

① 婚資は，通常，男性又は彼の代理人が，女性又は彼女の代理人に対して，婚姻の締結を執り行う者及び少なくとも2人の証人の面前で支払われなければならない。

② 登録官は，登録する全ての婚姻について，以下の事柄を確認し，記録する。

　(a) 婚資の額及び他の特記事項

　(b) 贈物全てについての額及び特記事項

　(c) 支払の約束はなされているが，婚姻の挙式時にまだ支払われていない婚資若しくは贈物のいずれか，又はその両方についての額及び特記事項並びに支払期日

　(d) 婚資又は贈物の支払に関して与えられた保証についての特記事項

（**注1**）"mas Kahwin" means the obligatory marriage payment due under Hukum Syarak by the husband to the wife at the time the marriage is solemnized, whether in the form of money actually paid or acknowledged as a debt with or without security, or in the form of something that, according to Hukum Syarak, is capable of being valued in terms of money（第2条第1項）

（**注2**）"pemberian" means a gift whether in the form of money or things given by a husband at the time of the marriage（第 2 条第 1 項）

第22条（婚姻登録簿への記載）

① 登録官は，婚姻の挙式後，直ちに，当該婚姻について，定められた事項及び定められたタッリーク又はそれ以外のタッリークを記載する。

② 記載は，婚姻の両当事者，後見人，婚姻締結時に立ち会った登録官以外の 2 人の証人によって承認されなければならない。

③ 記載には，登録官の署名がなされなければならない。

第23条（多妻婚（Polygamy））

① 婚姻期間中，いかなる男性も，裁判所の書面による事前許可を受けた場合を除き，他の女性と婚姻契約をすることはできない。また，そのような許可を受けずに契約された婚姻を本法の下で登録することができない。

ただし，裁判所は，その婚姻がイスラーム教義に則り有効であると示される場合には，第123条に従い，その婚姻を登録させることができる。

② 第 1 項の規定は，連邦直轄領内又は領外に居住する男性の連邦直轄領内における婚姻及び連邦直轄領内に居住する男性の連邦直轄領外における婚姻に適用される。

③ 許可申請は，所定の方式に従って裁判所に提出するものとし，かつ以下の事項についての宣言が伴っていなければならない。申請された婚姻が適正かつ必要であると判断される理由，申請者の現在の収入，申請者の誓約及び確認可能な金銭

的義務と債務に関する事項，申請された婚姻の結果生ずる者を含む申請者による扶養権利者の数，申請された婚姻に対して現在の妻又は妻たちの同意又は見解が得られているか。

④ 申請の受理に当たって，裁判所は，申請者及び現在の妻又は妻たちを申請に関する事情聴取のために召喚しなければならない。この事情聴取は，非公開で行われるものとする。裁判所は，以下の条件に適うものである場合，申請に対して許可を与えることができる。

(a) 申請された婚姻が，数ある中で特に次のような事情から，適正かつ必要であること。すなわち，現在の妻又は妻たちの側における不妊，身体的虚弱，性的関係への身体的不適合，性的関係を取り結ぼうとする求めに対する意図的拒絶又は精神異常。

(b) 申請者が，イスラーム教義が求めるものとしての，全ての妻及び申請された婚姻の結果生じる者を含む全ての扶養権利者を扶養することができる資力を有していること。

(c) 申請者が，イスラーム教義が求めるものとしての，全ての妻に対する対等な扱いができること。

(d) 申請された婚姻が，現在の妻又は妻たちに対して，イスラーム教義上の加害（darar syarie）（**注**）とならないこと。

(e) （削除（1994年法律第 A 902号））

（**注**） "darar syarie" means harm, according to what is normally recognized by Islamic Law affecting a wife in respect of religion, life, body, mind, moral or property（第2条第1項）

⑤ 第3項による申請書の写し及び同項に法定上の宣告の写しは，現在の妻それぞれに対して，召喚状とともに送達されなければならない。

⑥ 裁判所の決定によって不利益を被った者又は決定に対して不服の者は，民事事件における控訴に関して「施行条例」（the Administration Enactment）が定める手続により，控訴することができる。

⑦ 第1項に違反して婚姻を契約した者は，現在の妻又は妻たちに支払われるべき婚資及び贈物の全額を直ちに支払わなければならない。そのように支払われない場合は，債務として回収できるものとする。

⑧ 本条における婚姻締結及び婚姻登録の手続は，連邦直轄領内において本法の下で締結，登録される他の婚姻に適用される手続と，全ての点で同一でなければならない。

第24条（国外のマレーシア大使館における婚姻の挙行）

① 第2項の規定の下で，イスラーム教義に基づき，マレーシア大使館，高等弁務官事務所（High Commission）又は領事館における婚姻の挙行に関する異議をマレーシア政府に対して通達していない国にあっては，マレーシア大使館，高等弁務官事務所又は領事館において，第28条第3項により任命された登録官によって，婚姻を挙行することができる。

② 本条において，婚姻の挙行に先立って，登録官は以下のことを確認しなければばらない。

(a) 婚姻当事者の一方又は双方が，連邦直轄領の住民であること。

(b) それぞれの当事者が，イスラーム教義及び本法に照らして，婚姻の能力を有していること。

(c) 一方の当事者が，連邦直轄領の住民でない場合は，申請された婚姻が挙行されたときに，当該の者の居住地において合法であるとみなされるものであること。

③ 本条に基づく婚姻の挙行及び婚姻登録の手続において，外国における手続のために任命された登録官は，連邦直轄領における登録官であるとみなし，連邦直轄領内において本法の下で挙行，登録される他の婚姻に適用される手続と全ての点で同一でなければならない。

第3部　婚姻の登録

第25条（登録）

施行日以降，連邦直轄領に居住する全ての者，連邦直轄領の住民及び外国で暮らしている全ての者の婚姻は，本法に従って登録されなければならない。

第26条（婚姻証明書及びタッリーク証明書）

① 登録官は，婚姻の登録及び所定費用の支払がなされた時点で，婚姻する両者に対して，所定の様式に従った婚姻証明書を発行しなければならない。

② 登録官は，所定費用の支払がなされた時点で，婚姻する両者に対して，所定の様式に従ったタッリーク証明書を発行しなければならない。

第27条（無効婚又は違法婚の報告）（略）

第28条（イスラーム婚姻，離婚及びルジュ（注）の首席登録官，登録官，代理登録官及び補助登録官の指名）（略）

（注） ルジュ（Ruju'）は，元の婚姻時

の状態に戻ることを意味する。

"Ruju'" means a return to the original married state（第2条第1項）

第29条（全ての婚姻についての記録及び登録簿の保管）

全ての登録官は，婚姻登録簿を保管しなければならない。そして，本法及び本法の下で制定された諸規則によって規定された記録及び連邦直轄領における全ての婚姻は，婚姻登録官によって記録されなければならない。

第30条～第34条　（略）

（多和田・前掲(337)-18参照）

（婚姻・離婚）改正法（連邦法律第164号）（Law Reform (Marriage and Divorce) Act 1976）（1976年3月11日官報告示，2006年1月1日改正）

第1部　序則

第1条（略称）

本法は，「1976年（婚姻・離婚）改正法」と引用することができる。（略）

第2条（解釈）

（略）

「指定日」は，本法が施行された日を意味する。

（略）

第2部　一夫一婦制の婚姻

第5条（本法に基づく以外の婚姻締結の障害）

① 指定日に，法律，宗教，慣習に基づき1人又は複数の者と法的に婚姻した全ての者は，最初の婚姻又は第2の婚姻がマレーシア又はマレーシア国外で締結されたかにかかわらず，その婚姻の継続中は，他の者といかなる法律，宗教，慣習

に基づき有効な婚姻を締結することができない。

② 指定日に，法律，宗教，慣習に基づき1人又は複数の者と法的に婚姻し，その配偶者又は配偶者全員と婚姻を終了した全ての者は，再婚したときは，第2の婚姻がマレーシア又はマレーシア国外で締結されたかにかかわらず，その婚姻の継続中は，他の者といかなる法律，宗教，慣習に基づき有効な婚姻を締結することができない。

③ 指定日に未婚で，指定日後に法律，宗教，慣習に基づき婚姻した全ての者は，最初の婚姻又は第2の婚姻がマレーシア又はマレーシア国外で締結されたかにかかわらず，その婚姻の継続中は，他の者といかなる法律，宗教，慣習に基づき有効な婚姻を締結することができない。

④ 指定日後は，第3部に規定される場合を除き，法律，宗教，慣習に基づき婚姻は挙行されない。

第6条（前婚の存在する婚姻の無効）

① 第5条に反して締結された全ての婚姻は無効である。

②・③　（略）

第7条（違反）　（略）

第8条（婚姻の継続）　（略）

第3部　婚姻（婚姻の制限）

第9条（婚姻挙行者）

本法に基づく婚姻は，登録吏のみが挙行することができる。

第10条（一方の当事者が婚姻適齢に満たない婚姻の無効）

マレーシアで挙行される婚姻は，婚姻日に一方の当事者が18歳未満であるときは，無効である。ただし，女性が16歳に

達し，第21条第2項に基づき首相が認めた許可証で婚姻を挙行する権限が認められた場合を除く。

第11条（禁止関係）

① いかなる者も祖父母，親，子又は孫，兄弟又は姉妹，大おじ又は大おば，姪又は甥，兄弟の孫娘又は兄弟の孫息子と婚姻することができない。

　ただし，本条において，ヒンドゥー人がヒンドゥー法又は慣習に基づいて姉妹の娘又は母の兄弟と婚姻することは禁じられない。

② いかなる者も配偶者又は前の配偶者の祖父母，親，子又は孫と婚姻することができない。

③ いかなる者も祖父母，親，子又は孫の前の配偶者と婚姻することができない。

④ いかなる者も養子又は養子であった者と婚姻することができない。

⑤ 本条において，半血の関係は，全血の関係と同様の障害であり，その者が嫡出であるか嫡出でないかは問題でない。

⑥ 首相は，婚姻が当事者に適用される法律，宗教，慣習に基づく異議がなく，婚姻が許可証に基づき挙行され，婚姻が有効とみなされるときは，本条にかかわらず，自己の裁量で，許可証を認めることができる。

第12条（同意要件）

① 満21歳になっていない者は，1971年成人法（法律第20号）に規定されている成人に達しているか否かにかかわらず，婚姻前に，以下に掲げる者の書面による同意を要する。

　(a) その者の父

　(b) その者が嫡出でない子であるか，又はその者の父が死亡しているときは，その者の母

　(c) その者が養子であるときは，その者の養父，養父が死亡しているときは，その養母

　(d) その者の（実の又は養親の）両親が死亡しているときは，成人に達する前にその者の親の代わりの立場に立つ者

　その他の場合には，同意は要しない。

② 婚姻する者に対する同意が合理的な理由なく留保されるか，又は第1項に基づき同意をする全ての者が死亡しているか，若しくは同意を取得することが実行不可能であると裁判所が判断したときは，裁判所は，申立てに基づき，同意をすることができ，その同意は，第1項で同意を要する者が同意をしたのと同様の効力を有する。

③ 本条に基づく高等法院に対する申立ては，判事室の裁判官に対してなされる。

④〜⑥ （略）

第13条（婚姻当事者に対する第14条から第20条の不適用）

　第14条から第20条は，第24条に従って挙行する婚姻当事者には適用されない。

第14条（婚姻の通知）

　マレーシアで婚姻することを望むときは，それぞれの婚姻当事者は，所定の方式で，本人が，通知をする直前の7日間の期間居住する婚姻地区の登録吏に署名し，通知をしなければならない。

　ただし，両当事者が必要とされる期間，同じ婚姻地区に居住しているときは，いずれか一方の通知で足りる。

第15条（通知の公表）

　その通知を受領に基づき，登録吏は，

356 第2編 各 論

自己の事務所の人目につく場所に写しを貼って公表し、第17条に基づき証明書を認めるか、又は3か月が経過するか、何れか早い方の期間までそれを貼り続ける。

第16条 （略）

第17条（婚姻のための証明書の発行）

登録吏は、宣言が第16条に規定された要件を満たしたと判断したときは、第15条に基づく通知の公表日から21日の期間満了後に、所定の手数料の支払に基づき、所定の様式の婚姻のための証明書を発行する。

第18条（6か月以内に行われる婚姻）

第20条に従い、通知の公表日から6か月以内に婚姻が行われないときは、通知及びそれに引き続く全ての手続は無効であり、当事者が法的に婚姻する前に新たな通知をしなければならない。

第19条（差止め）（略）

第20条（差止めが登録されたときの手続）（略）

第21条（許可証）

① 首相は、申し込まれた婚姻に対して法的な障害がない法令上の宣言によりなされた証拠に基づき、婚姻に対する必要な同意が得られていると判断されるとき、又は第12条に基づく同意が免除されているか若しくは得られ、適当と判断するときは、通知をすることを免除し、婚姻の証明書を発行し、その許可証に名を記載された当事者間の婚姻を挙行する権限を与える所定の許可証を認めることができる。

② 首相は、自己の裁量で、本条に基づき、女性の婚姻当事者が18歳未満であっても婚姻を挙行する権限を与える許可証

を認めることができる。ただし、満16歳になる前にはいかなる場合も認められない。

③ （略）

④ 登録吏の事務所以外の場所で婚姻を挙行する権限を認める許可証は、その婚姻を挙行することができる場所を明記する。

⑤ 本条に基づく許可証により権限を与えられた婚姻が、許可証の日から1か月以内に挙行されないときは、許可証は無効となる。

⑥ （略）

第22条（婚姻の挙行）

① 本法に基づく全ての婚姻は、以下により挙行される。

 (a) 登録吏の事務所において、朝6時から午後7時までの間で、公開で

 (b) 第21条第3項に基づき発行された有効な許可証で認められた時間で、登録吏の事務所以外の場所、又は、

 (c) 婚姻当事者又は婚姻当事者の一方が信仰するか、遵守する宗教、慣習により認められた教会若しくは寺院又は第24条に従った婚姻の場所でいつでも

②〜④ （略）

⑤ 全ての婚姻は、登録吏のほかに少なくとも2名の信頼できる証人の面前で挙行される。

⑥ 登録吏は、婚姻の両当事者が婚姻に自由に同意していないと判断したときは、婚姻を挙行してはならない。

婚姻の無効

第68条（婚姻の無効の申請）

夫又は妻は、裁判所に、その婚姻に関して無効判決を求める申請を提出することができる。

第69条（婚姻の無効事由）

　以下に掲げる場合には，指定日後に行われた婚姻は無効である。

(a)　婚姻時に，一方の当事者が法的に婚姻しており，その当事者の前の夫又は妻が生存し，前婚が効力を有している場合

(b)　男性が18歳未満で婚姻するか，又は16歳以上で18歳未満である女性が第10条に基づく首相が認めた特別許可証なく婚姻した場合

(c)　当事者が近親の親等内である場合。ただし，首相が第11条第6項に基づく特別許可証を認めた場合を除く。

(d)　当事者が，男性と女性でない場合

第70条（婚姻を取り消すことができる事由）

　指定日後に行われた婚姻は，次に掲げる事由がある場合にのみ取り消すことができる。すなわち,

(a)　当事者の一方の性的不能により，婚姻が完成されていない場合

(b)　被告が故意に婚姻の完成を拒否して，婚姻が完成されていない場合

(c)　当事者の一方が強迫，錯誤，精神障害その他の事由により有効な同意をしなかった場合

(d)　婚姻の当時，当事者の一方が婚姻締結の意思能力を有していたが，継続的又は断続的に1952年精神病令が定める精神障害者であり，精神障害により有効な同意をすることができない程度である場合

(e)　婚姻の当時，被告が伝染性の性病に罹患していた場合

(f)　婚姻の際，被告が原告以外の子を懐胎している場合

第4　離　　婚

1　ムスリムの離婚（連邦直轄領・イスラーム家族法）

(1)　離婚の類型

離婚には，次の類型がある。

ア　タラーク（talaq）

　裁判所の許可の下で夫が離婚宣言を行う（IFLA47条），又は裁判所外で行った夫の離婚宣言を裁判所が追認する（IFLA55A条）ことで，タラークは登録される。

イ　フルウ（khul'）

　妻が夫へ離婚の対価を支払うことを申し出て，夫がこれを承諾して，「タラーク」又は「フルウ」の文言を宣言することで成立する婚姻解消である（IFLA49条）。

ウ　委譲離婚

イスラーム法では，一方的離婚宣言が夫の権利として観念されるが，夫は妻に対してこれを委譲することが認められている。これが委譲離婚（taraq al-tafwid）である（IFLA 50条）。すなわち，婚姻契約を締結する際に，約定（タリーク）として，あらかじめ夫が婚姻契約に定めた事項に違反したとき，妻は夫から委譲された離婚権を行使できる旨が記されている。

エ　リーアン（li'an）

夫が裁判官の面前で妻の姦通を訴え，又は嫡出否認をすることによる呪詛と，妻が夫の訴えは虚偽であることを宣言した後に，裁判官が婚姻解消を命じる（IFLA 50A条）。

オ　ファサフ（fasakh）

妻にだけ認められる規定ではないが，夫は一方的離婚宣言によって婚姻を解消することができるので，実際にはファサフは専ら妻が婚姻解消をする場合に利用される。イスラーム家族法第52条第1項では，妻がファサフの訴えを提起するための原因として，(a)夫の所在が1年以上不明であるとき，(b)夫が妻に対する扶養料の支払を3か月怠るとき等，13項目が掲げられている。

カ　死亡推定

夫が死亡した場合，夫が死亡したと妻が信ずる場合又は夫が失踪して4年以上経過している場合において，妻の再婚を目的としてイスラーム法に従って夫の死亡が推定されるべきときは，妻の請求により裁判所はイスラーム家族法第52条に定める婚姻解消又はファサフの判決を下すことができる（IFLA 53条1項）。

キ　改宗による離婚

配偶者の一方による，イスラームの棄教又はイスラームへの改宗は，裁判所の判決が確定するまでは，婚姻を解消できない（IFLA 46条）。

(2)　**離婚の効果**

正当な理由がなく夫から離婚された女性は，夫に対する慰謝料請求権を持つ

165　マレーシア　359

（IFLA 56条）。また，夫は再婚禁止期間中の妻を扶養する義務を負う（IFLA 65条1項）。離婚をした女性は，夫婦の住居に居住する権利を持ち，婚姻禁止期間の満了，子の後見期間の満了又は女性の再婚によって消滅する（IFLA 71条）。

〔根拠法条〕

イスラーム家族法（連邦直轄領）IFLA（1984年連邦法律第303号）（1992年7月17日法律A 828号，1994年9月9日法律A 902号改正）

第1部　序

第2条（解釈）

① 本法において，文脈上，別段の解釈を要する場合を除き，
（略）
「親子関係（nasab）」とは，合法的な血縁関係に基づいた子孫を意味する。
（略）

②〜④ （略）

第5部　婚姻の解消

第45条（婚姻締結ができる者）
他に明白に規定されている場合を除き，本法におけるいかなる部分も，以下の場合を除いては，裁判所に対して，離婚命令若しくは離婚に関係する命令を発し，又は夫に離婚宣言を発する権限を付与するものではない。
(a) 婚姻が本法の下で登録されているか，又は登録されているとみなされている場合，又は
(b) 婚姻がイスラーム教義に則って締結されており，かつ，
(c) 婚姻の申請がされた際に，婚姻当事者のいずれかの居住地が連邦直轄領である場合

第46条（宗教の変更）

① 婚姻関係にある者のいずれか一方の棄教又はイスラーム以外の信仰への改宗は，裁判所の確認がなく，裁判所が確認するまでは，そのこと自体によって婚姻の解消原因とはならない。

② 婚姻の一方のイスラームへの改宗は，裁判所の確認がなく，裁判所が確認するまでは，そのこと自体によって婚姻の解消原因とはならない。

第47条（離婚宣言又は命令による離婚）

① 離婚を希望する夫又は妻は，裁判所に対して，次のような陳述を添えて，所定の様式で申請しなければならない。
(a) 婚姻についての特記事項及び，もしあれば，その婚姻による子の名前，年齢，性別
(b) 第45条の下で，裁判所に対して司法権を与えることになる事実に関する事項
(c) その際の場所の記述を含む，両当事者間の婚姻に関するこれまでの事情についての事項
(d) 離婚を望む理由に関する供述
(e) 和解のための努力がなされたか否か，そしてもしなされたとすれば，どのような手段が採られたかに関する供述
(f) 妻及びもしあれば，その婚姻による子の扶養及び住居に関する合意条件，もしあればその婚姻による子の保護及

び監護に関する合意条件，並びに，も
しあれば，両当事者が共同で獲得した
資産の分割に関する合意条件，又はそ
のような合意に至っていない場合につ
いては，これらの事柄についての申請
者の提案

(g) 求められた命令に関する事項

② 裁判所は，離婚を求める申請を受け
取ったときには，他方の当事者に対し
て，申請書の写し及び申請者によってな
された法定の陳述を添えて，召喚状を出
さなければならない。召喚状は，裁判所
が他方の当事者が離婚に同意するか否か
を尋ねることができるように，他方の当
事者を裁判所に出頭させるものでなけれ
ばならない。

③ 他方の当事者が離婚に同意し，かつ裁
判所が必要な尋問と調査を行った後で，
当該の婚姻が回復できない状態にあると
確認した場合には，裁判所は夫に対し
て，裁判官の面前で1回の離婚宣言を発
するように助言する。

④ 裁判所は，1回の離婚宣言が発せられ
たという事実を記録するとともに，登録
のためにその認証された写しを担当の登
録官及び首席登録官に送付しなければな
らない。

⑤ 他の当事者が離婚に同意しない場合又
は裁判所が両者の間で和解に至る十分な
可能性があると判断した場合には，裁判
所はできる限り速やかに，宗教行政官
(Religious Officer) 1名と夫側妻側それ
ぞれ代理人各1名から成る調停委員会を
指定し，当該案件を付託しなければなら
ない。

⑥ 第5項の下で2人の者の指名に関し

て，裁判所は，可能であれば，当該案件
の事情についての知識を有する両当事者
の近親者を優先するものとする。

⑦ 裁判所は，調停委員会に対して調停遂
行に当たっての指導を行うことができ，
調停委員会はその指導に従わなければな
らない。

⑧ 調停委員会が合意に達することができ
ない場合又は裁判所が委員会の調停遂行
に満足できない場合には，裁判所は委員
会を解任し，代わりに新たな委員会を指
定することができる。

⑨ 委員会は，結成された日から6か月以
内に，又は裁判所が認める場合は認めら
れたそれ以上の期間内に，和解に至る努
力をしなければならない。

⑩ 委員会は，当事者の出席を求め両者の
それぞれに対して陳述が聴取される機会
を与えなければならない。また，委員会
は，それが適切であると考える場合に
は，他の者の見解を聴取すること，及び
尋問することができ，必要な場合は手続
を適宜延長することができる。

⑪ 調停委員会が和解に至ることができな
いと判断し，両当事者に対して婚姻関係
を回復するように説得することができな
かった場合には，調停委員会はその結果
についての証明書を発行しなければなら
ない。調停委員会は，証明書に，その婚
姻による成年に達していない子（いると
きは，そ）の扶養及び監護，財産の分
割，その他当該婚姻に関わる事柄等に関
する勧告を書き添えることができる。

⑫ いかなるイスラーム法弁護人(Peguam
Syarie)（注）も調停委員会の手続に参
与することができず，当事者の代理を務

めることもできない。いずれの当事者
も，調停委員会の許可なく，自らの家族
以外の者によって代理されることはでき
ない。
（注）"Peguam Syarie" means a
person admitted under section 59
of the Administration Act to be
Peguam Syarie（第2条第1項）.

⑬　調停委員会が裁判所に対して和解が成
立した旨の報告を出し，両当事者が婚姻
関係を回復した場合には，裁判所は離婚
の申請を却下しなければならない。

⑭　調停委員会が裁判所に対して，和解に
至ることが不可能であり，両当事者に婚
姻関係を回復するように説得できない旨
の証明書を提出した場合，裁判所は，夫
に対して，裁判官の面前で1回の離婚宣
言を発するように助言しなければならな
い。裁判所が，夫に1回の離婚判決をさ
せるべく裁判官の面前に出頭させること
ができない場合又は夫が1回の離婚宣言
を発することを拒否した場合は，裁判所
は第48条の定める手続のために，仲裁人
（Hakam）に当該事案を付託しなければ
ならない。

⑮　調停委員会への付託に関する第5項の
規定は，次のような場合には適用されな
い。
　(a)　申請者が彼又は彼女は遺棄された
と申し立て，他の当事者の消息につ
いて知らない場合
　(b)　他の当事者が西マレーシア以外の
場所で居住しており，彼又は彼女が
申請の日から6か月以内に当該裁判
所の管轄の中にいないであろうと予
想される場合

　(c)　他の当事者が，3年又はそれ以上
の期間にわたって禁錮刑に服してい
る場合
　(d)　申請者が，他の当事者が回復不可
能な精神疾患を患っていると申し立
てる場合
　(e)　裁判所が，調停委員会への付託が
現実的ではないという例外的状況が
存在すると確認する場合

⑯　夫によって発せられた取消し可能な離
婚宣言（talaq raj'i）は，再婚禁止期間
が終了するよりも早く明示的若しくは推
定上又は裁判所の命令によって取り消さ
れない場合，再婚禁止期間の終了をもっ
て婚姻解消の効力を生じる。

⑰　離婚宣言が発せられるか，又は命令が
なされた時点で，妻が妊娠中の場合，そ
の離婚宣言又は命令は，妻の妊娠が終了
するまでは，婚姻解消の効力を生じない。

第48条（仲裁人（Hakam）による仲裁）
①　裁判所が婚姻の両当事者間に絶えざる
不和（shiqaq）があると判断した場合，
裁判所はイスラーム教義に則り，夫側妻
側それぞれの代理たる2人の仲裁人すな
わちハカムを指名することができる。

②　第1項に基づく仲裁人の指名に関し
て，裁判所は，可能であれば，当該案件
の事情についての知識を有する，両当事
者の近親者を優先するものとする。

③　裁判所は，仲裁人に対して，仲裁遂行
に当たっての指導を行うことができ，仲
裁人はその指導とイスラーム教義に従っ
て仲裁を行わなければならない。

④　仲裁人が合意に達することができない
場合又は裁判所が仲裁人の仲裁遂行に満
足できない場合には，裁判所は仲裁人を

解任し，代わりに新たな仲裁人を指名することができる。

⑤ 仲裁人は，それぞれの本人から完全な権限が与えられるように努めなければならない。そして，権限が与えられている限りにおいて，裁判所によって認められた場合，仲裁人は裁判官の面前で1回の離婚宣言を発することができる。それに対して，裁判所は，1回の離婚判決が発せられたという事実を記録するとともに，登録のためにその認証された写しを担当の登録官及び首席登録官（Chief Registrar）（注）に送付しなければならない。

（注）"Chief Registrar" means a Chief Registrar of Muslim Marriage, Divorce, and Ruju' appointed under section 28（第2条第1項）.

⑥ 仲裁人が両当事者は離婚すべきであるとの見解であるが，何らかの理由により離婚を命ずることができない場合は，裁判所は，他の仲裁人を指名し，その者に離婚を命ずる権限を付与しなければならない。そして，その者がそれを行うときには，裁判所は，命令を記録するとともに，登録のためにその認証された写しを担当の登録官及び首席登録官に送付しなければならない。

⑦ その者が両当事者の近親者である場合を除いて，いかなる者も，又はいかなるイスラーム法弁護人も仲裁人の面前に姿を見せることはできないし，また仲裁人の面前で当事者の代理を務めることもできない。

第49条（身請け離婚（khul'）又は離婚宣言に対する支払による離婚（cerai tebus talaq））

① 夫が離婚宣言を自発的に宣言することに同意しないが，両当事者間で身請けによる離婚，すなわち，離婚宣言に対する支払による離婚が合意されている場合，裁判所は，離婚宣言に対する支払の額が両当事者によって合意された後で，夫に対して身請けによる離婚を言い渡す。この離婚は，ba-in sughra，すなわち不完全又は取り消すことができない。

② 裁判所は，それに応じて離婚宣言に対する支払による離婚を記録するとともに，登録のためにその認証された写しを担当の登録官及び首席登録官に送付しなければならない。

③ 離婚宣言に対する支払の額が両当事者が合意しない場合，裁判所はイスラーム教義に従い，両当事者の地位及び資産に鑑み，その額を評価することができる。

④ 夫が身請けによる離婚に同意しない場合，命令に反して裁判官の面前に現れない場合又は裁判所が和解に至る十分な可能性があると判断した場合は，裁判所は，第47条の規定に従い，調停委員会を指定しなければならない。その場合，第47条の規定が準用される。

第50条（タッリーク，すなわち約定の下での離婚）

① 婚姻中の女性は，婚姻時になされたタッリーク証明書の条件によって離婚する権利を与えられている場合，裁判所に対して，当該の離婚が発生した旨を申請することができる。

② 裁判所は，申請を調べ，離婚の妥当性について尋問をしなければならない。そして，もし離婚がイスラーム教義に従い

妥当なものであると判断した場合には，裁判所は，離婚を承認し，それを記録するとともに，登録のためにその認証された写しを担当の登録官及び首席登録官に送付しなければならない。

第50Ａ条（呪詛による離婚）

① 婚姻の当事者が，シャリーア裁判官の面前で，イスラーム教義に従い裁可としての呪詛による宣誓を行った場合，シャリーア裁判官は彼らに離別（farak）し，永遠に分かれて別々に暮らすことを命令しなければならない。

② 裁判所はそれに応じて，呪詛による離婚を記録するとともに，登録のためにその認証された写しを担当の登録官及び首席登録官に送付しなければならない。

第51条（夫婦関係の回復又は復縁（ruju'））

① 本条において，「取り消すことができる離婚」とは，１回ないし２回の離婚宣言によってなされ，再婚禁止期間が終了していない離婚を意味する。また，「再同居」とは，離婚が取消し不能となる前の期間内に夫婦関係が回復されたことを意味する。

② 取消し可能な離婚の後，両者の合意の下で再同居が生じた場合，両者は７日以内に，再同居の事実と他の関連事項を，両者が居住するモスク行政区の登録官に報告しなければならない。

③ 登録官は，必要な尋問を行い，イスラーム教義に従い再同居が実際に生じていると確認した場合は，当該離婚が自ら登録したものであれば，離婚登録簿の当該離婚に関する記載に書き加えることによって再同居を登録しなければならない。さらに，登録官は，離婚に関する証明書を返納させるとともに，所定の様式に従い，再同居の証明書を発行しなければならない。

④ 登録官はまた，首席登録官に対して再同居証明書の写しを送付しなければならない。首席登録官は，自ら保管する離婚登録簿の当該離婚に関する記載に書き加えることによって再同居を登録しなければならない。

⑤ 婚姻の当事者であるいずれか一方が，第２項で求められる再同居の事実報告を行わないことは違反行為であり，500リンギット以下の罰金若しくは６か月以下の禁固又はその両者が罰として科せられる。

⑥ 当該離婚が第２項の規定による報告がなされた登録官によって登録されたものではない場合，報告がなされた登録官は，離婚証明書に再同居証明書の番号と付帯事項を記載した上で，それを再同居証明書の写しとともに，離婚証明書を発行した登録官に送らなければならない。送付を受けた側の登録官は，離婚登録簿の当該離婚に関する記載に書き加えることによって再同居を登録するとともに，首席登録官に対して再同居証明書の写しを送付しなければならない。首席登録官は，自らが保管する離婚登録簿の当該離婚に関する記載に書き加えることによって，再同居を登録しなければならない。

⑦ 取消し可能な離婚が妻の知らないままになされたものである場合，夫は離婚の事実を妻に知らせずに，夫との再同居を求めたり，命じたりすることはできない。

⑧ 取消し可能な離婚後に，夫が復縁を宣言し，妻がそれに同意した場合は，夫の

申請に基づき，イスラーム教義に従って
それに反する十分な理由のない限り，妻
は裁判所から，夫婦関係を回復する旨の
命令を受けることができる。十分な理由
があるときは，裁判所は，第47条の規定
に従い，調停委員会を指定しなければな
らない。その場合，第47条の規定が準用
される。

⑨　取消し可能な離婚後に，夫が復縁を宣
言し，妻がイスラーム教義によって認め
られた理由によりそれに同意しなかった
場合，妻は裁判所から，夫婦関係を回復
する命令を受けることはない。しかし，
裁判所は第47条の規定に従い，調停委員
会を指定しなければならない。その場
合，第47条の規定が準用される。

第52条（婚姻の解消すなわちファサフ
（fasakh）の命令）

①　イスラーム教義に従って婚姻した女性
は，以下に挙げる1つないしそれ以上の
理由により，婚姻解消すなわちファサフ
の命令を得る権利を有する。すなわち，

(a)　1年以上，夫の消息が分からないと
き。

(b)　夫が，3か月間妻を扶養しなかった
とき，又はそれができなかったとき。

(c)　夫が，3年以上の禁錮刑に処せられ
たとき。

(d)　夫が，しかるべき理由がなく，1年
間夫婦関係の義務（nafkahbatin）を
果たさないとき。

(e)　夫が，婚姻時及び現在も引き続き
（性的）不能であり，婚姻時に妻がそ
のことを知らなかったとき。

(f)　夫が，2年間精神障害であるか，又
はハンセン病，白斑，伝染性の性病に

罹患しているとき。

(g)　成人（baligh）年齢に達する以前に
婚姻強制権を有する後見人（wali
Mujbir）によって婚姻が結ばれた女性
が，18歳に達する以前にその婚姻を拒
絶するとともに，当該婚姻がまだ完了
（注：床入り）していないものである
とき。

(h)　夫が，妻を残虐に扱ったとき，特に
次のような場合

(i)　妻を常習的に非難したり，残虐な
振舞いにより妻を辛い目に合わせた
場合

(ii)　評判の悪い女性と交遊するなど，
イスラーム教義上よくないとされる
生活を始めた場合

(iii)　妻によくないとされる生活を強制
した場合

(iv)　妻の財産の処分又は，妻自らの財
産に対する法的権利の行使を妨げた
場合

(v)　妻が自らの宗教的義務又は行為を
遵守することを妨害した場合

(vi)　2人以上の妻がいるとき，イス
ラーム教義が求める公平な扱いをし
なかった場合

(i)　4か月を経過しても，夫側の意図的
な拒絶により，婚姻が完了されないと
き。

(j)　強迫，錯誤，精神の不安定又はイス
ラーム教義が認めるその他の状況など
の結果，妻が婚姻に同意していないと
き，あるいはその同意が無効であると
き。

(k)　妻が，婚姻時において，たとえ婚姻
に対する有効な合意を与えることがで

きたとしても，常時と一時的とを問わず，クアラルンプール連邦直轄領においては精神障害条例1952年が，ラブアン連邦直轄領においては心神喪失条例が，それぞれ規定する精神障害者であり，その精神障害が彼女の婚姻にとって不適切な種類又は程度のものであるとき。

(1) イスラーム教義に照らして婚姻の解消すなわちファサフが妥当であると認められるその他の理由があるとき。

①A イスラーム教義に従って婚姻を行った者は全て，妻側の要因で性交渉を妨げられている場合，婚姻の解消すなわちファサフの命令を得る権利が与えられる。

② 第1項c号に関して，当該判決が最終的なものであり，夫が既に1年判決に服するまでは，いかなる命令もなされ得ない。

③ 第1項e号を理由に命令が発せられる前に，夫からの申請がある場合，裁判所は夫に対して，もはや（性的）不能ではないことを6か月以内に裁判所に示すことを求める命令を出さなければならない。そのことについて，当該期間に夫が裁判所に示した場合，この項を理由にした命令はなされ得ない。

④ 夫が裁判所に対して以下のことを示した場合，すなわち，妻が，婚姻を解消することが可能であるとの知識を有しながらも，夫との関係の中で夫に対して妻は婚姻の放棄を望んではいないと十分に信じさせるような行為を自ら行ったこと，そして命令を出すことが夫に対して不公正であることを，夫が裁判所に示した場合，第1項のいずれかを理由にした命令

はなされ得ない。

第53条（死亡の推定）

① ある女性の夫が死亡した場合，若しくは死亡したと信じられる場合，又は4年以上の期間にわたって消息がなく，当該女性に再婚を認めるという目的のためにイスラーム教義に従い死亡が推定されるような状況である場合，裁判所は，女性の申請に基づきかつ適切な調査を行った後，所定の様式で夫の死亡推定証明書を発行するとともに，女性の申請に基づき，第52条で規定された婚姻の解消すなわちファサフの命令を発することができる。

② 第1項により発行された証明書は，第14条第4項第b号にいう夫の死亡証明書としてみなすものとする。

③ 第1項における状況にあって，女性は，上級裁判所が夫の死亡を推定する許可を与えていたにもかかわらず，第1項の下で発行された証明書がなければ再婚する資格を得ることはできない。

④ 第1項の下で発行された証明書は，それが離婚を生ぜしめるものとして登録されなければならない。

第54条（離婚及び取消登録簿の維持管理）

① 全ての登録官及び首席登録官は，離婚及び取消登録簿を維持管理し，第2項の下で送付されてきた全ての離婚及び取消命令に関する特記事項を遅滞なく書き込まなければならない。また，第3項の下で申請された全ての離婚及び取消命令に関する特記事項を遅滞なく登録しなければならない。

② 離婚若しくは取消命令を認め登録したとき，又は離婚宣言（talaq）若しくは他

の形式の離婚を許可し登録したとき，裁判所は直ちに，登録のためにその認証された写しを担当の登録官及び首席登録官に送付しなければならない。

③ 連邦直轄領内において締結された婚姻が，連邦直轄領以外で当該地の司法権を有する裁判所の命令によって解消されたり，無効なものとされたりした場合，いずれか一方の当事者は，担当の登録官及び首席登録官に当該命令の登録を申請することができる。担当の登録官及び首席登録官は，その命令が連邦直轄領における法律上妥当であると判断した場合，当該命令を登録しなければならない。

④ 裁判官の面前での離婚の宣言又は離婚若しくは取消命令が許可され，それによって連邦直轄領において締結され，本法又は本法以前に効力のあった制定法の下で登録された婚姻を解消した場合，担当の登録官及び首席登録官は，離婚宣言又は命令を登録する際に，婚姻登録簿の当該婚姻に関する記載事項に「解消」の語をもって印を付け，離婚宣言が発せられた又は命令がなされたという手続への言及を付け足さなければならない。

⑤ 離婚宣言又は離婚若しくは取消命令を登録し，所定の手数料が支払われた場合，首席登録官は，両当事者に対して，所定の様式で離婚ないし取消しの証明書を発行しなければならない。

第55条（離婚の登録）

　首席登録官が，裁判所が最終的な命令を発したと確認することなくしては，いかなる離婚宣言（talaq）も，又は離婚若しくは取消命令も，登録され得ない。

第55A条（裁判所外でなされた離婚の登録）

① 第54条の規定にもかかわらず，裁判所以外で離婚宣言を行い，裁判所の許可なく妻と離婚した者は，離婚宣言から7日以内に裁判所に届け出なければならない。

② 裁判所は，発せられた離婚宣言がイスラーム教義に従い有効なものであるか否かについて確認するための調査を行わなければならない。

③ 裁判所が，発せられた離婚宣言がイスラーム教義に従い有効なものであると確認した場合，第124条の規定が適用されるとともに，裁判所は，

　(a) 離婚宣言による離婚を認める命令を発し，

　(b) 離婚を記録し，

　(c) 登録のためにその認証された写しを担当の登録官及び首席登録官に送付しなければならない。

第56条（慰謝料（mut'ah）すなわち正当な理由なく離婚された女性に対する慰謝の贈与）

　正当な理由なく夫から離婚された女性は，扶養を求める権利に加えて，裁判所に申請して慰謝料すなわち慰謝の贈与を求めることができる。裁判所は，両者からの聴取を行った後，女性が正当な理由なく離婚されたものであると判断した場合，イスラーム教義に従い公正で適切な額を支払うように夫に命令することができる。

第57条・第58条　（略）

第6部　妻，子その他の扶養

第59条～第64条　（略）

第65条（離婚後の扶養についての権利）

① 離婚された妻が裁判所の命令の下で前夫から扶養を受ける権利は，再婚禁止期

間の終了をもって，又は妻が不服従
（nushuz）であることにより，失われる。
② 離婚された妻が合意によって前夫から
贈物（pemberian）を受ける権利は，彼
女の再婚をもって失われる。
第66条〜第70条 （略）
第71条（居住の権利）
① 離婚した女性は，夫が彼女のために他
の適切な住居を手に入れない限りにおい
て，婚姻状態にあるとき通常居住してい
た住居にとどまる権利を有する。

② 第1項に規定された居住の権利は，
(a) 再婚禁止期間が終了した場合
(b) 子の後見の期間が終了した場合
(c) 女性が再婚した場合
(d) 女性が公然とふしだら（fahisyah）
な罪を犯した場合
のいずれかの場合にその効力を失う。そ
れを受けて夫は，裁判所に対して住居の
返還を申請することができる。
（多和田・前掲(337)-46参照）

2　非ムスリムの離婚 （「婚姻・離婚法」連邦法律第164号）

(1)　管轄裁判所及び裁判管轄

　離婚に関する請求又は訴訟は，高等法院（High Court）において審理される。
　裁判管轄は，①婚姻が婚姻・離婚法に基づいて登録されている場合又は婚姻
登録が推定される場合，②一夫一婦制を定める婚姻が締結されている場合又は
一夫一婦制を考慮して婚姻が締結されている場合，③訴訟提起時に両当事者の
ドミサイルがマレーシア国内にある場合に，管轄権が認められている（家族48
条）。

　　　(注)　マレーシアで適用され得るドミサイルに関する法はコモン・ローであり，
　　　　コモン・ローでは妻のドミサイルは夫のドミサイルに従うとされている。そ
　　　　れゆえ，外国人の夫が妻を遺棄したり，妻をマレーシアに残したまま何年も
　　　　母国に帰国したりしている場合，又は外国人の夫が国外追放になってドミサ
　　　　イルを変更した場合には，その夫のドミサイルにより，妻のドミサイルが決
　　　　まるので，妻はマレーシアの裁判所に対して，離婚の訴えを提起できないこ
　　　　とになる。このような不都合を救済するため，婚姻・離婚法第49条第1項で
　　　　は，第48条第1項第c号に反しているにもかかわらず，①夫が妻を遺棄し，
　　　　かつ遺棄する前に夫のドミサイルがマレーシア国内にあった場合又は夫が法
　　　　律によって国外追放され，かつ国外で違法となる前に夫のドミサイルがマ
　　　　レーシア国内にあった場合，②妻がマレーシア国内に住所を有し，かつ訴訟

368 第2編 各　論

提起直前の2年間マレーシア国内に居住していた場合のいずれかに該当する場合は，夫がマレーシア国内にドミサイルを有していなくとも，裁判所が妻からの訴えについて審理する管轄権を持つことを認めている。

(2) 離婚の時期の制限

婚姻の日から2年間を「特定期間」と規定し，この特定期間内に離婚訴訟を提起することを禁じている（LRA50条1項）。

ただし，例外規定が設けられ，特定期間であっても，裁判官は請求により，「当該事件が例外的事情に該当する場合又は原告を苛酷な状況に置いている場合」には，特定期間内であっても，離婚訴訟を受理できる旨を定めている（LRA50条2項）。

(3) 離婚の類型

婚姻・離婚法に基づく離婚には，①改宗による離婚，②合意に基づく離婚，③回復し難い婚姻破綻による離婚及び④死亡推定による離婚の4種類がある。

ア　改宗による離婚

一方配偶者がイスラームへ改宗した場合には，他方配偶者が離婚請求をすることができる。

ただし，改宗の日から3か月が経過するまでは，離婚請求は認められない。

婚姻解消の際に，裁判所は，妻又は夫および婚姻の子の養育，保護及び監護について定め，必要とされる条件を離婚判決に付すことができる。

なお，婚姻後2年間の「特定期間」についての規定は，改宗を原因とする離婚訴訟には適用されない（LRA51条）。

イ　合意に基づく離婚（協議離婚）

婚姻・離婚法第52条は，合意に基づく離婚について規定している。

ムスリム以外の者の婚姻及び離婚の諸法に関する王立委員会は，妻及び子に対する適切な保護を設けた上での合意に基づく離婚を提言した。

ウ　婚姻破綻による離婚

(ア)　申　請

いずれの配偶者からも回復の見込みのない婚姻破綻を理由として，離

婚訴訟を提起することができる（LRA 53条1項）。

　(イ)　調停手続

　　　　回復の見込みのない婚姻破綻を原因とする離婚訴訟においては，原告は，調停機関（注）へ婚姻上の問題（matrimonial difficulty）を付託しなければならない（LRA 106条1項）。

（注）　①宗教，コミュニティ，氏族（clan）又は教会によって調停を目的として設置された評議会，②婚姻審判所，③官報で公示されたその他の機関をいう。ただし，次に掲げる事由がある場合には，調停が免除される。

　①　原告が被告の遺棄を主張している場合に，被告の所在が不明であること。

　②　被告が国外に居住し，訴訟提起後の6か月以内に被告が帰国の見込みがないこと。

　③　過去に被告が故意に調停を欠席したこと。

　④　被告が5年以上の拘禁刑に服していること。

　⑤　被告が治癒の見込みのない精神疾患を患っていること。

　⑥　調停機関へ調停を付託するのが不可能な例外的事情があると裁判所が認めること。

　(ウ)　婚姻破綻の事実

　　　　回復の見込みのない婚姻破綻が裁判所によって合理的な範囲内で認定される場合には，離婚請求を認容しなければならない（LRA 53条1項）。

　　　　婚姻破綻について主張される事実及び事情を勘案する際に，裁判所は，①相手方が姦通を犯し，かつ本人が相手方との同居を耐え難いとみなす場合，②本人が相手方との同居を合理的に期待し得ない行動を相手方がした場合，③相手方が訴訟提起直前に，継続して2年以上本人を遺棄していた場合，④両配偶者が訴訟提起直前に，継続して2年以上別居していた場合の1つ以上の事実を勘案しなければならない（LRA 54条1項）。

(4)　離婚の効力

　ア　効力発生時期

　　　　離婚請求訴訟において，裁判所が下すのは仮判決（decree nisi）であり，原則として仮判決から3か月経過した後，確定判決（decree absolute）によって確定する。ただし，裁判所の裁量で，仮判決から確定判決までの

370 第2編 各 論

期間を短縮することが認められている（LRA 61条1項）。確定判決が下されるまで離婚の効果は生じない。

イ 子の監護

裁判所は，子の福祉を考慮すべき最優先事項として，両親の希望又は子が意思表示できる年齢に達している場合は，その意見を考慮して監護者を決定する。7歳未満の子の監護者は，母親と推定されるが，この推定は反証可能とされている（LRA 88条2項）。

(5) 裁判別居

連邦法律第164号の「婚姻・離婚法」が規定する離婚

ア 管轄権

裁判所は，次のいずれかに該当する場合に，裁判別居判決を下す権限を有する。

① 婚姻・離婚法（LRA）に依拠して婚姻登録され，又は婚姻登録されたと推定されること。

② 一夫一婦制に基づく婚姻であり，かつ，裁判別居請求訴訟提起の時に，当事者双方が国内に居住していること。

イ 原 因

裁判別居の原因は，破綻離婚の原因（LRA 54条1項）と同じである（LRA 64条1項）。

ウ 効 果

同居義務の免除（LRA 64条2項），無遺言相続において，夫は妻の相続人としての地位を失う等の効果が生じる。なお，別居判決は，離婚訴訟を提起する妨げとはならないし，別居判決は，婚姻破綻の各事実の証明として扱われる（LRA 65条）。

（第4の2につき，ラサマニ＝カンディア・前掲(347)）

〔根拠法条〕

（婚姻・離婚）改正法（連邦法律第164号）
（1976年3月11日官報告示，2006年1月1日改正）

第6部　離婚

第50条（婚姻後2年以内の申請の制限）

① 第2項に従い，婚姻日から2年の期間が満了するまで（以下，本条において「特定期間」という。），裁判所に離婚の申請を提出してはならない。

② 裁判所の裁判官は，申請に基づき，その場合が例外的な事情の一つであるか，又は申請人が苦難に耐えていることを理由として，特定期間内に離婚の申請をすることを許可することができる。ただし，申請を決定するに際しては，裁判官は，婚姻による子の利益及び特定期間内に当事者間の和解の合理的な可能性があるかについて考慮するものとする。

③ 本条において，特定期間の満了前に生じた事項に基づく申請を禁止するものではない。

第51条（イスラームへの改宗を理由とする解消）

① 婚姻当事者の一方がイスラームへ改宗したときは，改宗していない他方の当事者は，離婚を申請することができる。

　ただし，改宗日から3か月の期間満了前に，本条に基づく申請はなされない。

② 婚姻の解消に基づき，裁判所は，妻又は夫に，子の扶養，監護について規定することができ，適当と判断するときは，解消命令に条件を付すことができる。

③ 第50条は，本条に基づく離婚の申請には適用されない。

第52条（相互の合意による解消）

夫及び妻が，婚姻の解消に相互に合意している場合は，婚姻日から2年の期間満了後に，共同して申請をすることができ，裁判所は，両当事者が自由に同意し，妻及び子の扶養，監護について適切な規定がなされたと判断したときは，裁判所は離婚判決をすることができ，離婚判決に適当と考えるときは条件を付すことができる。

第53条（離婚の唯一の事由である婚姻の破綻）

① 婚姻当事者の一方は，婚姻が回復できない程度に破綻したことを理由に離婚を申請することができる。

② （略）

第54条（破綻の証明）

① 婚姻の破綻の原因となった，又は破綻に導いたと申し立てる事実及び状況の調査において，裁判所は，次に掲げる事実の一つ又は複数について考慮する。すなわち，

　a　被告が姦通を犯し，原告が被告と共同生活することが耐えられないと判断されること。

　b　被告が，原告が被告と共同生活することが合理的に期待できないような行為をすること。

　c　被告が，申請が提出される直前の少なくとも2年間継続して原告を遺棄していたこと。

　d　婚姻当事者が，申請が提出される直前の少なくとも2年間継続して，別居していたとき。

② 判決をすることが正当かつ合理的であると判断される場合は，裁判所は当事者

372 第2編 各 論

の行為，婚姻による子の利益，婚姻の解消が与える当事者への影響を含む全ての事情を勘案して，裁判所が付加するのが適当と判断する期間及び条件に従い，離婚仮判決（a decree nisi）をすることができる。ただし，全ての事情において，婚姻を解消するのが誤りであると思われるときは，裁判所は申請を却下する。

第61条（離婚仮判決及びその後の手続）

① 離婚の全ての判決は，まず，離婚仮判決であり，一般又は特別命令により裁判所がより短期の期間を決定しないときは，その承認の時から3か月の期間が満了するまで確定しない。

② （略）

第62条（離婚した者の再婚）

離婚判決が確定し，以下に掲げる場合は，前婚の一方当事者は再婚することが

できる。

(a) 確定判決に対して上訴する権利を有しない場合

(b) 上訴が提起されることなく，確定判決に対する上訴期間が満了した場合

(c) 確定判決に対する上訴が，却下された場合

裁判上の別居

第64条（裁判上の別居）

① 裁判上の別居の申請は，婚姻の一方の当事者が第54条に規定される事由及び状況に基づき裁判所に提出することができ，同条は，必要に応じて修正を加えて，離婚の申請に関して適用される。

② 裁判所が裁判上の別居の判決を認めたときは，申請者は被告と同居する義務を負わない。

③ （略）

第5 出 生

1 国籍留保届

⑴ 条件付き生地主義

出生による国籍の取得について，マレーシアは，原則として生地主義であるが，出生の時に父母の一方がマレーシア市民であるか，又は永住者であることが条件となっている（憲14条）。

したがって，日本人夫婦の子がマレーシアで出生しても当然にはマレーシア市民とならないが，父又は母がマレーシア市民又は連邦の永住者で他方が日本人の夫婦の子がマレーシアで出生した場合は，出生の日から3か月以内に日本国籍を留保する意思を表示しなければ日本国籍を喪失する（日国12条）。

また，補足的に血統主義を採用し，マレーシア以外の外国で出生した子は，父がマレーシア市民であり，かつ，連邦内で生まれた等の要件を具備している

165　マレーシア　373

ときはマレーシア市民となる（別表第2，第2部）。

⑵　婚姻後イスラーム暦6か月（約177日）を経過しない間に出生した子の国籍について

　父母の婚姻後，イスラーム暦6か月（約177日）を経過しない間に出生した場合は，母の夫が法律上の父とならない（IFLA110条）ので，同期間中に，マレーシア人男を夫とする日本人女から出生した子については，出生によりマレーシア国籍を取得しないこととなる。そして，当該理由によりマレーシア国籍を取得しない子の同国で発行される出生証明書には，「PERMOHONAN SEKSYEN 13」（「申請セクション13」）と記載される（戸籍735-38（マレーシアの出生証明書）参照）。

　以上により，日本人女のマレーシア人夫が法律上の父とならないことから，子は，出生時にはマレーシア国籍を取得しないこととなり日本国籍のみを有することになる。したがって，出生後3か月を経過した出生届出がなされた場合でも，日本国籍を留保する旨の意思表示は必要ないから，これを受理することとなる。

　一方，家族法第110条により離婚又は死亡による婚姻解消からイスラーム暦4年以内に出生した子で，解消した当該婚姻における母の夫であったマレーシア人男が父として出生証明書に記載されている者は，出生によるマレーシア国籍を取得しているので，出生から3か月を経過した出生届出は，国籍留保する旨の意思表示がなされていても，天災その他の届出義務者の責めに帰することのできない事由による場合以外は受理することができない（戸籍736-65）。

2　出生場所の記載

⑴　行政区画

　マレーシアは，3つの連邦直轄領（注1）と13の州（注2）から構成されている。

　　（注1）　連邦直轄領は，クアラルンプール，ラブアン，プトラジャヤである。
　　（注2）　州は，ジョホール州，クダ州，クランタン州，ムラカ州，ヌグリ・スンビラン州，パハン州，ペラ州，プルリス州，ペナン州，スランゴール州，

トレンガヌ州，サバ州，サラワク州である。

(2) 戸籍の記載

「マレーシア国クアラルンプール市で出生」（【出生地】マレーシア国クアラルンプール市），「マレーシア国ジョホール州ジョホール市で出生」（【出生地】マレーシア国ジョホール州ジョホール市）と記載する。

3 親子関係（ムスリム及び非ムスリム）

(1) ムスリムの出生子

ア 実子（連邦直轄領・イスラーム家族法（IFLA））

(ア) 嫡出子

a 嫡出推定

① 婚姻成立から6か月以内に出生した子は，母の夫の子とする（IFLA110条）。

② 離婚後4年以内に出生した子は，前夫が承認すれば前夫の嫡出子とする。夫の死亡した日から4年以内に出生した子は，死別した夫の相続人が夫の子であると承認すれば，死別した夫の嫡出子とする（IFLA110条）。

③ 離婚をした女性又は夫と死別した女性が再婚をしていない場合に，再婚禁止期間終了を宣言したとき，離婚又は夫が死亡した日から4年以内に出生した子は，前夫又は死別した夫の嫡出子とする（IFLA112条）。

④ 無効な婚姻において，その婚姻を有効であるとみなして性交した男女間から，性交の日から6か月以上4年以内の期間に出生した子は，その男性の嫡出子とする（IFLA113条）。

⑤ 錯誤による性交で，かつ，ハッド刑（**注**）に該当しない性交から出生した子は，性交の日から6か月以上4年以内の期間に出生した子は，その男性の嫡出子とする（IFLA113条）。

（**注**） イスラーム法の刑罰には，キサース刑（同等報復刑），ハッド刑（固定刑）及びタアズイール刑（裁量刑）がある。「キサース刑」は，加害者が成人で

被害者と同等の身分である場合は，被害者が同程度の報復をする（目には目を）刑罰であり，「タアズイール刑」は，イスラーム法に刑罰が定められていない犯罪につき裁判官の裁量によって科する刑罰であるのに対し，「ハッド刑」は，個別の犯罪に対し刑罰が明示されている。

　b　嫡出否認

　　男性は，婚姻成立の4か月後に出生した子の嫡出性を，裁判所におけるリーアンの手続により否認することができる（IFLA110条）。

(イ)　嫡出でない子

　　婚姻関係にない男女から出生した子を嫡出でない子とする。ただし，誤って婚姻が有効に成立したものとみなした男女間の性交で，かつハッド刑に該当しない性交による場合を除く（IFLA 2条1項）。

イ　認　知

(ア)　父子関係の成立

　　男性による認知において，次の要件が満たされなければ，父子関係は成立しない（IFLA114条）。

　①　他の男性の嫡出子でないこと。

　②　認知者である男性と子の間に，親子関係が成立可能な程度の年齢差があること。

　③　子が分別のある年齢に達している場合は，子が認知を承諾すること。

　④　懐胎の時に，男性と子の母親が合法に婚姻できたこと。

　⑤　認知によって子が男性の嫡出子となること。

　⑥　男性に婚姻締結能力があること。

　⑦　子を嫡出子とする意思をもって認知が行われること。

　⑧　認知が明確で，かつ子が男性の生物学上の子として認知されること。

(イ)　認知に対する反証

　　認知から生ずる父性の推定は，次のいずれかの事由により反証される（IFLA115条）。

　①　認知者された者からの否認

　②　認知者である男性と子の間に，親子関係が成立可能な程度の年齢差

がないことの証明

③　子が第三者の子であることの証明

④　子を懐胎したときに，子の母親が認知者の合法な妻になることが不可能であったことの証明

(2)　**非ムスリムの出生子**

ア　実子（「婚姻・離婚法（LRA）・連邦法律第164号」の「嫡出法・連邦法律第60号」及び「証拠法」）

(ア)　嫡出子

a　嫡出推定

婚姻中又は婚姻解消後280日以内に出生した子は，母の夫の子と推定される。ただし，子が婚姻解消後280日以内に出生した場合は，嫡出推定のためには，母が再婚していないことを要する（証拠法112条）。

b　嫡出否認

妻が子を懐胎したと推定される時期に，夫婦の間に性交がなかったことが証明される場合は，嫡出性が否認される（証拠法112条）。

c　準　正

①　嫡出でない子の出生後に両親が婚姻をした場合

嫡出でない子が出生した後に両親が婚姻をし，婚姻の当時父のドミサイルが国内にある場合，嫡出でない子は準正により嫡出子の身分を取得する。ただし，子が死亡した後に準正で嫡出子の身分を取得することはない（嫡出法4条）。

②　訴　訟

本人が両親の嫡出子であること，両親又は尊属が嫡出子であることの確認訴訟を上位裁判所に提起することが認められている（嫡出法5条1項）。

d　無効な婚姻又は取り消し得る婚姻から生まれた子

①　無効な婚姻から生まれた子

婚姻・離婚法（LRA）第69条に基づいて無効とされた婚姻から生まれた子は，挙式の当時に当事者双方又は一方がその婚姻が有効

であると合理的に信じ，かつ，婚姻当時の父のドミサイルが国内にあった場合は，婚姻当事者双方の嫡出子として扱われる（LRA75条2項・3項(a)号）。

② 取り消し得る婚姻から生まれた子

婚姻・離婚法（LRA）第70条に基づいて婚姻取消し命令が下されたときに，婚姻当事者の嫡出子であった子は，その婚姻当事者の嫡出子と推定される（IFLA75条1項）。

イ 嫡出でない子

婚姻外で懐胎・出生した子は嫡出でない子である（嫡出法60条）。

出生登録証明書における父の表示，裁判による嫡出でない親子関係の確定によって父子関係が成立する。

嫡出でない子の父を出生登録簿に記載するには，自分の子と承認した者が，子の母親と共同で出生の届出をし，出生登録簿に署名をしなければならない（出生及び死亡登録法13条）。

4 出生証明書

① マレーシア国の出生証明書（出生及び死亡登録に関する1957年法（14章7条））は，資料165-3（本文398頁）参照（戸籍735-38）。

② マレーシア国政府出生・死亡上級登録官発行の出生証明書（出生・死亡登録条規1958（7条））は，資料165-4（本文400頁）参照。

〔根拠法条〕

憲法（1984年1月15日，2007年12月27日改正）

第3編　市民権

第1章　市民権の取得

第14条（法律の施行による市民権）

① 本編の他の規定に従うことを条件として，次に掲げる者を法律の施行による市民とする。

(a) マレーシア・デー（注）よりも前に生まれた者で，別表第2の第1部の規定に基づき連邦市民である者

(b) マレーシア・デー以降に生まれた者で，別表第2の第2部に定める資格のいずれかを有する者

378 第2編 各 論

(c) 削除

②・③ 削除

別表第2

第2部（第14条第1項第(b)号関係）

マレーシア・デー以降に生まれた法律
の施行による市民権

1 この憲法第3編の規定に従うことを
条件として，次に掲げる者でマレーシ
ア・デー以降に生まれた者は，法律の
施行による市民とする。

(a) 連邦内で生まれた者で，その出生
の時に両親の少なくとも一方が市民
又は連邦の永住者である者

(b) 連邦外で生まれた者で，その出生
の時に父が市民であり，かつ，父が
連邦内で生まれたか，又はその者の
出生の時に連邦若しくは州で勤務し
ていた者

(c) 連邦外で生まれた者で，その出生
の時に父が市民であり，かつ，その
出生が，出生の日から1年以内又
は，特別な場合において連邦政府に
よって認められたそれよりも長期の
期間内に，連邦の領事官又はブルネ
イ若しくはこの目的のために大統領
の定める命令によって指定された領
域で生まれた場合には，連邦政府に
登録された者

(d) シンガポールで生まれた者で，そ
の出生の時に両親のうち少なくとも
一方が市民であり，かつ，本号の規
定がなければ生来の市民とならない
者

(e) 連邦内で生まれた者で，本号の規
定がなければ，いずれの国の生来の
市民にならない者

2 (1) 出生の時に，父が市民でなく，
かつ，大統領に信認状を奉呈した主権
国の外交使節に与えられる訴訟及び法
的手続からの免除の特権を有していた
場合又は父が敵国人であり，かつ，そ
の者が敵の占領地内で生まれた場合
は，その者は，1(a)号，(d)号又は(e)号
に基づく市民ではない。

(2) 1(b)号にいう「連邦内で生まれた者」
には，サバ州又はサラワク州を構成し
た領域でマレーシア・デーよりも前に
生まれた者を含む。

(3) 1(c)号を目的として，(c)号又はその
他により，出生の時から1年以内にい
ずれかの国の市民権を有する者は，出
生の時にその市民権を有する者とみな
す。

(注) マレーシア・デーとは，1963年9
月16日を指す。

(民月43-2-111)

イスラーム家族法（連邦直轄領）IFLA
（1984年連邦法律第303号）（1992年7月
17日法律A828号，1994年9月9日法律
A902号改正）

第8部 その他の事項

嫡出

第110条（父性の推定）

子が，ある男性と婚姻関係にある女性
を母として，婚姻の日から太陰暦
(qamariah)で6か月以上を経過した後
に生まれた場合，又は当該男性の死亡か
離婚のいずれかによる婚姻の解消後太陰
暦で4年以内に生まれた場合，その女性
が再婚していない限り，子の親子関係
(nasab)又は父性は，当該男性に帰せら

れる。しかし，当該男性は，裁判官の面前における呪詛により，子を否認することができる。

第111条（婚姻の解消後4年以上が経過してからの出産）

　子が，男性の死亡か離婚のいずれかによる婚姻の解消後太陰暦で4年以上が経過してから生まれた場合，当該男性又は彼の相続人が当該の子が彼の子であると主張しない限り，その子の父性は当該男性には帰せられない。

第112条（再婚禁止期間の終了宣言後の出産）

　再婚していない女性が，再婚禁止の理由が死亡によるものか離婚によるものかを問わず，再婚禁止期間が終了したとの宣言を発し，それに引き続き子を出産した場合，その出産が夫の死亡又は離婚のいずれかによる婚姻の解消の日から太陰暦で4年が経過する前になされたものでなければ，子の父性は，女性の夫には帰せられない。

第113条（曖昧性を含む（syubhah）性交）

　男性が，女性と曖昧性を含む性交を持ち，それに引き続き，性交時より太陰暦で6か月以上4年以内の間に，女性が子を出産した場合，子の父性は当該男性に帰せられる。

第114条（有効な認知のための条件）

　男性が，ある者を明示的又は暗示的に自らの合法的な子として認める場合，以下の条件が満たされる限りにおいて，子の父性は当該男性に帰せられる。すなわち

(a)　子の父性が，他のいずれの者にも帰せられない。

(b)　男性と子が，両者の間での親子関係が可能であるような年齢である。

(c)　子が思慮ある年齢に達している場合，子が認知に黙従している。

(d)　当該男性と子の母が，受胎の際に合法的に婚姻状態にあった可能性が認められる。

(e)　認知が，子を子としてのみではなく自身の嫡出子として認めるものである。

(f)　当該男性に契約能力がある。

(g)　認知が，嫡出の地位を授けるものであるとの明確な意思をもってなされている。

(h)　認知が明確であり，子が自身の体から生じた子であると認められている。

第115条（認知による推定に対する反証可能性）

　認知によって生じた父性の推定は，ただ以下のことによってのみ反証可能である。

(a)　認知された者からの否認

(b)　年齢の接近や被認知者が年長であるなど，申し立てられた関係が生物学的に不可能であるという証明

(c)　被認知者が他の者の子であるという証明

(d)　被認知者の母が被認知者を妊娠した時点において，認知者の合法的な妻ではあり得なかったという証明

第116条（再婚禁止期間にある女性による認知）

　認知者が婚姻している，又は再婚禁止期間にある女性である場合，彼女の認知が夫によって，又は証拠によって承認されなければ，被認知者の父性は，彼女の夫には帰せられない。

380　第2編 各　　論

第117条（ある者を母又は父として認知すること）

　　ある者が他の者を自身の父又は母として認知する場合，認知者の存命中又は死亡後にそれが被認知者によって同意又は承認されたものであり，認知者と被認知者の年齢が両者の間での親子関係が可能であるような年齢であるならば，その認知は，当該両者間においてのみ有効な関係性を構成する。

第118条（子，母，父以外の認知）

　　ある者が他の者を自身の子，母，父以外の関係として認知する場合，当事者以外の者がそれを承認することがなければ，その認知は，当事者以外の者には影響を与えない。

第119条（認知の撤回不可能性）

　　ひとたび父性又は他の関係に関する認知又は承認がなされた場合，その認知又は承認は覆すことはできない。

（多和田・前掲(337)-78参照）

第6　認　　知

1　制　　度

　マレーシアは，事実主義ではなく，認知主義の法制を採っている。

2　保護要件

⑴　母の同意

　マレーシアの認知制度では，「認知する父親は母親と共同で登録を行う必要がある」が，「母親と共同で登録」することが実質的成立要件であるか形式的成立要件であるか明らかでない。しかし，「出生と死亡届に関する法令第299号」第13条によると，嫡出でない子について父の届出は義務付けられていないが，認知しようとするときは母とともに署名することが求められており，このことは子の保護のために最も身近な関係者である実母の意思や利益を尊重した結果として認知者に課されるべき実質的成立要件と理解するのが相当と思われる。

　したがって，子の保護要件として，母の同意を要する（平成18.1.27民一200号回答（戸籍787-73））。

第7 養子縁組

1 概 説

マレーシア国における養子縁組については，西マレーシア（マレーシア半島部）と東マレーシアの2州（ボルネオ島北部（サバ州，サラワク州））とで制度が異なっている。

また，マレーシアでは，子の国際養子縁組は認められていない。

2 根拠法

西マレーシア（マレーシア半島）にのみ適用される根拠法は，1952年養子縁組法である（養子1条）。

3 西マレーシア地域における養子縁組の認定手続

(1) 手 続

手続としては，以下の2つの方法がある。

① 養子縁組の登録に関する法律（Registration of Adoption Act 1952年法第253号）に基づく国民登録所による方法

② 養子縁組に関する法律（Adoption Act 1952年法第257号）に基づく裁判所の命令により認可を得る方法

なお，①に基づく手続は，イスラーム教徒同士の縁組を主眼とした規定であり，外国人との縁組等の特別なケースは，全て②の手続によることになる。

また，マレーシア以外の外国において，マレーシア人が外国人と養子縁組をする場合に適用される規定は存在しない。

(2) 要件具備証明書

西マレーシア地域において，要件具備証明書の発行は行っていない。

(3) マレーシア人と外国人との養子縁組にかかる認証制度について

平成13年に法律が改正され，裁判所が発給する判決謄本及び養子縁組登録書式に基づき，国民登録所が新たに作成，発給する養子となる者の出生証明書をもって養子縁組が認証されることとなった（注1）。

382　第2編　各　論

出生証明書の取得までの手続は，以下のとおりである。

①　当地の裁判所において，養子縁組の認定を受ける（判決謄本及び養子縁組登録書式が作成，発給される。）。

②　裁判所が発給する判決謄本及び養子縁組登録書式を国民登録所に転送する（転送は，通常は弁護士が行っている。）。

③　国民登録所では，②の判決謄本及び養子縁組登録書式に基づき，養子となる者（マレーシア人）の氏名，養親となる者の氏名が記載された新たな出生証明書を発給する（注2）（この出生証明書をもって養子縁組が認証される。また，新たな出生証明書の発給と引換えに旧出生証明書は国民登録所に返還されることになる。）。

（注1）　従前は，マレーシア人と外国人との養子縁組については，マレーシア国における裁判による判決（判決謄本等）に基づいて国民登録所が作成する養子となる者の養子縁組登録証書をもって認証されていた。

（注2）　新しい出生証明書では，裁判によって氏名の変更を受けた養子となる者の元の氏名や養子の実父母の氏名を確認することはできない。また，裁判所の発給する判決謄本及び養子縁組登録書式も養子となる者の実父母の氏名が記載されない。

　　　国民登録所は，旧出生証明書の写しを発給することができることから，このような場合には，新しい出生証明書及び旧出生証明書を添付資料とすべきであると思われる。

4　1952年養子縁組法

(1)　実質的成立要件

　ア　養親の要件

　　養親は25歳に達し，養子よりも少なくも21歳以上年長でなければならない。

　　子の親族である場合は，21歳に達しているときは，年齢差は適用されない。

　　また，子の父又は母である場合は，年齢も年齢差も適用されない（養子4条1項）。

イ　養親が1人である場合の養子縁組の制限

申請者が男子のみで，申請に関する子が女子である場合は，裁判所が命令をする例外的な手段として正当化できる特別な事情があると判断するのでなければ，養子縁組命令はなされない（養子4条2項）。

ウ　養子の要件

養子は，21歳未満の婚姻していない者，21歳未満の離婚した女子でなければならない（養子2条）。

エ　養親の下における監護

養子縁組命令前に，養子は少なくとも3か月間継続して養親の監護下になければならない（養子4条4項(a)号）。

(2) **保護要件**

ア　親等の同意

(ア) 同意の要否

親又は後見人である者若しくは機関の同意を要する（養子5条1項）。

(イ) 同意の免除

親又は後見人が，子を遺棄し，放置し，又はひどい扱いを持続している場合や，同意が必要とされる者が，同意を与えることができないか，合理的な理由なく同意がされない等の場合には，同意は免除される（養子5条2項）。

イ　裁判所の関与

養子縁組には，裁判所が関与する。

(3) **養子縁組の効力**

ア　実親との関係

実親と養子の間の全ての権利，義務は消滅する（養子9条1項）。

イ　養親との関係

養親の嫡出子として法律関係が生じ，全ての権利及び義務を有する（養子9条）。

(4) **裁判管轄**

高等法院又は申請人の選択するセッションズ裁判所が養子縁組に関する管轄

権を有する（養子10条）。

(5) **養子登録**

登録長官は，いわゆる養子登録簿と呼ばれる登録簿（資料165－5・本文402頁）を設け，登録を行う（養子25条）。

5 サラワク州の養子縁組

(1) **実質的成立要件**

ア 養親の要件

養親（養親が2名の場合はその双方）が，21歳以上であること（養子5条d号）。

イ 養子の要件

養子は，子でなければならない（養子2条1項）。

ウ 養親と養子の年齢差

養親（養親が2名の場合はその双方）と養子との年齢差は，20歳以上なければならない（養子5条d号）。

エ 複数の者による養子縁組の禁止

夫婦共同縁組は要件とされていないが，養親が2名である場合には，養親は婚姻関係になければならない（養子5条c号）。

オ 配偶者の同意

配偶者を有する者が子を養子とする場合は，他方の配偶者の同意を得なければならない（養子3条2項）。

(2) **保護要件**

ア 実父母等の同意

原則として，実父母の双方若しくは生存する一方又は子の法定後見人の同意が必要である（養子3条1項）。

(3) **養子縁組の効果**

ア 養親と養子の関係

養親に対して，養親の嫡出子と同様の身分を取得する（養子2条2項）。

イ　実親と養子の関係

　実親は，養子となった者に対して，一切の権利を有しない（養子2条3項）。

(4)　養子縁組の取消し

ア　取消しの方法

　養子縁組は，高等法院の命令によらなければ，これを取り消すことができない（養子7条1項）。

イ　取消原因

　養子が養親から虐待を受けたとき，養親について養子の身上監護を適切に行わなかったとき等は，養子縁組を取り消すことができる（養子7条2項）。

ウ　取消しの効果

　養子と養親の関係は効力を失い，養子は，縁組前に実親に対して有していた子としての生来の法的身分を回復する（養子7条3項）。

6　サバ州の養子縁組

(1)　実質的成立要件

ア　養親の要件

　養親は，共同申請の場合は，申請者の一方が25歳に達し，申請に係る子よりも少なくとも21歳以上年長でなければならない。

　子の親族である場合は，21歳に達しておれば，年齢差は適用されない。

　子の父又は母である場合は，年齢も年齢差も適用されない（養子4条1項）。

イ　養親が1人である場合の制限

　申請者が男子のみで，申請に係る子が女子である場合は，裁判所が命令をする例外的な手段として正当化できる特別な事情があると判断するのでなければ，養子縁組命令はなされない（養子4条2項）。

ウ　養子の要件

　養子は，21歳未満の婚姻していない者，又は21歳未満の離婚した女子で

なければならない（養子2条）。

エ　養親の下における監護

養子縁組命令前に，養子は少なくとも3か月間継続して養親の監護下に
なければならない（養子4条6項a号）。

オ　配偶者の同意

養親が夫婦である場合は，配偶者の同意がなければ，養子縁組は認めら
れない（養子4条4項b号）。

(2)　**保護要件**

ア　親等の同意

(ア)　同意の要否

親又は後見人である者若しくは機関の同意を要する（養子5条1項）。

(イ)　同意の免除

子を遺棄し，放置し，又はひどい扱いを持続している場合や，同意が
必要とされる者が，発見されず，同意を与えることができないか，合理
的な理由なく同意がされない等の場合には，同意は免除される（養子5
条2項）。

イ　裁判所の関与

養子縁組には，裁判所が関与する。

(3)　**養子縁組の効力**

ア　実親との関係

実親と養子の間の全ての権利，義務は消滅する（養子16条1項）。

イ　養親との関係

養親の嫡出子として法律関係が生じ，全ての権利及び義務を有する（養
子16条1項）。

(4)　**養子登録**

登録長官は，いわゆる養子登録簿と呼ばれる登録簿を設け，登録を行う（養
子12条）。

7 イスラームの子の養子縁組

　養子縁組登録官（the Registrars of Adoption）は，1952年養子縁組登録法（the Registration of Adoption Act 1952）により，18歳未満の未婚で，継続して少なくとも 2 年間の成人の世話を受けているムスリムの子の事実上の養子縁組を登録する権限を与えられている。

　この場合，申請者は25歳以上で，養子よりも18歳以上年長でなければならず，子の親を含めた親族であるときは21歳以上でなければならない。

　また，実親の同意を要する。

　なお，子は養親の相続人とはならない。

（ 7 につき，ユニセフ資料参照）

8 養子縁組の無効・取消し

　マレーシア法上，縁組無効に関する規定はない。

9 ハーグ国際養子縁組条約

　未批准（2017年（平成29年）現在）

（第 7 につき，昭和63. 1 . 27民二432号回答（戸籍533-65））

〔根拠法条〕

1952年養子縁組法（Law of Malaysia Act 257 Adoption Act 1952）（1953年，1956年，1958年，1964年，1972年，1975年，1981年，1987年，1997年，2001年法律 A 第1098号改正）

第 1 条（略称及び申請）

① 本法は，「1952年養子縁組法」と引用される。

② 本法は，マレーシア半島のみに適用される。

第 2 条（解釈）

　本法において，文脈上特段の解釈を要する場合を除き，（略）

　「子」は，21歳未満の婚姻していない者を意味し，その年齢未満の離婚した女子を含む。

（略）

第 3 条（養子縁組命令をする権限）

① 子を養子とすることを認めることを望む者による規定された方法による申請に基づき，本法に従い，裁判所は申請者が子を養子とすることを認める命令をする

388 第2編 各 論

ことができる。

② 養子縁組命令の申請が，夫婦が共同で
なされたときは，裁判所は夫婦共同縁組
を認める命令をすることができる。ただ
し，規定された場合を除き，複数の者が
子を養子縁組することを認める命令をす
ることができない。

③ 子の母又は父が，1人で又は配偶者と
共同して子を養子縁組する権限を与える
養子縁組命令をすることができる。

第4条（養子縁組命令の制限）

① 申請者又は共同申請の場合は，申請者
の一方が，以下に掲げる場合でなけれ
ば，養子縁組命令はなされない。

　(a) 裁判所が命令をするのに特別な事情
があると判断するのでなければ，25歳
に達し，申請に関する子よりも少なく
とも21歳以上年長である場合

　(b) 21歳に達し，子の親族である場合

　(c) 子の父又は母である場合

② 裁判所が命令をする例外的な手段とし
て正当化できる特別な事情があると判断
するのでなければ，申請者が男子のみ
で，申請に関する子が女子であるとき
は，養子縁組命令はなされない。

③ マレーシア半島に常居していない申請
者のために，又はそのように居住してい
ない子に関して養子縁組命令はなされな
い。

④ 以下に掲げる場合でなければ，子に関
して養子縁組命令はなされない。

　(a) 命令日の前に，子が少なくとも3か
月継続して申請者の監護下にある場
合，かつ，

　(b) 申請者が命令日の少なくとも3か月
前に，子に関する養子縁組命令を申請

する意思を当分の間居住する州の社会
福祉部の役員に，書面による通知をし
た場合

第5条（養子縁組に対する同意）

① 本条に規定される場合を除き，申請が
なされ，子を扶養する責任を有する子に
関する親又は後見人である全ての者若し
くは機関の同意がなければ，養子縁組命
令はなされない。夫婦の一方の申請によ
る場合は，他方の同意がなければ，養子
縁組命令はなされない。

　ただし，以下に掲げる場合に該当する
と判断したときは，裁判所は本条で求め
られる同意を免除することができる。

　(a) 子の親又は後見人の場合は，その者
が子を遺棄し，放置し，又はひどい扱
いを持続している場合

　(b) 子を扶養する責任を負う者の場合
は，その者が扶養することを放置し，
拒否する場合

　(c) 同意が必要とされる者が，発見され
ず，同意を与えることができないか，
合理的な理由なく同意がされない場合

　(d) （略）

② 裁判所は，同意を免除される者が見つ
からないか，同意をすることができない
か，配偶者が別居又は離婚し，別々に居
住し，その別居が永続するときは，養子
縁組命令の申請者の配偶者の同意を免除
することができる。

③・④ （略）

第9条（養子縁組命令の効力）

① 養子縁組命令がなされると，後見人を
指名し，婚姻に対して同意又は不同意す
る全ての権利を含め，子の将来の監護，
扶養及び教育に関する子の親又は後見人

の全ての権利，義務及び責任は消滅し，全てのこれらの権利，義務及び責任は，子があたかも婚姻で生まれた子であるかのように養親に与えられ，実行され，有効となる。そして，前述の事項に関して，未成年者は専ら養親に対して養親の法的な嫡出子としての地位に立つ。（略）

② ～ ⑧ （略）

第10条（裁判管轄）

① 本法において，養子縁組命令を行う管轄権を有する裁判所は，1948年下級裁判所法（the Subordinate Courts Act 1948）にかかわらず，高等法院又は申請人の選択するセッションズ裁判所（Sessions Court）である。

② ～ ⑤ （略）

第25条（養子登録）

① 登録長官（the Registrar General）は，いわゆる養子登録簿と呼ばれる登録簿を設け，維持する。それは，養子縁組命令により指示された登録であり，ほかに登録はない。

② 全ての養子縁組命令は，登録長官の養子縁組を記録して登録をする指示を含んでいる。（略）

③ ～ ⑬ （略）

養子縁組法（サラワク州法律第91号・子の養子縁組に関する法律の規定を改正する法律 1942年1月1日，1958年州立法第18号改正）

第2条（縁組の効力）

① 全ての者は，この法律の規定に従うことを条件として，子を養子とすることができる。

② 養子は，養親の嫡出子と同様の身分を取得し，養親の債権債務及び財産に関し嫡出子としての全ての権利及び特典を有する。

③ 養子の実親は，当該養子に対し，何らの支配，監督権をも有しない。養子は，実親の財産の相続に関し，何らの請求権を有しない。

④ 以上の規定は，縁組が第7条の規定により取り消された場合には，その効力を失う。

第3条（養子の実親等の同意の意思表示）

① この法律に基づいて養子縁組の登録を行おうとする場合には，養子縁組の当事者双方（養親となる者の実父母若しくは生存する一方又は養子となる者の法定後見人及び養父母若しくは養父又は養母）は，最低1名の証人とともに地方登録官の面前に出頭するとともに，実親又は法定後見人が当該登録官に対して養子縁組に同意する旨の意思表示を明確に行わなければならない。

② 配偶者を有する者が養子をする場合には，他方の配偶者の承諾を得なければならない。

③ 地方登録官は，登録申請に係る養子縁組が善意に基づくものである旨の確信を書面その他の証拠によって得た場合には，実親又は法定後見人の出頭義務を免除することができる。

④ 子の実親が養子縁組の同意を行うのに不適当である場合において，他の適当な者が子の身上監護を行っているときは，地方登録官は自筆による書面をもって実親の同意表明義務を免除することができる。

⑤ 地方登録官は，イスラーム教徒と自称

390 第2編 各 論

する者から養子縁組の登録申請を受けた
場合には，登録に先立って，当該申請者
に対し第2条第2項に規定する特別の注
意喚起を行うとともに，明白かつ誤認を
生ずることのないよう表現方法に留意の
上，当該法条に基づく子との養子縁組は
Hukum Shara（イスラームの法律に基
づく判断規範）に背反する旨を告知する
義務を負う。

　ただし，地方登録官が本項に定める注
意喚起及び告知の実施を懈怠したことの
みを理由として，養子縁組が無効となる
ことはない。

第4条（登録）

① 地方登録官は，申請に係る養子縁組が
第3条及び第5条の要件に適合している
ことを確認した後は，当該養子縁組の登
録を養子縁組のための特別の登録簿に記
入する方法により実施することを要する。

② 前項の登録は，養親及び実親又は法定
後見人の立会いの下に行うことを要する。

③ 地方登録官は，登録簿の謄本を自ら作
成・認証の上，養親及び実親又は法定後
見人に交付することを要する。

第5条（養子縁組の効力要件）

　サラワク州においては，地方登録官が
宣誓に基づく証拠資料又は次の各号に掲
げる事実につき確信を得ない限り，いか
なる養子縁組の登録も行うことができな
い。

a　養親（養親が2名である場合はその
双方）が養子の身上監護を行うに足る
適格性を有すること。

b　養親が，養子の年齢が18歳に達する
まで，自己の社会的地位に相応する扶
養を合理的に行うに足る経済的手段を

有すること。

c　養親が2名である場合には，両名が
慣習等に基づく法的婚姻関係にあるこ
と。

d　養親（2名の場合はその双方）が年
齢21歳以上であり，かつ養子との間に
20歳以上の年齢差があること。

第7条（養子縁組の取消し）

① 養子縁組は，高等法院の命令によらな
ければ，取り消すことができない。

② 高等法院は，同法院が必要と考える所
要の証拠調べを行った上で，次のいずれ
かに該当する心証を得た場合には，養子
縁組を取り消すことができる。

a　養子が養親からその身体に害悪を及
ぼすような方法による虐待を受けた場
合

b　養親につき，養子の身上監護を適正
に行う上で不適切と認められる事跡が
ある場合

c　その他全ての状況を考慮した結果，
養子縁組の取消しが養子の利益に適う
と判断される場合

③ 養子縁組が高等法院によって取り消さ
れたときは，これにより第2条に規定す
る養子及び養親の権利はいずれも消滅
し，養子は縁組前に実親に対して有して
いた子としての生来の法的身分を回復す
る。

第9条の2（サラワク州外での縁組）

　地方登録官は，サラワク州以外の地に
おいて当該地域の法律に従って挙行され
た養子縁組についても，養親の一方から
登録の申請があった場合には，その登録
を行うことを要する。

　ただし，その養子縁組が第5条に規定

する要件を具備していないときには，登録申請の受理を拒むことができる。

サバ州

1960年養子縁組布告（Adoption Ordinance 1960（Sabah No 23 1960））（1963年9月16日，1964年11月1日，1968年12月31日，1975年8月29日改正）

第1条（略称及び施行）
　　本布告は，「1960年養子縁組布告」と引用される。（略）
第1部　序論
第2条（解釈）
　　本法において，文脈上特段の解釈を要する場合を除き，（略）
　　「裁判所」は，高等法院（the High Court）を意味する。
　　「子」は，21歳未満の婚姻していない者を意味し，その年齢未満の離婚した女子を含む。
　　（略）
第2部　養子縁組命令の実行
第3条（養子縁組命令を行う権限）
①　本布告の規定に従うことを条件として，裁判所は，所定の方法で行われた申請に基づき，子を養子縁組する権限を与える命令（本布告において養子縁組命令という。）をすることができる。
②　夫婦の申請に基づき，子を共同して養子縁組する権限を与える養子縁組命令をすることができる。
③　子の父又は母により，単独で，又は配偶者と共同して子を養子縁組する権限を与える養子縁組命令をすることができる。
第4条（養子縁組命令の制限）
①　申請者又は共同申請の場合は，申請者の一方が以下の場合でなければ，養子縁組命令はなされない。
　a　25歳に達し，少なくとも子よりも21歳以上年長である場合，又は
　b　21歳に達し，子の親族である場合
　c　子の母又は父である場合
②　第10条の規定に従うことを条件として，裁判所が養子縁組命令をする例外的な手段として正当化できる特別な事情があると判断するのでなければ，申請者が男子のみで，申請に係る子が女子であるときは，養子縁組命令はなされない。
③　第3条第2項に規定される場合を除き，複数の者が子を養子縁組することを認める養子縁組命令をしてはならない。
④　第5条及び第10条の規定に従うことを条件として，以下に掲げる場合には，養子縁組命令はなされない。
　a　子の親若しくは後見人又は子を扶養に寄与するための命令若しくは契約によって責任を有する全ての者の同意がない，全ての場合
　b　一夫一婦の婚姻で，夫婦の一方のみの申請による場合。ただし，他方の配偶者の同意がある場合を除く。
⑤　申請者及び子がサバ州に居住していないときは，子に関する養子縁組命令はなされない。
⑥　以下に掲げる場合でなければ，子に関して養子縁組命令はなされない。
　a　子が命令の直前に，少なくとも連続する3か月間，継続して申請者の下で世話を受けている場合
　b　申請者が，命令前の少なくとも3か月前に，子の養子縁組命令を申請する意思を福祉サービスの局長に通知しな

ければならない。

第5条（養子縁組に対する同意）

① 以下に掲げる場合に該当すると判断したとき，又はケースの全ての状況において，そのような同意が免除されるべきであるという意見であるときは，裁判所は第4条第4項第a号で求められる同意を免除することができる。

(a) 子の親又は後見人の場合は，その者が子を遺棄し，放置し，又はひどい扱いを持続している場合

(b) 子を扶養することを命令又は契約により責任を負う者が，その者が扶養することを放置し，拒否する場合

(c) 同意が必要とされる者が，発見されず，同意を与えることができないか，又は合理的な理由なく同意がされない場合

(d) （略）

② 裁判所は，同意を免除する者が見つからないか，同意をすることができないか，又は配偶者が別居若しくは離婚し，別々に居住し，その別居が永続するときは，養子縁組命令の申請者の配偶者の同意を免除することができる。

③・④ （略）

第3部　養子縁組命令の登録

第12条（養子登録）

① 登録官長は，いわゆる養子登録簿と呼ばれる登録簿を設け，維持する。それ

は，養子縁組命令により指示された登録であり，他に登録はない。

②・③ （削除）

④ （略）

第13条（養子縁組登録）

① 全ての養子縁組命令は，登録官長に対する指示を含んでいる。

a 養子児童登録所において，別表第1で示された様式で養子縁組を記録する登録をし，第2項に従うことを条件として，別表の第2から第6の欄に詳細に記載すること。

b 本布告に基づき，養子に関する出生証明書を発行すること。

②〜⑤ （略）

第4部　養子縁組命令の効力

第16条（両親の権利義務及び婚姻能力）

① 養子縁組命令がなされると，後見人を指名し，婚姻に対する同意又は不同意する全ての権利を含め，子の将来の監護，扶養及び教育に関する子の親又は後見人の全ての権利，義務及び責任は消滅し，全てのこれらの権利，義務及び責任は，子があたかも婚姻で生まれた子であるかのように養親に与えられ，実行され，有効となる。そして，前述の事項に関して，未成年者は専ら養親に対して養親の法的な嫡出子としての地位に立つ。

②・③ （略）

第8　養子離縁

マレーシア法上，養子離縁制度は存在せず，養子離縁に関する法律も存在し

ない。

　また，マレーシアの国際私法上，日本の法例（通則法）を養子離縁の準拠法
として適用する旨の規定も存在しない。

　したがって，マレーシア人については，本国法上養子離縁をすることができ
ない（昭和63．1．27民二432号回答（戸籍533-65））。

資料165－1 〔婚姻要件具備証明書〕

KEDUTAAN BESAR MALAYSIA
DI JEPUN
EMBASSY OF MALAYSIA
IN JAPAN
※ ※ ※ ※ ※ ※
Shibuya-ku, Tokyo. ※ ※

Telefon : ※ ※ ※ ※
Fax : ※ ※ ※
Telegram : ※ ※ ※ ※
Telex : ※ ※ ※ ※

Ruj. Tuan:
Ruj. Kami: SR(○○)○○/○/○
Tarikh:　○○ ○○○○○ 20○○

TO WHOM IT MAY CONCERN

Based on the confirmation given by the Marriage and Divorce Division, National Registration Department of Malaysia dated ○○○○○○○, this is to certify that Mr. ○○○ ○○○ ○○, holder of Malaysia Passport No: ○○○○○○ is single since no record of any marriage of him being registered under the Malaysian Law Reform (Marriage and Divorce) Act, 1976.

In view of the above, I, the undersigned, do hereby certify that no legal impediment to his marriage has been shown to me as existing.

(○○○ ○○○○ ○○○○'○○ ○○○ ○○)
Second Secretary
Embassy of Malaysia, Tokyo.

No.TYO/○○○/20○○
Fee Paid ￥500-
Receipt No.DV9○○○○

資料165－1

整理番号　SR（○○○）○○○／○○／○
20○○年○月○○日

関係者各位

マレイシア国登録局、婚姻登録官からの　20○○年○月○○日付けの報告
により、○○○　○○○　○○○○さん（マレイシア国旅券○○○○○○
○○を所持）が独身であると証明致します。　マレイシア婚姻法（1976
年）の下で、○○○　○○○　○○○○さんの婚姻の登録はありません。

以上を勘案し、下に署名する私は、上記○○○　○○○　○○○○さんの
婚姻に対する如何なる法的障害も存在しない事を証明致します。

（署名）
○○○・○○○○○・○○○○・○○・○○○・○○
マレイシア大使館二等書記官

396　第2編　各　論

資料165-2〔婚姻証明書〕

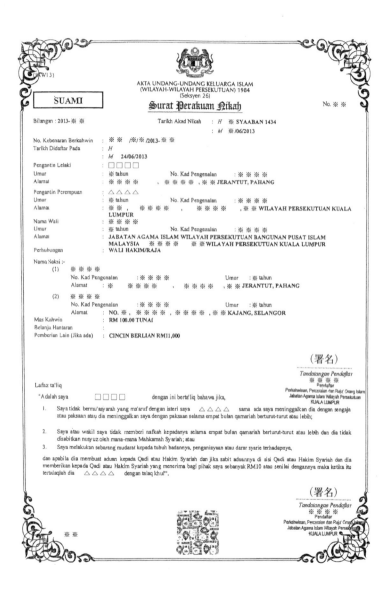

資料165-2

イスラム家族法
1984（セクション26）

証明書番号　※※

婚姻証明書

夫

番号：2013-※※　　　　　　婚姻日：（イスラム暦）1434年第8月※日
　　　　　　　　　　　　　　　：（西暦）2013年6月※日

婚姻許可番号：※※/※/※/2013-※※

登録日：2013年6月24日

新郎　：　□□□□

年齢　：　※歳　　　　　　　身分証明書番号　：　※※※※

住所　：　マレーシア国　パハン州　ジュラントゥ、※※※※、※※※※
　　　　　郵便番号　※※

新婦　：　△△△△

年齢　：　※歳　　　　　　　身分証明書番号　：　日本旅券　※※※※

住所　：　マレーシア国　クアラルンプール市　※※※※　※※※※
　　　　　※※　郵便番号　※※

保護者氏名　：　※※※※

年齢　：　※歳　　　　　　　身分証明書番号　：　※※※※

住所　：　マレーシア　イスラミックセンター　連邦領土　イスラム宗教部
　　　　　マレーシア国　クアラルンプール市　※※※※　郵便番号　※※

新婦との関係：後見裁判官　／王

証人氏名

(1)　※※※※

　　　身分証明書番号：※※※※　　　　年齢：※歳

　　　住所：マレーシア国　パハン州　ジュラントゥ、※※※※、※※※
　　　　　　※　※

(2)　※※※※

　　　身分証明書番号：※※※※　　　　年齢：※歳

　　　住所：マレーシア国　スランゴール州、※※※※、※※※※　※番

　　　持参金：100リンギット　マレーシア　現金

　　　配送費：なし

　　　その他（もしあれば）：11,000リンギットマレーシア相当のダイ
　　　　　　　　　　　　　　アモンドの指輪

登録所印および登録官の署名

398 第2編 各 論

資料165－3 〔出生証明書〕

JPN. LM05

KERAJAAN MALAYSIA
SIJIL KELAHIRAN
Akta Pendaftaran Kelahiran dan Kematian, 1957
[Seksyen 14; Kaedah 7]

Kawasan Pendaftaran	Pusat Pendaftaran
KEDAH	JPN DAERAH LANGKAWI

KANAK-KANAK

Nama

Tarikh dan Waktu Kelahiran	Jantina
※ APRIL 2002　　※ : ※ PM	PEREMPUAN

Tempat Kelahiran

BAPA

Nama

No. Kad Pengenalan	Umur	Jenis dan No. Dokumen Lain	
	※ TAHUN	-Tidak Berkenaan-	
Taraf Penduduk		Keturunan	Agama
WARGANEGARA		MELAYU	ISLAM

IBU

Nama

No. Kad Pengenalan	Umur	Jenis dan No. Dokumen Lain	
-Tidak Berkenaan-	※ TAHUN	-Tidak Berkenaan-	
Taraf Penduduk		Keturunan	Agama
BUKAN WARGANEGARA		JAPANESE	ISLAM

Tempat Tinggal

No. Daftar : ※ ※	Disahkan bahawa maklumat di atas adalah seperti yang dicatat dalam Daftar Kelahiran
Tarikh Pendaftaran : 04 APRIL 2002	
PERMOHONAN SEKSYEN ※	PENDAFTAR BESAR KELAHIRAN & KEMATIAN MALAYSIA

原本に相違ないことを証明する。
在ペナン日本国総領事館
領　事

Percetakan Keselamatan Nasional

資料165－3

出生証明書（和訳文）

マレイシア国

出生および死亡登録に関する1957年法

[14章7条]

登録場所 ケダ	管轄 ランカウイ登録局

出生児	
氏名	
出生日時 2002年4月※日　午後※時※分	性別 女
出生場所	

父親		
氏名		
身分証明書番号	年齢 ※歳	その他の証明書類および番号 該当なし
居住の資格 マレイシア国民	人種 マレイシア人	宗教 イスラム

母親		
氏名		
身分証明書番号 該当なし	年齢 ※歳	その他の証明書類および番号 該当なし
居住の資格 なし（マレイシア国民ではない）	人種 日本人	宗教 イスラム
母の住所 マレイシア国		

登録番号　※※ 登録年月日　2002年4月4日 ~~登録された出生児は外国人である。~~ 申請セクション番号※	この記録の内容は出生登録と相違なく真正のものであることを証明する。 _____ （登録担当者の署名） ペナン州・出生および死亡登録担当者

翻訳者_____

400　第2編　各　論

資料165－4〔出生証明書〕

JPN. LM05

KERAJAAN MALAYSIA
GOVERNMENT OF MALAYSIA
SIJIL KELAHIRAN
BIRTH CERTIFICATE

Kaedah-Kaedah Pendaftaran Kelahiran dan Kematian 1958 (Kaedah 7)
Births and Deaths Registration Rules 1958 (Rule 7)

No. Daftar : ※ ※ ※
Register No.

Kawasan Pendaftaran Registration Area MALAYSIA BARAT	Pusat Pendaftaran Registration Centre JPN WILAYAH PERSEKUTUAN (KL)

KANAK-KANAK / CHILD

Nama Penuh ○ ○ ○ ○
Full Name

Tarikh dan Waktu Kelahiran　※ OGOS 2013
Date and Time of Birth　※:※　AM

Tempat Kelahiran
Place of Birth
※ ※ ※ MEDICAL CENTRE PARKCITY KUALA LUMPUR

Keturunan　JAPANESE
Race

Taraf Kewarganegaraan　WARGANEGARA
Status of Citizenship

Jantina　PEREMPUAN
Gender

Agama　BUDDHA
Religion

BAPA / FATHER

Nama □ □ □ □
Name

No. Kad Pengenalan　Maklumat Tidak
Identity Card No.　Berkenaan

Umur ※
Age　TAHUN

Jenis dan No. Dokumen Lain
Types and No. of Other Document
PASPORT JAPAN ※ ※ ※ ※

Taraf Kewarganegaraan　BUKAN WARGANEGARA
Status of Citizenship

Taraf Pemastautin　Maklumat Tidak Berkenaan
Status of Residence

Keturunan　JAPANESE
Race

Agama　BUDDHA
Religion

IBU / MOTHER

Nama △ △ △ △
Name

No. Kad Pengenalan　※ ※ ※ ※
Identity Card No.

Umur ※
Age　TAHUN

Jenis dan No. Dokumen Lain
Types and No. of Other Document
Maklumat Tidak Berkenaan

Taraf Kewarganegaraan　WARGANEGARA
Status of Citizenship

Taraf Pemastautin　Maklumat Tidak Berkenaan
Status of Residence

Keturunan　CINA
Race

Agama　BUDDHA
Religion

Alamat Tempat Tinggal　※　※ ※ ※　※ ※ ※ ※
Residence Address　　　　※ ※ KUALA LUMPUR　W. PERSEKUTUAN(KL)

PEMAKLUM / INFORMANT

Nama △ △ △ △
Name

No. Kad Pengenalan　※ ※ ※ ※
Identity Card No.

Jenis dan No. Dokumen Lain
Types and No. of Other Document
Maklumat Tidak Berkenaan

Tarikh Pendaftaran　:　19 OGOS 2013
Date of Registration

Disahkan bahawa maklumat di atas adalah seperti yang dicatat dalam Daftar Kelahiran.
Certified as a true extract from the Register of Births.

(署名)

PENDAFTAR BESAR
KELAHIRAN & KEMATIAN MALAYSIA
REGISTRAR GENERAL
BIRTHS & DEATHS MALAYSIA

資料165－4

国民登録所印　身分証明番号：　※※※※

マレーシア政府
出生証明書　　登録番号　※※※

出生・死亡登録条規1958（7条）

登録地区：西マレーシア	登録所：クアラルンプール市国民登録所	
子		
氏名：○○○○		
出生日時： 2013年8月※日　午前※時※分	出生場所：マレーシア国　クアラルンプール市 デサパークシティー　※※※※　※番 （※※※※　メディカル　センター　パークシティー）	
人種：日本人		
マレーシア国籍の有無：有り	性別：女	宗教：仏教
父		
氏名：□□□□		
身分証明書番号：無し	年齢：※歳	その他の身分証明書： 日本旅券　※※※※
マレーシア国籍の有無：無し		
永住権の有無：無し	人種：日本人	宗教：仏教
母		
氏名：△△△△		
身分証明書番号：※※※※	年齢：※歳	その他の身分証明書： 無し
マレーシア国籍の有無：有り		
永住権の有無：無し	人種：中華系	宗教：仏教
現住所：マレーシア国　クアラルンプール市　※※※※　※※※※　※番		
届出人		
氏名：△△△△		
身分証明書番号：※※※※	その他の身分証明書： 無し	
登録日：2013年8月19日		
	出生登録よりの真正な抜粋であることを証明する。 　　マレーシア出生・死亡上級登録官	

翻訳者名：□□□□

402　第2編　各　論

資料165－5　〔養子登録簿〕

FIRST SCHEDULE

[Subsection 25(2)]

FORM OF ENTRY TO BE MADE IN ADOPTED CHILDREN REGISTER

1 No. of entry	2 Date and country of birth of child	3 Name and surname of child	4 Sex of child	5 Name and surname, address and occuption of adopter or adopters	6 Date of adoption order and description of Court by which made	7 Date of entry	Signature of officer deputed by Registrar General to attest the entry

166　ミクロネシア　403

166　ミクロネシア（ミクロネシア連邦）

第1　婚　　姻

1　婚姻証明書

　ミクロネシア国裁判所書記作成の婚姻証明書は，資料166－1（本文409頁）参照。

2　婚　　姻

(1)　婚姻適齢

　婚姻時に，男子は18歳以上，女子は16歳以上でなければならない。

　ただし，女子は16歳未満でも親の同意がある場合は，婚姻をすることができる。

第2　出　　生

1　国籍留保届

　ミクロネシアは，父母両系血統主義国であり，ミクロネシア国内で出生した事実だけでは同国の市民権を取得しない（憲3条2項，連邦202条）。

　したがって，日本人夫婦の子がミクロネシアで出生した場合は，国籍留保の届出を要しないが，夫婦の一方が日本人で，他方がミクロネシア市民の子がミクロネシア（又はその他の外国）で出生した場合は，出生の日から3か月以内に日本国籍を留保する意思を表示しなければ，子は日本国籍を喪失する（日国12条）。

　　（注）　昭和63年12月16日に，日本はミクロネシアとの外交関係を樹立した。
　　　　　　日本がミクロネシアを承認するまでは，その市民は，「いまだ国籍の帰属が確定しない市民」として，戸籍の実務では取り扱うことで差し支えないとされていた（民月44-12-127）。

404 第2編 各 論

2 出生場所の記載

(1) 行政区画

ミクロネシアは，4つの州（注）から構成されている。

（注） 州は，ヤップ州（Yap），チューク州（Chuuk），ポンペイ州（Pohnpei），コスラエ州（Kosrae）である。

(2) 戸籍の記載

「ミクロネシア国ポンペイ州パリキール市で出生」（【出生地】ミクロネシア国ポンペイ州パリキール市）と記載する。

3 出生証明書

ミクロネシア国発行の出生証明書は，資料166－2（本文411頁）参照。

〔根拠法条〕

憲法（1979年11月11日制定，1991年7月2日改正）

第3条（市民権）

① 本憲法施行日直前において信託統治領の市民である者で，本憲法を批准している地域に住所を有する者は，ミクロネシア連邦の市民及び国民とする。

② 両親又は親の一方がミクロネシア連邦の市民であるときは，子は，出生により，連邦の市民又は国民となる。

③ 他国の国民として認められているミクロネシア連邦の市民は，18歳の誕生日から3年以内又は本憲法の施行日から3年以内のどちらか遅く到来する期限内に，連邦の市民権を維持し，他国の市民権を放棄する意思を表明しなければならない。

　その意思を表明しなかった場合には，ミクロネシア連邦の国民となる。

④ 北マリアナ諸島連邦設立条約の規定に基づきアメリカ合衆国の国民となっている信託統治領の市民は，アメリカ合衆国の国民となった日から6か月以内にミクロネシア連邦内の管轄裁判所に申請することによりミクロネシア連邦の市民及び国民となることができる。

⑤ 本憲法の施行日直前において信託統治領の市民であった者で，本憲法を批准していない地域に住所を有する者は，本憲法施行日から6か月以内又は18歳の誕生日から6か月以内のどちらか遅く到来する期限内にミクロネシア連邦内の管轄裁判所に申請することにより，ミクロネシア連邦の市民及び国民となることができる。

⑥ 本章の規定は，遡及して適用することができる。

連 邦 法〔Code of the federated states of micronesia〕（1982年）

第7編　市民権

第1章　信託統治領市民権

第101条（生来の市民）

① 信託統治領で出生した全ての者は，出生の時又はその後に他国の国籍を取得した者を除き，信託統治領の市民とみなす。

② 信託統治領外で信託統治領の市民である両親から出生した子は，21歳になるまでは信託統治領の市民とみなす。21歳になるまでに信託統治領の永住者となったときは，21歳以後も信託統治領の市民とみなす。

第2章　ミクロネシア連邦市民権

第201条（略称）

本章は，「市民権及び帰化法」と略称し，引用することができる。

第202条（市民権）

次のいずれかに該当する場合は，ミクロネシア連邦の市民である。

1　憲法施行の日直前に太平洋諸島信託統治領の市民で，ミクロネシア連邦憲法を批准した地域に居住する者

2　出生の時期にかかわらず，父母の一方又は両親がミクロネシア連邦の市民である者

3　憲法第3条第4項又は第5項に従い市民となった者

第3　養子縁組

1　根拠法

根拠法は，「ミクロネシア連邦法」である。

2　実質的成立要件

(1)　養親の要件

夫婦は共同して養子縁組をしなければならない。また，夫婦だけでなく，単身者も養親になることができる（連邦1632条1項）。

(2)　養子の年齢

養子は，未成年者でなければならない（連邦1632条1項）。

3　保護要件

(1)　養子の同意

養子が12歳以上である場合は，その者の同意を要する（連邦1633条）。

(2) **親の同意**

　精神障害又は行為無能力と宣告されておらず，子を6か月間遺棄していない，生存している法律上の親のそれぞれの書面による同意又は通知を要する（連邦1633条）。

(3) **裁判所の関与**

　養子縁組には，裁判所が関与する。

4　養子縁組の効力

(1) **養親との関係**

　養子と養親は互いに子と親の法律関係を有し，全ての権利を有し，その関係の全ての義務に服する（連邦1635条1項）。

(2) **実親との関係**

　子の実親は，養子縁組の時から，子に対する全ての親の義務，そのように養子となった子の全ての責任を免れ，養子に対して何ら権利を有しない（連邦1635条1項）。

5　ハーグ国際養子縁組条約

　未批准（2017年（平成29年）現在）

〔**根拠法条**〕

連邦法（1982年）
第6編　裁判手続
第16章　家族関係
サブチャプターⅢ　養子縁組
第1632条（判決による養子縁組）
① 　未婚者又は未成年者の子の父又は母と婚姻している適当な者又は夫と妻は，共同して，出生によらない未成年の子を養子とすることができる。そして，判決は，子の名の変更を認めることができる。子が子の父又は母と婚姻した者の養

子となったときは，従前に実親と子の間に存在したのと同様の権利及び義務は，同様に存続する。（以下，略）
② 　（略）
第1633条（養子縁組命令をする権限）
　精神障害又は行為無能力と宣告されておらず，子を6か月間遺棄していない，生存している法律上の親のそれぞれの書面による同意又は通知がなければ養子縁組は認められず，また，12歳以上の子の養子縁組は，子の同意がなければ認めら

れない。

第1635条（判決の効果）

① 養子縁組の判決が確定した後，養子と養親は互いに子と親の法律関係を有し，全ての権利を有し，その関係の全ての義務に服する。養子の実親は，養子縁組の時から，子に対する全ての親の義務，養子となった子の全ての責任を免れ，養子に対して何ら権利を有しない。

② （略）

第4 国　　籍

1　二重国籍

ミクロネシアでは，二重国籍は認められておらず，18歳の誕生日から3年以内又は憲法の施行日から3年以内のどちらか遅く到来する期限内に，連邦の市民権を維持し，他国の市民権を放棄する意思を表明しなければならない。その意思を表明しなかった場合には，ミクロネシア連邦の国民となる（憲3条3項，連邦203条）。

2　ミクロネシア市民権の喪失

(1)　ミクロネシア市民権の喪失

自発的に，自己の申請に基づき外国で帰化をしたときは，ミクロネシア市民権を喪失する（連邦206条1項a）。

(2)　ミクロネシア市民権の放棄

その者が18歳以上であるときは，自発的にミクロネシア連邦市民権を正式に放棄することができる（連邦206条1項c）。

〔根拠法条〕

連邦法（1982年）

第7編　市民権

第2章　ミクロネシア連邦市民権

第203条（二重市民権の禁止）

　　他国の市民として認められているミクロネシア連邦の市民は，18歳の誕生日から3年以内又は本憲法の施行日から3年以内のどちらか遅く到来する期限内に，連邦の市民権を維持し，他国の市民権を放棄する意思を表明しなければならない。その意思を表明しなかった場合には，ミクロネシア連邦の国民となる。

第206条（市民権の喪失）

① ミクロネシア連邦の市民は，以下の市

408 第2編 各 論

民権になるのでなければ，ミクロネシア
の市民権を奪われない。
a その者が，自発的に，自己の申請に
 基づき外国で帰化をしたとき。
b～d （略）

e その者が18歳以上であるときは，自
 発的にミクロネシア連邦市民権を正式
 に放棄したとき。
② （略）

166 ミクロネシア 409

資料166－1 〔婚姻証明書〕

FEDERATED STATES OF MICRONESIA ## CERTIFICATE OF MARRIAGE PERFORMED BY DULY AUTHORIZED PERSON	FOR CLERK OF COURTS MARRIAGE NO. FSM STATE

	NAME	HUSBAND	WIFE
1			
2	PRESENT USUAL RESIDENCE VILLAGE, MUNICIPALITY ISLAND, AND ATOLL OR ISLAND GROUP		
3	HOME VILLAGE, MUNICIPALITY ISLAND, AND ATOLL OR ISLAND GROUP		
4	DATE OF BIRTH		
5	PLACE OF BIRTH VILLAGE, MUNICIPALITY ISLAND, ATOLL OR ISLAND GROUP		
6	PLACE OF MARRIAGE AND DATE OF MARRIAGE		
7	SIGNATURE OF HUSBAND AND WIFE	(SIGNATURE OF HUSBAND)	(SIGNATURE OF WIFE)
8	SIGNATURE OF WITNESS	(SIGNATURE OF WITNESS-1)	(SIGNATURE OF WITNESS-2)
9	PERSON WHO PERFORMED MARRIAGE CEREMONY	(SIGNATURE OF PERSON WHO PERFORMED)	(TITLE)
10	CLERK OF COURTS	(DATE RECEIVED)	(SIGNATURE OF CLERK OF COURTS)

410　第2編　各　　論

資料166－1

		FOR CLERK OF COURTS
ミクロネシア連邦		MARRIAGE NO.
婚姻証明　FEDERATED STATES OF MICRONESIA		FSM
CERTIFICATE OF MARRIAGE		STATE
PERFORMED BY DULY AUTHORIZED PERSON		

	NAME 名前	HUSBAND 夫	WIFE 妻
1			
2	現住所 PRESENT USUAL RESIDENCE VILLAGE, MUNICIPALITY ISLAND, AND ATOLL OR ISLAND GROUP (村，地区，島，環礁又は島グループ名)		
3	出身 (村，地区名) HOME VILLAGE, MUNICIPALITY ISLAND, AND ATOLL OR ISLAND GROUP (島，環礁又は島グループ名)		
4	DATE OF BIRTH 生年月日		
5	出生場所 (村，地区名) PLACE OF BIRTH. VILLAGE, MUNICIPALITY ISLAND, ATOLL OR ISLAND GROUP (島，環礁，又は島グループ名)		
6	婚姻場所および年月日 PLACE OF MARRIAGE AND DATE OF MARRIAGE		
7	夫，妻の署名 SIGNATURE OF HUSBAND AND WIFE	(SIGNATURE OF HUSBAND) 夫の署名	(SIGNATURE OF WIFE) 妻の署名
8	証人の署名 SIGNATURE OF WITNESS	(SIGNATURE OF WITNESS-1) 証人1の署名	(SIGNATURE OF WITNESS-2) 証人2の署名
9	結婚式を取り仕切った者の署名 PERSON WHO PERFORMED MARRIAGE CEREMONY	(SIGNATURE OF PERSON WHO PERFORMED) 署名	(TITLE) 肩書き
10	裁判所事務員 CLERK OF COURTS	(DATE RECEIVED) 受領年月日	(SIGNATURE OF CLERK OF COURTS) 事務員の署名

166 ミクロネシア 411

資料166－2 〔出生証明書〕

CERTIFICATE OF LIVE BIRTH
FEDERATED STATES OF MICRONESIA

GOVERNMENT SEAL

TYPE/PRINT IN PERMANENT INK.
SEE HANDBOOK FOR INSTRUCTIONS

1. State Court/File No
2. Date
3. Medical Record Number
3a. Plurality -- Single, twin, etc
3b. If Not single, born first, second, etc

CHILD
4a. First Name
4b. Middle Name
4c. Last Name
5. Date of Birth (Month, Day, Year)
6. Sex
7. Delivery Site (Hosp, Disp, Home, etc)
8. Attendant (MD, DO, etc)
11. Birthdate (Month/Day/Year)

MOTHER
10a. Maiden Name: First
10b. Middle
10c. Last
12. FSM State of birth (if not FSM, name county)
13a. Residence (Village, municipality)
13b. State (Legal residence)
14. Medical record number
15. Race
16. Highest Grade
17. Occupation
18. Marital Status

FATHER
19a. First Name
19b. Middle Name
19c. Last Name
20. Birthdate (Month, Day/Year)
21. Race
22. Highest Grade
23. Occupation
24. FSM Birth State OR foreign country

25. Informant:
I certify that the above named child was born alive in the place and the date specified above.
26. Certifier Name: (TYPE OR PRINT and sign and date)
27. Mother/Father agrees to NAME spelling

CERTIFIER
I Certify that I reviewed this certificate for completeness and accuracy
28. Signature of Director of Health Services or Designee
29. Date signed (Month, Day, Year)
30a. Date: Name of Chief Clerk of Court and Signature
30b. Name of Chief Clerk of Court and Signature
31. Date received by Clerk of Court (Month, Day, Year)

32a. Number Now living
32b. Number Now Dead
32. Date of last live births (Month, Day, Year)
Live births ＞＝＝＞＞＞
33a. Number Fetal Deaths
33b. Date of last fetal death (Month, Day, Year)
Fetal deaths in any time after gestation ＝＝＞＞＞＞

HEALTH SERVICES
Pregnancy History
34. Length of pregnancy (in weeks)
35. Birth weight (Specify unit)
36. Specific Medical Risk Factors for this pregnancy (or write "None")
37. Specific Obstetric Procedures (or write None)
38. Specific Complications of Labor/Delivery (or write "None")
39. Specific Abnormal conditions of the newborn (or write NONE)
40. Specific Congenital anomalies of Child (or write "None")
41a. D FW (Gollo, Month Feng, FW began)
41b. Total wain
41c. Total wain
42. Type of delivery: Spontaneous, Cesarean
43a. Apgar 1M
43b. Apgar 5M
44. Total ligation: Y, N

資料166－2

CERTIFICATE OF LIVE BIRTH
FEDERATED STATES OF MICRONESIA
出生証明書

GOVERNMENT SEAL / TYPE/PRINT IN PERMANENT INK. SEE HANDBOOK FOR INSTRUCTIONS

	1. State Court No. 3b. 州裁判所ケース番号	2. Date 日付	3. Medical Record Number メディカルレコード番号	

CHILD 子
- 4a. First Name 名前 / 4b. Middle Name ミドルネーム / 4c. Last Name 名字 / 4d. Sex 性別 / 9a. Plurality—Single, twin, etc. 入数 / 9b. If Not single, born first, second, etc. (1人でない場合) 順番
- 5. Date of Birth (Month, Day, Year) 出生年月日 / 7. Delivery Site (Home, Disp, Home, etc.) 出生場所（病院、診療所、家など） / 8. Attendant (MD, AID, etc.) / 1f. Birthdate (Month/Day/Year) 生年月日

MOTHER 母
- 10a. Maiden Name, First （旧姓）名前 / 10b. Middle Name ミドルネーム / 10c. Last 名字 / 14. Medical record number メディカルレコード番号
- 12. FSM State of birth (if not FSM, name country) 出生州 / 13a. Residence (Village, municipality) 居住所 / 13b. State (Legal residence) 居住州 / 19a. State (Legal residence) 居住州 / 17. Occupation 職業 / 19. Marital Status 婚姻ステータス
- 15. Race 人種 / 20. Birthdate (Month, Day, Year) 生年月日 / 24. FSM State OR foreign country 出生州

FATHER 父
- 19a. First Name 名前 / 19b. Middle Name ミドルネーム / 19c. Last Name 名字 / 23. Occupation 職業
- 21. Race 人種 / 22. Highest Grade 最終学歴

CERTIFIER 発行者
- I certify, that the above named child was born alive at the place and on the date specified above. ここに上記の新生児が上記の場所で上記の日付に誕生したことを証明する。
- 26. Certifier Name (TYPE OR PRINT and sign and date) 発行者氏名、署名、日付
- I certify, that I reviewed this certificate for completeness and accuracy. 私はこの証明書に不備がないことを証明する。 / 29. Signature of Director of Health Services or Designee 医療機関ディレクターの署名 / 27. Mother/Father agrees to NAME spelling 新生児の名前のスペリング確認署名欄
- 28a. Print Name of Certifier 発行者氏名 / 30a. Name of Chief Clerk and Signature 裁判所事務長の署名 / 28. Date signed (Month, Day, Year) 署名年月日
- 25. Informant 資料提供者 / 31. Date received by Clerk of Courts (Month, Day, Year) 裁判所での受領年月日

HEALTH SERVICES ヘルスサービス
- Pregnancy History 妊娠歴 / 32a. Number Now living 健在な子供の数 / 32b. Number New living 前回の出産の記録（年月日） / 32c. Date of last live birth (Month, Day, Year)
- Live births <<<>>> 出生について / 33a. Number Fetal Deaths 死亡した子供の数 / 33b. Numbers Fetal Deaths 死産の数 / 33c. Date of last fetal death (Month, Day, Year) 前回の死産の記録（年月日）
- Fetal deaths at any time after conception <<<>>> （死産について） / 34. Length of pregnancy (in weeks) 妊娠週数 / 35. Specific Medical Risk Factors for this pregnancy (or write "None") 今回の妊娠に際する医学的特記事項
- 35. Birth weight (Specify unit) 出生時の体重 / 38. Specific Complications of Labor/Delivery (or write "None") 分娩時の特記事項
- 37. Specific Pneumonias for write None） 具体的な産科処置 / 45. Type of delivery Spontaneous, Caesarean 分娩の種類（自然分娩、帝王切開） / 子供の先天性の障害の有無
- 39. Specific Abnormal conditions of the newborn (or write NONE) 新生児の障害・異常の有無 / 41b. Total length, Month Prep, FSM 合計受診数 / 43. Type of delivery/妊娠中の受診 / 42. Augar 5M, APgar SM アプガー指数 アプガー指数 / 44. Total ligation, Y, N 卵管結紮の有無
- 41a. If PN visits, Month Day, FSM (First, normal, etc) 妊娠中の受診

産後5分 産後1分

167 南アフリカ共和国 413

167　南アフリカ共和国（南アフリカ共和国）

第1　婚　　姻

1　婚姻要件具備証明書

　南アフリカ共和国人について，同国大使館が発給した婚姻要件具備証明書は，資料167－1（本文426頁）参照（戸籍735-32）。

　（注）　宣誓供述書は，資料167－2（本文428頁）参照（戸籍735-34）。

2　実質的成立要件

(1)　近親婚の禁止

　男性は，母，娘，父の母，母の母，息子の娘，娘の娘，姉妹，妻の母，妻の娘，息子の妻，父の父の妻，母の父の妻，妻の父の母，妻の母の母，妻の息子の娘，妻の娘の娘，息子の息子の妻，娘の息子の妻，父の姉妹，母の姉妹，兄弟の娘，兄弟の娘の娘，姉妹の娘，姉妹の娘の娘，姉妹の息子の娘と婚姻をすることができない。

　女性は，父，息子，父の父，母の父，息子の息子，娘の息子，兄弟，夫の父，夫の息子，娘の夫，父の母の夫，母の母の夫，夫の父の父，夫の母の父，夫の息子の息子，夫の娘の息子，息子の娘の夫，娘の娘の夫，父の兄弟，母の兄弟，兄弟の息子，兄弟の息子の息子，姉妹の息子，姉妹の息子の息子，姉妹の娘の息子と婚姻をすることができない。

(2)　婚姻適齢

　男女とも18歳である（注）。

　なお，18歳未満の少年及び15歳未満の少女は，大臣又は大臣が認可した公共サービスの官吏，その者が特別な場合に，婚姻が望ましいと考え，認めた書面による許可がなければ，婚姻を締結することができない。裁判官又は裁判所が認めたときは，この許可は要しない（婚姻26条）。

　（注）　従前は，婚姻適齢は21歳であったが，2005年の児童法（2007年7月1日施

行）により，成人が21歳から18歳に引き下げられたことから，婚姻適齢も18歳となっている。

(3) 同意を要する婚姻

当事者の一方又は双方が未成年である当事者間の婚姻の場合は，当事者に対する同意を要する（婚姻24条）。

(4) 重婚の禁止

婚姻当事者の一方又は双方が既に婚姻をしている場合は，婚姻をすることができない。

3 形式的成立要件

婚姻は，婚姻吏のみが，挙行することができる（婚姻11条１項）。

また，挙式は，当事者が出頭し，資格を有する２人以上の証人の立会いの上で挙行されなくてはならない（婚姻29条２項）。

4 報告的届出

日本人男と南アフリカ共和国人女が南アフリカ共和国の方式により婚姻した旨の同国内務省発行の婚姻証明書（本人が携帯する身分証明書の中に記載されている。）を戸籍法第41条に規定する婚姻証明書の提出があったものとして取り扱って差し支えない（昭和57．9．9民二5669号回答（戸籍458-93））。

5 南アフリカ共和国国籍の取得

南アフリカ共和国人と婚姻した外国人は，当然には南アフリカ共和国国籍を取得しない。

6 シビル・ユニオン

(1) 制 定

2006年（平成18年）11月30日に，「2006年シビル・ユニオン法」が官報告示され，施行された。

(2) **対　象**

　法律上の定義として，「シビル・ユニオン」を「シビル・ユニオン法の手続に従って，婚姻又はシビル・パートナーシップの方法により式を挙げ，かつ登録を受けた，18歳以上の2人の者による自発的な結び付き」と「シビル・ユニオン・パートナー」を「婚姻の配偶者又はシビル・パートナーシップのパートナー」とし，同性のみならず，異性パートナーも含むものとなっている。

(3) **挙　式**

　①1961年婚姻法に基づき任命された婚姻事務官か，②この法律に基づき大臣により任命された，宗派の聖職者・公共機関の婚姻事務官が実施するが，①の婚姻事務官は，同性者間によるシビル・ユニオンの挙式については，良心，信仰，信条を理由に実施を拒否することができると定められている。

(4) **登　録**

　登録に際しては，シビル・ユニオンのパートナーになろうとする者は，証人2人の面前で，それぞれ署名と意思表示をしなければならず，証人と婚姻事務官は，宣言文書をパートナーの前で作成し，婚姻事務官はパートナーに登録証明書を発行しなければならない。

(5) **婚姻法等の適用**

　シビル・ユニオンには，1961年婚姻法の規定が適用される。このほか，1998年慣習婚姻承認法を除き，コモンローを含む他の法律における婚姻に関する規定がシビル・ユニオンに，夫・妻・配偶者に関する規定がシビル・ユニオンのパートナーに，それぞれ適用される。

（6につき，鳥澤孝之「諸外国の同性パートナーシップ制度」（レファレンス60-4-29））

〔根拠法条〕

婚姻法（Marriage Act 1961）（1961年法律第25号，1964年，1968年，1970年，1972年，1973年，1978年，1981年，1983年，1984年，1986年，1990年，1991年，1992

年改正）

第1条（定義）

　本法において，文脈上，別段の解釈を要する場合を除き，（略）

"大臣"とは，内務大臣を意味する。
（以下，略）

第11条（権限のない挙式の挙行の禁止）

① 婚姻は，婚姻吏（a marrige officer）のみが，挙行することができる。

②・③ （略）

第24条（未成年者の婚姻）

① 婚姻を締結する目的のために法的に要求される当事者に対する同意が認められ，書面で与えられないときは，婚姻吏は，当事者の一方又は双方が未成年である当事者間の婚姻を挙行してはならない。

② 第1項において，未成年者には，21歳未満で，過去に死亡又は離婚により解消された有効な婚姻を締結した者を含まない。

第26条（一定の年齢未満の者の婚姻の禁止）

① 18歳未満の少年及び15歳未満の少女は，大臣又は大臣が認可した公共サービスの官吏が婚姻が望ましいと考えた特別な場合で，書面により許可をしなければ，有効な婚姻を締結することができない。この許可は，婚姻当事者が法が規定する他の全ての要件を満たす義務を免れ

ない。他の要件を理由として，この事項に管轄権を有する裁判官又は裁判所の同意が必要であり，これを認めたときは，この許可は要しない。

②・③ （略）

第29条（場所，日時及び挙式の時における当事者及び証人の出席）

① （略）

② 婚姻吏は，（略）当事者及び少なくとも2人の証人の出席で婚姻を挙行する。

③ （略）

第29A条

① 婚姻を挙行する婚姻吏，当事者及び2人の権限ある証人は，婚姻挙行後直ちに関係する婚姻登録簿に署名しなければならない。

② （略）

児童法（Children's Act 2005）（2005年法律第38号，2007年7月1日施行）

第2章 総則

第17条（成人）

男性又は女性にかかわらず，18歳に達することで成人になる。

第2 出 生

1 国籍留保届

南アフリカ共和国は，父母両系血統主義国であり，南アフリカ共和国国内で出生した事実だけでは，同国の国籍を取得しない（市民2条）。

したがって，日本人夫婦の子が南アフリカ国内で出生した場合は，国籍留保の届出を要しないが，夫婦の一方が日本人で，他方が南アフリカ市民の子が南アフリカ共和国（又はその他の外国）で出生した場合は，出生の日から3か月以内に日本国籍を留保する意思を表示しなければ，子は日本国籍を喪失する

167 南アフリカ共和国　417

（日国12条）。

2　出生場所の記載

(1)　行政区画

南アフリカ共和国は，9つの州（注）から構成されている。

（注）　州は，クワズール・ナタール州，北ケープ州，東ケープ州，西ケープ州，北西州，ハウテン州，フリーステイト州，マプマランガ州及びリンポポ州である。

(2)　戸籍の記載

「南アフリカ共和国西ケープ州ケープタウン市で出生」（【出生地】南アフリカ共和国西ケープ州ケープタウン市）と記載する。

3　出生証明書

① 　南アフリカ共和国内務省発行の出生証明書（1999年）は，資料167－3（本文430頁）参照（戸籍735-36）。

② 　南アフリカ共和国内務省（ランドバーグ区域事務所）発行の出生証明書（2013年）は，資料167－4（本文432頁）参照。

〔根拠法条〕

南アフリカ市民権法（South African Citizenship Act）（1995年法律第88号，2010年法律第17号改正，2010年12月7日成立・2013年1月1日施行）

第1章　法の定義及び解釈〔及び適用〕

第1条（定義）（略）

第1A条（法の解釈）

①　（略）

②　本法において，

　　a　外国で登録された船舶若しくは航空機で出生した者は，船舶又は航空機が登録されている場所で，外国政府の登録されていない船舶若しくは航空機内で出生した者は，当該外国で出生したものとみなす。

　　b　（略）

③　（略）

第2章　南アフリカ市民権の取得

第2条（出生による市民権）

①　以下に掲げる者は，出生による南アフリカ市民である。

　　a　2010年南アフリカ改正市民権法の施行日の直前に，出生による南アフリカ市民であった者，又は

b 共和国内又は共和国外で出生し，出生時に両親の一方が南アフリカ市民であった者

② 共和国で出生し，第1項の規定により南アフリカ市民でない者は，以下の場合には，出生による南アフリカ市民である。

a その者が外国の市民権又は国籍を有しないか，又はそのような市民権又は国籍の権利を有しない場合で，かつ

b その出生が，1992年出生及び死亡登録法（1992年法律第51号）に従って共和国で登録された場合

③ 共和国の永住が許可され，南アフリカ市民でない両親から共和国で出生した者は，以下の場合には，出生による南アフリカ市民となる資格を有する。

a その者が出生の日から成人になった日まで共和国に居住し，かつ，

b 1992年出生及び死亡登録法（1992年法律第51号）に従って共和国で登録された場合

第3 養子縁組

1 根拠法

根拠法は，「児童法」である。

2 実質的成立要件

(1) 養親の要件

ア 養親となる者

養親は夫婦だけでなく，同棲するパートナー，寡婦，寡夫，離婚した者又は未婚者等も養親となることができる（児童231条）。

イ 養親の年齢

養親は，18歳以上でなければならない（児童231条）。

(2) 養子の要件

ア 養子の状況

①子が孤児で，子を養子とする後見人又は介護者がいない場合，②子の親又は後見人の所在が証明できない場合，③子が遺棄されている場合，④子の親が子を虐待又は故意に放置するか，又は子が虐待され，故意に放置されるのを許していた場合，⑤子が代わりの永続する託置を必要とする場合に，子は養子となることができる（児童230条）。

イ　養子の年齢

養子は，18歳未満でなければならない（児童1条）。

3　保護要件

(1)　養子の同意

養子が10歳以上である場合は，その者の同意を要する。

また，10歳未満の場合でも，同意の意味を理解できる程度に成熟しているときは，その者の同意を要する（児童233条）。

(2)　実親等の同意

ア　同意の要否

両親が婚姻しているか否かにかかわらず，子のそれぞれの親，子に関して後見する他の者の同意を要する（児童233条）。

イ　同意の撤回

同意の署名後60日以内で，同意が確定する前は，同意を撤回することができる（児童233条）。

ウ　同意を要しない場合

子の親又は後見人の同意は，①精神障害のため同意を与えることができない場合，②子を遺棄するか，親又は後見人の所在が証明されないか，親又は後見人が誰か知れない場合，③子を虐待するか執拗にネグレクトするか，又は子が虐待又は執拗にネグレクトされていたのを放置していた場合，④12か月の間，子に対する親としての義務を履行しなかった場合，⑤裁判所の命令で，子の養子縁組に対して同意する権利が剥奪された等の場合には親又は後見人の同意を要しない（児童236条1項）。

また，実の父が子の母と婚姻していないか，又は妊娠時又はその後に婚姻をせず，子の実の父であることを認知していない場合や子が実の父及び母の近親相姦の関係で妊娠した場合には，親が子の実の父であるときでも養子縁組に対する親の同意を要しない（児童236条3項）。

エ　不当な同意の留保

親又は後見人が，子の養子縁組の同意を留保するときは，同意が不当に

420 第2編 各 論

留保されているか，養子縁組が子の最善の利益になると裁判所が判断した
ときは，その者の同意がなくとも，裁判所は子の養子縁組命令を認めるこ
とができる（児童241条）。

(3) 裁判所の関与

養子縁組には裁判所が関与する。

4 養子縁組の効力

(1) 実親等との関係

親，継親又はライフパートナーシップにおけるパートナーを含めた全ての者
が，養子縁組前に子に関して有していた全ての親としての義務及び権利は終了
する（児童242条1項(a)号）。

(2) 養親との関係

養子は，養親の子とみなされる（児童242条）。

(3) 養子の姓

命令で他に規定された場合を除き，養子は養親の姓を称する（児童242条2
項(b)号）。

(4) 南アフリカ市民権の取得

南アフリカ市民の養子となった子は，南アフリカ市民権を取得する（市民3
条）。

5 養子縁組命令の撤回

(1) 申請権者

高等法院又は児童裁判所は，養子，養子の親又は子の後見人，子の養親の申
請に基づき養子縁組命令を撤回することができる（児童243条1項）。

(2) 申請期間

申請は，合理的な期間内に申し立てなければならず，養子縁組の日から2年
を超えてはならない（児童243条2項）。

(3) 撤回事由

①命令を撤回することが子の最善の利益になる場合，②申請者が養子縁組命

令をなすために同意が求められる子の親で，その同意が得られていなかった場合，③養子縁組命令をした時に，養親が養親になる資格を有していなかった場合には，撤回することができる（児童243条3項）。

6　ハーグ国際養子縁組条約

2003年（平成15年）批准

〔根拠法条〕

児童法（2005年法律第38号，2007年法律第41号改正）
第1章　法の解釈，対象，申請及び実行
第1条（解釈）
① 本法において，別段の指示をしない限り，（略）「子」は，18歳未満の者を意味する。（以下，略）
②～④ （略）
第15章　養子縁組
第230条（養子となることができる子）
① 以下に掲げる場合には，子は養子となることができる。
　(a)　養子縁組が子の最善の利益になる場合
　(b)　子が養子となることができる場合
　(c)　本章の規定に従っている場合
② 養子縁組ソーシャルワーカーは，子が養子となることができるか否かを評価しなければならない。
③ 以下に掲げる場合には，子は養子となることができる。
　(a)　子が孤児で，子を養子とする後見人又は介護者がいない場合
　(b)　子の親又は後見人の所在が証明できない場合
　(c)　子が遺棄されている場合

　(d)　子の親が子を虐待又は故意に放置するか，又は子が虐待され，故意に放置されるのを許していた場合
　(e)　子が代わりの永続する託置を必要とする場合
第231条（子を養子とすることができる者）
① 子は，以下の者の養子となることができる。
　(a)　以下の者が共同して，
　　(i)　夫及び妻
　　(ii)　永続する生涯の伴侶として同棲するパートナー
　　(iii)　（略）
　(b)　寡婦，寡夫，離婚した者又は未婚者
　(c)　配偶者が子の親である者と婚姻した者又は永続する生涯の伴侶として同棲する者が子の親である者
　(d)　嫡出でない子の実の父
　(e)　子の育ての親
② 養親は，以下に掲げる者でなければならない。
　(a)　子に関して完全に親としての義務及び権利を任せるのに適当である者
　(b)　（略）
　(c)　18歳以上である者
　(d)　（略）

③〜⑧ （略）

第233条（養子縁組に対する同意）

① 子は，以下に掲げる者の同意が得られたときは，養子になることができる。

(a) 両親が婚姻しているか否かにかかわらず，子のそれぞれの親

ただし，親が子である場合は，その親はその後見人によって保佐される。

(b) 子に関して後見する他の者

(c) 子が，以下に掲げる場合には，子，

(i) 10歳以上であるか，又は

(ii) 10歳未満であるが，そのような同意の意味を理解できる程度の年齢で，成熟している段階にあるとき。

② 第1項は，第236条に規定する親又は者を除外し，子はその親又はその者の同意なく養子となることができる。

③ 子の親が特定の者の養子となることを希望するときは，親は同意にその者の氏名を述べなければならない。

④〜⑦ （略）

⑧ 第1項に規定された子の養子縁組に同意した者は，同意に署名後60日以内で，同意が確定する前に，同意を撤回することができる。

第236条（同意が必要とされない場合）

① 子の養子縁組に対する子の親又は後見人の同意は，親又は後見人が，以下に掲げる場合には要しない。

(a) 精神障害のため同意を与えることができない場合

(b) 子を遺棄するか，親又は後見人の所在が証明されないか，親又は後見人が誰か知れない場合

(c) 子を虐待するか執拗にネグレクトするか，又は子が虐待するか執拗にネグ

レクトされることを放置していた場合

(d) 12か月の間，子に対する親としての義務を履行しなかった場合

(e) 裁判所の命令で，子の養子縁組に対して同意する権利が剥奪された場合

(f) （略）

② 子の養子縁組に対する同意は，子が以下に掲げる場合には，要しない。

(a) 子が孤児で，子を養子とする意思があり，養子とすることができる後見人又は介護者がいない場合

(b) （略）

③ 第1項の親が子の実の父であるときは，養子縁組に対する親の同意は，以下に掲げる場合には要しない。

(a) 実の父が子の母と婚姻していないか，又は妊娠時又はその後に婚姻をせず，第4項に規定される方法で子の実の父であることを認知していない場合

(b) 子が実の父及び母の近親相姦の関係で妊娠した場合

(c) （略）

④・⑤ （略）

第241条（不当な同意の留保）

① 第233条第1項に規定する親又は後見人が，子の養子縁組の同意を留保するときは，裁判所が以下に掲げる場合であると判断したときは，その者の同意がなくとも，裁判所は子の養子縁組命令を認めることができる。

(a) 同意が不当に留保されている場合

(b) 養子縁組が子の最善の利益になる場合

② （略）

第242条（養子縁組命令の効力）

① 命令又は裁判所によって承認された養

子縁組後の合意で他に定められたときを除き，養子縁組命令は，以下を終了させる。

(a) 親，継親又は国内のライフパートナーシップにおけるパートナーを含めた全ての者が，養子縁組前に子に関して有していた全ての親としての義務及び権利

(b) （略）

(c) 養子縁組前に第(a)号及び第(b)号に規定された子に関する全ての権利及び義務

(d) 子の託置に関してなされた以前の命令

② 養子縁組命令は，

(a) 養親に養子に関する完全な権利及び義務を付与する。

(b) 命令で他に規定された場合を除き，養子に養親の姓を付与する。

(c) 子が養子となっていなければ禁止される子と他の者との婚姻及び性交は認められない。

(d) 養子縁組前に子が取得した財産権については影響しない。

③ 養子は，全てにおいて養親の子とみなされ，養親は全てにおいて養子の親とみなされる。

養子縁組命令の撤回

第243条（養子縁組命令の撤回）

① 高等法院又は児童裁判所は，以下に掲げる者の申請に基づき養子縁組命令を撤回することができる。

(a) 養子

(b) 養子の親又は養子縁組の直前の子に関する後見人

(c) 子の養親

② 第1項に関する申請は，合理的な期間内に申し立てなければならないが，養子縁組の日から2年を超えてはならない。

③ 養子縁組命令は，以下に掲げる場合に撤回することができる。

(a) 命令を撤回することが子の最善の利益になる場合

(b) 申請者が養子縁組命令をなすために同意が求められる子の親で，その同意が得られていなかった場合

(c) 養子縁組命令をした時に，養親が第231条に関する資格を有していなかった場合

④ （略）

南アフリカ市民権法（1995年法律第88号，2010年法律第17号改正，2010年12月7日成立・2013年1月1日施行）

第2章 南アフリカ市民権の取得

第3条（血統による市民権）

児童法（the Children's Act）の規定に基づき南アフリカ市民の養子となり，1992年出生及び死亡登録法（1992年法律第51号）の規定に従って出生が登録されている者は，血統による南アフリカ市民である。

第4 国　　籍

1　二重国籍

南アフリカでは，二重国籍は認められている。ただし，政府の承認を要する（Citizenship Law in Africa）。

2　南アフリカ市民権の喪失

(1)　市民権の喪失

未成年でない間に，婚姻以外の自発的で，公式な行為で共和国以外の国の市民権又は国籍を取得した場合には，南アフリカ市民権を喪失する（市民6条1項）。

ただし，事前に南アフリカ市民権を保持することを大臣に申請し，認められた場合は，南アフリカ市民権を喪失しない（市民6条2項）。

(2)　市民権の放棄

外国の市民権又は国籍を取得しようとするか，共和国以外の国の市民権又は国籍も有している南アフリカ市民は，所定の方式で南アフリカ市民権を放棄する宣言をすることができる。

大臣は，その宣言を受領し，所定の方法で宣言を登録することにより，宣言をした者は南アフリカ市民でなくなる（市民7条）。

〔根拠法条〕

南アフリカ市民権法（1995年法律第88号，2010年法律第17号改正，2010年12月7日成立・2013年1月1日施行）
第3章　南アフリカ市民権の喪失
第6条（市民権の喪失）
①　第2項の規定に従うことを条件として，南アフリカ市民は，以下に掲げる場合には，南アフリカ市民でなくなる。
　a　未成年でない間に，婚姻以外の自発的で，公式な行為で共和国以外の国の市民権又は国籍を取得した場合，又は，
　b　（略）
②　第1項について，本条に関する南アフリカ市民権の喪失の前に，大臣に南アフリカ市民権を保持することを申請することができ，そうすることが適当とみなされたときは，大臣は南アフリカ市民権を保持することを命ずることができる。

③ （略）

第7条（市民権の放棄）

① 外国の市民権又は国籍を取得しようと
するか，共和国以外の国の市民権又は国
籍も有している南アフリカ市民は，所定
の方式で南アフリカ市民権を放棄する宣
言をすることができる。

② 大臣は，本条に基づきなされた宣言を
受領し，所定の方法で宣言を登録するこ
とにより，宣言をした者は南アフリカ市
民でなくなる。

③ （略）

資料167-1 〔婚姻要件具備証明書〕

SOUTH AFRICAN EMBASSY
南アフリカ共和国大使館
※ ※ ※ ※, ※ ※ ※ ※ , Chiyoda-Ku, Tokyo ※ ※, Japan
Tel: ※ ※ ※ ※ Fax ※ ※ ※ ※

O/O/OO

2002-OO-OO

CERTIFICATE OF MARITAL STATUS

I, MR OOOOO, Counsellor (Consular and Administration) at the Embassy of the Republic of South Africa, Tokyo, hereby affirm that OOOOOOOOOOOOOOOO has in an affidavit executed at Tokyo on 2002-OO-OO stated that he was born on 1900-OO-OO, that he is unmarried and that, having in mind South African law and the law of Japan, he knows of no impediment to his intended marriage to OOOOOOOOOOOO.

The Embassy of the Republic of South Africa, Tokyo, does not possess contrary information and therefore has no reason to interpose any objection to the intended marriage.

(サ イ ン)

Counsellor (Consular and Administration)
South African Embassy, Tokyo

(署名)

資料167-1

翻訳者：○○　○○ ㊞
〒○○○○○○○　○○○○○○○○○○○○○○

南アフリカ共和国大使館
〒※※※　東京都千代田区※※※※　※※※※
電話：　※※※※　ファクス：　※※※※

○/○/○○　　　　　　　　　　　2002年○月○○日

婚姻状況証明書（婚姻要件具備証明書）

東京の南アフリカ共和国大使館の顧問（顧問兼理事）でありま
す、私○○○○○は、ここに○○○○○○　○○○・○○○○
○が2002年○月○○日、東京にて発行された宣誓供述書を保持
していることを証明します。その宣誓供述書には、○○○○○
○　○○○・○○○○○が19○○年○月○日に生まれであるこ
と、独身であること、今後予定されている○○○様と結婚する
にあたり、南アフリカ及び日本の法律上、何ら法的な妨げとな
る事由がないことを承知していることが宣誓されています。

東京の南アフリカ大使館ではこれと相反するいかなる情報を保
持しないため、予定されている婚姻に対する一切の異議を仲裁
する理由はありません。

資料167-2〔宣誓供述書〕

o/o/oo

2002-oo-oo

AFFIDAVIT/SOLEMN DECLARATION

In regard to my application for a certificate of marital status, I, OOOOOO OOO OOOOO, hereby state that

(a) I am a South African citizen and the holder of South African Passport No. OOOOOOOO issued in South Africa on 1998-oo-oo valid until 2008-oo-oo.

(b) I was born in South Africa on 1900-oo-oo.

(c) I am unmarried. (Divorced from OOOOOOOOOOOOOOOOOOOO at the High Court of South Africa on 2001-oo-oo.)

(d) I have no knowledge of any valid impediment or lawful objection by reason of consanguinity or affinity, or age, or the want of consent of parents or guardians, or subsistence of any marriage, or any other cause whatsoever both in the law of South Africa and in the law of Japan, to my being married to OOOOOOOOOO a citizen of Japan who is domiciled in Japan and whose usual address is:

OOOOOOOOOO, OOOOOOOOOO OOOOO-ku
Tokyo OOO-OOOO, Japan

(サ イ ン)

OOOOOO OOO OOOOO

Signed and sworn to on 2002-oo-oo
before me.

(サ イ ン)

Counsellor (Consular and Administration)

(署名)

資料167－2

翻訳者：○○　○○　㊞
〒○○○○○○○　○○○○○○○○○○○○○○○

南アフリカ共和国大使館
〒※※※　東京都千代田区※※※※　※※※※
電話：　※※※※　ファクス：　※※※※

○/○/○○　　　　　　　　　　　2002年○月○○日

宣誓供述書

婚姻状況証明書（婚姻要件具備証明書）の申請にあたり、私、
○○○○○○　○○○・○○○○○○は以下のことを宣誓します。

(a)　私は南アフリカ共和国国民であり、本国で1998年○月○○日に発行され、2008年○月○○日まで有効である南アフリカ共和国のパスポート（番号○○○○○）の保有者です。

(b)　私は19○○年○月○日に南アフリカ共和国で生まれました。

(c)　私は独身です（2001年○月○○日に南アフリカ共和国の最高裁判所にて○○○○○○○○○○○○○○○○○○○○○と離婚しました）。

(d)　私は日本国民であり、○○○○○区○○○○○○○○○○○○○○に住む、○○○との結婚にあたり、二人が血族・姻戚関係であること、年齢の問題、両親または保護者の同意が不在であること、他の婚姻関係が既に存在していることなど、南アフリカ共和国の法律及び日本の法律において、二人の婚姻の妨げとなる合法的な障害や問題が一切ないものと承知しております。

＿＿＿＿＿　（署名○○○○○○　○○○・○○○○○＿＿＿＿＿

2002年○月○○日私の前で宣誓され、署名されたものであります。
＿＿＿＿＿＿＿　（署名　顧問（顧問兼理事）＿＿＿＿＿＿＿

資料167－3〔出生証明書〕

REPUBLIC OF SOUTH AFRICA
DEPARTMENT OF HOME AFFAIRS

No. 000000

FULL BIRTH CERTIFICATE

ISSUED WITHOUT ERASURES OR ALTERATIONS

CHILD
1. Identity number
2. Date of birth
3. Surname
4. Forenames
5. Gender MALE
6. Place of birth

FATHER
7. Identity number
8. Date of birth
9. Surname
10. Forenames
11. Place of birth

MOTHER
12. Identity number
13. Date of birth
14. Maiden name
15. Forenames
16. Place of birth

ENDORSEMENTS

（サ　イ　ン）
Director-General
G. N. 000000

Official date stamp
DEPARTEMENT
VAN BINNELANDSE SAKE
PRIVAATSAK/PRIVATE BAG X114
1999 -00- 00
PRETORIA 0001
DEPARTMENT OF HOME AFFAIRS

資料167－3

翻訳者：○○　○○　㊞
〒○○○○○○○　　○○○○○○○○○○○○○○○○○

G.P.-S 0○○-00○○　　　　　　　　　　　　BI-○○

南アフリカ共和国　　　　　　　　No.○○○○○○
内務省

出生証明書（全文）

以下は消去・変更事項がなく発行されたものである

子
1．身分証明番号　○○○○○　○○○○　○○○　　　2．生年月日　19○○年○月○日
3．姓　　　　　　○○○・○○○○○
4．名　　　　　　○○○○○○
5．性別　　　　　男　　　　　　　　　　6．出生地　○○○○○○

父
7．身分証明番号　○○○○○　○○○○　○○○　　　8．生年月日　19○○年○月○日
9．姓　　　　　　○○○・○○○○○
10．名　　　　　○○○○○○○○○○　○○○○○
11．出生地　　　○○○○○○

母
12．身分証明番号　○○○○○　○○○○　○○○　　13．生年月日　19○○年○月○日
14．旧姓　　　　○○○○
10．名　　　　　○○○○
11．出生地　　　○○○○○

保証人　　　　　　　　　　　　　　　　公認日印
（署名）G.N.○○○○○総裁

1999-○○-○○
プラトリア　○○○○
内務省

432 第2編 各 論

資料167－4〔出生証明書〕

G.P-S. 83/DHA-19　　　　　　　　　　　　　　　　　　　　　　　　DHA-19 (83/DHA-19)

No. ※※※

REPUBLIC OF SOUTH AFRICA
DEPARTMENT OF HOME AFFAIRS
UNABRIDGED BIRTH CERTIFICATE

ISSUED WITHOUT ERASURES OR ALTERATIONS

CHILD
1. Identity number
2. Date of birth: 2013-10-※
3. Surname: OO
4. Forenames: OO
5. Gender: MALE
6. Place of birth: RANDBURG

FATHER
7. Identity number
8. Date of birth: 1981-10-※
9. Surname: □□
10. Forenames: □□
11. Place of birth: KYOTO-JAPAN

MOTHER
12. Identity number
13. Date of birth: 1977-07-※
14. Maiden name: △△
15. Forenames: △△
16. Place of birth: FUKUOKA-JAPAN

ENDORSEMENTS

※※※※
Director-General

DEPARTMENT OF HOME AFFAIRS
PRIVATE BAG ※ ※
2013 -10- 04
RANDBURG ※ ※
LOCAL OFFICE RANDBURG (※)

（署名）

資料167－4

南アフリカ共和国

第※※※

出生証明書

本書は削除もしくは修正を行わずに発行されるものである。

生まれた子

1．身分証明書番号 ——————　　2．生年月日　2013年10月※日

3．姓　　　　○○（○○）

4．名　　　　○○（○○）

5．性別　　　男　　　　　　　　6．出生地　ランドバーグ

父

7．身分証明書番号 ——————　　8．生年月日　1981年10月※日

9．姓　　　　□□（□□）

10．名　　　　□□（□□）

11．出生地　　日本国京都府

母

12．身分証明書番号 ——————　　13．生年月日　1977年7月※日

14．旧姓　　　△△（△△）

15．名　　　　△△（△△）

16．出生地　　日本国福岡県

承認　　署名

　　　　　　※※※※

　　　　　　次官

　　　　　　　　　　　　　　　　　　　　　　承認年月日

　　　　　　　　　　　内務省
　　　　　　　　　　　2013年10月4日
　　　　　　　　　　　ランドバーグ区域事務所（※）

添付書類である南アフリカ共和国内務省発行の出生証明書及び同翻訳文には生まれたところの所在地が正確に記載されていないが、所在地は南アフリカ共和国ハウテン州ヨハネスブルグ市ランドバーグ、※※※※通り及び※※※※通りの角無番の※※※※ホスピタルである。

届出人：□□□□　　㊞

168　南スーダン（南スーダン共和国）

（2011年 7 月 9 日独立）

第 1　国籍証明

　内務大臣は，出生による南スーダン国民である申請者に，国籍証明書を発行する（国籍 9 条）。

〔根拠法条〕

国籍法（The Nationality Act 2011）（2011年 7 月 7 日施行）
第 1 章　序論
第 5 条（解釈）
　本法において，文脈上別段の解釈を要する場合を除き，次に掲げる単語及び字句は，それぞれ割り当てられた意味を有する。（略）
　"大臣"は，内務大臣を意味する。（以下，略）
第 3 章　出生による国籍
第 9 条（国籍証明）
　大臣は，上記第 8 条の規定に従って出生による南スーダン国民である申請者に，国籍証明書を発行する。証明書の形式，発行の指定及び手続は，規則で示される。

第 2　婚　　姻

1　実質的成立要件

⑴　**婚姻適齢**

　男女とも18歳である（児童 2 条）。

〔根拠法条〕

児童法（The Child Act 2008）（2008年 法律第10号，2009年 2 月10日施行）
第 1 章　序論
第 5 条（解釈）
　「子」は，18歳未満の者を意味する。（以下，略）
第 2 章　子の権利及び義務
第23条

①　全ての子は，早婚（early marriage）｜　　略）
　から保護される権利を有する。（以下，｜　②　（略）

第3　出　　生

1　国籍留保届

　南スーダンは，父母両系血統主義国であり，南スーダン国内で出生した事実
だけでは，同国の国籍を取得しない（国籍8条）。

　したがって，日本人夫婦の子が南スーダン国内で出生した場合は，国籍留保
の届出を要しないが，夫婦の一方が日本人で他方が出生又は帰化による南スー
ダン市民の子が南スーダン（又はその他の外国）で出生した場合は，出生の日
から3か月以内に日本国籍を留保する意思を表示しなければ，子は日本国籍を
喪失する（日国12条）。

　また，その者の親，男系又は女系の祖父母又は曾祖父母が南スーダンで出生
した場合か，その者が南スーダンの土着の民族共同社会の1つに属している場
合にも子は南スーダン市民とみなされる（国籍8条1項）。

2　戸籍の記載

(1)　行政区画

　南スーダンは，28の州（注）から構成されている。

　　（注）　州は，アマディ州，アウェル州，東アウェル州，ボーマ州，東部ビエー州，
　　　　東部レイク州，東部ナイル州，ファンガク州，グブドゥウェ州，ゴグリアル
　　　　州，ゴク州，イマトン州，ジョングレイ州，ジュベク州，ラトゥジョール州，
　　　　ロル州，マリディ州，ナモルニャン州，北部リエチュ州，ルウェン州，南部
　　　　リエチュ州，テレケカ州，トンジェ州，トゥィク州，ワーウ州，西部レイク
　　　　州，西部ナイル州，イェイ川州である。

(2)　戸籍の記載

　「南スーダン国中央エクアトリア州ジュバ市で出生」（【出生地】南スーダン
国中央エクアトリア州ジュバ市）と記載する。

436　第2編　各　　論

〔根拠法条〕

国籍法（2011年7月7日施行）

第1章　序論

第1条（タイトル及び施行）

　　本法は，"2011年国籍法"と引用され，大統領が署名した日に施行される。

第3章　出生による国籍

第8条（資格要件）

① 本法施行前又は施行後に出生した者は，以下に掲げる要件を満たしている場合は，南スーダン人とみなされる。

　(a) その者の親，男系又は女系の祖父母又は曾祖父母が南スーダンで出生した場合

　(b) その者が南スーダンの土着の民族共同社会(the indigenous ethnic commu-

nities)の1つに属している場合

② 本法施行時に，以下に掲げる者は，出生による南スーダン人とみなされる。

　(a) 1956年1月1日から南スーダンに居住している者

　(b) 両親又は祖父母が1956年1月1日から南スーダンに居住している者

③ 本法施行後に出生した者は，その者の出生時に父又は母が出生又は帰化による南スーダン人であるときは，出生による南スーダン人とみなされる。

④ 南スーダンで親の知れない遺棄された幼児として初めて発見された者は，反対の証明があるまでは，出生による南スーダン人とみなされる。

第4　養子縁組

1　実質的成立要件

(1)　養親の要件

ア　養親の年齢及び養親と養子の年齢差等

　　養親又は養親の少なくとも一方が25歳以上で，子よりも少なくとも21歳以上年長であり，裁判所がその者が子の扶養する十分な生計手段があると判断した場合でなければならない（児童83条4項）。

イ　養子縁組の制限

　　裁判所が，正当化される特別な事情があると判断するのでなければ，単身の男性は女性の子を，単身の女性は男性の子を養子とすることができない（児童83条5項）。

　　また，養親又は共同申請の場合は，養親の双方又は一方が，①健全な精神を有しないとき，②犯罪で裁判所から告訴又は刑を宣告されているとき，③ホモ又はレズであるときは，養子縁組をすることができない（児童83条

6項)。

(2) ソーシャルワーカーの報告

ソーシャルワーカーは，養子縁組命令を求める申請を検討する裁判所を援助するために報告書を提出しなければならない（児童84条）。

(3) 配偶者の同意

夫婦の一方の申請の場合は，他方の配偶者の同意を要する（児童85条1項）。

2 保護要件

(1) 親等の同意

ア 同意の要否

子の出生後の子の母の同意及び子の父又は後見人の同意を要する（児童85条1項）。

イ 同意の免除

配偶者又は後見人が見つからないか，同意をすることができないか，その者が子を遺棄又は継続して虐待しているか，合理的な理由なく同意をしない場合は，裁判所は必要とされる同意を免除することができる（児童85条2項）。

ウ 同意の撤回

子の実親の同意は，養子縁組命令が言い渡される前にはいつでも撤回することができる（児童89条1項）。

(2) 養子の同意

養子が10歳に達している場合は，その者の同意を要する。

なお，10歳未満の場合は，その子の意見が考慮される（児童85条1項）。

(3) 裁判所の関与

養子縁組には裁判所の養子縁組命令が必要である（児童83条1項）。

3 養子縁組命令の効力

(1) 実親との関係

子の実親又は子と親類関係にある者の親権は失われる（児童88条）。

438　第2編　各　論

⑵　養親との関係

　子が養親から出生したように，養親は子に関する親権を有する（児童88条）。

〔根拠法条〕

児童法（2008年法律第10号，2009年2月10
　日施行）
第5章　養育及び養子縁組
養子縁組
第83条（養子縁組及び養子縁組命令）
① 　養子縁組命令を求める申請は，本法の
　規定に従って，申請を認めることができ
　る裁判所に対してなされる。（以下，略）
②・③　（略）
④ 　養子縁組命令は，申請者又は申請者の
　少なくとも一方が25歳以上で，子よりも
　少なくとも21歳以上年長であり，裁判所
　がその者が子の扶養する十分な生計手段
　があると判断した場合は，単身の申請者
　又は共同した夫婦に対して認めることが
　できる。
⑤ 　裁判所が，養子縁組命令をすることが
　正当化される特別な事情があると判断す
　るのでなければ，以下の者に対して養子
　縁組命令をしてはならない。
　a 　女性の子について，単身の男性の申
　　請者
　b 　男性の子について，単身の女性の申
　　請者
⑥ 　申請者又は共同申請の場合は，双方又
　は一方が以下であるときは，養子縁組を
　してはならない。
　a 　健全な精神を有しないとき。
　b 　犯罪で裁判所から告訴又は刑を宣告
　　されているとき。
　c 　ホモ又はレズであるとき。

第84条（養子縁組に関するソーシャルワー
　カーの裁判所に対する援助）
① 　ソーシャルワーカーは，養子縁組命令
　を求める申請を検討する裁判所を援助す
　るために報告書を提出しなければなら
　ず，裁判所は，それに加えて他の者又は
　地方当局に申請に関する報告をすること
　を命ずることができる。
②・③　（略）
第85条（書面による同意を要する養子縁組
　命令）
① 　裁判所により養子縁組命令が認められ
　るためには，以下の書面による同意を要
　する。
　a 　子の出生後の子の母の同意
　b 　子の父又は後見人の同意（以下，略）
　c・d　（略）
　e 　夫婦の一方の申請の場合は，他方の
　　配偶者の同意
　f 　養子縁組を求める申請が10歳に達し
　　た子に関してされた場合は，子の同意
　　を要する。子が10歳未満の場合は，そ
　　の子の意見が考慮される。
② 　配偶者又は後見人が見つからないか，
　同意をすることができないか，その者が
　子を遺棄又は継続して虐待しているか，
　合理的な理由なく同意をしない場合は，
　裁判所は必要とされる同意を免除するこ
　とができる。
第88条（養子縁組命令の効力）
　　養子縁組命令がされた場合は，

a 子の実親又は子と親類関係にある者の親権は失われる。

b 子が養親から出生したように，養親は子に関する親権を有する。

c （略）

第89条（子の実親の同意の撤回）

① 子の実親の同意は，養子縁組命令が言い渡される前にはいつでも撤回することができる。

② · ③ （略）

第5 国　　籍

1 二重国籍

南スーダンでは，二重国籍が認められている。

2 南スーダン国籍の喪失

南スーダン国民が，①南スーダン国籍を自発的に放棄する宣言をする場合，②南スーダンの準拠法の規定に反して敵国で兵役を継続しているか，兵役に服し入隊した場合には，大統領は，大臣の勧告に基づき，出生による南スーダン国籍を取り消す（国籍15条1項）。

〔根拠法条〕

国籍法（2011年7月7日施行）

第5章　国籍の喪失

第15条（国籍の取消し）

① 大統領は，大臣の勧告に基づき，以下に掲げる場合には，出生による南スーダン国籍を取り消す。

　(a) 南スーダン国民が，南スーダン国籍を自発的に放棄する宣言をする場合

　(b) 南スーダン国民が，南スーダンの準拠法の規定に反して敵国で兵役を継続しているか，兵役に服し入隊した場合

② · ③ （略）

第19条（国籍の取消しの公表）

大臣は，本法の規定に従って，南スー

ダン国籍を喪失した者の氏名及び住所を官報で公表する。

南スーダン共和国経過憲法（The Transitional Constitution of the Republic of South Sudan 2011）

第2章　市民権及び国籍

第45条（市民権及び権利）

①～④ （略）

⑤ 南スーダン国民は，法に規定されたところにより，外国の国籍を取得することができる。

⑥ （略）

440 第2編 各 論

169 ミャンマー（ミャンマー連邦共和国）

（2011年3月30日，ミャンマー連邦からミャンマー連邦共和国に改称）

第1 国籍の証明

FAMILY LIST（人民世帯表）については，タイ政府発行の「タイ国居住登録書（タビヤンバーン)」（タイ政府が国籍・氏名・生年月日・住所を証明）と同じ機能を有していることから，ミャンマー国籍を証明する書面として取り扱って差し支えない（時報467-66，1996）。

第2 姓名制度

1 氏 名

全国民的に姓を持っていない，つまり「名」のみである。

称号　　　　名

U　　Thant

2 婚姻による氏の変動

婚姻をしても氏の変動はない。

（既婚女性の姓名表記）

Ma　Thein　Tin（チュンチン）

称号　　本人の名

自分の名にMa，Dawを付ける。

3 子の承継する氏

① 正式婚の場合は，父の姓である。

② 父が知れないときは，母の姓である。

③ 父が認知したときは，父の姓である。

（第2につき，福田義輝「外国人の氏・名について」民月40-10-122）

第3　婚　姻

1　婚姻要件具備証明書

(1)　「FAMILY LIST」（家族構成一覧表）（戸籍638-87，資料169-1・本文476頁）

　　ア　婚姻要件具備証明書として取り扱うことができるか

　　　　ミャンマー国において，一般的に有効なものとして認められている書面「FAMILY LIST」は，同国の法律が明らかな同国内では，婚姻要件を具備していることを証明する書面として取り扱うことができる（平成23.7.27民一1780号回答（戸籍861-50））。

　　イ　「FAMILY LIST」の概要

　　　①　「FAMILY LIST」は，現在同一の場所に一緒に住んでいる人々のリストであり，離れて生活している者は省略されているケースもある。

　　　②　このリストに第1順位に記載された者（HEAD）との続柄に従って記入され，一般にHEADは男（その家の主人）の名が記入され，次に妻，子（息子，娘），親族等が列記されている。

　　　③　生年月日の年の箇所は，西暦又はミャンマー暦で記載される。例えば，西暦2004年は，ミャンマー暦では1366年である。

　　　④　婚姻している場合，リストの「氏名」欄における本人の直下段に配偶者の氏名が記載され，その後の「父親の氏名」欄にその配偶者の父親の氏名が記載されているため，父親がHEADと異なる者すなわち配偶者がいることが一見して分かるし，また，「HEADとの関係」欄にDAUGHTER IN LAW又はSON IN LAWと記載されるため，婚姻の有無を確認できる。

　　　　ミャンマー国において「FAMILY LIST」は，一般に有効な書面とされているが，リストの構成員の記載から，その者がミャンマー国の法律

442　第2編　各　論

に照らして婚姻要件を審査することができるから，同国の法律が明らか
な同国内では，婚姻要件を具備していることを証明する書面として取り
扱うことができる。

ウ　ミャンマー国法上の婚姻要件

　ミャンマー人について，パスポートの写し及び母の口述書の添付だけで
は，受否を決定することは困難であるが，その後，ミャンマー国において
婚姻要件を具備していることを証明する書面として認められている地方裁
判所公証弁護士が作成した独身証明書と「FAMILY LIST」の提出があれ
ば，実質的要件を審査し，受否の決定をすることができる。

①　実質的成立要件のうち，ミャンマー人男と日本人女の婚姻の場合，婚
　姻適齢については「FAMILY LIST」及びパスポートの写しから，婚姻
　上の障害はない。

②　配偶者となる女子については，日本人の戸籍謄本から確認することが
　できる。

③　婚姻の意思能力については，両者から婚姻届が提出されており，添付
　された独身証明書にも「結婚する相手と互いに合意している」と明記さ
　れていることから，婚姻上の障害はない。

④　近親関係については，事件本人の国籍が異なること，並びに
　「FAMILY LIST」及び戸籍謄本の記載から判断して，障害事由はない
　と判断することができる。

⑤　婚姻についての相互の自由な合意については，両者から婚姻届がされ
　ていることから両者間に婚姻意思の合致があると認められ，添付された
　独身証明書にも「結婚する相手と互いに合意している」と明記されてい
　るばかりでなく，関係書面に照らして，この点について疑義を生じさせ
　る要素が認められなければ，婚姻上の障害はないと考えられる。

⑥　共同生活の開始については，婚姻届書①欄における住所が同一であり，
　⑤欄の同居を始めた時が同じであれば問題はない。

　また，重婚の有無については，地方裁判所公証弁護士が作成した独身証
明書により未婚であることが証明されており，「FAMILY LIST」からも

婚姻していないことが確認できる。

同種事案の取扱いについては，ミャンマー国地方裁判所公証弁護士作成の「独身証明書」の提出があれば，これを婚姻要件具備証明書として取り扱って差し支えない。

なお，「FAMILY LIST」については，ミャンマー国では有効な書面とされており，ミャンマー国においては構成員等の記載から容易に婚姻要件を具備しているかどうかが判断できるものであるが，我が国に「FAMILY LIST」のみが提出されたときは，実質的成立要件等を審査する必要がある。（イ及びウにつき，平成7.9.14民二3747号回答（戸籍638-83））

エ 「FAMILY LIST」の添付がない場合の審査方法について

前記の独身証明書（戸籍638-86，資料169-2・本文478頁）又はFAMILY LISTの提出がない場合については，基本的には，ミャンマー人が婚姻要件を備えているか否かの判断を行うことは困難と言わざるを得ないことになるが，①婚姻適齢前に入国している者であるとか，②独身で入国し，パスポートの出入国記録又は入国管理局発行の出入国記録書の記載から，本邦を出国している事実が見受けられない者であるとか，③発行年月日の古い独身証明書，FAMILY LIST又はそれらの原本ではなく，同証明書等の写しを添付している等の事情がある者である場合は，個別判断として，同人らの身分関係及び事実関係，出入国歴等の経緯などを詳細に記載した申述書，面接審査等を重ねて，総合的に判断することが可能な事案もあり得る（戸籍820-75）。

(2) 親族以外の者の証明

ミャンマー国において，親族による婚姻関係の証明が有効とされないことから，親族以外の第三者による証明書であれば有効であるとされており，母の口述書は婚姻要件を具備していることを証明する書面としては認められない（平成7.9.14民二3747号回答）。

(3) 県裁判所発給の独身証明書

ミッチーナー県裁判所から発給された独身証明書（宣誓書）については，婚姻のための公的な証明書として取り扱うことができないが，当該婚姻届に添

444　第2編　各　　論

付された事件本人の「FAMILY LIST」により，事件本人が独身であることが認められることから，当該婚姻届を受理して差し支えないとされた事例がある（平成23. 7. 27民一1780号回答）。

(4)　**地方裁判所公証弁護士が作成した独身証明書**

婚姻要件を具備していることを証明する書面として認められている（平成7. 9. 14民二3747号回答）。

　　(注)　(3)で県裁判所発給の独身証明書が公的な証明書として取り扱うことができないとされており，事実上，平成7年の解釈が変更されている可能性がある。

2　婚姻証明書

(1)　**制　　度**

ミャンマーの報告的婚姻届には，「AFFIDAVIT OF MARRIAGE」（婚姻宣誓書）とのタイトルの証明書が添付されている。

一般的には，婚姻宣誓書は，婚姻を証明する書面にならないが，ミャンマー国外務省領事局の回答によると，同国において婚姻を証明する書面は，裁判所の判事の面前で当事者がそれぞれ署名し，判事の署名のある婚姻宣誓書が同国の婚姻証明書であるとされている。

また，法律顧問の回答では，当事者がそれぞれ判事の面前で署名し，判事がそれを認めて署名したものであれば，その段階で婚姻が成立し，判事は登録簿に登録するとされている。

以上のことから，「AFFIDAVIT OF MARRIAGE」（婚姻宣誓書）については，これを戸籍法第41条の婚姻証書と認めて差し支えないと考える。また，婚姻成立日は，上記のとおり，「判事の面前で署名した日」となる。

(2)　**様　　式**

ミャンマー国シャン州高等裁判所裁判官発行の婚姻証明書（慣習法に基づく結婚誓約書）は，資料169－3（本文480頁）参照。

3 ミャンマー国における婚姻に関する法令等

(1) 法　源

慣習法，イギリスのコモン・ロー，近年ミャンマーで制定された法から構成される。

(2) 家族関係法

家族関係法は，当事者の信仰する宗教によって異なる（ミャンマー法（「Myanmar Law Act」）13条1項）。

家族関係法として仏教徒に適用される法は，ミャンマー人の慣習法から構成されるが，家族関係の仏教徒に適用される慣習法は，「ミャンマー仏教徒慣習法」と呼ばれている。

ミャンマー仏教徒慣習法は，ミャンマーに永住するミャンマー仏教徒に適用される。

ミャンマーにはビルマ族（Burma），カチン族（Kachin），チン族（Chin），ラカイン族（Rakhine）及びシャン族（Shan）など多くの民族が存在するが，適用される法は民族により異なることなく，いかなる民族の者もミャンマーに永住する仏教徒である場合，ミャンマー仏教徒慣習法が適用される（民月67-2-157）。

4 1954年仏教徒婦人特別婚姻・相続法

ミャンマーでは，「ミャンマー法」の第13条第3項により，婚姻，離婚，相続に関する全ての事件において，ヒンドゥー教徒に対してはヒンドゥー教徒法，回教徒に対しては回教徒の属人法（personal law）は，仏教徒の女性との婚姻の成立を認めなかったが，「1872年特別婚姻法（Special Marriage Act of 1872）」によって，ヒンドゥー教徒及び回教徒の男性と仏教徒の女性との婚姻成立が認められるようになった。

しかしながら，同法の成立により，ヒンドゥー教徒，回教徒の属人法と仏教徒法との間に抵触が生じることとなった。

この抵触を解決したのが，1954年ミャンマー仏教徒婦人特別婚姻・相続法

446　第2編　各　　論

（Buddhist Women's Special Marriage and Succession Act 1954）である。

同法は，有効な婚姻が成立するため，次の要件が必要であるとしている。

①　当事者が健全な意思を有していること。

②　当事者が一定の年齢に達していること。ただし，女性が20歳未満の場合，両親又は後見人の同意が必要となる。

さらに，同法は，仏教徒の女性と仏教徒でない男性が，婚姻の登録事務担当官に対して婚姻の予告をすることによって，婚姻が有効に成立するとしている。

婚姻の予告は，婚姻の登録事務担当官に対して，所定の様式で書面により提出する。予告から14日が経過し，異議の申出がない場合又は異議が最終的に拒否された場合，婚姻が挙行される。

婚姻は，2人の証人の立会いの下，婚姻当事者は婚姻の登録事務担当官の面前で婚姻の宣誓をし，婚姻の登録簿に署名することによって挙行される。

各婚姻当事者には，婚姻の登録事務担当官により各婚姻当事者に対して婚姻の証明書が与えられる。

5　仏教徒の婚姻の成立要件

(1)　実質的成立要件

　ア　年齢と行為能力

　　(ア)　女　性

　　　　ダーマダッ（Dhammathats「慣習及び慣習法に一致する準則並びに人及び財産関係の紛争処理に適用される準則」を集成・編纂した法典）では，16歳未満の女性は父母又は後見人の同意なしに婚姻できないとされているが，最高裁判所大法廷は寡婦又は離婚した女性を除き，20歳未満の女性の婚姻には，明示か黙示かは問わないが父母又は後見人の同意が要求されると判示し，これが現在の婚姻年齢を決定する基準となっている。

　　　　20歳以上の女性は，父母又は後見人の同意なしに婚姻をすることができる。

　　　　また，寡婦及び離婚した女性は，年齢に関係なく，父母又は後見人の

同意なしに婚姻することができる。

14歳以下の女性と婚姻した場合，夫は強姦事件の当事者として扱われる（刑法376条）。

(イ) 男　性

仏教徒男子は，身体的に婚姻可能な状態に達した後はいつでも，親又は後見人の同意なしに有効な婚姻をすることができる。

ただし，18歳未満の仏教徒男子は，女子と将来婚姻する旨の有効な約定をする能力を有しない。

(注)　スザンヌ＝スミス（著），足立文美恵（訳），小川富之（監）「ミャンマー家族法(1)」時報638-2，2009では，「ダーマダッには，男性が父母の同意なしに婚姻できる年齢を定める規定は存在しない。」とされている。

それゆえ，ミャンマーの仏教徒である男性には婚姻年齢というものがなく，肉体的に成熟すれば婚姻できると解されている。

マ・イー・サイン対フラッ・ミン事件で，裁判所は，ミャンマー人仏教徒の男性が婚姻をするには，年齢が16歳以上でなければならないと判示し，この見解が男性の婚姻年齢に関する基準となっているとしている。

イ　近親婚

ダーマダッには，婚姻を禁止する血族及び姻族の親等範囲を定める規定は存在しない。近親婚を理由として婚姻の成立が問題とされた判例もない。

血族間の婚姻の禁止については，例えば，いとこの関係など血縁関係にある男女の婚姻を認めるべきでないとする社会道徳によって決定されてきた。

姻族間の婚姻については，男性と義母又は男性と配偶者の姉妹又は継娘との婚姻が一般に不適当であると考えられている。しかし，配偶者の兄弟と配偶者の姉妹との婚姻は，一般に問題とされない。

ウ　婚姻の意思

ミャンマーの仏教徒の婚姻には，男女の自由な婚姻意思の合致が要求される。

婚姻の意思の合致は，男女が健全な意思により行わなければならないとされており，強迫による婚姻意思の合致は，法律上要求されている自由な

448 第2編 各 論

意思の合致を欠くものとされている。

エ 重 婚

　ミャンマーの仏教徒で法律上婚姻関係にある女性は，重ねて婚姻をすることができない。

　しかし，ダーマダッ及び裁判所は，男性について，一夫多妻を認めている。

　(注) 重婚が2015年（平成27年）に禁止され，現在は一夫一妻制になっている。

オ 両当事者が共同生活を開始していること

　従前は，実質的成立要件とされていたが，現在は，形式的成立要件とされている（平成23.12.6民一2951号回答（民月67-2-147，戸籍867-45））。
（5につき，スミス・前掲(447)参照。）

6 キリスト教徒の婚姻の成立要件

(1) 実質的成立要件

　ミャンマー人女（キリスト教徒）が外国人男と婚姻する場合は，1872年インド法第15号「キリスト教徒婚姻法」の条項規定に従って挙行されなければならず，同法第60条において，証明することのできる土着キリスト教徒の婚姻条件について規定している。

ア 婚姻適齢

　婚姻を意図する男性の年齢が16歳を超え，婚姻を意図する女性の年齢が13歳を超えていなければならない。

イ 重婚の禁止

　婚姻当事者双方が現在生存する妻又は夫を有してはならない。

(2) 形式的成立要件

ア 婚姻を挙行できる者

　①司教の聖職授任を受けた者，②スコットランド長老教会牧師，③婚姻挙行のため，キリスト教徒婚姻法に基づき免許を得た宗教聖職者，④キリスト教徒婚姻法に基づき任命された婚姻登記官，⑤土着キリスト教徒間の婚姻証明書交付のためキリスト教徒婚姻法に基づく免許を得た者が婚姻を

することができる（キリスト教婚姻5条）。

イ　婚姻挙行時間

キリスト教徒婚姻法に基づく全ての婚姻は，午前6時から午後7時までの間に挙行されなければならない。

ただし，①英国国教会の司祭，アングリカンの司教又は司教代理の署名及び捺印により午前6時から午後7時までの間の時間の挙行についての特別許可に基づき挙行した結果，②その婚姻の挙行についてローマ・カトリック司教区若しくは代牧教区主教から，又はその免許の交付権限を有する主教と同等な者からの代理として一般又は特別免許を受けたローマ教会司祭の午後7時から午前6時までの間に挙行した婚姻，③スコットランド長老教会牧師のスコットランド長老教会規則，典礼，儀式及び慣習に従った婚姻の挙行の場合には，適用されない（キリスト教婚姻10条）。

ウ　婚姻挙行場所

英国国教会司祭は，婚姻を挙行する場所から最短で5マイル以内にその教会がない場合又は聖公会司教区主教若しくは司教代理の署名代理の署名捺印に基づき，それを行う権限の特別許可を得ている場合を除き，英国国教会の様式に従った一般に礼拝が行われる教会以外の場所で婚姻を挙行してはならない（キリスト教婚姻11条）。

エ　婚姻の挙行

キリスト教徒婚姻法に基づき免許を得た宗教聖職者による挙行（キリスト教婚姻25条），婚姻登記官による挙行（キリスト教婚姻54条）のいずれの場合でも，証人2名の面前で行われなければならない。

7　形式的成立要件

(1)　婚姻の届出

ミャンマーにおいては，婚姻の届出という制度は存在しない。

婚姻が成立しているか否かについては，当事者の意思及び行動により証明されることとなる。

450　第2編　各　論

⑵　仏教徒が挙行する婚姻の儀式

　婚姻意思の存在の証明にはなるが，キリスト教，ヒンドゥー教及びイスラム教と異なり，婚姻の成立要件ではない。

　エンダンジー（eindaunggyi，双方又は一方が婚姻経験のある男女）が婚姻する場合と異なり，婚姻の成立に特別な儀式又は届出は必要とされない。夫婦として公に同棲生活をすることが婚姻の成立に必要とされるだけである。

　婚姻当事者は，婚姻の事実を公にすることが必要とされ，当事者双方が初婚の場合は，儀式など一連の行動により婚姻の事実を公にすることが要求される。

　このことから，婚姻の事実を公にしない場合には，ミャンマー仏教徒慣習法は婚姻の成立を認めないと解される。男女の関係があるが，婚姻の事実を明らかにしない場合も，その男女には婚姻の成立は認められない。また，婚姻の事実が仮装であった場合には，当事者は婚姻の成立を主張することができない。

（4及び7につき，スミス・前掲(447)「同⑵」時報639‐26，2009）

8　ミャンマー市民権の取得

　ミャンマー人と婚姻した外国人は，婚姻により当然にはミャンマー市民権を取得しない（市民15条）。

9　ミャンマー人女性と外国人の婚姻

　最高裁の通達（Directive No.2/98）及び法務府総裁の通達（Directive No.1/98）により，ミャンマー国籍を有する女性と外国人男性との婚姻は，禁止されている。

　外国人男性との婚姻が禁止される女性は，仏教徒に限定されていない。

10　婚姻の無効・取消し

　婚姻は，配偶者の一方が仏教を改め，他の宗教を信仰したとしても，無効にならない。

（第3につき，民月67‐2‐147，スミス・前掲）

〔根拠法条〕

キリスト教徒婚姻法（1872年インド法第15号）

第1条（削除）

第2条（削除）

第3条（用語の解釈）

　本法において，特に矛盾する場合を除き，

　「英国国教会」及び「アングリカン」とは，法に基づき設置された英国国教会を指し，適用する。

　「スコットランド長老教会」とは，法に基づき設置されたスコットランド長老教会を指す。

　「ローマ教会」及び「ローマ・カトリック」とは，ローマ法王を精神的な長とする教会を指し，適用する。

　「教会」には，礼拝堂のほかに一般にキリスト教徒の礼拝に使用されるその他の建物を含む。

　「未成年者」とは，寡夫又は寡婦でない21歳未満の者を指す。

　「キリスト教徒」との表現は，キリスト教を信仰する者を指す。「土着キリスト教徒」との表現には，キリスト教信仰に改宗したインド，パキスタン又はミャンマー連邦の土着民のキリスト教徒の子孫，その他の改宗した者を含む。

　「出生，死亡及び婚姻統括登記官」とは，出生，死亡及び婚姻登記法に基づき任命された出生，死亡及び婚姻統括登記官を指す。

第1章　婚姻を挙行できる者

第4条（法に従って挙行された婚姻）

　当事者の一方又は双方がキリスト教徒である全ての婚姻は，以下の条項の規定に従って挙行されなければならない。その規定に従わずに挙行された婚姻は，無効となる。

第5条（婚姻を挙行できる者）

　ミャンマー連邦内で婚姻を挙行できる。

1　司教の聖職授任を受けた者。ただし，婚姻は自ら聖職者である教会の規則，典礼，儀式及び慣習に従って挙行される。

2　スコットランド長老教会牧師。ただし，その婚姻はスコットランド長老教会の規則，典礼，儀式及び慣習に従って挙行される。

3　婚姻挙行のため，本法に基づき免許を得た宗教聖職者

4　本法に基づき任命された婚姻登記官

5　土着キリスト教徒間の婚姻証明書交付のため本法に基づく免許を得た者

第6条（婚姻挙行免許の交付及び取消し）

　連邦大統領（注：1988年及び1997年「表現適正法」により連邦大統領は，国家平和開発評議会議長に読み替えることとなっている。以下同じ。）は，告示により，ミャンマー連邦内の婚姻挙行免許を宗教聖職者に交付することができ，同様の告示により，その免許の取消しができる。

第7条（婚姻登記官）

　連邦大統領は，キリスト教徒を，その者又はその時の職により，婚姻登記官又は地区の婚姻登記官に任命することができる。

（上級婚姻登記官）

　その地区に複数の婚姻登記官が存する場合，連邦大統領は，その1名を上級婚

姻登記官に任命しなければならない。

（行政長官が婚姻登記官となる場合）

その地区に1名の婚姻登記官のみを存し，その登記官がその地区を離れる若しくは病気の場合又はその職に一時的な空席が生じた場合，その地区の行政長官は，その欠席若しくは病気又は一時的な空席の間，婚姻登記官として活動しなければならない。

第8条（カヤーの婚姻登記官）

連邦大統領は，官報への告示により，カヤー州の地区又は地域に関して，キリスト教徒を，その者又はその時の職により，婚姻登記官又は地方婚姻登記官に任命することができる。

連邦大統領は，同様な告示により，その任命を取り消すことができる。

第9条（土着キリスト教徒間の婚姻証明書交付の免許者）

連邦大統領は，キリスト教徒に，その者又はその時の職により，土着キリスト教徒間の婚姻証明書発行権限の免許を交付することができる。

その免許は，連邦大統領により取り消すことができる。また全ての交付又は取消しは官報に公示されなければならない。

（本条に基づき免許を得た者は，第6章に基づく婚姻の挙行若しくは挙行に影響を及ぼし，又は婚姻当事者の一方が，婚姻若しくは婚姻に影響を及ぼす挙行の日にキリスト教徒でないことを知りつつ証明書を交付した場合には，免許を取り消されなければならず，加えて第73条に基づく違反を行ったとみなさなければならず，それに従い処罰されなければならない。）

第2章　婚姻を挙行できる時間及び場所

第10条（婚姻挙行時間）

本法に基づく全ての婚姻は，午前6時から午後7時までの間に挙行されなければならない。

（免除）ただし，以下の場合には，本条は適用しない。

1　英国国教会の司祭，アングリカンの司教又は司教代理の署名捺印により午前6時から午後7時までの間の時間の挙行についての特別許可に基づき挙行した結果，又は

2　その婚姻の挙行についてローマ・カトリック司教区若しくは代牧教区主教から，又はその免許の交付権限を有する主教と同等な者からの代理として一般又は特別免許を受けたローマ教会司祭の午後7時から午前6時までの間に挙行した婚姻，又は，

3　スコットランド長老教会牧師のスコットランド長老教会規則，典礼，儀式及び慣習に従った婚姻の挙行

第11条（婚姻挙行場所）

英国国教会司祭は，婚姻を挙行する場所から最短で5マイル以内にその教会がない場合又は聖公会司教区主教若しくは司教代理の署名代理の署名捺印に基づき，それを行う権限の特別許可を得ている場合を除き，英国国教会の様式に従った一般に礼拝が行われる教会以外の場所で婚姻を挙行してはならない。

（特別免許料）

その特別免許について，司教区登記官は，前述の主教が時に応じて権限を与えた追加料金を課すことができる。

第3章　本法に基づき免許を得た宗教聖職

者により挙行される婚姻

第12条（婚姻を意図する通知）

　本法に基づき婚姻挙行免許を得た宗教聖職者による婚姻の挙行を意図する場合，婚姻を意図する者の一方は，本法に付属する別表第1に従った，又は同様の効力のある書面による通知を，婚姻挙行を希望する宗教聖職者に渡さなければならず，その中には下記の事項が述べられていなければならない。

a　婚姻を意図する者双方の氏名，職業又は状態

b　双方の居住地

c　その地に居住した期間，及び

d　婚姻が挙行される教会又は個人宅

　ただし，当事者双方が通知に記載される場所に1か月以上居住している場合，その場所への1か月以上の居住と述べることができる。

第13条（その通知の公開）

　婚姻を意図する者が特定の教会での挙行を希望する場合及びその通知を受けた宗教聖職者がそこで司式する権利を有する場合，彼は，その教会の見えやすい場所に，その通知を掲示しなければならない。

（通知の返還又は移送）

　彼がその教会で宗教聖職者として司式する権利を有しない場合，自らの選択により，通知を行った者に返還するか，又はそこで司祭の資格を有するその他の聖職者に引き渡し，その聖職者は前述のごとく通知を掲示しなければならない。

第14条（個人宅での婚姻を意図する通知）

　個人宅での婚姻を意図する通知である場合，第12条に定められた通知を受けた宗教聖職者は，地区の婚姻登記官にそれを転送し，その婚姻登記官は，自らの事務所の見えやすい場所にそれを掲示しなければならない。

第15条（一方が未成年者の場合の婚姻登記官への通知の写しの送付）

　婚姻を意図する者の一方が未成年者である場合，その通知を受けた全ての聖職者は，その受取後24時間以内に第13条に基づきそれを返還しなければならず，その通知の写しを，地区の婚姻登記官又はその地区の登記官が複数である場合，上級婚姻登記官に，郵送又はその他の方法により送付しなければならない。

第16条（通知受領手続）

　婚姻登記官又は上級婚姻登記官は，そのケースにより，その通知を受けた場合，自らの事務所の見えやすい場所にそれを掲示するとともに，その通知を関係する同一地区の各婚姻登記官に送付しなければならない。また，その婚姻登記官は，上記に指導された方法によって同様に公開しなければならない。

第17条（通知及び宣言証明書の発行）

　前述の婚姻の挙行に同意又は意図した宗教聖職者は，通知を行った者又はその者の代理人により婚姻を意図する者の一方が以下の必要となされた宣言を行った場合，その通知及び宣言がなされた証明書に署名をして発行しなければならない。

（ただし書）

　ただし，

1　その聖職者が通知を受領した日から4日間が経過するまでは，その証明書は発行してはならない。

2　その証明書を発行してはならないと

454 第2編 各 論

の法的な障害がないこと，及び

3 その代理として権限を有する者により，後述される方法でその証明書の発行が禁止されていないこと。

第18条（証明書発行前の宣言）

第17条で定める証明書は，婚姻を意図する者の一方が，自ら聖職者の面前に出頭し，宣言を行うまで発行されてはならない。

1 その婚姻に近親婚の障害又はその他の法的な障害がないと信ずること，及び，当事者の一方又は双方が未成年者である場合

2 それぞれの場合により，法律に求められている同意が得られている，又はその同意を行う権限を有する者が，ミャンマー連邦に居住していないとき。

第19条（父，保護者又は母の同意）

未成年者の父が生存している場合には父，父が死亡している場合にはその未成年者の保護者，その保護者がいない場合にはその未成年者の母が，未成年者の婚姻に同意を与えることができ，その同意を行う者がミャンマー連邦内に居住していない場合を除き，その同意はその婚姻に必要とされる。

第20条（証明書発行の通知による禁止権限）

第19条に基づき必要とされる婚姻に同意する全ての者は，その発行前のいつでも，その聖職者へ氏名及び居所及び婚姻を意図する者との身分関係及び前述したその権限を発動する理由を述べた書面で通知することにより，聖職者による証明書発行を禁止する権限を有する。

第21条（通知受領手続）

その聖職者によりその通知が受領され

た場合，その禁止事項を確認し，婚姻の通知を行った者がその禁止の法的権限を有しないことを確認又はその通知が通知を行った者により取り下げられるまで，彼は証明書を発行してはならず，その婚姻を挙行してはならない。

第22条（未成年者の場合の証明書発行）

婚姻を意図する者双方が未成年者であり，聖職者が第19条に基づき求められるその婚姻を行う者の同意が得られていると確認できない場合，その聖職者は，婚姻通知を受領してから14日間を経過するまで，その証明書を発行してはならない。

第23条（土着キリスト教徒への証明書発行）

土着キリスト教徒が婚姻について，第17条に基づき聖職者に婚姻通知を行った場合，その聖職者は，証明書発行前に，その土着キリスト教徒がその通知又は証明書の意図及び効果を認識しているかを確認しなければならず，もしそうでない場合，その者が理解できる言語によりその通知又は証明書を翻訳又は翻訳を指示しなければならない。

第24条（証明書の様式）

その聖職者により発行される証明書は，本法に付属する別表第2の様式か，又は同様でなければならない。

第25条（婚姻の挙行）

聖職者により証明書が発行された後，聖職者が適当と判断したその様式に従って記載されている者の間で婚姻が挙行できる。

ただし，婚姻の挙行は，聖職者とともに少なくとも2名の証人の面前で行われる。

第26条（2か月以内の婚姻が挙行されない

場合の証明書の無効）

　前述のその聖職者により証明書が発行された日から2か月以内に婚姻が挙行されない場合，その証明書及び（もしあれば）それに伴う全ての手続は無効とされなければならず，何人も新たな通知がなされ，前述の方法により証明書が発行されるまで，その婚姻は挙行してはならない。

第4章　宗教聖職者により挙行された婚姻の登記

第27条（婚姻登録）

　一方又は双方がキリスト教信仰を有する者のミャンマー連邦内で挙行された後述する全ての婚姻は，本法第5章又は第6章に基づき挙行された婚姻を除き，定められた後述する方法により登記されなければならない。

第28条（英国国教会司祭により挙行された婚姻の登記）

　全ての英国国教会司祭は，婚姻登記を維持しなければならず，別表第3の第4様式の表に従い，本法に基づき挙行される全ての婚姻をそれに登記しなければならない。

第29条（副主教への四半期報告）

　全ての英国国教会司祭は，彼が聖職とされる場所で挙行された婚姻の登記記載事項を，彼の署名によって認証された二重の写しを毎年4回，上司である，又はその場所の副主教の登記官に送付しなければならない。

（報告の内容）

　その四半期報告は，毎年それぞれの1月1日から3月31日，4月1日から6月30日，7月1日から9月30日，10月1日から12月31日にその登記がなされた婚姻の全ての記載事項を含まなければならず，その司祭により前述の四半期の終了後2週間以内に発送されなければならない。

　前述の報告を受領したその登記官は，その写し1通を出生，死亡及び婚姻統括登記官に送付しなければならない。

第30条（ローマ教会司祭により挙行された婚姻の登記及び報告）

　ローマ教会司祭により挙行された全ての婚姻は，その婚姻が挙行されたローマ・カトリック司教区又は代牧教区主教のそれに関する指導に従い，その者により登記されなければならない。及びその者は，四半期ごとに出生，死亡及び婚姻統括登記官に，その3か月間の全ての婚姻の記載報告を，転送しなければならない。

第31条（スコットランド長老教会牧師により挙行された婚姻の登記及び報告）

　全てのスコットランド長老教会牧師は，婚姻登記を維持しなければならず，及び本法に基づき挙行された全ての婚姻を，別表第3の第4様式の表に従い，それに登記しなければならず，及びスコットランド長老教会上級司祭を通じて出生，死亡及び婚姻統括登記官に四半期ごとに，その全ての婚姻の第29条に定められた事項と同様な報告を転送しなければならない。

第32条（二重複写に登記される婚姻）

　英国国教会若しくはローマ教会司祭ではない按手礼を受けた者又は本法に基づき婚姻挙行の免許を得た聖職者により挙行された全ての婚姻は，挙行後直ちに，別表第4に定められる様式に従い，及び

控えとして婚姻登録簿に証明書を添付して，挙行する者により，その目的において彼により維持される二重複写（言い換えれば）婚姻登記簿に登記されなければならない。

第33条（その婚姻の記載の署名及び証明）

　証明書及び婚姻登記簿双方へのその婚姻の記載は，婚姻を挙行する者及び婚姻当事者によって署名されなければならず，婚姻を挙行する者以外の挙行に立ち会った信用できる証人2名によって証明されなければならない。

　全てのその記載は，その帳簿の最初から最後までの順番で行われなければならず，証明書番号は，婚姻登記簿の記載と一致しなければならない。

第34条（婚姻登記官への証明書の転送，統括登記官への写し及び送付）

　婚姻を挙行する者は，婚姻登記簿からの証明書を，挙行後1か月以内に，その目的で彼が維持する帳簿にその証明書を写さなければならず，婚姻が挙行された地方の婚姻登記官又は婚姻登記官が複数存する場合は，上級婚姻登記官にそれぞれ転送しなければならない。その月に彼が受領した全ての証明書に，後述する必要な番号及び署名又はイニシャルを記入して，出生，死亡及び婚姻統括登記官に送付しなければならない。

第35条（証明書の写しの記載及び番号）

　その写しは，帳簿の最初から最後までの順番で記載されなければならず，各証明書の受領の順番に従ったその帳簿への前述の写しの記載番号を示す，写しとしての証明書の番号及び婚姻登記官の記載番号双方を付けられなければならない。

第36条（登記官の証明書記載番号の付加及び統括登記官への送付）

　婚姻登記官は，帳簿への写しの記載番号の，最後の番号を彼の署名又はイニシャルとともに証明書に付加しなければならず，毎月末日，出生，死亡及び婚姻統括登記官にそれを送付しなければならない。

第37条（土着キリスト教徒間の婚姻登記，登記簿の管理及び処理）

　第5条第1項，第2項又は第3項に基づき権利を付与された者，司祭又は宗教聖職者により土着キリスト教徒間の婚姻が挙行された場合，その挙行をする者は，第28条から第36条に共に含まれる定められた方法による手続に代えて別個の登記簿に婚姻を登記しなければならず，それが満たされるまで安全に維持しなければならない。その帳簿が満たされる以前に婚姻が挙行される地区を離れる場合，彼の職務を継承する者にそれを引き継がなければならない。

　帳簿が満たされる時にそれを管理する者は，職務記録とともに保管されるために，それを地区の婚姻登記官又は婚姻登記官が複数存する場合，上級婚姻登記官に送付しなければならず，その者は出生，死亡及び婚姻統括登記官に送付しなければならない。

第5章　婚姻登記官により又は面前で挙行される婚姻

第38条（婚姻登記官の面前での婚姻を意図する通知）

　婚姻登記官により，又は面前での挙行を意図する婚姻である場合，その婚姻当事者の一方は，本法別表第1に含まれる

様式又は同様の効果のある書面による通知を当事者双方が居住する地区の婚姻登記官に送付しなければならず，当事者が異なる地区に居住している場合，各地区の婚姻登記官に同様な通知を行わなければならず，それに婚姻を意図する当事者双方の氏名及び職業又は身分，当事者がそれぞれ居住する場所，当事者双方のそれぞれの場所での居住期間及び婚姻を挙行する場所が述べられなければならない。

ただし，通知に述べられた場所に1か月以上居住している場合，それには1か月以上居住していると述べることができる。

第39条（通知の公開）

全ての婚姻登記官は，その通知を受領した場合，自らの事務所の見えやすい場所に，その写しを掲示しなければならない。

婚姻を意図する当事者の一方が未成年者である場合，全ての婚姻登記官は，その婚姻通知を受領した後24時間以内に，郵送又はその他の方法で，（もしいれば）同一の地区のその他の婚姻登記官に送付しなければならない。また，その者は同様にその事務所の見えやすい場所にその写しを掲示しなければならない。

第40条（通知の婚姻通知簿への綴込み及び写し）

婚姻登記官は，全てのその通知を綴り込み，彼の事務所の記録として保管しなければならない。また，連邦大統領から供給される婚姻通知簿に全てのその通知の写しを速やかに記録し，その婚姻通知簿は，合理的な時間，無料で閲覧を希望するために公開しなければならない。

第41条（通知及び宣誓の証明書）

通知を行った者が後述する証明書の発行を婚姻登記官に求めた場合又は婚姻を意図する当事者の一方が後述する必要な宣誓を行った場合，婚姻登記官は，その通知を行ったこと，及びその宣誓がなされたことの即効力のある証明書を発行しなければならない。

（ただし書）ただし，

その証明書が発行されてはならないと確認し得る法的障害がないこと

本法によりその事項に関して権限を有する者から，後述する方法により，その証明書の発行が禁止されていないこと

通知を受領した後4日間を経過していること，及び加えて，

その宣誓において，婚姻を意図する当事者の一方が未成年者であることが判明した場合，その通知の記載を行ってから14日間を経過していること。

第42条（証明書発行前の宣誓）

第41条に定める証明書は，婚姻を意図する当事者の一方がその婚姻登記官の面前に出頭し，宣誓を行うまで婚姻登記官により発行されてはならない。

a　その婚姻に対し，近親婚の障害又はその他の法的障害がないと信ずること，及び

b　（異なる婚姻登記官の地区に居住している場合）双方又は一方が通常その宣誓を行う地区の婚姻登記官で，及び，当事者の双方又は一方が未成年者である場合

c　その事件により，法により，その婚姻に求められる同意が得られていること，又はその同意を行う権限を有する

者がミャンマー連邦に居住していない
こと。

第43条（削除）

第44条（父又は保護者の同意）

　　第19条の規定は，当事者双方が未成年
者である場合，本章に基づく全ての婚姻
に適用し，

（証明書発行に対する異議）

　　後述するその婚姻に求められる同意を
行う者は，その証明書発行前に書面によ
り，婚姻登記官の証明書発行に対する異
議を行うことができる。婚姻通知簿にそ
の婚姻を意図する通知と相違する「禁止」
との言葉は，その氏名及び居所並びにそ
の者の当事者双方に対する立場，その権
限を行使する理由を記載しなければなら
ない。

（異議の効果）

　　その異議が記載された場合，婚姻登記
官が異議事項を検査し，その婚姻に対す
る証明書発行に障害がないと確認するま
で，その異議が行った者が異議を取り下
げるまで証明書が発行されてはならない。

第45条（求められる同意を行う者が精神障
　　害者又は不当な同意を留保する場合の請
　　願書）

　　本章に基づき，婚姻に必要とされる同
意を行う者が行為不能力者である場合又
は（父以外の）その者が婚姻への同意を
合理的な理由なしに保留する場合，婚姻
を意図する当事者は，地方判事へ請願書
により申請することができる。

（請願書の手続）

　　地方判事は，即決方式で請願書の陳述
を検査することができ，検査においてそ
の婚姻が適当であると判断し得る場合，

その地方判事はその婚姻を適当な婚姻と
宣言しなければならない。

　　その宣言は，婚姻への同意が必要であ
る者の同意と同等の効果を有さなければ
ならず，彼が婚姻登記官の証明書発行を
禁止されている場合，本章に基づき同様
な手続により禁止されていないとの証明
書を発行しなければならない。

第46条（婚姻登記官が証明書を拒否した場
　　合の請願書）

　　婚姻登記官が，本章に基づく証明書の
発行を拒否した場合，婚姻を意図する当
事者の双方は，地方判事へ請願書により
申請することができる。

（請願書の手続）

　　その地方判事は，即決の方法により，
請願書の陳述を検査することができ，そ
の決定を行わなければならない。

　　その地方判事の決定は，最終的とされ
なければならず，当初の証明書発行の申
請を行った婚姻登記官は，それに従って
手続を行わなければならない。

第47条（カヤー州の婚姻登記官が証明書を
　　拒否した場合の請願書）

　　カヤー州に存する婚姻登記官が証明書
の発行を拒否した場合，婚姻を意図する
当事者双方は，連邦大統領へ請願書によ
り申請することができ，連邦大統領はそ
れを決定しなければならない。

　　その決定は，最終的とされなければな
らず，当初の証明書発行の申請を行った
婚姻登記官は，それに従って手続を行わ
なければならない。

第48条（婚姻登記官が禁止した者の権限に
　　疑義を有する場合の請願書）

　　第44条の規定に基づく行為を行う婚姻

登記官が，証明書発行を禁止した者が法によりそれを行う権限を与えられていると確認できなかった場合，その婚姻登記官は，地方判事へ請願書により申請しなければならない。

（請願書の手続）

その請願書は，それに関わる裁判所の命令及び決定のために事件及び当事者の状況を全て述べなければならず，その地方判事は，請願書の陳述及び事件の状態を検査しなければならず，その検査において，その証明書の発行の禁止を行った者が，法によりそれを行う権限を有しないことが明らかとなった場合，その地方判事は，その証明書発行の禁止を行った者がその権限を有しないと宣言しなければならず，それにより，その証明書は，その婚姻に関して禁止がなされていなかったと同様な手続により発行されなければならない。

（カヤー州の婚姻登記官が禁止した者の権限に疑義を有する場合の照会）

第8条に基づき任命されカヤー州において活動を行う婚姻登記官が，証明書発行の禁止を行った者が法によりそれを行う権限を与えられていると確認できなかった場合，その婚姻登記官は，連邦大統領へ，それに関する全ての文書とともに，その事件に関する全ての状態の声明文を送付しなければならない。

（照会の手続）

連邦大統領が，その証明書の発行の禁止を行った者が，法によりそれを行う権限を有しないと確認した場合，連邦大統領は，その証明書発行の禁止を行った者がその権限を有しないと宣言しなければ

ならず，それにより，その証明書は，その婚姻に関して禁止されていなかったと同様な手続により発行されなければならない。

第49条（証明書発行に対する軽率な異議についての責任）

第44条に基づき，その婚姻登記官又は第45条若しくは第46条に基づき地方判事が軽率及びその証明書の発行を妨害すべきでないと宣言した背景による証明書の発行に対して，本章に基づき婚姻登記官に異議を行った全ての者は，その手続の全ての費用及びその異議がなされた婚姻に対する者による訴訟により回収される損害を負担しなければならない。

第50条（証明書の様式）

第44条の規定に基づき，婚姻登記官により発行される証明書は，本法別表第2に含まれる，同様な効果の様式でなければならない。連邦大統領は，全ての婚姻登記官に証明書の様式の適当な数を供給しなければならない。

第51条（証明書発行後の婚姻挙行）

婚姻登記官の証明書発行後又は異なる地方の婚姻登記官に，本法に基づく通知が必要である場合，それらの地区の婚姻登記官の証明書発行後，その証明書に記載された当事者の婚姻に法的障害がない場合，適当と判断される様式及び儀式に従って，その者の間で婚姻が挙行されることができる。

しかし，その全ての婚姻は，（前述したその証明書を渡されなければならない）婚姻登記官及び婚姻登記官のほかに複数の信用できる証人の面前で挙行されなければならない。

460 第2編 各 論

儀式の中において，各当事者は，下記又は同様な効果を有する宣言を行わなければならない。

「私A，Bは，C，Dとの婚姻に入ることに法的になんら障害のないことを厳粛に宣言する。」

及び，各当事者は，その他下記又は同様な効果を有する言葉を言わなければならない。

「私は証人の参列の下，私A，Bは，汝C，Dを法的に婚姻した妻（又は夫）とする。」

第52条（通知後2か月以内に行われない婚姻の場合に必要とされる新たな通知）

第40条により求められる通知の写しが婚姻登記官によって記載された2か月以内に婚姻が挙行されない場合，それらに基づき，もしあれば，通知及び証明書，全ての手続は無効とされなければならない。前述した時間及び方法により新たな通知及び記載がなされ，それらに基づく証明書が交付されるまで，何人も婚姻の挙行手続を行ってはならず，その記載を行った婚姻登記官も同様とされなければならない。

第53条（婚姻登記官の登記された個別事項の質問）

婚姻登記官は，本章に基づき婚姻が挙行される前，婚姻当事者にその婚姻に関して登記が求められる個別の事項を質問することができる。

第54条（第5章に基づき挙行された婚姻の登記）

本章に基づく婚姻の挙行後，その挙行に立ち会った婚姻登記官は，本法別表第4の様式に従った婚姻登記簿と呼ばれる二重複写に，婚姻を登記し，及び婚姻登記簿に控えを添付しなければならない。

証明書及び婚姻登記簿双方へのその婚姻の記載は，それらの者に存する場合には，婚姻を挙行した，又は参加した者，及びそれを挙行したかにかかわらず，その婚姻に立ち会った婚姻登記官及び婚姻当事者によって署名され，婚姻登記官及び婚姻を挙行する者以外の信用できる証人2名によって証明されなければならない。

全てのその記載は，帳簿の最初から最後までの順番で行わなければならず，証明書番号は，婚姻登記簿への記載と一致しなければならない。

第55条（月ごとの証明書の統括登記官への送付）

婚姻登記官は，直ちに婚姻登記簿から証明書を分離し，出生，死亡及び婚姻統括登記官に毎月末日送付しなければならない。

（登記簿管理）

婚姻登記官は，登記簿が満たされるまで安全に維持しなければならず，満たされた場合，その職務記録とともに維持されるために出生，死亡及び婚姻統括登記官に送付しなければならない。

第56条（カヤー州の登記官が証明書を送付すべき職員）

カヤー州の婚姻登記官は，連邦大統領が時に応じて，官報への告示により，任命した職員に第54条に述べた証明書を送付しなければならない。

第57条（土着キリスト教徒が通知及び証明書を理解するかについての登記官の確認）

土着キリスト教徒が婚姻登記官に婚姻通知を行い，又は証明書を申請した場合，その婚姻登記官は，その土着キリスト教徒が英語を理解するかを確認しなければならず，もしできない場合は，婚姻登記官は，事件によりその通知若しくは証明書又はその双方を，その土着キリスト教徒が理解できる言語に翻訳するか，又は翻訳を指示しなければならず，又は婚姻登記官は，土着キリスト教徒がその他その通知及び証明書の意味及び効果を認識しているかについて，確認しなければならない。

第58条（土着キリスト教徒の理解宣言）

　土着キリスト教徒が本章の規定に基づき婚姻する場合，婚姻を挙行する者は，その土着キリスト教徒が英語を理解できるかを確認しなければならず，できない場合，婚姻挙行時に，その土着キリスト教徒が理解できる言語に翻訳するか，又は翻訳を指示しなければならず，本法の規定に従ってその婚姻において，宣言がなされなければならない。

第59条（土着キリスト教徒間の婚姻登記）

　本章に基づく土着キリスト教徒間の婚姻登記は，（適用できる場合）第37条に定められた規則を満たしてのみ行われなければならない。

第6章　土着キリスト教徒の婚姻

第60条（証明することができる土着キリスト教徒の婚姻の条件）

　証明書を申請する土着キリスト教徒間の全ての婚姻は，第3章に基づき求められる準備手続を除き，下記の条件を満たしている場合のみ本章に基づき証明されなければならない。

1　婚姻を意図する男性の年齢が16歳を超え，婚姻を意図する女性の年齢が13歳を超えていなければならない。

2　婚姻当事者双方が現在生存する妻又は夫を有していてはならない。

3　第9条に基づき免許を得た者及びその者のほかに少なくとも2名の信用できる証人の面前で，当事者双方が互いに，

　「私は，証人の参列の下，私A，Bは，全能なる神の御前にて，及び我等が主イエス・キリストの名において，汝C，Dを法的に婚姻した妻（又は夫）とする。」又は同様な効果を有する言葉を言わなければならない。

　ただし，婚姻は，第19条に定める同意が意図された婚姻に与えられている場合を除き，又はその同意を行う権限を有する者が存在していないことが明らかである場合を除き，婚姻を意図する者双方が18歳に満たない場合，本章に基づき証明されてはならない。

第61条（証明書交付）

　本章に基づき挙行された婚姻に関して，第60条に定められた条件を満たしている場合，その宣言に立ち会った前述の免許を得た者は，4アンナ手数料によって婚姻証明書を交付しなければならない。

　証明書は，その免許を得た者により署名されなければならず，その婚姻の正当性の確定的な証拠として，訴訟において取り扱わなければならない。

第62条（統括登記官の登記簿の維持及びその抜粋の保管）

　第9条に基づき免許を得た全ての者は，英語又は婚姻が挙行された地方若し

462　第2編　各　論

くは州で通常使用される言語で維持しな
ければならず，連邦大統領が定めた期
間，出生，死亡及び婚姻統括登記官の事
務所で保管されなければならず，全ての
記載の登記簿からの真正な，及び認証さ
れた抜粋はその期間内に行われなければ
ならない。

第63条（登記簿の検索及び記載の写し）

　　第62条に基づき，婚姻証明書を交付す
る，及び婚姻登記簿を維持する，本法に
基づき免許を得た全ての者は，全ての合
理的な時間，その帳簿の検索を許可しな
ければならず，適当な料金の支払によっ
て，それに記載されている事項の署名し
た写しを交付しなければならない。

第64条（第1章又は第3章に基づく土着キ
リスト教徒の婚姻が登記された帳簿）

　　登記簿の様式，それからの抜粋の保
管，それの検索許可及びその記載の写し
交付についての第62条及び第63条の規定
は，必要な修正を加えて，第37条に基づ
き維持される帳簿に適用しなければなら
ない。

第65条（第6章のローマ・カトリックへの
適用免除）

　　本章は，第64条で準用される第62条及
び第63条を除き，ローマ・カトリック信
徒間の婚姻に適用してはならない。

第7章　罰則

第66条（婚姻を得るための不正な宣誓，宣
言の通知又は証明書）

　　何人も，悪意で婚姻又は婚姻免許を得
る目的で，

a　本法で求められる，英国国教会又は
スコットランド若しくはローマの教会
で挙行を意図する婚姻の規則又は慣習

で求められる宣誓又は宣言について，
不正な宣誓又は宣言を行った場合，又
は，

b　本法で求められる通知又は証明書に
ついて，不正な通知又は証明書に署名
した場合

刑法第193条に基づく違反とみなし，
3年以下の懲役及び裁判所の判決によ
り，罰金に処す。

第67条（婚姻登記官の証明書発行について
の偽称禁止）

　　その偽称が不正であると知りつつ，本
法で求められる婚姻に同意を行う者と，
不正な偽称によって，婚姻登記官の証明
書発行を妨げた者，又はそれを信ずるに
足りる者は，刑法第205条に対する違反
とみなされなければならない。

第68条（権限なしの婚姻の挙行）

　　地方の婚姻登記官が存しない場所でそ
の儀式を行う，当事者の一方又は双方が
キリスト教徒である婚姻の挙行又は挙行
を宣言する，婚姻挙行について本法第5
条により権限を与えられた者でない者
は，10年以下の懲役又は（7年以上の懲
役の代わりとして）7年以上10年以下の
流刑に，又は違反者がヨーロッパ人若し
くはアメリカ人であった場合，懲役及び
罰金に処されなければならない。

第69条（適当な時間外又は証人なしの婚姻
の挙行）

　　午前6時から午後7時の間以外の時間
に，又は婚姻を挙行する者以外の少なく
とも2名の信用できる証人の立会いなし
に，婚姻を挙行した者は，3年以下の懲
役及び罰金に処されなければならない。
（特別免許に基づき挙行された婚姻の除

外）

本条は，聖公会司教区主教又は司教代理が与えた特別免許に基づき挙行された婚姻，それに関して第10条に定める一般又は特別免許を受けたローマ教会司祭による午後7時から午前6時の間に行われた婚姻には適用しない。

本条は，スコットランド長老教会の規則，典礼，儀式及び慣習に従ってスコットランド長老教会牧師により挙行された婚姻に適用しない。

第70条（通知なし又は通知後14日以内の未成年者との婚姻挙行）

書面による通知なしに，又は婚姻当事者の一方が未成年者であって，その婚姻に対し両親若しくは保護者から求められる同意を得ずに，その婚姻通知を受領してから14日以内に悪意若しくは故意で第3章に基づく婚姻を挙行する本法に基づき婚姻挙行の免許を得た宗教聖職者は，

3年以下の懲役及び罰金に処されなければならない。

第71条

下記の違反に関与した，本法に基づく婚姻登記官は，

1　〔通知の公開なしの証明書発行又は婚姻〕本法で指導するその婚姻の通知を公開することなしに，悪意及び故意で婚姻証明書を発行又は婚姻を挙行した者は，

2　〔通知失効後の婚姻〕第40条により，その婚姻の通知が記載されてから2か月経過後に婚姻を挙行した者は，

3　〔裁判所からの権限なしに，又は通知の写しの送付なしの14日以内の未成年者との婚姻の挙行〕管轄権を有する

裁判所からの権限付与なしの，当事者の一方が未成年者である場合，その婚姻通知を受領してから14日以内又は地方の婚姻登記官が複数存し，彼自身上級婚姻登記官でない場合に地方の上級婚姻登記官へ，その通知の写しの郵送又はその他の方法による送付なしに婚姻を挙行をした者は，

4　〔禁止に反した証明書発行〕禁止の権限を有する者により，本法の規定により禁止がなされた場合に証明書の発行をした者は，

5年以下の懲役及び罰金に処されなければならない。

第72条（通知失効後の，又は未成年者の場合，通知がなされてから14日以内の，若しくは権限がある禁止に反しての証明書の発行）

通知が前述の記載がなされてから2か月を経過した後に，悪意又は故意に婚姻証明書を発行又は管轄権を有する裁判所からの権限の付与命令なしに，悪意及び故意でもって婚姻証明書を発行，婚姻する意図を有する当事者の一方が未成年者である場合，その通知が記載されてから14日以内又は権限を有する者の前述の禁断がなされている場合の証明書の発行を行った婚姻登記官は，刑法第166条に基づく違反に関与したとみなされなければならない。

第73条（（英国国教会，スコットランド長老教会又はローマ教会司祭以外の）婚姻挙行権限を有する者）

本法に基づき婚姻挙行の権限を与えられている者であって，

英国国教会司祭の予告公開後の，又は

464 第2編 各 論

それに関して権限を有する聖公会司教区
主教又は監督代理の免許に基づく婚姻で
ない挙行

又は，スコットランド長老教会牧師の
その教会の規則，典礼，儀式及び慣習に
従った婚姻でない挙行

又は，ローマ教会司祭，その教会の典
礼，規則，儀式及び慣習に従った婚姻の
挙行

（通知公開なしに，又は通知失効後の証
明書発行）

本法第3章で命じられる公開又は添付
される婚姻通知なしに，又は証明書を発
行してから2か月経過後に，前述の者の
悪意及び故意に本法に基づく婚姻証明書
の発行又は婚姻の挙行

（通知後14日以内の未成年者との婚姻の
証明書発行又は挙行）

又は，悪意及び故意での婚姻証明書発
行又は婚姻を意図する当事者の一方が未
成年者である場合，その婚姻通知を受領
してから14日以内の，又は地方の婚姻登
記官が複数存する場合，地方の上級婚姻
登記官へ，その通知の写しの郵送若しく
はその他の方法による送付なしの婚姻の
挙行

（禁止された証明書の発行）

又は，悪意及び故意で，発行を禁止す
る権限を有する者から，本法に基づき発
行が禁止された証明書の発行

（禁止された婚姻の挙行）

又は，悪意及び故意で，その発行を禁
止する権限を有する者から禁止された婚
姻を挙行した者は，4年以下の懲役及び
罰金に処されなければならない。

第74条（免許を有すると偽装した無免許者
の証明書交付）

本法第6章に基づき婚姻証明書を交付
する免許を得ないで，免許を得たと偽っ
てその成立を意図した証明書を交付した
者は，5年以下の懲役及び罰金に処され
なければならない。

拒絶することなく，同章により課され
た職務の行為を故意に放置又は省略した
本法第6章に基づき婚姻証明書交付の免
許を得た者は，100ルピー以下の罰金に
処されなければならない。

第75条（偽造登記簿の破壊）

自ら又はその他の者により，登記簿又
は証明書の控え又はその一部若しくはそ
れの認証された抜粋を故意に破壊又は破
損，その登記簿又は証明書の控えの一部
を不正に作成又は偽造，その登記簿又は
証明書の控え又は認証された抜粋に不正
な記載をした者は，7年以下の懲役又は
罰金に処されなければならない。

第76条（本法に基づく訴訟の制限）

本法に基づき処罰できる全ての違反の
起訴は，違反への関与が行われてから2
年以内に開始されなければならない。

第8章 雑則

第77条（法律に従った婚姻に関して必要と
されない事項）

第4条及び第5条の規定に従った婚姻
の挙行に当たって，下記の事項に関して
単に通常ではないことで，無効とされて
はならない。

1 婚姻当事者の居所に関する，又は法
律により求められるその婚姻に同意を
行う者の同意の声明

2 婚姻通知

3 証明書又はその翻訳

4　婚姻が挙行された時間及び場所

5　婚姻登記

第78条（修正）

　　その記載又は記載内容について錯誤を発見した婚姻の登記の職務を負う全ての者は，その錯誤の発見から1か月以内に，婚姻当事者双方の面前で，又はその者が死亡若しくはいない場合，2名の信用できる証人の面前で，当初の記載を改正することなく，欄外への記載によって錯誤を修正することができ，及び欄外記載に署名をなし，その修正の日を付加しなければならず，その者は，証明書に同様に欄外記載を行わなければならない。

　　本条に基づく全ての行為は，その行為に立ち会った証人により，証明されなければならない。

　　その証明書が出生，死亡及び婚姻統括登記官に既に送付されている場合，その者は，当初の誤った別個の証明書と同様な方法で，記載及びそれになされた欄外修正がなされ，送付されなければならない。

第79条（記載の検索及び複写）

　　本法に基づき婚姻を挙行しその登記を求められる全ての者又は本法に基づき婚姻登記，証明書若しくは二重複写，証明書の写しを管理する現職の全ての婚姻登記官又は出生，死亡及び婚姻統括登記官は，適当な料金の支払によって，全ての合理的な時間，その登記若しくはその証明書又は二重複写の検索を許可し，それらの記載の署名した写しを交付しなければならない。

第80条（証拠とされる婚姻登記等の記載の認証された写し）

　　本法に基づき維持又は引渡しが求められる婚姻登記，証明書若しくは二重複写の管理，その登記への婚姻の記載若しくはその証明書又は二重複写を，本法に基づき委託された者による署名がなされた全ての認証された写しは，各その登記又は証明書若しくは二重複写又はそれらの記載若しくはその写しの更なる証拠がない限り，記載された婚姻又はその認証された事項の証拠として取り扱わなければならない。

第81条（英国国王陛下の国務大臣に対する婚姻の証明書）

　　出生，死亡及び婚姻統括登記官及び第56条に基づき任命された職員は，全ての四半期の終了ごとに，それぞれの四半期ごとにそれぞれ転送されてきた婚姻証明書から，選別を行わなければならず，連邦大統領が証拠を望む婚姻証明書を英国に発送されなければならず，及びそれぞれ署名された証明書を英国国王陛下の国務大臣に送付しなければならない。

第82条（連邦大統領の料金の規定）

　　下記のための料金は，本法に基づき課されなければならない。

　　婚姻の通知及び公開

　　婚姻登記官による婚姻の証明書の発行及びその婚姻の登記

　　その登記官による婚姻証明書発行の異議又は禁止の記載

　　登記簿若しくは証明書又は二重複写又はそれらの写しの検索

　　第63条又は第79条に基づくその記載の複写の交付

　　連邦大統領は，それぞれその料金の額を定めなければならず，時に応じて一般

466 第2編 各　論

又は特別な事件により適当と判断する変更又は軽減を行うことができる。

第83条（規則制定権）

連邦大統領は，第82条に定める料金の処理，登記簿の提供，本法に基づく挙行された婚姻の報告の詳細及び提出についての規則を定めることができる。

第84条（削除）

第85条（地方判事の任命権）

連邦大統領は，官報への告示により，本法が適用される場所で地方判事とみなされなければならない者を指名することができる。

第86条（削除）

第87条（領事婚姻の除外）

本法は，公使，領事又は領事代理によ
る，その代表する国の者の，その国の法律に従った婚姻行為に対して，適用してはならない。

第88条（禁止身分と婚姻の非有効）

本法は，婚姻当事者の一方が適用される身分法によって禁止された婚姻を有効とみなすとなされてはならない。

（戸籍861-50，民月66- 9 -78）

市民権法（1982年法律第 4 号）

第 2 章　市民権

第15条

a　市民は，外国人と婚姻しただけでは，自動的に市民権を喪失しない。

b　外国人は，市民と婚姻しただけでは，自動的に市民権を喪失しない。

第4　離　　婚

1　離婚の成立

　ミャンマーの仏教徒の離婚は，①夫婦の合意によって成立する離婚，②出家による離婚及び③婚姻上の過誤による離婚に区別される。

2　夫婦の合意による離婚

　夫婦の合意による離婚は，「真正な合意による離婚」と「偽りの離婚」がある。

　「真正な合意による離婚」は，夫及び妻が婚姻の継続を望まず，婚姻の解消に合意する場合である。

　「偽りの離婚」は，一時的な離婚であり，ジョウビエナビエ（Jyo Bye-Nam Bye）離婚という。この離婚は，夫婦の一方が病気又は苦しい境遇にあり，この不運な境遇を改善するために行われる。この離婚は，有効な離婚ではないとされている。

3 出家による離婚

ミャンマー慣習法は，仏門に入る僧について，一時的に仏門に入る僧（ドンラババラーハン）と永久的に仏門に入る僧（ラーハン）とに区別し，婚姻が解消するのは，後者のみとなる。

4 婚姻上の過誤による離婚

婚姻上の過誤により，夫婦の合意がなくても離婚が成立する。

合意によらない離婚原因は，「婚姻上の過誤」と「重大な婚姻上の過誤」とに区別される。

「婚姻上の過誤」は，不当な取扱い，遺棄（夫による3年間の遺棄又は妻による1年間の遺棄の場合，遺棄された配偶者は離婚を請求することができる。），妻以外の女性との同居，第2婦人との婚姻，未婚者としての虚偽表示を行った婚姻がある。

「重大な婚姻上の過誤」は，妻による不貞行為又は夫以外の男性との同棲，虐待がある。

（1〜4につき，民月67-2-163）

5 キリスト教徒の離婚

夫婦がキリスト教徒として婚姻し，夫がキリスト教の信仰をやめた場合，妻はミャンマー離婚法の下で，夫と離婚することができる（スミス・前掲(447)「同(2)」時報639 33, 2009）。

第5 出　生

1 国籍留保届

ミャンマーは，父母両系血統主義国であり，ミャンマー国内で出生した事実だけでは，同国の国籍を取得しない（市民7条）。

したがって，日本人夫婦の子がミャンマー国内で出生した場合は，国籍留保

468 第2編 各 論

の届出を要しないが，夫婦の一方が日本人で他方がミャンマー市民の子がミャンマー国内（又はその他の外国）で出生した場合は，出生の日から3か月以内に日本国籍を留保する意思を表示しなければ，子は日本国籍を喪失する（日国12条）。

> （注） 外国で出生した場合は，出生から1年以内に親又は後見人がミャンマー大使館若しくは領事館又は内務省が定める機関に出生を登録する必要がある（市民10条）。

2 出生場所の記載

(1) 行政区画

ミャンマーは，7つの州（State，ほか2つの準州がある。）（注1）が存在し，また，州以外の地域は7つの管区（Division，ほか1つの準管区がある。）（注2）に分かれている（『ASEAN諸国の地方行政』（自治体国際化協会，2004））。

> （注1） 州は，カチン州，カヤー州，カイン州，チン州，モン州，ヤカイン州，シャン州である。

> （注2） 管区は，ザガイン管区，タニンダーリ管区，バゴー管区，マグェ管区，マンダレー管区，エーヤーワディー管区，ヤンゴン管区である。
> なお，外務省では，管区ではなく，全て州として扱っている。

(2) 戸籍の記載

「ミャンマー国ヤンゴン管区ヤンゴン市で出生」（【出生地】ミャンマー国ヤンゴン管区ヤンゴン市）と記載する。

〔根拠法条〕

市民権法（1982年法律第4号）
第2章 市民権
第7条 国内又は国外で出生した次に掲げる者もまた市民である。
　(a) 両親が市民である者
　(b) 両親の一方が市民であり，他方が準市民である者

　(c) 両親の一方が市民であり，他方が帰化市民である者
　(d) 両親の一方が
　　(i) 市民
　　(ii) 準市民，又は
　　(iii) 帰化市民
　　　　であり，他方の両親が準市民である

子
(e) 両親の一方が
　(i)　市民,
　(ii)　準市民,又は,
　(iii)　帰化市民
　であり,他方の両親が帰化市民であ
　る子
(f) 両親の一方が
　(i)　市民,
　(ii)　準市民,又は,

　(iii)　帰化市民
　であり,他方の両親のうち一方が準
　市民で他方が帰化市民である子
第10条
　国外で出生した者は,所定の方法で出
生から1年以内に親又は後見人がミャン
マー大使館若しくは領事館又は内務省が
定める機関に出生を登録するものとす
る。(以下,略)
(総監2-1086ノ14)

第6　養子縁組

1　概　説

　養子縁組は,ミャンマー仏教徒にとっては,一般に行われており,その目的
として,相続又はその他の利益を得るために行われることがある。

　養子縁組の際,養子となる者の実親は子の財産に対する相続権を放棄し,養
親となる者はその財産の相続権を養子となる者に与える。

2　実質的成立要件

(1)　ダーマダッ

　ア　養親の要件

　　ダーマダッには,養子をする能力についての規定は存在しない。

　　しかしながら,養子縁組は契約であり,当事者が行為能力を有し,成人
に達していることが必要とされている。

　　したがって,未成年者は養親として養子縁組をすることも,子を養子と
して養子縁組をすることもできない。

　　永久に仏門に入った仏僧は,養親として養子縁組をすることができない。

　　未婚の男性,未婚の女性,寡婦及び寡夫は,それぞれ養親として養子縁
組をすることができる。

　　既に養親として養子縁組を行い,養子のいる者であっても,重ねて養親

470 第2編 各　論

として養子縁組をすることを妨げない。

イ　実子の存在

　　ミャンマー人仏教徒の場合は，実子がいる者も，養親として養子縁組をすることができる。

ウ　配偶者の同意

　　配偶者のある者は，配偶者とともに養子縁組をする場合を除き，その配偶者の同意を得なければならない。

エ　養子の要件

(ア)　養子の年齢

　　ダーマダッには，養子となる者の年齢を制限する規定が存しないため，未成年者に限らず，成人も養子になることができる。

(イ)　成人の養子

　　成人を養子とする養子縁組は，成人が実父母の財産に対する権利を放棄することを要件として成立する。

　　この養子縁組をする場合，養子となる成人は，実父母との親族関係の消滅により実父母との財産に対する権利を放棄し，新しい家族の財産及び債務に対して子としての責任を負うことをあらかじめ明確にしなければならない。

(2)　ミャンマー仏教徒慣習法

　子どもの父母が共に死亡している場合に，その子どもとの養子縁組を禁止する規定は存在していない。

3　保護要件

(1)　父の同意

母が子を養子に提供するには，父の同意を得なければならない。

4 養子の種類

(1) キッティマ (Kittima)

ア　キッティマとは

キッティマは，子に財産を相続させる目的で行われる養子縁組である。この養子縁組が成立するには，当事者双方が養子縁組の効果を意図して行うことが必要とされる。

すなわち，子の実親又はその親族は，子を新しい家族の一員とすることを承知して，養親となる者は，その子に家族の財産を相続することを意図して，この養子縁組を行うことが必要とされる。

イ　キッティマの成立

1941年キッティマ養子登記法（The Registration of Kittima Adoption Act 1941）が制定され，相続においてキッティマの成立が問題となる場合，キッティマの成立が証書により証明されるときは，裁判所はその証書の審理のみを行うこととした。

(2) アパティッタ (Apatittha)

アパティッタは，子が養親の財産を相続しないので，養子縁組の成立には，養親が養子に財産を相続させるという目的が必要とされない。

このアパティッタは，略式の養子縁組である。しかしながら，アパティッタによる養子は，養親の家族の一員となり，家族の子として育てられる。

(3) チャタブハッタ (Chata-Bhatta)

チャタブハッタは，慈悲による養子縁組である。チャタブハッタは，養子となる者の対象が捨て子，貧しい子，病気の子であり，慈悲により行われる養子縁組である。

チャタブハッタによる養子は，家族とともに生活を共にするが，家族の一員とはされず，家族の子として育てられるわけではない。

472　第2編　各　論

5　養子縁組の効力

(1)　キッティマによる養子

　養親にとって唯一の子孫の場合，養親の親族に優先し，養親の財産を単独で相続する。キッティマによる養子縁組の養親が相続により財産を承継したが，その財産の現実の占有を開始する前に死亡した場合，その妻子がその財産の2分の1を相続し，養親の共同相続人が残りの2分の1を相続する。

　キッティマによる養子は，養親の親族の財産を相続することができる。これとは逆にキッティマによる養親の親族は，順位の優先される相続人がいない場合には，その養子の財産を相続することができる。

(2)　アパティッタによる養子

　養子の地位は，キッティマによる養子に比べて低い。

　アパティッタによる養子縁組の養親に実子又はキッティマによる養子がいる場合，アパティッタによる養子は，養親の財産を相続することができない。

　アパティッタによる養子縁組の養親に実子もキッティマによる養子もいない場合，アパティッタによる養子は，養親の財産の2分の1を相続し，残りの2分の1を養親の親族が相続する。

(3)　チャタブハッタによる養子

　養親に実子，キッティマによる養子及びアパティッタによる養子その他直系卑属及び養親の親族がいない場合にのみ，養親の財産を相続することができる。

6　養子縁組の解消

　マヌーチェ（Manugye）は，養子が成年になる前で，実父母がその子の養育費を支払い続けている場合には，実父母が，養子縁組を解消し，子を取り戻すことができる。

　母が父の同意なしに子を養子として提供した場合には，父は養子縁組を解消することができる。

　ミャンマー仏教徒慣習法では，父母は相続人の廃除をすることができないとされており，キッティマによる養子縁組の養親は，養子縁組を解消し，その養

子を相続人から排除できないと考えられる。

しかし，アパティッタ及びチャタブハッタの場合，その養子縁組の目的が，養親の財産を相続させるものではないので，養親は養子縁組の解消をすることができる。

（第6につき，スミス・前掲(447)「同(3)」時報641-56，2009）

第7　身分登録

1　身分登録の組織・機構

ミャンマーでは，国民登録，住民・家族構成員登録が義務付けられている。その他の登録として，婚姻登録が行われている。婚姻登録は，婚姻の成立に必要な要件ではないが，近年では，登録を行う夫婦が多くなっている。

ミャンマーでは，登録を統括する組織はなく，登録に関する機関が独自に行うものとなっている。

2　身分登録の手続・効果

(1)　国民登録

国民登録は，ミャンマー国籍を有する資格のある子が生まれた場合，内務省（The Ministry of Home Affairs）の定める機関において，親又は後見人によって行われる。

登録は，子が10歳になる日から1年以内に行われなければならない（1982年ミャンマー国籍9条）。

ミャンマー国籍を有する資格のある子がミャンマー国外で生まれた場合，内務省の定める大使館，領事館その他の機関において，親又は後見人が登録を行わなければならない。この場合，登録は子の出生から1年以内に行わなければならない（1982年ミャンマー国籍10条）。

(2)　住民・家族構成員登録

1949年ミャンマー連合登録法（Union of Myanmar Registration Act 1949）により，ミャンマー国内に居住する全ての者は，その者の居住する町において，

474　第2編　各　　論

登録をしなければならない。

　登録官は，登録カードを発行し，居住者はそのカードを保管しなければならない。

　また，町の入国・国民登録局（Immigration and National Registration Department）は，1949年ミャンマー連合登録法の規定に従い，各家庭に家族構成簿（family member list）を発行しなければならない。

(3)　婚姻登録

　婚姻登録は，家族登録ということもできる。

　婚姻登録について，婚姻の成立に必要とする法律はなく，婚姻の成立要件とはされていない。婚姻登録は，裁判所において行われ，婚姻の成立要件を満たす男女が宣誓官（oath officer），治安判事又は裁判官の面前で誓いをし，婚姻証明書及び婚姻登録に署名又は指紋押捺を行う。

　婚姻証明書は，婚姻登録簿（the marriage register books）に保管される。

　婚姻登録簿は，婚姻登録を行った裁判所が保管をしなければならない。

　婚姻登録の記載事項は，①婚姻当事者の氏名，②婚姻登録証の番号，③婚姻当事者の年齢，④国籍及び宗教，⑤職業及び住所，⑥父母の氏名及び住所，⑦婚姻の日，⑧2人の証人の氏名，国民登録証の番号，住所及び署名，⑨婚姻当事者の婚姻に立ち会った宣誓官，治安判事又は裁判官の氏名並びに署名及び裁判所の印章，⑩婚姻当事者の署名とされている。

第8　国　　籍

1　二重国籍

　ミャンマーでは，二重国籍は認められていない（市民13条）。

2　ミャンマー国籍の喪失

　国を永続的に離れるか，又は外国の市民権を取得するか若しくは外国の市民として登録されるか，外国の旅券又はそれと類似の証明書を取得した市民は市民でなくなる（市民16条）。

169　ミャンマー　**475**

〔根拠法条〕

市民権法（1982年法律第 4 号）

第 2 章　市民権

第13条

　市民は，その上に外国の市民権を取得してはならない。

第16条

　国を永続的に離れるか，又は外国の市民権を取得するか若しくは外国の市民として登録されるか，外国の旅券又はそれと類似の証明書を取得した市民は市民でなくなる。

476　第2編　各　論

資料169-1〔婚姻要件具備証明書（家族構成一覧表）〕

資料169－1

家屋番号　〇〇
番地
階号　〇〇
部屋番号
建物番号
日付

（FAMILY LIST）
ミャンマー連邦
入国管理局
家族構成一覧表

州／管区 : 〇〇〇〇
市／郡 : 〇〇〇〇〇
町 : 〇〇〇〇〇
審務官 : 〇〇〇〇〇
区 : 〇〇
都 : 〇〇
街 : 〇〇
村 : 〇〇〇〇

番号	氏　名	生年月日			性別		父親の氏名	HEADとの関係	職業	国民登録証明番号			種族	国籍	宗教	備考
		日	月	年	男	女				市号	国民	外国人				
1	2	3	4	5	6	7	8	9	10	11	12	13	14	15	16	17
1	ウ〇ド〇〇イン	〇〇	〇〇	1935	男		ウ〇ン〇〇モン	HEAD	〇〇〇会社	12/〇〇〇（〇〇）〇〇〇			〇〇	ミャンマー	仏教	
2	ド〇ミ〇〇ドン	〇〇	〇〇	1937		女	ウ〇ラ〇〇〇	妻	〇〇〇会社	12/〇〇〇（〇〇）〇〇〇			〇〇	ミャンマー	仏教	
3	ソ〇〇イン	〇〇	〇〇	1959	男		ウ〇ド〇〇イン	息子	－	PZDG－〇〇〇			〇〇	ミャンマー	仏教	
4	モ〇〇〇ンル〇〇〇ン	〇〇	11	1961	男		ウ〇ド〇〇イン	息子	－	PZDG－〇〇〇			〇〇	ミャンマー	仏教	
5	ソ〇〇ミン	〇〇	〇〇	1963	男		ウ〇ド〇〇イン	息子	－	12/〇〇〇（〇〇）〇〇〇			〇〇	ミャンマー	仏教	

合計(5)名
（サイン）
〇〇〇（移民官－〇〇〇）

（サイン）
市長（〇〇〇）
〇〇〇〇市〇〇〇
〇〇〇

資料169－2〔独身証明書〕

資料169-2

（独身証明書）

ミャンマー連邦

〇〇〇〇〇地方裁判所
〇〇〇〇市局

承認番号：〇〇〇／〇〇
発行日：1994年〇月〇日

　私，ウ〇〇〇〇〇ン（ミャンマー連邦公認　公証弁護士）は，ド〇ミ〇〇ドン（ミャンマー国民登録証明書番号：〇〇〇）の息子であるモ〇〇〇ン、ル〇〇〇ンがミャンマー連邦で生まれたミャンマー国民であり，18歳以上の成人独身であること，また，下記のミャンマー国民法の示す要件を備えており，国籍，宗教を問わず結婚をすることができるものであることを証明する。

　Ⅰ　18歳以上の成人であること。
　Ⅱ　未婚（独身）であること。
　Ⅲ　結婚する相手と互いに合意していること。

　上記ミャンマー国民法に相違ないことを証明する。

［公証人］

（サ　イ　ン）

480 第2編 各 論

資料169－3〔婚姻証明書（結婚誓約書)〕

資料169－3

※※/2013
※,7,2013

（シャン州裁判所　タウンジー地区）

ミャンマー連邦共和国
収入印紙
250チャット

結婚誓約書

	新郎		新婦
名前	□□□□	名前	△△△△
国民登録番号	※※※※	国民登録番号	※※※※
年齢	※歳	年齢	※歳
民族/宗教	シャン中国、仏教	民族/宗教	日本、仏教
職業	※※	職業	※※
父の名前	※※※※	父の名前	※※※※
母の名前	※※※※	母の名前	※※※※
住所	ヤンゴン市マハーバンドゥーラ通り※※※※ ※ ※/※番	住所	タウンジー地区ティットー区※※※※ ※番

　2013年7月※日、タウンジー市にて、上記の新郎と新婦は、ミャンマー慣習法に基づき、夫婦として、「結婚誓約書」をかわしました。
　上記の新郎と新婦は、ミャンマーの仏教を信仰しており、未婚でありました。年頃になったため、自分たちの意志で夫婦になり、共に生活することに賛成しました。
　この結婚誓約書を何者かからの勧告、誘惑、惑わせ、非合法な脅しがあったからではなく、自分たちの決定に基づき結びました。
　したがって、今日からミャンマー慣習法の規定によって、結婚して共に生活しますと二人が賛成したことを約束し、下記の立会人の前で署名をし、この結婚誓約書に公式な署名をしました。

□□□□　　△△△△
新郎　　　新婦

誓約者の立会人
1．※※※※（※※※※）
　　タウンジー地区ミョーマ区
2．※※※※（※※※※）
　　タウンジー地区ミョーマ区

　2013年7月※日に、私たちの前で署名し公式に結婚しました。　　（署名あり）
※,7,2013
※※※※
州裁判官
シャン州高等裁判所
和文翻訳　△△△△
（署　名）㊞

170 メキシコ（メキシコ合衆国）

第1 婚 姻

1 婚姻要件具備証明書

駐日メキシコ大使館が発給した婚姻要件具備証明書は，資料170-1（本文506頁）参照（戸籍577-31）。

2 婚姻証明書

メキシコ国メキシコ市身分登録官作成の婚姻証明書（婚姻登録証明書）は，資料170-2（本文508頁）参照。

3 実質的成立要件

(1) 婚姻適齢

男子は16歳，女子は14歳である（民法148条）。

（注）　国連データでは，婚姻適齢は，州によって異なり，26の州は男子は16歳，女子は14歳とし，5つの州は男女とも16歳とし，1つの州は男子は18歳，女子は16歳としている。

(2) 同意を要する婚姻

婚姻当事者が18歳に達していない場合は，その者の親の同意を要する。両親が共に死亡している場合は，父方の祖父母又は母方の祖父母の同意を要する（民法149条）。

父母・祖父母がいない場合は，後見人の同意を要する（民法150条）。

(3) 婚姻障害事由

ア　近親婚の禁止

直系尊属・姻族，兄弟姉妹等間の婚姻は禁止されている（民法156条1項3号・4号）。

イ　治療不能な性交不能，梅毒，狂気及びその他の慢性の治療不能で，同時

に伝染性又は遺伝性の病気である場合（民法156条1項8号）。

ウ　白痴及び心神耗弱（民法156条1項9号）。

エ　重婚の禁止

婚姻の相手が，別の者との婚姻が継続している場合（民法156条1項10号）。

(4)　養親と養子の婚姻の禁止

養親は，養子縁組に基づく法的関係が続く限り，養子及びその卑属と婚姻をすることができない（民法157条）。

(5)　再婚禁止期間

女子は，前婚の取消しの日から300日を経過した後でなければ，再婚をすることができない。ただし，その期間中に出産した場合を除く。

なお，婚姻の無効又は離婚の場合は，上記の期間は，同居が中止された時から起算することができる（民法158条）。

(6)　後見人と被後見人の婚姻の禁止

後見人は，特別許可を得ない限り，その被後見人であった者又は現に被後見人である者と婚姻をすることができない（民法159条）。

4　形式的成立要件

(1)　教会（僧侶）発行の婚姻証明書の有効性

メキシコにおいては，婚姻を規制する法として民法が明らかになっており，民法第146条は，「婚姻は，法が定める吏員の面前において，法が定める形式に従って行われなければならない。」と規定されているが，「法が定める吏員」，「法が定める形式」の詳細について民法は何ら規定していない。しかし，メキシコにおける婚姻の形式的成立要件は，婚姻当事者が居住地の市役所に出頭し，出生証明書等を提出する。1週間程度の審査の後に，市役所に備え付けられている登録簿に婚姻の登録がされる。法律上，婚姻は「登録の日」に成立し，儀式は婚姻の成立要件ではないとされている。

また，婚姻証明書は，通常市長が発行する（婚姻証明書の様式，記載内容については昭和51.12.23民二6471号回答参照）ので，教会発行の婚姻証明書は法

484　第2編　各　　論

的には何らの効力を有しない。

　したがって，教会（僧侶）発行の婚姻証明書は，戸籍法第41条に規定する婚姻証明書の謄本には該当しない（昭和59.12.18民二6668号回答（戸籍490-110））。

5　メキシコ合衆国で成立した旨の婚姻証書が提出された場合の戸籍の記載

　メキシコ合衆国においては，アメリカ合衆国のように州によって法律が異なっていないので州名まで記載する必要はなく，「平成○年○月○日メキシコ国の方式により婚姻成立」（【婚姻の方式】メキシコ国の方式）と記載する（昭和51.12.23民二6471号回答）（戸籍656-48）。

6　婚姻の無効

　人違いによる別人との婚姻，婚姻の意思がない場合や婚姻の相手方についての錯誤，民法第156条に列挙された婚姻禁止の規定に違反して締結した婚姻は，いずれも無効とされている（民法235条）。なお，錯誤による無効の請求は，欺かれた当事者のみがすることができるが，その錯誤を知ったときは直ちに無効の請求をしないと，婚姻に同意したものとみなされ，他に無効の原因がない限り婚姻は継続するものとされる（民法236条）。また，民法第148条の婚姻適齢の規定に違反する婚姻であっても，子が出生した場合，又は男が18歳に達した後，当事者のいずれからも無効の請求がない場合は，婚姻無効の原因ではなくなる（民法237条）。

　血族関係の存在は，婚姻を無効にする。ただし，婚姻後に適用免除を得て，夫婦の双方が婚姻無効の確認後，自発的に戸籍判事宛ての文書により，婚姻の意思を再び明らかにした場合は，その婚姻は有効となり，最初に婚姻を締結した日に遡り全ての効果を持つとされている（民法241条）。

　恐怖と暴力のいずれかが生命，名誉，自由，健康又は財産の相当部分の喪失の危険を意味する場合等の恐怖と暴力は，婚姻無効の原因となる（民法245条）。また，重婚の場合は，再婚する時に存在していた最初の婚姻は，他方の配偶者が死亡したと正当な理由に基づいて信じ，かつ善意に基づいて再婚したときで

も再婚を無効にする（民法248条）。

〔**根拠法条**〕

民法（Código Civil Federal）（2010年1月28日改正）

第5編　婚姻

第2章　婚姻締結の要件

第148条（婚姻適齢）

　　婚姻を締結するためには，男子は16歳，女子は14歳に達していることを要する。連邦直轄地区知事又はその代理人は，重大かつ正当な事由に基づき，年齢制限の適用を免除することができる。

第149条（婚姻の同意）

　　18歳未満の子女が婚姻する場合は，父又は母の，その一方が死亡しているときは，生存する他方の同意を要する。

　　子女が，再婚した母と同居している場合は，母も同意権を有する。

　　父母がいない場合，又は父母の同意を得ることが不可能の場合は，父方の祖父母双方の，又はその一方が死亡している場合は生存している方の同意を要する。

　　父方の祖父母の同意を得ることが不可能な場合は，母方の祖父母の同意を要する。

第150条（同意の代行）

　　父母及び祖父母がいない場合は，後見人の同意を要する。後見人がいない場合は，当該未成年者の居住地域の家庭裁判所裁判官が，同意を代行する。

第156条（婚姻の禁止①）

　　次の障害がある場合は，婚姻を締結することができない。

1　法律で必要とされる婚姻年齢に達し

ておらず，（年齢制限適用の）免除も受けていない場合

2　親権を行使する者，後見人，裁判官の同意がない場合

3　直系血族（親等，嫡出・嫡出でない場合を問わない），全血及び半血の兄弟姉妹，おじ・おばと姪甥

4　全ての直系姻族

5　婚姻しようとする者の間にあった，法的に立証された不貞行為

6　夫婦の一方との婚姻を目的に，他方の殺害を企てた場合

7　暴力又は重大な恐怖（以下，略）

8　治療不可能な性交不能，梅毒，狂気及び慢性的な病気でかつ伝染性又は遺伝性のもの。

9　第450条第2号の障害であること。

10　婚姻しようとしている相手方とは別の者との婚姻が継続していること。

　　前記各号のうち，年齢不足と別系の傍系血族の関係についてのみ適用免除が可能である。

第157条（婚姻の禁止②）

　　養親は，縁組関係の継続中には，養子及びその卑属と婚姻できない。

第158条（再婚禁止期間）

　　女は，その期間中（300日のこと）に出産した場合を除き，前婚の取消しの日から300日を経過した後でなければ，再婚できない。

　　婚姻の無効又は離婚の場合は，上記の期間は，同居が中止された時から起算す

486 第2編 各 論

ることができる。

第159条（婚姻の禁止③）

　後見人は，特別許可を得ない限り，被後見人であった者又は現に被後見人である者と婚姻できない。

　上記の特別許可は，後見の報告書が認可されない限り，関係市町村長によって与えられることはない。

第9章 無効及び違法の婚姻

第235条（無効の原因①）

　婚姻無効の原因は，次のとおりである。

　1 婚姻を締結する相手方についての錯誤。当事者の一方が人違いにより別人と婚姻を締結した場合

　2 第156条に列挙した婚姻障害の規定に違反して婚姻を締結した場合

　3 第97条，第98条，第100条，第102条及び第103条の各条の規定に違反して婚姻を締結した場合

第236条（錯誤による無効の請求）

　錯誤による無効の請求は，欺かれた配偶者のみが行うことができる。ただし，錯誤を知ったときは，直ちに無効の請求をしなければ同意したものとみなされ，他に無効の原因がない限り婚姻は継続する。

第237条（不適齢婚の無効の請求）

　男が16歳未満，女が14歳未満の当事者間の婚姻でも，次の場合には無効の原因ではなくなる。

　1 子が生まれた場合

　2 子が生まれない場合でも，男が18歳に達した後，夫婦のいずれからも無効の請求をしなかった場合

第238条（同意のない婚姻の無効請求）

　尊属の同意のない婚姻の無効の請求

は，その同意権のある尊属から，婚姻の事実を知ってから30日以内に行うことができる。

第241条（無効の原因②）

　血族関係の存在は，婚姻を無効にする。ただし，婚姻後に適用免除を得て，夫婦の双方が婚姻無効の確認後，自発的に戸籍判事宛ての文書により，婚姻の意思を再び明らかにした場合は，その婚姻は有効となり，最初に婚姻を締結した日に遡り全ての効果を持つ。

第245条（無効の原因③）

　恐怖と暴力は，次の場合に婚姻無効の原因となる。

　1 恐怖と暴力のいずれかが生命，名誉，自由，健康又は財産の相当部分の喪失の危険を意味する場合

　2 恐怖又は暴力が配偶者か，又は婚姻の締結時の配偶者の親権者か後見人に対してなされた場合

　3 恐怖又は暴力が婚姻の締結の時にあった場合

　この条の原因による婚姻無効の請求は，恐怖又は暴力が止んだ日から60日間にのみ行うことができる。

第248条（無効の原因④）

　再婚する時に存在していた最初の婚姻は，たとえ，他方の配偶者が死亡したと正当な理由に基づいて信じ，かつ善意に基づいて再婚した場合でも再婚を無効にする。

　この原因に基づく婚姻無効の請求は，最初の婚姻のときの配偶者，その子又はその相続人及び再婚のときの夫婦双方が行うことができる。以上の者が請求をしないときは，検察官が行う。

170　メキシコ　487

〔先判例要旨〕

◎　メキシコ法上は重婚を当然無効としていると解されるので，日本人男と
　メキシコ人女の重婚について身分関係を整序する必要はない。
　　日本人男とメキシコ人女の重婚中に出産した子は，嫡出でない子である。
　　　　　　　　　　　　　　　　　　　　（昭和47.11.13民事五発952号回答）

◎　日本人男からメキシコ人女と同国の方式により婚姻した旨のメキシコ国
　ハリス州トラナ町発行の婚姻証明書を添付して申出があった場合には，戸
　籍法第41条に規定する証明書として取り扱って差し支えない。
　　　　　　　　　　　　　　　　　　　　（昭和51.12.23民二6471号回答）

◎　日本人男とメキシコ人女がメキシコ国で婚姻した旨の教会発行の婚姻証
　明書は，戸籍法第41条に規定する婚姻証明書として取り扱うことは相当で
　ない。　　　　　　　　　　　　　　　　　（昭和59.12.18民二6668号回答）

第2　離　　婚

1　離婚の成立要件

(1)　離婚原因

　夫婦間において配偶者の一方の姦通，治療不可能な精神障害，虐待，正当な
理由がない別居及び失踪宣告等の事由がある場合は，離婚原因となる（民法
267条）。

　また，治療不可能な精神障害を理由とする場合には，精神障害を発病してか
ら2年を経過した後でなければ，離婚の請求をすることができない（民法271
条）。

(2)　同意による離婚

　配偶者の双方が成年に達しており，かつ，子がない場合は，双方が離婚に同
意しているときは，居住地区の戸籍原簿判事の前に出頭して上記の要件事実を
明示し，離婚する意思を言明する。判事は，この請求を確認するため，15日後
に再度当事者の出頭を求めた上で離婚を宣言し，婚姻に関する記録に関連の事
項を記載することによって離婚することができる（民法272条）。

488　第2編　各　　論

　ただし，合意による離婚は，婚姻後1年を経過した後でなければならない（民法274条）。

　なお，夫婦間に子があるなどの理由によって同意によって離婚することができない当事者は，民事訴訟法の規定に基づき離婚することができる。

(3)　裁判離婚

　配偶者の一方が不当な，又は不十分な理由に基づいて離婚又は婚姻の無効を請求した場合には，他の一方の配偶者は，裁判所に離婚を請求することができる（民法268条）。

2　離婚証明書

　メキシコ国アグアスカリエンテス州アグアスカリエンテス市身分登録官作成の離婚証明書（離婚登録証明書）は，資料170-3（本文510頁）参照。

〔根拠法条〕

民法（2010年1月28日改正）

第5編　婚姻

第10章　離婚

第267条（離婚原因）

　離婚原因は，次のとおりである。

1　配偶者の一方の姦通

2　妻が婚姻前に懐胎した子を婚姻後に出産し，かつ，その子が裁判において嫡出でない子と認定された場合

3　夫が妻に対し売春行為を唆した場合。その場合，夫が直接に唆しを行ったときのみならず，夫が，他人が自分の妻と肉体関係を持つことを許容するという明白な目的をもって，夫が金銭又はあらゆる種類の報酬を受領したことが証明されたときをも含む。

4　配偶者の一方が他方に対して暴力をもって犯罪を犯すことを唆した場合

5　夫又は妻による，子を堕落させる目的で行われる不道徳行為及び子の堕落の許容

6　梅毒，結核又は慢性及び治療不可能でかつ伝染性若しくは遺伝性の疾病に罹患していること，及び婚姻後に生じた治療不可能な性交不能

7　治療不可能な精神障害に罹患している場合

8　正当な理由のない，6か月以上にわたる夫婦の別居

9　夫婦の別居が，離婚の請求をするのに十分と認められる理由に基づいている場合で，その別居が1年以上続き，かつ，一方の配偶者が離婚の請求をしない場合

10　失踪宣告及び同宣告が必要とされない例外的な場合における死亡推定の宣

告

11　配偶者の一方の他方に対する虐待，威嚇及び重大な侮辱

12　配偶者による義務（164条―家庭の経済的維持，子の扶養等に関する夫婦の協力義務）の不当な不履行，（以下，略）

13　配偶者の一方の，他方に対する２年以上の禁錮に相当する罪を犯したとする中傷告発

14　配偶者の一方が，政治犯罪以外の，２年以上の禁錮に相当する不面目な罪を犯した場合

15　賭博又は飲酒，麻薬の不当かつ執拗な習慣で，家庭の破壊を招くおそれがあり，かつ継続的な夫婦の不和の原因となっている場合

16　配偶者の一方が，他方の身体又は財産に対し，法律上１年以上の禁錮に相当する罪を犯した場合

17　当事者双方の合意

18～20　（略）

第268条（裁判離婚）

　配偶者の一方が，正当でない，又は不十分な理由に基づいて離婚又は婚姻の無効を請求した場合に，他方は離婚を請求することができる。

　その場合，最終の判決の通告がされてから３か月以前には前記の請求はできない。

　前記の３か月の期間中，両配偶者は同居の義務はない。

第272条（同意による離婚）

①　配偶者双方が，離婚に同意し，次の要件を備えるときは，両者の居住地区の戸籍原簿判事の前に出頭して，これらの要件事実を明示し，決定的かつ明白に，離婚する意思を表明する。

(a)　双方が成年に達していること。

(b)　子がいないこと。

(c)　婚姻の際に同意した夫婦間の共同生活を清算したこと。

②　戸籍原簿判事は，双方の人定証明の後，離婚の請求がされたことを明記した記録を作成し，両者に対し，その請求を確認するため15日後に出頭するよう命令する。

　配偶者双方がその確認を行った場合は，戸籍原簿判事は離婚を宣言し，その趣旨の記録を作成し，婚姻に関する記録に関連の事項を記入する。

③　前項までの手続による離婚も，第１項の(a)から(c)号の要件を欠くことが立証された場合は，法的効果を持たない。

④　本条前段の規定に適合しない配偶者は，双方の合意により民事訴訟法の規定に基づき，該当の判事の前に出頭することにより離婚することができる。

第273条（裁判離婚の手続）

　第272条の最終の項〔第４項〕の場合に合致する配偶者は，次の点を明らかにした取決めを裁判所に提出する義務を負う。

1　手続の進行中及び離婚後，子を委託する人の指名

2　手続の進行中及び離婚後，子の生活に必要な援助の方法

3　手続の進行中，各々の配偶者の住居

4　配偶者の一方が他方に対し，手続の進行中に扶養料の名目で支払う金額，支払の方法及び支払確保のための保証

5　手続の進行中の夫婦の共同生活の財

産の管理方法及び離婚後の上記共同生活の清算の方法並びに清算人の指名

第274条（同意による離婚の請求時期）

共同の合意による離婚は，婚姻後1年を経過した後でなければ請求できない。

〔先判例要旨〕

◎　メキシコ共和国の裁判所がした離婚判決について，同国駐在米国副領事の判決文証明書を添付して夫の本籍地市町村長に離婚届がされた場合，便宜，協議離婚届として受理して差し支えないとされた事例

（昭和38. 5. 29民事甲1561号回答）

◎　メキシコ共和国でアメリカ人夫と日本人妻との離婚判決がなされ，原告である夫から離婚判決書の写が送付されたが，該裁判が夫の所属州法上離婚原因に該当するか否かが明らかでないとの理由等により，日本人妻の戸籍に離婚の記載をすべきでないとされた事例〔昭和51. 1. 14民二280号通達で，外国離婚判決の承認についての解釈が変更された〕

（昭和45. 1. 13民事甲15号回答）

◎　メキシコ共和国の裁判所の離婚判決が，日本人である被告について訴訟開始に必要な呼出手続を公示送達のみでされたとして，その効力を承認しなかった事例　　　　　　　　　　（昭和46. 12. 17東京地判・認容）

◎　メキシコ民法を適用してメキシコ共和国人夫と日本人妻との間に調停離婚を成立させ，調停条項中に「本調停は日本国家事審判法第21条により確定判決と同一の効力を有するものである。」旨を記載した事例

（昭和49. 8. 13東京家裁・調停成立）

第3　出　　生

1　出生子の身分

婚姻外で生まれた子と母との親子関係は，出産の事実だけで成立するとしているので（民法360条），母からの認知を待つまでもなく，生来的に母子関係は成立する（戸籍635-41）。

メキシコの民法は，婚姻の締結後180日以後に生まれた子及び婚姻の解消後300日以内に生まれた子は，夫婦間の子と指定されると規定されている（民法324条）。また，婚姻前に夫が妻の妊娠を知っていたことが証明された場合等には，夫は婚姻後180日以内に出生した子を認知しなければならないとされている（民法328条）。これらの規定から，子が夫婦の婚姻前に出生している場合には，嫡出親子関係は成立しない。

さらに，再婚禁止期間に違反して女性が婚姻した場合は，最初の婚姻の解消から300日以内，第2の婚姻から180日以内に出生したときは，最初の婚姻の子として，子が第2の婚姻から180日以後に出生したときは，最初の婚姻の解消から300日以内でも第2の婚姻の子と推定される。

なお，メキシコ民法には，認知に関する規定（第7編第3章以下）が存在することから，事実主義による法律上の父子関係は認められていないものと思われる（時報442-68，1994）。

出生証明書に父の名が記載されている場合は，父の認知は必要としない（民法356条2項）。

2　国籍留保届

メキシコは，生地主義国であり，メキシコ国内において出生した事実によって，同国の国籍を取得する（憲30条(A)1）。

したがって，日本人夫婦又は夫婦の一方が日本人の子がメキシコ国内で出生した場合は，出生の日から3か月以内に国籍留保届をしないと日本国籍を喪失する（日国12条）。

また，補足的に血統主義を採用し，メキシコ以外の外国で出生した子は，父又は母がメキシコ国内で生まれたメキシコ人である等の場合は，メキシコ国籍を取得する（憲30条(A)2・3）。

3　日本の戸籍法第62条の出生届

メキシコは，「第4　認知・準正」で後述するように，準正が認められているので，日本人とメキシコ人の出生子について，日本の戸籍法第62条の嫡出子

492　第2編　各　　論

出生届をすることはメキシコ法上も有効と解される。

4　出生場所の記載

(1)　行政区画

メキシコは，31の州（**注1**）と1つの連邦区（メキシコ市）（**注2**）から構成されている。

> （**注1**）　州は，アグアスカリエンテス州，バハ・カリフォルニア州，バハ・カリ
> フォルニア・スル州，カンペチェ州，チアパス州，チワワ州，コアウイラ
> 州，コリマ州，ドゥランゴ州，グアナフアト州，ゲレーロ州，イダルゴ州，
> ハリスコ州，メヒコ（メキシコ）州，ミチョアカン州，モレロス州，ナヤ
> リット州，ヌエボ・レオン州，オアハカ州，プエブラ州，ケレタロ州，キ
> ンターナ・ロー州，サン・ルイス・ポトシ州，シナロア州，ソノーラ州，
> タバスコ州，タマウリパス州，トラスカラ州，ベラクルス・ジャーベ州，
> ユカタン州，サカテカス州である。
>
> （**注2**）　首都のメキシコシティは，どこの州にも属さない連邦区（Distrito
> Federal）とされている。
> 　また，「メキシコ市」という場合，厳密には，連邦特別区のことを指し，
> メキシコ市首都圏とは区別しなければならない。1970年の新連邦区庁基本
> 法により「連邦特別区＝メキシコ市」とする行政上の定義が明文化されて
> いる（幡谷則子『ラテンアメリカの都市化と住民組織』58頁（古今書院，
> 1999））。

(2)　戸籍の記載

「メキシコ国メキシコ市で出生」（【出生地】メキシコ国メキシコ市），「メキシコ国オアハカ州オアハカ市で出生」（【出生地】メキシコ国オアハカ州オアハカ市）と記載する。

5　出生証明書

メキシコ国メキシコ市身分登録官作成の出生証明書（出生登録証明書）は，資料170-4（本文512頁）参照。

〔根拠法条〕

憲法（メキシコ憲法第30条，第32条及び第37条を改正する大統領令により1997年3月20日改正，1998年3月20日施行（経過規則により，1993年6月21日連邦官報に掲載された国籍法は廃止されるとともに本法に背反するあらゆる規定も廃止される），2010年改正）

第1編

第2章　メキシコ人

第30条　メキシコ国籍は，出生又は帰化により取得される。

(A)　次のいずれかに該当する者は，出生によるメキシコ人である。

1　父母の国籍のいかんを問わず，メキシコ国の領域において生まれた者

2　外国において生まれた者で，父母が共に国内で生まれたメキシコ人であるとき，父が国内で生まれたメキシコ人であるとき又は母が国内で生まれたメキシコ人であるとき。

3　外国で生まれた者で，父母が共に帰化によるメキシコ人であるとき，父が帰化によるメキシコ人であるとき。

4　軍事用又は商業用のいかんを問わず，メキシコの船舶上又は航空機上で生まれた者

(B)　（略）

（民月54-5-87参照）

民法（2010年1月28日改正）

第7編　父及び親子関係

第1章　婚姻による子

第324条（嫡出子）

次の子は，夫婦の子と推定される。

1　婚姻後180日以後に生まれた子

2　婚姻解消後300日以内に生まれた子（婚姻の解消が，婚姻の無効，夫の死亡又は離婚のいずれによるかは問わない）。上記の期間は，無効又は離婚の場合は，裁判官の命令により事実上の別居が始まった時から起算する。

第325条（嫡出推定の排除）

以上の推定に対する反証は，出生に先立つ300日のうちの最初の120日間，夫が妻との肉体関係を持つことが不可能だったとの証拠以外は受け入れられない。

第328条（夫の認知義務）

夫は，次の場合，婚姻の締結後180日以内に生まれた子を認知しないことはできない。

1　婚姻前に自分の将来の妻が妊娠していたことを知っていたことを立証された場合。その場合，書面の証拠を必要とする。

2　出生届の提出に際し，届を夫が署名し，かつ署名できないとの趣旨の申立てを行っている場合

3　妻の子を明白に自分の子として認めた場合

4　子が生きていくことが不可能な状態として生まれた場合

第334条（子の父の推定）

寡婦，離婚した女又は婚姻の無効を宣告された女が，第158条の規定する禁止期間内に新たな婚姻を締結した場合は，新たな婚姻が締結された後に生まれた子の嫡出は，次の規則により定める。

1　子が，最初の婚姻の解消から300日以内に，かつ2番目の婚姻の締結から

494 第2編 各 論

180日以前に生まれた場合は，その子
は最初の婚姻の子と推定される。
2 子が2度目の婚姻の締結から180日
以後に生まれた場合は，その出生が最
初の婚姻の解消から300日以内のとき
でも，その子は2度目の婚姻の子と推
定される。
　　前2号の（本号も含む）の規定によ

る推定を否定するものは，その子がそ
の親のものであり得ないことを物理的
に明白に証明しなければならない。
3 子は，2度目の婚姻の締結から180
日経過以前に，かつ最初の婚姻の解消
から300日以後に出生した場合は，嫡
出でない子とみなされる。

〔先判例要旨〕

◎ 在外公館から送付された国籍留保の意思表示のある出生届が，戸籍法第
52条第1項又は第2項に規定する者以外からされている場合は，同規定に
該当する者の意思による届出であるか否かを在外公館において調査した上，
その者の意思による届出であれば，戸籍法第24条第2項の規定によって届
出人の資格氏名を訂正し，その者の意思による届出でなければ事件本人の
戸籍の記載を消除するとされた事例　　　（昭和39.3.6民事甲554号回答）

◎ 米国において離婚したメキシコ人夫と日本人妻（日本在住）との間の婚
姻前に出生した子（米国籍，日本在住）について，日本人妻から親権者指
定の申立てがされた事案について，前提問題としての親子関係の存否につ
いて，法例第18条（通則法29条）の類推適用によりメキシコ法，日本法，
米国法をそれぞれ適用してこれを肯定し，準正の問題について，法例第17
条（通則法28条）に準じメキシコ法を適用して子は嫡出子である身分を取
得したものとした上，法例第20条（平成元年法律27号により21条に改めら
れた。通則法32条）によりメキシコ法を適用して親権者を母と指定した事
例　　　　　　　　　　　　　　　　　　　（昭和62.5.27静岡家審・認容）

第4 認知・準正

1 認知制度

メキシコは，事実主義ではなく，認知主義を採用している（民法354条〜356

条)。

2 任意認知及び裁判認知

嫡出でない子の親子関係は，母との関係については出生の事実で母子関係が成立し，父との関係については任意認知及び父子関係を認める判決によってのみ父子関係が成立する（民法360条）。

3 認知の成立要件

(1) 実質的成立要件

認知成立の実質的要件は，次のとおりである。

ア　認知の要件

婚姻を締結するために必要な年齢（男子は16歳，女子は14歳）に，認知しようとする子の年齢を足した年齢の者は，嫡出でない子を認知することができる（民法361条）。

イ　父母による認知

両親は，嫡出でない子を同時に又は別個に認知できる（民法365条）。

両親の一方による認知は，その一方についてのみ効力がある（民法366条）。

ウ　子が死亡後の認知

死亡した嫡出でない子に胎児及び卑属がある場合には，嫡出でない子が死亡した後でも認知することができる（民法364条）。

エ　未成年者による認知

認知をする者が未成年者の場合は，親権を行使する者又は後見人等の許可がなければ認知することができない（民法362条）。

オ　配偶者の同意

配偶者は，他の一方の配偶者の同意がなくても，その婚姻前の出生子を認知することができる（民法372条）。

カ　父母死亡後の認知

父子関係又は母子関係存在の調査は，両親が生存している間にだけ行う

496 第2編 各 論

ことができる。子が未成年者のうちに両親が死亡した場合は，子が成年に
達してから4年以内にこの調査を行わなければならない（民法388条）。

(2) 保護要件

ア 認知される者の同意

成年に達した子については，その子の同意がなければ認知することがで
きない。また，未成年の子については，後見人の同意がなければ認知する
ことができない（民法375条）。

イ 母の同意

母の同意を得ないで認知した場合に，母が認知に反対したときは，認知
はその効力を失う（民法379条）。

(3) 形式的成立要件

認知は，戸籍原簿判事に提出する出生証明書及び特別証明書によって行うか，
公正証書，遺言又は直接かつ明白な法律上の告白によって行わなければならな
い（民法369条）。

4 準正の成立要件

(1) 実質的成立要件

ア 婚姻準正及び認知準正

両親の婚姻前に生まれた子は，両親が婚姻の締結前，婚姻締結の時又は
婚姻中に認知をすれば，婚姻中に生まれた子とみなされる（民法354条・
355条）。

また，認知が両親の婚姻の後で行われた場合でも，子は両親の婚姻の時
から嫡出子の身分を取得する（民法357条）。

イ 子が死亡後の準正

両親の婚姻前に生まれた子が死亡した場合，その子に卑属がいるときは，
両親が婚姻することによって，婚姻中の子とみなされる（民法358条）。

ウ 胎児の準正

父が婚姻の際に，母が妊娠している子を認知することによって，胎児は
出生によって嫡出子の身分を取得する（民法359条）。

(2) 形式的成立要件

出生証明書に父及び母の名が記載されていれば，準正子と認められる（民法356条）。

〔根拠法条〕

民法（2010年1月28日改正）
第7編　父及び親子関係
第3章　認知
第354条（準正①）
　　婚姻前に生まれた子は，出生後に父母が婚姻したときは，婚姻から生まれた子とみなされる。
第355条（準正②）
　　子が前条の権利を得るためには，父母は婚姻前，婚姻の時あるいは婚姻中に，父母双方が同時に又は別個に，認知しなければならない。
第356条（準正の方法）
① 子が，父に認知され，出生証明書に母の名が明記されている場合は，認知が法的効力を持つためには，母の明示の認知を要しない。
② 同様に，出生証明書に父の名が明記されている場合は，父の認知は要しない。
第357条（準正③）
　　認知が後で行われても，子は父母の婚姻の日から全ての権利を得る。
第358条（子死亡後の準正）
　　父母の婚姻前に死亡した子は，卑属がある場合，第354条に規定する権利を得ることができる。
第359条（胎児の準正）
　　父が婚姻の際に母が懐胎している子を認知し，又は母が懐胎していればそれを認知する旨公言した場合は，その胎児も

第354条に規定する権利を得る。
第4章　婚姻外で生まれた子の認知
第360条（認知）
　　婚姻外で生まれた子の親子関係は，
(a) 母との関係は，出生の事実だけで成立する。
(b) 父との関係は，父の自発的な認知又は父子関係を認める判決によってのみ成立する。
第361条（認知者の年齢要件）
　　婚姻するために必要とされる年齢に，認知しようとする子の年齢を足した年齢の者は，子を認知できる。
第362条（未成年者による認知）
　　未成年者は，親権者，後見人又はそれがいない場合は，司法当局の許可なしに，子を認知することはできない。
第364条（死亡子の認知）
　　胎児及び卑属を残して死亡した子を，認知することができる。
第365条（父母の認知①）
　　父母は，子を同時に又は別個に認知することができる。
第366条（父母の認知②）
　　父母の一方による認知は，その一方についてのみ効力があり，他方については効力がない。
第369条（認知の方式）
　　婚姻外で生まれた子の認知は，次のうちいずれかによって行わなければならな

い。

1 戸籍原簿判事に対して提出する出生証明書によって行う。

2 上記と同じ判事に対して提出される特別証明書によって行う。

3 公正証書によって行う。

4 遺言によって行う。

5 直接かつ明白な法律上の告白によって行う。

第372条（配偶者の同意）

配偶者の同意なしに，婚姻前にもうけた子を認知することができる。

ただし，配偶者の同意なしに，その子を婚姻の家庭に同居させることはできない。

第375条（成年の子の認知）

成年に達した子は，その同意なしに認知することはできない。

未成年の子は，後見人がいる場合は後見人の，いない場合は裁判官が特別に任命する後見人の同意なしに認知することはできない。

第379条（母の同意）

母が，その同意なしにされた認知に反対した場合は，認知は効力を失う。

その父子関係については，当該の裁判により解決される。

第388条（父母死亡後の認知）

父子関係又は母子関係の調査は，父母が生存中にだけできる。

子が未成年である間に父母が死亡した場合は，子は成年に達してから4年以内に，この調査を行うことができる。

〔先判例要旨〕

◎ 日本人夫，メキシコ人妻間の婚姻前の出生子について，日本人夫からされた認知届を受理して差し支えないとされた事例

(昭和50. 2. 7民二670号回答)

第5 養子縁組

1 根拠法

根拠法は，「民法」（Código Civil）及び「民事訴訟法」（Código de Procedientos Civils）である。

2 実質的成立要件

(1) 養親の要件

25歳以上で結婚をしていない者は，十分な資力を要すること等の要件を備え

ている場合は，未成年者及び成年である無能力者を養子にすることができる。ただし，養子が無能力者の場合，養親は養子より17歳以上年長でなければならない（民法390条）。

(2) 夫婦共同縁組

夫婦による共同縁組については，規定されていない。

夫婦が共同で縁組をする場合は，養子となる者を自らの子とみなすことに同意することによって養子縁組は成立する。なお，夫婦の一方が，民法第390条で定める25歳に達していない場合でも，夫婦のいずれか一方と養子との年齢の差が少なくとも17歳以上であるときは，養子縁組をすることができる（民法391条）。

(3) 複数の者による養子縁組の禁止

夫婦による養子縁組の場合を除き，複数の者が養親になることはできない（民法392条）。

3 保護要件

(1) 養子の同意

養子が12歳以上である場合は，その者の同意を要する（民法397条）。

（注）　従前は，14歳以上とされていた。

(2) 親権者等の同意

養子の親権者又は後見人等の同意を要する（民法397条）。

(3) 裁判所の関与

養子縁組には，裁判所が関与する。

4 養子縁組の手続

(1) 後見人と被後見人間の養子縁組

後見人は，後見に関する報告書が最終的に承認された後でなければ，被後見人を養子とすることはできない（民法393条）。

(2) 養子縁組の記録

養子縁組を認可した裁判官は，養子縁組決定書の複写を居住地の戸籍原簿判

500 第2編 各 論

事に送付し，戸籍原簿判事は，関連の証書を作成する（民法401条）。

5 養子縁組の効力

(1) 一般的効力

　養親は養子に対し，養子の実父母が有していたのと同様の権利を有し，義務を負う。養子は，養親との関係において，養親の実子と同様の権利を有し，義務を負う。ただし，養子縁組から生ずる親族関係は，婚姻の障害に関する部分を除き，養親と養子間に限られる（民法402条）。

　さらに，養子に対する親権は，養親が養子の実親とのいずれかと婚姻している場合を除き，養親に移転する（民法295条・395条・396条・402条〜404条）。なお，親権は養親のみが行使する（民法419条）。

(2) 実父母との関係

　実父母との関係は，親権を除き，消滅しない（民法403条）。

(3) 養子の氏

　養親は，養子に養親の氏を与えることができる（民法395条2項）。

(4) 養子縁組の効力発生時期

　養子縁組は，養子縁組を認可する司法当局の決定により，執行命令がされた時に効力が発生する（民法400条）。

6 ハーグ国際養子縁組条約

　1994年（平成6年）批准

〔根拠法条〕

民法（2010年1月28日改正）
第6節　親族と扶養
第1章　親族
第295条（縁組の効力①）
　民事親族関係は，縁組により養親と養子との間にのみ存在する。
第5章　養子

第390条（養子縁組の要件）
　25歳以上で，結婚しておらず，その権利を自由に行使できる者は，次の場合に，1人以上の未成年者，又は成年であっても1人の無能力者を，その無能力者より17歳以上年長である場合，養子にすることができる。

1 養子にしようとする者の状況に応じ，自らの子のように，未成年者の場合は，その衣食と教育を提供し，無能力者の場合は，その世話と衣食の提供ができるだけの十分な資力を持つこと。

2 養子にすることが，養子になろうとする者にとって恩恵を意味すること。

3 養親が，善行の人であること。

社会的な状況によりそれが望ましいとみなされる場合は，裁判官は，2人以上の無能力者又は未成年者と無能力者を同時に養子にすることを許可することができる。

第391条（共同縁組と年齢差）

夫婦は，養子となる者を自らの子とみなすことに同意し，また，夫婦の一方のみが前条の必要な年齢（25歳）に達していない場合でも，他方が養子となる者との年齢差が17歳以上であれば，養子縁組をすることができる。

第392条（複数縁組の禁止）

第391条の場合を除き，何人も1人以上の養子となることはできない。

第393条（後見人の縁組）

後見人は，後見に関する報告書が最終的に承認された後でなければ，被後見人を養子とすることができない。

第395条（縁組の効力②）

① 養親は，養子に対し，その実親と同様の権利と義務を有する。

② 養親は，養子に姓名を与え，養子証明書にその記載をすることができる。

第396条（縁組の効力③）

養子は，養親との関係において，実子と同等の権利と義務を有する。

第397条（縁組の同意①）

縁組するためには，それぞれの場合に次の者の同意を要する。

1 養子にしようとする者の親権者

2 養子にしようとする者の後見人

3 親権者も後見人もいない場合，6か月間，養子にしようとする者を受け入れ，自分の子のように扱った人

4 養子にしようとする者が，両親も，後見人も明白に保護し，自らの子として受け入れている人もいない場合，その居住地の検察官

養子にしようとする者が，12歳以上の場合は，本人の同意も必要とする。

第398条（縁組の同意②）

後見人又は検察官が養子縁組に同意しない場合は，その根拠となる理由を述べなければならない。裁判官は，当該未成年者又は無能力者の利益を考慮し，その理由に関し判定を下す。

第399条（縁組の手続法規）

養子縁組の手続は，民事訴訟法に定める。

第400条（縁組の成立時期）

縁組を認可する司法当局の決定により執行命令がされたとき，縁組は直ちに成立する。

第401条（縁組の証書）

縁組を認可した裁判官は，前条の縁組決定書の複写を居住地の戸籍原簿判事に送付する。

戸籍原簿判事は，関連の証書を作成する。

第402条（縁組の効力④）

縁組から生ずる権利義務及び親族関係は，婚姻障害に関する事項を除き，養親と養子にのみ生ずる。

第403条（縁組の効力⑤）

　　自然の親族関係に基づく権利義務は，親権を除き，縁組によって消滅しない。

　　親権は，養親が養子の実親と婚姻している場合を除き，養親に移転し，養親夫婦によって行使される。

第404条（縁組の効力⑥）

　　縁組は，養親に子が生まれた場合もその効果を生ずる。

第6　養子縁組の撤回

1　養子縁組撤回の要件

　養子離縁は制度として認められておらず，養子縁組の撤回が認められているだけである。

(1)　養子縁組に対する反論

　養子になった未成年者又は無能力者は，成年に達した年の次の年までに，又は無能力の状態が解消した日から1年以内であれば，養子縁組に対し反論することができる（民法394条）。

(2)　養子縁組撤回の原因

　養子が成年に達した後に，養親と養子縁組を撤回することに同意した場合，又は養子の忘恩行為があった場合は，養子縁組は撤回される。また，養子が未成年の場合は，当該養子縁組に同意した者の意見を聴取して養子縁組を撤回することができる（民法405条）。

(3)　養子縁組の撤回の決定

　裁判官は，養子縁組の撤回が自発的にされたものであり，かつ，撤回することが養子の利益に合致すると認めたときは，養子縁組の撤回を決定する（民法407条）。

(4)　養子縁組の記録の抹消

　養子縁組の撤回が決定されると，戸籍原簿判事に通報され，同判事によって養子縁組の記録は抹消される（民法410条）。

2　養子縁組撤回の効力

(1)　一般的効力

養子縁組撤回の決定があると，養子縁組は無効になり，全てのことが養子縁組が締結される前の状態に戻る（民法408条）。

(2)　養子の忘恩行為による養子縁組撤回の効力発生時期

養子の忘恩行為によって養子縁組が撤回された場合には，忘恩行為がされた時点から養子縁組は効力を失う（民法409条）。

〔根拠法条〕

民法（2010年1月28日改正）

第5章　養子

第394条（縁組に対する反論）

養子になった未成年者又は無能力者は，成年に達した次の年以内に，又は無能力の状態が解消した日から1年以内に，縁組を反論することができる。

第405条（縁組の撤回原因）

次の場合に，縁組を撤回できる。

1　養子が成年に達している場合で，養親と養子が撤回に同意している場合

養子が未成年の場合は，その住所が知れているときは第397条の規定する同意権者の意見を，いないときは検察当局の代表者及び後見審議会の意見を聴取するものとする。

2　養子の忘恩行為があった場合

第406条（養子の忘恩行為）

前条の第2号に関し，次の場合，養子は忘恩行為があったとみなされる。

1　養親，その配偶者，その尊属あるいは卑属の身体，名誉又は財産に対し故意の罪を犯した場合

2　養子が，養子自身，その配偶者，その尊属又は卑属に対してなされた犯罪を除き，養親に対し，立証されているとはいえそれが犯した何らかの罪に関し，告発又は告訴をした場合

3　貧窮に陥った養親を扶養することを養子が拒んだ場合

第407条（縁組撤回の決定）

第405条第1号の場合，裁判官は，撤回の要請が自発的にされたものであることを確認し，かつ，撤回が養子の道徳的物質的利益に合致すると認めるときは，縁組の撤回を決定するものとする。

第408条（縁組撤回の効力）

裁判官の縁組撤回の決定は，縁組を無効にし，縁組前にあった状態に戻す。

第409条（撤回の効力発生時期）

第405条第2号の場合，司法当局の縁組撤回の決定が後にされた場合であっても，養子縁組は忘恩行為がされた時から効力を失う。

第410条（縁組記録の抹消）

裁判官による縁組撤回を認可する決定は，居住地の戸籍原簿判事に通報され，同判事は，縁組の記録を抹消する。

504　第2編　各　　論

第7　親　　権

1　両親が同居しており，婚姻外で生まれた子を認知した場合

両親は，共に親権を行使する（民法415条）。

2　同居していない父又は母が，同時にその子を認知した場合

父と母は，どちらが子の保護を行うかにつき同意するものとし，同意しな
かったときは，居住地の家庭裁判所の裁判官が，両親と検察官の意見を聴取し
た上で，子の利益に適うと考える措置を決定する（民法380条）。

3　認知が別居している両親によって，別個に相次いで行われた場合

両親の間に別段の合意がない限り，最初に認知を行った方の親が子の保護を
引き受けるものとされている（民法381条）。
（第7につき，戸籍635-41）

〔**根拠法条**〕

民法（2010年1月28日改正）
第4章　婚姻外で生まれた子の認知
第380条（同時に認知された子の保護者）
　　同居していない父と母が，同時にその
子を認知した場合は，どちらが子の保護
を行うかにつき同意するものとする。同
意しなかったときは，居住地の家庭裁判
所の裁判官が，父母と検察官の意見を聴
取し，子の利益に最もふさわしいと考え
る措置を決定する。
第381条（別個に認知された子の保護者）
　　認知が，別居している父母によって別
個に相次いで行われた場合は，父母の間
に別段の合意がない限り，また居住地の
家庭裁判所の裁判官が，利害関係者と検
察官の意見を聴取した後，その合意を改

正する必要があると認めない限り，最初
に認知を行った方の親が子の保護を引き
受けるものとする。
第8編　親権
第1章　子に関する親権の効果
第414条（親権者）
　　婚姻によって生じた子に対する親権
は，次の者によって行使される。
　1　父と母
　2　父方の祖父母
　3　母方の祖父母
第415条（婚姻外の子の親権者）
　　父母が同居しており，婚姻外で生まれ
た子を認知した場合は，父母は共に親権
を行使する。別居しているときは，第
380条及び第381条の規定が準用される。

第416条（一方の親による親権の行使）

　第380条及び第381条に例示する場合については，父母のいずれか一方が何らかの理由により親権を行使しなくなったときは，他の一方の親が親権を行使する。

第417条（一方の親による婚姻外の子に対する親権の行使）

　婚姻外で生まれた子の同居している父母が別居した場合でも親権を行使し続ける。この点に関し，父母が同意しないときは，裁判官が指名する父母のいずれか

が，子の利益に常に留意しつつ，親権を行使する。

第418条（父母がいない場合の親権）

　父母がいない場合は，第414条第2号，第3号に定めるその他の尊属が，家庭裁判所裁判官が状況を考慮し定める順序に従い親権を行使する。

第419条（養子の親権者）

　養子に対する親権は，養親のみが行使する。

第8　死　　亡

1　死亡証明書

　メキシコ国メキシコ市身分登録官作成の死亡証明書（死亡登録証明書）は，資料170－5（本文514頁）参照。

資料170-1 〔婚姻要件具備証明書〕

SERVICIO EXTERIOR MEXICANO
CERTIFICADO A PETICION DE PARTE

FORMA 101

DERECHOS : ¥ 2,109　　　　NO. DE ORDEN ___5___

SECRETARÍA
DE
RELACIONES EXTERIORES
EMBAJADA DE MEXICO
SECCION CONSULAR

EL SUSCRITO, (　氏　　　　名　), CONSUL ENCARGADO DE LA SECCION CONSULAR DE LA EMBAJADA DE MEXICO EN -- TOKIO, JAPON:

C E R T I F I C A

QUE EL DIA DE HOY SE PRESENTO EN ESTA EMBAJADA DE MEXICO, el ___ （事　件　本　人　の　氏　名）___ DE NACIONALIDAD MEXICANA, QUIEN SE IDENTIFICO CON EL PASAPORTE NUMERO ___（番　号）___ EXPEDIDO A SU FAVOR POR SECRETARIA DE RELACIONES EXTERIORES DE MEXICO CON FECHA___（年月日）___Y DECLARA SER MAYOR DE EDAD Y DE ESTADO CIVIL SOLTERO (A).-
SIENDO SUS DESEOS CONTRAER MATRIMONIO Y CON EL PROPOSITO DE LLENAR LOS REQUISITOS NECESARIOS, DECLARO BAJO PROTESTA DE DECIR VERDAD, QUE ESTA LIBRE DE CUALQUIER IMPEDIMENTO, DE ACUERDO CON LAS LEYES DE MEXICO, PARA CONTRAER MATRIMONIO.
A PETICION DE PARTE INTERESADA Y PARA TODOS LOS EFECTOS LEGALES A QUE HAYA LUGAR, SE EXPIDE EL PRESENTE CERTIFICADO EN LA CIUDAD DE TOKIO, JAPON. (年　　月　　　　日)

EMBAJADA DE MEXICO
Seccion Consular
TOKIO, JAPON

（署　　名）

_____
（　氏　　　　名　）
Cónsul Encargado

資料170－1

(TRADUCCION EN JAPONES)

結 婚 具 備 証 明 書

メキシコ外務省

公定料金　￥2,109

日本国東京在住メキシコ大使館（氏名）領事が記載する。

証　　　明

　本日当メキシコ大使館に（事件本人の氏名）が出頭し、メキシコ国籍、（年月日）発行のメキシコ外務省によるパスポートNo.A-VC（番号）である事、成人であり、独身である事を表明した。結婚に必要な書類を提出する際に必要事項として、メキシコの法律に従い、婚姻に際し、何らの障害のない事実を述べた。これは法的価値があり、結婚要件具備証明書として（年月日）付で発行する。

（氏名）
領事

508 第2編 各 論

資料170－2 〔婚姻証明書〕

ESTADOS UNIDOS MEXICANOS

※ ※

Ciudad de México
Capital en Movimiento

ACTA DE MATRIMONIO

ENTIDAD	DELEGACION	JUZGADO	LIBRO	ACTA	AÑO	CLASE	FECHA DE REGISTRO
※	※	※	--	※	2013	MA	2013-04-19

REGISTRO CIVIL, REGISTRO CIVIL, REGISTRO CIVIL, REGISTRO CIVIL, REGISTRO CIVIL, REGISTRO CIVIL, REGISTRO CIVIL, REGISTRO CIVIL, REGISTRO CIVIL

CONTRAYENTES

EL
Nombre □□□□ -------- Edad ※ Nacionalidad JAPONESA
Lugar de Nacimiento CIUDAD DE WARABI, SAITAMA, JAPON Ocupación ※ ※
Domicilio ※ ※ ※ ※ ※ ※ ※ ※

ELLA
Nombre △ △ △ △ Edad ※ Nacionalidad MEXICANA
Lugar de Nacimiento DISTRITO FEDERAL MEXICO Ocupación ※ ※
Domicilio ※ ※ ※ ※ ※ ※ ※ ※

ESTE MATRIMONIO ESTA SUJETO AL RÉGIMEN DE : SOCIEDAD CONYUGAL

LOS PADRES

EL
Padre ※ ※ ※ ※ -------- Ocupación ※ ※
Madre ※ ※ ※ ※ -------- Ocupación ※ ※
Domicilio ※ ※ ※ ※ ※ ※ ※ ※

ELLA
Padre ※ ※ ※ ※ Ocupación ※ ※
Madre ※ ※ ※ ※ Ocupación ※ ※
Domicilio ※ ※ ※ ※ ※ ※ ※ ※

ANOTACIONES :

La presente certificación es un extracto del acta cuyos datos
arriba se precisan y que se expide firmada electrónicamente
de manera autógrafa con fundamento en los artículos 48
del Código Civil para el Distrito Federal y 13 fracción VII
del Reglamento del Registro Civil del Distrito Federal en
esta Ciudad de México.

GOBIERNO DEL DISTRITO FEDERAL

DIRECCION GENERAL DEL REGISTRO CIVIL CERTIFICACIONES

FIRMA

（署名）

El C. Juez de la Oficina Central del Registro Civil del Distrito Federal. A 05 DE JUNIO DEL AÑO 2013

EdGKiTwEjp7fusCDem5FPUNK3iDFI1ukWDZ/L9/YMbU72P1RiPiztrKmFl5FY7Azzc6DGm8Gxxv
□r0ar29+zkvJ2AdReVf9vELymYwnnGc78YDPfuQk599zpu9EwfhMnH/JJ3m7BZJJ73hsE5l6Nsq
Y□rzN6MWqToWIPXIZYtT8=

LIC. ※ ※ ※ ※

Para verificar la validez del contenido de esta copia visite pagina en internet :

※ ※ ※ ※ ※ ※ ※ ※ ※ ※ ※ ※

170　メキシコ　509

資料170－2

別添　メキシコ国婚姻登録証明書抄訳文

*すべて日本語（漢字・平仮名・カタカナ）でお書きください。

1．夫
　（1）氏名：(氏)　□□　　　　　（名）□□
　（2）年齢：　※才
　（3）国籍：　日本　　国
　（4）父の氏名：(氏)　※※　　　　　（名）※※
　（5）母の氏名：(氏)　※※　　　　　（名）※※

2．妻
　（1）氏名：(氏)　△△　　　　　（名）△△
　（2）年齢：※才
　（3）国籍：　メキシコ国
　（4）父の氏名：(氏)　※※　　　　　（名）※※
　（5）母の氏名：(氏)　※※　　　　　（名）※※

3．婚姻登録年月日：西暦　2013 年　4 月 19 日

4．婚姻挙行地：メキシコ国　　メキシコ　州・㊢　　　　市・区

5．本証明書について
　（1）発行年月日：西暦　2013年　6 月　5 日
　（2）発行地：メキシコ国　メキシコ　州・㊢　　　　市・㊨
　（3）発行者官職：身分登録官
　（4）発行者氏名：(氏)　※※　　　　　（名）※※

翻訳者氏名：　□　□　□　□

510 第2編 各 論

資料170−3 〔離婚証明書〕

ESTADOS UNIDOS MEXICANOS

REGISTRO CIVIL

EN EL NOMBRE DEL ESTADO LIBRE Y SOBERANO DE AGUASCALIENTES Y COMO DIRECTOR GENERAL DEL
REGISTRO CIVIL EN EL ESTADO, CERTIFICO QUE EN EL LIBRO N° 03 DEL ARCHIVO GENERAL DEL
REGISTRO CIVIL EN LA FOJA 0528 SE ENCUENTRA ASENTADA EN EL ACTA N° 0528 LEVANTADA POR
EL C. OFICIAL 101 DEL REGISTRO CIVIL LIC. ANETT ALVAREZ RAMIREZ EL 12 DE JUNIO DE
2013 RESIDENTE EN AGUASCALIENTES, AGUASCALIENTES EN LA CUAL SE CONTIENEN LOS
SIGUIENTES DATOS:

ACTA DE DIVORCIO

DATOS DE LOS DIVORCIADOS

Apellido: ☐☐☐☐

Edad: ※ Nacionalidad: MEXIÇANA CURP: ※ ※ ※ ※ ※ ※

Nombre de la Divorciada: △ △ △ △

Edad: ※ Nacionalidad JAPONESA CURP: ※ ※ ※ ※ ※ ※

DATOS DEL ACTA DE MATRIMONIO

Lugar de Matrimonio: AGUASCALIENTES, AGUASCALIENTES, AGUASCALIENTES

Oficialia: ※ Libro: ※ Foja: ※ Acta Número: ※ Fecha: 11/FEB/1994

PARTE RESOLUTIVA DE LA SENTENCIA

EN EL PROCEDIMIENTO ESPECIAL DE DIVORCIO VOLUNTARIO, PROMOVIDO POR LOS CC. MIKA MISHIMA SASAHARA Y MARIO ALBERTO LARA RODRIGUES,
TRAMITADO EN EL JUZGADO SEGUNDO DE LO FAMILIAR EN AGUASCALIENTES, EN EXPEDIENTE ※ /2012, EL JUEZ DICTO SENTENCIA, SIENDO LOS
PUNTOS RESOLUTIVOS LOS SIGUIENTES.

PRIMERO: SE DECLARA DISUELTO POR DIVORCIO VOLUNTARIO EL VINCULO MATRIMONIAL CIVIL QUE SE CREO POR VIRTUD DEL MATRIMONIO CELEBRADO
ENTRE CC. △ △ △ △ Y ☐☐☐☐ , LIBRO ※ ACTA ※ FOJA ※ ANTE EL OFICIAL ※ DE
REGISTRO CIVIL RESIDENTE AGUASCALIENTES ,CON FECHA 11 DE FEBRERO DE 1994.

SEGUNDO: AMBOS CONYUGES RECUPERAN SU ENTERA CAPACIDAD PARA CONTRAER NUEVAS NUPCIAS, PERO NO PODRAN HACERLO SINO HASTA PASADO UN
AÑO.

TERCERO: SE CONDENA A LOS SEÑORES, △ △ △ △ Y ☐☐☐☐ , A CUMPLIR CON EL CONVENIO CELEBRADO EN
AUTOS.

Fecha de Resolución: 10/ABR/2013 Fecha en que Causa Ejecutoria: 11/ABR/2013

Autoridad que Dictó: JUEZ SEGUNDO DE LO FAMILIAR

ANOTACIONES MARGINALES

------- SIN ANOTACIONES MARGINALES -------

SE EXTIENDE EL PRESENTE CERTIFICADO EN CUMPLIMIENTO DEL ARTICULO 41 DEL
CÓDIGO CIVIL VIGENTE EN EL ESTADO DE AGUASCALIENTES A LOS 26 DIAS DEL MES DE
JUNIO DEL AÑO 2013

(署名)

LA C. DIRECTORA GENERAL DEL REGISTRO ———————————
Firma

LIC. ※ ※ ※ ※

Clave de Validación: ※ ※ ※ ※

Puede validar su certificado en: ※ ※ ※ ※ ※ ※ ※ ※ ※ ※ ※ ※

170 メキシコ 511

資料170－3

別添　メキシコ国離婚登録証明書抄訳文

*すべて日本語（漢字・平仮名・カタカナ）でお書きください。

1．離婚登録について
　（1）離婚の種類：任意（行政）
　（2）登録年月日：西暦　2013年　6月　12日
　（3）登録場所：メキシコ国　アグアスカリエンテス　⑳・市
　　　　アグアスカリエンテス　㊝・区

2．離婚者について
　（1）夫の氏名：(氏)　□□　　　　　　(名)　□□
　（2）国籍：　メキシコ　　　（3）年齢：　※
　（4）妻の氏名：(氏)　△△　　　　　(名)　△△
　（5）国籍：　日本　　　　（6）年齢：　※

3．離婚者の婚姻登録事項について
　（1）婚姻登録年月日：西暦　1994年　2月　11日
　（2）婚姻登録場所：
　　　　メキシコ国　アグアスカリエンテス　⑳・市
　　　　アグアスカリエンテス　㊝・区

4．離婚宣告内容について
　　　△△△△と□□□□がアグアスカリエンテス市第二家庭裁判所におこした自
　発的離婚の特別手続、書類番号※※／2012において裁判官は以下の判決を下し
　た。
第一　1994年2月11日付、アグアスカリエンテス州アグアスカリエンテス市在住
　の戸籍担当官番号※によって、戸籍一般登録番号※※※、証明書番号※※で
　登録されている△△△△、□□□□間の婚姻関係は、自発的離婚により、取
　り消されたことを宣言する。
第二　双方とも1年後に再婚をする権利を取り戻す。
第三　△△△△、□□□□に対して、訴訟で取り決められた同意内容に従うこと
　を申し渡す。

5．離婚宣告者について
　（1）発行者官職：第2家庭裁判所裁判官
　（2）氏名：(氏)　　　　　　　　　(名)
　（3）宣告(登録)年月日：西暦　2013年　4月　10日

6．本証明書について
　（1）発行年月日：西暦　2013年　6月　26日
　（2）発行地：メキシコ国　アグアスカリエンテス　⑳・市
　　　　アグアスカリエンテス　㊝・区
　（3）発行者官職：身分登録官
　（4）発行者氏名：(氏)　※※　　　　(名)　※※

翻訳者氏名：　△　△　△　△

512　第2編　各　　論

資料170－4〔出生証明書〕

ESTADOS UNIDOS MEXICANOS

※ ※

Ciudad de México
Capital en Movimiento

ACTA DE NACIMIENTO

ENTIDAD	DELEGACION	JUZGADO	LIBRO	ACTA	AÑO	CLASE	FECHA DE REGISTRO
※	※	※	※	※	1982	NA	1982-06-16

Registro Civil, Registro Civil, Registro Civil, Registro Civil, Registro Civil, Registro Civil, Registro Civil, Registro Civil, Registro Civil, Registro Civil, Registro Civil,

R E G I S T R A D O

Nombre ○○○○　　　　　　　　　　Género　FEMENINO

Fue Presentado(a)　VIVA

Fecha de Nacimiento ※ DE MAYO DE 1982

Lugar de Nacimiento ※ ※ ※ ※ ※ ※ ※ ※

P A D R E S

Nombre del Padre □□□□　　　　　Edad ※

Nacionalidad　MEXICANA

Nombre de la Madre △ △ △ △　　　　Edad ※

Nacionalidad　MEXICANA

A B U E L O S

Abuelo Paterno ※※※※ ----

Abuela Paterna ※※※※ ----

Abuelo Materno ※※※※ ----

Abuela Materna ※※※※ ----

La presente certificación es un extracto del acta cuyos datos arriba se precisan y que se expide firmada electrónicamente de manera autógrafa con fundamento en los artículos 48 del Código Civil para el Distrito Federal y 13 fracción VII del Reglamento del Registro Civil del Distrito Federal en esta Ciudad de México.

GOBIERNO DEL DISTRITO FEDERAL

DIRECCION GENERAL DEL REGISTRO CIVIL
C E R T I F I C A C I O N E S

FIRMA

（署名）

El C. Juez de la Oficina Central del Registro Civil del Distrito Federal. A　05 DE JULIO DEL AÑO 2013

XBf9GWjcUSyCqrMxONk2HQztA6LsGKQ7jEnfQyTi4yLYjozptropkMtuGbBFEkNvaU6FZOoTUVI
□pq67xppjzro+MEl/RjwGlyrnH83dWR7JC6U67KeOTMn2i7X78qnQPuQBLyU7wHJZfebKYuKOhN
h□+sPjLf3TPdqcSvcQGaY=

LIC. ※ ※ ※ ※

Para verificar la validez del contenido de esta copia visite pagina en internet :

※ ※ ※ ※ ※ ※ ※ ※　　　　　　※ ※ ※

170　メキシコ　513

資料170－4

別添　メキシコ国出生登録証明書抄訳文

*すべて日本語（漢字・平仮名・カタカナ）でお書きください。

1．出生子について
　（1）氏名：(氏)　　○○　　　　　　　（名）　○○
　（2）性別：　男　・　⒇
　（3）出生年月日：西暦　1982年 5 月※日　午前・午後　　時　　分
　（4）出生場所：メキシコ国　　メキシコ　　州・市　　　　市・区
　　　　　　　　　地域　※※※※※※　通り　※※

2．父について
　（1）氏名：(氏)　　　□□　　　　　　（名）　□□
　（2）年齢：　※
　（3）国籍：　メキシコ

3．母について
　（1）氏名：(氏)　　　△△　　　　　　（名）　△△
　（2）年齢：※
　（3）国籍：メキシコ

4．祖父母について
　（1）父方祖父の氏名：(氏)※※　　　　（名）※※
　（2）父方祖母の氏名：(氏)※※　　　　（名）※※
　（3）母方祖父の氏名：(氏)※※　　　　（名）※※
　（4）母方祖母の氏名：(氏)※※　　　　（名）※※

5．出生登録年月日：西暦　1982 年　6 月 16 日

6．本証明書について
　（1）発行年月日：西暦　2013 年　7 月 5 日
　（2）発行地：メキシコ国　　メキシコ　　州・市　　　　市・区
　（3）発行者官職：身分登録官
　（4）発行者氏名：(氏)　　※※　　　（名）　　※※

翻訳者氏名：　※　※　※　※

514　第2編　各　　論

資料170－5〔死亡証明書〕

ESTADOS UNIDOS MEXICANOS

Ciudad de México
Capital en Movimiento

ACTA DE DEFUNCION

ENTIDAD	DELEGACION	JUZGADO	LIBRO	ACTA	AÑO	CLASE	FECHA DE REGISTRO
※	※	※	--	※	2013	DE	2013-06-05

Registro Civil, Registro Civil, Registro Civil, Registro Civil, Registro Civil, Registro Civil, Registro Civil, Registro Civil, Registro Civil

FINADO

Nombre ○ ○ ○ ○　　　　　　　　　　　Edad ※ AÑOS　　Sexo FEMENINO

Lugar de Nacimiento --　　　　　　　　　　Ocupación ※ ※

Domicilio ※ ※ ※ ※　　MEXICO, MIGUEL HIDALGO
　　　　　DISTRITO FEDERAL

Estado Civil VIUDO(A)　　　　　　　　　　Nacionalidad --

Nombre del Padre ---------- ---------- -----

Nombre de la Madre ---------- ---------- -----

FALLECIMIENTO

El Cuerpo Será INHUMADO　　　　　　　　　Orden No. ※ ※

En el Panteón +PANTEON ※ ※ ※ ※

Ubicado en ※ ※ ※ ※ ESTADO DE MEXICO

Fecha de la Defunción ※ DE JUNIO DE 2013　　　　Hora Defunción ※ ※ :00

Lugar de la Defunción ※ ※ ※ ※　　MEXICO, MIGUEL HIDALGO
　　　　　DISTRITO FEDERAL

Causa(s) de la Muerte ACIDOSIS METABOLICA, INSUFICIENCIA RENAL CRONICA, HIPERTENSION ARTERIAL
SISTEMICA.

Médico que Certifica ※ ※ ※ ※　　　　　　　Cédula Profesional ※ ※

Domicilio del Médico ※ ※ ※ ※ ※　　, CUAUTITLAN IZCALLI, MEXICO

DECLARANTE

Nombre ※ ※ ※ ※　　　　　　　　　　　Edad ※

Parentesco con el Finado NINGUNO

Nacionalidad MEXICANA

Domicilio ※ ※ ※ ※　　HIPODROMO CONDESA CUAUHTEMOC
　　　　　DISTRITO FEDERAL

NACIONALIDAD: OTRA:

La presente certificación es un extracto del acta cuyos datos arriba se precisan y que se expide firmada electrónicamente y de manera autógrafa con fundamento en los artículos 48 del Código civil para el Distrito Federal y 13 fracción VII del Reglamento del Registro Civil del Distrito Federal en esta Ciudad de México.

GOBIERNO DEL DISTRITO FEDERAL

DIRECCION GENERAL DEL REGISTRO CIVIL CERTIFICACIONES

FIRMA

（署名）

EJ C. Juez de la Oficina Central del Registro Civil del Distrito Federal. A 12 DE JUNIO DEL AÑO 2013.

wD19CIPsixcEVYRzplxMM5O6dZzL+Zh/FYN/Oqv3chiRYEMT5nJvJ7orYHUNrOY3U7mC6+I6vXp
□GY+WJ5W+zqAwBOGGLfXyhcU9653WnHFxpXDC+qQYOEJhQbkIZJScaIxtt65TiEh/jHdwQ3B5yn
B□crl7+hYM6MrdOkAku+c=

LIC. ※ ※ ※ ※　　　　GERMAN

Para verificar la validez del contenido de esta copia visite pagina en internet ※ ※ ※ ※
※ ※ ※ ※ ※ ※ ※ ※

170　メキシコ　515

資料170－5

別添　メキシコ国死亡登録証明書抄訳文

*すべて日本語（漢字・平仮名・カタカナ）でお書きください。

1．死亡登録場所：メキシコ国　メキシコ州・㊐　ミゲルイダルゴ市・㊤

2．死亡登録年月日：西暦　2013 年　6 月　5 日

3．死亡者について
　（1）氏名：(氏)　○○　　　　　　　(名)　○○
　（2）性別：男　・　㊛
　（3）国籍：
　（4）年齢：※才
　（5）婚姻の有無：未婚／既婚
　　　　　（配偶者の氏名：(氏)　　　　　(名)　　　　　　）
　（6）父の氏名：(氏)　　　　　　　　(名)
　（7）母の氏名：(氏)　　　　　　　　(名)
　（8）住所：メキシコ国　メキシコ　州・㊐　ミゲルイダルゴ　市・㊤
　　　　　　　※※※※

4．死亡事実ついて
　（1）死亡年月日：西暦 2013 年　6 月　※ 日　㊗・午後 ※ 時 ※ 分
　（2）死亡場所：メキシコ国　メキシコ州・㊐　ミゲルイダルゴ市・㊤
　　　　　　　※※※※
　（3）死亡原因：代謝性アシドーシス、慢性腎臓病、全身性動脈の高血圧
　（4）死亡事実証明医師氏名：(氏)　※※　　　　(名)　※※

5．本証明書について
　（1）発行年月日：西暦　2013 年　6 月　12 日
　（2）発行地：メキシコ国　　メキシコ　州・㊐　　　　　市・区
　（3）発行者官職：身分登録官
　（4）発行者氏名：(氏)　※※　　　　(名)　※ ※

　　　　　　　　　　　　翻訳者氏名：　※　※　※　※

516　第2編 各　論

171　モザンビーク（モザンビーク共和国）

第1　婚　姻

1　婚姻証明書

モザンビーク国マプト市市民登録所作成の婚姻証明書は，資料171－1（本文524頁）参照。

2　実質的成立要件

⑴　婚姻適齢

男女とも18歳である（家族19条）。

また，特別な事情がある場合は，16歳以上の18歳未満の女性は，両親の同意を得て婚姻をすることができる（家族30条2項）。

⑵　重婚の禁止

宗教婚，伝統婚又は民事婚が解消されていない場合は，再婚することができない（家族30条1項）。

⑶　近親婚の禁止

直系の親族，傍系の三親等の親族等の婚姻は禁止される（家族31条）。

3　モザンビーク国籍の取得

モザンビーク人と婚姻した外国人は，婚姻により当然にはモザンビーク人にはならず，少なくとも5年以上婚姻し，モザンビーク国籍の取得を希望する宣言等をしなければならない（憲26条）。

〔**根拠法条**〕

家族法（The Family Law Act）（2004年8　　　　第2章　婚姻契約
　月25日法律第10号）　　　　　　　　　　　第19条（契約の無効）
第2編　婚姻　　　　　　　　　　　　　　　①　（略）

② 18歳未満であるときは，婚姻の契約は無効である。

第3章　婚姻の前提条件

第2節　民事婚

サブセクション1　婚姻障害

第30条（絶対的障害事由）

① （略）

  a　18歳未満

  b　（略）

  c　宗教婚，伝統婚又は民事婚の解消されていない婚姻

② 16歳以上の男女は，公共の利益又は両親若しくは法定代理人の同意により，特別の許可証で婚姻をすることができる。

第31条（相対的障害事由）

  （略）

  a　直系の親族

  b　傍系の三親等の親族

  c・d　（略）

憲法（Constitution of the Republic of Mozambique）（2004年12月21日施行，2007年改正）

第2編　国籍

第2章　国籍の取得

第26条（婚姻により）

① モザンビーク市民と少なくとも5年以上婚姻している外国人は，国籍がない場合を除き，モザンビーク国籍を取得する。ただし，以下の条件の全てを満たしていることを要する。

  a　その者がモザンビーク国籍を取得する希望を宣言し，

  b　その者が必要条件を満たし，法律に規定する保証を提供すること

② 配偶者が国籍を取得したことは，婚姻の無効又は解消の宣言を妨げない。

第2　出　生

1　国籍留保届

モザンビークは，生地主義国であり，モザンビークで出生した者は，モザンビーク人である（憲24条1項）。

したがって，日本人夫婦又は一方が日本人で，他方が外国人である夫婦の子がモザンビーク国内で出生した場合は，出生の日から3か月以内に日本国籍を留保する意思を表示しなければ，子は日本国籍を喪失する（日国12条）。

ただし，両親が日本人であり，いずれか一方がモザンビークの在外公館等で勤務しているときは，子はモザンビーク人にならない（憲24条2項）。

また，モザンビークで出生した父又は母の子も，モザンビーク人となる（注1）（憲23条1項a号）。

なお，父か母がモザンビーク人である子は，外国で出生した場合でも，18歳

518 第2編 各 論

に達しているときは本人が，18歳未満のときはその者の法定代理人が，モザン
ビーク人であることを望むことを明確に宣言したときは，モザンビーク人であ
る（憲23条3項）（注2）。

　　（注1）　日本人とモザンビークで出生した者間の子が外国で出生した場合には，
　　　　　届書の「その他」欄に，父又は母がモザンビークで出生し，子はモザン
　　　　　ビーク人になる旨を記載するのが適当である。

　　（注2）　憲法第23条第3項において，「父又は母がモザンビーク人である子は，
　　　　　外国で出生した場合でも，18歳に達しているときには本人が，18歳未満の
　　　　　ときにはその者の法定代理人が，モザンビーク人であることを望むことを
　　　　　明確に宣言したときは，モザンビーク人である。」と規定されている。こ
　　　　　の条文からは，外国で出生した場合，出生によっては当然にモザンビーク
　　　　　人になるのではなく，宣言によりモザンビーク人になるか，あるいは，出
　　　　　生により当然にモザンビーク人になるが，宣言によりその効力が生じるの
　　　　　か必ずしも明らかではないが，いずれにしても，届出人に国籍留保の届出
　　　　　をさせるのが適当と考える。

2　出生場所の記載

(1)　行政区画

　モザンビークは，10の州（プロビンシア）（注1）及び州と同格の1つの市
（シダーチ）（注2）から構成されている。

　　（注1）　州は，カボ・デルガード州，ニアサ州，ナンプーラ州，ザンベジア州，
　　　　　テテ州，ソファラ州，マニッカ州，イニャンバネ州，ガザ州，マプト州で
　　　　　ある。

　　（注2）　市は，マプト市である。

(2)　戸籍の記載

　「モザンビーク国マプト市で出生」（【出生地】モザンビーク国マプト市），
「モザンビーク国テテ州で出生」（【出生地】モザンビーク国テテ州）と記載す
る。

3　出生証明書

　モザンビーク国マプト市市民登録所作成の出生証明書は，資料171−2（本

171 モザンビーク　519

文529頁）参照。

〔**根拠法条**〕

憲法（2004年12月21日施行，2007年改正）

第1編　基本原則

第1章　共和国

第5条（国籍）

① モザンビーク国籍は，出生によることも，又は取得することもできる。

② 国籍の帰属，取得，喪失及び再取得の要件は，憲法によって決定され，法により規定される。

第2編　国籍

第1章　出生による国籍

第23条（生地主義及び血統主義）

① 以下に掲げる者は，モザンビークで出生した場合は，モザンビーク人である。

　a　モザンビークで出生した父又は母の子

　b　国籍を有しないか，又は国籍が知れない両親の子

　c　モザンビークの独立の時に，モザンビークに住所を有し，明確に，又は暗黙に，外国の国籍を選択しなかった者

② 国外でモザンビーク国家のために勤務しているモザンビーク人の父又は母の子は，外国で出生した場合でも，モザンビーク人である。

③ 父又は母がモザンビーク人である子は，外国で出生した場合でも，18歳に達しているときには本人が，18歳未満のときにはその者の法定代理人が，モザンビーク人であることを望むことを明確に宣言したときは，モザンビーク人である。

第24条（生地主義）

① 独立宣言後にモザンビークで出生した者は，モザンビーク人である。

② 父及び母が外国人であり，いずれか一方がモザンビークで母国の政府機関で勤務しているときは，前項の規定は，その子には適用されない。

③ 前項に規定されている者は，18歳に達している場合には本人が，18歳未満の場合にはその者の法定代理人が，モザンビーク人であることを望むことを明確に宣言したときは，モザンビーク国籍のみを有する。

④ 前項の宣言の期限は，法定代理人が宣言を行った場合には利害関係人の出生の日から，本人が行った場合には18歳の誕生日から，1年である。

第3　認　　知

1　モザンビーク国籍の取得

　モザンビーク人男に認知された日本人女の嫡出でない子は，モザンビーク国籍を取得する。

520 第2編 各　論

第4　養子縁組

1　根拠法

根拠法は,「家族法」である。

2　実質的成立要件

(1)　養親の要件

①25歳以上で, 3 年間婚姻しているか, 同居しており, 事実上の別居していない者, ②25歳以上で, 未成年者を成長させることができる道徳的及び物質的な要件を具備する者, ③配偶者の子を養子とする25歳以上の者が養親になることができる。

また, 養親は, 配偶者の子を養子縁組する場合又は生計を維持している場合を除き, 50歳未満でなければならない（家族393条 1 項～ 3 項）。

(2)　養親と養子の年齢差

重大な理由がある場合を除き, 養親と養子の年齢差は18歳以上25歳未満でなければならない（家族393条 4 項）。

(3)　養子の要件

①養親の配偶者の子であるか, 又は 3 年以上同居生活をしている者, ②孤児, 遺棄されているか, 又は完全に能力のない14歳未満の未成年者, ③親の知れない14歳未満の未成年者, ④12歳以上18歳未満の養親の保護と世話をしている者が養子となることができる（家族395条）。

(4)　配偶者の同意

配偶者の同意を要する（家族396条 1 項 b 号）。

(5)　養親の子の同意

12歳以上の養親の子の同意を要する（家族396条 1 項 d 号）。

3　保護要件

(1)　養子の同意

養子が12歳以上である場合は, その者の同意を要する（家族396条 1 項 a 号）。

なお，命令が発せられる前は，いつでも同意を撤回することができる（家族398条1項）。

(2) 実親の同意

養子の実親の同意を要する（家族396条1項c号）。

なお，命令が発せられる前は，いつでも同意を撤回することができる（家族398条1項）。

(3) 裁判所の関与

養子縁組には，裁判所が関与する。

4 モザンビーク国籍の取得

モザンビーク国民の完全養子となった者は，モザンビーク国籍を取得する（憲29条）。

5 ハーグ国際養子縁組条約

未批准（2017年（平成29年）現在）

〔根拠法条〕

家族法（2004年8月25日法律第10号）

第5編 養子縁組

第1章 養子縁組の創設

第393条（養親になることができる者）

① 次の要件を満たす2人が共同縁組をすることができる。

  a 3年間婚姻しているか，同居しており，事実上の別居していない者

  b 25歳以上の者

  c （略）

② 以下の者も養親になることができる。

  a 25歳以上で，未成年者を成長させることができる道徳的及び物質的な要件を具備する者

  b 配偶者の子を養子とする25歳以上の者

  c 養子の実親の同意（以下，略）

③ 配偶者の子を養子縁組する場合又は生計を維持している場合を除き，子がゆだねられた日に50歳未満の者が養親になることができる。

④ 重大な理由がある場合を除き，養親と養子の年齢差は18歳以上25歳未満でなければならない。

第395条（養子になることができる者）

  以下の者は，養子になることができる。

  a 養親の配偶者の子であるか，又は3年以上同居生活をしている者（以下，

略)

b　孤児，遺棄されているか，又は完全に能力のない14歳未満の未成年者

c　親の知れない14歳未満の未成年者

d　12歳以上18歳未満の養親の保護と世話をしている者

第396条（養子縁組に対する同意）

①　養子縁組には，以下の同意を要する。

a　12歳以上の養子の同意

b　別居していない養親の配偶者の同意

c　実親又は養親（略）の同意

d　12歳以上の養親の子の同意

②　（略）

第398条（同意の撤回及び取消し）

①　命令が発せられる前は，いつでも同意を撤回することができる。

②　（略）

憲法（2004年12月21日施行，2007年改正）

第2編　国籍

第2章　国籍の取得

第29条（養子縁組により）

　モザンビーク国民の完全養子となった者は，モザンビーク国籍を取得する。

第5　養子離縁

養子縁組は，養親と養子の合意があっても，撤回することができない（家族404条）。

〔根拠法条〕

家族法（2004年8月25日法律第10号）

第5編　養子縁組

第2章　養子縁組の効力

第404条（養子縁組の撤回不可）

　養親及び養子の合意にかかわらず，養子縁組は撤回することができない。

第6　国　籍

1　二重国籍

モザンビークは，二重国籍を認めている（憲31条）。

2　モザンビーク国籍の喪失

①外国の国民であり，適切な方法で，モザンビーク人であることを希望しないことを宣言した者，②未成年者で法定代理人の宣言によりモザンビーク国籍

を取得した者で，適切な方法で，成人に達してから1年以内に，モザンビーク人であることを希望しないことを宣言し，外国の国籍を保持することを証明できる者は，モザンビーク国籍を喪失する（憲31条）。

〔**根拠法条**〕

憲法（2004年12月21日施行，2007年改正）
第2編　国籍
第3章　国籍の喪失及び再取得
第31条（喪失）
　　モザンビーク国籍は，以下に掲げる者が喪失する。
　　a　外国の国民であり，適切な方法で，モザンビーク人であることを希望しな

いことを宣言した者
　　b　未成年者で法定代理人の宣言によりモザンビーク国籍を取得した者で，適切な方法で，成人に達してから1年以内に，モザンビーク人であることを希望しないことを宣言した者。ただし，外国の国籍を保持することを証明できるときに限る。

524　第2編　各　論

資料171－1〔婚姻証明書〕

※※
※※　　/2012

REPÚBLICA DE MOÇAMBIQUE

BOLETIM DE CASAMENTO

2ª Conservatória _____ do Registo Civil de Maputo _____

Às _____ horas e _____ minutos do dia ※ de Agosto de 2012 em Segunda Conservatória do Registo Civil, contraíram casamento

□□□□
residente em Maputo _____,
filho de ※※※※ _____
e de ※※※※ _____
com △△△△ _____
residente em Maputo _____,
filha de ※※※※ _____
e de ※※※※ _____

Maputo ※ de Agosto de 2012
O A (署名)

N.º ※ (Exclusivo) I N ※※

資料171-1

Assento de casamento n.º _____ ※

Aos _____ horas e _____ minutos
do dia ※ _____ de Agost de
dois mil e dese , perante mim, Assistente
Tecnica dos Registos e Notariado

na Segunda Conservatoria do
Registo Civil
Distrito de Maputo
Dia em que _____
compareceram os nubentes □□□□

- e -

△△△△

ele de ※ _____ anos, no estado
de Solteiro , natural de Muidumbe
, e residente Maputo

filho de ※※※※
e de ※※※※
e ela de ※ _____ anos, no estado
de Solteira , natural de Miyazaki -
Japão , e residente Maputo

filha de ※※※※
e de ※※※※
Os nubentes perante mim , acima
mencionado e as testemunhas adiante nomeadas, celebraram o seu
casamento Civil , tendo declarado, previamente, que
o celebravam por sua livre vontade e Com _____ con-
venção antenupcial Sob o Regime de Comunhão
geral de bens, Conforme o auto aut-
milizada que fica arquivado
junto do processo

A nubente declarou adoptar os apelidos _____
_____ do marido.

Assento n.º ※
□□□□

△△△△

Documento n.º _____ Maço n.º _____
AVERBAMENTOS:

1. _____

526　第2編　各　論

資料171－1

資料171－1

結婚報告書

マプト市第二市民登録所

2012年8月※日、マプト市第二市民登録所において、※※※
※と※※※※の息子である、マプト在住、□□□□と、※※※
※と※※※※の娘である、マプト在住、△△△△が結婚したこ
とを報告する

528　第2編　各　　論

資料171－1

結婚の記録

2012年8月※日
マプト市　第二市民登録所（マプト地区）

　婚約者□□□□、出身Muidumbe、Maputo在住、※※※※と
※※※※の息子、独身、※歳と、婚約者△△△△、出身　日本
国宮崎県、Maputo在住、※※※※と※※※※の娘※歳、が
私、登録所職員/公証人の前に出廷し、証人のもと、自身の自
由意志に従って結婚を執り行い、婚姻を宣言した。同時に登録
された財産について夫婦全部共産制を取ることを、結婚の前に
取り決めた。

証人：
※※※※　独身
※※※※　寡婦
ともにMaputo在住

全員の前で読み上げた後、婚約者および証人が署名する

市民登録所職員/公証人　※※※※

□□□□
△△△△
※※※※
※※※※
（各人の署名）

171 モザンビーク 529

資料171-2 〔出生証明書〕

530　第2編　各　論

資料171−2

171　モザンビーク　　531

資料171－2

出生証明書　No.※

名前　　　　　○○
姓　　　　　　○○
性別　　　　　男
出生日時　　　2013年5月※日
出生場所　　　マプト市

父　　　　　　□□□□
　　　　　　　既婚
国籍　　　　　コスタリカ共和国サンホゼ市
現住所　　　　ソマーシールド　※※※※

母　　　　　　△△△△
　　　　　　　既婚
国籍　　　　　日本　神奈川県
現住所　　　　ソマーシールド　※※※※

父方の祖父母　※※※※
　　　　　　　※※※※

母方の祖父母　※※※※
　　　　　　　※※※※

特別記載事項　父親の国籍　コスタリカ共和国
　　　　　　　母親の国籍　日本

以上、両親立ち会いのもと作成されました事をここに証明致します。
行政書士　※※※※

2013年5月29日　マプト市　市民登録所　セグンド　コンセルヴァトリオにて登録。

翻訳者　△△△△

532　第2編　各　論

172　モナコ（モナコ公国）

第1　婚　姻

1　婚姻証明書

モナコ国発行の婚姻証明書は，資料172－1（本文547頁）参照。

2　実質的成立要件

(1)　婚姻適齢

男女とも18歳（注）である。

ただし，16歳に達している場合，重大な理由があるときは，国王は年齢の要件を免除することができる（民法116条）。

また，未成年の嫡出子は，父又は母の同意があれば，婚姻をすることができる（民法118条）。

なお，父又は母が死亡したか，親権を喪失したか，又は自己の意思を表明することができないときは，最も近親の尊属の1人が同意をする。

全ての尊属が死亡したか，親権を喪失したか，又は自己の意思を表明することができないときは，家族会が同意をする（民法119条）。

さらに，単純養子となっている未成年の子は，養親の同意で婚姻をすることができる（民法122条）。

> （注）　2011年の改正前は，18歳未満の男子，15歳未満の女子は婚姻をすることができない（旧民法117条）とされていた。

(2)　重婚の禁止

前婚が解消される前は，再婚することができない（民法125条）。

(3)　再婚禁止期間

ア　女性の再婚禁止期間

(ア)　夫の死亡の場合

夫の死亡から310日間が経過するまでは，再婚することができない

（民法126条）。

　　（イ）　離婚の場合

　　　　別居を認める決定から310日が経過するまでは，再婚することができ
　　　ない（民法127条）。

　　（ウ）　婚姻の無効が宣告された場合

　　　　決定が撤回できなくなった日から310日が経過する前は，再婚するこ
　　　とができない（民法128条）。

　イ　再婚禁止期間の終了

　　　アのいずれの場合も，女性が出産した場合に終了する（民法129条）。

　ウ　再婚禁止期間の短縮

　　　女性の申立てにより離婚又は婚姻が無効とされた夫婦が再婚するか，女
　　性が夫の子を妊娠することができないときは，検察官の意見を聞いて，後
　　見裁判官（juge tutélaire）の下した命令でその期間を短縮することがで
　　きる（民法129条）。

(4) 近親婚の禁止

　ア　直系親族間

　　　いかなる親等の直系親族間の婚姻は，禁止される（民法130条）。

　イ　傍系親族間

　　　四親等内の傍系親族間の婚姻も禁止される。

　　　ただし，姻戚関係が生じた婚姻が死亡により解消されたときは，いとこ
　　間，義兄及び義姉間の婚姻は認められ，姻戚関係を生じさせた者が死亡し
　　た場合，国王は重大な理由があるときは，おじと姪，おばと甥の婚姻を許
　　可することができる（民法130条）。

　ウ　単純養子縁組の場合

　　　①養親と養子又は養子の卑属，②養子と養親の配偶者，養親と養子の配
　　偶者，③養子と養親の子，④同一人物の養子間の婚姻は禁止される。

　　　ただし，③及び④の場合は，国王の許可で，禁止をなくすことができる
　　（民法131条）。

534　第2編　各　論

3　夫婦の姓

それぞれの配偶者は，選択により自己の姓を称することもできるし，他方の配偶者の姓を自己の姓に代えて又は付加して称することができる（民法77-7-1条）。

4　婚姻の無効

(1)　無効事由

婚姻適齢及び同意を要する婚姻（民法116条～122条），重婚の禁止（民法125条），近親婚の禁止（民法130条・131条）に違反して行われた婚姻等は，無効である。

また，同性間の婚姻もまた無効である（民法147条）。

(2)　申立人

婚姻適齢（民法116条・117条），重婚の禁止（民法125条），近親婚の禁止（民法130条・131条）及び同性婚の禁止（民法147条第2段落）に基づく婚姻の無効訴訟は，挙式から30年以内の間に，夫婦の一方，全ての利害関係人又は検事総長が行うことができる（民法151条前段）。

(3)　国王の許可がある場合

無効が近親婚の禁止（民法130条・131条）を理由として請求される場合，国王が婚姻を許可したときは，裁判所は判決の言渡しをしないことができる（民法151条）。

〔**根拠法条**〕

民法（Civil Code）（1985年11月21日法律第1089号，2016年12月5日法律第1440号改正）

第1巻　個人
第2編の2　姓
第2章　姓の帰属及び保護
第2節　姓の保護

第77-7-1条（2016年12月5日法律第1440号）

それぞれの配偶者は，選択により自己の姓を，又は他方の配偶者の姓を自己の姓に代えて又は付加して称することができる。

第5編　婚姻

第1章　婚姻要件

第116条（2011年7月20日法律第1382号）

男性及び女性は，18歳前に婚姻をすることができない。

ただし，未成年者が16歳に達している場合，重大な理由があるときは，国王は年齢の要件を免除することができる。

第118条

未成年の嫡出子は，父又は母の同意があれば，婚姻をすることができる。

第119条

父又は母が死亡したか，親権を喪失したか，又は自己の意思を表明することができないときは，最も近親の尊属の1人が同意をする。

全ての尊属が死亡したか，親権を喪失したか，又は自己の意思を表明することができないときは，家族会が同意をする。

第122条

単純養子となっている未成年の子は，養親の同意で婚姻をすることができる。養子縁組が夫婦で行われている場合は，その不一致のときは同意となる。

第125条

前（婚）が解消される前は，再婚することができない。

第126条

女性は，夫の死亡から310日間が経過するまでは，再婚することができない。（略）

第127条

離婚した女性は，別居を認める決定から310日が経過するまでは，再婚することができない。

離婚を宣告した決定が登録される前に，再婚することはできない。（略）

第128条

婚姻の無効が宣告された女性は，決定を撤回できなくなった日から310日が経過する前は，再婚することができない。

第129条

前3条の規定された310日の期間は，出産の場合に終了する。

女性の申立てにより離婚又は婚姻が無効とされた夫婦が再婚するか，女性が夫の子を妊娠することができないときは，検察官の意見を聞いて，後見裁判官の下した命令でその期間を短縮することができる。

第130条

両親及び嫡出又は実の親族間において，以下の婚姻は禁止される。

1　全ての親等の直系親族間

2　四親等内の傍系親族間。ただし，姻戚関係が生じた婚姻が死亡により解消されたときは，いとこ間，義兄及び義姉間の婚姻は認められる。

姻戚関係を生じさせた者が死亡した場合，国王は重大な理由があるときは，おじと姪，おばと甥間の婚姻を許可することができる。

第131条

単純養子縁組の場合は，以下の者間の婚姻が禁止される。

1　養親と養子又は養子の卑属間

2　養子と養親の配偶者間，養親と養子の配偶者間

3　養子と養親の子間

4　同一人物の養子間

ただし，最後の2つについては，国王の許可で，（禁止を）なくすことができる。

536　第2編　各　論

第4章　婚姻の無効
第1節　無効事由及び無効訴訟
第147条
　　第116条から第122条，第124条，第125条，第130条及び第131条に違反して行われた婚姻は，無効である。
　　同性間の婚姻もまた無効である。
　　無効訴訟は，前記の規定された要件についてのみ行うことができる。
第151条
　　第116条，第117条，第125条，第130条，第131条及び第147条第2段落に基づく婚姻の無効訴訟は，挙式から30年以内の間に，夫婦の一方，全ての利害関係人又は検事総長が行うことができる。
　　第125条の場合は，先に前婚の有効性について判決する。
　　無効が第130条及び第131条によって請求される場合，国王が婚姻を許可したときは，裁判所は判決の言渡しをしないことができる。
（2011年7月20日法律第1382号改正）

第2　婚姻の解消

1　制度の概要

　モナコにおいては，当事者間の協議のみによる協議離婚を認めず，裁判離婚によらなければならない（民法197条～199条）。

2　離婚の請求

　裁判所は，夫婦の一方又は双方の申請に基づき，婚姻を解消することができる（民法197条～199条）。

3　離婚事由

(1)　夫婦が離婚合意に同意している場合

　離婚事由にかかわらず，夫婦共同申請により離婚を言い渡すことができる（民法199条）。

(2)　夫婦の一方からの申請の場合

　①共同生活を維持することができなくなる婚姻義務の重大かつ繰り返される違反を構成する配偶者の責めに帰すべき事由がある場合は，その責任を理由として，②夫婦が，離婚訴訟提起時に3年間事実上の別居をしている場合は，その共同生活の解消を理由として，③夫婦関係を維持することができなくなる配

偶者の犯罪による刑事上の有罪判決を理由として。ただし，配偶者が婚姻前に犯罪を知っていた場合を除く，④家族の精神的安定を危険にさらす性質の重大かつ継続する配偶者の病気を理由として離婚を申請することができる（民法197条）。

　また，夫婦の一方が配偶者又は出生した子若しくは胎児の安全又は健康を危険にさらす性質の重大かつ継続する病気に罹患している場合も同様に離婚を請求することができる（民法198条）。

〔根拠法条〕

民法（1985年11月21日法律第1089号，2016年12月5日法律第1440号改正）

第1巻　個人
第4編　離婚及び別居
第1章　離婚
第1節　離婚事由
第197条
　　離婚は，以下の場合に，夫婦の一方の請求により言い渡すことができる。
　1　共同生活を維持することができなくなる婚姻義務の重大かつ繰り返される違反を構成する配偶者の責めに帰すべき事由がある場合は，その責任を理由として。
　2　夫婦が，離婚訴訟提起時に3年間事実上の別居をしている場合は，その共同生活の解消を理由として。
　3　夫婦関係を維持することができなくなる配偶者の犯罪による刑事上の有罪判決を理由として。ただし，配偶者が

婚姻前に犯罪を知っていた場合を除く。
　4　家族の精神的安定を危険にさらす性質の重大かつ継続する配偶者の病気を理由として。
第198条
　　夫婦の一方が配偶者又は出生した子若しくは胎児の安全又は健康を危険にさらす性質の重大かつ継続する病気に罹患している場合も同様に離婚を言い渡すことができる。
第199条
　　離婚合意に同意している場合は，夫婦共同申請により離婚を言い渡すことができる。
第3節　離婚判決
第203-1条
　　第197条の根拠に基づき離婚が請求された場合は，第1審裁判所は援用された事項が正当であると判断したときは，離婚を言い渡す。（以下，略）

538 第2編 各 論

第3 出 生

1 嫡出子の身分

子は，出生前の180日から310日の間の期間に妊娠したと推定される（民法207条）。

2 国籍留保届

モナコは，父母系血統主義国であり，モナコ国内で出生した事実だけでは，同国の国籍を取得しない（国籍1条）。

したがって，日本人夫婦の子がモナコ国内で出生した場合は，国籍留保の届出を要しないが，父がモナコ人で，母が日本人の子がモナコ（又はその他の外国）で出生した場合は，出生の日から3か月以内に日本国籍を留保する意思を表示しなければ，子は日本国籍を喪失する（日国12条）。

また，母が出生の日にモナコ国籍を有するモナコで出生した者であるか，母がモナコで出生し，その同じ家系の尊属の1人がモナコ人である者である場合には，子はモナコ人となる（国籍1条）（注）。

> （注）「母が出生の日にモナコ国籍を有するモナコで出生した者」であるか，「母がモナコで出生し，その同じ家系の尊属の1人がモナコ人である者」である場合で，子はモナコ人となるときは，その旨を届書の「その他」欄に記載するのが適当である。

3 出生場所の記載

(1) 行政区画

モナコには，日本の地方公共団体に該当する市町村はない。

(2) 戸籍の記載

「モナコ国モナコ市で出生」（【出生地】モナコ国モナコ市）と記載する。

4 出生証明書

モナコ国発行の出生証明書は，資料172-2（本文548頁）参照。

5　子の姓

　嫡出子は，父の姓を称する。ただし，父母は，遅くとも出生の届出日までに母の姓とすることを選択する届出をすることができる（民法77条）。

〔根拠法条〕

国籍法（Loi n 1155 relative à la nationalité）（1992年12月18日 法 律 第1155号，2011年12月19日法律第1387号）

11. 5　国籍及び住所

11. 51　モナコ国籍

第1章　出生による国籍

第1条

　　次に掲げる者は，モナコ人である。

　1　父がモナコ人である者。ただし，第3条の規定に基づく宣言により国籍を取得した者を除く。

　2　母が出生の日にモナコ国籍を有するモナコで出生した者

　3　母がモナコで出生し，その同じ家系の尊属の1人がモナコ人である者

　4・5　（略）

　6　モナコで出生し，両親が知れない者

第2章　国籍取得の他の方法

第1節　宣言による国籍の取得

第3条　（略）

民法（1985年11月21日法律第1089号，2016年12月5日法律第1440号改正）

第1巻　個人

第2編の2　姓

第2章　姓の帰属及び保護

第2節　姓の保護

第77条（2016年12月5日法律第1440号）

　　父母は，遅くとも出生の届出日までに共同で身分吏に母の姓とすることを選択する届出をしなければ，嫡出子は，父の姓を称する。（以下，略）

第7編　親子関係

第1章　総則

第1節　親子関係の推定

第207条

　　子は，出生前の180日から310日の間の期間に妊娠したと推定される。（略）

　　反証は推定を争うことが認められる。

第4　養子縁組

1　根拠法

　根拠法は，「民法」である。

540 第2編 各 論

2 制 度

民法は，嫡出養子縁組と単純養子縁組の制度を規定している。

3 実質的成立要件

(1) 嫡出養子縁組

ア 養親の要件

婚姻後5年を経過し，一方が少なくとも30歳以上である夫婦のみが，共同して申立てをすることができる。

ただし，その者が配偶者の子であるときは，配偶者の一方が申立てをすることができる（民法242条）。

イ 無子要件

国王の許可がなければ，嫡出養子縁組は，生存している嫡出の卑属がいないときに行われる（民法244条）。

(2) 単純養子縁組

ア 養親の要件

国王の免除がある場合を除き，嫡出の子孫も，実子もいない30歳以上の者でなければならない（民法264条）。

イ 養子の要件

単純養子縁組は，いかなる年齢の養子も認められる（民法268条）。

4 保護要件

(1) 嫡出養子縁組

ア 養子の同意

養子が15歳に達している場合は，その者の同意を要する（民法249条）。

イ 親の同意

未成年の子の親子関係がその者について成立しているときは，それぞれの者は，同意しなければならない。

ただし，その者の一方が死亡し，自己の意思を表明することが永久的に

不可能であるとき，又は親権を喪失しているときは，後見裁判官の承認を要する（民法250条）。

　　ウ　裁判所の関与

　　　　養子縁組には，裁判所が関与する。

⑵　**単純養子縁組**

　　ア　親の同意

　　　　未成年者は，父及び母の同意がなければ，養子となることができない。その一方が死亡しているか，自己の意思を表明することができないか，又は親権を奪われているときは，一方の同意で足りる。

　　　　双方が死亡しているか，自己の意思を表明することができないか，又は親権を奪われているときは，家族会が同意をする（民法270条）。

　　イ　養子の同意

　　　　養子が15歳以上である場合は，その者の同意を要する（民法271条）。

　　ウ　裁判所の関与

　　　　養子縁組には，裁判所が関与する。

5　養子縁組の効力

⑴　**嫡出養子縁組**

　　ア　養親との関係

　　　　嫡出養子縁組は，生来の親子関係に代わる親子関係を付与され（民法261条），子は，養親の家族の中で，嫡出子の地位を有する（民法262条）。

　　イ　実親との関係

　　　　養子は，その家族に属さなくなる。ただし，配偶者の子の嫡出養子縁組の場合には，生来の親子関係は，子と養親の配偶者の間で存続する（民法261条）。

　　ウ　養子の姓

　　　　夫婦による嫡出養子縁組の場合は，夫の姓を付与するか，養子縁組において申請があったときは，母の姓を付与する。

　　　　また，夫婦である子の嫡出養子縁組の場合は，子は自己の姓を保持する

542 第2編 各 論

か，又は配偶者の同意を条件として，養子縁組において申請のあった養親
の姓を称する（民法77‐5条）。

(2) **単純養子縁組**

ア 養親との関係

㋐ 親権及び同意権

養親は，養子に関して親権が与えられる。養親は，婚姻に同意をする。
養子縁組は夫婦が行うときは，その不一致のときは同意とされる。

配偶者による養子縁組の場合は，養子の父又は母は，養親と共同して
親権を行使する（民法275条）。

㋑ 卑属との関係

養子縁組から生ずる親の関係は，養子の嫡出の卑属に及ぶ（民法279
条）。

㋒ 婚姻の禁止

①養親と養子又は養子の卑属間，②養子と養親の配偶者間，養親と養
子の配偶者間，③養子と養親の子間，④同一人の養子の間の婚姻は禁止
される。ただし，③及び④については，国王が許可することができる
（民法280条）。

イ 実親との関係

養子はその実の家族として残り，全ての権利を失わない（民法276条）。

ウ 養子の姓

単純養子縁組の場合は，養子は，養親の姓を付加するか，又は夫婦の養
子の場合は，夫の姓を付加する。ただし，養子縁組において申請があった
ときは，母の姓を付加する。

ただし，養子縁組を言い渡す決定において，養子の利益のために，上記
の原則について適用しないことができる（民法77‐6条）。

〔根拠法条〕

民法（1985年11月21日法律第1089号，2016年12月5日法律第1440号改正）

第1巻　個人

第2編の2　姓

第2章　姓の帰属及び保護

第2節　姓の保護

第77‑5条（2016年12月5日法律第1440号）

　　夫婦による嫡出養子縁組の場合は，夫の姓を付与するか，養子縁組において申請があったときは，母の姓を付与する。（略）

　　夫婦である子の嫡出養子縁組の場合は，子は自己の姓を保持するか，又は配偶者の同意を条件として，養子縁組において申請のあった養親の姓を称する。

第77‑6条（2016年12月5日法律第1440号）

　　単純養子縁組の場合は，養子は，養親の姓を付加するか，又は夫婦の養子の場合は，夫の姓を付加する。ただし，養子縁組において申請があったときは，母の姓を付加する。

　　ただし，養子縁組を言い渡す決定において，養子の利益のために，前文の規定を適用しないことができる。（以下，略）

第8編　養親子関係

第2章　嫡出養子縁組

第1節　必要条件

第242条（1995年12月27日法律第1183号改正）

　　嫡出養子縁組（l'adoption l'egitimante）は，婚姻後5年を経過し，一方が少なくとも30歳以上である夫婦のみが，共同して申立てをすることができる。

　　ただし，その者が配偶者の子であるときは，配偶者の一方が申立てをすることができる。配偶者の同意を要する。（以下，略）

第244条

　　国王の許可がなければ，嫡出養子縁組は，生存している嫡出の卑属がいないときに行われる。（以下，略）

第249条

　　申立ての日に，養子が15歳に達しているときは，嫡出養子縁組のために本人が同意しなければならない。

第250条

　　未成年の子の親子関係がその者について成立しているときは，それぞれの者は，嫡出養子縁組に対して同意しなければならない。

　　その者の一方が死亡し，自己の意思を表明することが永久的に不可能であるとき，又は親権を喪失しているときは，後見裁判官の承認を要する。

第2節　嫡出養子縁組の効力

第261条

　　嫡出養子縁組は，生来の親子関係に代わる親子関係を付与する。養子は，民法第127条，第128条及び第129条の婚姻の禁止を除き，その家族に属さなくなる。

　　ただし，第242条第2段落の配偶者の子の嫡出養子縁組の場合には，生来の親子関係は，子と養親の配偶者の間で存続する。

第262条

　　子は，養親の家族の中で，嫡出子の地位を有する。

第3章　単純養子縁組

第1節　要件

第264条（1999年12月28日法律第1223号改

正)

国王の免除がある場合を除き，申立ての日に，嫡出の子孫も，実子もいない30歳以上の全ての者に単純養子縁組を命ずることができる。

第268条

単純養子縁組は，いかなる年齢の養子も認められる。

第270条

未成年者は，父及び母の同意がなければ，養子となることができない。

その一方が死亡しているか，自己の意思を表明することができないか，又は親権を奪われているときは，一方の同意で足りる。

双方が死亡しているか，自己の意思を表明することができないか，又は親権を奪われているときは，家族会が同意をする。（以下，略）

第271条

申立ての日に15歳以上である養子は，自らが養子縁組に対して同意をしなければならない。

第2節　単純養子縁組の効力

第274条

養子縁組に本人が同意した養子は，自己の姓に加えて，養親の姓を称する。

申立時に15歳未満である養子は，養親の姓を称する。

養子縁組を言い渡す決定は，前2文の

規定を放棄することができる。

養親が請求したときは，養子の名の変更も命ずることができる。

第275条

養親は，養子に関して親権が与えられる。養親は，婚姻に同意をする。養子縁組は夫婦が行うときは，その不一致のときは同意とされる。

配偶者による養子縁組の場合は，養子の父又は母は，養親と共同して親権を行使する。

第276条

養子はその実の家族として残り，全ての権利を失わない。（以下，略）

第279条

養子縁組から生ずる親の関係は，養子の嫡出の卑属に及ぶ。

第280条

以下の者の間の婚姻は，禁止される。

1　養親と養子又は養子の卑属間

2　養子と養親の配偶者間，養親と養子の配偶者間

3　養子と養親の子間

4　同一人の養子の間

ただし，最後の2つの禁止は，国王の許可で除くことができる。

第3節　単純養子縁組の取消し

第286条

養子縁組は，決定が取消しできなくなった日に終了する。（以下，略）

第5 養子縁組の撤回

1 嫡出養子縁組

嫡出養子縁組は，撤回することができない（民法263条）。

2 単純養子縁組

養子の振舞い又は養親の振舞いが不満の重大な動機となる場合，養親，養子，養子が親権下にある未成年であるときは，その父及び母の申立てにより，裁判上撤回することができる。

養親が提出した撤回の申立ては，養子が15歳以上である場合においてのみ認められる（民法284条）。

〔根拠法条〕

民法（1985年11月21日法律第1089号，2016年12月5日法律第1440号改正）

第1巻　個人

第8編　養子親子関係

第2章　嫡出養子縁組

第2節　嫡出養子縁組の効力

第263条

　　嫡出養子縁組は，撤回することができない。

第3章　単純養子縁組

第3節　単純養子縁組の撤回

第284条

　　養子又は養親の行動が不満の重大な動機となる場合，養親，養子，養子が親権下にある未成年であるときは，その父及び母の申立てにより，裁判上撤回することができる。検察官も裁判所に申立てをすることができる。

　　養親が提出した撤回の申立ては，養子が15歳以上である場合においてのみ認められる。

第6 国　籍

1 二重国籍

モナコでは，二重国籍は認められていない（国籍8条）。

2　モナコ国籍の喪失

①外国に帰化したか，又は自己の請求により外国の国籍を取得した場合，②現行法に規定された条件でモナコ国籍を放棄した場合，③自発的にかつ政府の許可なく，外国の軍隊の業務に就いた場合には，モナコ国籍を喪失する（国籍8条）。

〔根拠法条〕

国 籍 法（1992年12月18日 法 律 第1155号，2011年12月19日法律第1387号）

11.5　国籍及び住所

11.51　モナコ国籍

第3章　モナコ国籍の喪失

第8条

　　　次に掲げる者は，モナコ国籍を喪失する。

1　外国に帰化したか，又は自己の請求により外国の国籍を取得した者

2　現行法に規定された条件でモナコ国籍を放棄した者

3　自発的にかつ政府の許可なく，外国の軍隊の業務に就いた者

172 モナコ 547

資料172－1 〔婚姻証明書〕

ACTE DE MARIAGE

- COPIE INTÉGRALE -
Année 2011

MARIAGE - N° ※ -

□□□□
et △△△△

Le ※ octobre deux mil onze à ※ heures ※ minutes, devant Nous ont comparu ------
publiquement en la Mairie de Monaco ;------------------------------
□□□□ , ※ ※ , né à Nice (Alpes-Maritimes), le ※ mars mil neuf ---
cent quatre vingt deux, domicilié à Nice (Alpes-Maritimes), ※ , rue de la Santoline, de nationalité -----
française; fils de ※ ※ ※ ※ , ※ ※ , domicilié à Nice (Alpes-Maritimes) ※ , rue de la ------
Santoline et de ※ ※ ※ , ※ ※ , d'une part.------------------------------
Et : △ △ △ △ , ※ ※ , née à Tokyo (Japon), le ※ septembre mil neuf cent ---
soixante quatorze, domiciliée à Monaco, ※ , quai ※ ※ ※ ※ , de nationalité japonaise; fille de ---
※ ※ ※ , ※ ※ et de ※ ※ ※ ※ , ※ ※ , domiciliés à Chiba (Japon), ---
※ ※ ※ , ※ ※ , Mihama, d'autre part.------------------------------

Sur notre interpellation, les futurs époux ont déclaré qu'il n'a pas été fait de contrat de mariage et --
qu'ils entendent se soumettre au régime légal monégasque.------------------------------

Ils ont déclaré l'un après l'autre vouloir se prendre pour époux et Nous avons prononcé, au nom de
la loi, qu'ils sont unis par le mariage.------------------------------
En présence de : ※ ※ ※ , ※ ※ ※ , âgé de ※ ans, domicilié à Monaco; ※ ※ ------
※ ※ , ※ ※ , âgé de ※ ans, domicilié à Monaco ; ※ ※ ※ ※ , ※ ※ , ---
âgée de ※ ans, domiciliée à Monaco et ※ ※ ※ ※ , ※ ※ , âgée de ※ ans, domiciliée à ---
Monaco, témoins majeurs.------------------------------

Lecture faite et invités à lire l'acte, les époux et les témoins ont signé avec Nous, Marjorie ---------
※ ※ ※ ※ , Adjoint au Maire, remplissant les fonctions d'Officier d'Etat Civil, par ------
délégation.------------------------------

Suivent les Signatures
Mentions Marginales
Néant

Pour copie conforme.

à Monaco le 27 octobre 2011
L'Officier de l'Etat Civil

（署名）

548　第2編　各　論

資料172－2 〔出生証明書〕

ACTE DE NAISSANCE

- COPIE INTÉGRALE -
Année 2011

NAISSANCE - N° ※ - ○○○○ -

Le ※ décembre deux mil onze à ※ heures ※ minutes, est née à Monaco , à la
※ ※ ※ Hospitalier : ○○○○ , du sexe féminin, de □ □ □ , né à Monaco le --
※ juin mil neuf cent quatre vingt cinq, ※ ※ et de △ △ △ △ , née à Tokyo -
(Japon) le ※ avril mil neuf cent quatre vingt cinq, ※ ※ , son épouse, domiciliés à Beausoleil -----
(Alpes-Maritimes) ※ , chemin du Castellaret.--

Dressé le seize décembre deux mil onze à dix heures cinquante neuf minutes sur la déclaration du
père, qui, lecture faite et invité à lire l'acte, a signé avec Nous, ※ ※ ※ ※ ┃ ※ ※ , --
Officier de l'Etat Civil de la Commune de Monaco, par délégation.-------------------------------------

Suivent les Signatures

Mentions Marginales

Néant

Pour copie conforme.

à Monaco
le 16 décembre 2011
L'Officier de l'Etat Civil

(署名)

173　モーリシャス（モーリシャス共和国）

第1　婚　　姻

1　婚姻要件具備証明書

モーリシャス人男と日本人女の創設的婚姻届について，モーリシャス人男が添付した同国最高裁判所に認可された宣誓供述書は，婚姻要件具備証明書として取り扱うことは差し支えないとされた事例がある（平成26.12.24民一475号回答）。

2　婚姻証明書

モーリシャス国民事事務所発行の婚姻証明書は，資料173－1（本文561頁）参照。

3　実質的成立要件

(1)　**婚姻適齢**

男女とも18歳である（民法144条）。

ただし，16歳以上で18歳未満の未成年者は，父及び母の同意若しくは単独で親権を行使する者の同意があるときは，婚姻をすることができる（民法145条）。

(2)　**重婚の禁止**

前婚が解消される前は再婚をすることができない（民法150条）。

(3)　**近親婚の禁止**

直系においては，婚姻は，嫡出であるか，又は嫡出でない尊属及び卑属及び同系の姻族間で禁止される（民法151条）。

傍系においては，婚姻は，嫡出であるか，又は嫡出でない兄弟姉妹間で禁止される（民法152条）。

また，おじと姪，おばと甥間で禁止される（民法153条）。

550 第2編 各 論

(4) 再婚禁止期間

女性は，前婚の解消から300日が経過するまでは，再婚することができない。

再婚禁止期間は，婚姻の解消後に出産した場合は終了する。女性が，婚姻が解消された時に妊娠しているか否かの証拠となる医学上の証明書を提出した場合も同様に終了する（民法228条）。

4 婚姻の効力

(1) 夫婦の姓

妻は，自己の姓を保持することも，夫の姓を称することもできる（民法36条・37条）。

夫は，自己の姓に妻の姓を付加することができる（民法38条）。

(2) モーリシャス国籍の取得

モーリシャス人と婚姻した外国人は，婚姻により当然にはモーリシャス国籍を取得せず，4年間居住した等により，モーリシャス国籍の取得を申請することができる。

〔根拠法条〕

民法（Civil Code）（2011年4月25日法律第37号改正）
第2編 氏名
第1章 姓
第2節 婚姻による姓の取得
第36条
　女性は，婚姻により，夫の姓を称する権利を取得する。
　その権利を使用するか否かは任意である。
第37条
　女性は，婚姻前に称していた姓を失わない。（以下，略）
第38条

　夫は，自己の姓に妻の姓を付加することができる。（以下，略）
第5編 婚姻
第1章 婚姻締結のために必要とされる資格及び要件
第144条
　何人も18歳前に，婚姻をすることができない。
第145条
　ただし，16歳以上で18歳未満の未成年者は，父及び母の同意若しくは単独で親権を行使する者の同意があるときは，婚姻をすることができる。（以下，略）
第150条

前婚が解消される前は再婚をすること
ができない。

第151条

　直系においては，婚姻は，嫡出である
か，又は嫡出でない尊属及び卑属及び同
系の姻族間で禁止される。

第152条

　傍系においては，婚姻は，嫡出である
か，又は嫡出でない兄弟姉妹間で禁止さ
れる。

第153条

　婚姻は，血縁が嫡出であるか，又は嫡

出でないおじと姪，おばと甥間で禁止さ
れる。

第8章　再婚

第228条

　女性は，前婚の解消から300日が経過
するまでは，新たな婚姻を締結すること
ができない。

　この期間は，婚姻の解消後に出産した
場合は終了する。女性が，婚姻が解消さ
れた時に妊娠しているか否かの証拠とな
る医学上の証明書を提出した場合も同様
に終了する。

〔先判例要旨〕

◎　モーリシャスにおいて作成された日本人男とモーリシャス人女の婚姻証
　書及びその間に出生した婚姻前の子を同人間の子と認める出生証書を戸籍
　法第41条の規定による婚姻及び認知の証書として取り扱って差し支えない
　とされた事例　　　　　　　　　　　　　　（昭和49.10.21民二5678号回答）

第2　出　　生

1　嫡出子の身分

　婚姻中に妊娠した子は，夫を父とする。

　ただし，子の出生前180日から300日までの期間，何らかの事情により女性と
身体的に同居することが不可能であったことを証明した場合は，裁判で子を否
認することができる（民法312条）。

　また，婚姻から180日前に出生した子は，婚姻前に妊娠を知っていた等の場
合には否認することができない（民法314条）。

2 国籍留保届

(1) モーリシャスで出生した場合

1968年3月11日より後にモーリシャスで出生した全ての者は，出生の日にモーリシャスの市民となる。

ただし，出生時に，両親のいずれもがモーリシャス市民でないか，両親の一方が敵国の外国人であり，かつ，その出生が敵により占領された場所で出生した場合には，その者はモーリシャスの市民とならない（憲22条）（**注**）。

したがって，日本人夫婦の子がモーリシャス国内で出生した場合は，国籍留保の届出を要しないが，夫婦の一方が日本人で，他方がモーリシャス市民の子がモーリシャス国内で出生した場合は，出生の日から3か月以内に日本国籍を留保する意思を表示しなければ，子は日本国籍を喪失する（日国12条）。

> （**注**） 従前は，「その子の父がモーリシャスに派遣された外国政府当局の使節に与えられた訴訟及び法律的手続からの免除を有し，かつ，両親がモーリシャス市民でない場合」，「その子の父が外国人である敵であり，かつその出生が敵により占領されていた場所で出生した場合」が除外事由とされていた。

(2) モーリシャス国外で出生した場合

1968年3月11日より後にモーリシャス国外で出生した者は，両親の一方が憲法第23条又は第20条第3項によらないモーリシャスの市民である場合は，出生の日にモーリシャスの市民となる（憲23条）。

したがって，夫婦の一方が日本人で，他方がモーリシャス市民の子がモーリシャス以外の外国で出生した場合は，出生の日から3か月以内に日本国籍を留保する意思を表示しなければ，子は日本国籍を喪失する（日国12条）。

> （**注**） 父又は母がモーリシャス市民であるが，憲法第23条又は第20条第3項によらないモーリシャス市民であり，子がモーリシャス市民にならない場合は，届書の「その他」欄に，その旨を記載するのが適当である。

173　モーリシャス　553

3　出生場所の記載

(1)　行政区画

モーリシャスは，9つの県（注1）と3つの属領（注2）から構成されている。

（注1）　県は，ブラックリバー県（Black River），フラック県（Flacq），グラン・ポール県（Grand Port），モカ県（Moka），パンプルムース県（Pamplemousses），プレーン・ウィルヘルム県（Plaines Wilhelms），ポートルイス県（Port Louis），リヴィエール・デュ・ランパール県（Rivière du Rempart），サバンナ県（Savanne）である。

（注2）　属領は，アガレガ諸島，カルガドス・カラホス諸島，ロドリゲス島である。

(2)　戸籍の記載

「モーリシャス国ポートルイス県ポートルイス市で出生」（【出生地】モーリシャス国ポートルイス県ポートルイス市）と記載する。

4　出生証明書

モーリシャス国民事事務所発行の出生証明書（出生登録の抄本）は，資料173－2（本文563頁）参照。

〔根拠法条〕

憲法（The Constitution of the Republic of Mauritius）（1968年3月，1982年，1983年，1986年，1990年，1991年，1992年，1994年，1995年，1996年，1997年，2000年，2001年改正）

第3章　市民権

第20条（1968年3月12日に市民となる者）

①　モーリシャスで出生し，1968年3月11日に連合王国及び植民地の市民である全ての者は，1968年3月12日にモーリシャス市民となった。

②　1968年3月11日に，以下に掲げる連合王国及び植民地の市民である全ての者（以下，略）

③　モーリシャス国外で出生し，1968年3月11日に連合王国及び植民地の市民であり，両親の一方が第1項又は第2項の規定によりモーリシャス市民になったか，死亡しなければ市民になった全ての者は，1968年3月12日にモーリシャス市民となった。

④　（略）

第22条（1968年3月11日より後に，モーリシャスで出生した者）（1995年法律第23

554　第2編　各　論

号改正）

　1968年3月11日より後にモーリシャスで出生した全ての者は，出生の日にモーリシャス市民となる。

　ただし，出生時に，以下に掲げる場合は，その者はモーリシャス市民とならない。

(a)　両親のいずれもがモーリシャス市民でないか，

(b)　両親の一方が敵国の外国人であり，かつ，その出生が敵により占領された場所で出生した場合

第23条（1968年3月11日より後に，モーリシャス国外で出生した者）（1995年法律第23号改正）

　1968年3月11日より後にモーリシャス国外で出生した者は，両親の一方が本条又は第20条第3項によらないモーリシャス市民である場合は，出生の日にモーリシャス市民となる。

第27条（解釈）

①　（略）

②　本章において，外国で登録された船舶若しくは航空機又はいかなる国の政府の

登録されていない船舶若しくは航空機で出生した者は，船舶若しくは航空機が登録された場所で，又は場合によっては，その国で出生したものとみなされる。

③　（略）

民法（2011年4月25日法律第37号改正）

第7編　親子関係

第1章　嫡出子又は婚姻で出生した子の親子関係

第312条

　婚姻中に妊娠した子は，夫を父とする。

　ただし，その者が父であり得ないこと，特に，子の出生前180日から300日までの期間，何らかの事情により女性と身体的に同居することが不可能であったことを証明した場合は，裁判で子を否認することができる。

第313条（削除）

第314条

　婚姻から180日前に出生した子は，以下の場合には否認することができない。

1　婚姻前に妊娠を知っていた場合

2・3　（略）

〔参考〕

憲法（1977年2月1日）

第22条　モーリシャスで，1968年3月11日より後に出生した者はだれでも出生の日にモーリシャス市民となる。ただし，もし，その出生のときに，

(a)　その父が，モーリシャスに派遣された外国政府当局の使節に与えられた訴訟及び法律的手続からの免除を有し，かつ，その両親がモーリシャス市民でないか，又は，

(b)　その父が外国人である敵であり，かつ，

その出生が敵により占領されていた場所で出生したのであれば，本条によりモーリシャス市民とならない。

第23条　1968年3月11日より後にモーリシャス外で出生した者は，もし，その日に父が本条又は本憲法第20条第3項によらないで，モーリシャス市民である場合には，出生の日にモーリシャス市民となる。

（総覧2-1296ノ9）

第3　認　知

1　認知証書

　備考欄に父母の婚姻によって嫡出子となった旨の記載のあるモーリシャス国官憲の発給した出生証明書が，戸籍法第41条の認知証書と認められている（昭和49.10.21民二5678号回答（戸籍474-65））。

第4　養子縁組

1　根拠法

　根拠法は，「民法」（Civil Code）である。

2　制　度

　民法は，完全養子縁組（adoption plénière）及び単純養子縁組（adoption simple）の類型を規定している。

3　実質的成立要件

⑴　単純養子縁組

　　ア　養親となる者の要件

　　　養親は，夫婦だけでなく，単身者もなることができる（民法343条）。

　　イ　養親の年齢

　　　養親は，30歳以上でなければならない。

　　　ただし，養親が婚姻している場合は，年齢要件は適用されない（民法343条）。

　　ウ　配偶者の同意

　　　夫婦共同縁組でない場合は，配偶者の同意を要する（民法343条）。

　　エ　養親と養子の年齢差

　　　養親は，養子より15歳以上年長でなければならない。

　　　ただし，養子が親の一方の子の場合は，年齢差は10歳に引き下げられる。

556 第2編 各　論

なお，合理的な理由がある場合は，裁判官は年齢差の要件を適用しない
ことができる（民法344条）。

オ　養子の要件

養子は，年齢にかかわらず認められる（民法345条）。

カ　複数の者による養子縁組の禁止

養親が夫婦でない場合は，複数の者の養子となることができない（民法
347条）。

(2)　完全養子縁組

ア　養親となる者の要件

別居していない夫婦のみが共同して申請することができる（民法364条）。

イ　養親と養子の年齢差

養親は，養子より15歳以上年長でなければならない。

ただし，養子が親の一方の子の場合は，年齢差は10歳に引き下げられる。

なお，合理的な理由がある場合は，裁判官は年齢差の要件を適用しない
ことができる（民法366条・344条）。

ウ　養子の要件

養子は，年齢にかかわらず認められる（民法366条・345条）。

4　保護要件

(1)　養子の同意

養子が15歳以上である場合は，その者の同意を要する（民法366条・345条）。

(2)　両親の同意

子との親子関係が，父母と成立している場合は，養子縁組に対する父母の同
意を要する。

ただし，父母の一方が死亡しているか，自己の意思を表明することができな
いか，又は親権を喪失している場合は，他方の同意で足りる（民法366条・349
条）。

(3)　裁判所の関与

養子縁組には，裁判所が関与する。

5 養子縁組の効力

(1) 単純養子縁組

ア 養子の姓名

養子は，養親の姓を称するが，裁判官は養親の姓を称しないことを決定することができる（民法357条）。

イ 実親等との関係

養子は，実の家族にとどまり，全ての権利，特に相続権を保持する。また，法律に規定される婚姻の禁止は，養子と実の親族間に適用される（民法357条）。

ウ 養親等との関係

養親が養子の父又は母でない場合は，養子の婚姻に対する同意を含め，養子に関する全ての親権が付与される（民法358条）。

また，①養親と養子及びその卑属間，②養子と養親の配偶者間，養親と養子の配偶者間，③同一人の養子間，④養子と養親の子間の婚姻は禁止される。ただし，③及び④に規定された婚姻の禁止は，正当な理由がある場合は，検察官の免除で解除することができる（民法359条）。

エ 効力発生日

養子縁組は，養子縁組の決定の日から効力を生ずる（民法356条）。

(2) 完全養子縁組

ア 養子の姓名

養子縁組により，子に夫の姓を付与する（民法368条）。

イ 実親との関係

実親との関係は断絶し，婚姻の禁止を除き，養子と実親との間の全ての権利及び義務は消滅する（民法368条）。

ウ 養親との関係

養子は，養親の家族において，嫡出子と同様の権利義務を有する（民法368条）。

558　第2編　各　　論

エ　効力発生日

養子縁組は，養子縁組の決定の日から効力を生ずる（民法367条）。

(3) モーリシャス国籍の取得

養親又は共同縁組の場合は，養父がモーリシャス市民であるときは，その者の養子となった未成年者は，決定の日からモーリシャス市民となる（市民3条）。

6　ハーグ国際養子縁組条約

1998年（平成10年）批准

〔根拠法条〕

民法（2011年4月25日法律第37号改正）
第8編　養子縁組関係
第1章　単純養子縁組
第1節　単純養子縁組の要件
第343条

養子縁組は，30歳以上の全ての者が申請することができる。

ただし，この年齢要件は，養親が婚姻し，別居していない場合は，必要とされない。この場合には，自己の意思を表明することができないときを除き，配偶者の同意を要する。

養子縁組は，別居していない夫婦が，年齢要件も期間もなく，申請することができる。

第344条

養親は，養子縁組をしようとする子よりも15歳以上年長でなければならない。その子が配偶者の子である場合は，年齢差は10歳で足りる。

ただし，裁判官は，正当な理由がある場合は，前段に規定されている年齢差がないときでも養子縁組を言い渡すことができる。

第345条

養子縁組は，養子の年齢にかかわらず認められる。

養子が15歳以上である場合は，養子縁組に対する本人の同意を要する。

第347条

（養親が）夫婦でない場合は，複数の者の養子となることができない。（以下，略）

第349条

子との親子関係が，父母と成立している場合は，養子縁組に対する父母の同意を要する。

ただし，父母の一方が死亡しているか，自己の意思を表明することができないか，又は親権を喪失している場合は，他方の同意で足りる。（以下，略）

第2節　単純養子縁組の効力
第356条

養子縁組は，養子縁組の決定の日から効力を生ずる。（以下，略）

第357条

単純養子縁組は，養親の姓を付与する。ただし，裁判官は，養子が養親の姓

を称しないか，又は養親の姓を養子の姓に付加する決定をすることができる。

養子は，実の家族にとどまり，全ての権利，特に相続権を保持する。

法律に規定される婚姻の禁止は，養子と実の親族間に適用される。

第358条

養親が養子の父又は母でない場合は，養子の婚姻に対する同意を含め，養子に関する全ての親権が付与される。(以下，略)

第359条

養子縁組による親族関係は，養子の子に及ぶ。

以下の婚姻は，禁止される。

1　養親と養子及びその卑属間

2　養子と養親の配偶者間，養親と養子の配偶者間

3　同一人の養子間

4　養子と養親の子間

ただし，前記3，4に規定された婚姻の禁止は，正当な理由がある場合は，検察官の免除で解除することができる。(以下，略)

第362条

親子関係が後に生じた場合でも，養子縁組は全ての効力を保持する。

第2章　完全養子縁組

第1節　完全養子縁組の要件

第364条

完全養子縁組は，別居していない夫婦のみが共同して申請することができる。(以下，略)

第366条

第344条から第346条及び第349条から第355条は，完全養子縁組に適用される。

第2節　完全養子縁組の効力

第367条

完全養子縁組は，養子縁組の決定の日から当事者間に効力を生ずる。(以下，略)

第368条

養子縁組により，子に実の家族に替わる親子関係を付与し，養子は婚姻の禁止を留保して，血統による家族に属さなくなる。

養子縁組により，子に夫の姓を付与する。(略)

養子は，養親の家族において，嫡出子と同様の権利義務を有する。

第5　養子縁組の撤回

1　単純養子縁組

(1)　養子縁組の撤回

正当な理由を証明した場合は，養親又は養子の申請により，養子縁組を撤回することができる。

養親による撤回の申請は，養子が15歳以上でなければ受理されない（民法363条）。

⑵ 撤回の効力

撤回は，将来に向かって効力を失う（民法363条）。

2 完全養子縁組

完全養子縁組は，撤回することができない（民法369条）。

〔根拠法条〕

民法（2011年4月25日法律第37号改正）
第8編 養子縁組関係
第1章 単純養子縁組
第2節 単純養子縁組の効力
第363条
　　正当な理由を証明した場合は，養親又は養子の申請により，養子縁組を撤回することができる。
　　養親による撤回の申請は，養子が15歳以上でなければ受理されない。（略）
　　撤回は，将来に向かって効力を失う。
第2章 完全養子縁組
第2節 完全養子縁組の効力
第369条
　　完全養子縁組は，撤回することができない。

市民権法（Mauritius Citizenship Act）（1968年12月14日法律第RL3／584-14，1991年法律第48号改正，1992年法律第46号改正，1995年法律第24号改正）
第2部 市民権の取得
第3条（養子縁組に基づく市民権）
　　子の養子縁組に関するモーリシャスにおける法令の下において，養子縁組命令は，モーリシャス市民でない未成年者に関してなされる。そして，養親又は共同縁組の場合は，養父がモーリシャス市民であるときは，未成年者は決定の日から市民となる。

第6 国 籍

1 二重国籍

モーリシャスでは二重国籍は認められており，当然にはモーリシャス市民権（国籍）を喪失しない。

2 市民権の喪失

市民権法には，自発的な外国の市民権の取得等の自発的な喪失原因は，規定されていない。

資料173－1〔婚姻証明書〕

Certified Extract of a Marriage Entry
(Pursuant to the Civil Status Act 1981)

Extrait Certifié d'Acte de Mariage
(Conformément aux dispositions de la loi de 1981 régissant l'Etat Civil)

Registration District Port Louis
District de l'enregistrement
Registration Office Central Civil Status Office
Bureau de l'enregistrement
Registered by Civil Status Officer ※ ※ ※ ※
Enregistré par Officier de l'Etat Civil

Certificate Number ※ ※
Numéro du Certificat
Date of Celebration ※/12/2012
Date de la Célébration

Date & Time of Marriage ※/12/2012 ※:※
Date & Heure du Mariage
Place of Marriage ※ ※ ※ ※ Office, Port Louis
Lieu du Mariage
Marriage Type Civil Marriage
Type de Mariage Mariage Civil

HUSBAND-EPOUX

Surname ☐ ☐
Nom
Names ☐ ☐
Prénoms
Occupation ※ ※
Profession ※ ※
Address Camp Carol, Grand Bay
Addresse
Religion Roman Catholic
Religion Catholique Romain
Place of Birth ※ ※ H
Lieu de naissance
Marital Status Single
Situation Familiale Célibataire

NID Number ※ ※ ※ ※
No de la carte nationale d'identité

Age ※ Years/Ans
Age

WIFE-EPOUSE

Surname △ △
Nom
Names △ △
Prénoms
Occupation ※ ※
Profession ※ ※
Address Camp Carol, Grand Bay
Adresse
Religion Buddhist
Religion Boudhiste
Place of Birth Japan
Lieu de naissance
Marital Status Single
Situation Familiale Célibataire

NID Number
No de la carte nationale d'identité

Age ※ Years/Ans
Age

Matrimonial Regime Legal System of Community of Goods
Régime Matrimonial Régime légal de communauté

ANNOTATION(S) -MENTION(S)

Name of Civil Status Officer ※ ※ ※ ※
Nom de l'officier de l'Etat Civil
Civil Status Office Grand Bay
Bureau de l'Etat Civil
Date of Issue 20/12/2012
Date d'émission

Signature （署名）
Signature

562 第2編 各 論

資料173－1

モーリシャス共和国　婚姻証明書
(1981年モーリシャス共和国民事法に基づく)

登録地区　　　　ポートルイス　　　　　　　　証明書番号　　※※
登記事務所　　　中央民事事務所　　　　　　　日付　2012年12月※日
登記民事事務官　※※※※

婚姻の日時　2012年12月※日　※時※分
婚姻の場所　※※※※事務所　ポートルイス
婚姻の種類　民事婚

夫

苗字　　　□□
名前　　　□□
職業　　　※※　　　　　　　　　　　　　身分証明番号　※※※※
住所　　　キャンプキャロル　グランドベイ
宗教　　　ローマカトリック教徒　　　　　　　　　　年齢　※歳
出生地　　※※病院　モーリシャス
結婚歴　　未婚

妻

苗字　　　△△
名前　　　△△
職業　　　※※　　　　　　　　　　　　　身分証明番号
住所　　　キャンプキャロル　グランドベイ
宗教　　　仏教徒　　　　　　　　　　　　　　　　　年齢　※歳
出生地　　日本
結婚歴　　未婚

夫婦財産制度　地域法制度

注釈

発行民事事務官氏名　※※※※
発行民事事務所　グランドベイ
発行日　2012年12月20日　　　　　　　　署名
　　　　　　　　　　　　　　　　　　（　　　※※※※　　　）

　　　　　　　　　　　　　　　　　　（翻訳　△△△△　　　（署名））

173 モーリシャス　563

資料173-2 〔出生証明書〕

Certified Extract of a Birth Entry
(Pursuant to the Civil Status Act 1981)

REPUBLIC OF MAURITIUS
RÉPUBLIQUE DE MAURICE

Extrait Conforme du Certificat de Naissance
(Conformément aux dispositions de la loi de 1981 régissant l'État Civil)

Pam - ※ ※

Registration District District de l'enregistrement	Pamplemousses	**Certificate Number** Numéro du Certificat	※ ・
Registration Office Bureau de l'enregistrement	Terre Rouge	**Date of Registration** Date de déclaration	31/10/2013
Registered by Enregistré par	※ ※ ※ ※		

CHILD - ENFANT

Surname Nom	○ ○			
Names Prénoms	○ ○			
NID Number No. de carte nationale d'identité	※ ※ ※ ※	**Date and Time of Birth** Date et heure de la naissance	※ /10/2013 ※:00	**Sex** Sexe　M-Male/Masculin
Place of Birth Lieu de naissance	※ ※ ※ ※ Clinic, Rose Hill.			

FATHER - PERE

Surname Nom	□ □		
Names Prénoms	□ □		
Occupation Profession	※ ※ ※ ※	**NID Number** No. de carte nationale d'identité	※ ※ ※ ※
Address Adresse	※ ※ ※ ※ , Long Mountain		

MOTHER - MERE

Maiden Name Nom de jeune fille	△ △		
Names Prénoms	△ △		
Occupation Profession	※ ※ ※ ※	**NID Number** No. de carte nationale d'identité	
Address Adresse	※ ※ ※ ※ , Long Mountain		

DECLARANT(S) - DECLARANT(E)(S)

Father as above Père susmentioné	**Mother as above** Mère susmentionée	**Both Parents as above** Parents susmentionés	**Other** Autre
Surname Nom			
Names Prénoms			
Occupation Profession		**NID Number** No. de carte nationale d'identité	
Address Adresse			

ANNOTATION(S) - MENTION(S)

ame of Civil Status Officer st de l'Officier de l'État Civil	※ ※ ※ ※
ivil Status Office rçeu de l'État Civil	Terre Rouge
ate of Issue ate d'émission	31/10/2013

Signature
Signature　(署名)

564 第2編 各 論

資料173-2

出生証明書

登録地区　パンプルムース　　登録番号　　※
登録局　テアルージュ　　　　登録日　2013年10月31日
登録者　※※※※

子
氏　○○
名　○○
国民識別番号　※※※※　　　出生日時　2013年10月※日※時
出生地　ローズヒル市　※※※※クリニック　　性別　男

父
氏　□□
名　□□
職業　※※　　　　　　　　　国民識別番号　※※※※
住所　ロングマウンテン　※※※※

母
旧姓　△△
名　　△△
職業　※※　　　　　　　　　国民識別番号　なし
住所　ロングマウンテン　※※※※

宣言者
上記父

民法官名　※※※※
民法局　テアルージュ
交付日　2013年10月31日
署名　　※※※※

（訳者：△△△△）

174 モーリタニア（モーリタニア・イスラム共和国）

第1 婚 姻

1 実質的成立要件

(1) 婚姻適齢

男女とも18歳である（個人6条）。

(2) 近親婚等の禁止

親族の尊属又は卑属との婚姻，姻戚関係又は乳母関係にある者との婚姻は禁止される（個人31条・32条）。

(3) 再婚禁止期間

寡婦の再婚禁止期間（イッダ）に婚姻を締結することができない（個人30条・31条）。

2 モーリタニア国籍の取得

モーリタニア人と婚姻した外国人女性は，婚姻により当然にモーリタニア国籍を取得するのではなく，モーリタニアに継続して5年間居住していたことを証明した場合は，挙式から5年経過した後に請求をして，モーリタニア国籍を取得する（国籍16条）。

(注) 従前は，モーリタニア人と婚姻した外国人女性は，婚姻の挙式時にモーリタニア国籍を取得する。ただし，その者の本国法が国籍を保持することを認めるときは，婚姻の挙式前に，モーリタニア国籍の取得を辞退することができる（旧国籍16条）とされていた。

〔根拠法条〕

個人身分法（Code Du Statut Personnel）
（2001年7月19日法律第2001-052号）
第1巻　婚姻及び離婚

第1編　婚姻
第3章　婚姻の構成要件
第1節　配偶者

566 第2編 各 論

第6条
　理性を備えた満18歳以上の全ての者が婚姻能力を有する。

第4節　同意
第26条
　婚姻は，当事者の合意によって有効に締結される。（以下，略）

第4章　婚姻障害
第30条
　婚姻障害は，2種類ある。
　・絶対的障害
　・一時的障害
第31条
　絶対的障害は，以下の関係である。
　1　親族
　2　姻戚関係
　3　乳母関係
　4　宗教上の呪い《LIAAN》の宣誓
　5　寡婦の再婚禁止期間《IDDA》に締結された婚姻の完結（略）

第32条
　以下の者との血縁による婚姻は禁止される。
　1　親等にかかわらず尊属
　2　親等にかかわらず卑属
　3・4　（略）

国籍法（Portant code de la nationalité mauritanienne）（1961年6月24日法律第1961-112号，1973年法律第1973-010号，1976年法律第1976-207号，2010年法律第2010-023号改正）
第3編　モーリタニア国籍の取得
第2章　婚姻による国籍の取得
第16条
　モーリタニア人と婚姻した外国人女性は，モーリタニアに継続して5年間居住していたことを証明した場合は，挙式から5年経過した後に請求をして，モーリタニア国籍を取得する。

第2　離　婚

1　モーリタニア人男と日本人女の協議離婚届の受否

　夫が妻に対して，タラク，タラク，タラクと「タラク」を3回叫べば離婚が成立し，そのほかには何らの手続も必要ない旨が記載されているモーリタニア大使館発行の証明書を添付した場合は，日本において，協議離婚を認めることは差し支えなく，当該証明書をモーリタニア国の離婚をする際の資料として，協議離婚を受理して差し支えない（戸籍491-80）。

第3 出 生

1 国籍留保届

モーリタニアは，父系血統主義国であり，モーリタニア国内で出生した事実だけでは，同国の国籍を取得しない（国籍8条）。

したがって，日本人夫婦の子がモーリタニア国内で出生した場合は，国籍留保の届出を要しないが，父がモーリタニア国民で，母が日本人の子がモーリタニア（又はその他の外国）で出生した場合は，出生の日から3か月以内に日本国籍を留保する意思を表示しなければ，子は日本国籍を喪失する（日国12条）。

2 出生場所の記載

(1) 行政区画

モーリタニアは，12の州（注）と首都のヌアクショットから構成されている。

> （注） 州は，アドラル（Adrar）州，アサバ（Assaba）州，ブラクナ（Brakna）州，ダフレト・ヌアジブ（Dakhlet Nouadhibou）州，ゴルゴル（Gorgol）州，キディマカ（Guidimaka）州，ホズ・エッシャルギ（Hodh Ech Chargui）州，ホズ・エルガルビ（Hodh El Gharbi）州，インシリ（Inchiri）州，タガント（Tagant）州，ティリス・ゼムール（Tiris Zemmour）州，トラルザ（Trarza）州である。

(2) 戸籍の記載

「モーリタニア国ヌアクショット市で出生」（【出生地】モーリタニア国ヌアクショット市），「モーリタニア国ホズ・エッシャルギ州ネマ市で出生」（【出生地】モーリタニア国ホズ・エッシャルギ州ネマ市）と記載する。

〔根拠法条〕

国籍法（1961年6月24日法律第1961-112
号，2010年法律第2010-023号改正）
第2編　生来のモーリタニア国籍
第8条
　　次の者は，モーリタニア国民とする。
　1　モーリタニア国民である父から生ま

れた子
　2　モーリタニア国民である母と無国籍
　　又は国籍不明の父との間に生まれた子
　3　モーリタニアで，モーリタニア国民
　　である母と外国人である父との間に生
　　まれた子。ただし，成人に達する前の

568　第2編　各　論

年にモーリタニア国民の資格を放棄する権利が留保される。

第9条（2010年2月11日，2011年法律第023号で削除）

第10条

　モーリタニアで発見され，親が知れない新生児は，モーリタニア人である。

　ただし，未成年の間に外国人との関係が成立し，その外国人の国籍法に従い，その外国の国籍を有するときは，モーリタニア人でなくなる。

〔参考〕

〔旧〕**国籍法**（1961年6月24日法律第61112号，1973年1月23日法律第73010号改正）

第9条

　次の者は，モーリタニア国民とする。

　1　モーリタニアで生まれた父からモーリタニアで生まれた子

　2　モーリタニアで生まれた母からモーリタニアで生まれた子。ただし，成人に達する前の年にモーリタニア国民としての資格を放棄する権利が留保される。

　本条は，外国の国籍を有する外交官又は領事からモーリタニアで生まれた子には適用がない。

（総覧2−1296ノ12）

第4　養子縁組

　モーリタニアでは，養子縁組は認められていない。

第5　国　　籍

1　二重国籍

　モーリタニアでは，婚姻により外国の国籍を取得した場合を除き，二重国籍は認められていなかったが（Citizenship Law in Africa），2010年の改正により，請求によりモーリタニア国籍を保持することが認められた（国籍31条）。

2　モーリタニア国籍の喪失

(1)　自動的喪失

　自発的に外国の国籍を取得した成人のモーリタニア人は，モーリタニア国籍を喪失する（国籍30条）。

(2) 申請による喪失

外国人と婚姻したモーリタニア人の女性は，婚姻の挙式前に特別の宣言をした場合は，モーリタニア国籍を喪失する。

ただし，この宣言は，女性が夫の国籍を取得することができないときは，無効である（国籍32条）。

〔根拠法条〕

国籍法（1961年 6 月24日法律第1961 - 112号，2010年法律第2010 - 023号改正）

第 4 編　モーリタニア国籍の喪失及び失効

第30条

自発的に外国の国籍を取得した成人のモーリタニア人は，モーリタニア国籍を喪失する。

第31条

外国の国民である成人のモーリタニア人は，請求によりモーリタニア国籍を保持することが認められる。この承認は，命令で認められる。

第32条

外国人と婚姻したモーリタニア人の女性は，婚姻の挙式前に特別の宣言をした場合は，モーリタニア国籍を喪失する。

この宣言は，女性が夫の国籍を取得することができないときは，無効である。

570 第2編 各 論

175 モルディブ（モルディブ共和国）

第1 婚 姻

1 実質的成立要件

(1) 婚姻適齢

男女とも18歳である（家族4条a項）。

ただし，18歳に達していない者が婚姻の申請をした場合は，その者が成熟しているときは，婚姻登録官は，身体的健康，生計を維持する能力及び婚姻を締結する理由を考慮して，裁量で婚姻を挙行することを承認する（家族4条b項）。

(2) 近親婚の禁止

イスラム法が婚姻を禁止していない者と婚姻しなければならない（家族5条）。

(3) 女性の婚姻の禁止

再婚禁止期間（イッダ：iddah）の期間にある女性は，前夫以外の者と婚姻を締結することができない（家族6条b項）。

また，同じ夫から3回離婚された女性は，他の男性がその女性と婚姻をし，婚姻が完結し，離婚した後，その離婚に関し適用されるイッダの期間が遵守された後である場合を除き，前夫と婚姻を締結することができない（家族6条c項）。

寡婦の場合は，夫の死亡後から4か月と10日の期間が経過した場合を除き，婚姻を締結することができない（家族6条d項）。

(4) 一夫多妻

一夫多妻が認められているが，男性は，4人を超える女性と同時に婚姻を締結することができない（家族7条）。

(5) 非イスラム教徒との婚姻の制限

モルディブの女性は，イスラム教徒でない男性と婚姻を締結してはならない（家族8条a項）。

モルディブの男性がイスラム教徒でない女性と婚姻をしようとする場合は，

イスラム教徒でない女性がイスラム法によりイスラム教徒の男性と婚姻を締結することが認められているときにのみ挙行することができる（家族8条b項）。

2　婚姻の無効

イスラム法に基づき必要とされる要件を欠く全ての婚姻は，無効である（家族13条）。

〔**根拠法条**〕

家族法（Family Act）（2000年12月12日法律第4号）

第4条（婚姻の最低年齢）

a　本条第b項に規定されている状況を除き，婚姻を締結する者がグレゴリオ暦に従って18歳に達している場合にのみ，本法に基づく婚姻を挙行することができる。

b　グレゴリオ暦に従って18歳に達していない者が婚姻の申請をした場合は，その者が成熟しているときは，婚姻登録官は，身体的健康，生計を維持する能力及び婚姻を締結する理由を考慮して，裁量で婚姻を挙行することを承認する。

第5条（婚姻の親等）

イスラム法が婚姻を禁止していない者と婚姻しなければならない。

第6条（婚姻が存在する女性の婚姻）

a　妻又は男性が行使する婚姻の権利が帰属する女性は，他の者と婚姻することができない。

b　取り消すことのできない離婚後イッダ（再婚禁止期間 iddah）の期間にある女性は，前夫以外の者と婚姻を締結することができない。

c　同じ夫から3回離婚された女性は，他の男性がその女性と婚姻をし，婚姻が完結し，離婚した後，その離婚に関し適用されるイッダの期間が遵守された後である場合を除き，前夫と婚姻を締結することができない。

d　寡婦の女性は，イスラム暦に従って，夫の死亡後から4か月と10日の期間が経過した場合を除き，婚姻を締結することができない。

第7条（男性が同時に婚姻を締結することができる人数）

男性は，4人を超える女性と同時に婚姻を締結することができない。（以下，略）

第8条（非イスラム教徒との婚姻）

a　モルディブの女性は，イスラム教徒でない男性と婚姻を締結してはならない。

b　モルディブの男性がイスラム教徒でない女性と婚姻をしようとする場合は，イスラム教徒でない女性がイスラム法（Islamic Shairah）によりイスラム教徒の男性と婚姻を締結することが認められているときにのみ挙行することとができる。

572 第2編 各 論

第9条 (同意及び新婦の保証人 (Wali)))
　a 婚姻は, その婚姻を締結した婚姻当
　　事者の同意, 新婦の裁判上の同意又は
　　本条第 b 項に従って得られた裁判上の
　　同意がある場合にのみ, 本法に基づき
　　挙行及び登録することができる。

　b・c (略)
第13条 (無効婚)
　イスラム法に基づき有効な婚姻のため
に必要とされる要件を欠く全ての婚姻
は, 無効である。

第2 出 生

1 国籍留保届

　モルディブは, 父母両系血統主義国であり, モルディブ国内で出生した事実
だけでは, 同国の国籍を取得しない (憲9条)。

　したがって, 日本人夫婦の子がモルディブ国内で出生した場合は, 国籍留保
の届出を要しないが, 夫婦の一方が日本人で, 他方がモルディブ市民間の子が
モルディブ (又はその他の外国) で出生した場合は, 出生の日から3か月以内
に日本国籍を留保する意思を表示しなければ, 子は日本国籍を喪失する (日国
12条) (注)。

　　(注) 憲法第9条第(d)号で, イスラム教徒でない者は, モルディブ市民にならな
　　　いとされていることから, 日本人とモルディブ市民の子が, 市民権を取得し
　　　ない場合は, その旨を届書の「その他」欄に記載するのが適当である。

2 出生場所の記載

(1) 行政区画

　モルディブは, 首都マーレと20のアトール (環礁 (Atholhu)) に分かれる。

(2) 戸籍の記載

　「モルディブ国マーレ市で出生」(【出生地】モルディブ国マーレ市), その他
の地域は「モルディブ国で出生」(【出生地】モルディブ国) と記載する。

〔根拠法条〕

憲法 (Constitution of the Republic of Maldives 2008)
第1章　国家，主権及び市民
第9条　市民
　(a)　次に掲げる者は，モルディブ市民である。
　　1　本憲法施行時にモルディブ市民である者
　　2　モルディブ市民の子
　　3　法律に従い，モルディブ市民となった外国人
　(b)・(c)　(略)
　(d)　第(a)号の規定にかかわらず，イスラム教徒でない者は，モルディブ市民にならない。

〔参考〕

憲法 (1968年11月11日制定，1970年4月23日，1972年2月2日，1975年4月15日，1998年1月1日改正)
第1章　国家，主権及び市民
第5条　(モルディブ市民)
　次に記載した者は，モルディブ市民とする。
　(a)　この憲法の施行の時にモルディブ市民である者
　(b)　モルディブ市民の子
　(c)　法律に従い，モルディブ市民となった外国人

第3　養子縁組

モルディブでは，養子縁組は認められていない。

第4　国　籍

1　二重国籍

モルディブでは，二重国籍は認められている。

2　市民権の喪失

モルディブ市民権の放棄を希望する者は，法律に従い，市民権を放棄することができる(憲9条(c)号)。

574 第2編 各 論

〔根拠法条〕

憲法
第1章 国家，主権及び市民
第9条 市民
 (a)・(b) （略）

(c) 市民権の放棄を希望する者は，法律
 に従い放棄することができる。
(d) （略）

176 モルドバ（モルドバ共和国）
（平成15年国名表を「モルドヴァ」から変更）

第1 市民権の証明

市民権は，身分証明書又は旅券により，子の場合は出生証明書等により証明される（市民5条）。

〔**根拠法条**〕

市民権法（Law on Citizenship of the Republic of Moldova）（2000年6月2日第1024号（同年8月10日施行），2011年6月9日改正）
第1章　一般規定

第5条（市民権の証明）
モルドバ共和国の市民権は，身分証明書，旅券により，子の場合は，出生証明書又はモルドバ共和国の所管官庁により発行された証明書により証明される。

第2 婚　　姻

1 婚姻要件具備証明書

モルドバ共和国人について，同国で発給した婚姻要件具備証明書は，資料176-1（本文586頁）参照（戸籍723-54）。

> **（注）** モルドバ共和国キシニョフ市結婚登録所発行の結婚の記録がないことの証明書（資料176-2・本文591頁）が添付されたモルドバ人女と日本人男の創設的婚姻届について，受理して差し支えないとされた事例がある（平成17.2.4民一311号回答（戸籍772-64））。

2 婚姻証明書

モルドバ国発行の婚姻証明書は，資料176-3（本文594頁）参照。

3 実質的成立要件

(1) 婚姻適齢

男女とも18歳（**注**）である（家族14条1項）。

ただし，正当な理由がある場合は，当事者の居住する地方の行政機関は，16歳まで年齢を引き下げることができる（家族14条2項）。

> （**注**） 従前は，男子は18歳，女子は16歳とされ，正当な理由がある場合は，男子の婚姻適齢は16歳まで引き下げられるとされていたが，2008年に改正された。

(2) 近親婚等の禁止

以下の者の婚姻は，無効とされる（家族15条1項）。

① 四親等までの直系親族との間，兄弟姉妹間及び異父・異母兄弟姉妹との間

② 養親と養子との間

③ 養親の二親等までの直系親族とその養子との間

④ 後見人と未成年者との間（後見期間中）

⑤ 受刑者で，双方が刑務所で服役している者との間

⑥ 同性との間

(3) 重婚の禁止

当事者のいずれか一方でも既婚者である場合は，婚姻は無効である（家族15条1項）。

(4) 責任能力

当事者のいずれか一方が責任無能力者である場合は，婚姻は無効である。
（2，3につき，平成17．2．4民一311号回答（戸籍772-64）参照）

4 婚姻の効力

(1) 効力発生日

「国家登録事務所に婚姻登録された日」に効力を生ずる（家族9条）。

(2) 婚姻による姓の変動

婚姻により，配偶者は選択により，当事者の一方の姓又は2つの姓を結合し

て共通の姓とするか，若しくは婚姻前の姓を保持するかを選択することができる（家族17条１項）。

5　婚姻の無効

前記３の実質的成立要件の(2)の近親婚等の禁止，(3)の重婚の禁止及び(4)の責任能力に反する場合は，婚姻は無効である。

〔**根拠法条**〕

家族法（Codul Familiei）（2000年10月26日法律第1316号，2017年６月２日改正）

第２編　婚姻

第３章　婚姻の要件及び方法

第９条（婚姻の完成）

① （略）

② 配偶者の法的な権利義務は，国家登録事務所に婚姻登録された日に効力を生ずる。

第14条（婚姻適齢）

① 婚姻最低年齢は，18歳である。

② 正当な理由がある場合は，婚姻適齢を引き下げることができるが，引下げは２歳を超えることができない。引下げは，婚姻を希望する者が居住している地方行政機関の権限で承認される。（以下，略）

第15条

① 以下の者の間の婚姻は，認められない。

　a 少なくとも一方でも既に婚姻している２人の間

　b 四親等までの直系親族との間，兄弟姉妹間及び異父・異母兄弟姉妹との間

　c 養親と養子の間

　d 養親の二親等までの直系親族とその養子との間

　e 後見期間中である未成年者と後見人の間

　f 受刑者で，双方が刑務所で服役している者の間

　g （略）

　h 同性の間

② （略）

第４章　夫婦の権利義務

第17条（夫婦の姓の選択）

① 婚姻により，配偶者は選択により，当事者の一方の姓（the family name）を姓とするか，２つの姓を結合して共通の姓とするか，又は婚姻前の姓を変更しないかを選択することができる。

② 夫婦の一方が複氏である場合は，姓を結合することは認められない。

③ 配偶者の一方が姓を変更することは，必ずしも他方の配偶者の姓を変更することを含まない。

④ （略）

578 第2編 各 論

第3 離 婚

1 制 度

離婚は，日本のように当事者の協議のみによる離婚は認められておらず，国家登録事務所（the State Registrar's Office）又は裁判所により行われる。

養子を含め，未成年者の子がなく当事者が離婚に合意をしている場合は，国家登録事務所において離婚をすることができる。

また，配偶者の一方は，他方の配偶者が無能力又は行方不明の宣告を受けているか，3年以上の刑を宣告されているときも国家登録事務所で離婚をすることができる。

子又は財産分割等について争いがある場合は，離婚は裁判所において行われる（家族36条）。

2 離婚の制限

夫は，妻が妊娠しているか，子の出生後1年を経過するまでは，離婚の訴えを提起することができない。

3 離婚後の氏

離婚登録の際に，配偶者は婚姻の時に選択した氏を引き続き称するか，又は婚姻前の氏に復氏するかを選択することができる（家族17条）。

〔根拠法条〕

家族法（2000年10月26日 法律 第1316号，2017年6月2日改正）
第2編 婚姻
第4章 夫婦の権利義務
第17条（夫婦の姓の選択）

①～③ （略）
④ 離婚登録の際に，配偶者は婚姻の時に選択した氏をそのまま称するか，婚姻前の氏に復氏するかを選択することができる。

176 モルドバ　579

第4　出　　生

1　国籍留保届

　モルドバは，父母両系血統主義国であり，モルドバで出生した事実だけでは同国の市民権を取得しないが，両親の一方がモルドバ市民である場合は，子はモルドバ市民となる（市民11条1項a号）。

　したがって，夫婦の一方が日本人で，他方がモルドバ市民の子がモルドバ（又はその他の外国）で出生した場合は，出生の日から3か月以内に日本国籍を留保する意思を表示しなければ，子は日本国籍を喪失する（日国12条）。

2　戸籍の記載

(1)　行政区画

　モルドバは，32の県，3つの市（バルツィ市，キシナウ市，ベンデル／ティギナ市）と沿ドニエストス地域と自治区であるガガウズから構成されている。

(2)　戸籍の記載

　「モルドバ国キシニョフ（モルドバ語では，キシナウ）市で出生」（【出生地】モルドバ国キシニョフ市）と記載する。

3　出生証明書

　モルドバ国発行の出生証明書は，資料176-4（本文596頁）参照。

〔根拠法条〕

市民権法（2000年6月2日第1024号（同年8月10日施行），2011年6月9日改正）

第2章　モルドバ共和国の市民権の取得

第10条（市民権の取得事由）

① モルドバ共和国の市民権は，次に掲げる場合に取得する。

　a　出生

　b　承認

　c　養子縁組

　d　回復

　e　帰化

② モルドバ共和国の市民権は，モルドバ共和国が当事者である国際協定に基づいて取得することもできる。

第11条（出生による市民権の取得）

① モルドバ共和国の市民は，以下に掲げ

る子である。

a 出生の時に，両親又は両親の一方がモルドバ市民である子

b モルドバ共和国の領土で出生し，両親が市民権を有しない者の子

c モルドバ共和国の領土で出生し，両親が外国の国籍を有しているか，又は両親の一方が市民権を有せず，他方が外国市民である子

② モルドバ共和国の領土で発見された棄児は，18歳以前に，他に証明されなければ，モルドバ市民とみなされる。

第5 養子縁組

1 根拠法

根拠法は，「養子縁組の法的地位に関する法律」である。

2 実質的成立要件

(1) 養親の要件

ア 養子縁組の制限

兄弟間の養子縁組は，禁止される（養子11条1項）。

イ 年齢等

25歳に達し完全な行為能力を有する者でなければならない（養子12条1項）。

夫婦共同の場合は，一方の配偶者が25歳に達していれば足りる（養子12条3項）。

ただし，夫婦による養子縁組の場合は，養子縁組の申請前に少なくとも3年間婚姻が継続している場合にのみ認められる（養子12条6項）。

ウ 養親になることができない者

①親権を奪われている者，②親の権利及び義務を履行することができない精神障害又は他の病気に罹患している者等は，養親になることができない（養子12条4項）。

(2) 養親と養子の年齢差

養親は，養子よりも18歳以上48歳以下の年長でなければならない（養子12条1項）。

子と養親の年齢差が18歳未満であっても養子縁組を承認することができる。ただし，16歳未満の場合は養子縁組は認められない（養子12条2項）。

(3) 養子の要件

養子は，18歳未満でなければならない。

また，兄弟が養子縁組に分かれる，異なる者又は家族による養子縁組は，禁止される。ただし，子の利益に反するか，又は兄弟の1人が健康上の理由で養子になることができない場合を除く（養子10条）。

(4) 複数の者による養子縁組の禁止

夫婦が同時に養子縁組をする場合でなければ，複数の養親による子の養子縁組は禁止される（養子11条2項）。

3 保護要件

(1) 実親の同意

ア 同意の要否

実親の同意を要する。

両親が死亡しているか，両親が知れないか，痕跡なく行方が知れないか，法律により無能力が言い渡されている場合は，後見人又は監護人の同意を要する（養子23条1項a号・24条1項）。

実親の一方が死亡しているか，下記イのいずれかである場合は，他方の親の同意で足りる（養子24条4項）。

イ 同意の免除

①実親が知れない場合，②親が親権を奪われている場合，③親が無能力が言い渡されている場合，④親が痕跡なく行方不明であるか，又は死亡している場合には同意が免除される（養子24条3項）。

ウ 同意時期の制限

子の出生後45日が経過するまでは同意をすることができない（養子24条6項）。

(2) 養子の同意

養子が10歳以上である場合は，その者の同意を要する（養子23条1項c号）。

582　第2編　各　論

(3)　裁判所の関与

養子縁組には，裁判所が関与する。

4　モルドバ市民権の取得

養親の一方がモルドバ市民で，他方が日本人である場合は，当然にモルドバ市民権を取得するのではなく，共同で子の市民権を決定する。合意に至らなかったときは，裁判所が子の利益を考慮して，モルドバ市民権の取得を決定する。

また，養子が14歳に達しているときは，その子の同意には公証人により証明された同意が必要である（市民13条）。

5　ハーグ国際養子縁組条約

1998年（平成10年）批准

〔根拠法条〕

養子縁組の法的地位に関する法律（Law on Legal Status of Adoption）（2010年5月28日法律第99号）

第3章　養子縁組の基本的要件

第10条（養子）

① 18歳になるまで養子になることができる。

② （略）

③ 兄弟が養子縁組に分かれる，異なる者又は家族による養子縁組は，禁止される。ただし，この要件が子の利益に反するか，又は兄弟の1人が健康上の理由で養子になることができない場合を除く。

④ （略）

第11条（子の養子縁組に関する禁止）

① 兄弟間の養子縁組は，禁止される。

② 夫婦が同時に養子縁組をするのでなければ，複数の養親による子の養子縁組は禁止される。

③ （略）

第12条（養親）

① 養子縁組は，25歳に達し完全な行為能力を有し，養子縁組をしようとする者よりも18歳以上年長で，48歳以上年長でない者についてのみ認められる。

② 第1項にかかわらず，子と養親の年齢差が18歳未満であっても養子縁組を承認することができる。ただし，いかなる場合でも16歳未満であってはならない。

③ 第1項にかかわらず，一方の配偶者が25歳に達していれば足りる。

④ 以下の者が，子を養子縁組することができない。

a 親権を奪われている者

176　モルドバ　　583

b　親の権利及び義務を履行することができない精神障害又は他の病気に罹患している者（以下，略）

c〜g　（略）

⑤　（略）

⑥　夫婦による子の養子縁組は，養子縁組の申請前に少なくとも3年間婚姻が継続している場合にのみ認められる。

⑦・⑧　（略）

第4章　国内養子縁組

第23条（養子縁組に対する同意）

①　養子縁組に対し，以下の同意を要する。

a　実親の同意又は両親が死亡しているか，両親が知れないか，痕跡なく行方が知れないか，（略）法律により無能力が言い渡されている親の子の後見人又は監護人の同意

b　養親の同意

c　10歳に達している養子の同意

②〜⑥　（略）

第24条（実親の同意）

①　地方機関は，養子縁組の承認について，実親の同意を要する。

②　（略）

③　以下の場合には，実親の養子縁組に対する同意を要しない。

a　実親が知れない場合

b　親権を奪われている場合

c　無能力が言い渡されている場合

d　痕跡なく行方不明であるか，又は死亡している場合

④　実親の一方が死亡しているか，又は第3項の状況のいずれかである場合は，他方の親の同意で足りる。

⑤　（略）

⑥　実親の同意は，出生後45日が経過する

まではすることができない。

⑦〜⑨　（略）

第25条（養親の同意）

①　（略）

②　婚姻している者の子の養子縁組には，夫婦が同時に同意する必要がある。

第26条（子の同意）

①〜③　（略）

④　養子縁組の同意として，10歳に達した子の同意は裁判所で示されなければならない。

⑤　（略）

市民権法（2000年6月2日第1024号（同年8月10日施行），2012年6月9日改正）

第2章　モルドバ共和国の市民権の取得

第13条（養子縁組による市民権の取得）

①　市民権のない者は，養親がモルドバ共和国の市民であるときは，養子縁組により自動的にモルドバ市民権を取得する。

②　養親の一方がモルドバ市民で，他方が外国人であるときは，共同で子の市民権を決定する。合意に至らなかったときは，裁判所が子の利益を考慮して，モルドバ共和国の市民権の取得を決定する。子が14歳に達しているときは，その子の同意には公証人により証明された同意が必要である。

③　子が外国人で，養親の双方がモルドバ市民か，又は一方がモルドバ市民で他方が外国人若しくは市民権を有しない者である場合は，モルドバ共和国が当事者である国際協定で規定されているときを除き，子が外国の市民権を放棄したときは，モルドバ市民となる。

第14条（養子縁組が無効又は取り消された

584 第2編 各 論

場合の子の市民権）

市民権を有しないか，又は外国人の子の養子縁組が無効又は取消しを宣言された場合は，その者が外国に合法的にかつ常居しているか，又は外国に永住するため国を出たときは，モルドバ共和国の市民権を取得していないものとみなされる。

第6 死 亡

モルドバ市民が死亡者として記載されている死亡届を受理した場合は，ロシア連邦の国籍を有する者が死亡した場合の取扱いを定めた昭和42年8月21日付け民事甲第2414号民事局長通達に該当しないから，昭和58年10月24日付け民二第6115号通達に基づき，管轄法務局若しくは地方法務局又はその支局の長に死亡届書の写しを送付する（戸籍629-106）。

第7 国 籍

1 二重国籍

従前は，憲法第18条の規定により，モルドバ市民は，原則として，同時に外国の市民になることができないとして二重国籍を制限されていたが，現行憲法では削除され，①出生により自動的にモルドバ共和国の市民権と外国の市民権を取得した子，②他の市民権が婚姻により自動的に取得したことにより，同時に外国の市民権を有する市民，③養子縁組により外国の市民権を取得したモルドバ共和国市民の子，④モルドバ共和国が当事者である国際協定の規定による場合，⑤外国の市民権を放棄若しくは喪失することができないか，又は合理的に請求できない場合，⑥他に現行法で規定されている場合には，二重国籍は認められている。

また，モルドバ共和国の市民が外国の市民権を取得しても，モルドバ共和国の市民権は当然には喪失しない（市民24条1項・3項）。

2　市民権の喪失

　18歳に達した者は，モルドバ市民権を放棄することができる。ただし，外国の市民権を取得したか，取得が進行しているか，又は保証されている証拠を示さない場合は，放棄は認められない（市民22条）。

〔根拠法条〕

市民権法（2000年6月2日第1024号（同年8月10日施行），2011年6月9日改正）
第3章　モルドバ共和国の市民権の喪失
第21条（市民権の喪失事由）
　モルドバ共和国の市民権は，以下に掲げる事由により喪失する。
　a　放棄により。
　b　剝奪により。
　c　モルドバ共和国が当事者である国際協約による理由により。
第22条（市民権の放棄）
　モルドバ市民権の放棄は，以下に掲げる場合でなければ，18歳に達した者について認められる。
　a　外国の市民権を取得したか，取得が進行しているか，又は外国の市民権が保証されている証拠を示さない場合（以下，略）
　b　（略）
第6章　複数市民権
第24条（複数市民権の場合）（2003年6月5日法律第232-15号改正）
①　モルドバ共和国は，以下の場合に，複数市民権を認める。
　a　出生により自動的にモルドバ共和国の市民権と外国の市民権を取得した子
　b　他の市民権が婚姻により自動的に取得したことにより，同時に外国の市民権を有する市民
　c　養子縁組により外国の市民権を取得したモルドバ共和国市民の子
　d　モルドバ共和国が当事者である国際協定の規定による場合
　e　外国の市民権を放棄若しくは喪失することができないか，又は合理的に請求できない場合
　f　他に現行法で規定されている場合
②　（略）
③　モルドバ共和国の市民が外国の市民権を取得したことは，モルドバ共和国の市民権の喪失をもたらさない。
④　モルドバ共和国との関係では，外国の市民権を保持するモルドバ共和国の市民は，第1項第a号から第e号及び第2項に規定する場合を除き，モルドバ共和国の市民としてのみ認識される。

586　第2編　各　論

資料176－1　〔婚姻要件具備証明書〕

nr. ※※/※※

-3↑　05　199 9

**REPUBLICA
MOLDOVA**

**MINISTERUL
JUSTIȚIEI**

CERTIFICAT
DE STARE CIVILĂ

Eliberat cetățeanului Republicii Moldova

Numele _____ OOOOOOOOOO _____

Prenumele _____ OOOOOOO _____

Data nașterii _____ 10.10. 1970

Locul nașterii Republica Moldova, Chișino

Domiciliul RM, or. Chișinău, str. OOOO , 20/3

Starea civilă _____ celibatara

fapt atestat de datele din buletinul de identitate A.OOOOOOO

CP ofic. ※, din 10.10.90, R. Moldova

precum și de rezultatele verificării actelor de stare civilă elibe-
rate de organele respective la domiciliu în Republica Moldova.
Conform legislației Republicii Moldova impedimente pentru
încheierea unei căsătorii cu un(o) cetățean(ă) străin(ă) pentru
OOOOOOOOOO OOOOOOO

nu sînt identificate.

Director
al Direcției Stare Ci

（署名）

Designed & printed by «Financial Papers plus H.G.S. Wien» S.A.

資料176－1

The consular department
of the Ministry of Foreign Affairs
of the Republic of Moldova
authenticates the preceding
signature and stamp

※ ※ ※ ※

"22" 02 199 9 Nr. 1100

Deputy Head
Consular Department
（署名）　※ ※ ※ ※

588　第2編　各　　論

資料176－1

ranslated from Romanian

REPUBLIC OF MOLDOVA   MINISTRY OF JUSTICE

(Coat of Arms)

No.○○-○○/○○ ○

31.05.1999

モルドバ〔婚姻要件具備証明書〕

CIVIL STATE CERTIFICATE

Issued to the citizen of the Republic of Moldova

Surname	○○○○○○○○○
Name	○○○○○○○
Date of birth	October 10th, 1970
Place of birth	Republic of Moldova, Chişinău city
Residence	Republic of Moldova, Chişinău city, ○○/○○○○ St., apt. ○○○
Civil state	not married
Fact which is confirmed by the Identity Card	A○○○○○ of 10.10.1990, Police Station office ※, Republic of Moldova

and also by the results of the civil state deeds check at the respective bodies at the place

of residence in the Republic of Moldova.

According to the legislature of the Republic of Moldova there are no obstacles to marry a

foreign citizen for ○○○○○○○○○ ○○○○○○○

Director of the Civil State Department   (Signature)   ※ ※ ※ ※

Stamp: Ministry of Justice of Republic of Moldova
　　　　Civil State Department

Stamp: The Consular Department of the Ministry of Foreign
　　　　Affairs of the Republic of Moldova authenticates
　　　　the preceding signature and stamp of
　　　　※ ※ ※ ※ – director of the Civil State Department.
　　　　27.07.1999　　　　No. ○○○○○
Stamp: Deputy Head Consular Department (signature) ※ ※ ※ ※

Stamp: Ministry of Foreign Affairs of the Republic of Moldova.
　　　　Consular Department

資料176- 1

Traducerea este efectuată din
limba română în limba engleză
Traducător   Anatol Rusu   (署名)
Chişinău, Republica Moldova

REPUBLICA MOLDOVA

BIROUL NOTARULUI Victoria Iftodi

SEDIUL mun.Chişinău str.M.Cibotari 37

Anul una mie nouă sute nouăzeci şi nouă luna august ziua treisprezece

Eu, Victoria Iftodi, notar, în temeiul art.68 din Legea nr.1153-XIII din 11.04.1997, legalizez semnătura traducătorului Anatol Rusu, în baza cererii, de pe traducerea înscrisului prezentat mie.

S-a înregistrat cu nr. ※ ※

S-a încasat onorariul de 7,00 lei

NOTAR   ※ ※ ※ ※

(署名)

Eu, Ungureanu Tatiana, Preşedintele Uniunii Notarilor din Republica Moldova, legalizez semnătura notarului Victoria Iftodi mun. Chişinău împuternicit (ă) în baza Legii cu privire la notariat şi licenţei pentru săvârşirea actelor notariale şi autenticitatea amprentei sigiliului acestui notar.

Preşedintele
Uniunii Notarilor din
Republica Moldova

Nr. ※ ※   26 08 19 99

590　第2編　各　論

資料176－1

法務省

No.○○－○○○○○○○　　（国章）

１９９９年５月３１日（申請）

身分証明書
モルドバ共和国民に発給

姓　○○○○○○

名　○○○○○

生年月日　１９７○年１０月１○日

住所　モルドバ共和国キシニョフ市

○○／○，○○○通り　アパート　○○○

身分　未婚

身分証明書により確認できる事実　モルドバ共和国※番警察署、１９９○
　　　　　　　　　　　　　　　　　年１０月１○日のA○○○○○○○○

　また、モルドバ共和国における居住地を管轄とする各関係官庁による身分証明証書の調査結果によっても同様である。

　モルドバ共和国議会によれば、○○○○○○○○・○○○○○が外国人と結婚するのに何の障害もない。

身分証明局長　（署名）　※※※※

印影：モルドバ共和国法務省身分証明局印

（裏面）

印影：モルドバ共和国外務省領事部による前述の※※※※－身分証明局
　　　長－のサインおよび印影の証明
　　　　１９９９年７月２７日　No．○○○○○

印影：領事部長官代理　（サイン）※※※※

印影：モルドバ共和国外務省領事部印

別紙は、モルドバ共和国外務省が正本であることを保証する英訳

以上、私、○○○○○が和訳いたしました。

（署名）　　㊞

資料176-2 〔婚姻の記録がないことの証明書〕

Primăria mun.Chişinău
Oficiul de stare civilă
Ieşire nr. ※ ※ ※ ※
"28" 12 1999

CERTIFICAT

Eliberat spre confirmare precum că cet. ＯＯＯＯＯＯ

anul naşterii *1975* nu şi-a înregistrat căsătoria la OSC mun.Chişinău.

Verificat din *1991* pînă în prezent.

Şef al OSC mun.Chişinau （署名）　　　※ ※ ※ ※

City-Hall - CHISINAU
Marriage Office
No.※※/December 28,1999

CERTIFICATE

It was issued to conform that ＯＯＯＯＯＯ,
born in 1975, did not registered a marriage at the Marriage Office of Chisinau.
It has been checked from 1991 until today.

SEAL
Chief of Marriage Office　　　　※ ※ ※ ※
Chisinau

資料176-2

Embassy of Romania
Tokyo

  I, the undersigned, ※ ※ ※ ※ , consul at the Embassy of Romania do hereby certify the accuracy of this translation with the text of the attached document, in Romanian language, which was signed by me.

Head of Consular Section,

（署名）

※ ※ ※ ※

※ ※ ※ ※, Minato-ku, Tokyo ※ ※ ; Tel.: ※ ※ ※ ※ ; Fax ※ ※ ※
http:// ※ ※ ※ ※ ※   E-mail: ※ ※ ※ ※@※ ※ ※

資料176－2

キシニョヴ市結婚登録所
No.※※/1999 年 12 月 28 日

証明書

この証明書は、１９７５年生 ○○○○○○ が、
キシニョヴ結婚登録所において１９９１年から現在に至るまで
結婚の記録がないことを証明するものである。

親展
キシニョヴ結婚登録所長

※ ※ ※ ※

Translated by ○ ○ ○ ○ ○

（署名）

○ ○ ○ ○ ○ ○ ○
○ ○ ○ ○ ○ ○ ○

594　第2編　各　論

資料176－3 〔婚姻証明書〕

REPUBLICA MOLDOVA

CERTIFICAT DE CĂSĂTORIE

numărul de identificare (IDNP)

născut în anul ___1963___ luna ___ prenumele ___august___ ziua ___※___

în ___※ ※ ※ -shi, ※ ※ ※ -ku, Japonia___

localitatea

※ ※ ※ ※ ※ ※ ※ ※

numărul de identificare (IDNP)

și ___△ △___

△ △

născută în anul ___1986___ luna ___ prenumele ___aprilie___ ziua ___※___

în ___oraşul Criuleni, Republica Moldova___

localitatea

au încheiat căsătoria în anul ___2011___ luna ___septembrie___ ziua ___※___

la ___OSC sectorul Botanica, municipiul Chişinău___

denumirea organului de stare civilă

Act de căsătorie numărul ___※ ※___

anul ___2011___ luna ___septembrie___ ziua ___09___

OSC sectorul Botanica, municipiul Chişinău

denumirea organului de stare civilă

Numele după căsătorie:

Soţul

Soţia

Eliberat la ___09___ ___septembrie___ anul ___2011___

de ___OSC sectorul Botanica, municipiul Chişinău___

denumirea organului de stare civilă

Funcţionar ___※ ※ ※ ※___ (署名)

numele şi prenumele semnătura

CS-V ※ ※ ※ ※

資料176－3

モルドバ 〇 共和国

婚姻証明書

　　　　　　　　　　　　　　　　　　　個人識別番号

　　　　　　　　氏
　　　　　　　　名
　　　　　　　出生日
　　　　　　　出生場所
　　　　　　　　　　　　　　　　　　　個人識別番号

　　　　　　　　氏
　　　　　　　　名
　　　　　　　出生日
　　　　　　　出生場所

　　　　　　婚姻成立日
　　　　　　　自治体

　　　　　　　登録番号
　　　　　　　登録日
　　　　　　　自治体

　　　　　　婚姻後の氏
夫
妻
発行日
発行場所
発行者　　　　　　氏名　　　　　　署名

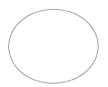

　　　　　　　　番号

596　第2編　各　論

資料176－4〔出生証明書〕

資料176－4

モルドバ 〇 共和国

出生証明書

　　　　　　　　　　　　　　　　　個人識別番号

氏
名
性別
出生日
出生場所

　　　　　　　　　両親
　　　　　　　　　　　　　　　　　個人識別番号

父　　　　　　氏　名
国籍

　　　　　　　　　　　　　　　　　個人識別番号

母　　　　　　氏　名
国籍

登録番号
登録日
自治体

発行日
自治休
発行者　　　　　氏名　　　　署名

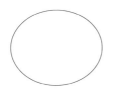
　　　　　　　　番号

598　第2編　各　　論

177　モロッコ（モロッコ王国）

第1　婚　　姻

1　婚姻要件具備証明書

　駐日モロッコ大使館が発給した婚姻要件具備証明書は，資料177－1（本文604頁）参照（戸籍524-45）。

2　婚姻証明書

　モロッコ国マラケシュ第1審裁判所公証部発行の婚姻証明書は，資料177－2（本文606頁）参照。

3　実質的成立要件

(1)　婚姻適齢

　男女とも18歳である（家族19条）。

　ただし，婚姻を担当する家事裁判官（the Family Affairs Judge）は，婚姻適齢に達しない未成年の両親又は法定後見人の意見を聴取等した上で，婚姻適齢に達しない少年又は少女の婚姻を認めることができる（家族20条）。

　未成年者の婚姻には，法定後見人の同意を要する（家族21条）。

　（注）　従前は，婚姻適齢は男子は満18歳，女子は満15歳とされていた。

(2)　婚姻持参金

　夫となる者から妻となる者に対し，「サダク」と呼ばれる婚姻持参金を贈る。

　（注）　婚姻持参金を贈ることについては，モロッコ国法上，婚姻契約の一部をなすものであるとされているものの（ダヒールの対人法規及び相続法16条），婚姻持参金については，妻の専有的所有物であり，妻が自由に処分することができることとされているので（ダヒールの対人法規及び相続法18条），性質決定の点からは身分行為そのものである婚姻契約に付随してなされる財産上の行為，すなわち夫婦財産契約であると解されるから，婚姻の実質的成立要件としては本質的なものではないと解される。

したがって，我が国において婚姻する場合には，純粋な身分行為としての婚姻契約の要件のみを考慮すれば足り，婚姻契約に伴う付随的な財産上の契約であり，婚姻の本質的な要件ではないものと解される前記の要件につき具備しているか否かについては，特に判断する必要はないものと考える。

⑶ 近親婚の禁止

一定の範囲の近親婚が禁止されている。

⑷ 再婚禁止期間

女性については，「イッダ」と呼ばれる再婚禁止期間がある。

⑸ 一夫多妻

モロッコにおいては，同時に4人まで妻を持つことができるとされており，モロッコ国人男と日本人女が婚姻する場合には，モロッコ国人男が既に婚姻しているか否かを判断する必要がある。既に婚姻しているモロッコ人男と日本人女が婚姻する場合には，日本人女にとって婚姻障害となり，婚姻は許されない。

モロッコ国から当事者の独身証明書が提出されていたとしても，提出のあった独身証明書が同国法上まだ妻を有することができるという趣旨である可能性もあることから，慎重を期するため，重婚でない旨の宣誓書を提出させた上，処理するのが相当である。

(注)　現在も一夫多妻制は可能であるが，2004年の新家族法により，一夫多妻を行うには厳しい条件が課せられるようになった。

（3につき，昭和62. 7. 2民二3458号回答（戸籍525-41）参照）

4　モロッコ国籍の取得

モロッコ人と婚姻した外国人女性は，婚姻により当然にはモロッコ国籍を取得せず，少なくとも5年間モロッコに常居し，婚姻継続中に，申請に基づき取得することができる（国籍10条）。

〔根拠法条〕

| モロッコ家族法（The Moroccan Family Code（Moudawana）Royal Edict | N 1.0422）（2004年2月5日）第1巻　婚姻 |

第2編　能力，婚姻後見人及び持参金

第1章　能力及び婚姻後見人

第19条

　　健全な知性のある満18歳のグレゴリオ暦に達した男女は，婚姻能力を取得する。

第20条

　　婚姻を担当する家事裁判官は，婚姻を正当化する利益及び理由を説明した十分に立証された決定で，第19条に規定されている婚姻適齢に達しない少年又は少女の婚姻を認めることができる。未成年の両親又は法定代理人の意見を聴取しなければならない。前もって，医学上の専門知識の援助をし，又は社会的調査を行わなければならない。未成年者の婚姻を認める裁判官の決定に対しては，異議を申し立てることができない。（以下，略）

第21条

　　未成年者の婚姻は，法定後見人の同意を要する。

国籍法（Dahir N1-58-250 Du 21 Safar 1378 (6 Septembre 1958) Portant Code de la Nationalité Marocaine tel que modifie et complete par la Loi N62-06 Promulgue parle Dahir N1-07 du 03 Rabii I 1428 523 Mrs 2007）（1958年9月6日王令第1－58－250号，2007年改正）

第3章　モロッコ国籍の取得

第1節　法の恩恵による取得

第10条（婚姻によるモロッコ国籍の取得）

　　モロッコ人と結婚した外国人の女性は，モロッコに少なくとも5年間常居した後に，夫婦関係の継続中に，法務大臣に宛て，モロッコ国籍の取得を目的として宣言を申請することができる。（以下，略）

第2　出　　生

1　出生子の身分

　父については，①婚姻契約が有効か，欠陥があるかにかかわらず，性交の可能性が存在し，子が婚姻契約を締結の6か月後に出生した場合，②子が別居の日から1年以内に出生した場合は，子との父子関係が認められる（家族154条）。

2　国籍留保届

　モロッコは，父母両系血統主義国（注）であり，モロッコ国内で出生した事実だけでは，同国の国籍を取得しない（国籍6条）。

　したがって，日本人夫婦の子がモロッコ国内で出生した場合は，国籍留保の届出を要しないが，一方が日本人で，他方がモロッコ人夫婦の子が，モロッコ（又はその他の外国）で出生した場合は，出生の日から3か月以内に日本国籍

を留保する意思を表示しなければ，子は日本国籍を喪失する（日国12条）。

> （注）　モロッコは，従前は，父系血統主義であったが，2007年の国籍法の改正により，父母両系血統主義に変更となっている。

3　出生場所の記載

(1)　行政区画

モロッコは，12の地方，さらに地方の下の，13の県と62の州から構成されている。

(2)　戸籍の記載

「モロッコ国カサブランカ県カサブランカ市で出生」（【出生地】モロッコ国カサブランカ県カサブランカ市）と記載する。

4　出生証明書

モロッコ国内務省ラバト市戸籍事務所発行の出生証明書（出生登録証書）は，資料177－3（本文608頁）参照。

〔根拠法条〕

国籍法（1958年9月6日王令第1－58－250号，2007年改正）

第2章　出生による国籍

第6条（両親又は父との関係による国籍）

　モロッコ人の父又は母から出生した子は，モロッコ人である。

第7条（モロッコにおける出生による国籍）

　モロッコで出生し，両親が知れない子は，モロッコ人である。

ただし，両親の知れないモロッコで出生した子は，未成年の間に外国人との関係が成立し，その外国人の国籍法に従い，その外国の国籍を有するときは，モロッコ人ではなかったものとみなされる。

モロッコで発見された両親の知れない子は，反対の証明があるまでは，モロッコで出生したものと推定される。

〔参考〕

〔旧〕国籍法（1958年9月6日王令第1－58－250号）

第2章　原有国籍について

第6条（親子関係による国籍）

602　第2編　各　論

1　モロッコ人の父から生まれた子	は，モロッコ人である。
2　モロッコ人の母から生まれ，父の知れない子	（総覧2 - 1297）

第3　認知（準正）

1　胎児認知

　認知についての規定はあるが，胎児認知についての特段の規定がなく，結局，胎児認知を認めていない（昭和55．2．15民二872号回答（戸籍421-56））。

2　モロッコ国籍の取得

　準正子は，父子関係が子の未成年時に確定した場合は，出生の時からモロッコ人とみなされる。

第4　養子縁組

1　制　　度

　国連報告によると，モロッコでは，養子縁組は認められていないとされているが，外務省の調査によると，養子縁組がされていたとしても，その関係はあくまで養父子関係であって，親子関係ではなく，また，養子縁組によっても相続権は発生しないとされていることから，その意味で国連報告と反しないという前提で，以下記載する。

2　実質的成立要件

　養子となる者に父親及び母親の両方が存在しないこと。

3　保護要件

　保護要件は，存在しない。

　日本人男がモロッコ人を養子とする創設的養子縁組届について，受理して差

し支えないとされた事例がある（平成22. 3. 18民一677号回答（戸籍845-61））。

第5 国 籍

1 二重国籍

モロッコでは，二重国籍は認められており，自己の意思により外国の国籍を取得した場合でも当然には，国籍を喪失しない（国籍19条）。

2 モロッコ国籍の喪失

①外国で，外国の国籍を自発的に取得した成人のモロッコ人で，命令により，モロッコ国籍を放棄する許可が与えられた者，②命令により，モロッコ国籍の放棄が許可された出生による外国の国籍を有する，未成年であるモロッコ人，③外国人と婚姻し，その婚姻により夫の国籍を取得し，命令により，婚姻の締結前にモロッコ国籍を放棄する許可が与えられた女性，④モロッコ国籍の放棄を宣言するモロッコ人は，モロッコ国籍を喪失する（国籍19条）。

〔根拠法条〕

国籍法（1958年9月6日王令第1 -58- 250号，2007年改正）

第4章 国籍の喪失及び失効

第1節 国籍の喪失

第19条（喪失の場合）

　　以下に掲げる者は，モロッコ国籍を喪失する。

　1 外国で，外国の国籍を自発的に取得した成人のモロッコ人で，命令により，モロッコ国籍を放棄する許可が与えられた者

　2 命令により，モロッコ国籍の放棄が許可された出生による外国の国籍を有する，未成年であるモロッコ人

　3 外国人と婚姻し，その婚姻により夫の国籍を取得し，命令により，婚姻の締結前にモロッコ国籍を放棄する許可が与えられた女性

　4 本法第18条のためにモロッコ国籍の放棄を宣言するモロッコ人

　5 （略）

資料177-1 〔婚姻要件具備証明書〕

Ambassade du Royaume
du Maroc
Tokyo

سفارة المملكة المغربية

Tokyo, (日付け)

Attestation

L'Ambassade du Royaume du Maroc à Tokyo atteste que Mr. (事件本人の氏名), sujet marocain, détenteur du passeport N°　　　établi　(日付け)　, s'est présenté ce jour à l'Ambassade et l'a informée de son intention de contracter mariage avec une citoyenne japonaise.

De par les déclarations de l'intéressé et les documents en sa possession, l'Ambassade est en mesure d'attester:

1) qu'elle ne voit aucun obstacle légal que Mr.(事件本人の氏名) contracte mariage avec Melle (相手方の氏名).

2) que Mr. (事件本人の氏名) est en âge de se marier, l'âge de la majorité au Maroc étant de 18 ans.

3) que Mr. (事件本人の氏名) est libre de tout mariage, son divorce avec Mme　　(氏　名)　　ayant été prononcé (年 月 日) (acte de divorce ci-joint).

4) que le temps écoulé depuis son divorce (5 ans) est suffisant pour permettre à Mr. (事件本人の氏名) de se remarier.

Le Conseiller

Abdellah

資料177－1

【訳　文】

東　京　日　付　け

証　明　書

東京のモロッコ大使館は（事件本人の氏名）（モロッコ国籍、パスポート番号（　年　月　日発行）が、本日、当大使館に出頭し、日本国籍女性と結婚の意があることを表明したことをここに証明する。

当事者の言明及び所持する書類により、当大使館は、次の事項を証明することが出来る。

1)　（事件本人の氏名）が、（相手方の氏名）嬢との婚姻を結ぶにあたり当大使館はいかなる法的障害をみいださない。

2)　モロッコの成人年齢は18歳である故（事件本人の氏名）は、年齢的に結婚可能である。

3)　（氏　　　名）夫人との離婚は（　年　月　日）に成立している故（離婚証添付）、（事件本人の氏名）は、いかなる婚姻に拘束されていない。

4)　（事件本人の氏名）が再婚するには、離婚から経過した年月（５年）は充分である。

訳者

606　第2編　各　論

資料177－2〔婚姻証明書〕

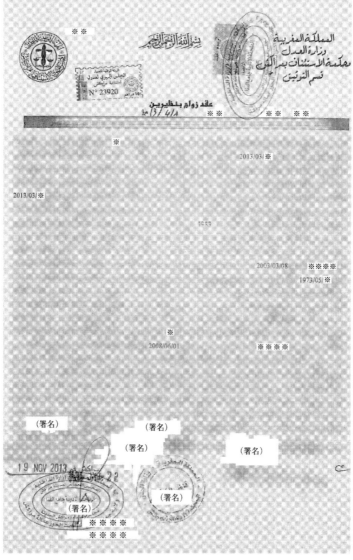

[**編注**]　全面に記載されていたアラビア文字については、ぼかして掲載してあります。

資料177-2

モロッコ王国
　マラケシュ
第一審裁判所
公証部

婚　姻　証　明　書

証明書番号　第※※※※※号　　発行年月日　西暦 2013 年 4 月 1 日
公証人氏名　　※※※※

婚姻成立年月日　　西暦 2013 年 3 月 ※ 日

夫　氏　　名 □□□□　　　　　　生年月日 1983 年 1 月 ※ 日
　　父親氏名 ※※※※
　　母親氏名 ※※※※
　　住　　所 モロッコ王国マラケシュ府リヤドラロウス ハンマム通り
　　　　　　 ※番
　　職　　業
　　国　　籍 モロッコ王国
　　身分証明書・~~旅券~~　番号 ※※※※
　　発行年月日 2003 年 3 月 8 日
　　発行場所　 マラケシュ
　　モロッコ入国年月日　　　　年　　　月　　　日

妻　氏　　名 △△△△　　　　　　生年月日 1973 年 5 月 ※ 日
　　父親氏名 ※※※※
　　母親氏名 ※※※※
　　住　　所 モロッコ王国マラケシュ府リヤドラロウス ハンマム通り
　　　　　　 ※番
　　職　　業
　　国　　籍 日本
　　~~身分証明書~~・旅券　番号 ※※※※
　　発行年月日 2008 年 6 月 1 日
　　発行場所 在モロッコ日本国大使館
　　モロッコ入国年月日 1999 年 4 月 18 日
　　妻の後見人氏名

　　　　　　　　　　　　　　　公証人署名
　　　　　　　　　　　　　　　裁判所判事署名

　　　　　翻訳者　　　△△△△　　㊞

608　第2編　各　論

資料177-3〔出生証明書〕

ROYAUME DU MAROC
MINISTÈRE DE L'INTÉRIEUR
Wilaya de la Région Rabat - Salé
Zemmour - Zaer
Commune de la Ville de Rabat
Conseil d'Arrondissement Agdal - Ryad

Modèle N° 2 Bis
(Dahir du 3 Octobre 2002)

EXTRAIT DES REGISTRES DU BUREAU D'ETAT CIVIL
DE RABAT (MAROC)

BUREAU D'ETAT CIVIL

EXTRAIT D'ACTE DE NAISSANCE

Année :
Acte N° :

Prénom :
Nom de famille :
Né le :
A Rabat (Maroc)
Nationalité : Marocaine
Sexe : Feminin
Fils ou fille de :　Fils de
et de :　Fille de
Mention marginale (de décès) :　NEANT

Extrait certifié conforme aux registres de l'Etat Civil, par nous, Président du conseil de l'Arrondissement
Agdal Ryad et officier de l'Etat-Civil de Rabat.

A Rabat, le　20 13

SEAU DU BUREAU DE L'ETAT CIVIL,

L'OFFICIER DE L'ETAT CIVIL
Par Délégation :

資料177-3

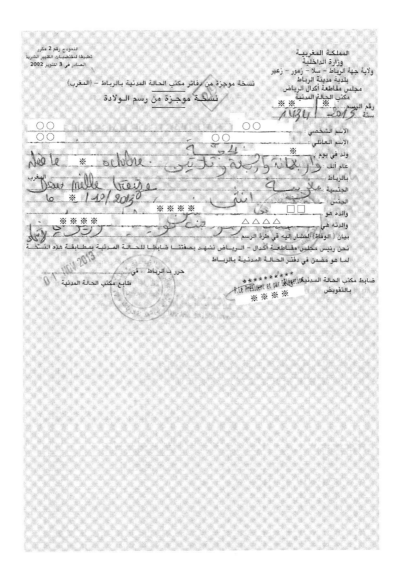

610　第2編　各　論

資料177－3

モロッコ王国　　　　　　　　　　書式第2-補
内務省　　　　　　　　　　　　　（王令2002年10月3日）
ラバト＝サレ＝ゼンムール＝ザエール府庁
ラバト市
アグダル＝リアド区
戸籍事務所

ラバト戸籍事務所登録事項抄録
出生登録証書

年：2013
戸籍番号：※※/※

名前：○○
苗字：○○
出生日：2013年10月※日
出生地：ラバト（モロッコ）
国籍：モロッコ
性別：女
父親：□□（※※※※の息子）
母親：△△△△（※※※※の娘）
備考：無し

本抄録は戸籍登録事項に同一であることを証する
ラバト戸籍事務所官吏およびアグダル＝リアド区議会長

　　　　　　　　　　　　　　2013年11月1日、ラバト府にて

戸籍事務所印、　　　　　　　　戸籍事務所官吏
　　　　　　　　　　　　　　　地区代表：

(印：区議会長および地区代表
　※※※※)
(署名)
(印：ラバト＝サレ＝ゼンムール＝ザエール府庁、ラバト市、アグダル＝
　リアド区)

　　　　　　　　　　　　　　翻訳者：□□□□　印

178 モンゴル（モンゴル国）
（1992年2月13日，「モンゴル人民共和国」から改称）

第1 市民権の証明

モンゴル市民権を証明する書類は旅券であり，旅券を取得するまでは出生証明書である（市民5条）。

〔根拠法条〕

市民権法（Law of Mongolia on Citizenship）
（1995年6月5日制定，1995年12月7日，2000年12月7日改正）
第1章　総則

第5条（市民権を証明する書類）
　モンゴル市民権を証明する書類は，旅券及び旅券を取得するまでは出生証明書である。

第2　姓名制度

1　嫡出子の場合

氏は，「父の名」，名は父母が命名する（家族24条3項）。

2　嫡出でない子の場合

氏は，「母の名」，名は母が命名する（家族24条4項）。

612 第2編 各 論

3 養子の場合

養子は，養親の姓を称する（家族24条5項）。

〔根拠法条〕

家族法（1999年6月11日，同年8月1日施行）

第5章 親子関係

第24条（子の名，父の名及び称号）

24.1 子の名及び称号（a cognomen）は，両親の同意に基づき付与される。

24.2 （略）

24.3 子は，父の姓（name）を称する。

24.4 母の姓は，嫡出でない子に付与される。（以下，略）

24.5 養子は，養親の姓を称する。

24.6 （略）

第9章 その他

第76条（施行日）

76.1 本法は，1999年8月1日に施行される。

第3 婚 姻

1 婚姻要件具備証明書

モンゴル国人女について，在東京モンゴル大使館が発給した婚姻要件具備証明書は，資料178-1（本文625頁）参照（戸籍658-43）。

2 婚姻証明書

(1) 事 例

日本人男とモンゴル人女の報告的婚姻届について，添付された婚姻証明書（資料178-2・本文627頁）をもって戸籍法第41条に規定する証書と認め，受理して差し支えないとされた事例がある（平成24.8.14民一2060号回答）。

(2) 婚姻成立日

婚姻成立日は，婚姻証明書に記載されている日付である。

((1)，(2)につき，民月67-10-75，戸籍875-88)

(3) 婚姻証明書の様式

モンゴル国国家登録庁登録官発行の婚姻証明書は，資料178-3（本文629頁）

参照。

3　実質的成立要件

(1)　婚姻適齢
男女とも18歳である（家族6条1項・9条1項2号・9条2項）。

(2)　重婚の禁止
前婚が有効であるときは，重ねて婚姻をすることができない（家族6条2項・9条1項1号）。

(3)　近親婚等の禁止
両親，祖父母，配偶者の孫息子，孫娘との婚姻はすることができない（家族9条1項3号・3条1項4号）。

また，養親と養子は婚姻することができない（家族9条1項5号）。

(4)　後見人又は被後見人との婚姻
後見人又は被後見人と婚姻をすることができない（家族9条1項4号）。

(5)　慢性の精神障害
慢性の遺伝的な精神障害に罹患している者は，婚姻をすることができない（家族9条1項6号）。

4　形式的成立要件

(1)　健康証明書の提出
居住する地域の医療施設の健康証明書を提出しなければならず，性病，HIV，結核及び精神的な病気の兆候が明らかなときは，専門病院で検査されなければならない（家族8条）。

(2)　登　録
証人の立会いの下で市民家族登録事務所（Citizens family registration office）に登録しなければならない。

効力発生日は，登録日である（家族7条2項）。

614 第2編 各 論

5 婚姻の無効

(1) 無効原因

家族法第9条の婚姻障害事由に違反し，家族を創設する意思がなく登録された婚姻は，権利が侵害された夫婦の一方又は子の権利及び利益を保護する組織からの提訴により，本婚姻を無効とするか熟慮する（家族16条1項）。

(2) 裁判所の却下

夫婦が婚姻の無効に同意しない等の場合は，裁判所は無効が提訴されたときも却下することができる（家族16条2項）。

〔根拠法条〕

家族法（1999年6月11日，同年8月1日施行）

第1章　総則

第3条（法の定義）

3.1　本法において，以下に記載する定義は，次の意味で考えられる。（以下，略）

3.1.4　ごく近い親戚（近親）とは，両親，祖父母及び配偶者の孫息子及び孫娘である。

3.1.5　親戚とは，配偶者の兄弟，おじ，おば及びその子である。（以下，略）

第2章　婚姻関係の基礎，形式的要件，手続及び離婚

第6条（形式的要件）

6.1　18歳以上のモンゴル人の男性と女性又はモンゴル人と外国人若しくは無国籍の者は，本法第9条第1項の規定に反しない限り，モンゴルにおける相互の合意により婚姻をすることができる。

6.2　男性は妻を1人，女性は夫を1人

とする。

6.3　（略）

6.4　モンゴル市民が，外国の領土で，モンゴル市民，外国人又は国籍を有しない者とその国の法律に従って婚姻したときは，婚姻は，本法第9条の規定に反しない限り有効である。

6.5　（略）

第7条（婚姻手続）

7.1　配偶者となる者は，証人の立会いの下，市民家族登録事務所に登録されなければならない。

7.2　配偶者の権利及び義務は，登録の日から生ずる。

7.3　登録は，婚姻登録法に規定された手続に従って実行される。

第8条（夫婦になろうとする者の健康診断）

8.1　申請者は，居住する地域の医療施設の健康証明書を提出しなければならない。

8.2　申請者は，性病，HIV，結核及び精神的な病気の兆候が明らかなとき，専

門病院で検査されなければならない。

（以下，略）

第9条（婚姻障害）

9.1　次に掲げる場合は，婚姻障害と考えられる。

9.1.1　前婚がいまだ有効である場合。

9.1.2　申請人が，本法第6条第1項に規定された年齢未満の場合。

9.1.3　申請人が，近親である場合。

9.1.4　申請人が，後見人又は被後見人である場合。

9.1.5　申請人が，養親又は養子である場合。

9.1.6　申請人が，慢性の遺伝的な精神障害である場合。

9.2　未成年者は，民法に従って，完全な法的能力の権利が与えられた場合は，本法第9条第1項第2号は適用されない。

第3章　婚姻，離婚の無効及びその結果

第16条（婚姻の無効）

16.1　本法第9条に違反し，家族を創設する意思がなく登録された婚姻は，権利が侵害された夫婦の一方又は子の権利及び利益を保護する組織からの提訴により，当該婚姻を無効とするか熟慮する。

16.2　民法に従って完全な行為能力を与えられた未成年者の利益のため，又は夫婦が婚姻の無効に同意しないときは，裁判所は提訴を却下することができる。

第4　離　　婚

1　制　　度

⑴　方　法

離婚には，2種類の方法がある。

1つは，いわゆる行政手続で，簡便，迅速，安価な離婚方法である。

もう1つは，裁判手続である。

⑵　行政手続

ア　申立て

行政手続は，申立てによって開始される。配偶者のどちらからでも離婚の申立ては認められる。

イ　申立てができる場合

①18歳未満の子供がいない場合，②財産紛争がない場合，③双方の合意によりその夫婦が離婚を望んでいる場合の全てを満たす場合は，書面で，離婚申立てを市民家族登録事務所にすることができる（家族13条1項）。

ウ 決 定

　市民家族登録事務所は，申立てを検討し，30日以内に決定を下す（家族
13条2項）。

(3) 裁判手続

ア 申立て

　(2)イに該当する場合以外，全ての離婚申立ては，裁判所に提出されなけ
ればならない。

イ 決 定

　裁判所は，3か月の期間内で和解を試みることができる。和解できない
場合は，その期間満了の時点で，離婚判決をすることができる。

　しかし，裁判所は，婚姻期間中，深刻な家庭内暴力があり，子供の教育
と成長に悪い影響があるとみなした場合，即時に判決し，離婚を認めるこ
とができる。

　離婚に関して，裁判所は，関連する重要な問題，例えば子供の保護，財
産紛争，就労能力のない病身の配偶者への経済的補助について判断を下す。
子供の監護及び子供の養育に関する問題について，子供の年齢，家庭環境，
経済的能力，両親の道徳的行為などの事実を考慮に入れる。子供が7歳以
上の場合には，本人の希望を考慮する。

（1につき，ガンボスーラン＝ガンゾリグ（著），後藤安子（訳），小川富之（監）「モ
ンゴル家族法(2)」時報644-35，2009）

2 離婚の無効

(1) 無効原因

　損害の支払を避けるため，又は離婚が違法行為を隠蔽するための虚偽である
ときは，裁判所は，離婚を無効とするか熟慮する（家族18条）。

(2) 無効による効果

　離婚が無効であるときは，婚姻は有効であり，損害を受けたときは，家族の
財産から弁償を受ける（家族19条）。

〔根拠法条〕

家族法（1999年6月11日，同年8月1日施行）

第2章　婚姻関係の基礎，形式的要件，手続及び離婚

第11条（婚姻の終了）

11.1　配偶者が死亡したときは，婚姻は，死亡宣告により裁判所の決定が効力を生じた時に解消される。

11.2　婚姻が，裁判又は政府の手続により解消又は無効とされたときは，婚姻は終了する。

11.3　婚姻の解消を登録する手続は，法律により規定される。

第12条（離婚手続）

12.1　婚姻は，法律に規定された根拠に基づき，裁判又は政府の手続により解消される。

12.2　妻が妊娠中で，子が1歳未満の場合は，婚姻を解消することは禁じられる。

12.3　モンゴルが当事者である国際条約が，本法以外に規定がないときは，外国居住者及び国籍のない者の離婚は，モンゴルにおいては本法で規定される。

第13条（政府の離婚手続）

13.1　18歳未満の子がおらず，財産的な争いがないときは，双方の合意に基づき，配偶者は，申請書に署名し，個別に市民家族登録事務所（Citizens family registration office）に申請することができる。

13.2　市民家族登録事務所は，30日以内に本法第13条第1項に規定されている申請を進めなければならず，その後，婚姻を解消することができる。

第14条（裁判上の離婚手続）

14.1　裁判所は，本法第13条の状況にある場合を除き，同意した当事者双方の配偶者，一方の配偶者又は完全な法的能力を有しない妻若しくは夫の後見人からの訴訟に基づき，婚姻の解消を決定する。

14.2　もし必要であるならば，裁判所は裁量で3か月審問を中止し，その後当事者が和解することができるあらゆる方法を講じる。

14.3　もし，当事者が和解する見込みがないときは，裁判所は婚姻を解消する。

14.4　家族の生命又は子の福祉に現実の脅威があるか，脅威が起こったことが確認されたときは，裁判所は本法第14条第2項に規定された和解の手続をとらずに婚姻を解消する。

14.5～14.11　（略）

第15条（婚姻の回復）

15.1　離婚した夫婦が，それぞれ和解を宣言し，夫婦が再婚をしていない場合は，婚姻は回復することができる。

15.2　行方不明で，死亡が宣告された者が現れ，配偶者と同居する申請をし，配偶者が再婚をしていない場合は，市民家族登録事務所は，婚姻を回復することができる。

第3章　婚姻，離婚の無効及びその結果

第18条（離婚の無効）

18.1　離婚が損害の支払を避けるため，又は違法行為を隠蔽するための虚偽であるときは，裁判所は離婚を無効とするか熟慮する。

第19条（離婚の無効の効果）

618 第2編 各 論

19.1 離婚が無効であれば，婚姻は有効である。

19.2 本法第19条第1項に規定する場合には，他の者から受けた損害は，民法に従って家族の財産から弁償され，他の事項は，本法又は関連する法により規制される。

第5 出 生

1 国籍留保届

(1) モンゴルで出生した場合

両親の一方がモンゴル市民で，他方が外国市民からモンゴルで出生した子は，モンゴル市民とみなされる（市民7条）。

したがって，日本人夫婦の子がモンゴルで出生した場合は，国籍留保の届出を要しないが，日本人とモンゴル市民の夫婦の子がモンゴルで出生した場合は，出生の日から3か月以内に日本国籍を留保する意思を表示しなければ，子は日本国籍を喪失する（日国12条）。

(2) モンゴル国外で出生した場合

両親の一方がモンゴル市民で，他方が外国市民からモンゴル国外で出生した場合は，その子の市民権は，両親の書面による合意に基づき決定される（市民7条）。

（注） したがって，この場合，日本人とモンゴル市民の夫婦の子は，二重国籍にはならず日本国籍を留保する必要はないが，夫婦の合意により日本国籍となった場合は，届書の「その他」欄にその旨を記載するのが適当と考える。

2 出生場所の記載

(1) 行政区画

日本の県に当たるアイマク（aimag）があり，その下に村に当たるソム（soum）があり，さらにその下にバグ（bag）が属するが，アイマクが最小行政区画である。また，ウランバートルは市である。

(2) 戸籍の記載

「モンゴル国ウランバートル市で出生」（【出生地】モンゴル国ウランバートル市），又は「モンゴル国○○県で出生」（【出生地】モンゴル国○○県）と記載する。

3 出生証明書

ウランバートル市市民戸籍登録情報センター発行の出生証明書は，資料178－4（本文631頁）参照（戸籍803-78）。

〔根拠法条〕

市民権法（1995年6月5日制定，1995年12月7日，2000年12月7日改正）

第2章 モンゴル市民権，モンゴル市民権の取得及び消滅

第6条（モンゴル市民権の取得事由）

　モンゴル市民権は，以下に掲げる事由に基づき取得される。

　1 出生により。

　2 モンゴル市民権の取得により。

　3 市民権の回復により。

　4 モンゴルの国際条約に規定される事由により。

第7条（子のモンゴル市民権）

① 両親がモンゴル市民から出生した子は，モンゴルの領土又は領土外で出生したかにかかわらず，モンゴル市民である。

② 両親の一方がモンゴル市民で，他方が外国市民からモンゴル領土で出生した子は，モンゴル市民とみなされる。子が外国の領土で出生した場合は，その子の市民権は，両親の書面による合意に基づき決定される。

③ 両親の一方がモンゴル市民で，他方が国籍を有しない者から出生した子は，出生の場所にかかわらず，モンゴル市民である。

④ モンゴルの領土にあり，両親が知れない子は，モンゴル市民である。

⑤ モンゴルの領土に常居している国籍を有しない親から出生した子は，16歳に達した後，モンゴル市民権を有することができる。

⑥ 国籍を有しない者の養子となり，16歳に達していないモンゴル市民は依然としてモンゴル市民である。

620　第2編　各　　論

第6　養子縁組

1　根拠法

根拠法は,「家族法」である。

2　実質的成立要件

(1)　養親の要件

養親は, 成人（18歳）に達し, 完全な民法上の能力を有し, 子を養育, 扶養する能力を有する者でなければならない（家族57条1項）。

なお, 60歳以上の者, 子に対する親権の停止又は喪失がある場合, 過去の養子縁組が取り消されている場合, 精神障害その他の重篤な病気を有する場合, 複数の前科がある等の場合には, 養親となることができない（家族57条2項）が, 親のない子が親類の養子となった場合は, この制限は適用されない（家族57条3項）。

(2)　配偶者の同意

養子縁組をする場合は, 配偶者の同意を得なければならない（家族55条2項）。

(3)　養子縁組の時期

父母の子に対する権利が消滅した後, 6か月経過後に, その子を養子とすることができる（家族55条5項）。

3　保護要件

(1)　養子の同意

養子が7歳に達している場合は, その者の同意を要する（家族55条4項）。

(2)　実親の同意

実親の同意は, 書面にされ, 公証人によって証明されなければならない（家族55条1項）。

(3)　児童保護センターの同意

養子縁組には, 必ず子の権利及び保護施設の同意が要求される（家族61条）。

4 形式的成立要件

(1) 申 請
　同意書等全ての書類は，養子縁組を管轄するその地方の市長に提出し，これを受けて，市長は20日以内に決定を下す。

(2) 養子縁組の登録
　養子縁組は，最終的に家族登録所に登録される。

5 養子縁組の効力

(1) 実父母との関係
　養子縁組が実現すると，養子と実父母との全ての権利・義務が消滅する。
　なお，父母が既に死亡しており，養子がその死亡した親の信託的な受益権者である場合には，その権利は存続する。

(2) 養子の市民権
　16歳未満のモンゴル市民が外国人の養子となった場合でも市民権は変更しないが，子の市民権を変更しようとする意思を示したときは，市民権の問題は養親の希望に基づき，解決することができる（市民13条）。

6 養子縁組の取消し

(1) 取消事由
　養親が親権を濫用したり，子に対して残虐な行為等をした場合は，養子縁組を取り消すことができる（家族61条1項）。

(2) 取消権者
　実親，他の利害関係人，14歳に達した子等は，養子縁組の取消しの訴えをすることができる（家族61条1項）。

7 報告的養子縁組届

　日本人男がモンゴル人妻の子（モンゴル人女）を養子とした旨の報告的養子縁組届出について，モンゴル国において養子縁組の登録に際し発行される養育

622　第2編 各　論

証明書（資料178－5・本文634頁）を戸籍法第41条に規定する証書として取り扱い受理して差し支えないとされた事例がある（平成18．7．5民一1516号回答（戸籍803-70））。

8　ハーグ国際養子縁組条約

2000年（平成12年）批准

（第6につき，ガンゾリグ・前掲(616)「同(3)」時報645-43，2009参照）

〔根拠法条〕

家族法（1999年6月11日，同年8月1日施行）

第7章　子の養子縁組

第55条（養子縁組及び子を養子とするための一般的な要件）

55.1　子を養子とする親の同意及び子を養子とする申請は，書面にされ，公証人によって証明されなければならない。

55.2　配偶者が子を養子とする場合は，その者は妻又は夫からそのことについて同意を得なければならない。

55.3　（略）

55.4　子が7歳に達している場合は，その者の同意を要する。

55.5　親権が剥奪された者の子は，これに関する裁判所の判決が効力を生じてから6か月後に，養子縁組を言い渡すことができる。

55.6　養親となる者は，子が居住しているソム（Soum）（郡）又は地区の長官に子を養子とするための申請をする。（以下，略）

第57条（養親）

57.1　養親は，成人に達し，完全な民法上の能力を有し，子を養育及び扶養す

る能力を有する者でなければならない。

57.2　60歳以上，親権が制限されているか又は以前制限されていた者，既得権を持ち，虐待により養子とした子を戻した者，裁判所の決定により完全な民法上の能力を有しないか又は制限された能力しか有しないとされた者，結核又は精神障害の者，飲酒又は麻薬物質常用者，複数の犯罪歴があり現在服役中の者は，子を養子とすることは禁止される。

57.3　完全に親のない子が親類の養子となった場合は，本法第57条第2項に規定されている制限は，適用されない。

第61条（縁組の取消し）

61.1　養親が親権を濫用し，子に対して残虐な行為をし，虚偽の申請書を提出し，それにより養子縁組決定をした場合，養親が第57条第2項に規定する者であるときは，裁判所は，実親，他の利害関係人，子の権利及び利益保護施設及び14歳に達した子からの訴えにより養子縁組を取り消す。

61.2　裁判所は，必要であると判断するときは，他の理由により養子縁組を取

り消すことができる。

市民権法（1995年6月5日制定，1995年12
　月7日，2000年12月7日改正）
第2章　モンゴル市民権，モンゴル市民権
　の取得及び消滅
第13条（養子の市民権の決定）
①　16歳に達しない，外国市民である夫婦
が養子縁組した子は，引き続きモンゴル
市民である。
②　モンゴル市民権を有する子を養子とし
た外国市民の夫婦が子の市民権を変更し
ようとする意思を示したときは，市民権
の問題は養親の希望に基づき解決するこ
とができる。

〔**先判例要旨**〕

◎　日本人男がモンゴル人妻の子（モンゴル人女）を養子とした旨の報告的
　養子縁組届がなされた場合において，モンゴル国において養子縁組の登録
　に際し発行される養育証明書を戸籍法第41条に規定する証書として取り扱
　い，当該縁組届を受理して差し支えないとされた事例

（平成18．7．5民―1516号回答）

第7　国　　籍

1　二重国籍

　モンゴルでは，二重国籍は認められておらず，外国人がモンゴル市民権を取
得することを希望する場合は，その国の市民権を喪失しなければならない（市
民4条）。

2　モンゴル市民権の喪失

　モンゴル市民権は，自己の市民権の離脱の請求，外国人の養子となった16歳
未満の子の場合は，養親の請求，親の市民権の変更等により喪失する（市民11
条・15条）。

624　第 2 編　各　論

〔根拠法条〕

市民権法（1995年 6 月 5 日制定，1995年12
　月 7 日，2000年12月 7 日改正）

第 1 章　総則

第 4 条（二重市民権の不承認）

① モンゴル市民は，同時に外国の市民権
　を保持することは認められない。

② 外国人がモンゴル市民権を取得するこ
　とを希望するときは，当該国の市民権を
　喪失することを要する。当該国の法制が
　外国の市民権を取得することで喪失する
　ことを規定しているときは，市民権の消
　滅は求められない。

第 2 章　モンゴル市民権，モンゴル市民権
　の取得及び消滅

第11条（モンゴル市民権の消滅）

　　モンゴル市民は，自己の請求に基づ
　き，本法の定める手続に従って市民権を
　離脱することができる。

第15条（モンゴル市民権の喪失事由）

① 以下に掲げる事由が，モンゴル市民権
　の喪失事由である。

　1　本法第13条第 2 項に規定する事由

　2　親の市民権の変更

　3　（略）

　4　本法のモンゴルの国際協定に規定さ
　　れている他の事由

　5　モンゴル市民権の消滅

② （略）

資料178-1 〔婚姻要件具備証明書〕

СУХБААТАР ДУУРГИЙН
ЗАСАГ ДАРГА

19 ９?. оны ０４-р сарын ００ №※※   Улаанбаатар хот
                                    Утас: ※※

ТОДОРХОЙЛОЛТ

　Сухбаатар дуургийн ○-р хорооны ○○-р байрны ※ тоотод оршин суух △△△△ УБ ○○○○ тоот иргэний паспорттай, өөрийн эцэг, эх, ах, эгч нарын хамт амьдардаг.

　△△△△ нь урьд өмнө нь бусадтай гэр бүл болж байгаагүй, хуульд зүйн дагуу бүртгүүлсэн гэрлэлтгүй болохыг тодорхойлов.

ЗАСАГ ДАРГА (署名)

上記のとおり相違ないことを証明する
(印)

資料178-1

EMBASSY OF MONGOLIA

TOKYO

1990年5月〇〇日

婚姻要件具備証明書

下記のものはモンゴル国法による結婚の要件を満たしていることを証明いたします。

以下、添付書類（№A/115）内容要約

ウランバートル市スフバートル地区役所

1990年4月〇〇日　　　№※※　　　　ウランバートル市
　　　　　　　　　　　　　　　　　　　　TEL：※※
　　　　　　　証明書

関係各位

　モンゴル国パスポート（№UB〇〇〇〇〇）所有の △△△△ （※歳女性）は、1900年〇月22日ヘンティ県に生まれ、現在モンゴル国首都ウランバートル市スフバートル地区第〇区の第〇〇住宅 ※ 号室に、両親、兄、姉たちと生活しています。

　△△△△は結婚歴はなく、結婚の法律上の登記一切もないことが明らかになっていますので、結婚の要件をすべて満たしていることをここに証明いたします。

所長
※※※※

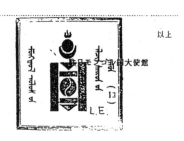

以上

資料178－2 〔婚姻証明書〕

№ ОООО　　　　г ООО

Эрэгтэй

РД: □□□□□□

Овог .... Улсын иргэн
.... оны .... сарын .... -нд төрсөн
Эцэг (эх)-ийн нэр ....
Нэр ....

Эмэгтэй

РД: □□□□□□

Овог .... Улсын иргэн
.... оны .... сарын .... -нд төрсөн
Эцэг (эх)-ийн нэр ....
Нэр ....

.... оны .... -р сарын ※........-ны өдөр гэр бүл болсныг

.... оны .... -р сарын .... -ны өдөр
иргэний гэр бүлийн байдлын гэрлэлтийн
бүртгэлийн .... -рт бүртгэж, гэрчилгээ
олгов.

БҮРТГЭСЭН

.... сум (дүүрэг)-ын .... аймаг (нийслэл).

.... (гарын үсэг)

(Тамга)

628 第2編 各 論

資料178-2

No.○○○○　　　　　証書番号○○○

男性
レジスター番号:○○○○○○○○
日本国籍 ○○年 ○月 ○日生まれ、
性：○○○○○○○
名：○○○○○○○

女性
レジスター番号:○○○○○○○○○○
モンゴル国籍 ○○年 ○月 ○日生まれ、
性：○○○○○○○
名：○○○○○○○

上記の二人は____年__月__日 ※ 日に結婚した

2012 年 04 月 11 日に国民家族状態の結婚
登録に結婚ととどけ しに L００番目に登録し、
結婚証書を交付した。

登録した

ウランバートル市/県/
国家登録所　郡/地区の
国民登録部従業員
署名/.........○○○○
[印鑑]

「○○○登録センター」に申請した
日付：2012___月 14 日
電話番号：

資料178-3〔婚姻証明書〕

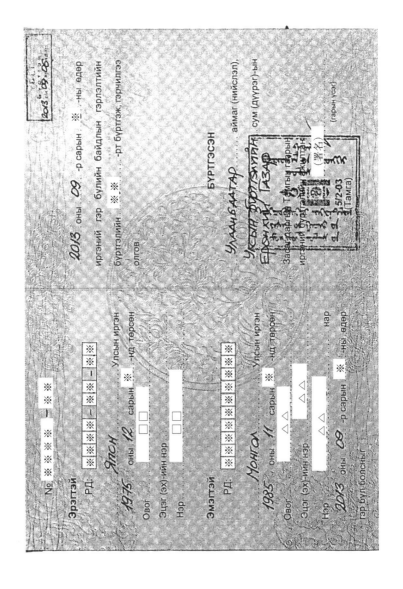

630 第2編 各 論

資料178－3

婚 姻 証 明 書
（仮訳文）

Ｎo ※※※※－※※

発行機関印
2013年9月6日発行

夫 ID：※※※※－※※－※※　　2013年 9月 ※日婚姻成立、
　　国籍　日本　　　　　　　　第※※番に登録し、証明書を交付する。
　　　　1975年12月※日生まれ
　　　氏　□□
　　　名　□□

ウランバートル

妻 ID：※※※※※※※※※※　　　国家登録庁
　　国籍　モンゴル　　　　　　　登録官　署名・押印
　　　　1985年11月※日生まれ
　　　氏　△△
　　　名　△△

（翻訳者）
在モンゴル日本国大使館
二等書記官兼領事　※※※※　印

資料178－4〔出生証明書〕

これは謄本である。
平成17年7月14日
※※※※※
※※区長

632 第2編 各　論

資料178－4

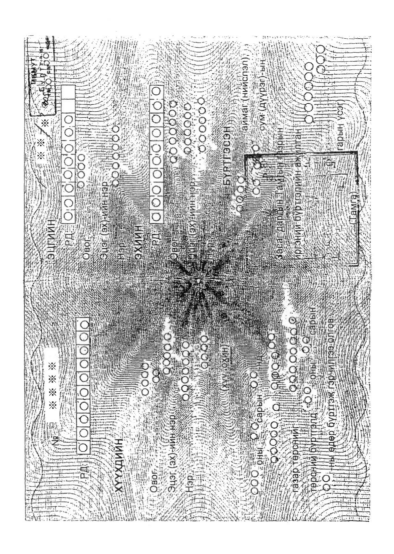

資料178-4

モンゴル国

出生証明書

証明書番号　〇〇〇〇〇

子供
個人登録番号　〇〇〇〇〇〇
部族名　　　　〇〇〇〇
父（母）名　　〇〇〇〇
名前　　　　　〇〇〇〇
続柄　　　　　娘

上記の者は〇〇年〇月〇日ウランバートル市第1助産地において出生したため同年〇月〇日バヤンズルフに登録する。

父
個人登録番号　〇〇〇〇
部族名　　　　〇〇〇
父（母）名
名前　　　　　〇〇〇〇

母
個人登録番号　〇〇〇〇〇〇
部族名　　　　〇〇〇〇
父（母）名　　〇〇〇〇〇〇
名前　　　　　〇〇〇〇

届出地
ウランバートル市市民戸籍登録情報センター
　　　記録係　　署名

これは謄本である。

平成17年7月14日

※※区長　※※※※

634 第2編 各　　論

資料178－5〔養育証明書〕

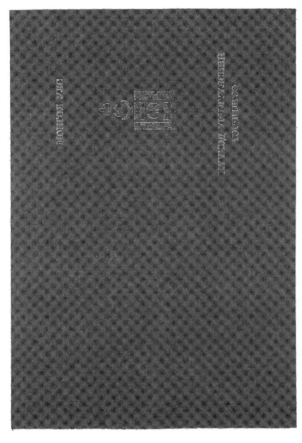

これは謄本である。
平成17年7月14日
※※区長　※※※※

資料178-5

№ ※

РД ⬚⬚⬚⬚⬚⬚⬚⬚⬚⬚

Урчлэхийн өмнө

Хүүхдийн
Овог ....
Эцэг(эх)-ийн нэр ....
Нэр ....

Урчлуулсэн

Эцгийн
Овог ....
Эцэг(эх)-ийн нэр ....
Нэр ....

Эхийн
Овог ....
Эцэг(эх)-ийн нэр ....
Нэр ....

Урчилсний дараах

Хүүхдийн
Овог ....
Эцэг(эх)-ийн нэр ....
Нэр ....

Урчлэн авсан

Эцгийн
Овог
Эцэг(эх)-ийн нэр
Нэр 0000

Эхийн
Овог
Эцэг(эх)-ийн нэр
Нэр 00000 .... -ийг

нарт .... урчлэн авсныг ...О.О. он ..О.О сар ОО өдөр
хүүхэд урчилсний бүртгэлийн ...О.О. ...рт
бүртгэж, гэрчилгээ олгов.

БҮРТГЭСЭН

0000

аймаг(нийслэл)
сум(дүүрэг)

бүртгэлийн ажилтан

Тамга

資料178-5

モンゴル国
養育証明書

証明書番号 ※

養育前
子供
個人登録番号　〇〇〇〇〇〇
部族名
父（母）名　〇〇〇〇
名前　〇〇〇〇

被養育者
父　　　　　　　　　　　　母
部族名　　　　　　　　　　部族名
父（母）名　　　　　　　　父（母）名　〇〇〇〇
名前　　　　　　　　　　　名前　　　　〇〇〇〇

養育者
父　　　　　　　　　　　　母

部族名　　　　　　　　　　部族名
父（母）名　　※※　　　　父（母）名　〇〇〇〇
名前　　　　　※※　　　　名前　　　　〇〇〇〇

上記の者等は子供の〇〇〇〇 を養育したことを、
〇〇年〇月.〇日〇番号に登録する。

届出地
ウランバートル市市民戸籍登録情報センター
　　　記録係　　　署名

これは謄本である。

平成17年7月14日

※※区長　※※※※

179 モンテネグロ（モンテネグロ）

（平成19年国名表を「モンテネグロ共和国」から変更）

第1 市民権の証明

モンテネグロ人の市民権は，モンテネグロ市民権証明書，有効な旅行文書及び法律に従った他の公的文書により証明される（市民3条）。

〔根拠法条〕

市民権法（Law on Montenegrin Citizenship）（2008年2月14日制定，2008年官報13号）
Ⅰ 総則
第3条

モンテネグロ人の市民権は，モンテネグロ市民権証明書，有効な旅行文書（travel document）及び法律に従った他の公的文書により証明される。

第2 婚 姻

1 婚姻証明書

モンテネグロ登録所発行の婚姻証明書は，資料179－1（本文649頁）参照。

2 実質的成立要件

(1) 婚姻適齢

男女とも18歳である。

ただし，その者が16歳に達しているときは，裁判所は，未成年者の婚姻を許可することができる（家族24条）。

(2) 近親婚の禁止

一定の範囲の者との婚姻が禁止されている（家族21条・23条）。

(3) 重婚の禁止

既に婚姻をしている者は，婚姻をすることができない（家族19条）。

638 第2編 各 論

⑷ 精神障害等

精神障害又は他の理由により，自己の意見を述べることのできない者は婚姻を締結することができない（家族20条）。

3 夫婦の姓

夫婦は，①双方が自己の姓を保持すること，②夫婦の一方の姓を共通の姓をすること，③共通の姓として，両方の姓を称すること，④夫婦の一方にのみ，他方の配偶者の姓を付加することの4つの中から姓を選択することができる（家族41条）。

〔根拠法条〕

家族法（Family Law）（2007年9月1日）

第2部 婚姻

Ⅰ 婚姻締結

1 婚姻の完全な有効性の要件

第19条

いかなる者も婚姻が先に終了するまでは，新たな婚姻を締結することができない。

第20条

精神障害又は他の理由により，自己の意見を述べることのできない者は婚姻を締結することができない。

第21条

婚姻は，第1線の親族間，兄弟姉妹又は母若しくは父の兄弟姉妹間，おじと姪，おばと甥間又は兄弟姉妹の子又は母若しくは父の兄弟姉妹の子間で婚姻を締結することができない。

第23条

法律上の親族，例えば義父，義理の娘，義理の息子，義母，継父，継娘，継母，継息子と，その関係が生じた婚姻が終了しているか否かにかかわらず，婚姻を締結することができない。

不完全養子縁組に基づく関係は，養親と養子及びその本条の親族間についてのみ婚姻を締結する障害となる。

本条第2文の例外として，正当な理由がある場合は，管轄裁判所は，事前に保護機関の意見を得た後に，婚姻の締結を許可することができる。

第24条

18歳に達していない者は，婚姻を締結することができない。

本条第1段落の例外として，別の法律に従い，裁判所は16歳以上の未成年者が婚姻を締結することを許可することができる。

Ⅱ 夫婦の権利及び義務

第41条

婚姻を締結したときは，夫婦は，以下に同意することができる。

1 双方が自己の姓を保持すること。

2 夫婦の一方の姓を共通の姓をするこ

と。

3 共通の姓として，両方の姓を称すること。

4 夫婦の一方にのみ，他方の配偶者の姓を付加すること。（以下，略）

Ⅲ 婚姻の終了

1 婚姻の無効

第47条

婚姻が夫婦の一方の前婚中に締結されたときは，無効である。（以下，略）

夫婦の一方の前婚中に締結された新たな婚姻は，前婚が終了したときは，無効ではない。（以下，略）

第48条

精神障害又は他の理由で自己の意見を形成することができない者が締結した婚姻は無効である。

血族間，法律に従って認められなくなった後に養子縁組による親族及び婚姻による親族間で締結された婚姻は，無効である。

養子縁組による親族間，婚姻による親族間，裁判所の許可（（略），第23条第2文）に従ってのみ許可される者間で婚姻が締結された場合は，婚姻無効の申立てがされた裁判所は，その許可を認めることができる。

第3 離 婚

1 離婚原因

婚姻関係が著しく，永続的に損なわれたとき，又は婚姻の目的が他の理由で実現することができないときは，配偶者は離婚を請求することができる（家族56条）。

2 同意による離婚

夫婦は，夫婦間の合意に基づいて離婚を裁判所に請求することができるが（家族57条），日本の協議離婚のように当事者間の合意のみで離婚できない。

3 離婚の成立

婚姻は，離婚に関する裁判所の決定が法的に有効になった時に，終了する。

4 離婚の制限

妻が離婚に同意した場合を除き，夫は，妻の妊娠期間中，子が1歳になるまでは，離婚を請求することができない（家族58条）。

640 第2編 各 論

（第3につき，Council of Europe Family Policy Database）

〔根拠法条〕

家族法（2007年9月1日）

第2部 婚姻

Ⅲ 婚姻の終了

2 離婚

第56条

　婚姻関係が著しく，かつ永続的に損なわれたとき，又は婚姻の目的が他の理由で実現することができないときは，配偶者は離婚を請求することができる。

第57条

　夫婦は，合意に基づき離婚を請求することができる。（以下，略）

第58条

　妻が離婚に同意した場合を除き，夫は，妻の妊娠期間中，子が1歳になるまでは，離婚を請求することができない。

第4 出 生

1 出生子の身分

(1) 原 則

　子の母の夫は，婚姻中又は婚姻の終了から300日以内に出生した子の父とみなされる（家族97条）。

(2) 母が再婚している場合

　子が母の後婚で出生した場合は，子の出生まで母の前婚の終了から300日を経過していないときは，母の後婚の夫が子の父とみなされる。

　母の後婚の夫が父であることを否認する場合は，子が前婚の終了から300日以内に出生したときは，前婚の夫が子の父とみなされる（家族97条）。

2 国籍留保届

(1) モンテネグロで出生した場合

　モンテネグロは，父母両系血統主義国であり，モンテネグロ国内で出生した事実だけでは，同国の国籍を取得しない（市民5条）。

　したがって，日本人夫婦の子がモンテネグロで出生した場合は，国籍留保の届出を要しないが，夫婦の一方が日本人で，他方がモンテネグロ市民の子がモ

ンテネグロで出生した場合は，出生の日から３か月以内に日本国籍を留保する
意思を表示しなければ，子は日本国籍を喪失する（日国12条）。

⑵ モンテネグロ国外で出生した場合

モンテネグロ国外で出生した場合は，①両親がモンテネグロ市民である子，
②子の出生時に，両親の一方がモンテネグロ市民で，他方が知れないか，市民
権が知れないか，若しくは国籍を有しない子，又は③子の出生時に，両親の一
方がモンテネグロ市民である子で，市民権がない子に限られる。

したがって，日本人夫婦の子がモンテネグロ国内で出生した場合だけでなく，
夫婦の一方が日本人で，他方がモンテネグロ市民の子がモンテネグロ国外で出
生した場合は，いずれも子はモンテネグロ市民とならない（市民５条）ので，
日本国籍を留保する意思を表示する必要はないと思われる。

3 出生場所の記載

「モンテネグロ国ポドゴリツァ市で出生」（【出生地】モンテネグロ国ポドゴ
リツァ市）と記載する。

〔根拠法条〕

市民権法（2008年２月14日制定，2008年官
報13号）
Ⅱ モンテネグロ市民権の取得
第４条
　モンテネグロ市民権は，以下の事由に
より取得する。
　1 血統
　2 モンテネグロの領内での出生
　3 許可
　4 国際条約及び協定
1 血統によるモンテネグロ市民権の取得
第５条
　血統によるモンテネグロ市民権は，以
下の子が取得する。

　1 子の出生時に，両親がモンテネグロ
　市民である子
　2 モンテネグロで出生し，子の出生時
　に，両親の一方がモンテネグロ市民で
　ある子
　3 外国の領土で出生し，子の出生時
　に，両親の一方がモンテネグロ市民
　で，他方が知れないか，市民権が知れ
　ないか，又は国籍を有しない子
　4 外国の領土で出生し，子の出生時
　に，両親の一方がモンテネグロ市民で
　ある子。ただし，そうでない場合は，
　市民権がないときに限られる。
第６条

血統によるモンテネグロ市民権は，以下によっても取得することができる。

1　外国の領土で出生し，親の一方が子の出生時にモンテネグロ市民で，子が18歳になるまでに，モンテネグロ出生記録簿及びモンテネグロ市民記録に登録する申請が提出され，その子が外国の市民でないとき。

2　一方の親がモンテネグロ市民で，他方の親が外国の市民である18歳以上の者で，その者が23歳になるまでにモンテネグロ市民登録簿に登録する申請をしたとき。

3　完全養子縁組の場合は，養親の一方がモンテネグロ市民であるとき。

　　本条第1項の子は14歳以上であるときは，モンテネグロ市民権を取得するには，その同意を要する。

2　モンテネグロの領土における出生によるモンテネグロ市民権の取得

第7条

　　モンテネグロの領土で出生又は発見された子は，その両親が知れないか，市民権が知れないか，又は国籍を有しないかにより，子が市民権がないままであるときは，子はモンテネグロ市民権を取得する。（以下，略）

家族法（2007年9月1日）

第3部　親子関係

Ⅱ　子の家族状況

1　父子関係及び母子関係の決定

第97条

　　子の母の夫は，婚姻中又は婚姻の終了から300日以内に出生した子の父とみなされる。

　　子が母の後婚で出生した場合は，子の出生まで母の前婚の終了から300日を経過していないときは，母の後婚の夫が子の父とみなされる。

　　母の後婚の夫が父であることを否認する場合は，子が前婚の終了から300日以内に出生したときは，前婚の夫が子の父とみなされる。

第5　養子縁組

1　根拠法

根拠法は，「家族法」である。

2　制　　度

完全養子縁組と不完全養子縁組の制度がある。

3 実質的成立要件

(1) 養子の要件

ア 親族等の関係

第1順位の血族，兄弟又は姉妹は養子になることができない（家族123条）。

イ 年齢

完全養子縁組については，10歳までの子でなければならない（家族131条）。

不完全養子縁組については，18歳までの子でなければならない（家族133条）。

ウ 養子縁組の制限

子は，出生後3か月が経過するまでは養子になることができない。

また，未成年の親の子は，いずれも養子となることができない。例外として，両親又は他の親族の家庭で養育される見込みがない場合は，その出生から1年経過後に養子になることができる。

なお，両親の知れない子は，その遺棄から3か月経過後にのみ養子になることができる（家族124条）。

(2) 養親の要件

ア 年齢及び養親と養子の年齢差

養親は，30歳から50歳で，養子より18歳以上年長の者のみがなることができる。

夫婦共同の場合又は養親が同じ母又は父の兄弟姉妹を養子とする場合は，養親の一方が前記の要件を満たした場合に養子縁組をすることができる。

また，特に正当な理由がある場合は，50歳以上の者も養親になることができる。ただし，養親と養子の年齢差は50歳より大きくてはならない（家族126条）。

イ 夫婦共同縁組

完全養子縁組については，夫婦共同縁組であるか，又は配偶者の継父又

644　第2編　各　論

は継母による養子縁組でなければならない（家族132条）。

ウ　監護人による養子縁組

監護人が養親となる場合は，監護機関がその者の監護義務を免じるまでは，被保護者を養子とすることができない（家族123条）。

エ　養親になることができない者

①親権を奪われているか，又は親権が制限されている場合，②取引能力が奪われている場合，③養子に有害な病気に罹患している場合，④適切な方法で子育てを行う十分な保証が準備されていない場合は，養子縁組することができない。

また，配偶者が上記のいずれかの状況にあるとみなされている場合も，養子縁組をすることができない（家族127条）。

オ　外国人の養親

外国市民の養親と自国民の養子の養子縁組は成立させることはできない。

例外として，自国の市民で養親を見つけることができなかった場合に，外国市民は子を養子とすることができる。

ただし，社会福祉活動を管轄する省の承認を得る必要がある（家族125条）。

(3)　**配偶者の同意**

不完全養子縁組の場合は，夫婦共同縁組だけでなく，夫婦の一方のみと養子縁組をすることができるが，他方の配偶者の同意を要する（家族134条）。

4　保護要件

(1)　**親の同意**

ア　同意の要否

両親又は子の一方の親の同意を要する（家族128条）。

イ　同意の免除

親が，①親権を奪われている場合，②子と同居せず，3か月の間子の世話を行っていない場合，③取引能力を奪われている場合，④常居所が少なくとも6か月の間不明で，その期間子の世話をしていない場合には，養子

縁組に対する同意を要しない（家族129条）。

(2) **養子の同意**

養子が，10歳以上で，養子縁組の意味を理解することのできる場合は，その者の同意を要する（家族133条）。

5 養子縁組の効力

(1) **完全養子縁組**

ア 養親等との関係

血縁関係と同等の親族関係が，一方で養親とその親族と他方で養子とその卑属の間に成立する。

養親は，養子の親として出生登録簿に登録される（家族144条）。

イ 実親等の関係

養子とその血族相互の権利及び義務は終了する。ただし，子が継父又は継母の養子となった場合を除く（家族145条）。

ウ 養子の姓名

(ア) 養子の姓

養子は，養親の姓を取得する。ただし，養親が養子が自己の姓を保持するか，又は自己の姓に養親の姓を付加することを決定した場合を除く（家族149条）。

(イ) 養子の名

養親は，養子の名を決定することができる（家族149条）。

(2) **不完全養子縁組**

不完全養子縁組は，養子の両親及び他の親族に関し，養子の権利及び義務に影響を及ぼさない（家族148条）。

(3) **モンテネグロ市民権の取得**

完全養子縁組の場合は，養親の一方がモンテネグロ市民であるときは，養子はモンテネグロ市民権を取得する（市民6条3号）。

〔根拠法条〕

家族法（2007年9月1日）

第3部　養子縁組

Ⅱ　養子縁組の要件

1　共通規定

第123条

養子縁組は，養子の最善の利益になるときにのみすることができる。

第1順位の血族，兄弟又は姉妹は養子になることができない。

監護人は，監護機関がその者の監護義務を免じるまでは，被保護者を養子とすることができない。

第124条

子は，出生後3か月が経過するまでは養子になることができない。

未成年の親の子は，いずれも養子となることができない。例外として，その子は，両親又は他の親族の家庭で養育される見込みがない場合は，その出生から1年経過後に養子になることができる。

両親の知れない子は，その遺棄から3か月経過後にのみ養子になることができる。

第125条

外国市民の養親と自国民の養子の養子縁組は成立させることはできない。

例外として，自国の市民で養親を見つけることができなかった場合に，外国市民は子を養子とすることができる。

前文の養子縁組には，社会福祉活動を管轄する省の承認を得る必要がある。（以下，略）

第126条

養親は，30歳から50歳で，養子より18歳以上年長の者のみがなることができる。

子を共同して養子縁組する養親は，一方が前文の要件を満たした場合に養子縁組をすることができる。

特に正当な理由がある場合は，50歳以上の者も養親になることができる。ただし，養親と養子の年齢差は50歳より大きくてはならない。

養親が同じ母又は父の兄弟姉妹を養子とする場合は，養親の一方のみが第1文の要件を満たしているときでも養子縁組をすることができる。

第127条

以下の者は，子を養子縁組することができない。

a　親権を奪われているか，又は親権が制限されている場合

b　取引能力（business capability）が奪われている場合

c　養子に有害な病気に罹患している場合

d　適切な方法で子育てを行う十分な保証が準備されていない場合

配偶者が本条第1文の状況の一にあるとみなされている者は，養親になることができない。

第128条

本法に他に規定されている場合を除き，両親又は子の一方の親の同意を要する。（以下，略）

第129条

以下の場合には，養子の親の養子縁組に対する同意を要しない。

1　親権を奪われている場合

2　子と同居せず，3か月の間子の世話を行っていない場合

3 取引能力を奪われている場合

4 常居所が少なくとも6か月の間不明で，その期間子の世話をしていない場合

2 完全養子縁組の特別要件

第131条

10歳までの子は，完全養子になることができる。

第132条

夫婦共同により，及び養子である子の継母又は継父によって完全養子になることができる。（以下，略）

3 不完全養子縁組の特別要件

第133条

18歳になるまで，子は不完全養子になることができる。

10歳以上で，養子縁組の意味を理解することのできる子の養子縁組には，その者の同意を要する。

第134条

子は，夫婦共同により，他方の配偶者の同意を得た一方の配偶者により，又は養子である子の継母又は継父によって不完全養子になることができる。

IV 完全養子縁組による権利及び義務

第144条

完全養子縁組により，血縁関係と同等の親族関係が，一方で養親とその親族と他方で養子とその卑属の間に成立する。

養親は，養子の親として出生登録簿に登録される。

第145条

完全養子縁組により，養子とその血族相互の権利及び義務は終了する。ただし，子が継父又は継母の養子となった場合を除く。

V 完全養子縁組に関する権利及び義務

第148条

（略）

不完全養子縁組は，養子の両親及び他の親族に関し，養子の権利及び義務に影響を及ぼさない。

第149条

養親は，養子の名を決定することができる。

養子は，養親の姓を取得する。ただし，養親が養子が自己の姓を保持するか，又は自己の姓に養親の姓を付加することを決定した場合を除く。

市民権法（2008年2月14日制定，2008年官報13号）

II モンテネグロ市民権の取得

第6条

血統によるモンテネグロ市民権は，以下によっても取得することができる。

1・2 （略）

3 養子，完全養子縁組の場合は，養親の一方がモンテネグロ市民であるとき。

（略）

第6 国 籍

1 二重国籍

モンテネグロは，原則として二重国籍を認めていない（市民24条）。

648　第2編　各　　論

ただし，2006年（平成18年）6月3日の独立前に，二重国籍であった者については，二重国籍が認められている。

2　モンテネグロ市民権の喪失

(1)　市民権の離脱

モンテネグロ市民は，①その者が18歳以上であり，②その者が外国の市民権を有するか，又は外国の市民権が認められる証拠があり，③その者が事実上，モンテネグロ国外に居住しているときは，モンテネグロ市民権の離脱の申立てにより，モンテネグロ市民でなくなる（市民20条）。

(2)　市民権の喪失

外国の市民権を自発的に取得した成人のモンテネグロ市民は，モンテネグロ市民権を喪失する（市民24条）。

〔根拠法条〕

市民権法（2008年2月14日制定，2008年官報13号）

Ⅲ　モンテネグロ市民権の終了
第19条
　　モンテネグロ市民権は，以下の事由により終了する。
　1　申立てにより。
　2　法の適用により。
　3　国際条約及び協定に基づき。
1　申立てによるモンテネグロ市民権の終了
第20条
　　モンテネグロ市民は，申立てに基づく離脱により，モンテネグロ市民でなくなる。
　　モンテネグロ市民権は，その者が離脱する申立てを行い，以下に掲げる要件が

満たされたときに終了する。
　1　その者が18歳以上であること。
　2　その者が外国の市民権を有するか，又は外国の市民権が認められる証拠があるとき。
　3　その者が事実上，モンテネグロ国外に居住していること。
2　法の適用によるモンテネグロ市民権の終了
第24条
　　外国の市民権を取得した成人のモンテネグロ市民は，以下の場合には，モンテネグロ市民権を喪失する。
　1　その者が，本法第18条第2文に規定されている事情にある場合を除き，外国の市民権を自発的に取得した場合
　2～8　（略）

179 モンテネグロ 649

資料179－1 〔婚姻証明書〕

ЦРНА ГОРА

ОПШТИНА _Budva_

ИЗВОД ИЗ МАТИЧНЕ КЊИГЕ ВЈЕНЧАНИХ

У матичној књизи вјенчаних која се води за мјесто _Budva_
под текућим бројем ___※___ за годину _2011_ извршен је упис закључења брака:

	СУПРУГ	СУПРУГА
Мјесто закључења брака	Budva	
Дан, мјесец и година закључења брака	09/deul/september 2011 god.	
Име	□□	△△
Презиме	□□	△△
Јединствени матични број грађана	※※※※※※※ ‖‖‖‖	‖‖‖‖‖‖‖‖
Дан, мјесец и година рођења	※ 07. 1980 g	※ 01. 1981 g.
Држављанство	Srbije	Japonsko
Мјесто и општина рођења, а ако је лице рођено у иностранству - и држава	Beograd	Zagreb
Пребивалиште и адреса стана	Beograd	Fukuoka, Japan
Име и презиме родитеља брачних другова	Оца ※ ※ ※ ※	※ ※ ※ ※
	Мајке ※ ※ ※ ※	※ ※ ※ ※
Изјава брачних другова о њиховом презимену	□□	△△
Накнадни упис и прибиљешке:		

Дана _09. 09. 2011 g_
У _Budvi_
(М.П.)

（署名）
(потпис матичара)

650 第2編 各 論

資料179-1

モンテネグロ

自治体

婚姻証明書

_____の婚姻登録所において, _____(年) _____の
(番号)_____に婚姻登録しました。

婚姻成立場所			
婚姻日			
		新郎	新婦
名前			
氏			
個人識別番号			
生年月日			
市民権			
居住地			
両親の氏名	父		
	母		
婚姻後の氏			
追加事項			

日付　　　　　　　　　　　　　　　　　　　　署名

180 ヨルダン（ヨルダン・ハシェミット王国）
（平成15年国名表を「ジョルダン」から変更）

第1 婚　　姻

1　婚姻届の受理

ヨルダン国の婚姻係発給の独身証明書，在日ヨルダン大使館領事発給の独身証明書及び本人の申述書から，事件本人が独身であることが確認できる場合は，婚姻届を受理して差し支えない（昭和60. 10. 18民二6511号回答（戸籍504-96））。

（注）　家族権利法（1951年制定）では，イスラム教徒の婚姻は，夫となる者と妻となる者が2人の証人の面前で，婚姻契約を結ぶことによって成立し，婚姻契約を締結するに当たっては，①男子は18歳以上，女子は17歳以上であること（それ以下の年齢であっても，親の同意があり，宗教裁判所の裁判官が夫婦生活を営むに足りると判断すれば，この要件を具備するとされる。），②夫となる者から妻となる者の親に対して支払う婚姻契約金及び離婚した場合に妻に支払う慰謝料の金額を約束すること（前者の結納金については現在形骸化しており，後者の方が重視されている。）の要件が必要とされている。

上記②の婚姻契約金及び離婚の際の慰謝料額の約定は，ヨルダン法上，身分行為そのものとしてなされる財産上の契約であり，契約の成立要件としては本質的なものではない。ヨルダン法上の婚姻要件に関しては，純粋な身分行為としての婚姻契約の要件を考慮すれば足り，付随的契約で婚姻の本質的要件でない夫婦財産契約である②の約定については，日本において婚姻する際には，婚姻そのものとは別個に，日本の方式に従ってすれば足りると考えられる。

2　婚姻証明書

① 　ヨルダン国イスラム裁判所発行の婚姻証明書は，資料180-1（本文657頁）参照。

② 　ヨルダン国内務省住民課兼旅券発行課作成の婚姻証明書（結婚証明書）は，資料180-2（本文659頁）参照。

3 実質的成立要件

(1) 婚姻適齢

男女とも18歳である。

ただし，15歳に達している場合は，裁判所の許可を得て，婚姻をすることができる（UNdata）。

> **（注）** 前記戸籍誌には，男子18歳以上，女子17歳以上と記載され，1976年法律第61号個人身分法（the Personal Status Act）第5条においては，男子は少なくとも16歳，女子は少なくとも15歳でなければならないとされていた。

4 報告的届出

婚姻手続は，創設的届出に記載した婚姻の要件を具備した契約書をイスラム宗教裁判所に提出し，これが受理されると裁判所から婚姻証明書が発給される。また，裁判所は発給した婚姻証明書の写しを内務省市民登録課に送付し，これにより婚姻登録がなされる。

以上のことから，ヨルダンにおける婚姻証明書の発給権者は，イスラム宗教裁判所であると考えられるが，さらに内務省市民登録課書記が発給した婚姻証明書についても有効であり，戸籍法第41条に規定する婚姻証書の謄本として取り扱って差し支えない（昭和60.3.7民二1471号回答（戸籍492-88））。

5 ヨルダン国籍の取得

ヨルダン人と婚姻した外国人女性は，当然にはヨルダン国籍を取得せず，書面による申立てにより，ヨルダン国籍を取得することができる（国籍8条）。

> **（注）** 従前は，ヨルダン人の妻はヨルダン人であるとされ，当然にヨルダン国籍を取得するとされていた。ただし，ヨルダン人と婚姻する外国人女は，本人が希望する場合は，その国籍を保持することができた（旧国籍8条）。

180 ヨルダン　653

〔根拠法条〕

国籍法（Law No.6 of 1954 on Nationality）
　（1954年法律第6号，1987年改正）
第2章　扶養家族の国籍
第8条
① 　内務大臣の承認を得ることを条件とし
　て，ヨルダン国民と婚姻した外国人女
　は，ヨルダン国籍を取得することを希望
　することを書面により申し立てることに

より，ヨルダン国籍を取得することがで
きる。
a 　外国人女性が，アラブ人であるとき
　は，婚姻後3年経過後に
b 　外国人女性が，アラブ人でないとき
　は，婚姻後5年経過後に
②・③　（略）

〔参考〕

〔旧〕国籍法（1954年法律第6号，1963年法律
　　　第7号改正）
第2節　従属関係による国籍
第8条　ヨルダン人の妻はヨルダン人であり，
　外国人の妻は外国人である。ただし，次の場
　合は除く。
　1 　ヨルダン人以外の男と婚姻したヨルダン
　　人の女又はヨルダン人以外の男と婚姻する
　　ヨルダン人の女は，夫の国の法律に基づい
　　てその国籍を取得するまでヨルダン国籍を
　　保持することができる。

　2 　ヨルダン人の男と婚姻する外国人の女
　　は，本人が希望する場合には，その国籍を
　　保持することができる。ただし，その場合
　　においては，同人がそれを希望する旨文書
　　をもってヨルダン・ハシェミット王国に居
　　住してから2年以内に内務大臣に届け出な
　　ければならない。この場合には，外国人法
　　及びそれに関する諸規則の適用を受けるも
　　のとする。
　3 　（略）

第2　出　　生

1　国籍留保届

　ヨルダンは，父母両系血統主義国であり，ヨルダン国内で出生した事実だけ
では，同国の国籍を取得しない（国籍3条・9条）。

　したがって，日本人夫婦の子がヨルダン国内で出生した場合は，国籍留保の
届出を要しないが，夫婦の一方が日本人で，他方がヨルダン人の子がヨルダン
（又はその他の外国）で出生した場合は，出生の日から3か月以内に日本国籍
を留保する意思を表示しなければ，子は日本国籍を喪失する（日国12条）。

654 第2編 各 論

2 出生場所の記載

(1) 行政区画

ヨルダンは，12の県（注）から構成されている。

> （注） 県は，アンマン（Amman）県，アジュルン（Ajlun）県，アカバ（Aqaba）
> 県，バルカ（Balqa）県，イルビド（Irbid）県，ジャラシュ（Jerash）県，
> カラク（Karak）県，マアーン（Ma'an）県，マダバ（Madaba）県，マフ
> ラク（Mafraq）県，タフィラ（Tafilah）県，ザルカ（Zarqa）県である。

(2) 戸籍の記載

「ヨルダン国アンマン県アンマン市で出生」（【出生地】ヨルダン国アンマン
県アンマン市）と記載する。

> （注） ヨルダンでの出生の場所は，国名のみを記載することは好ましいことでは
> ないが，外国の最小行政区画が不明の場合は，国名のみの記載でもやむを得
> ないとされていた（戸籍505-21）。

3 出生証明書

ヨルダン国内務省発行の出生証明書は，資料180-3（本文661頁）参照。

〔根拠法条〕

国籍法（1954年法律第6号，1987年改正）
第1章 総則
第3条
　　　以下に掲げる者は，ヨルダン国民とみ
なされる。
1　1928年ヨルダン国籍法及びその改正
　　法である1954年法律第6号又は本法に
　　基づいてヨルダン国籍又はヨルダン旅
　　券を取得した者
2　ユダヤ人以外の，1948年5月15日以
　　前にパレスチナ国籍を有し，1949年12
　　月20日から1954年2月16日までの間に

ヨルダン・ハシェミット王国に常居し
ていた全ての者
3　父がヨルダン国籍を保持する者
4　ヨルダン・ハシェミット王国で出生
　　し，母がヨルダン国籍を有し，父が国
　　籍が知れないか，国籍を有しないか，
　　又はその親子関係が成立していない者
5　ヨルダン・ハシェミット王国で出生
　　し，両親が不明な者。王国内における
　　棄児は，反証のない限り，王国内で出
　　生したものとみなされる。
6　北部遊牧民のうち，1960年法律第24

号暫定選挙法第25条第ｊ号に記載され
ている部族の構成員で，1930年に王国
に併合された地域に事実上居住してい
た者

第2章　従属関係による国籍
第9条
　　ヨルダン人の子は，出生の場所にかか
　わらず，ヨルダン人である。

第3　国　　籍

1　二重国籍

　ヨルダンでは，外国の国籍を取得したヨルダン人は，国籍法の規定に従って
ヨルダン国籍を放棄しなければ，ヨルダン国籍を保持することができるとされ，
二重国籍は認められている（国籍17条）。

2　ヨルダン国籍の喪失

　閣議の事前の許可なく，外国の兵役に就き，ヨルダン・ハシェミット王国の
政府により命じられたときに，離脱することを拒否した等の場合は，ヨルダン
国籍を喪失する（国籍18条）。

〔根拠法条〕

国籍法（1954年法律第6号，1987年改正）
第4章　ヨルダン国籍の放棄
第15条
　　ヨルダン人は，閣議の承認を得て，ヨ
　ルダン国籍を放棄し，外国の国籍を取得
　することができる。
第16条
　　ヨルダン人は，ヨルダン国籍を放棄
　し，アラブ国家の国籍を取得することが
　できる。
第17条
　　a　外国の国籍を取得したヨルダン人
　は，本法の規定に従ってヨルダン国籍

　を放棄しなければ，ヨルダン国籍を保
　持することができる。
　　b　（略）
第5章　ヨルダン国籍の喪失
第18条
①　閣議の事前の許可なく，外国の兵役に
　就き，ヨルダン・ハシェミット王国の政
　府により命じられたときに，離脱するこ
　とを拒否した者は，ヨルダン国籍を喪失
　する。
②　閣議は，陛下の承認を得て，以下の場
　合には，ヨルダン国籍の喪失を宣言する
　ことができる。

656 第2編 各　論

a　その者が外国の公務員に就き，ヨルダン・ハシェミット王国の政府により命じられたときに，離脱することを拒否した場合

b　敵国の兵役に就いた場合

c　その者が国家の平和及び安全を危うくするとみなされる行為を行うか，行うことを企てた場合

資料180－1〔婚姻証明書〕

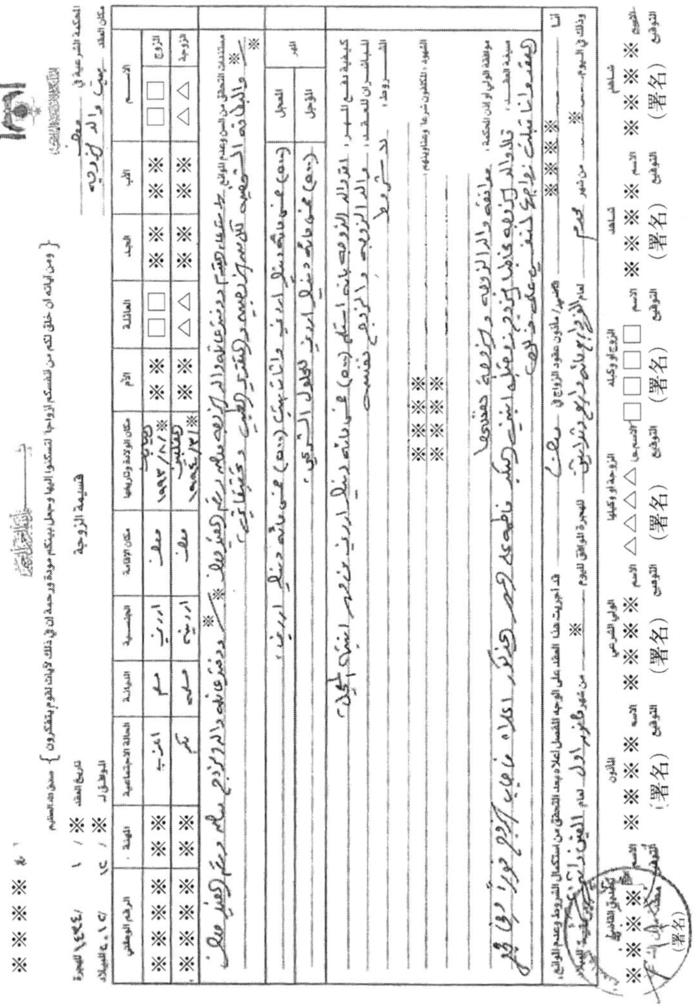

658　第2編　各　論

資料180－1

　　　　　　慈悲あまねく慈悲深きアッラーの御名において。
　〔またかれがあなたがた自身から、あなた方のために配偶を創られたのは、かれの印の一つである。
あなたがたはかの女らによって安らぎを得るよう、あなたがたの間に愛と情けの念を植えつけられ
る。本当にその中には、考え深い者への印がある。〕サダカ　アッラーフル　アジーム

ヨルダン・ハシミテ王国	**婚姻証明書**	NO.※ ※ ※ ※
イスラム裁判所マアーン		婚姻日　ヒジュラ暦1434年1月※日
誓約場所　妻の父親の家		婚姻日　　西暦2012年12月※日

	夫	妻
名：	□□	△ △
父：	※ ※	※ ※
祖父：	※ ※	※ ※
姓：	□□	△ △
母：	※ ※	※ ※
出生地,生年月日：	日本,1993年8月※日	フィリピン,1994年3月※日
登録場所：	マアーン	マアーン
国籍：	ヨルダン	ヨルダン
宗教：	イスラム	イスラム
婚姻状況：	未婚	初婚
職業：	※ ※	※ ※
ID No.：	※ ※ ※ ※	※ ※ ※ ※

妻の婚姻登録番号※/※(　△ △　の父の家族手帳登録番号)
夫の婚姻登録番号※/※(身分証明書で確認済み)
婚資金
　現金：５００JD,家具５００JD,
　離婚金：５００JD
　支払い方法：妻の父が５００JD受理。
　確認方法：妻の父と夫（□□）
　条件：無し
　証人：※ ※ ※ ※
　避任証人：※ ※ ※ ※
妻の所帯主である父と妻本人は裁判所の法に基づき、承認しました。
誓約方法
　妻の父が夫である□□に「私は娘をあなたに書いた婚資金により結婚させた。」と言い、
　夫は「承諾しました。」と回答しました。

私、　　　　※ ※ ※ ※　　　は、婚姻誓約場所において、ヒジュラ暦1434年1月※日、
西暦20012年12月※日に、この誓約書を上記内容、条件で不服なしに婚姻成立させた。

証人：※ ※ ※ ※　　　　　　（サイン）
証人：※ ※ ※ ※　　　　　　　　　　　　　　（サイン）
夫：□□□□　　　　　　（サイン）
妻：△ △ △ △　　　　　　（サイン）
妻の父：※ ※ ※ ※　　　　　　　（サイン）
許可人：※ ※ ※ ※　　　　　　（サイン）

　　　　　　　　　　　　　　　　　　訳者;※ ※ ※ ※

　　　　　　　　　　　　　　　　（署名）印

資料180－2〔婚姻証明書〕

المملكة الأردنية الهاشمية
وزارة الداخلية
دائرة الأحوال المدنية والجوازات

Hashemite Kingdom of Jordan
Ministry of Interior
Civil Status & Passport Dept.

CERTIFICATE OF MARRIAGE

OFFICE :AMMAN CENTER   GOVERNORATE :AMMAN

HUSBAND INFORMATION   NATIONAL NO. ※ ※ ※ ※
FULL NAME   :□□□□
RELIGION   :ISLAM   NATIONALITY :JORDANIAN
CIVIL REGISTOR NO. :MUGHTARIBIN ASMA ※ / ※

WIFE INFORMATION   NATIONAL NO. ※ ※ ※ ※
FULL NAME   :△△△△
RELIGION   :ISLAM   NATIONALITY :JORDANIAN
CIVIL REGISTOR NO. :MAAN ※ / ※

PLACE OF CONTRACT : MA'AN
DATE OF MARRIAGE : ※/08/2013   ***   ※   OF AUGUST TWO THOUSAND THIRTEEN ***
REGISTRATION OFFICE :AMMAN CENTER   REGISTRATION NO. ※ / ※ ※ DATE OF REGISTER 01/10/2013
DATE OF ISSUE   Receipt No. One JD (※ ※)   AUTHORITY
01/10/2013   ※ ※ ※（署名）

※ ※ ※ ※ ※

660　第2編 各　論

資料180-2

ヨルダン-ハシミテ王国
内務省
住民課兼旅券発行課

発行部：アンマン　　　　結婚証明書　　　県名：アンマン

夫の詳細

　　　　　　　　　　　　　　ID No.※※※※

氏名　：　□□□□
宗教　：　イスラム　　　　　　　国籍　：　ヨルダン
登録場所：ムグタリビーン・首都　※/※

妻の詳細

　　　　　　　　　　　　　　ID No.※※※※

氏名　：　△△△△
宗教　：　イスラム　　　　　　　国籍　：　ヨルダン
登録場所：マアーン　※/※

誓約場所：マアーン
婚姻日：2013年8月※日　　　***二千十三年八月※日***

登録場所：アンマンセンター No.※/※　　発行日：2013年10月1日
発行手数料1JD（※※）

所長名　：　※※※※
（サインと証明印）　　　　　　　　※※※※

翻訳者　：△△△△

　　　　　　　　　　　　　　　　　　　　　（署名）

資料180－3〔出生証明書〕

Hashemite Kingdom of Jordan
Ministry Of Interior
Civil Status & Passport Dept.

المملكة الأردنية الهاشمية
وزارة الداخلية

شهادة ولادة
بيانات المولود

المحافظة :
الجنس : أنثى
تاريخ الولادة : ※/09/2013
مكان الولادة :

الرقم الوطني : أنثى
مكتب الرقم : ن ※ ※ ※
الملك : الرقم

الأم :
الأب : ※ ※

تاريخ الإصدار 2013/10/24

（署名）

※ ※ ※ ※ ※

資料180－3

出生証明書　訳文

ヨルダン・ハシェミット王国　内務省
出生証明書

<u>新生児の情報</u>
県：　　　　　　　　　ザルカ
支局：　　　　　　　　ザルカ
名前：　　　　　　　　○○（○○）
国民番号：　　　　　　※※※※
性別：　　　　　　　　女
国籍：　　　　　　　　ヨルダン
宗教：　　　　　　　　イスラム教
出生日：　　　　　　　2013年9月※日
出生地：　　　　　　　ザルカ

<u>両親の情報</u>
<u>父親</u>
名前：　　　　　　　　□□
父の名前：　　　　　　※※
姓：　　　　　　　　　□□
宗教：　　　　　　　　イスラム教

<u>母親</u>
名前：　　　　　　　　△△
父の名前：　　　　　　※※
姓：　　　　　　　　　△△
宗教：　　　　　　　　キリスト教

出生証明書発行場所：　ザルカ
出生証明書番号：　　　※/※
出生証明書登録日：　　2013年10月24日
出生証明書発行日：　　2013年10月24日
住民登録：　　　　　　ザルカ
住民登録番号：　　　　※/※
担当者名：　　　　　　※※※※
領収書（1JD）番号：　※※
局長名と署名：　　　　※※※※
支局の公印
出生証明書番号：　　　※※※※

翻訳者氏名：△△△△

（署名）

181 ラオス（ラオス人民民主共和国）

第1 姓名制度

ラオス人は，名のみの者が多い。

フランス政府による創成期，原則として，父の名をもって姓とした。

名　　　氏

Deng　ABHAY
　　　（父の名）

（福田義輝「外国人の氏・名について」民月40-10-122）

第2 家族法制

　現在における親族問題に関する中心的法典は「2008年ラオス家族法」である。その内容はラオスの伝統的慣習（フランス植民地以前の慣習法）を現在でもいくつか受け継いでいる。

　「2008年ラオス家族法」には婚約，婚姻，離婚，親子関係一般，認知，養子縁組及び一部の国際私法規定が定められている。この家族法は1990年家族法を改正したものである。

　また，家事事件の手続のうち，ラオス在住の内外国人に義務づけられる家事登録については，1991年家事登録法を改正した「2008年家事登録法」が規定をしている。

（第2につき，松尾弘・大川謙蔵「ラオスにおける民事関係法制に関する調査研究」（2015年3月）法務省ホームページ）

第3 婚　　姻

1 婚姻要件具備証明書

　ラオス大使館又は領事館が発給する「婚姻許可証」は，外国に滞在するラオス人がラオス国内の公的機関によって発行された無犯罪証明書，婚姻要件具備

664 第2編 各 論

証明書，出生証明書及び居住証明書に基づいて発給される書面であり，ラオス人がラオス国法上，婚姻の成立に必要な要件を具備していることを証明した書面であり，いわゆる「婚姻要件具備証明書」であるとしている（戸籍813-67）。

2 実質的成立要件

(1) 婚姻適齢
男女とも18歳で婚姻する権利を有する（家族9条）。

(2) 近親婚の禁止
同じ姓の者，近親者である父母，父方の祖父母及び母方の祖父母やその上の者と子及び孫，ひ孫の以下のような同じ血縁の者又は養父母と養子間，義理の父母と義理の子の間，実の兄弟姉妹同士，実の子と養子間，実の子と義理の子間，養子同士，養子と義理の子間，義理の子同士，父方母方の叔父叔母と甥や姪間の婚姻は禁止される（家族10条1項2号）。

ただし，親が離婚している場合は，義理の兄弟姉妹の婚姻は可能である（家族10条2項）。

(3) 精神障害又は病気
不十分な精神状態ではない者，重篤な病気にない者又は他人に容易に感染し得る病気にない者でなければならず，配偶者又は子の生命及び健康に対して脅威となり得る精神的な障害がある場合又は重度な病や伝染症をもっている者の間の婚姻は障害事由とされる（家族9条・10条1項1号）。

(4) 一夫一婦制
独身又は離婚していることが文書で証明されていることを要する（家族9条）。

3 形式的成立要件

(1) 婚姻手続及び登録
婚姻をしようとする男女は，女性又は男性が居住する村役場を通じて，郡や自治区の家族登録官に書面で申請をしなければならない（家族11条1項）。

登録官は，申請が受理されてから1か月以内に婚姻申請書を審査しなければならず，男女が全ての要件を満たしていると認められた場合には，登録官は関係当事者を出頭させ，3人の証人の出席のもとで婚姻を登録する（家族11条2

項)。

　また，ラオスでは伝統的な婚姻儀式が一般に行われているが，それは婚姻要件とはされておらず，婚姻の儀式が挙行されていない場合でも，婚姻の要件を満たし，その婚姻が家事登録法に従って登録されれば，その登録により婚姻が成立する（家族12条1項）。

(2)　**婚姻成立日**

　婚姻関係は，婚姻が登録された日に成立する（家族12条3項）。

(3)　**ラオス人と外国人との婚姻における必要書面**

　1994年12月29日付け首相令（198／PM）において，ラオス人と外国人との婚姻における必要書面を規定している。

　1　公式申請（a formal request）

　2　履歴書（a curriculum vitae）

　3　居住証明書（a certificate of residence）

　4　身分証明書，旅券又は他の書類の写し（a copy of ID card, passport or other document）

　5　独身証明書（a bachelor certificate）

　6　健康診断書（a health certificate）

　7　司法証明書（a judical certificate）

　8　写真（photographs）

　9　外国人の経済報告書（Certificate of financial status）

　10　離婚の場合に，（ラオス人女性が希望した場合の）帰国のための外国人からの保証書（a guaranty from the foreigner to repatriate the Lao woman（if she desires）in case of divorce）

　11　ラオス人民共和国外務大臣を経由した外国人の大使館又は領事館の同意書（an agreement of the Embassy or consulate of the foreigner through the Ministry of Foreign Affairs of Lao PDR）

　12　外国人に対する県又は市町村の警察の同意書（an agreement of the police of province or municipality for the foreigner）

　13　県又は市町村の司法官庁の同意書（an agreement of the department of justice of province or municipality）

666　第2編　各　論

4　ラオス人と外国人との婚姻の規定

　ラオス国民と外国人，外国人居住者又は無国籍者間の婚姻に関する規則は，内閣によって定められると規定され，1994年12月29日付け首相令NO 198／PMによる。

　首相令は，第10条で，ラオス国民と外国人間の婚姻に際し，ラオス国民が外国で外国人と婚姻する場合は，その国を管轄するラオス大使館又は領事館で結婚姻可証を手に入れる必要があるとされている。

　つまり，上記の書面は，ラオス国法上，婚姻許可証は婚姻要件具備証明書であり，この添付がない場合は，ラオス人がラオス国法上婚姻の成立に必要な要件を具備しているか否かについては，審査することができないということになり，創設的婚姻届は受理できない（戸籍813-67）。

5　夫婦の姓

　夫と妻は，夫の姓若しくは妻の姓のいずれかを選択する権利を有し，又は婚姻前のそれぞれの姓を維持することができる（家族15条）。

6　婚姻の無効

(1)　無効事由

　一夫一婦制に反する場合，当事者が18歳未満，両当事者に婚姻に関する合意がない，又は自発的な婚姻でない場合，独身・離婚，死別に関する正式な証明書を有していない場合，精神障害がある場合，重度の病や伝染病を持っている場合並びに近親婚に当たる場合は，婚姻は無効である（家族17条）。

(2)　無効の決定

　無効な婚姻であっても，それを解消するには裁判所の手続が必要となる（家族18条1項）。

　検察官，家事登録官，配偶者の親若しくは，夫又は妻は，無効な婚姻の解消を請求する権利を有する（家族18条2項）。

(3)　無効の効果

　無効婚が解消された場合は，婚姻関係は終了するが，婚姻中に妊娠又は出生

した子は嫡出子とみなされる（家族19条1項）。

7　婚姻に関する国際私法

ラオス国内で挙行される婚姻の実質的成立要件には，当事者の国籍にかかわりなく「ラオス家族法」が適用される（家族47条2項）。

ラオス人と外国人の間の婚姻がラオスで挙行される場合には，「ラオス家事登録法」で定められる婚姻登録を行わなければ有効な婚姻として効力が認められない（家族47条4項）が，外国人間の婚姻の登録は，当事者の本国の在ラオス大使館又は領事館で本国法により行うことができる（家族47条3項）。
（2，5〜7につき，松尾・大川・前掲(663)）

〔参考〕

家族法（Family Law）（1990年11月29日No 07/90/SPA）
第1部　総則
第1条（家族法の目的）
　　本家族法は，次の事項を目的とする。
　・家族を保護し，かつ強化してラオスの社会の安定した基礎組織にする。
　・男女の意思と平等に基づき，夫婦の家族関係を確立する。
　・家族生活と離婚の際における母と子の利益を保護する。
　・優れた伝統を守り，かつ発展させる。
第2条（家族関係における男女の平等）
　　男女は，家族関係に関する全ての面において，平等の権利を有する。
　　家族関係は，生まれ，経済的・社会的地位，国籍，民族，文化水準，職業，宗教，居住地及び他の事項にかかわりなく生じる。
第3条（婚姻の自由）
　　結婚年齢に達した男女は，意思，自由及び愛情に基づき結婚する権利を有する。
　　他人の結婚を強制し，又は妨げることは禁止される。
第4条（一夫一妻制）
　　婚姻は，一夫一妻制によって規律される。

第5条（母と子の利益の保護）
　　国と社会は，結婚している夫婦が同居をしているとき及びもはや同居することができないときの家族生活における母と子の利益を保護する。
第2部　結婚の申込み及び結婚
第1章　結婚の申込み
第6条（結婚の申込み）
　　若い男女が恋愛関係に入り，結婚する決心をした場合は，男性の両親及び年配の親戚は，習慣に従って女性の両親及び年配の親戚に対して女性との結婚を申し込み，結婚式の決定をする。
第7条（結婚申込みを実行しない場合の損害賠償）（略）
第8条（結婚前の性的関係）（略）
第2章　結婚
第9条（結婚の条件）
　　男女は，18歳から結婚することができる。特別でかつ必要のある場合は，この制限は引き下げることができるが，15歳未満に下げることはできない。婚姻は，男女の合意に基づかなければならず，いずれの側又はいずれの者からも強制されることなく両方の意思に基づいて行わなければならない。

第10条（結婚の禁止）

次の各号に該当する者は，結婚を禁止される。

1　配偶者又は子の生命又は身体にとって潜在的な脅威となる可能性のある精神障害又は身体障害の状態にある者

2　子又は孫と親，父方の祖父母及び母方の祖父母のような同じ血縁の者，養父母と養子，継父母と継子，養子と直系卑属，兄弟同士，叔父又は叔母と姪及び甥

第3章　結婚手続

第11条（結婚審査及び登録）

婚姻する意思のある男女は，登録官に書面による申請を提出しなければならない。

登録官は，請求が受理された日から1か月以内に結婚請求を審査しなければならない。

男女が全ての必要条件を満たしているとみなされた場合は，登録官は関係当事者に対し，3人の証人の面前で結婚行為を登録するよう要請する。

第12条（結婚式）

伝統的な結婚式は，結婚登録と同時か，又は後に行ってもよく，又は行わなくてもよい。

ただし，結婚式の有無によって法的な影響が生じてはならない。

婚姻関係は，結婚が登録された日から生ずる。

第4章　婚姻関係

第13条（夫婦の権利と義務）（略）

第14条（夫婦の活動権）（略）

第15条（夫婦の姓）

夫と妻は，夫の姓若しくは妻の姓のいずれかを選択する権利を有し，又は婚姻前のそれぞれの姓を保有することができる。

第5章　婚姻関係の解消

第16条（婚姻解消の原因）

婚姻は，配偶者の死亡，裁判所による配偶者の死亡決定の宣言，裁判所の決定による婚姻無効の確認又は離婚によって解消する。

第17条（婚姻の無効）

無効な婚姻は，本法第9条及び第10条に規定する条件に違反する婚姻である。

第18条（無効婚の解消）

無効な婚姻の解消は，人民裁判所の管轄である。

検察官，登録官，義理の親又は夫若しくは妻は，無効な婚姻の解消を請求する権利を有する。

第19条（無効な婚姻の結果）

無効な婚姻が解消された場合は，婚姻関係は終了するが，母の胎内にいる子及び婚姻中に生まれた子は，嫡出であるとみなされる。

婚姻が解消される前，婚姻中に取得された財産は，本法及び財産法に規定する規則に従う。

第4部　外国人，外国人居住者，無国籍者及び海外のラオス人に対するラオス家族法の適用

第1章　ラオス国民と外国人，外国人居住者又は無国籍者との結婚及び離婚並びにラオス人民民主共和国にいる外国人，外国人居住者及び無国籍者間の結婚及び離婚

第47条（ラオス国民と外国人，外国人居住者又は無国籍者との結婚並びにラオス人民民主共和国にいる外国人，外国人居住者及び無国籍者間の結婚）

外国人，外国人居住者及び無国籍者は，婚姻及び家族関係においてラオス国民と同じ権利と義務を有する。

外国人，外国人居住者の国の法律が未成年者又は多妻者若しくは多夫者との結婚を許可する場合があるとしても，ラオス国民と外国人，外国人居住者及び無国籍者との結婚並びにラオス人民民主共和国にいる外国人，外国人居住者及び無国籍者間の結婚は，本家族法の規定に従わなければならない。

ラオス人民民主共和国にいる外国人，外国人居住者及び無国籍者間の結婚の登録は，当該国大使館又は総領事館で行うことができる。

無国籍者間の結婚の登録は，本家族法に従わなければならない。ラオス国民が外国人，外国人居住者又は無国籍者と結婚する場合は，登録は登録官によって行わなければならない。

ラオス国民と外国人，外国人居住者又は無国籍者間の結婚に関する規則は，内閣によって定められる。

第2章　外国にいるラオス国民間の結婚及び離婚

第49条（外国にいるラオス国民間の結婚）

　外国にいるラオス国民間の結婚は，ラオス大使館又は総領事館によって承認されなければならない。外国にいるラオス国民間の結婚に関する規則は，ラオスの家族法に従っていなければならない。

　外国にいるラオス国民間の結婚は本家族法の内容に従っている場合は，国は当該結婚を認める。

（戸籍811-32参照）

第4　婚姻の解消

1　婚姻解消事由

　婚姻は，婚姻が無効とされた場合以外に，離婚に関する合意がなされている場合，配偶者が死亡した場合及び3年以上配偶者の消息が不明若しくは連絡がない場合，又は配偶者の死亡を宣言する裁判所の決定があった場合に婚姻が解消する（家族16条）。

2　離婚の方式

　離婚の方式に関して，2008年家族法に新たな規定が設けられ，裁判離婚のほかに，当事者の合意による任意離婚が認められるようになった（家族21条1項1号）。

　ただし，金銭による離婚を成立させることは認められていない（家族21条2項）。

　　（注）　2008年改正前は，当事者間の協議のみによる協議離婚は認められておらず，裁判所の決定による（旧家族16条・21条）とされていた。

3　任意離婚

(1)　要　件

　①双方が離婚に合意している場合，②双方が，子の監護権のように子に関する争いをしていない場合，③双方が婚姻財産について争いをしていない場合，④双方が借金に関して争いがない場合に任意離婚をすることができる（家族21/1条）。

670　第2編　各　　論

⑵ 手　続

　前記⑴の要件を満たしている場合，夫婦は双方の両親，親族及び3人以上の証人の面前で離婚の申請書を作成し，双方の居住する地の村長に対して離婚の請求を行い，その届出を行う。

　それに対し，村長は双方に和解を促し，その和解が成立しない場合には，村長はさらに双方に熟慮のために3か月の期間を与える（家族21/2条1項）。

　和解に至らなかった場合，村長は離婚の記録を作成し，離婚の登記のために郡若しくは特別市のレベルにおける家事登録官へそれを送付し，登録官は離婚の証明書を発行し，その謄本を各当事者に送付する（家族21/3条2項）。

4　離婚原因

　①不貞行為があった場合，②一方配偶者，父母若しくは親族に対する暴力若しくは重大な侮辱又は重度の常習的飲酒，麻薬中毒，常習的賭博行為若しくは浪費のような，同居を不可能にするような著しい不行跡があった場合，③家族に予告かつ連絡することなく，若しくは家族の生活に必要な物品を送ることなく，3年以上家族を遺棄した場合，④合意なしに夫が僧侶，見習い僧若しくは修練者となり，又は妻が尼僧となり，3年以上経過した場合，⑤一方配偶者がその消息を家族に2年以上知らせなかった場合又は事故により6か月以上消息がないときにおける，裁判所の失踪宣告がなされた場合，⑥配偶者が，刑法犯としての有罪判決を受け，その刑事罰が5年以上の収監を伴う場合，⑦配偶者に同居を不可能とさせる危険で深刻な病気がある場合，⑧配偶者に同居を不可能とさせる精神疾患がある場合，⑨配偶者が性的に不能になった場合，⑩信義にもとる行為及び虐待により，同居が不可能になるような不和の状態の場合に，離婚を請求することができる（家族20条）。

5　離婚の制限

　上記4の離婚原因がある場合でも，夫は，妻の妊娠中又は子が1歳に満たないときは，離婚を請求する権利を有しない（家族22条1文）。

　ただし，妻についてはこの限りでない（家族22条2文，女性の発展及び保護法20条1号）。

6 裁判離婚

(1) 裁判所の審査

裁判所は，①一方配偶者の離婚請求があり，かつ一方配偶者が離婚に同意していないこと，②子の監護権，婚姻財産又は双方の借金の問題について争いがあるか否か，③家族法第20条における離婚原因があることを審査する（家族法21/3条1項）。

(2) 手 続

審査の前に，裁判所は双方に和解を進めなければならず，また，民事訴訟法第46条第1項により，離婚事案について判断を下す前に，裁判所は両当事者の両親及び親族を裁判所に召喚し，両当事者の理解等を推し進めるための努力をしなければならない。

直ちに両当事者が仲直りに合意できない場合は，考慮期間として3か月の期間を与えなければならない（家族21/3条2項，民訴46条3項）。

当事者間で和解が成立すれば，裁判所はその記録をとり，離婚請求を破棄しなければならない（民訴46条2項）。

その期間が経過しても和解が成立しない場合に，はじめて裁判所は離婚を審査し承諾を行う。

離婚の判決が下されると，裁判所は離婚の登記のために家事登録局にその判断に関する2通の副本を送達し，それに基づき離婚の登録がなされる。また，1通の謄本を各当事者に送達しなければならない（家族21/3条4項）。

(3) 子の保護

離婚判断の際に，裁判所は未成年子の利益のための方策を打ち出さなければならない（家族21/3条3項，民訴46条4項）。

離婚後，子の保護と養育（後見）について同意できない場合は，裁判所は，子の利益や法律の規則により，父又は母のいずれかが子を世話すべきかを決定しなければならない（家族23条1項）。

なお，離婚後の子の監護権については，裁判所が父又は母のどちらが子の利益にふさわしいかについて決定する場合には，母親が子の監護権に関して優先権を有している（女性の発展及び保護法20条）。また，民事訴訟法においては，

672 第2編 各 論

子が7歳に満たない場合において，母親が子を受け入れない，又は子を育てるための手段を有しない場合を除き，監護権は母親に与えるとされている。子が7歳以上の場合は，子に最初に監護を受けることにつき尋ねなければならず，父母が子を受け入れることができない，又は子を育てることができない場合は，裁判所は子が第三者の監護権に服する判断を行うことが認められている（民訴47条）。

7 離婚に関する国際私法

ラオス国内での離婚には，当事者の国籍にかかわらず，ラオス法が適用される（家族48条1項）。

ラオス人夫婦がラオスに居住する場合にもラオス法が適用される。

ラオス国外で，ラオス人と外国人又はラオス人同士が離婚する場合は，離婚地の法による（家族48条2項・50条1項）とされ，日本人とラオス人の夫婦又はラオス人の夫婦が日本で離婚をする場合には，準拠法は日本法となる。

（第4につき，松尾・大川・前掲(663)）

〔参考〕

家族法（1990年11月29日No07/90/SPA）

第5章 婚姻関係の解消

第16条（婚姻解消の原因）

婚姻は，配偶者の死亡，裁判所による配偶者の死亡決定の宣言，裁判所の決定による婚姻無効の確認又は離婚によって解消する。

第20条（離婚の原因）

夫又は妻は，次の各号に定める理由により，離婚を請求することができる。

1 相手が姦通した場合

2 相手が，配偶者，その両親若しくは親戚に対し，暴力を振るい又は重大な侮辱をし，又は，常習飲酒若しくは常習賭博により共同生活を不可能にする非常に不適切な態度があった場合

3 相手が予告も連絡もせず，又は家庭の生活に必要な物を送らずに3年を超えて家庭を見捨てた場合

4 夫が確定的に司祭若しくは修練士になっ

たか，又は妻が修道女になった場合

5 相手が，裁判所により5年間の保護観察に処せられた場合

6 相手が，共同生活を不可能にする重病になった場合

7 相手が，共同生活を不可能にする精神障害になった場合

8 相手が，性的不能になった場合

第21条（離婚事件の審査）

夫婦又は配偶者の一方が離婚請求を提出した場合は，人民裁判所は和解させるよう努力しなければならない。直ちに和解できない場合は，審査のため8か月以内の追加の期間が認められる。

夫婦が和解することができない場合に，夫婦がこれ以上共同生活を送ることができず，また家族の世話ができず，また家族を守ることができないとみなされるときは，裁判所は離婚を決定する。離婚の決定をする場合は，

裁判所は未成年の子及び生活手段を確保するために働くことができない夫又は妻の利益を守る措置を講じなければならない。

裁判所は離婚の宣言をした後, 離婚の申請と登録のための宣告書の写し2通を登録官に送付し, かつ, 夫婦それぞれに各1通を交付しなければならない。

第22条 (離婚不許可)

夫は, 妻の妊娠中又は子が1歳に達していない場合は, 離婚を請求する権利を有しない。

第23条 (子の後見)

夫と妻が離婚した後, 子の後見について同意できない場合は, 裁判所は子の利益を考慮して, 父又は母のいずれかが子の世話をすべきかを決定する。

離婚した夫婦は, 子を世話し, かつ教育しなければならない。裁判所は, 夫と妻との合意に基づいて, 又は夫と妻との間で合意に達することができない場合は, 裁判所の決定に基づいて, 子が成人するまでは支払われる子の養育費について決定する。

第24条 (扶養料の請求) (略)

第25条 (再婚)

再婚を希望する離婚した夫及び妻は, 再婚した場合は登録しなければならない。

第4部 外国人, 外国人居住者, 無国籍者及び海外のラオス人に対するラオス家族法の適用

第1章 ラオス国民と外国人, 外国人居住者又は無国籍者との結婚及び離婚並びにラオス人民民主共和国にいる外国人, 外国人居住者及び無国籍者間の結婚及び離婚

第48条 (ラオス国民と外国人, 外国人居住者又は無国籍者間の離婚並びにラオス人民民主共和国にいる外国人, 外国人居住者及び無国籍者間の離婚)

ラオス国民と外国人, 外国人居住者又は無国籍者間の離婚及びラオス人民民主共和国にいる外国人, 外国人居住者又は無国籍者間の離婚は, 本家族法の規定に従わなければならない。

ラオス国民とラオス人民民主共和国の領土外にいる外国人の離婚は, 当該国の法律に従わなければならない。

第2章 外国にいるラオス国民間の結婚及び離婚

第50条 (外国にいるラオス国民間の離婚)

外国にいるラオス国民間の離婚は, 居住国の法律に従わなければならない。

夫又は妻がラオス人民民主共和国に住んでいる場合は, 本家族法が適用されなければならない。

第5 出 生

1 国籍留保届

(1) ラオスで出生した場合

ラオスは父母両系血統主義国であり, ラオス国内で出生した事実だけでは, 同国の国籍を取得しない (国籍10条・11条)。

したがって, 日本人夫婦の子がラオスで出生した場合は国籍留保の届出を要しないが, 夫婦の一方が日本人で, 他方がラオス市民の子がラオスで出生した場合は, 出生の日から3か月以内に日本国籍を留保する意思を表示しなければ, 子は日本国籍を喪失する (日国12条)。

674　第2編　各　論

(2)　ラオス国外で出生した場合

　父母の一方がラオス市民で，父母の双方又は一方が子の出生時にラオス人民民主共和国に住所を有していた場合には，子はラオス市民となる（国籍11条）。

　したがって，夫婦の一方が日本人で，他方がラオス市民の子がラオス以外の外国で出生したが，夫婦の一方がラオスに住所を有していた場合は，出生の日から3か月以内に日本国籍を留保する意思を表示しなければ，子は日本国籍を喪失する（日国12条）（注）。

　なお，子がラオス国外で出生し，かつ父母の双方がラオス国外に住所を有する場合には，その国籍は両親により決定される（国籍11条）。

　　（注）　子がラオス国外で出生し，ラオス市民になる場合には，届書の「その他」
　　　　欄に，父又は母がラオスに住所を有し，子はラオス市民となる旨を記載する
　　　　のが適当である。

2　出生場所の記載

(1)　行政区画

　ラオスは，17の県（注）と1つの都（ビエンチャン都）から構成されている。

　　（注）　県は，ポンサーリー県，ルアンナムター県，ウドムサイ県，ボーケーオ県，
　　　　ルアンパバーン県，フアパン県，サイニャブーリー県，ボーリカムサイ県，
　　　　カムムアン県，サワンナケート県，サーラワン県，セーコーン県，チャン
　　　　パーサック県，アッタプー県，シェンクアーン県，ヴィエンカム県，サイソ
　　　　ムブーン県である。

(2)　戸籍の記載

　「ラオス国ビエンチャン市で出生」（【出生地】ラオス国ビエンチャン市）と記載する。

3　子の姓

(1)　親が同じ姓の場合

　親と同じ姓となる。

(2)　親の姓が異なる場合

　親の同意で父又は母の姓を称することができる（家族31条2項）。

　ただし，合意に至らなかった場合は，子は裁判所の決定した姓を称する（家

族31条3項)。

(3につき，松尾・大川・前掲(663))

〔**根拠法条**〕

国籍法（Law on Lao Nationality）（2004年
5月17日制定，2004年6月15日施行）

第2章　ラオス国籍の取得

第9条（ラオス国籍の取得原因）

　ラオス国籍は，次の各号に該当する場
合に取得し得る。

　1　出生

　2　帰化

　3　ラオス国籍の再取得

　4　この法律の第11条から第14条に規定
　　されるその他の原因による取得

第10条（ラオス市民を父母とする子の国籍）

　父母ともにラオス市民として出生した
子は，その両親がラオス人民民主共和国
内に居住しているか否かにかかわらず，
ラオス市民とみなされる。

第11条（父母の一方がラオス市民である子
の国籍）

①　父母の一方がラオス市民である子が，
次の要件を充足する場合には，ラオス市
民とみなされる。

　1　子がラオス人民民主共和国内で出生
　　した場合

　2　子がラオス人民民主共和国外で出生
　　したが，父母の双方又は一方が子の出
　　生時のラオス人民民主共和国に住所
　　（permanent address）を有していた場
　　合

②　子がラオス人民民主共和国外で出生
し，かつ父母の双方がラオス人民民主共
和国外に住所を有する場合には，その国

籍は両親により決定される。

③　父母の一方がラオス市民であり，かつ
他方が無国籍である場合には，その子は
出生地にかかわらず，出生によりラオス
市民とみなされる。

第12条（無国籍者を父母として出生した子
の国籍）

　ラオス人民民主共和国内に住所を有
し，ラオス社会及び文化に同化している
無国籍者から出生した子は，父母の申請
によりラオス国籍を取得する。

第13条（父母が知れない子の国籍）

①　ラオス国内で発見された子で，その両
親が分からない場合には，ラオス市民と
みなされる。

②　〔1項における〕子が18歳未満であり，
その両親が外国市民であることが明らか
となった場合には，その子は出生時より
外国市民であったとみなされる。

第6章　最終規定

第29条（施行）

　議会の常設委員会及びラオス人民民主
共和国の政府は，この法律を施行する。

第30条（効力）

①　この法律は，ラオス人民民主共和国
の大統領令により公布された日から効
力を生ずる。

②　この法律は，1990年11月29日のラオ
ス国籍に関する法第06／90／SPAに代
わるものである。

③　この法律に反する規定及び規則は，

676　第2編　各　　論

無効である。

（伊藤弘子・大川謙蔵（訳），小川富之（監）

「ラオス家族法(3)」時報683-34，2012）

〔参考〕

家族法（1990年11月29日No07/90/SPA）
第3部　子及び親の権利及び義務
第1章　父の決定
第31条（姓名及び子の国籍）

　親は，その好みに従い，かつ相互の合意に基づいて子の名を選択する権利を有する。

　子は18歳に達したときは，定められている規則に従って，自分の名を変える権利を有する。

　子の姓（family name）は，親が同じ姓を名乗っている場合は，親の姓と同じにしなければならない。

　親が異なる姓を使用している場合は，子は親の承諾を得て父の姓又は母の姓を使用する

ことができる。子の姓について合意に達することができない場合は，子は裁判所が決定した姓を使用する。

　親が離婚した場合又は婚姻の無効が認められた場合でも，子の姓は変更しない。父又は母が離婚後又は結婚の無効が認められた後に，子を養育していて，子が父又は母と同じ姓を使用する必要がある場合は，父又は母は未成年の子に姓を変更させる権利を有する。

　親が同じ国籍を有する場合は，子の国籍は親の国籍によって決定される。

　両親が異なる国籍を有する場合は，子はラオス国籍法に従って父又は母の国籍を取得することができる。

第6　認　　知

1　認知の手続

　認知には，任意認知と強制認知の制度がある（家族30条）。

2　任意認知

(1)　認知の方法

　両親が共同で申請書を家事登録局に提出することで成立する。

　母が死亡している場合は，父が単独で認知を行うことができる（家族30条2項）。

(2)　保護要件

　ア　母の同意

　　両親が共同で申請書を提出しなければならないことから，実質的に母の同意を要する。

イ 子の同意

子が成人に達している場合は，子の同意を要する。

なお，この場合，父が他の女性と婚姻している場合でも認知することに問題はない（家族30条3項）。

3 強制認知

父が認知しない場合は，子の母，子の責任者又は保護者（**注**）は，裁判所に対して認知請求をする権利を有する（家族30条4項）。

（**注**） 子の責任者とは子の面倒をみている者であり，保護者とは法的地位であることを意味する。

（第6につき，松尾・大川・前掲(663)）

〔**参考**〕

家族法（1990年11月29日No07/90/SPA）
第3部 子と親の権利及び義務
第1章 認知
第29条（親及び子の権利及び義務の取得）

親と子の義務は，法律の規定に従い子の出生に基づき生ずる。

子は，法律婚をした親又は未婚の親に生れるが，未婚の父は親であることを自発的に認めるか，又は親であることが裁判所によって認められなければならない。

第30条（認知）

認知は，子が未婚の親から産まれた場合に行うことができる。

自発的認知をするためには，子の父が親であることを認めていて，かつ母が認知請求に同意している共通請求を提出することを必要

とする。母が死亡している場合は，認知は父だけで行うことができる。

子が成年に達している場合には，認知は，子の同意のみで行うことができる。父が別の女性と婚姻していることは，認知の障害にならない。

父が認知を拒否した場合は，子の母，保護者又は後見人は，裁判所に対し，認知を審査することを請求する権利を有する。

裁判所は，次の場合に認知を決定する。
―子の母と認知をする父との間に共同の生活と財産がある場合
―子を共同で世話し，かつ教育している場合
―父であることについて関係者の証拠がある場合

第7 養子縁組

1 根拠法

根拠法は，「家族法」である。

678　第2編　各　論

2　実質的成立要件

⑴　養親の要件

　養親は，成人に達した親権を喪失していない者でなければならない（家族38条1項）。

> （注）　単独の成人，内縁関係の男女，同性婚カップルが養親になることができるか否かは明らかではない。

⑵　養子の要件

　養子は，18歳未満の未成年者でなければならない（養子38条1項）。

⑶　養親と養子の年齢差

　養親は養子より18歳以上年長でなければならない（養子38条1項）。

3　保護要件

⑴　養子の同意

　養子が10歳以上である場合は，その者の同意を要する（家族38条3項）。

⑵　実親の同意

ア　同意の要否

　　実親の書面による同意を要する（家族38条2項）。

イ　同意の免除

　　養親が親権を喪失しているか，無能力又は行方不明であると認められる場合は，同意を要しない（家族38条2項）。

4　手　続

⑴　申立て

　養親となろうとする者は，養子縁組許可を村長に申し立てなければならない。

⑵　養子縁組の許可決定

　村長は，養子縁組許可申請から1か月以内に許否を決定しなければならない（家族39条1項）。

⑶　許可証の発行

　養子縁組が適切と認められる場合には，養子縁組許可証が発行され，発行後

3日以内に家事登録官に送付され，養親にも養子縁組許可証が交付される（家族39条2項）。

5　養子縁組の効力

(1)　実親との関係
実親と養子の間の全ての権利，義務は消滅する（家族37条1項）。

(2)　養親との関係
養親の嫡出子として法律関係が生じ，全ての権利及び義務を有する（家族37条1項）。

(3)　効力発生日
「養子縁組が登録された日」に効力が生ずる（家族41条1項）。

(4)　養子の氏名
養子の姓は，養親の請求に基づき養親の姓に変更される（家族41条2項）。

また，養子の名が不適当と考えられる場合は，養親の申立てにより養子の名を変更することができる。ただし，子が10歳に達しているときは，養子の同意を要する（家族41条3項）。

(5)　ラオス市民権の取得
ラオス市民により養子縁組された外国人又は無国籍の子は，ラオス市民とみなされる。

また，一方がラオス市民であり，他方が外国籍又は無国籍である夫婦の養子となった外国人又は無国籍の子は，養親の合意に従い，ラオス国籍を取得する（国籍25条）。

6　養子縁組の無効，取消し

(1)　養子縁組の無効
偽造証書を使った場合，又は養親として不適格な者による養子縁組は，無効である（家族42条2項）。

(2)　養子縁組の取消し
養子若しくは養親の利益とならない養子縁組又は家族法第38条（養子縁組の要件に関する規定）に反する養子縁組は，取消しの対象となる（家族42条3項）。

680　第2編　各　論

⑶　取消請求権者

実親，養親又は他の利害関係を有する者は，養子縁組の取消しを請求する権利を有する（家族42条4項）。

7　養子縁組に関する国際私法規定

家族法第4編第3章に国際養子縁組に関する国際私法規定がある。

家族法第51条は，外国に居住するラオス人間の養子縁組，外国に居住する外国人夫婦とラオス人の間の養子縁組，ラオスに居住する外国人夫婦とラオス人の間の養子縁組，ラオスに居住するラオス人夫婦と外国人の養子縁組のいずれにもラオス法を適用すると定めている。

したがって，日本に居住する日本人がラオス人未成年者と養子縁組をする場合には，ラオス法上の養子縁組手続を行い，かつ在日ラオス大使館を通じてラオス政府の承認を求めなければならないことになる。ラオスに居住する日本人がラオス人の未成年と養子縁組をする場合にも同様にラオス法によることになる。

以上のことから，ラオス国際私法上，ラオス人のかかわる養子縁組については，法の適用に関する通則法第41条の反致の適用は認められないことになる。

8　ハーグ国際養子縁組条約

未批准（2017年（平成29年）現在）

（第7につき，松尾・大川・前掲(663)）

〔根拠法条〕

国籍法（2004年5月17日制定，2004年6月15日施行）

第4章　父母の国籍の変動に基づく子の国籍

第25条（外国人を養子とした場合の子の国籍）

① ラオス市民により養子縁組された外国人又は無国籍の子は，ラオス市民とみなされる。

② 一方がラオス市民であり，他方が外国籍又は無国籍である夫婦の養子となった外国人又は無国籍の子は，養親の合意に従い，ラオス国籍を取得する。

（伊藤・大川（訳）・前掲(676)）

〔**参考**〕

家族法（1990年11月29日No07/90/SPA）
第3部　子及び親の権利及び義務
第2章　子の養子縁組
第37条（子の養子縁組）
　　養親及び親族は，他人に生まれた養子を自分たちの子，兄弟及び孫であるとみなす。これによって，養子は，自分の実親及び親戚に対する権利と義務はなくなる。
第38条（養子縁組の条件）
　　養子は，未成年でなければならない。養親は，親権を取り消されていない成人でなければならない。
　　養子縁組をするには，養子縁組をしようとする夫婦及び子の実親の事前の書面による同意がなければならない。ただし，それらの者が親権を取り消された場合，無能力者とみなされた場合又は失踪者とみなされた場合は，この限りでない。
　　養子が10歳に達している場合は，養子の同意が必要とされる。
第39条（養子縁組の手続）
　　子を養子にしたいと希望する者は，審査を村長に請求しなければならない。（請求は，）1か月以内に決定される。
　　養子縁組が適当であるとみなされた場合，養子縁組証書が発行され，3日以内に登録のために登録官に送付され，かつ養親に交付される。
第40条（養子縁組の秘密保持）
　　養親の同意を得ずに，又は養親が死亡している場合に登録官の同意を得ずに，子の養子縁組に関する秘密を開示した者は，刑法典第95条第1項に基づき刑事責任を負う。
第41条（養子縁組の効果）
　　養親と養子の関係は，養子縁組が登録された日から生ずる。

養親が請求したときは，養子は養親の姓（family name）を使わなければならない。
　　養親は，不適当であるとみなす場合は，養子の名（first name）を変えることができる。養子が10歳になっている場合は，養子の名は養子の同意があるときに限り，変更することができる。
第42条（養子の地位の終了）
　　養子の地位は，養子縁組の無効が認められた場合又は養子縁組が取り消された場合に裁判所の決定に従い終了する。
　　養子縁組は，偽造文書によって成立した場合は，無効とみなされる。
　　養子若しくは養親の利益とならない養子縁組又は本家族法第38条に規定する養子縁組の条件に違反して成立した養子縁組は，取り消される。
　　親，養親又は利害関係のある他の者は，養子縁組の取消しを請求する権利を有する。
第4部　外国人，外国人居住者，無国籍者及び海外のラオス人に対するラオス家族法の適用
第3章　ラオスの子の養子縁組
第51条（ラオスの子の養子縁組）
　　ラオスの国籍を有して，外国に住んでいる子を養子にしたいと希望する外国にいるラオス人は，ラオスの家族法に従ってラオス大使館又は総領事館で手続をしなければならない。養親がラオス国民でない場合は，養子縁組はラオス人民民主共和国の権限ある当局によって事前に許可されなければならない。
　　ラオス人民民主共和国に住んでいるラオス国籍の子を養子にしたいと希望する外国人，外国人居住者又は無国籍者及びラオス人民民主共和国に住む外国人又は外国の子を養子にしたいと希望するラオス国民は，ラオス家族法に従わなければならない。

682　第2編　各　論

第8　国　籍

1　二重国籍

ラオスでは,同時に複数の国籍を有することは認められていない（国籍3条）。

2　ラオス市民権の喪失

(1)　喪失原因

ラオス国籍の離脱,ラオス国籍の取消し及び当事者の外国における居住により,市民権を喪失する（国籍17条）。

(2)　ラオス国籍の離脱

ラオス市民は,ラオス人民民主共和国の議会における常設委員会の承認を得て,国籍から離脱することができる。

ただし,①申請者が,納税その他国家又は社会に対する市民としての義務を完全に果たしていない場合,②申請者が被疑者である場合,被告人となっている場合又は人民裁判所へ刑事訴追されている場合で,その判断が執行されていない状態のとき,③国籍離脱が,ラオス人民民主共和国の国益又は安全に反する場合には,離脱の承認が与えられない（国籍18条）。

(3)　ラオス国籍の取消し

ラオス国籍を取得した日から10年以内の場合で,①ラオス国籍取得が法に反していたとき,②当事者が国家に反逆し,又は損害を与えるなど,ラオス市民権の名誉を損ねるときは,ラオス国籍が取り消される（国籍19条）。

(4)　外国における居住

許可を受けずに7年を超えて外国に居住し,外国に居住する許可が失効し,かつ当該国のラオス人民民主共和国の大使館若しくは領事館の管理下にいない者又は10年を超えてラオス人民民主共和国との法的な関係を維持していない場合には,ラオス国籍を喪失する（国籍20条）。

〔根拠法条〕

国籍法（2004年5月17日制定，2004年6月15日施行）

第1章　総則

第3条（国籍唯一の原則）

　　ラオス人民民主共和国は，ラオス市民が同時に複数の国籍を有することを認めない。

　（注）　ラオス語から英語への翻訳担当者は，本条項が第15条と矛盾すると認識している。

第3章　ラオス国籍の喪失及び再取得

第17条（ラオス国籍の喪失原因）

①　次に掲げる場合には，ラオス国籍を喪失する。

　1　ラオス国籍の離脱

　2　ラオス国籍の取消し

　3　当事者の外国への移民

②　国籍を喪失したとしても，その者の夫，妻又はその子の国籍には影響は及ばない。

第18条（ラオス国籍の離脱）

①　ラオス市民は，ラオス人民民主共和国の議会における常設委員会の承認を得て，国籍から離脱することができる。

②　次に掲げる場合には，前項の承認が与えられない。

　1　申請者が，納税その他国家又は社会に対する市民としての義務を完全に果たしていない場合

　2　申請者が被疑者である場合，被告人となっている場合又は人民裁判所へ刑事訴追されている場合で，その判断が執行されていない状態のとき

　3　国籍離脱が，ラオス人民民主共和国の国益又は安全に反する場合

第19条（ラオス国籍の取消し）

①　ラオス国籍を取得した日から10年以内の場合，次に掲げる要件に該当するときは，その国籍が取り消される。

　1　ラオス国籍取得が法に反していた場合

　2　当事者が国家に反逆し，又は損害を与えるなど，ラオス市民権の名誉を損ねる場合

②　ラオス国籍の取消しは，当事者の配偶者又は子の国籍に変更をもたらさない。

第20条（外国における居住）

　　許可を受けずに7年を超えて外国に居住し，次の要件を満たす場合には，その者はラオス国籍を喪失する。外国に居住する許可が失効し，かつ当該国のラオス人民民主共和国の大使館若しくは領事館の管理下にいない者又は10年を超えてラオス人民民主共和国との法的な関係を維持していない者。

第5章　ラオス国籍の決定及び付与

第27条（国籍の決定）

①　ラオス国籍の保有，取消し，離脱及び再取得は，ラオス人民民主共和国の議会における常設委員会によって決定される。

②　ラオス国籍に関する承認については，各年の定員に従い，年単位で決定される。

（伊藤・大川（訳）・前掲(676)）

684　第2編　各　　論

第9　家事登録制度

1　家事登録制度の概要

　ラオスでは，家族関係につき一定の登録が求められる。この家族登録制度は，ラオスの家族法において極めて重要な役割を果たしている。家族登録制度に関する法規定が，家事登録法（訳語によっては家族登録法と訳される。以下，条文を表す際には「家事」とする。）である。家事登録法は1991年に施行されていたが，この法律をもととしながら，大幅に加筆修正した形の改正が2008年（全59条）に行われ，現在は後者が施行されている。

　家事登録は省庁として，司法省と治安維持省の双方がかかわっている。司法省は出生，死亡，婚姻，離婚などの身分関係を中心とした登録を管轄し，治安維持省（91年法制定当時は内務省）はラオスに居住するラオス国民のみならず外国人も対象として出生をはじめとする身分事項，家（家族）（**注1**）の所在地，国籍などラオスに居住する全ての人民を，一元的な登録制度のもとに管理把握している（外国人につき，家事7条）。実際の生活に関連する内容のものは村の行政当局単位でそれぞれ管理されている。

　村民は，例えばそれぞれ村の運営に関する費用分担や大掃除などの勤労奉仕分担を担っており，その際に「家事登録簿」が用いられる。原則として同一の家（家族）に同居する者が使用人を含めて同一の「家事登録簿」に掲載され，成人に関しては顔写真と証印と共に登録事項が列記されている。銀行口座開設，不動産取引，自動車運転免許証交付等につき日本の戸籍抄本のように「家事登録簿」のコピーの呈示やその提出をすることにより公的な身分関係及び登録事項の証明書として用いることができる。家（家族）を移転すると新旧の所属「村」の行政当局に転出・転入を届け出て，転居先の村の行政当局から証明書を交付された上で郡の行政当局に届け出て，新しい「家事登録簿」の交付を受ける。新しい「家事登録簿」には転居元の村名と転居年月日も記載される。ただし実際には「家事登録簿」記載の場所以外に移転していても一時的移転として移転先の村の行政当局に通知のみを行い，郡の行政当局における正式な手続を留保することもある。この場合には新しい村の行政当局において村民としての基本的な義務を果たすが，選挙人名簿など公的な扱いは「家事登録簿」に記

載されている場所をもとに行われるようである。

　家事登録を申請する者は，自己の居住する地区の村長により認証された申請書を家事登録局へ提出しなければならない。都市より離れている地方の場合には，自己の居住する村長に対して登録することができる（家事12条）。家事登録局は申請証を受理した後，30日以内にそれらの申請書を審査しなければならない（家事13条）。ラオス市民，在留外国人，及び無国籍者の家事登録は，彼らの居住する所の治安維持部門の家事登録局において手続がなされる（家事16条1項）。その登録の後，15歳以上のラオス市民及び在留外国人は，身分証明書を保持しなければならない（家事16条2項）。

　これらの家事登録は，家族構成員の記録，国家の社会及び経済の管理・発展のための基礎情報であり，また人口の統計を記録するためにもなされている（家事10条1項）。

　なお，家族法，国籍法及び家事登録法などの法律で用いられる「永続的住所」又は「住所」について法律上の定義の有無は現行法上不明である。日本の住所，居所，常居所，本籍地などの概念との一致があるのかについては定かではない。

　外国における家事登録は，外務省の管轄にある当該国家のラオス人民民主共和国大使館又は領事館における家事登録単位においてなされる（家事36条）。

　以下では，家族法に関連する部分を中心として家事登録法の内容を確認する（注2）。

> （注1）　家族として生活している単位をここでは「家（家族）」として扱っている。ラオスでは，身分事項については家族としてのまとまりで捉えられており，仮に家族内の一部の者がその家族がそれまで生活を共にしてきた居住用家屋を出て，別な場所に居を設けても，その家（家族）としての登録簿に記載されているままの場合が多い。
>
> （注2）　なお，1991年家事登録法の全訳については，伊藤弘子・大川謙蔵（訳），小川富之（監）「1991年ラオス家事登録法(1)」時報680-60・2012，「同(2)」時報681-37・2012参照。

2　家事登録項目

　家事登録業務としては，1．家族登録簿の登録及び身分登録証の発行，2．

出生の登録，3．婚姻の登録，4．離婚の登録，5．失踪の登録，6．死亡の登録，7．養子縁組の登録，8．父性の認知又は後見人選任の登録，9．姓及び名の変更の登録，10．国籍変動の登録，11．転居の登録がある（家事9条）（注）。以下では，出生，失踪，死亡，婚姻，離婚，養子縁組，認知，姓名の変更，国籍変更，転居の順に見ていく。

　（注）　1991年法では住居建築・取壊しに関する登録もなされていた。

(1)　出生登録

　出生の登録は，出生率の統計を記録し，社会発展のための基礎情報である家族構成員の増加及び人口の増加を記録するためにもなされるものである（家事10条3項）。

　この登録は，子が家，病院，又は出産に関連する施設で出生した場合，家長又はその代理人が病院等の証明書に基づき，彼らの居住するところの村長に文書又は口頭でその出生を通知しなければならない（家事17条1項）。その他の場所で出生した場合には，出生地を管轄するところの村長へと通知をしなければならない（同条2項）。外国で出生した場合は，その国内におけるラオス人民民主共和国大使館又は領事館における家事登録単位に通知を行う（同条3項）。これらの通知は，出生後30日を超えない期間中にしなければならない（同条4項）。保護者のいない子を発見した者は，速やかに発見地を管轄する村の村長又は警察に通知しなければならない（同条5項）。以上の通知を受けた後，村長は5日以内に出生証明書を発行しなければならないとされる（同条6項）。この出生証明をもって，申請者はその交付後30日以内に，郡の家事登録を扱う登録官に出生証明記録と共に出生を届け出なければならない（家事18条1項）。外国における場合には，大使館又は領事館における家事登録単位が通知を受けた後5日以内に出生に関する家事登録を行う（同条2項）。

(2)　失踪登録

　失踪とは，家族との音信が2年以上ない場合，又は事故による場合には6か月間音信がない場合において，裁判所の判断によりなされるものである（家事3条3項）。この失踪の登録は，失踪者の財産，権利，利益及び義務を保護し，並びに失踪者に対して請求をなす者のためになされる（家事10条5項，民訴337条2項）。

失踪の登録は，裁判所の判断が後30日以内に，その者の居住する司法部門の家事登録局においてなされる（家事21条1項）。在留外国人，外国人，又は無国籍者の失踪の場合，司法部門はその受理につき治安維持省まで報告を行わなければならない（家事21条2項）。

(3) 死亡登録

死亡の登録は，相続開始の根拠として，また死亡率を記録するためになされるものである（家事10条6項）。

この登録につき，家族の構成員が死亡した場合，家族の代理人が村長に報告を行う（家事22条1項）。死体を発見した者は，村長又は警察に死体の場所を速やかに通知しなければならず（同条2項），この場合は村長又は警察が5日以内に死亡を認定する。重症患者の治療にあたった医師，助産師などの医療従事者は，その患者又は新生児が死亡した場合には死亡証明記録を交付しなければならない（同条3項）。

裁判所が死亡宣告を行った場合には，その者の代理人が裁判所の判断を受けた後，又は裁判所の判断を知った日から5日以内に，その者の居住する所の司法部門の家事登録局に通知を行う（家事23条）。この死亡宣告は，当該人物が戦争又は自然災害における場合において，それらの事態が終了してから2年後に，裁判所によりなされるものである（民訴337条2項）。なお，民事訴訟法には「通常の失踪を理由とする死亡宣告」に関する規定が存在せず，家事登録法第3条第4号においてそれに関する規定があり，それによると，当該死亡宣告は，家族との音信が3年以上ない者に対してなされる。

(4) 婚姻登録

婚姻の登録は，夫婦若しくはその一方，又は夫婦の両親若しくはその一方の居住する郡又は市における家事登録局へなされる（家事19条1項）。この認定は3日以内に行われる（同条2項）。ラオス市民と外国人との婚姻の登録は，県又は中央直轄市の家事登録局においてなされる（同条3項）。外国におけるラオス市民間の婚姻の登録は，当該国のラオス人民民主共和国大使館又は領事館の家事登録単位においてなされる（同条4項）。

(5) 離婚登録

離婚の登録は，離婚の統計をとるためであり，独身者の状況の確認，再婚の

688　第2編　各　論

可能性の確保，離婚増加に対する政策，並びに家族を強固な社会的集団とするためになされるものとされる（家事10条4項）。

任意離婚及び裁判離婚は，離婚前にその夫婦が居住していた郡又は市の家事登録局において登録される（家事20条1項）。ラオス市民と外国人との離婚の登録は，県及び中央直轄市の家事登録局においてなされる（同条2項）。家事登録局は，申請を受けた後30日以内に登録し，並びに両者に対して離婚証明書を交付する（同条3項）。

(6)　養子縁組登録

養子縁組の登録は，縁組を確証するため，並びに養親子関係を保障するためになされるものである（家事10条7項）。

この登録は，子の両親又は後見人の居住する所の司法部門の家事登録局になされる。受理後30日以内に認証，登録される（家事24条1項）。ラオス市民の子を養子にしようとする外国人は，審理のために司法省へ申請書を提出しなければならず，その提出を受けた司法大臣は受理後30日以内に審理を行わなければならない。司法大臣より許可が下りた場合には，司法省は5日以内に養子縁組の登録及び認証をしなければならないとされる（家事24条2項）。

(7)　認知又は後見人選任の登録

認知又は後見人選任の登録は，子の扶養及び教育をする両親が不在の場合に，子のための後見人を確証，認証するためになされるものである（家事10条8項）。

認知又は後見人選任の登録は，父の居住する所の，又は認知若しくは後見人選任の裁判所の判断がなされた所の司法部門の家事登録局において手続がなされる（家事25条1項）。家事登録局は，裁判所の判断が出た後に，又は村長により後見人の指名がなされた日から10日以内に登録を行い，かつ認知又は後見人に関する証明書を発行しなければならない（家事25条2項）。

(8)　姓名変更の登録

姓名の変更の登録は，新たな姓名へ変更することが必要な理由を確証し，犯罪行為のような違法行為のために変更することを制限するためになされるものである（家事10条9項）。この登録は，成年の場合には，申請者の居住する司法部門の家事登録局において手続がなされる。未成年の場合には，その両親の居住する所の家事登録局において手続がなされる（家事26条1項）。司法部門

の家事登録局は，申請を受理後 5 日以内に登録し，かつ姓名の変更に関する証明書を発行しなければならない（家事26条 2 項）。

(9) 国籍変更の登録

国籍変更の登録は，元の国籍を確証し，新たな国籍を承認し，並びに国籍を変更した者の生活を管理及び助成するためになされるものである（家事10条10項）。

この登録は，国会委員会による国籍変更の承諾を受けた後に，申請書を受理した後 5 日以内に司法省の家事登録につき責任を有する部局において手続がなされる（家事27条）。

(10) 転居の登録

転居の登録は，個人又は家族の現住所を記録し，住所及び職業を管理及び編成し，並びに社会の安全及び規制を保障するためになされるものである（家事10条11項）。

この登録は，家族の構成員又は家族の全員が他の場所へ住居を変更する場合に，家長又はその代理人が自己の居住する所の村長へ 3 日以内に通知を行い，その後住居移動の申請書を司法部門へ提出する。住居の移動とは，同一郡内における村から村，同一県内における郡から郡，又は他の県への移動のことをいう（家事28条 1 項）。新居に移動する場合，到着後24時間以内にその居住する所の村長に通知しなければならない。村長は全ての文書が正確かつ完全であるかどうかを監査し，その者の通知を受けた日から 3 日以内にその者に対して新たな居住証を認証する（同条 3 項）。転居の登録は，新たな居住者の居住する所の家事登録局において，新たな居住者に対して家事登録簿を作成するためのその地の村長による証明書が受理された後 5 日以内に手続がなされることとなる（同条 4 項）（注）。

> （注）　なお，家族法等の法令に「～日以内」という記載があるが，これらは原則として「労働日」を示しており，休日はその日数に含められないのが原則である。

（第 9 につき，松尾・大川・前掲(663)）

690 第2編 各 論

〔**参考：従前までの取扱い**〕

家事登録

1 家事登録

(1) **登録地**

家事登録は，郡家事登録局で行う（家事2条1項）。

(2) **登録の申請**

家事登録の申請は，郡家事登録官に対して行い，その地区の責任者である村長が
その申請に関する責任を負う（家事3条1項）。

(3) **家事登録帳**

郡家事登録官は，その管轄地内の各戸につき家事登録を行い，家事登録帳を各戸
の家長に交付し，保管させる。

各村の長は，家事登録帳につき記録を行う（家事7条1項・2項）。

2 家事登録機関

(1) **家事登録機関**

中央レベルでの家事登録機関は，内務省の管轄に服する。県又は中央直轄市レベ
ルでは県知事，中央直轄市長の管轄に服する。郡レベルでは郡長の管轄に服する（家
事19条1項）。

(2) **家事登録機関の義務**

家事登録機関は，政治的及び経済的安定並びに安全，平和及び公的秩序のために，
市民の管理及び家事登録の義務を負う。

その目的のために，家事登録機関は，①家事登録帳への出生，失踪，死亡，婚姻，
離婚，養子縁組，姓名の変更，住所変更に関する家事登録を行い，並びにそれら登
録の修正，訂正及び抹消を行うこと，②証明書を紛失した場合に新たな証明書を発
行すること，③家事登録帳の記録を管理すること，④家事登録証明書を発行すること，
⑤家事登録制度の管理及び検査を行うことの義務を負う（家事20条）。

3 出生の登録

(1) **子が家で出生した場合**

その家の家長又は子に責任を有する者は，村長に届出を行う（家事9条1項）。

(2) **子が家以外の場所で出生した場合**

その父母は，子が出生した地点又は通知し得る場所に届出を行う（家事9条2項）。

(3) **父若しくは母が疾病その他の理由で自ら届け出ることができない場合又は父若
しくは母が死亡した場合**

子の親族，子の出生地の近隣に居住する者又はその他の者が代わって届け出るこ
とができる（家事9条3項）。

(4) **届出期間**

出生の届出は，出生の日から30日以内に行わなければならない（家事9条4項）。

(5) 新生児又は棄児

新生児又は棄児を発見した者は，速やかに村長又は子が発見された地を管轄する警察官に届け出なければならない（家事9条5項）。

4 失踪の登録

失踪認定された者の登録は，申請者が居住する地の家事登録局において，裁判所が失踪についての判断をした日から30日以内に行う（家事10条）。

5 死亡の登録

(1) 自宅で死亡した者がある場合

その家の所有者が村長に届出を行う（家事11条1項）。

(2) 遺体を発見した者

速やかに村長又は発見地を管轄する警察官に届け出なければならない（家事11条2項）。

(3) 死亡証明書の発行

死亡の通知を受けた場合，村長は証拠として死亡証明書を発行する（家事11条4項）。

(4) 死亡登録

死亡証明書の受理後，30日以内に家事登録法により死亡登録される（家事11条5項）。

死亡認定及び宣告された者の登録は，申請者が居住する地の家事登録局において，裁判所が判断した日から30日以内に行う（家事11条6項）。

6 婚姻の登録

(1) 登録地

婚姻登録は，婚姻しようとしている男女双方又は一方当事者の住所，婚姻しようとしている男女双方又は一方当事者の親の住所を管轄する家事登録局で登録を行う（家事12条1項）。

(2) 書面による申請

婚姻しようとする男女は，家事登録官に対して書面で申請しなければならない（家事12条2項）。

(3) 婚姻許可申請の審査

家事登録官は，その申請書の受領日から30日を超えない期間内に婚姻許可申請を審査する（家事12条4項）。

(4) 婚姻証明書の発行

婚姻しようとしている男女が要件を全て充足する場合は，家事登録官は当事者双方を3人の証人の面前で聴聞した上で婚姻登録し，婚姻証明書を夫婦に証拠として

交付する（家事12条5項）。

7　離婚の登録

(1)　登録地
　離婚は，夫婦双方の住所又は夫婦の一方の住所を管轄する家事登録局で，裁判所の判断に基づいて登録される（家事13条1項）。

(2)　離婚証明書の発給
　裁判所は，離婚の決定後に，2通の最終決定書を交付し，一部を家事登録官に離婚登録のため送付し，離婚証明書を夫婦それぞれに1通ずつ発給する（家事13条2項）。

(3)　再婚の登録
　離婚した男女は，再婚につき婚姻登録する前に，前の離婚登録証明書を取得しなければならない（家事13条3項）。

8　養子縁組の登録

(1)　登録地
　養子縁組は，村長が養子縁組に承認を与えた地を管轄する家事登録局で登録を行う（家事14条1項）。

(2)　証明書の交付
　村長がその養子縁組の承認をした後，30日以内に家事登録官に対して養子縁組登録のために書類の送付を行う。その後に，その養子縁組の証明書が養親に交付される（家事14条2項）。

9　父による認知の登録

(1)　登録地
　父による認知は，子の母若しくは父の住所又は父による認知に関する決定をした裁判所のある地を管轄する家事登録局において登録される（家事15条1項）。

(2)　認知登録の要件
　父による認知の登録は，裁判所の判決及び両親の請求に従わなければならず，母が死亡若しくは制限行為能力者である場合又は裁判所が母の親権を終了する判断がなされた場合には，父による認知請求に従わなければならない（家事15条2項）。

10　姓名変更の登録

(1)　登録地
　成年者の姓名変更は，申請者の住所を管轄する家事登録局において登録を行う（家事16条1項）。

(2)　申請者
　未成年者の名の変更登録は，その子の父又は母によって申請されなければならな

い（家事16条2項）。

(3) 父母の姓の変更

父及び母の双方の姓が変更される場合は，それに伴って未成年者の姓も変更される（家事16条3項）。

また，母又は父の一方のみの姓が変更される場合，未成年者の姓の変更は父母の合意により決定される。父母の合意が得られない場合は，裁判所がこれを決定する（家事16条4項）。

(4) 証明書の発行

氏名の変更登録が他の登録事項に影響を及ぼす場合は，家事登録官は前の証明書を破棄し，新しい姓名が記載された新規の証明書を発行しなければならない（家事16条5項）。

〔参考〕

1991年家事登録法（The Law on Family Registration 1991）（1991年12月30日制定，1992年4月6日施行）

第1章　一般原則

第1条（家事登録法の機能）

　ラオス家事登録法は，市民の管理をするための国家機関の整備並びに安全保障及び公的秩序を確保するために，家事登録帳（family books）への出生，失踪，死亡，婚姻，離婚，養子，父による認知，氏名変更，住所変更及び家屋の新築又は解体の登録に関する規制を定義する権能を有する。

第2条（家事登録）

① 家事登録は，郡家事登録局で行う。家事登録の手続は，家事登録証明書を受領した申請者本人が村長（village head）に届け出るという方法で行う。

② 外国人，外国の人民及び無国籍者でラオス人民民主共和国に居住する者は，この法律を遵守しなければならない。

第3条（家事登録の申請）

① 家事登録の申請は，郡家事登録官に対して行い，その地区の責任者である村長がその申請に関する責任を負う。申請に際しては，登録の理由と目的を明示した上で，申請者がこれに署名する。

② 家事登録に関する申請は，所轄官庁が発した家事登録に関する規則による。

第4条（家事登録に関する規則と家事登録簿）

① 家事登録は，家事登録官の面前でなされ，家事登録帳に記録され，その後に申請者及び家事登録官は共に登録帳に署名を行う。

② 家族を登録した後に，家事登録官は当事者に証拠として証明書を発行する。

③ 家事登録の修正，家事登録の取消し，家事登録証明書の方式並びに家事登録帳の維持管理に関する規定及び期間の詳細は，所轄官庁の規則により決定する。

第5条（家事登録の修正，取消し及び異議申立て）

① 家事登録の内容に誤りがあることが明らかな場合，当事者はその居住する地を管轄する家事登録官に対して，その請求を行う。

② 家事登録官が当事者の請求に基づく修正の必要性を認めなかった場合，当事者はこの請求を裁判所に対して行うことができる。

③ 家事登録の内容に誤りがあることが明らかな場合，当事者はその登録を拒絶することができる。

④ 家事登録につき，異議申立てがある場合，本条第1項及び第2項を適用する。

⑤ 家事登録官が，その家事登録に誤りがある

694　第2編　各　論

と判断する場合には，職権でその修正又は取
消しができる。当事者が，これに同意しない
場合には，裁判所が決定する。

第6条（家事登録の費用）

　　家事登録帳への出生，失踪，死亡，婚姻，
離婚，父による認知，氏名の変更及び住所の
変更の登録に必要な費用については，別途規
定する。

第2章　家事登録の種類

第7条（家事登録帳）

① 　郡家事登録官は，その管轄地内の各戸につ
き家事登録を行い，家事登録帳を各戸の家長
に交付し，保管させる。

② 　各村の長は，家事登録帳につき記録を行う。

③ 　郡家事登録官以外の者が家事登録帳の変
更，訂正及び更正を行うことは認められない。

第8条（家の新築又は解体）（略）

第9条（出生の登録）

① 　子が家で出生した場合は，その家の家長又
は子に責任を有する者は，村長に届出を行う。

② 　子が家以外の場所で出生した場合は，その
父母は，子が出生した地点又は通知し得る場
所に届出を行う。

③ 　父若しくは母が疾病その他の理由で自ら届
け出ることができない場合又は父若しくは母
が死亡した場合は，子の親族，子の出生地の
近隣に居住する者又はその他の者が代わって
届け出ることができる。

④ 　子の出生の届出は，出生の日から30日以内
に行わなければならない。

⑤ 　新生児又は棄児を発見した者は，速やかに
村長又は子が発見された地を管轄する警察官
に届け出なければならない。

⑥ 　子の出生の届出を受けた場合，村長は，届
出者が出生証明書の受領の日から30日以内に
家事登録官に出生登録をするために，出生証
明書を証拠として発行する。

第10条（失踪の登録）

　　失踪認定された者の登録は，申請者が居住
する地の家事登録局において，裁判所が失踪
についての判断をした日から30日以内に行う。

第11条（死亡の登録）

① 　自宅で死亡した者がある場合は，その家の

所有者が村長に届出を行う。

② 　遺体を発見した者は，速やかに村長又は発
見地を管轄する警察官に届け出なければなら
ない。

③ 　傷害を負った者の看護に当たる者又は子の
出産に立ち会った助産師は，怪我人又は新生
児が死亡した場合には死亡証明書を発行しな
ければならない。

④ 　死亡の通知を受けた場合，村長は証拠とし
て死亡証明書を発行する。死亡原因が不明で
ある場合又は死亡が危険な伝染性疾病による
場合はこの限りでない。この場合，公共健康
担当官（public health official）又は警察官に
対して緊急に連絡し，死亡証明書の発行はこ
の係員の意見が受理されるまで停止される。

⑤ 　死亡証明書の受理後，30日以内に家事登録
法により死亡登録される。

⑥ 　死亡認定及び宣告された者の登録は，申請
者が居住する地の家事登録局において，裁判
所が判断した日から30日以内に行う。

第12条（婚姻の登録）

① 　婚姻登録は，婚姻しようとしている男女双
方又は一方当事者の住所，婚姻しようとして
いる男女双方又は一方当事者の親の住所を管
轄する家事登録局で登録を行う。

② 　婚姻しようとする男女は，前項に従い家事
登録官に対して書面で申請しなければならな
い。

③ 　婚姻登録の申請は，家族法第9条及び第10
条その他の家族法に違反してはならない。申
請書は，当事者の子の有無についても明記す
る。

④ 　家事登録官は，その申請書の受領日から30
日を超えない期間内に婚姻許可申請を審査す
る。

⑤ 　婚姻しようとしている男女が要件を全て充
足する場合は，家事登録官は当事者双方を3
人の証人の面前で聴聞した上で婚姻登録し，
婚姻証明書を夫婦に証拠として交付する。家
事登録官は，婚姻当事者に婚姻登録後に生じ
る権利義務について説明を行う。

第13条（離婚の登録）

① 　離婚は，夫婦双方の住所又は夫婦の一方の

住所を管轄する家事登録局で，裁判所の判断に基づいて登録される。

② 裁判所は，離婚の決定後に，2通の最終決定書を交付し，一部を家事登録官に離婚登録のため送付し，離婚証明書を夫婦それぞれに1通ずつ発給する。

③ 離婚した男女は，再婚につき婚姻登録する前に，前の離婚登録証明書を取得しなければならない。

第14条（養子縁組の登録）

① 養子縁組は，村長が養子縁組に承認を与えた地を管轄する家事登録局で登録を行う。

② 村長がその養子縁組の承認をした後，30日以内に家事登録官に対して養子縁組登録のために書類の送付を行う。その後に，その養子縁組の証明書が養親に交付される。

③ 養子縁組が裁判所の判断に基づき修正又は終了した場合は，家事登録官はその裁判所の判断に従って家事登録の変更を行う。

第15条（父による認知の登録）

① 父による認知は，子の母若しくは父の住所又は父による認知に関する決定をした裁判所のある地を管轄する家事登録局において登録される。

② 父による認知の登録は，裁判所の判決及び両親の請求に従わなければならず，母が死亡若しくは制限行為能力者である場合又は裁判所が母の親権を終了する判断がなされた場合には，父による認知請求に従わなければならない。

③ 父による認知請求を登録する場合，家事登録官はその父母であることを証明する証拠を参照しなければならない。

第16条（姓名変更の登録）

① 成年者の姓名変更は，申請者の住所を管轄する家事登録局において登録を行う。

② 未成年者の名の変更登録は，その子の父又は母によって申請されなければならない。

③ 父及び母の双方の姓が変更される場合は，それに伴って未成年者の姓も変更される。

④ 母又は父の一方のみの姓が変更される場合，未成年者の姓の変更は父母の合意により決定される。父母の合意が得られない場合

は，裁判所がこれを決定する。

⑤ 氏名の変更登録が他の登録事項に影響を及ぼす場合は，家事登録官は前の証明書を破棄し，新しい姓名が記載された新規の証明書を発行しなければならない。

第17条（住所変更の登録）

① 家族の内の1名のみが他の住所へ移住する場合，家長は引っ越しから3日以内に村長に届出を行う。

② 家族全員が移住する場合，引っ越しの7日前までに届出をしなければならない。

③ 新たな住所へ引っ越した後，新たな家事登録帳への登録を行うために，移住の日から24時間以内に引っ越しについて，村長に届出を行わなければならない。

第18条（遺体の収容，埋葬，火葬又は移動）

① 家又は死亡地から遺体を収容，埋葬，火葬又は移動した者は，村長の承認を受けなければならない。公共の安全又は公共の福祉の上で必要かつ緊急の事例については，この限りでない。ただし，この場合には，村長宛に届出を行わなければならない。

② 遺体の収容，埋葬，火葬又は移動は，その承認された内容に従って行う。

第3章 家事登録機関

第19条（家事登録機関）

① 中央レベルでの家事登録機関は，内務省の管轄に服する。県又は中央直轄市レベルでは県知事，中央直轄市長の管轄に服する。郡レベルでは郡長（district chief）の管轄に服する。

② 外務省により家事登録業務の責任者として任命された在外ラオス大使又は領事は，法の定めに従いラオス国民の外国における様々な登録を扱う義務を負う。

第20条（家事登録機関の義務）

家事登録機関は，政治的及び経済的安定並びに安全，平和及び公的秩序のために，市民の管理及び家事登録の義務を負う。上記目的のために，家事登録機関は，次に掲げる義務を負う。

1 家事登録帳への出生，失踪，死亡，婚姻，離婚，養子縁組，姓名の変更，住所変

696 第2編 各 論

更に関する家事登録を行い，並びにそれら登録の修正，訂正及び抹消を行うこと。

2 証明書を紛失した場合に新たな証明書を発行すること。

3 家事登録帳の記録を管理すること。

4 家事登録証明書を発行すること。

5 家事登録制度の管理及び検査を行うこと。

第21条（家事登録帳の登録検査）

① 市民及び家事登録の適正な管理を確保するために，地域及び国家全体における家事登録帳の登録事項は検査されなければならず，その検査は政府命令，その他政府によって権限を付与された団体によって行われなければならない。

② 検査の前に家事登録官又は家事登録官によって権限を委任された者は，村長に届出をし，その公的権限を示す証明証又は命令が記載された証明書を対象となる家の家長若しくはその代表に示さなければならない。

③ 対象となる家の家長又はそれぞれの家の代表は，家事登録法によるその家への立入検査に協力し，質問に対し誠実に回答し，検査事項を確証するために検査報告書に署名しなければならない。

④ 家事登録官又は家事登録官によって権限を委任された者は，その検査報告書に署名しなければならない。

第4章 違反者に対する罰則 （略）

（伊藤・大川（訳）・前掲(685)）

182　ラトビア（ラトビア共和国）

（平成15年国名表を「ラトヴィア」から変更）

第1　国際私法

1　制定及び改正

　国際私法については，1992年7月7日の民法典の導入規定中にそれに関する諸規定が置かれ，その諸規定は，2002年12月12日及び2005年3月10日の改正を経て，現行法に至っている。

2　一方的抵触規定

　ラトビアにおいては，婚姻の締結，婚姻の解消，養子縁組及び親子間の法律関係を含め，ほとんどの場合，ラトビア法が適用される一方的抵触規定で構成されている。

3　婚姻の締結

　婚姻がラトビアにおいて締結されるときは，婚姻する権利，婚姻締結の方式及び婚姻の効力は，ラトビア法に従って決定される。

　また，ラトビア市民の外国において婚姻する権利は，ラトビア法に従って決定される。その場合には，婚姻が締結される国家の法律が婚姻を締結する方式を決定する（民法11条）。

4　婚姻の解消及び無効

　婚姻の解消及び婚姻無効の宣告は，ラトビア裁判所において行われるとき，夫婦の国籍にかかわらず，ラトビア法に従って判断される。

　また，外国において行われたラトビア市民の婚姻の解消又は無効宣告は，その基礎として提示された理由がラトビア法に適合せず，かつ，ラトビアの社会的又は道徳的基準と抵触している場合におけるものを除き，ラトビアにおいて

698　第2編　各　　論

も承認される（民法12条）。

5　夫婦の法律関係

夫婦の身分的関係は，夫婦の居所地がラトビアにあるとき，ラトビア法に従って決定される（民法13条）。

6　父子関係の確定

子の父性及びその異議申立てと関係した法律関係は，子の出生当時における子の母の居所地がラトビアにあったとき，ラトビア法に従って判断される（民法14条）。

7　親子間の法律関係

親と子との間の法律関係は，子の指定された居所地がラトビアであるとき，ラトビア法に服する（民法15条）。

8　養子縁組

他の配偶者の子の養子縁組は，養子にされるべき者の居所地がラトビアにあるとき，ラトビア法に従って承認される（民法9条）。

9　反　　致

外国の法律が，反対に，ラトビア法が適用されることを定めるときは，ラトビア法が適用される（民法23条）。

（第1につき，笠原俊宏「ラトビア共和国民法典の国際私法規定」東洋法学56-3-169参照）

〔根拠法条〕

民法（Civil Code）（1992年7月7日，1992年12月22日，1994年6月15日，1997年10月16日，1998年5月14日，1998年6月11日，1998年9月17日，2002年12月12日，2005年3月10日，2006年1月26日，2006年6月22日改正）

導入

第1条（権利の行使及び義務の履行）

権利は，誠実に行使され，また，義務
は，誠実に履行されるものとする。

第2条（本法の適用範囲，慣習の適用）

本法は，その法文又は解釈が関係する
全ての法律問題へ適用される。

慣習に基づく権利は，法律を無効にす
ることも，変更することもしてはならな
い。慣習に基づく権利は，法律によって
特定された場合において適用される。

第3条（法律適用の基準時）

全ての民事法関係は，かような法律関
係が創設，変更又は終了される当時に施
行されていた諸法律に従って判断される
ものとする。従前に取得された諸権利
は，影響を受けないものとする。

第4条（本法の解釈）

本法の諸規定は，まず，その直接的な
意味に従って解釈されるものとする。必
要な場合には，それらは，本法の構造，
基礎及び目的に従って解釈されることも
できる。かつ，最終的に，それらは，類
推によって解釈されることもできる。

第5条（裁判所の判断における準則）（略）

第6条（義務に関する一般規定の適用範囲）
（略）

第7条（居所）

居所（住所）の場所は，人が，明示的
又は黙示的な意思をもって，そこに永続
的に生活するか，又は，労働するために
自発的に居住している場所とする。

人は，1つ以上の居所地を有すること
もできる。

仮の居所は，居所地の法的効果を創出
せず，かつ，期間に基づかず，意思に
従って判断されるものとする。

第8条（人の能力）

自然人の法的能力及び行為能力は，そ
の居所地の法律に従って決定されるもの
とする。人が，多数の居所地を有し，か
つ，それらの中の1つがラトビアにある
とき，かような者の法的能力及び行為能
力並びにその者の法律行為の効力は，ラ
トビア法に従って判断されるものとする。

行為能力を有しないが，ラトビア法に
よれば，かような能力を有すると認識さ
れることができる外国国民は，ラトビア
において実行されたその法律行為に拘束
されることが，裁判を行うために求めら
れるとき，それに拘束される。

法人の権利及び行為能力は，その管理
者が所在する地の法律に従って決定され
るものとする。

ラトビアにおける外国国民の法的能力
又は行為能力を制限するラトビア法の諸
規定は，影響されない。

第9条（後見及び信託，養子縁組）

後見及び信託は，後見及び信託へ服す
る者の居所地がラトビアにあるとき，ラ
トビア法に従って創設されるものとす
る。かような者の財産がラトビアに所在
するとき，その者は，かような財産に関
し，その者がラトビアにおける居所地を
有しないことにかかわらず，ラトビア法
へ服するものとする。

他の配偶者の子の養子縁組は，養子に
されるべき者の居所地がラトビアにある
とき，ラトビア法に従って承認されるも
のとする。（2005年3月10日改正）

第10条（行方不明者）

行方不明の者は，その最後の居所地が
ラトビアにあったとき，ラトビア法に従
い，死亡が推定されるものと宣告される

ことができる。かような者の財産がラトビアに所在するとき，その者は，かような財産に関し，その者がラトビアにおける居所地を有しないことにかかわらず，ラトビア法に服するものとする。

第11条（婚姻の締結）

婚姻がラトビアにおいて締結されるとき，婚姻する権利，婚姻締結の方式及び婚姻の効力は，ラトビア法に従って決定されるものとする。

同様に，ラトビア市民の外国において婚姻する権利は，ラトビア法に従って決定されるものとする。その場合には，婚姻が締結される国家の法律が婚姻を締結する方式を決定するものとする。

第12条（婚姻の解消及び無効）

婚姻の解消及び婚姻無効の宣告は，ラトビア裁判所において行われるとき，夫婦の国籍にかかわらず，ラトビア法に従って判断されるものとする。この点において，夫婦の関係が，それらの者がラトビア法へ服することになる前に，ラトビア法に従って判断されることもできるという意味において，第3条の諸規定に対し，例外が認められることができる。

外国において行われたラトビア市民の婚姻の解消又は無効宣告は，その基礎として提示された理由がラトビア法に適合せず，かつ，ラトビアの社会的又は道徳的基準と抵触している場合におけるものを除き，ラトビアにおいても承認されるものとする。

第13条（夫婦の法律関係）

夫婦の身分的及び財産的関係は，夫婦の居所地がラトビアにあるとき，ラトビア法に従って決定されるものとする。夫婦の財産がラトビアに所在するとき，それらの者は，かような財産に関し，それらの者自身がラトビアに居所地を有しないことにかかわらず，ラトビア法に服するものとする。

第14条（父子関係の確定）

子の父性及びその異議申立てと関係した法律関係は，子の出生当時における子の母の居所地がラトビアにあったとき，ラトビア法に従って判断されるものとする。

ラトビア法は，子の父性に関する異議申立てがラトビアにおいて提起される場合にも適用される。（2002年12月12日改正）

第15条（親子間の法律関係）

親と子との間の法律関係は，子の指定された居所地がラトビアであるとき，ラトビア法に服するものとする。

ラトビアに所在している財産につき，親及び子は，子の指定された居所地がラトビアにないときも，ラトビア法に服する。（2002年12月12日改正）

第16条（相続）（略）

第17条（相続財産の分割）（略）

第18条（物権）（略）

第19条（契約）（略）

第20条（契約外債務）（略）

第21条（法律行為の方式）

法律行為が行われた地の法律も，また，それが実行されるべきである地の法律も，法律行為の方式へ適用されることができる。（以下，略）

第18条第4項の諸規定は，ラトビアにおける不動産に関するかのような行為の方式に関し，遵守されるものとする。

第22条（手続法）

　ラトビア法が外国の法律の適用を認める場合には，その実体は民事訴訟法に規定された手続に従って決定されるものとする。それができないときは，関係する外国における法制度は，判断されるべきである法律の分野において，同一の分野におけるラトビアの法制度と合致すると推定されるものとする。

第23条（反致）

　この導入の諸規定に従い，外国の法律が適用されなければならないが，かような法律が，反対に，ラトビア法が適用さ

れることを定めるときは，ラトビア法が適用されるものとする。

第24条（公序）

　外国の法律は，それがラトビアの社会的又は道徳的理想，ラトビア法上の強行法規又は禁止法規と抵触するとき，ラトビアにおいて適用されない。

第25条（国際条約の適用）

　この導入の諸規定は，ラトビアが当事国である国際的な合意及び条約において別段に規定されていない限りにおいて適用される。

（笠原・前掲(698)）

第2　婚　　姻

1　婚姻要件具備証明書

⑴　婚姻要件具備証明書として取り扱うことができる書面

　ラトビア共和国リガ市役所発行の婚姻障害欠如宣誓書（資料182－1・本文727頁）は，ある者が独身であること，及び婚姻障害がないことについての正当な書面であり，婚姻要件具備証明書として取り扱って差し支えない（平成15.3.24民一837号回答（戸籍745-72））。

⑵　婚姻要件具備証明書として取り扱うことができない書面

　ラトビア共和国における独身証明書の書式に変更があった（平成23.9.22民一事務連絡）。

　同証明書は，未婚であることを証明するものであり，婚姻障害のうち，既婚者でないこと以外の婚姻障害に関する事項を証明するものではないため，婚姻要件具備証明書として取り扱うことができない（戸籍872-42）。

2　婚姻証明書

　ラトビア国発行の婚姻証明書は，資料182－2（本文731頁）参照。

3 実質的成立要件

(1) 婚姻適齢

男女とも18歳である（民法32条）。

ただし，16歳に達した者は，成人と婚姻するときは，親又は後見人の同意を得て婚姻することができる。

親又は後見人が，正当な理由なく許可を与えないときは，親又は指名された後見人が居住する地の孤児裁判所が許可を与えることができる（民法33条）。

(2) 精神疾患等

精神疾患又は精神障害で能力を欠くと裁判所が判断した者は，婚姻することができない（民法34条）。

(3) 近親婚等の禁止

直系親族間，兄弟姉妹，異母兄弟と異母姉妹間の婚姻は，禁止される（民法35条）。

また，養子縁組により創設された法定関係が終了した場合を除き，養親と養子間の婚姻は，禁止される（民法37条）。

(4) 重婚の禁止

既に婚姻している者の婚姻は，禁止される（民法38条）。

4 形式的成立要件

(1) 婚姻締結の申請

婚姻をしようとする者は，原則として，一般登録所に申請書を提出する（民法41条）。

(2) 申請の公表

ア　公表地

婚姻に入る意思に関する申請書が提出された地の一般登録所で公表が行われる（民法44条）。

イ　公表の拒否

①提出された申請書が，法の規定に従っていない場合，②書類から婚姻

の障害事由があることが明らかな場合は,公表は認められない（民法44条）。

　ウ　公表期間

　　公表は，1か月間，掲示されることで効力を生ずる。

　　至急の場合は，状況を考慮して，一般登録所の管理者は，自己の裁量で公表の期間を縮減することができる（民法45条）。

　エ　公表に対する異議

　　(ア)　異議の申立権者

　　　ウの公表期間中に，婚姻により権利が影響を受ける者は，法定の障害事由に言及し，婚姻に入ることに異議を提起することができる。

　　　異議は，検察官も提起することができる（民法46条）。

　　(イ)　異議の通知

　　　異議が提起されたときは，申請書が提出された地の一般登録所は，遅滞なく，提起された異議を公表された者に通知する（民法47条）。

　　(ウ)　異議に対する回答

　　　公表された者が異議に理由がないと考えるときは，通知を受領した日から2週間以内にそれについて一般登録所に通知する。

　　　一般登録所は，遅滞なく，そのことを異議申立者に通知する（民法48条）。

　　(エ)　手続の中止

　　　異議申立者が公表された者からの回答を受領した日から計算して2週間以内に，一般登録所に，公表された者の婚姻を禁止することを訴える証明書を提出したときは，一般登録所は，その事項が裁判所で決定されるまで公表手続を中止する（民法49条）。

(3)　婚姻の挙行

　ア　締結の可否

　　(2)エの異議が提起されず，若しくは提訴されず，又は，提訴が退けられたときは，一般登録所で婚姻を締結することができる（民法50条）。

　イ　婚姻締結期間

　　婚姻締結する障害がないことが知れた日から計算して6か月の期間内に

704 第2編 各 論

婚姻しなければならない（民法52条）。

ウ 婚姻挙行者

　　一般登録所の登録官又は牧師が，婚姻を挙行することができる（民法53条・54条）。

エ 証 人

　　婚姻は，成人の2人の証人の面前で挙行される（民法56条）。

オ 挙行の方式

　　一般登録所の登録官は，花婿又は花嫁に婚姻の意思を尋ねる。両者がその意思を表示したときは，登録官は，この合意及び法に基づき婚姻が締結されたことを宣言する。

　　牧師については，その宗派の規則に従って婚姻を挙行する（民法57条）。

5 婚姻の無効

(1) 無効原因

　①一般登録所で挙行されていないか，又は牧師が挙行していない婚姻，仮装の，すなわち，家族を創設する意思がない婚姻（民法60条），②夫婦又は夫婦の一方が民法第32条又は第33条に規定されている婚姻年齢に達する前の婚姻（ただし，婚姻後，妻が妊娠するか，又は裁判所の判決の調整までに夫婦が定められた年齢に達したときは，無効は宣言されない。）（民法61条），③夫婦の親族関係を理由に禁止されている婚姻（民法63条），④婚姻を締結した時に，夫婦の一方が婚姻をしている場合の婚姻（ただし，後婚は，裁判所の判決が言い渡される前に，前婚が死亡，離婚又は無効により終了しているときは，無効を宣言されない。）（民法64条），⑤配偶者が強迫の影響でした婚姻（民法67条）については，無効が言い渡される。

(2) 提訴権者

　婚姻の無効に関する訴訟は，検察官のみならず，利害関係人も提起することができる。

　婚姻が死亡又は離婚で終了したときは，婚姻によって権利に影響を受ける者のみが訴訟を提起することができる。夫婦が共に死亡したときは，婚姻を無効

とする訴訟を提起することができない（民法65条）。

(3) 提訴期間

(1)の無効原因の①から④の場合については，婚姻の無効を提起する期間に制限はない。

ただし，⑤の配偶者が強迫の影響で婚姻した場合は，訴訟は，強迫の影響が終了した後6か月以内に提起されなければならない（民法67条）。

(4) 無効の効力

ア　原　則

婚姻は，締結された時から無効とみなされる（民法68条）。

イ　婚姻の無効を宣言された配偶者の姓

婚姻の無効を宣言された配偶者は，婚姻前の姓を再び称する。

ただし，婚姻を締結し，婚姻が無効を宣言されることを知らなかったときは，その者の申請で，裁判所は夫婦の姓を保持することができる。

また，婚姻を締結し，自己の姓を変更した配偶者は，婚姻の解消後もその姓を使用する資格を有し，又はその者の申請により，婚姻前の姓を使用することを認めることができる。他方の配偶者の申請に基づき，子の利益に影響を及ぼさないときは，裁判所は婚姻の破綻を助長した配偶者が婚姻で取得した姓を使用することを禁止することができる（民法82条）。

6　夫婦の姓

婚姻中，各配偶者は自己の婚姻前の姓を保持することができ，共通の夫婦の姓とはしない。

ただし，夫婦は，その希望により，夫婦の一方の婚姻前の姓を夫婦の共通の姓として選択することができる。

また，夫婦の一方が既に複合氏である場合を除き，自己の姓に他方の配偶者の姓を付加することができる。さらに，夫婦は双方の婚姻前の姓を結合して複合姓にすることもできる（民法86条）。

706 第2編 各 論

〔根拠法条〕

民法（1992年7月7日，2006年6月22日改正）

第1部 家族法
第1章 婚姻
サブチャプター2 婚姻の締結及び終了
I 婚姻締結の障害
第32条
　　18歳に達する前の婚姻は，第33条に規定される場合を除き，禁止される。
第33条
　　例外として，16歳に達した者は，成人と婚姻するときは，親又は後見人の同意を得て婚姻することができる。
　　親又は後見人が，正当な理由なく許可を与えないときは，親又は指名された後見人が居住する地の孤児裁判所（an orphan's court）が許可を与えることができる。
第34条
　　精神疾患又は精神障害で能力を欠くと裁判所が判断した者は，婚姻することができない。
第35条
　　婚姻は，直系親族間，兄弟姉妹，異母兄弟と異母姉妹（第213条）間で禁止される。同性者間の婚姻は，禁止される。
第36条（削除）
第37条
　　養子縁組により創設された法定関係が終了した場合を除き，養親と養子間の婚姻は禁止される。
第38条
　　既に婚姻している者の婚姻は，禁止される。（以下，略）
第39条（削除）

II 婚姻締結の申請，公表
第40条
　　婚姻が挙行される前に，公表されなければならない。
第41条
　　第51条に規定されている場合を除き，婚姻をしようとする者は，一般登録所（the General Registry office）に申請書を提出する。
第42条・第43条 （略）
第44条
　　婚姻に入る意思に関する申請書が提出された地の一般登録所で公表が行われる。
　　以下に掲げる場合は，公表は認められない。
　1　提出された申請書が，法の規定に従ってされない場合。
　2　書類上から婚姻の障害事由があることが明らかな場合。
　　公表を認めないときは，一般登録所の管理者は，熟考した決定を下し，公表を求める者は，2週間以内に裁判所に訴えることができる。
第45条
　　公表は，婚姻に入る意思に関する申請書が提出された地の一般登録所で1か月間，掲示されることで効力を生ずる。
　　至急の場合は，状況を考慮して，一般登録所の管理者は，自己の裁量で公表の期間を縮減することができる。
第46条
　　前第45条に規定された期間中に，婚姻により権利が影響を受ける者は，法定の障害事由に言及し，婚姻に入ることに異議を提起することができる。

異議は，第61条から第64条に従って，検察官も提起することができる。

異議は，（第45条の）公表場所に従って，一般登録所に書面で提出する。

第47条

異議が提起されたときは，婚姻に入る意思に関する申請書が提出された地の一般登録所は，遅滞なく，提起された異議を公表された者に通知する。

第48条

公表された者が異議に理由がないと考えるときは，通知を受領した日から2週間以内にそれについて一般登録所に通知する。

一般登録所は，遅滞なく，そのことを異議申立者に通知する。

第49条

異議申立者が公表された者からの回答を受領した日から計算して2週間以内に，一般登録所に，公表された者の婚姻を禁止することを訴える証明書を提出したときは，一般登録所は，その事項が裁判所で決定されるまで公表手続を中止する。

第50条

異議が提起されず，また提訴されず，若しくは提訴が退けられたときは，一般登録所で婚姻を締結することができ，公表について表記した婚姻締結の意思に関する申請書を発行し，それにより，教会の牧師の面前で，又は一般登録所において婚姻を締結することができる。

第51条

婚姻する者が福音ルター派，ローマカトリック，ギリシャ正教会，古儀式派，メソジスト派，バプテスト，セブン

デー・アドベンテスト又は（略）又はモーゼ（ユダヤ）宗派の信者に属しており，宗派の指導者から適切な許可を得ている宗派の牧師により婚姻することを希望するときは，公表は関係する宗派の手続に従って行われなければならない。

第52条

公表された者は，（第50条で）婚姻締結する障害がないことが知れた日から計算して6か月の期間内に婚姻する資格が与えられる。

その者は，一般登録所又は牧師の面前で婚姻をすることができる。同時に，牧師は，第51条に従って公表された者も婚姻することができる。

Ⅲ　婚姻の締結

第53条

婚姻締結に関する条件が満たされているときは，婚姻は一般登録所の登録官又は第51条で明示されている宗派の牧師が挙行する。

第54条

一般登録所の登録官又は牧師は，婚姻締結の障害について知らないときは，婚姻を挙行しない。

第55条

一般登録所の登録官は，花婿又は花嫁が軍の現役であるか，又は重篤な病気であるときは，事前の公表がなくても婚姻をすることができる。

第56条

婚姻は，花嫁及び花婿及び成人の2人の証人の面前で挙行される。（以下，略）

第57条

一般登録所の登録官は，花婿又は花嫁に婚姻の意思を尋ねる。両者がその意思

708 第2編 各 論

を表示したときは，登録官は，この合意
及び法に基づき婚姻が締結されたことを
宣言する。

　牧師は，その宗派の規則に従って婚姻
を挙行する。

Ⅳ　婚姻の無効
第59条
　婚姻は，以下の条（第60条～第67条）
に規定される場合にのみ，無効を言い渡
すことができる。
第60条
　一般登録所で挙行されていないか，又
は牧師が挙行していない婚姻は，無効が
言い渡される（第53条）。
　仮装の，すなわち，家族を創設する意
思がない婚姻は，無効が言い渡される。
第61条
　夫婦又は夫婦の一方が第32条又は第33
条に規定されている年齢に達する前に，
婚姻を締結したときは，婚姻は無効が言
い渡される。
　この婚姻は，婚姻後，妻が妊娠する
か，又は裁判所の判決の調整までに夫婦
が定められた年齢に達したときは，無効
は言い渡されない。
第62条　（略）
第63条
　夫婦の親族関係を理由に禁止されてい
る婚姻（第35条）は，無効が言い渡され
る。
第64条
　婚姻を締結した時に，夫婦の一方が婚
姻をしている場合は，婚姻は無効が言い
渡される。
　後婚は，裁判所の判決が言い渡される
前に，前婚が死亡，離婚又は無効により

終了しているときは，無効は言い渡され
ない。
第65条
　第60条から第64条に示されている場合
は，婚姻の無効に関する訴訟は，検察官
のみならず，利害関係人も提起すること
ができる。
　婚姻が死亡又は離婚で終了したとき
は，婚姻によって権利に影響を受ける者
のみが訴訟を提起することができる。夫
婦が共に死亡したときは，婚姻を無効と
する訴訟は提起することができない。
第66条
　第60条から第64条に示されている場合
は，婚姻の無効を提起する期間に制限は
ない。
第67条
　配偶者が強迫の影響で婚姻をしたとき
は，配偶者は婚姻を争うことができる。
　訴訟は，強迫の影響が終了した後6か
月以内に提起されなければならない。
第68条
　前条（第60条から第64条及び第67条）
に示されている場合は，婚姻は締結され
た時から無効とみなされる。

Ⅵ　婚姻の無効及び解消の結果
第82条
　婚姻の無効を宣言された配偶者は，婚
姻前の姓を再び称する。婚姻を締結し，
婚姻が無効を宣言されることを知らな
かったときは，その者の申請で，裁判所
は夫婦の姓を保持することができる。
　婚姻を締結し，自己の姓を変更した配
偶者は，婚姻の解消後もその姓を使用す
る資格を有し，又はその者の申請によ
り，婚姻前の姓を使用することを認める

ことができる。他方の配偶者の申請に基づき，子の利益に影響を及ぼさないときは，裁判所は婚姻の破綻を助長した配偶者が婚姻で取得した姓を使用することを禁止することができる。

サブチャプター3　配偶者の私法上の権利
第86条

　婚姻により，夫婦は，その希望により，夫婦の一方の婚姻前の姓を夫婦の共通の姓として選択することができる。

　婚姻中，各配偶者は自己の婚姻前の姓を保持することができ，共通の夫婦の姓とはしない。

　婚姻により，夫婦の一方は，自己の姓に他方の配偶者の姓を付加することができる。ただし，夫婦の一方が既に複合氏である場合を除く。また，夫婦は，双方の婚姻前の姓を結合して複合姓にすることもできる。

第3　婚姻の解消

1　制度の概要

ラトビアにおいては，当事者間の協議のみによる協議離婚を認めず，裁判離婚によらなければならない。

また，法定別居という用語は，ラトビア法には存在しない。

2　離婚の請求

裁判所は，夫婦の一方又は双方の申請に基づき，婚姻を解消することができる（民法70条）。

3　離婚原因

2002年の民法改正に従い，ラトビア離婚法は，婚姻の破綻の概念に基づき，「婚姻は，破綻したときに解消することができる。夫婦がもはや同居せず，再び同居する見込みがないときは，婚姻は破綻したものとみなされる。」（民法71条）とされ，配偶者が少なくとも3年間別居しているときは，婚姻は破綻したものとみなされる（民法72条）。

4　婚姻の解消日

婚姻の解消に関する「裁判所の判決が効力を生じた日」に解消される（民法

710　第2編　各　　論

69条）。

5　解消後の姓

婚姻の無効を宣言された配偶者は，婚姻前の姓を再び称する。婚姻を締結し，婚姻が無効を宣言されることを知らなかったときは，その者の申請で，裁判所は夫婦の姓を保持することができる。

婚姻により自己の姓を変更した配偶者は，婚姻の解消後もその姓を使用する資格を有し，又はその者の申請により，婚姻前の姓を使用することを認めることができる。他方の配偶者の申請に基づき，子の利益に影響を及ぼさないときは，裁判所は婚姻の破綻を助長した配偶者が婚姻で取得した姓を使用することを禁止することができる（民法82条）。

〔根拠法条〕

民法（1992年7月7日，2006年6月22日改正）

第1部　家族法

第1章　婚姻

サブチャプター2　婚姻の締結及び終了

Ⅴ　婚姻の解消

第69条

裁判所は，次に掲げる規定される場合（第72条～第75条）においてのみ婚姻を解消することができる。婚姻の解消に関する判決が効力を生じた日に解消される。

第70条

裁判所は，夫婦の一方又は双方の申請に基づき，婚姻を解消することができる。

第71条

婚姻は，破綻したときに解消することができる。夫婦がもはや同居せず，再び同居する見込みがないときは，婚姻は破綻したものとみなされる。

第72条

配偶者が少なくとも3年間別居しているときは，婚姻は破綻したものとみなされる。

第73条

共通の家庭を有さず，夫婦の一方がそれを新たにすることを明らかに望まず，婚姻の同居の可能性を否定するときは，夫婦は別居しているとされる。夫婦が共通の住居で別居しているときも共通の家庭は存在しないことになる。

第74条

夫婦は，3年間別居しているときは，婚姻は，以下に掲げる場合は解消される。

1　（略）

2　両配偶者が婚姻の解消を請求するか，一方の配偶者が他方の婚姻の解消の請求に同意したとき。

3　夫婦の一方が他の者と同居を始め，その同居において，子が出生したか，又は子が出生する予定であるとき。

（以下，略）

第75条

　一方の配偶者が本法第74条によらない理由により婚姻の解消を請求し，他方の配偶者が婚姻の解消に同意しないときは，裁判所は本法第72条に示された期間前には婚姻を解消せず，夫婦の和解のためにその事項の判決を延期する。

Ⅵ　婚姻の無効及び解消の結果

第82条

　婚姻の無効を宣言された配偶者は，婚姻前の姓を再び称する。婚姻を締結し，婚姻が無効を宣言されることを知らなかったときは，その者の申請で，裁判所は夫婦の姓を保持することができる。

　婚姻を締結し，自己の姓を変更した配偶者は，婚姻の解消後もその姓を使用する資格を有し，又はその者の申請により，婚姻前の姓を使用することを認めることができる。他方の配偶者の申請に基づき，子の利益に影響を及ぼさないときは，裁判所は婚姻の破綻を助長した配偶者が婚姻で取得した姓を使用することを禁止することができる。

第4　出　　生

1　嫡出子の身分

(1)　嫡出の推定

　婚姻中又は婚姻が夫の死亡又は婚姻の解消，婚姻の無効の宣言により終了した後306日を経過しない期間に女性から出生した子の父は，子の母の夫とみなされる。

　ただし，婚姻の終了後306日を経過しない間に女性から出生した子は，女性が既に再婚している場合は，再婚で出生したものとみなされる（民法146条）。

(2)　嫡出否認

　ア　嫡出否認の訴え

　　父の推定は，裁判所で争うことができる（民法148条）。

　イ　提訴権者及び提訴期間

　　子の母の夫及び子の母は，子の実父でないことが判明した日から2年以内に父の推定を争うことができる。

　　子の母又は子の母の夫が，精神疾患又は精神障害により行為能力を欠くと認められるときは，受託者は父の推定を争う訴えを提起することができる。

712　第2編　各　　論

子は，成人に達した後2年以内に血縁関係を争うことができる。

夫が死亡するまで子の出生を知らなかったときは，夫の両親は，2年以内に血縁関係を争うことができる（民法149条）。

2　国籍留保届

ラトビアは，父母両系血統主義国であり，ラトビアで出生した事実だけでは同国の市民権を取得しない（市民2条）。

したがって，日本人夫婦の子がラトビアで出生した場合は，国籍留保の届出を要しないが，日本人とラトビア市民の夫婦の子がラトビア（又はその他の外国）で出生した場合は，出生の日から3か月以内に日本国籍を留保する意思を表示しなければ，子は日本国籍を喪失する（日国12条）。

3　出生場所の記載

(1)　行政区画

ラトビアには，州，県に該当する行政区画は存在しない。

(2)　戸籍の記載

「ラトビア国リガ市で出生」（【出生地】ラトビア国リガ市）と記載する。

4　子の姓

(1)　原　　則

子の姓は，両親の姓により決定される（民法151条）。

(2)　両親の姓が異なる場合

子は両親の合意に従って，父又は母の姓を称する（民法151条）。

(3)　両親が子の姓に同意しない場合

孤児裁判所の決定により決まる（民法151条）。

5　出生証明書

ラトビア国発行の出生証明書は，資料182-3（本文733頁）参照。

〔根拠法条〕

民法（1992年7月7日，2006年6月22日改正）

第1部　家族法

第2章　親子間の権利義務

サブチャプター1　子の血縁関係の決定

第146条

子の母は，子を出生し，医師の記載により証明された女性である。

婚姻中又は婚姻が夫の死又は婚姻の解消，婚姻の無効の宣言により終了した後306日を経過しない期間に女性から出生した子の父は，子の母の夫とみなされる（父の推定）。

婚姻の終了後306日を経過しない間に女性から出生した子は，女性が既に再婚している場合は，再婚で出生したものとみなされる。このような場合，前婚の夫又はその両親は子の親子関係を争う権利を有する（第149条）。

子の母と婚姻中である父からの子の血縁関係は，婚姻登録における記録により証明される。

第147条（2002年12月12日削除）

第148条

父の推定は，裁判所で争うことができる。

第149条

子の母の夫は，子の実父でないことが判明した日から2年以内に父の推定を争うことができる。

子の母は，父の推定を争う同様の権利を有する。

子の母又は子の母の夫が，精神疾患又は精神障害により行為能力を欠くと認められるときは，受託者は父の推定を争う

訴えを提起することができる。

子は，成人に達した後2年以内に血縁関係を争うことができる。

夫が死亡するまで子の出生を知らなかったときは，夫の両親は，本条第1段落に規定された期間内に血縁関係を争うことができる。

子の血縁関係を争う権利は，個人的なものである。それは，相続人には相続されないが，裁判所に提起された訴えは相続人により継続される。

第150条

裁判所が父の推定の争われている訴えを認めたときは，出生登録における父に関する記録はそれがされた日に無効と認められる。

第151条

子の姓は，両親の姓により決定される。両親の姓が異なるときは，子は両親の合意に従って，父又は母の姓を称する。

両親が子の姓に合意しないときは，孤児裁判所（an orphan's court）の決定により決まる。

親の姓が変更したときは，未成年の子は上記に示された手続に従って姓を取得する。

第152条・第153条（2002年12月12日削除）

市民権法（Citizenship Law）（2013年5月9日，2013年10月1日施行）

第2条（ラトビア市民権の所属）

① 以下に掲げる者は，ラトビア市民である。

1　1940年6月17日にラトビア市民であった者，その者の卑属で，2013年10

714　第2編　各　　論

日1日までに，法律に規定されている
手続に従ってラトビア市民として登録
されているか，又は2013年10月1日ま
で施行されている版の本法第2条第1
項に従ってラトビア市民として登録す
る権利を有する者
　2　出生の時に両親がラトビア市民であ

るか，又は両親の一方がラトビア市民
である者。ただし，本法第9条第2号
又は第5号の要件が満たされるとき。
　3～6　（略）
②～④　（略）
第3条（一方の親がラトビア市民である場
合の子の市民権）（削除）

〔参考〕

1998年市民権法

第1章　総則

第2条（ラトビア市民権の保持）
　ラトビア市民は，以下に掲げる者をいう。
　1　1940年6月17日にラトビア市民であった
　　者及び法の規定する手続により登録された
　　その子孫。ただし，1990年5月4日後に外
　　国の市民権（国籍）を取得した者を除く。
　1.1　ラトビアに常居し，法の規定する手続
　　により登録され，外国の市民権（国籍）を
　　有していないか，市民権を有していた国に
　　国籍離脱の許可が法律により規定され，そ
　　の許可を受けているラトビア人
　1.2　ラトビアに常居し，1919年8月23日に
　　ラトビア共和国"市民権法"第7条により
　　ラトビアの市民権（国籍）を喪失した女性
　　及びその子孫で，法の規定する手続により
　　登録されていた者。ただし，1990年5月4
　　日後に外国の市民権を取得した者を除く。
　1.3　ラトビアに常居し，法の規定する手続
　　により登録され，一般教育学校又はラトビ
　　ア語学校において，全ての教育課程を修了
　　し，又は，ラトビア語課程を有する一般教
　　育学校でラトビア語課程を修了し，それに
　　より初等・中等教育を受けた者で，その者
　　が外国の市民権（国籍）を有しないか，市
　　民権（国籍）を有していた国に国籍離脱の
　　許可が法律により規定され，その許可を受
　　けている者

　2　帰化又は他の法に規定する手続によりラ
　　トビア市民権を取得した者
　3　ラトビアの領土で発見され，両親が知れ
　　ない子
　4　親がなく，ラトビアの孤児院又は寄宿学
　　校で生活している子
　5　子の出生場所にかかわらず，出生時に両
　　親がラトビア市民であった子
第3条（一方の親がラトビア市民である場合の
　子の市民権）
①　子の出生時に，両親の一方がラトビア市民
　で，他方が外国人である場合は，以下に掲げ
　る場合には，子はラトビア市民である。
　1　ラトビアで出生した場合
　2　ラトビア国外で出生し，子の出生時に，
　　親又は子と同居する親がラトビアに常居し
　　ている場合
②　第1項の場合には，両親はお互いの同意に
　より，子のために（ラトビアでない）外国の
　市民権（国籍）を選択することができる。
③　子の出生時に，一方の親がラトビア市民
　で，他方が外国人であり，両親が外国に常居
　している場合は，互いの同意により子の市民
　権（国籍）を決定することができる。
④　子の出生の日に一方の親がラトビア市民で
　他方の親が国籍を有しないか，知れない場合
　は，子の出生地にかかわらず，ラトビア市民
　である。

第5 認　　知

1 制　　度

　ラトビアは事実主義ではなく，父との子の血縁関係が民法第146条の嫡出推定の規定に従って決定することができないか，又は，裁判所が子が母の夫から出生したのではないと認めたときは，父と子の血縁関係は，父であると自発的な認知又は裁判手続により決定される（民法154条）。

2 保護要件

(1) 母等の同意（申請）

　子の父及び母が一般登録所に共同申請しなければならない。

　母が死亡しているか，所在が知れない場合は，子が未成年者であるときは子の後見人の同意を，子の後見が成立していないときは孤児裁判所の同意を要する（民法155条）。

(2) 子の同意

　子が12歳に達している場合は，その者の同意を要する（民法155条）。

3 胎児認知

　父の認知の申請は，子の出生登録後又は子の出生前と同様に，子の出生時に提出することができる（民法155条）。

4 認知の手続

(1) 申　　請

　ア　父及び母の共同申請

　　子の父及び母が一般登録所に共同申請した時に，父の認知が生じる（民法155条）。

　イ　子の母が死亡している場合等

　　子の母が死亡しているか，所在が知れないときは，父の認知の申請は子の父が単独で提出することができる（民法155条）。

716　第2編　各　　論

ウ　子の父が未成年者である場合

　両親又は後見人の同意を得て，子の父である認知の申請書を提出することができる（民法155条）。

(2)　登　録

　父の認知は，公式に出生登録簿への登記によって登録される（民法155条）。

5　子の姓

　子の姓は，両親の姓により決定される。両親の姓が異なるときは，子は両親の合意に従って，父又は母の姓を称する。

　両親が子の姓に合意しないときは，孤児裁判所の決定により決まる（民法160条・151条）。

6　認知の無効

(1)　無効事由

　認知した者が子の実親ではなく，子を錯誤，詐欺又は強迫により認知したときにのみ，裁判所は父の認知の無効を宣言することができる（民法156条）。

(2)　提訴期間

　認知をした者が精神疾患又は精神障害で行為能力を欠くときは，その者の受託者又は父であることを排除する事情が判明した日から2年以内に子の母が，父であることを争うことができる。子は，両親が死亡した場合は，成人に達した後2年以内に父の認知を争うことができる（民法156条）。

(3)　訴訟の係属

　父の認知を争う権利は，一身専属である。死亡した者の相続人に相続されないが，裁判所に提訴された訴訟は相続人に引き継がれる（民法156条）。

〔**根拠法条**〕

民法（1992年7月7日，2006年6月22日改正） 第1部　家族法	第2章　親子間の権利義務 サブチャプター1　子の血縁関係の決定 第154条

父と子の血縁関係が本法第146条の規定に従って決定することができないか，又は，裁判所が子が母の夫から出生したのではないと認めたときは，父と子の血縁関係は，父であると自発的な認知又は裁判手続による決定に基づく。

第155条

　子の父及び母が一般登録所に共同申請するか，又は公証人に公的な証明された申請を提出することにより，父の認知が生じる。父の認知は，公式に出生登録簿への登記によって登録される。

　父の認知の申請は，子の出生登録後又は子の出生前と同様に，子の出生時に提出することができる。

　子の母が死亡しているか，所在が知れないときは，父の認知の申請は子の父が単独で提出することができる。子が未成年者である場合は子の後見人の同意を要し，子の後見が成立していない場合は孤児裁判所の同意を要する。

　成人に達していない子の父は，両親又は後見人の同意を得て子の父である認知の申請書を提出することができる。

　子が12歳に達している場合は，父が認知するには子の同意を要する。（以下，略）

第156条

　認知した者が子の実親ではなく，子を錯誤，詐欺又は強迫により認知したときにのみ，裁判所は父の認知の無効を宣言することができる。

　認知をした者が精神疾患又は精神障害で行為能力を欠くときは，その者の受託者又は父であることを排除する事情が判明した日から2年以内に子の母が，父で

あることを争うことができる。子は，両親が死亡した場合は，成人に達した後2年以内に父の認知を争うことができる。

　父の認知を争う権利は，一身専属である。死亡した者の相続人に相続されないが，裁判所に提訴された訴訟は相続人に引き継がれる。

第157条

　父の認知に関して，共同して申請が一般登録所になされなかったとき，又は出生登録で父を記録するために本法第155条に示された障害事由が存在するときは，裁判所が父を決定する。

　父を決定する訴えを審理するに当たっては，特定の人が子の親であることを証明するか，又は，そのような事実を排除することを可能とする証拠を考慮しなければならない。

第158条

　裁判所に対する父の決定の訴えは，子の自ら子の父であると考える者だけでなく，子の母，子の後見人又は成人に達した後に子が自らすることができる。

　子が由来する者が死亡したときは，子の母，子の後見人又は成人に達した後に子が自ら，父の事実の決定を進めることを裁判所に訴えることができる。

第159条

　父であることを決定した判決が効力を生じたときは，争うことができない。

第160条

　子の父が自発的に父であることを認めたときは，子の姓は，子の登録後も，本法第151条の規定に従って決定される。

第161条（2005年3月10日削除）

718　第2編　各　論

第6　養子縁組

1　根拠法

根拠法は，「民法」である。

2　実質的成立要件

(1)　養親の要件

養親は，少なくとも25歳以上で，養子よりも少なくとも18歳以上年長でなければならない。

養親の最低年齢及び18歳の年齢差に関する条件は，自己の配偶者の子が養子となる場合は適用されないが，養親は少なくとも21歳以上で，養親と養子の年齢差は16歳以下であってはならない（民法163条）。

(2)　夫婦共同縁組

夫婦共同縁組は，①他方の配偶者の子を養子縁組する場合，②他方の配偶者が失踪宣告がされた場合，③他方の配偶者が，精神疾患又は精神障害で行為能力を欠くとされた場合を除き，夫婦が共同して養子縁組をしなければならない（民法164条）。

(3)　複数の者による養子縁組の禁止

夫婦共同縁組の場合を除き，複数の者が養子縁組をすることができない（民法166条）。

(4)　養子縁組の制限

後見人は，適切な会計報告を提出せず，後見を解かれていないときは，被後見人を養子とすることはできない（民法167条）。

3　保護要件

(1)　実親等の同意

ア　同意の要否

実親等が監護権を喪失していない場合は，未成年の養子の親又は後見人の同意を要する（民法169条）。

イ　同意時期の制限

　母は，子の出生後6週間を経過する前は，子の養子縁組に同意すること
ができない（民法169条）。

ウ　同意の免除

　同意を証明することが永続する障害事由で不可能であるか，同意を要す
る者の居所地が知れないことが明らかにされたときは，裁判所は当事者が
その同意を証明することを免除することができる。

　監護権が両親の一方にのみ付与され，他方の親が正当な理由なく養子縁
組に対して同意しないときは，同意は養子が居住する地の孤児裁判所が与
えることができる（民法169条）。

(2)　養子の同意

　養子が12歳に達している場合は，その者の同意を要する（民法169条）。

4　養子縁組の効力発生

　裁判所が養子縁組を認めた時に直ちに効力を生じたものとみなされる（民法
171条）。

5　養子縁組の効力

(1)　養親との関係

　養子は，養親の家族の一員となり，養親は監護を実施する権利を取得する
（民法172条）。

　養親とその親族，養子とその卑属との関係で，婚姻による嫡出子の法的身分
を取得する（民法173条）。

(2)　実親との関係

　養子縁組で，実親及びその親族との親族関係及び子に属する権利義務及び財
産上の権利義務は終了する（民法173条）。

(3)　養子の姓

　養子は，養親の姓を認めることができる。

　また，養親は，養親又は養子が既に複合姓である場合を除き，養子の姓に自

720 第2編 各 論

己の姓を結合することを請求することができる。

また，養子の名が養親の国籍に適合していないか，又は，発音が難しいときは，養子の名を変更又は第2の名を付加することができる。ただし，養子が既に複合名である場合を除く（民法172条）。

6 ハーグ国際養子縁組条約

2002年（平成14年）批准

〔根拠法条〕

民法（1992年7月7日，2006年6月22日改正）

第1部 家族法

第2章 親子間の権利義務

サブチャプター2 養子縁組

第163条

養親は，少なくとも25歳以上で，養子よりも少なくとも18歳以上年長でなければならない。養親の最低年齢及び18歳の年齢差に関する条件は，自己の配偶者の子が養子となる場合は，適用しないことができる。ただし，この場合，養親は少なくとも21歳以上で，養親と子間の年齢差は16歳以下であってはならない。

第164条

夫婦は，以下に掲げる場合を除き，共同して子を養子とすることができる。

1 他方の配偶者の子を養子縁組する場合

2 他方の配偶者が失踪宣告（所在に関する情報の不在）がされた場合

3 他方の配偶者が，精神疾患又は精神障害で行為能力を欠くとされた場合

第165条

同時に，複数の子を養子とすることが

できる。養子縁組において，兄弟姉妹は別々になってはならない。子の利益として，そのうちの1人が不治の病気であるか，兄弟姉妹を一緒に養子縁組することを妨げる障害事由があるときは，兄弟姉妹を別々にすることは認められる。

第166条

婚姻をしていない者は，1人の同じ子を養子とすることができない。

第167条

後見人は，適切な会計報告を提出せず，後見を解かれていないときは，被後見人を養子とすることはできない。

第168条

養子縁組は，その他の条項で制限することはできない。

第169条

全ての当事者は，養子縁組に対して同意をすることを要する。

1 養親の同意

2 養子が12歳に達している場合は，養子の同意

3 監護権を喪失していない場合は，未成年の養子の親又は後見人の同意

母は，子の出生後6週間を経過する前

は，子の養子縁組に同意することができない。

　実際の状況によれば，同意を証明することが永続する障害事由で不可能であるか，同意を要する者の居所地が知れないことが明らかにされたときは，裁判所は当事者がその同意を証明することを免除することができる。裁判所は，その者が応答するように〔ラトビア政府の官報である〕新聞（Latvijas Vestnesis）に案内を出す。

　監護権が両親の一方にのみ付与され，他方の親が正当な理由なく養子縁組に対して同意しないときは，同意は養子が居住する地の孤児裁判所が与えることができる。（以下，略）

第170条（2002年12月12日削除）

第171条

　養親の申請に従い，裁判所が養子縁組を認めた時に直ちに効力を生じたものとみなされる。

　裁判所が養子縁組を承認する前に養親が死亡した場合は，その承認の障害にはならないが，承認の前に養子が死亡した場合は，終了する。

　養親からの請求が正当であるときは，養子の出生登録簿に養親を養子の親として登録しないことを認めることができる。

　子が成人に達するまでは，養子縁組に

関する情報は，養親の同意なく公表してはならない。

第172条

　養子は養親の家族の一員となり，養親は監護を実施する権利を取得する。養子は，本法第151条の規定に従って養親の姓を認めることができる。養親は，養子の姓に自己の姓を結合することを請求することができる。ただし，養親又は養子が既に複合姓である場合を除く。

　養子の名が養親の国籍に適合していないとき，又は，発音が難しいときは，養子の名を変更又は第2の名を付加することができる。ただし，養子が既に複合名である場合を除く。

　養親からの申請に基づき，裁判所は養子の個人識別番号（the personal identity number）の変更を認めることができる。養子の生年月日を変更することは禁止される。

第173条

　養親とその親族，養子とその卑属との関係で，財産関係と同様に人の属する関係は婚姻による嫡出子の法的身分を取得する。

　養子縁組で，実親及びその親族との親族関係及び子に属する権利義務及び財産上の権利義務は終了する。

第174条（2005年3月10日削除）

第7　養子縁組の撤回

1　養子縁組の撤回

　成人の養子が，養子縁組の撤回に関して養親と合意したときは，裁判所は養

722　第2編　各　論

子縁組を撤回することができる（民法175条）。

2　撤回の効力発生日

養子縁組が撤回されたときは，養子縁組の撤回に関する判決が効力を生じた日に終了する（民法175条）。

3　撤回の効力

養子，その卑属と養子の実親及びその親族間の法的親族関係は，養子縁組の撤回により回復する。

養子縁組により養親の姓又は他の名を取得したか，その者の個人識別番号を変更したときは，それが養子の利益となるときは，裁判所は養子縁組の撤回後に姓，名及び個人識別番号を保持することができる（民法176条）。

〔根拠法条〕

民法（1992年7月7日，2006年6月22日改正）
第1部　家族法
第2章　親子間の権利義務
サブチャプター2　養子縁組
第175条
　　成人の養子が養子縁組の撤回に関して養親と合意したときは，裁判所は養子縁組を撤回することができる。養子縁組が撤回されたときは，養子縁組の撤回に関する判決が効力を生じた日に終了する。

第176条
　　養子，その卑属と養子の実親及びその親族間の法的親族関係は，養子縁組の撤回により回復する。
　　養子縁組の創設で，養親の姓又は他の名を取得したか，その者の個人識別番号を変更したときは，それが養子の利益となるときは，裁判所は養子縁組の撤回後に姓，名及び個人識別番号を保持することができる。

第8　国　籍

1　二重国籍

ラトビアでは，2013年に国籍法が改正され，欧州連合の加盟国又は欧州自由貿易連合の加盟国の市民権を取得した者，北大西洋条約機構の加盟国の市民権

を取得した者，オーストラリア，ブラジル連邦共和国，ニュージーランドの市民権を取得した者，ラトビア共和国が，二重市民権の承認に関する協定を結ぶ国の市民権を取得した者及びそれ以外の国の市民権を取得したが，重要な国家の利益に従ってラトビア市民権を保持するための内閣の承認を得た者等については，二重国籍になった場合でも，ラトビア市民権を喪失しないこととなった（市民9条）。

2　ラトビア市民権の喪失

(1)　市民権の喪失

　外国の市民権（国籍）を有しているか，又は外国の市民権（国籍）を保証されている者は，ラトビア市民権を放棄する権利を有する。

　ただし，その者が国家に対する義務を履行していない場合や兵役義務を履行していない場合には，市民権の放棄の申請は，却下されることがある。

　なお，外国の市民権を取得したラトビア市民は，外国の市民権を取得後30日以内にラトビア市民権の放棄の申請を提出する義務を負うが，1に記載された欧州連合の加盟国等の市民権を取得し，ラトビア市民権を保持する者には適用されない（市民23条）。

(2)　市民権の撤回

　ラトビア市民権の放棄に関する申請書を提出せず，外国の市民権（国籍）を取得した場合や内閣の許可を得ることなく，外国の軍隊，国内の兵役，警察又は司法機関に従事している場合には，ラトビア市民権を撤回することができる。ただし，その者が欧州連合，欧州自由貿易連合，北大西洋条約機構，オーストラリア，ブラジル連邦共和国，ニュージーランド，ラトビア共和国が，二重市民権の承認に関する協定を結ぶ国の軍隊又は軍事機関で従事している場合を除く（市民24条）。

〔根拠法条〕

市民権法（2013年5月9日，同年10月1日　　第1章　総則
　施行）　　　　　　　　　　　　　　　　　第9条（二重市民権）

① 以下に掲げるラトビア市民は，ラトビア市民権を保持する。

1 欧州連合（The European Union）の加盟国又は欧州自由貿易連合（The European Free Trade Association）の加盟国の市民権を取得した者

2 北大西洋条約機構（The North Atlantic Treaty Organization）の加盟国の市民権を取得した者

3 オーストラリア，ブラジル連邦共和国，ニュージーランドの市民権を取得した者

4 ラトビア共和国が，二重市民権の承認に関する協定を結ぶ国の市民権を取得した者

5 本項第1号，第2号，第3号及び第4号に掲げられていない国の市民権を取得したが，重要な国家の利益に従ってラトビア市民権を保持するための内閣の承認を得た者。内閣は，1年以内に決定を行い，その決定は上訴の対象とならない。

6 婚姻の締結により（法律による取得）又は養子縁組の結果として外国の市民権を取得した者

② 2013年10月1日以後に，本法第2条第1項第2号又は第4号に従ってラトビア市民権を取得した者は，その者が欧州連合，欧州自由貿易連合，北大西洋条約機構，オーストラリア，ブラジル連邦共和国，ニュージーランド，ラトビア共和国が，二重市民権の承認に関する協定を結ぶ国又は内閣の承認が得られたときは，前に掲げられていない国の市民権を取得したときにのみ二重市民権が生じる。

③ 二重市民権は，本法第2条第1項第3号に従って，2013年10月1日以後に，ラトビア市民権を取得するラトビア人及び先住民に生じる。

④ 二重市民権は，本法第12条第2項に規定される場合を除き，帰化手続によりラトビア市民権が認められた者には生じない。

⑤ 二重市民権は，本法第23条第3項の規定に従ったときは，本法第2条第1項第2号，第5号又は第6号に従って2013年10月1日以後にラトビア市民権を取得した子に生じる。

⑥ ラトビア市民が，外国の法律に従い，同時に関連する外国の市民とみなされるときは，その者はラトビア共和国との法的関係においては，ラトビア市民のみであるとみなされる。

第4章 ラトビア市民権の喪失及び回復

第22条（ラトビア市民権の喪失）

ラトビア市民権の喪失事由は，以下のとおりである。

1 市民権の放棄

2 市民権の撤回

第23条（ラトビア市民権の放棄）

① 外国の市民でもあるラトビア市民又は外国の市民権が保証されているラトビア市民は，ラトビア市民権を放棄する権利を有する。

② 外国の市民権を取得したラトビア市民は，外国の市民権を取得後30日以内にラトビア市民権の放棄の申請を提出する義務を負う。この義務は，ラトビア市民権が本法第9条第1項に従って保持されるラトビア市民には適用されない。

③ 成人に達する前に二重市民権になり，外国の市民権を保持することを希望する

ラトビア市民は，成人に達した後，25歳になる前に，ラトビア市民権の放棄の申請を提出するものとする。この義務は，二重市民権が本法第8条に従って生じたか，又はラトビア市民権が本法第9条第1項に従って保持されるラトビア市民には適用されない。

④ ラトビア市民がラトビア国に対する納税又はその他の支払義務を履行していないときは，ラトビア市民権の放棄の申請を却下することができる。

⑤・⑥ （略）

第24条（ラトビア市民権の撤回）

① ラトビア市民権は，以下の場合に，撤回することができる。

　1 ラトビア市民権の撤回された場合に，その者が無国籍にならないときは，本法第23条第2項及び第3項に規定するラトビア市民権の放棄の申請を提出せずに外国の市民権を取得し，ラトビア市民権を喪失しない場合

　2 内閣の許可なく，その者が無国籍にならないときで，自発的に外国の軍隊又は軍事機関で従事している場合。ただし，その者が欧州連合，欧州自由貿易連合，北大西洋条約機構，オーストラリア，ブラジル連邦共和国，ニュージーランド，ラトビア共和国が，二重市民権の承認に関する協定を結ぶ国の軍隊又は軍事機関で従事している場合を除く。

　3・4 （略）

② ラトビア市民権の撤回は，その者の配偶者，子又は他の家族の構成員の市民権に影響を及ぼさない。

③〜⑤ （略）

〔参考〕

1998年市民権法

第1章 総則

第9条（二重市民権）

① ラトビア市民権を認めることは，二重市民権を導かない。

② ラトビア市民が外国の法に従って外国の市民とみなされているときは，その市民は，ラトビア共和国との法律関係においては，ラトビア市民とのみみなされる。

第4章 ラトビア市民権の喪失及び回復則

第22条（ラトビア市民権の喪失）

　ラトビア市民権の喪失事由は，以下に掲げる事由である。

　1 市民権の放棄

　2 市民権の撤回

第23条（ラトビア市民権の放棄）

① 外国の市民権（国籍）を有しているか，又は外国の市民権（国籍）を保証されている者は，ラトビア市民権を放棄する権利を有する。

② 市民権の放棄の申請は，以下に掲げる場合には否定されることがある。

　1 その者が国家に対する義務を履行していない場合

　2 その者が兵役義務を履行していない場合

③ 放棄の申請を認めない決定は，裁判所に上訴することができる。

第24条（ラトビア市民権の撤回）

① ラトビア市民権は，以下に掲げる場合には，地方裁判所の決定で撤回することができる。

　1 ラトビア市民権の放棄に関する申請書を提出せず，外国の市民権（国籍）を取得した場合

　2 内閣の許可を得ることなく，外国の軍

隊，国内の兵役，警察又は司法機関に従事
している場合

3　（略）

②　ラトビア市民権の撤回は，その者の配偶
者，子又は他の家族の構成員の市民権に影響
を及ぼさない。

資料182－1 〔結婚障害欠如宣誓書〕

RĪGAS DOME
RĪGAS LATGALES PRIEKŠPILSĒTAS IZPILDDIREKCIJA
Dzimtsarakstu nodaļa
※ ※ iela ※, Rīga, ※ ※ , tālr. ※ ※ , ※ ※

29.07.2002. Nr.※

APLIECINĀJUMS

PAR ○ ○ ○ ○ ○ ĢIMENES STĀVOKLI

　　Pamatojoties uz iesniegto Deklarāciju par ○ ○ ○ ○ ‥‥‥
ģimenes stāvokli un pasi ○ ○ ○ ○ , izdotu Rīgas 4. pasu daļā 2002.gadā
18. jūlijā ar personas kodu ○ ○ ○ ○ , dzīvojošu ○ ○ ○ ○ ○ ‥‥
‥‥‥‥‥‥‥ , Rīgas Latgales priekšpilsētas dzimtsarakstu nodaļa
apliecina, ka ○ ○ ○ ○ laulībā nesastāv un viņai nav šķēršļu laulības
noslēgšanai.
　　Apliecinājums Janai Aņičenko izsniegts laulības reģistrācijai Japānā
ar Japānas pilsoni ○ ○ ○ ○ ○ dzimušu ○ ○ ○ ○ ‥‥‥
Japānā, dzīvojošu ○ ○ ○ ○ ○ ‥‥‥‥‥‥‥
Japan.

Nodaļas pārzines vietniece :　　　　（署名）　※ ※ ※ ※

資料182-1

Rīgas Latgales priekšpilsētas
dzimtsarakstu nodaļas pārzines vietnieces
※ ※ ※ ※ parakstu apliecinu.

30.07.2002

(署名)

※ ※ ※ ※
zimtsarakstu departamenta
direktore

APOSTILLE
(Convention de La Haye du 5 octobre 1961)

1. Country **Republic of Latvia**

This public document
2. has been signed by ※ ※ ※ ※
3. acting in the capacity of Head of the Registry Department
4. bears the seal/stamp of the Registry Department of the Ministry of Justice of the Republic of Latvia

Certified
5. at **Riga** 6. July 30, 2002
7. by ※ ※ ※ ※ First Secretary

Ministry of Foreign Affairs

8. № ※ ※

9. stamp: 10. signature: (署名)

資料182-1

リガ市役所
リガ市ラツガーレス地方執行管理部

目録登録課
※※リガ市※※通り※、tel. ※※、※※

2002年7月29日　107号

○○○○の結婚障害欠如宣誓書

　○○○○の結婚障害欠如宣誓申請書と2002年7月18日リガ市第4旅券発行課が発行した旅券、旅券番号　　　　　、個人コード　　　　　、ラトビアでの法定住所：　　　　　に従って、目録登録課が○○○○○は**前婚なき**こと、**婚姻に対し法律上或いはその他いかなる障害も**ないことを証明する。

　この証明書は日本国籍の○○○、生年月日：　　　　　、日本での法定住所：〒　　　　　　　　　と日本で結婚登録するために発行した。

　　　目録登録課長　　　　　　※※※※
　　　　判子　　　　　　　　　署名

【翻訳者】

リガ市ラツガーレス地方執行管理部目録登録課長※※※※の署名をする。

2002年7月30日 　　　　　　　　　　※※※※

　　　　　　　　　　　　　　　　　　目録登録部長

　　　　　判子　　　　　　　　　　署名

アポスチール

(1961年10月5日デ・ラ・ヘー国際規定に基づいて)

1．国名　　　　　　ラトビア共和国

　この公開の文書は

2．署名者　　　　　※※※※
3．所属　　　　　　目録登録部長
4．署名及び署名印　ラトビア共和国法務省目録登録部

　　　　　　　　　　　　に証明された。

5．証明場所　　　　リガ市
6．証明日付　　　　2002年7月30日
7．証明者　　　　　※※※※　第1書記官

　　　　　　　　　　ラトビア共和国外務省

8．登録番号　　　　※※
9．署名印　　　　　判子
10．署名　　　　　署名

【翻訳者】

資料182−2〔婚姻証明書〕

資料182-2

資料182-3 〔出生証明書〕

資料182-3

183 リトアニア（リトアニア共和国）

第1 国際私法

1 外国法の適用

地域的不統一法国法及び人的不統一法国法の指定において，準拠国際私法が存在しない場合においては，密接関連法が適用される（民法1条の10第6項）。

2 外国法の適用の制限

外国法の指定は，リトアニア憲法等の公の秩序に反する場合には，排除される。

また，内外の強行法規の優先的適用及び最密接関連性の原則に基づく例外条項を定めている（民法1条の11）。

3 反　　致

適用される外国法がリトアニア法への反致を定める場合は，民法典によって定められたときに，リトアニア法が適用される（民法1条の14）。

4 婚姻の実質的成立要件

新民法では，婚姻当事者の平常の居住地法主義を採用した双方的抵触規定に変換されている（民法1条の25）。

- （注）　旧婚姻及び家族法第209条において，「リトアニア共和国国民による外国人との婚姻締結及び外国人相互による婚姻締結は，リトアニア共和国においてリトアニア共和国立法に従って行われる。」（1項），及び「リトアニア共和国における外国の大使館及び領事館において締結される外国人間の婚姻は，婚姻締結当事者が，婚姻締結の当時，大使又は領事を任命した国家の国籍を有するとき，相互性を条件として，リトアニア共和国において有効であると判断されなければならない。」（2項）という規定のほか，リトアニア共和国国民によるリトアニア共和国領事館における婚姻締結及びリトアニア共和国

736 第2編 各 論

の領域外において締結された婚姻の承認について，同法第210条において，「リトアニア共和国の領域外におけるリトアニア共和国国民の間の婚姻締結は，リトアニア共和国領事館において行われる。」（1項），「リトアニア共和国の領域外におけるリトアニア共和国国民相互間の婚姻が，婚姻締結地において行われている法律が定める婚姻の方式の遵守の下に締結された場合には，それは，本法典第15条から第17条及び第45条において示されたいかなる障害もそれを妨げないとき，リトアニア共和国において有効であると認められる。」（2項），「リトアニア共和国の領域外において基準となる国家の法律に従って締結されている外国人による婚姻は，リトアニア共和国において有効であると認められる。」（3項）と規定されていた。

5　婚姻の方式

　婚姻締結地法への単一的連結にとどまらず，当事者の平常の居住地法又は本国法への選択的連結を認めている（民法1条の26）。

6　離婚の準拠法

　夫婦の共通の平常の居住地法，最後の共通の平常の居住地法，受理裁判所所在地法の段階的連結という双方的抵触規定となっている（民法1条の29）。

　　（注）　旧婚姻及び家族法第211条において，「リトアニア共和国国民による外国人との婚姻並びに外国人相互による婚姻のリトアニア共和国における離婚は，リトアニア共和国の立法に従って行われる。」（1項），「リトアニア共和国の領域外において基準となる国家の立法に従って行われるリトアニア共和国国民と外国人との離婚は，離婚当時，少なくとも夫婦の一方がリトアニア共和国の領域外において生活していた場合には，リトアニアにおいて承認される。」（2項），「リトアニア共和国の領域外において基準となる国家の法律に従って行われるリトアニア共和国国民による離婚は，夫婦の双方が，離婚の当時，リトアニア共和国の領域外において生活していた場合には，リトアニア共和国において法的に有効であると認められる。」（3項），「リトアニア共和国の領域外において基準となる国家の法律に従って行われる外国人間の離婚は，リトアニア共和国において有効であると認められる。」（4項），「リトアニア共和国の領域外において生活しているリトアニア共和国国民は，配偶者の国籍にかかわらず，リトアニア共和国の領域外において生活しているそ

の者とのその婚姻をリトアニア共和国裁判所によって離婚させる権利を有する。リトアニア共和国の立法に従い，登録機関における身分行為による離婚が許されている場合には，婚姻はリトアニア共和国領事館において解消させることができる。」（5項）と規定されていた。

7 養子縁組の準拠法

養子縁組保護の立場を基調としつつ，養子縁組の成立については，養子の平常の居住地法主義，養子縁組の効力については，養親の平常の居住地法主義が採用されている（民法1条の33）。

(注) 旧婚姻及び家族法第212条において，「リトアニア共和国国民であり，かつ，リトアニア共和国の領域外において生活する子の養子縁組は，リトアニア共和国のいずれかの領事館において行われる。養親がリトアニア共和国国民でないときは，リトアニア共和国国籍を有する子の養子縁組については，リトアニア共和国教育省の事前の許可が求められなければならない。」（1項），及び「リトアニア共和国国民である子の養子縁組であって，子がその領域において生活する国家の機関の下において行われるものも，かような養子縁組のリトアニア共和国教育省による事前の許可を条件として，有効であると認められる。」（2項）と定められていた。

（第1につき，笠原俊宏「リトアニア国際私法の改正について」東洋法学52-2-211）

〔根拠法条〕

民法（Civil Code of the Republic of Lithu-ania）（2000年7月18日法律第8-1864号（2001年7月1日施行），2011年4月12日法律第11-1312号改正）
第1編　総則
第1章　民法及びその適用
第2節　国際私法
第1款　総則
第1条の10（外国法の適用）
① 外国法は，リトアニア共和国の国際条約，当事者の合意又はリトアニア共和国

の法律が定める限り，民事法関係に適用される。
② 準拠外国法への送致は，同法に従い，法律問題の実際の状態に適用されるべきである全ての法規を含む。
③ 本法典が例外を定めていない限り，準拠外国法への送致はその国家の国際私法への送致ではなく，当該国家の国内的実質法への送致を意味する。
④ 本法典の法規に従って適用される法が帰属する外国のいくつかの国家領域にお

738 第2編 各 論

いて，異なる法制度が存在するときは，準拠外国法への送致は，外国法上の基準に従って探知される当該国家領域の法制度への送致を意味する。

⑤ 本法典の法規に従って適用される法が帰属する外国において，異なる人的部類に適用される多数の法体系が存在するときは，同国法上の基準に従って定められた法制度が適用される。

⑥ 本条第4項及び第5項に従った準拠外国法が基準を定めていなかったときは，法律問題が最も密接な関連性を提示する法体系上の法が適用される。

第1条の11（外国法の適用の際の制限）

① 外国法規の指定は，それがリトアニアの憲法又は他の法律に定められた公の秩序に反することになる場合は排除される。その場合には，リトアニア共和国の民事法が適用される。

② 法律問題が最も密接な関連性を提示するリトアニア共和国又は他の国家の強行法規は，契約当事者が合意によって別の外国法を選択したか否かにかかわらず，適用されるものとする。その問題の解決の際に，裁判所は，法規の性格，目的及び適用又は不適用の法的効果をも考慮しなければならない。

③ 法律問題の全ての状態を考慮して，準拠法が法律問題又は法律問題の一部とのいかなる関連性を提示せず，かつ，他のいずれかの国家の法が最も密接な関連性を提示するとき，本法典に従い，準拠外国法は排除される。準拠法が契約当事者の合意によって選択されたとき，本規則は適用されない。

第1条の12（外国法の内容の確定）（略）

第1条の13（国際条約）

① リトアニア共和国の国際条約により，リトアニア共和国の民法典及び他の法律によって定められている規則とは別の規則が規定されているときは，国際条約上の規則が適用されるものとする。

② リトアニア共和国の国際条約は，民事法関係へ直接適用される。国際条約が，適用につき，リトアニア共和国の国内的法律行為の必要性を定めた場合は例外とする。

③ 国際条約の規則は，その国際的性質並びに保障すべき適用及び解釈の必要性，統一性の考慮の下に，適用され，また，解釈されるものとする。

第1条の14（反致及び第三国法の送致）

① 準拠外国法がリトアニア共和国法への反致を定める場合は，本法典によって定められたときに，リトアニア共和国法が適用される。

② 準拠外国法が第三国法への送致を定める場合は，本法典によって定められたときに，第三国法が適用される。

③ 準拠外国法が，人の民事法上の身分の決定の際に，リトアニア共和国法への再送致を定める場合は，リトアニア共和国法が適用される。

④ 本条第1項，第2項及び第3項は，契約当事者が準拠法を選択した場合，並びに法律行為の方式及び法定債務関係への準拠法の決定の場合にもまた適用されない。

⑤ それらの諸項の規則に従った国際条約（慣習）の適用の際には，反致及び第三国法への送致の問題は，国際条約（慣習）の規定に従って解決されるものとする。

第2款　自然人の民事上の属人法の準拠法
（略）
第3款　法人及びその他の団体の準拠法
（略）
第4款　家族法関係の準拠法
第1条の24（婚姻締結の合意の準拠法）
① 　婚姻締結の合意の準拠法は，契約当事者の平常の居所地法が決定する。
② 　婚姻締結の合意の契約当事者が異なる国家に平常の居所地を有するとき，その合意の法的効果は，訴訟と最も密接な関係を有する法の考慮の下に，合意の締結地，契約当事者の一方の平常の居所地又は契約当事者の一方の国籍の法に従って，決定されるものとする。
第1条の25（婚姻締結の要件の準拠法）
① 　夫婦の行為能力及び他の婚姻締結の要件は，リトアニア共和国法に服する。
② 　夫婦の一方がリトアニア共和国に平常の居所を有するか，又は，婚姻締結の当時，リトアニア国民であるとき，婚姻は民事登録官庁において登録されるものとする。
③ 　リトアニア共和国に平常の居所を有しない外国国民及び無国籍者の夫婦の行為能力及び他の婚姻締結の要件は，その婚姻の承認が夫婦の平常の居所地国において目的とされるとき，夫婦双方の平常の居所地法に従って決定されることができる。
④ 　外国法に従って合法的に挙行された婚姻は，リトアニア共和国において承認されるものとする。ただし，双方の平常の居所地がリトアニア共和国に所在する夫婦が，リトアニア共和国の法律に従ったその婚姻締結の無効に関し，回避するた

めに婚姻を行った場合は例外とする。
第1条の26（婚姻締結の手続の準拠法）
　　婚姻締結の手続は，婚姻締結地法に従って決定される。婚姻締結の手続が婚姻締結の当時の夫婦の平常の居住地又は夫婦の国籍の法的要求と合致するときも，婚姻は有効と宣告される。
第1条の27（夫婦の身分的関係の準拠法）
① 　夫婦の身分的関係へは，夫婦の平常の居住地法が適用されるものとする。
② 　夫婦の平常の居住地が異なる国家に所在する場合，夫婦の身分的関係へは，最後の共通の平常の居住地法が適用されるものとする。夫婦の共通の平常の居住地法がないときは，夫婦の身分的関係と最も密接な関係を提示する国家の法が適用されるものとする。夫婦の身分的関係と最も密接な関係を提示する国家の法の確定が不可能であるときは，婚姻締結地法が適用されるものとする。
第1条の28（夫婦の財産法制度の準拠法）
（略）
第1条の29（生活共同体及び離婚の準拠法）
① 　生活共同体及び離婚には，平常の居住地法が適用されるものとする。
② 　夫婦が共通の平常の居住地を有しない限り，最後の平常の居住地法が適用されるものとし，他の場合には，訴訟と関係した裁判所の法が適用されるものとする。
③ 　夫婦双方の国籍の法が離婚を禁止するか，又は，婚姻の特別要件の充足を要求する限り，夫婦がリトアニア国籍又はリトアニア共和国における平常の居住地を有するとき，婚姻はリトアニア共和国の法律に従って解消されるものとする。
第1条の30（婚姻，離婚及び生活共同体の

740　第2編　各　　論

無効宣告の訴訟の裁判権）

　婚姻，離婚及び生活共同体の無効宣告の訴訟の裁判権は，リトアニア共和国民法典によって定められた場合において，リトアニア共和国の裁判所に服する。

第1条の31（子の血統（準正）の準拠法）

① 子の血統（認知，父子関係又は母子関係の確定又は争訟）は，子にとって最も有利な法の考慮の下に，出生子が取得した国籍が帰属する国家の法又は出生子がその平常の居所を有する国家であって，出生子の父母の一方がその平常の居所を有する国家の法又は出生子の父母の一方が有する国籍が帰属する国家の法に服する。

② 子の準正の決定の際に，法的効果は平常の居住地法に従って実行される。

③ 子の準正については，子又は子の父母の一方の平常の居住地がリトアニア共和国に所在するとき，リトアニア共和国裁判所又は他のリトアニア国家機関が裁判する。

④ 父子関係（母子関係）の認知の際における子の父母の行為能力は，子の父母の平常の居住地が所在する国家の法に従って規律される。父子関係（母子関係）の認知の方式には，その認知の地又は子の平常の居住地が所在する国家の法が適用される。

⑤ 本条の諸規定は，非婚の父母の出生子の血統の確定の際に適用される。

第1条の32（子と父母との間の関係の準拠法）

① 子と父母との間の身分的及び財産的法律関係には，子がその平常の居住地を有する国家の法が適用される。

② 子の父母が，子の平常の居住地を有する国家に平常の居住地を有せず，かつ，子が父母双方と同一国家の国籍を有するとき，その国籍の国家の法が適用される。

第1条の33（子の養子の準拠法）

① 子の養子縁組へは，子の平常の居住地の国家の法が適用される。

② 子の養子縁組が，養子にされた子の平常の居住地法，養親の平常の居住地法又は養親の国籍の法に従えば認められないとみられるとき，養子縁組は，子の利益がそれらの法秩序によって侵害されない限り，当該法秩序に従って実行されるものとする。養子縁組がそれぞれの国家において認められるか否か判明しないとき，養子縁組は禁止される。

③ 養子，養親及びその親族の間の関係には，養親の平常の居住地法が適用される。

④ 養子縁組に関する訴訟には，子及び養親の平常の居住地がリトアニア共和国に所在するとき，リトアニア裁判所の裁判権が適用される。

第1条の34（後見，保佐及び未成年者の保護の準拠法）　（略）

第1条の35（成年の家族構成員の後見及び保佐の準拠法）　（略）

第1条の36（家族構成員の扶養義務の準拠法）　（略）

（笠原・前掲(737)-231）

183 リトアニア 741

第2 市民権の証明

リトアニアの市民権は，リトアニア共和国市民の旅券，身分証明書等で証明される（市民11条）。

〔根拠法条〕

市民権法（Law on Citizenship）（2010年12月2日法律第11-1196号（2011年4月1日施行），2015年12月22日法律第12-2210号改正）
第2節　リトアニア共和国の市民
第11条（リトアニア共和国の市民権を証明する書類）

リトアニア共和国の市民権を証明する書類は，リトアニア共和国の法律行為により制定された手続に従って発行されたリトアニア共和国の市民の旅券及び身分証明書（identity card）又は，その者がリトアニア共和国の市民であることを証明する他の書類である。

第3 婚 姻

1 婚姻要件具備証明書

リトアニアにおいては，法務省が発行する。

婚姻届書（戸籍641-95）に添付された婚姻の成立に必要な要件を具備している旨を証明した書面は，いわゆる「婚姻要件具備証明書」として認められる。

法務省から発給される証明書は，リトアニア国民に国外での婚姻又は外国国籍者との婚姻の権利を認めるものである。なお，本件の証明書は，婚姻証明書ではない。

（1，以下2，4については，戸籍641-95）

2 婚姻証明書

(1) 発行権者

婚姻を登録する登録事務所は，婚姻証明書を発行する。

婚姻は，婚姻の記録及び記録を基に発行された婚姻証明書で証明される（民法3.23条）。

742　第2編　各　　論

(2)　婚姻証明書

①　リトアニア法務省発行の婚姻に関する証明書は，資料183-1（本文780頁）参照（戸籍641-97）。

②　リトアニア国発行の婚姻証明書は，資料183-2（本文782頁）参照。

3　実質的成立要件

従前は，婚姻に関する規定は，リトアニア憲法に規定されていたが，現在は民法に規定されている。

(1)　同性婚の禁止

同性婚は，禁止されている（民法3.12条）。

(2)　婚姻の自由な意思

婚姻は，男女の自由な意思により締結することができ，強迫や自由な意思を欠く等の場合には，婚姻の無効を宣言することができる（民法3.13条）。

(3)　婚姻適齢

婚姻適齢は，男女とも18歳である。

なお，16歳に達している場合は，婚姻しようとする者の請求により，裁判所は，略式手続で年齢を引き下げることができる。さらに，妊娠している場合は，裁判所は16歳未満の者が婚姻することを認めることができる（民法3.14条）。

(4)　行為無能力者

行為無能力者は，婚姻を締結することができない（民法3.15条）。

(5)　重婚の禁止

重婚は禁止される（民法3.16条）。

(6)　近親婚の禁止

親と子，養親と養子，祖父母と孫，実の兄弟又は乳兄弟，実の姉妹又は乳姉妹，息子，おじと姪，おばと甥間の婚姻は禁止される（民法3.17条）。

4　婚姻要件の審査

3の実質的成立要件のうち，(3)の婚姻適齢については，パスポート等により確認でき，(4)，(5)，(6)の婚姻障害事由の要件については，添付された「婚姻に

関する証明書」によれば，「当人は離別し，当人は他の国の市民との婚姻に障害がない。」とされていることから，婚姻中の者ではなく，婚姻する能力がないとされる精神障害者又は精神薄弱者でないと認められ，また，日本の戸籍謄本とリトアニア人の出生証明書によれば，両者の間に近親及び養親子関係にないものと認められる。

なお，リトアニアの再婚禁止期間については，リトアニア国法上再婚に関する期間制限は特に設けられていないようであり，婚姻届書の(6)欄で「離別」にチェックされており，離別年月日から日本民法第733条の再婚禁止期間が経過していれば問題はない。

(4)の婚姻については，リトアニア国の法務省が，添付された「婚姻に関する証明書」を発給していることから，リトアニア人については当該婚姻障害事由はないと考えられる（平成7.10.23民二4085号回答（戸籍641-95））。

(注)　本件回答後に，民法が改正されているが，現行法においても，回答を参考に審査することができると思われる。

5　形式的成立要件

(1)　婚姻登録の申請

婚姻をしようとする者は，婚姻を登録する申請をしなければならない（民法3.18条）。

(2)　婚姻成立の要件遵守の確認

婚姻登録の申請を提出すると同時に，夫婦になる者は，書面で，婚姻成立に規定されている全ての要件を満たしていることを証明しなければならない。

また，婚姻を登録する前に，登録事務所の役人は，婚姻成立のために婚姻要件が全て遵守されているか確認しなければならない（民法3.20条）。

6　夫婦の姓

夫婦は，それぞれの姓を保持し，又は共通の姓として他方の配偶者の姓を選択するか，自己の姓に他方の姓を結合する二重の姓とする権利を有する（民法3.31条）。

744 第2編 各 論

7 婚姻の無効

(1) 無効事由

同性婚の禁止，婚姻適齢違反，重婚の禁止，近親婚の禁止等（民法3.12条〜3.17条）に反する婚姻は，無効である。

また，当事者の一方が，他方に，性病又はエイズに罹患していることを知らせなかった場合（民法3.21条3項），仮装婚（民法3.39条）及び自由な意思の欠缺（民法3.40条）による場合も無効とされる（民法3.37条）。

(2) 裁判所の決定

婚姻は，裁判所によってのみ，無効とすることができる（民法3.37条2項）。

無効事由が存在する場合でも，以下のときは，裁判所は婚姻を無効としないことができる。

① 訴訟手続中に，婚姻障害となる事情が消滅したときは，婚姻の無効を言い渡さないことができる（民法3.41条1項）。

② 婚姻を無効とすることが未成年者の配偶者の利益に反するときは，未成年者の締結した婚姻の無効を言い渡さないことができる（民法3.41条2項）。

③ 無効の申請前に夫婦が家族関係を創設するか，婚姻日から1年間同居しているか，子が出生したか，又は子を妊娠しているときは，仮装婚であることを言い渡さないことができる（民法3.41条3項）。

④ 婚姻が一夫一婦制又は近親婚の禁止（民法3.16条・3.17条）に反し締結されたときを除き，離婚後は婚姻の無効を言い渡さないことができる（民法3.41条4項）。

⑤ 配偶者の一方が自由な意思を表明せずに締結された婚姻は，婚姻の成立後又は婚姻の無効を宣言する十分な根拠がある事情を知った後，1年以上夫婦が同居しているか，又は子が出生したか，出生予定であるときは，無効を言い渡すことができない（民法3.41条5項）。

(3) 申立て

ア 申立権者

① 一夫一婦制違反（民法3.16条）及び近親婚の禁止（民法3.17条）違反

の場合は，婚姻障害を知らなかった配偶者，検察官又は婚姻により権利及び法律上の利益が侵害された他の者（民法3.38条1項）

② 婚姻適齢（民法3.14条）違反の場合は，未成年者の配偶者，後見人又は保佐人，子の権利を保護する公共機関，検察官。ただし，未成年者が18歳に達した後は，その者のみが申請をすることができる（民法3.38条2項）

③ 行為無能力（民法3.15条）の場合は，婚姻能力を欠く配偶者の後見人，検察官又は婚姻によって権利及び法律上の利益が侵害された他の者（民法3.38条3項）

④ 婚姻の自由な意思（民法3.13条）に違反する場合は，婚姻時に自己の自由な意思を表示できなかった配偶者又は検察官。自由な意思を表示できなかった者が未成年者であるときは，その者の親，後見人，保佐人又は子の権利の国の保護機関が請求をすることができる（民法3.38条4項）。

⑤ 性病，エイズ等の罹患を知らせなかった（民法3.21条3項）場合は，婚姻時までに他方の当事者の病気について知らなかった婚姻の当事者（民法3.38条5項）

イ　申立権の消滅

婚姻の無効の申立権は，相続又は他の方法によって引き継がれない。

また，婚姻の当事者の一方が死亡した後は，検察官は，婚姻の無効の訴訟手続を開始することができない（民法3.44条）。

ウ　出訴期限

㈠　18歳未満で婚姻を締結した配偶者

成人に達した日から1年以内に婚姻の無効を申し立てることができる（民法3.42条1項）。

㈡　自由な自発的な同意なく締結された婚姻無効の申立て

婚姻の無効を宣告する事由を構成する事情がなくなったか，知ったときから1年以内に提出することができる（民法3.42条2項）。

㈢　仮装婚の無効の申立て

婚姻の締結後1年以内に提出することができる。検察官は，婚姻が締

結された日から5年以内に婚姻の無効を申し立てることができる（民法3.42条3項）。

(エ) 他の事由に基づく婚姻の無効の申立て

出訴期間に制限はない（民法3.42条4項）。

(4) 無効の効力

ア 遡及効

裁判所が無効を宣言した婚姻は，最初から無効となる（民法3.37条3項）。

イ 婚姻中に出生した子の身分

婚姻で出生し，その後裁判所で無効が宣言された子は，婚姻中に出生したとみなされる（民法3.45条1項）。

ウ 夫婦が善意の場合

夫婦が善意で婚姻障害を知らず，知ることができなかった場合は，婚姻が無効と宣言されたときでも，相続権を除き，婚姻が有効であるのと同じである（民法3.45条2項）。

エ 夫婦の一方又は双方が悪意の場合

夫婦の一方のみが善意であるときは，善意の当事者は，配偶者が有効な婚姻により付与される全ての権利を付与される。

双方の当事者が悪意である場合は，有効な婚姻により夫婦が有する全ての権利及び義務を喪失する。それぞれの当事者は，他の当事者に贈与したものを含めた自己の財産を回復する権利を有する（民法3.46条）。

(5) 裁判所の通知

婚姻の無効が宣告されたときは，裁判所は効力発生日から3執務日以内に婚姻が登録された登録事務所に判決の写しを送付しなければならない（民法3.37条）。

〔根拠法条〕

民法（2000年 7 月18日法律第 8 – 1864号
　（2001年 7 月 1 日施行），2011年 4 月12日
　法律第11 – 1312号改正）

第 1 編　総則

第 2 部　婚姻

第 2 章　婚姻の創造

第 2 節　婚姻締結の条件

第3.12条（同性の者の婚姻の禁止）
　　婚姻は，違う性の者とのみ締結するこ
　とができる。

第3.13条（婚姻の自発的な性質）
①　婚姻は，男女の自由な意思により締結
　することができる。
② 　強迫，強制，詐欺又は自由な意思が欠
　缺しているときは，婚姻の無効を言い渡
　す根拠となる。

第3.14条（婚姻に対する同意の法定年齢）
① 　婚姻は，婚姻締結日までに18歳に達し
　た者が締結することができる。
② 　18歳前に婚姻しようとする者の請求に
　より，裁判所は，略式手続で婚姻に対す
　る同意の法定年齢を引き下げることがで
　きる。ただし， 2 歳を超えて引き下げる
　ことはできない。
③ 　妊娠している場合は，裁判所は16歳未
　満の者が婚姻することを認めることがで
　きる。
④ 　婚姻に対する同意の法定年齢を引き下
　げることを決定する間，裁判所は未成年
　者の親又は保佐人の意見を聴取し，その
　者の精神的又は身体的条件，財政的な状
　況及び婚姻の同意に対する法定年齢を引
　き下げる他の重要な理由を考慮しなけれ
　ばならない。妊娠は，婚姻の同意に対す
　る法定年齢を引き下げる重要な理由と規

定する。
⑤　（略）

第3.15条（行為能力）
① 　裁判所の確定判決で，行為無能力を宣
　告された者は，婚姻を締結することがで
　きない。
②　（略）

第3.16条（一夫一婦制違反の禁止）
　　法律に規定されている手続に従った夫
　婦の関係が終了していない者は，再婚を
　することができない。

第3.17条（近親者間の婚姻締結の禁止）
　　親と子，養親と養子，祖父母と孫，実
　の兄弟又は乳兄弟，実の姉妹又は乳姉
　妹，息子，おじと姪，おばと甥間の婚姻
　は禁止される。

第 3 節　婚姻の形式

第3.18条（婚姻登録の申請）
　　婚姻をしようとする者は，第3.299条
　で定める手続で，婚姻を登録する申請を
　しなければならない。

第3.19条（婚姻登録の申請の公表）
　　婚姻を登録する申請の提出の事実は，
　第3.302条に規定される手続で公表され
　る。

第3.20条（婚姻成立の要件遵守の確認）
① 　婚姻登録の申請を提出すると同時に，
　夫婦になる者は，書面で，第3.12条から
　第3.17条の婚姻成立に規定されている全
　ての要件を満たしていることを証明しな
　ければならない。
② 　婚姻を登録する前に，登録事務所の役
　人は，婚姻成立のために第3.12条から第
　3.17条に規定されている全ての要件が遵
　守されているか確認しなければならない。

748　第2編　各　　論

第3.21条（婚姻前の健康診断）

① 婚姻登録の申請の提出時に，登録事務所の役人は，婚姻前の健康診断を受け，婚姻の登録日よりも前に，政府が権限を与えた機関が規定した様式で作成された医師の証明書を提出することを，夫婦になる者に提案する。

② 医師の証明書を提出できないことは，婚姻登録の障害にはならない。

③ 婚姻しようとする当事者の一方が，他方に，性病又はエイズに罹患していることを知らせなかったことは，婚姻を無効にする原因となる。

第3.23条（婚姻証明）

① 婚姻を登録する登録事務所は，婚姻証明書を発行する。

② 婚姻の証明は，婚姻の記録及び記録を基に発行された婚姻証明書である。

第4節　婚姻の法的効果

第3.31条（夫婦の姓）

　　夫婦は，それぞれの姓を保持し，又は共通の姓として他方の配偶者の姓を選択するか，自己の姓に他方の姓を結合する二重の姓とする権利を有する。

第3章　婚姻の無効

第3.37条（婚姻無効の事由及び手続）

① 第3.21条第3項，第3.39条及び第3.40条に規定されている事由と同様に第3.12条から第3.17条に示された有効な婚姻の成立要件に反しているときは，婚姻は無効とすることができる。

② 婚姻は，裁判所によってのみ無効とすることができる。

③ 裁判所が無効を言い渡した婚姻は，最初から無効である。

④ 婚姻の無効が言い渡されたときは，裁

判所は効力発生日から3執務日以内に婚姻が登録された登録事務所に判決の写しを送付しなければならない。

第3.38条（婚姻成立の要件違反を理由とする無効の言渡しを申請する資格を有する者）

① 第3.16条及び第3.17条の婚姻成立の定められた要件に反して成立した婚姻は，婚姻障害を知らなかった配偶者，検察官又は婚姻により権利及び法律上の利益が侵害された他の者の申請により無効を言い渡すことができる。

② 第3.14条で定められた要件に反して成立した婚姻は，未成年者の配偶者，後見人又は保佐人，子の権利を保護する公共機関，検察官の申請で無効を宣言することができる。未成年者が18歳に達した後は，その者のみが無効の言渡しを申請することができる。

③ 第3.15条で定められた要件に反して成立した婚姻は，婚姻能力を欠く配偶者の後見人，検察官又は婚姻により権利及び法律上の利益が侵害された他の者の申請によって無効を言い渡すことができる。

④ 第3.13条で定められた要件に反して成立した婚姻は，婚姻時に自己の自由な意思を表示できなかった配偶者又は検察官の申請により無効を言い渡すことができる。自由な意思を表示できなかった者が未成年者であるときは，婚姻の無効は，その者の親，後見人，保佐人又は子の権利の国の保護機関が請求することができる。

⑤ 第3.21条第3項の根拠による婚姻無効の判決は，婚姻時までに他方の当事者の病気について知らなかった婚姻の当事者

が請求することができる。

第3.39条（仮装婚の無効）

　真に法律上の家族関係を創設する意思を有せずに成立した婚姻は，一方の配偶者又は検察官の申請により無効を言い渡すことができる。

第3.40条（自由な意思の欠缺を理由とする婚姻無効の宣言）

① （略）

② 強迫又は詐欺により婚姻を締結したときは，配偶者は婚姻の無効を請求することができる。

③ 本質的な錯誤の結果，婚姻に同意した配偶者は，婚姻の無効を求めることができる。当事者に関する事情についての錯誤は，知っていれば当事者が婚姻を締結しない十分な理由となるときは，錯誤は本質的要件とみなされる。

　以下に掲げる場合は，錯誤は，本質的なものとはみなされない。

　1 普通の家庭生活を困難なものとする当事者の健康状態又は性的障害

　2 他の当事者が犯した重大な犯罪

第3.41条（婚姻無効の審判）

① 裁判所は，訴訟手続中に，婚姻障害となる事情が消滅したときは，婚姻の無効を言い渡さないことができる。

② 裁判所は，婚姻を無効とすることが未成年者の配偶者の利益に反するときは，未成年者の締結した婚姻の無効を言い渡さないことができる。

③ 無効の申請前に夫婦が家族関係を創設するか，婚姻日から1年間同居しているか，子が出生したか，又は子を妊娠しているときは，仮装婚であることを宣告しないことができる。

④ 婚姻が一夫一婦制又は近親婚の禁止（第3.16条及び第3.17条）に反し締結されたときを除き，離婚後は婚姻の無効を言い渡さないことができる。

⑤ 配偶者の一方が自由な意思を表明せずに締結された婚姻は，婚姻の成立後又は婚姻の無効を宣言する十分な根拠がある事情を知った後，1年以上夫婦が同居しているか，又は子が出生したか，出生する予定であるときは，無効を言い渡すことができない。

第3.42条（出訴期間）

① 18歳未満で婚姻を締結した配偶者は，成人に達した日から1年以内に婚姻の無効を申し立てることができる。

② 自由な自発的な同意なく締結された婚姻無効の申立ては，婚姻の無効を宣告する事由を構成する事情がなくなったか，知ったときから1年以内に提出することができる。

③ 仮装婚の無効の申立ては，婚姻の締結後1年以内に提出することができる。検察官は，婚姻が締結された日から5年以内に第3.39条に基づき婚姻の無効を申し立てることができる。

④ 他の事由に基づく婚姻の無効の申立ては，（期限の）制限はない。

第3.43条（配偶者の別居及び扶養命令）

① 夫婦の一方の利益を保護するため，裁判所は，事情が許すときは，婚姻無効の訴訟手続を中断し，配偶者に別居を命令することができる。

② （略）

第3.44条（申立権の消滅）

① 婚姻の無効の申立権は，相続又は他の方法によって引き継がれない。

750 第2編 各 論

② 婚姻の当事者の一方が死亡した後は，検察官は，婚姻の無効の訴訟手続を開始することができない。

第3.45条（無効と宣言された婚姻の法的効果）

① 婚姻で出生し，その後裁判所で無効が宣言された子は，婚姻中に出生したとみなされる。

② 夫婦が善意で婚姻障害を知らず，知ることができなかった場合は，婚姻の法的な結果は，婚姻が無効と宣言されたときでも，相続権を除き，婚姻が有効であるのと同じである。夫婦が善意であることの証拠は，裁判所の判決で示されなければならない。

第3.46条（夫婦の一方又は双方が悪意の場合の無効の法的効果）

① 当事者の一方のみが善意である場合の婚姻の無効においては，善意の当事者は，配偶者が有効な婚姻により付与される全ての権利を付与される。

② 双方の当事者が悪意である場合の婚姻の無効においては，有効な婚姻により夫婦が有する全ての権利及び義務を喪失する。それぞれの当事者は，他の当事者に贈与したものを含めた自己の財産を回復する権利を有する。

第3.47条（善意の配偶者の権利）

① 扶養が必要なときは，善意の配偶者は，3年を超えない期間で悪意の配偶者に扶養を申し立てる権利を有する。

②・③ （略）

第3.48条（後見・保護機関の義務的参加）

夫婦の一方又は双方が未成年者であるか，裁判所が行為能力を欠くと宣言したときは，後見・保護機関（guardianship and care institutions）又は児童の権利保護のための公的機関は，この者の婚姻の無効の手続に出席し，婚姻の無効がその者の子の権利及び利益を害するか否かについて意見を述べなければならない。

第4　婚姻の解消

1　婚姻の解消事由

婚姻は，夫婦の一方の死亡又は法の適用による終了により解消され，また，夫婦相互の同意，夫婦の一方の申請又は配偶者の責めに帰すべき事由により解消することができる（民法3.49条）。

2　夫婦の一方の死亡による婚姻の解消

(1)　解消事由

婚姻は，死亡又は裁判所による夫婦の一方の死亡の推定の判決により解消される（民法3.50条1項）。

(2) 婚姻の解消日

夫婦の一方の死亡が推定されたときは，裁判所の判決が確定するか，死亡が特定された日に解消されたものとみなされる（民法3.50条2項）。

(3) 婚姻の復活

裁判所の判決で死亡が推定された配偶者が生存しているときは，裁判所の死亡の推定が無効とされた後に，婚姻の解消を登録した登記所に夫婦の相互の申請書を提出することで，婚姻は復活することができる（民法3.50条3項）。

ただし，他方の配偶者が再婚するか，又は民法第3.12条から第3.17条の障害事由があるときは，婚姻を復活することはできない（民法3.50条4項）。

3 離 婚

(1) 夫婦相互の合意に基づく離婚

ア 離婚の条件

①婚姻の開始から1年以上を経過している場合，②夫婦が離婚の結果（財産上の調整，子の生活費の支払等）に関して，契約をしている場合，③夫婦双方が完全な行為能力を有する場合の全ての条件が満たされた場合は，夫婦の相互の同意により簡略化した手続で，婚姻を解消することができる（民法3.51条）。

イ 離婚の申請

夫婦の離婚の相互の申請は，夫婦の一方が居住している地の地方裁判所に提出する（民法3.52条1項）。

ウ 破綻主義

婚姻が回復できない程度に破綻していると判断したときは，裁判所は離婚の判決を認めることができる。

夫婦がもはや同居せず，再び同居しそうもないとき，夫婦が1年以上，食事及びベッドを共にしていないときは，婚姻は回復できない程度に破綻したとみなされる（民法3.53条1項・2項）。

エ 夫婦の和解

裁判所は，夫婦の和解を勧奨する方策を講じなければならず，夫婦の一

752 第2編 各 論

方の請求又は自己の主導により，最長6か月までの和解期間を定めること
ができる。

　ただし，夫婦が1年以上別居しているとき，和解期間が夫婦の一方の利
益若しくは子の利益に本質的に反しているとき，又は夫婦いずれもが実態
的な検討を求めたときは，裁判所は和解期間を定めない。

　裁判所が定めた和解期間の終了した場合は，当事者の一方の請求で離婚
手続は再開する。

　なお，夫婦のいずれもが和解期間の開始から1年以内に離婚の申請をし
ないときは，裁判所は離婚手続を再開しない（民法3.54条）。

(2) 夫婦の一方の申請に基づく離婚

ア　離婚の条件

　①夫婦が1年以上別居している場合，②婚姻成立後，夫婦の一方が裁判
所によって行為無能力を宣言された場合，③裁判所が夫婦の一方の失踪宣
告をした場合，④夫婦の一方が，事前に計画されていない犯罪で1年以上
の期間刑に服していた場合の条件の少なくとも1つが満たされた場合は，
申請者の居住する地の裁判所に提出された申請書に基づき，婚姻は解消さ
れる（民法3.55条1項）。

イ　申請の審査

　離婚手続が夫婦の一方の申請で開始したときは，前記(1)エの和解の方策
は適用されない。

　夫婦の一方の年齢，婚姻継続期間，家族の未成年の子の利益を考慮して，
離婚が夫婦の一方又は子の財産的又は非財産的な利益に重大な損害を与え
るときは，裁判所は離婚命令を認めることを拒否することができる（民法
3.57条2項・3項）。

(3) 夫婦の一方又は双方の責任に基づく離婚

ア　離婚の条件

　配偶者は，婚姻が他方の配偶者の責任によって破綻したときに，離婚を
申請することができる。

　婚姻生活が不可能になる事由である，義務の重大な不履行があるときは，

婚姻の破綻について配偶者に責任があるとされ，また，計画的な犯行で有罪とされたか，姦通を犯すか，他方の配偶者若しくは家族の他の者への暴力を行うか，家族を遺棄し，1年以上家族の世話をしなかったときは，他方の配偶者の責任で婚姻は破綻したと推定される（民法3.60条）。

イ　夫婦双方の責めに帰すべき事由

離婚訴訟における被告は，自己の責任について反論し，他方の配偶者が婚姻破綻の責任があることを証明するため事実を挙げることができ，裁判所は両当事者が婚姻破綻の責任があると宣告することができる。

離婚原因が両配偶者の責任に基づくとされた場合は，夫婦相互の同意に基づく婚姻の解消と同様の結果になる（民法3.61条）。

ウ　離婚手続

夫婦の一方の責任に基づく離婚は，係争手続に基づき裁判所が認める（民法3.62条1項）。

エ　夫婦の和解

裁判所は，夫婦の和解するための方策を講じなければならず，夫婦が離婚の他の結果と同様にそれぞれの財産上の利益，子の扶養及び教育に円満な解決に至るように提案しなければならない。

これらの規定を適用することが申請者又は夫婦の未成年の子の利益を害するときを除き，①夫婦のいずれもが和解期間の開始から1年以内に離婚の申請をしないときは，裁判所は離婚手続を再開せず，②夫婦が1年以上別居しているとき，和解期間が夫婦の一方の利益若しくは子の利益に本質的に反しているとき，又は夫婦いずれもが実態的な検討を求めたときは，裁判所は和解期間を定めない（民法3.64条）。

(4) 離婚の効力

ア　婚姻の解消

(ア)　効力発生日

婚姻は，離婚判決が既判力を生じた日に解消されたものとみなされる（民法3.66条1項）。

754　第2編　各　　論

　　　(イ)　判決の登録

　　　　　裁判所は，離婚を登録するため，判決が既判力を生じた日から3執務
　　　　日内に地方登録所に離婚判決の写しを送付しなければならない（民法
　　　　3.66条2項）。

　　イ　元配偶者の姓

　　　　離婚後も，配偶者は婚姻時の姓又は婚姻前の姓を称することができる。

　　　　また，婚姻が夫婦の一方の責任に基づき解消された場合は，裁判所は，

　　　他方の配偶者の申請に基づき，責任のある配偶者の婚姻時の姓を称するこ

　　　とを禁止することができる。ただし，夫婦に子がいるときを除く（民法

　　　3.69条）。

4　別　　　居

(1)　別居の申請

　夫婦の一方は，他方の配偶者によらず，同居生活が耐えられない（不可能で
ある）か，未成年の子の利益を著しく害するか，又は夫婦がもはや同居生活に
関心がないという事情により，裁判所に別居の承認を申請することができる
（民法3.73条1項）。

　夫婦の一方が離婚を求め，他方の配偶者が別居を申請するときは，裁判所は
夫婦の一方又は双方の責任に基づき離婚命令か，又は別居命令をすることがで
きる（民法3.74条3項）。

(2)　別居手続

　裁判所は，係争手続で別居の申請を審理し，夫婦の一方の利益と同様に夫婦
の未成年の子の利益を考慮して，裁判所は夫婦の和解を勧奨する手段を講じる
（民法3.75条1項・2項）。

(3)　別居の法的効力

　裁判所が別居判決をした場合は，夫婦は同居の義務を免れるが，夫婦の他の
権利及び義務は消滅しない。

　また，原則として，未成年の子に関する夫婦の権利及び義務に効力を生じな
い（民法3.77条1項・2項）。

⑷ 別居の終了

①夫婦が再び同居を始め，その同居が永続して同居する意思があることが証明されたとき，②夫婦の共同申請で，前の別居命令を取り消し，別居を終了させる判断をしたときは，別居は終了する。

別居の終了は，夫婦が新しい婚姻契約を締結し，登録された場合にのみ，第三者に対して効力を生ずる。

また，夫婦が裁判所の判決が確定した後1年以上別居しているときは，一方の配偶者は民法第3.55条第1項第1号の規定を根拠に離婚を請求することができる（民法3.79条1項・3項・4項）。

〔根拠法条〕

民法（2000年7月18日法律第8-1864号（2001年7月1日施行），2011年4月12日法律第11-1312号改正）

第1編　総則

第2部　婚姻

第4章　婚姻の解消

第1節　婚姻締結の原則

第3.49条（婚姻の解消の場合）

① 婚姻は，夫婦の一方の死亡又は法の適用による終了により解消される。

② 婚姻は，夫婦相互の同意，夫婦の一方の申請又は配偶者の責めに帰すべき事由により解消することができる。

第3.50条（夫婦の一方の死亡による婚姻の解消）

① 婚姻は，死亡又は裁判所による夫婦の一方の死亡推定の判決により解消される。

② 夫婦の一方の死亡が推定されたときは，婚姻は裁判所の判決が確定するか，そこで特定された日に解消されたものとみなされる。

③ 裁判所の判決で死亡が推定された配偶者が生存しているときは，裁判所の死亡の推定が無効とされた後に，婚姻の解消を登録した登記所に夫婦の相互の申請書を提出することで婚姻を復活することができる。

④ 他方の配偶者が再婚するか，又は第3.12条から第3.17条の障害事由があるときは，婚姻を復活することはできない。

第2節　夫婦相互の同意に基づく離婚

第3.51条（離婚の条件）

① 以下に掲げる全ての条件が満たされた場合は，婚姻は夫婦の相互の同意で解消することができる。

　1　婚姻の開始から1年以上を経過している場合。

　2　夫婦が離婚の結果（財産上の調整，子の生活費の支払等）に関して，契約をしている場合。

　3　夫婦双方が完全な行為能力を有する場合。

② 本条に規定されている場合には，簡略化された手続で離婚することができる。

756 第2編 各 論

第3.52条（離婚の申請）

① 夫婦の離婚の申請は，夫婦の一方が居住している地の地方裁判所に提出する。

② 申請には，離婚の結果に関する契約を添付しなければならない。

③ 申請には，夫婦の意見として，婚姻が破綻した理由が含まれていなければならない。

第3.53条（離婚手続）

① 婚姻が回復できない程度に破綻していると判断したときは，裁判所は離婚の判決を認めることができる。夫婦がもはや同居せず，再び同居しそうもないときは，婚姻は回復できない程度に破綻したとみなされる。

② 夫婦が1年以上，食事及びベッドを共にしていないときは，婚姻は回復できない程度に破綻しているとみなされる。

③ 離婚判決が認められると同時に，未成年の子及びそれぞれの生活費の支払，未成年の子の住居，子の教育への参加並びに他の財産上の権利及び義務を規定した離婚の結果に関する契約を裁判所は承認する。契約の内容は，離婚判決に組み入れられる。事情に変化があった場合（夫婦の一方の病気，労働能力がないこと等）には，夫婦又は夫婦の一方は，裁判所に離婚の結果に関する契約の条件を再考するよう申請することができる。

④ 離婚の結果に関する契約が公序に合致しないか，又は夫婦若しくは夫婦の一方の未成年の子の権利及び法律上の利益に重大な違反があるときは，裁判所は契約を承認せず，夫婦が新しい契約を締結するまで離婚手続を中止することができる。夫婦が6か月間の手続の中止期間内に裁判所の指示に従わないときは，裁判所は離婚の申請の検討を再開しない。

第3.54条（夫婦の和解）

① 裁判所は，夫婦の和解を勧奨する方策を講じなければならない。

② 夫婦の一方の請求又は自己の主導により，裁判所は6か月までの和解期間を定めることができる。和解期間の終了により，当事者の一方の請求で離婚手続は再開する。

③ 夫婦のいずれもが和解期間の開始から1年以内に離婚の申請をしないときは，裁判所は離婚手続を再開しない。

④ 夫婦が1年以上別居しているとき，和解期間が夫婦の一方の利益若しくは子の利益に本質的に反しているとき，又は夫婦いずれもが実態的な検討を求めたときは，裁判所は和解期間を定めない。

第3節 夫婦の一方の申請に基づく離婚

第3.55条（離婚をするための条件）

① 以下に掲げる条件の少なくとも1つが満たされた場合は，申請者の居住する地の裁判所に提出された申請書に基づき，婚姻は解消される。

1 夫婦が1年以上別居している場合。

2 婚姻成立後，夫婦の一方が裁判所によって行為無能力を宣言された場合。

3 夫婦の一方が裁判所によって失踪宣告された場合。

4 夫婦の一方が，事前に計画されていない犯罪で1年以上の期間刑に服していた場合。

② 行為能力を欠く配偶者の代わりに，その者の後見人，検察官又は後見・保護機関が離婚の申請書を提出することができる。

第3.56条（申請の内容）

① 申請には，第3.55条第1項の離婚原因の1つが示されていなければならない。

② 申請には，他方の配偶者及び未成年の子に対する義務をどのように履行するか，示さなければならない。

③ 申請には，民事手続法に規定する日付が記載されていなければならない。

第3.57条（申請の審査）

① 離婚の配偶者の申請は，簡略化された手続で審査される。

② 離婚手続が夫婦の一方の申請で開始したときは，第3.54条の和解の方策は適用されない。

③ 夫婦の一方の年齢，婚姻継続期間，家族の未成年の子の利益を考慮して，もし，離婚が夫婦の一方又は子の財産的又は非財産的な利益に重大な損害を与えるときは，裁判所は離婚命令を認めることを拒否することができる。

④ 他方の配偶者又はその後見人は，婚姻が申請者の責めに帰すべき事由により破綻したと宣言する権利を有し，裁判所が申請者の責めに帰すべき事由に基づき離婚を認めることを請求することができる。裁判所が宣言が十分に根拠があると判断したときは，離婚手続を開始した配偶者の責めに帰すべき事由に基づき離婚が認められる（第3.60条）。

第3.58条（後見・保護機関の義務参加）

夫婦の一方が行為能力を欠くときは，後見・保護機関は，離婚に関して行為能力を欠く配偶者の利益の保証に関して裁判所に意見を示さなければならない。

第3.59条（離婚を認める際に裁判所で解決されるべき事項）

離婚を認める際に，未成年者の居住地及び扶養，夫婦の一方の扶養，夫婦の共有財産の調整に関する問題を解決しなければならない。ただし，財産が公証手続で証明された夫婦相互の同意により調整された場合を除く。

第4節　夫婦の一方又は双方の責任に基づく離婚

第3.60条（離婚のための条件）

① 配偶者は，婚姻が他方の配偶者の責めに帰すべき事由によって破綻したときに，本節に規定されている事由に基づき，離婚を申請することができる。

② 婚姻生活が不可能になる事由である，本編における義務の重大な不履行があるときは，婚姻の破綻について配偶者に責任があるとされる。

③ 計画的な犯行で有罪とされたか，姦通を犯すか，他方の配偶者若しくは家族の他の者への暴力を行うか，又は家族を遺棄し，1年以上家族の世話をしなかったときは，他方の配偶者の責任で婚姻は破綻したと推定される。

第3.61条（夫婦双方の責任）

① 離婚訴訟における被告は，自己の責任について反論し，他方の配偶者に婚姻破綻の責任があることを証明するための事実を挙げることができる。

② ケースの事情を考慮して，裁判所は両当事者が婚姻破綻の責めに帰すべき事由があると宣告することができる。

③ 両配偶者の責任に基づく離婚は，夫婦相互の同意に基づく婚姻の解消（第3.51条から第3.54条）と同様の結果になる。

第3.62条（離婚手続）

① 夫婦の一方の責めに帰すべき事由に基

758　第2編　各　論

づく離婚は，係争手続に基づき裁判所が
認める。

② 夫婦の一方の請求により，離婚手続は
傍聴禁止で行われる。

③ 離婚手続は，第3.59条が準用される。

第3.63条（判決からの具体的な理由の削除）
両配偶者の請求により，離婚を認めた
裁判所が，判決から婚姻の解消のための
夫婦の一方又は双方の責めに帰すべき事
由の証拠となる具体的な事実を削除し，
単に夫婦の一方又は双方の責めに帰すべ
き事由で婚姻が破綻したことを示す。

第3.64条（夫婦の和解）

① 裁判所は，夫婦の和解するための方策
を講じなければならない。

② 裁判所は，夫婦が離婚の他の結果と同
様にそれぞれの財産上の利益，子の扶養
及び教育に円満な解決に至るように提案
しなければならない。夫婦が合意に達し
たときは，第3.53条第3項及び第4項が
適用される。

③ これらの規定を適用することが申請者
又は夫婦の未成年の子の利益を害すると
きを除き，裁判所は第3.54条第2項及び
第3項に規定されている措置を適用する。

第5節　離婚の法的効力

第3.66条（婚姻の解消時）

① 婚姻は，離婚判決が既判力を生じた日
に解消されたものとみなされる。

② 裁判所は，登録するため，判決が既判
力を生じた日から3執務日内に離婚を地
方登録所に離婚判決の写しを送付しなけ
ればならない。

第3.69条（元配偶者の姓）

① 離婚において，配偶者は婚姻時の姓又
は婚姻前の姓を称することができる。

② 婚姻が夫婦の一方の責任に基づき解消
された場合は，裁判所は，他方の配偶者
の申請に基づき，責任のある配偶者の婚
姻時の姓を称することを禁止することが
できる。ただし，夫婦に子がいるときを
除く。

第5章　別居

第3.73条（別居の申請）

① 夫婦の一方は，他方の配偶者によら
ず，同居生活が耐えられない（不可能で
ある）か，未成年の子の利益を著しく害
するか，又は夫婦がもはや同居生活に関
心がないという事情により，裁判所に別
居の承認を申請することができる。

② 夫婦双方は，財産の分与及び相互の扶
養と同様に未成年の子の居住，扶養及び
教育を規定した別居の結果に関する契約
をしたときは，共同して別居の承認を裁
判所に申請することができる。

第3.74（反対の申請（counter-applications））

① 別居の場合の被告は，離婚に反対の主
張を申し立てる権利を有する。

② 離婚の場合の被告は，別居に反対の主
張を申し立てる権利を有する。

③ 夫婦の一方が離婚を求め，他方が別居
を申請するときは，裁判所は夫婦の一方
又は双方の責任に基づき離婚命令か，又
は別居命令をすることができる。

第3.75条（別居手続）

① 裁判所は，係争手続で別居の申請を審
理する。

② 夫婦の一方の利益と同様に夫婦の未成
年の子の利益を考慮して，裁判所は夫婦
の和解を勧奨する手段を講じる（第3.54
条）。

③ 裁判所は，第3.65条に示す暫定的な保

護措置を命ずることができる。

第3.76条（別居判決で解決すべき事項）
（略）

第3.77条（別居の法的効力）

① 裁判所が別居判決をした場合は，夫婦は同居の義務を免れるが，ここで規定される場合を除き，夫婦の他の権利及び義務は消滅しない。

② 別居は，ここで規定される場合を除き，未成年の子に関する夫婦の権利及び義務に効力を生じない。

③～⑤ （略）

第3.78条（夫婦相互の扶養）（略）

第3.79条（別居の終了）

① 夫婦が再び同居を始め，その同居が永続して同居する意思があることが証明されたときは，別居は終了する。別居は，夫婦の共同申請で，前の別居命令を取り消し，別居を終了させる判断をしたときは，別居は終了する。

② （略）

③ 別居の終了は，夫婦が新しい婚姻契約を締結し，第3.103条に規定されている手続で登録された場合にのみ，第三者に対して効力を生ずる。

④ 夫婦が裁判所の判決が確定した後1年以上別居しているときは，一方の配偶者は第3.55条第1項第1号の規定を根拠に離婚を請求することができる。

第5　出　生

1　出生子の身分

(1)　父との関係

　婚姻した女性が子を出生した場合に，婚姻前に子を妊娠したときであっても，婚姻記録又はそれに基づき発行された婚姻証明書に子の母の配偶者とみなされた男性は，子の父とされる。

　また，子が別居，婚姻の無効，離婚又は夫の死亡から300日以内に出生したときは，母の以前の配偶者は，子の父と認められる。

　ただし，前婚の解消から300日以内に再婚した母が子を出生したときは，子の後婚の配偶者が子の父とみなされる（民法3.140条1項～3項）。

(2)　父についての争訟

　婚姻していない女性が前婚の解消から300日経過後に子を出生した場合は，民法で定められた手続で父であることが認められるか，裁判上の手続で父であることが認められた男性は，子の父とみなされる。

　また，離婚した母が離婚から300日以内に子を出生したときは，子の母，母

760　第2編　各　　論

の前婚の夫，子の父であることを認知した男性は，その男性が子の父とみなされること求める共同申請を提出する権利を有する（民法3.140条4項・5項）。

(3) 嫡出否認

ア　否認事由

婚姻した夫婦又は婚姻の解消から300日以内に出生した子の父については，その者が子の父であり得ないことを証明することによってのみ争うことができる（民法3.150条1項）。

イ　申立権者

子の母若しくは父として子の出生記録に登録されている者，子の出生記録には子の母若しくは父として記録されていないが，自分が子の母若しくは父と考える者，子の父として子の出生記録に登録された未成年の親，後見人（保佐人）又は成人に達した子，又は完全な行為能力を有する未成年者は，父又は母であることを争う訴訟を提起することができる。

子の母又は父が法的無能力者であるか又は制限能力者であるときは，父又は母であることを争う訴訟は，その後見人又は保佐人が提起することができる。

また，死亡した男性が父であることを争う訴訟は，子の父であると記録された者が，ウの提訴期間内に死亡したときは，その卑属が提訴することができる（民法3.151条）。

ウ　提訴期間

父（母）であることを争う提訴期間は，原告が子の出生記録の係争記録又はその記録が真実でないと信ずる理由を説明する確実な事情を知った日から1年である。

子の母又は父として子の出生記録に記録されている者が，未成年又は法的無能力の時にその記録を知ったときは，1年の制限期間は，成人に達するか，又は完全な行為能力者になった日から計算される（民法3.152条1項・2項）。

183　リトアニア　761

2　国籍留保届

　リトアニアは，父母両系血統主義国であり，リトアニアで出生した事実だけでは，同国の国籍を取得しない（市民14条）。

　したがって，日本人夫婦の子がリトアニアで出生した場合は，国籍留保の届出を要しないが，夫婦の一方が日本人で，他方がリトアニア市民の子がリトアニア（又はその他の外国）で出生した場合は，出生の日から3か月以内に日本国籍を留保する意思を表示しなければ，子は日本国籍を喪失する（日国12条）。

3　出生場所の記載

(1)　行政区画

　リトアニアは，10の郡（apskritis）（注）に分けられており，それぞれに中心都市の名前が付されている。

　　（注）　郡は，アリートゥス（Alytaus），カウナス（Kauno），クライペダ（Klaipėdos），マリヤンポレ（Marijampolės），パネヴェジース（Panevėžio），シャウレイ（Šiaulių），タウラゲ（Tauragės），テルシェイ（Telšių），ウテナ（Utenos），ヴィリニュス（Vilniaus）である。

(2)　戸籍の記載

　「リトアニア国ヴィリニュス郡ヴィリニュス市で出生」（【出生地】リトアニア国ヴィリニュス郡ヴィリニュス市）と記載する。

4　出生証明書

(1)　様　式

　リトアニア国発行の出生証明書は，資料183－3（本文784頁）参照。

(2)　証明書の発行

　子の親は，登録事務所の出生記録及びそれに基づいて発行された出生証明書により証明される（民法3.138条）。

　母は，病院が発行した子の証明書に基づき登録事務所の記録に子の母として登録される。ただし，子が病院で出生していないときは，子の出生証明書は，

762　第 2 編　各　　論

出産後の母及び子の健康調査を行った医療センターが発行する。

　また，子が病院で出生せず，出産後の母及び子の健康調査も行われていないときは，子の出生証明書は，政府が定めた手続で医師の諮問委員会が発行する（民法3.139条 1 項〜 3 項）。

〔根拠法条〕

民法（2000年 7 月18日法律第 8 – 1864号
　（2001年 7 月 1 日施行），2011年 4 月12日
　法律第11 – 1312号改正）
第 1 編　総則
第 4 部　子及び親の相互の権利及び義務
第10章　血縁関係
第 1 節　血縁関係の一般的基礎
第3.138条（嫡出関係の証拠）
　　子の親は，登録事務所の出生記録及びそれに基づいて発行された出生証明書により証明される。
第3.139条（母との関係）
① 　母は，病院が発行した子の証明書に基づき登録事務所の記録に子の母として登録される。
② 　子が病院で出生していないときは，子の出生証明書は，出産後の母及び子の健康調査を行った医療センターが発行する。
③ 　子が病院で出生せず，出産後の母及び子の健康調査も行われていないときは，子の出生証明書は，政府が定めた手続で医師の諮問委員会（a consulting commission of doctor）が発行する。この証明書に従って，子の母は，医師の諮問委員会が子を出生したことに疑いがない女性である。
④ 　子の出生証明書に子の母に関する記録がないか，又は子の母であることが争わ

れているときは，子の母は，自分が子の母であるとする女性，成人の子，子の父若しくは後見人（保佐人）又は子の権利保護機関が提訴した訴訟により裁判所で証明される。
第3.140条（父との関係）
① 　婚姻した女性が子を出生した場合に，婚姻前に子を妊娠したときであっても，婚姻記録又はそれに基づき発行された婚姻証明書に子の母の配偶者とみなされた男性は，子の出生記録に子の父とされる。
② 　子が別居，婚姻の無効，離婚又は夫の死亡から300日以内に出生した場合は，母の以前の配偶者は，子の父と認められる。
③ 　前婚の解消から300日以内に再婚した母が子を出生した場合は，子の後婚の配偶者は子の父とみなされる。
④ 　婚姻していない女性が前婚の解消から300日経過後に子を出生した場合は，本編で定められた手続で父であることが認められるか，又は裁判上の手続で父であることが認められた男性は，子の出生記録において子の父とみなされる。
⑤ 　離婚した母が離婚から300日以内に子を出生した場合は，子の母，母の前婚の夫，子の父であることが認知した男性は，その男性が子の父とみなされること

を求める共同申請を提出する権利を有する。

第4節　父（母）についての争訟

第3.150条（父（母）についての争訟事由）

① 婚姻した夫婦又は婚姻の解消から300日以内に出生した子の父については，その者が子の父であり得ないことを証明することによってのみ争うことができる。

② 親であることの認知の申請に基づいて判決された子の父又は母は，子の実の親でないことを証明することで争うことができる。

第3.151条（父（母）であることを争う訴訟提起権者）

① 子の母若しくは父として子の出生記録に登録されている者，子の出生記録には子の母若しくは父として記録されていないが，自分が子の母若しくは父と考える者，子の父として子の出生記録に登録された未成年の親，後見人（保佐人），成人に達した子，又は完全な行為能力を有する未成年者は，父又は母であることを争う訴訟を提起することができる。

② 子の母又は父が，法的無能力者であるか，又は制限能力者であるときは，父又は母であることを争う訴訟はその後見人又は保佐人が提起することができる。

③ 死亡した男性が父であることを争う訴訟は，子の父であると記録された者が，第3.152条の規定する制限期間内に死亡したときは，その卑属が提起することができる。

第3.152条（手続の制限期間）

① 父（母）であることを争う訴訟を提起する制限期間は，原告が子の出生記録の係争記録又はその記録が真実でないと信ずる理由を説明する確実な事情を知った日から1年である。

② 子の母又は父として子の出生記録に記録されている者が，未成年又は法的無能力の時にその記録を知ったときは，1年の制限期間は，成人に達するか，又は完全な行為能力者になった日から計算される。

③ 父（母）の無効に関する確定判決が，有効日の3執務日以内に子の出生を登録した登録事務所に送付する。

憲法（1992年10月25日）

第1章　リトアニア国家

第12条

　リトアニア共和国の市民権は，出生及び法律に定められた他の事由により取得される。（以下，略）

市民権法（2010年12月2日法律第11-1196号（2011年4月1日施行），2015年12月22日法律第12-2210号改正）

第3章　リトアニア共和国の市民権の取得

第13条（リトアニア共和国の市民権の取得事由）

　リトアニア共和国の市民権は，次により取得される。

1　出生により。

2　簡易手続に基づくリトアニア共和国の市民権の承認に基づき。

3　帰化によるリトアニア共和国の市民権の承認に基づき。

4　例外としてのリトアニア共和国の市民権の承認に基づき。

5　リトアニア共和国の市民権の回復に基づき。

764　第2編　各　論

6　リトアニア共和国が当事者である国
際条約に規定されている他の事由に基
づき。

第14条（子の両親又は一方がリトアニア共
和国の市民である場合の出生によるリト
アニア共和国の市民権の取得）

①　両親又は両親の一方がリトアニア共和
国の市民である子は，リトアニア共和国
の領土又は領土の外で出生したかにかか

わらず，出生によりリトアニア共和国の
市民権を取得する。

②　両親の少なくとも一方がリトアニア共
和国の市民で，子が出生する前に死亡し
た場合は，リトアニア共和国の領土又は
領土の外で出生したかにかかわらず，出
生によりリトアニア共和国の市民権を取
得する市民である。

③　（略）

〔参考〕

〔旧〕**市民権法**（2002年9月17日法律第9‐
1078号（2003年1月1日施行），2008年7月
15日法律第10‐1709号改正）

第2節　リトアニア共和国の市民権の取得

第7条（リトアニア共和国の市民権の取得方
法）

　リトアニア共和国の市民権は，次に掲げる
場合に取得される。

1　出生により。

2　リトアニア共和国の市民権に対する権利
を満たすことにより。

3　リトアニア共和国の市民権が認められる
ことにより（帰化）。

4　自己の選択の表示又はリトアニア共和国
の国際条約に規定されている他の事由によ
り。

5　本法に規定されている他の事由により。

第8条（両親がリトアニア共和国市民である子
の市民権）

①　両親がリトアニア共和国の市民から出生し
た子は，リトアニア共和国の領土又は国境の
外で出生したかにかかわらず，リトアニア共
和国の市民である。

②　両親がリトアニア共和国の市民権を喪失し
たときは，18歳に達していない子の市民権
は，それに従って変更される。親の市民権の
変更により，子が市民権のないままであると
きは，規定は適用されない。

第9条（一方の親がリトアニア共和国の市民で
ある子の市民権）

①　子の両親が異なる国家の市民権を保持し，
その1つがリトアニア共和国の市民であると
きは，子はリトアニア共和国の領土又は国境
の外で出生したかにかかわらず，リトアニア
共和国の市民である。

②　両親の一方がリトアニア共和国の市民で，
他方が国籍を有しない者又は知れないとき
は，子はリトアニア共和国の領土又は国境の
外で出生したかにかかわらず，リトアニア共
和国の市民である。

③　両親の一方がリトアニア共和国の市民で，
他方が国籍を有しない者であるときに，リト
アニア市民が死亡したときは，子はリトアニ
ア共和国の市民権を取得する。

第10条（両親が国籍を有しない子のリトアニア
共和国の市民権の取得）

　両親が国籍を有せずリトアニアに常居して
いるときは，リトアニア共和国の領土で出生
した子はリトアニア共和国の市民権を取得す
る。

第11条（両親が知れない子の市民権）

①　リトアニア共和国の領土で発見され，その
両親が知れない子は，異なる地位を取得した
事情が明らかにならないときは，リトアニア
共和国の領土で出生したものとみなされ，リ
トアニア共和国の市民である。

② リトアニア共和国で発見されるか，又は居住している子は，両親が知れないか，両親又は親が死亡又は行方不明であるか，両親又は親が定められた手続により無能力を宣言され

るか，親権が無期限に制限され，子が永続的に後見又は保佐の下にあるときは，異なる地位を取得した事情が明らかにならないときは，リトアニア共和国の市民である。

第6 認　知

1　認知の条件

　子の出生の記録に子の父に関するデータが含まれていないときは，自分が子の父と考える男性の申請に基づき決定することができる。

　子が婚姻している母から，又は婚姻解消後300日以内に出生したときは，子の父は，母の現在の配偶者又は前の配偶者が争われているときは，申請に基づき決定することができる。

　なお，父が認知するには，期間の制限は適用されない（民法3.141条1項・2項・4項）。

2　認知手続

　自分が子の父であると考える男性は，子の父であると認めてもらうため登録事務所に公証人によって証明された標準様式の申請を提出することができる。

　子の父であることを認知する男性が未成年であるときは，登録事務所に父である認知の申請を提出するには，未成年者の両親，後見人，保佐人又は保護機関の書面による同意を要する。

　両親，後見人，保佐人又は保護機関が同意を与えることを拒否するときは，未成年者の請求により裁判所が許可を言い渡すことができる（民法3.142条1項・3項）。

3　保護要件

(1)　子の同意

　子が10歳に達している場合は，その者の書面による同意を要する（民法3.142条2項）。

766　第2編　各　　論

4　胎児認知

　子の出生後に子の父であることを認知する申請を提出することを禁ずる事情があるときは，妊娠期間中に子の母が居住する地区の登録事務所に，子の母と共同して父であることを認知する申請をすることができる。

　子の出生前に子の父であることを認知する申請は，医療センターが発行する妊娠証明書を添付する。

　ただし，子の出生前に，子の母が子の父であることを認知する申請を提出した男性又は他の男性と婚姻したときは，子の父は，子の出生後にはその申請に基づいて確定しない（民法3.143条1項～3項）。

〔**根拠法条**〕

民法（2000年7月18日法律第8 - 1864号（2001年7月1日施行），2011年4月12日法律第11 - 1312号改正）

第1編　総則

第4部　子及び親の相互の権利及び義務

第10章　血縁関係

第2節　父であることの認知

第3.141条（父の認知の条件）

① 子の出生の記録に子の父に関するデータが含まれていない場合は，子の父は，自分が子の父と考える男性の申請に基づき決定することができる。

② 子が婚姻している母から，又は婚姻解消後300日以内に出生した場合は，子の父は，母の現在の配偶者又は前の配偶者が争われているときは，申請に基づき決定することができる。

③ 父であることを認知する申請を基礎にする父の裁判が争われている場合は，父であることを認知する他の申請は認められない。

④ 父の認知には，期間の制限は適用されない。

第3.142条（父の認知手続）

① 自分が子の父であると考える男性は，子の父であると認めてもらうため登録事務所に公証人によって証明された標準様式の申請を提出することができる。

② 子が10歳に達している場合は，登録事務所は，子の書面による同意を添付して子の父である申請を受理することができる。

③ 子の父であることを認知する男性が未成年であるときは，登録事務所に父である認知の申請を提出するには，未成年者の両親，後見人，保佐人又は保護機関（care institutions）の書面による同意を要する。両親，後見人，保佐人又は保護機関が同意を与えることを拒否するときは，未成年者の請求により裁判所が許可を言い渡すことができる。

第3.143条（子の出生前の父の認知）

① 子の出生後に子の父であることを認知する申請を提出することを禁ずる事情があるときは，妊娠しているが，まだ出生していない子の父であると考える男子は，妊娠期間中に子の母が居住する地区の登録事務所に，子の母と共同して父であることを認知する申請をすることができる。

② 子の出生前に子の父であることを認知する申請は，医療センターが発行する妊娠証明書を添付する。

③ 子の出生前に，子の母が子の父であることを認知する申請を提出した男性又は他の男性と婚姻したときは，子の父は，子の出生後にはその申請に基づいて確定しない。

④ 子の出生前に子の父であることを認知する申請を提出した子の母又は男性が，子の出生が登録事務所に登録される前に撤回したときは，その申請に基づいた子の父であることは登録されない。

第3.144条（子の母の同意がない父子関係の認知）

① 子の母が死亡するか，無能力であるか，若しくは他の理由で父子関係の認知のために子の父と共同して申請をすることができないとき，自分が子の父であると考える者が未成年であるか，若しくは制限能力者であり，その者の親若しくは後見人（保佐人）が父子関係の認知を拒否するか，又は10歳以上の子が書面による同意をしないときは，裁判所が申請を認めるときは，父子関係を認知する申請は，父子関係の登録のための有効な基礎とみなすことができる。

② 子の母が死亡するか，無能力であるか，又は他の理由で父子関係の認知のために子の父と共同して申請をすることができない場合，父子関係を認知する申請を調査するに当たっては，裁判所は，子の父がそれを挙証することを求めなければならない。

③ 子の父子関係の認知の申請は，成人である子の同意なく登録することができない。

第3.145条（父子関係の認知の承認申請の調査）

① 裁判所は，簡略化された手続で，父子関係の認知の承認申請を調査する。

② 子の父子関係の認知する申請の承認に関する確定判決は，3執務日以内に子の出生を登録する登録事務所に送付する。

③ 子の父子関係の認知の承認申請について，自己が子の父であると考える未成年者又は制限能力者の親又は後見人（保佐人）が争うときは，申請は争訟手続で調査するため裁判所に提出される。

第7　養子縁組

1　根拠法

根拠法は，「民法」である。

768　第2編　各　　論

2　実質的成立要件

⑴　夫婦共同縁組

夫婦共同養子縁組が原則であるが，例外的に，夫婦の一方が養子縁組をすることができない場合は，配偶者の同意を得て養子縁組をすることができる（民法3.210条2項・3.216条1項）。

⑵　養親の要件

ア　年　齢

養親は，成人（18歳）で，50歳未満でなければならない。

ただし，裁判所は，50歳以上の者の養子縁組を許可することができる（民法3.210条1項）。

イ　行為無能力者等

裁判所によって，行為無能力又は行為能力が制限されている者，親権が制限されている者等は，養親になることはできない（民法3.210条4項）。

⑶　養親と養子の年齢差

養親は，養子より18歳以上年長でなければならない。

ただし，配偶者の子又は養子を養子とする場合は，15歳以上年長であれば足りる（**注**）（民法3.211条）。

> （**注**）　従前の婚姻及び家族法では，「婚姻していない養親とそれぞれの養子の間の年齢差は，少なくとも15歳なければならない。配偶者の子又は養子と養子縁組をするときは，年齢差は必要条件ではない。」（110条）とされていた。

⑷　養子の要件

ア　年　齢

養子は，原則として，子（18歳未満）でなければならない。

なお，養子は，生後3か月を経過していなければならない（民法3.209条3項）。

イ　養子の制限

自分の子，兄弟姉妹を養子とすることは認められない（民法3.209条4項）。

(5) **複数の者による養子縁組の禁止**

夫婦共同縁組の場合を除き，複数の者が養親になることはできない（民法3.210条3項）。

3 保護要件

(1) **養子の同意**

養子が10歳以上である場合（注）は，その者の同意を要する。

また，10歳未満の場合は，自己の考えを表示できるときは，裁判所は聴取しなければならない。決定するに当たって，裁判所はその希望が子の利益に反しないときは，子の希望を考慮する（民法3.215条）。

（注）　従前の婚姻及び家族法では，「15歳以上」（115条）とされていた。

(2) **実親等の同意**

ア　同意の要否

実親の書面による同意を要する。

実親が未成年者であるか，行為無能力である場合は，養子縁組は裁判所が確認したその者の親又は後見人（保佐人）の書面による同意によってのみ効力を生ずる（民法3.212条）。

イ　同意の撤回

裁判所の決定があるまでは，同意を撤回することができる（民法3.213条1項）。

ウ　同意の免除

①親が誰であるか知れない場合，②親が死亡している場合，③親権が無期限制限されている場合，④親が行為無能力である場合，⑤死亡宣告された場合は，養子の親の同意は要しない（民法3.214条）。

(3) **裁判所の関与**

養子縁組には，裁判所が関与する。

770 第2編 各 論

4 養子縁組の効力

(1) 実親との関係
実親と養子の間の権利及び義務は消滅する（民法3.227条1項）。

(2) 養親との関係
養親の嫡出子として法律関係が生じ，権利及び義務を有する（民法3.227条）。

(3) 養子の姓名
　ア　養子の姓

　　養子は，裁判所の判決で養親の姓（surname）が付与される。

　　ただし，養子の請求により，養子は実親の姓を保持することが認められる（民法3.228条1項・2項）。

　イ　養子の名

　　名は，自己の意思を表示することができる養子の同意を得て変更することができる（民法3.228条1項）。

　ウ　養親間又は養親と養子間で子の姓又は名の変更について争いがあるとき

　　裁判所が子の利益を考慮して解決される（民法3.228条3項）。

(4) リトアニア市民権の取得
リトアニア共和国の市民の養子となった子は，養子縁組の日にリトアニア共和国の市民権を取得する（市民17条1項）。

5 ハーグ国際養子縁組条約

1998年（平成10年）批准

〔根拠法条〕

民法（2000年7月18日法律第8-1864号（2001年7月1日施行），2011年4月12日法律第11-1312号改正）	第3.130条（親族の概念）
	①・②　（略）
第1編　総則	③　養子（及びその卑属）と養親（及びその親族）間の関係は，親族として取り扱われる。
第4部　子及び親の相互の権利及び義務	
第9章　親族及び姻族	第5部　養子縁組

第8章　養子縁組の条件及び手続

第3.209条（養子になることが認められる子）

① 養子縁組は，可能な限り専ら子の利益のためになされる。

② 配偶者が他方の配偶者の子を養子とする場合又は子が養親の家族と生活している場合を除き，養子縁組のために提示されたリストに含まれる子のみが養子となることができる。

③ 生後3か月を経過した者のみが，養子となることができる。

④ 自分の子，兄弟姉妹の養子は認められない。

⑤ 養子は，継父（継母）の配偶者によってのみ養子となることができる。

⑥ （略）

第3.210条（子を養子とする資格を与えられる者）

① 養親は，子を養子とする十分な準備をした成人で50歳未満の男女でなければならない。例外的な場合は，裁判所はそれより年長の者に子を養子とする許可をすることができる。

② 子を養子とする権利は，夫婦が行使することができる。例外的な場合は，未婚の者又は夫婦の一方が子を養子とすることが認められる。

③ 未婚の者は，同じ子を養子とすることができない。

④ 裁判所によって行為無能力又は行為能力の制限が宣言されている者，親権が制限されている者，その者の責任によって，後見（保佐）が取り消された以前の後見人（保佐人）は，子を養子とすることが認められない。

⑤ （親の配偶者又は親族を除き）子を養子とすることを希望する者は，養子縁組のための国家機関が管理する養親の名簿に載せられなければならない。

⑥ 数人の養親が1人の同じ子を養子とすることを希望するときは，子の利益を考慮して，以下の者に優先権が与えられる。

1　親族

2　配偶者

3　一緒に兄弟を養子とする者

4　リトアニア共和国の市民

5　夫婦の子又は養子を養子とする者

6　養子となる子が生活し扶養されている家族の者

第3.211条（養親と養子の年齢差）

① 養親と養子の年齢差は，18歳未満であってはならない。

② その者が配偶者の子又は養子を養子とする場合は，第1項に定める年齢差は15歳に引き下げることができる。

第3.212条（養子縁組に対する親の同意）

① 養子縁組は，裁判所が確認した親の書面による同意によってのみ効力を生ずる。

② 子の親が未成年者であるか，行為無能力である場合は，養子縁組は裁判所が確認したその者の親又は後見人（保佐人）の書面による同意によってのみ効力を生ずる。（国家の保護機関を除き）養子となる子に法定後見人（保佐人）がいるときは，養子縁組は，裁判所が確認した後見人（保佐人）の書面による同意によってのみ効力を生ずる。

③～⑤　（略）

第3.213条（養子縁組に対する親の同意の撤回）

① 親は，子の養子縁組について裁判所の

772 第2編 各 論

判決がなされるまでは，養子縁組に対する同意を撤回することができる。

② ・ ③ （略）

第3.214条（親の同意のない養子縁組）

親が誰であるか知れない場合，親が死亡している場合，親権が無期限制限されている場合，親が行為無能力である場合，又は死亡宣告された場合は，養子の親の同意は要しない。

第3.215条（養子の同意）

① 養子が10歳に達しているときは，養子縁組に対する子の同意を要する。子は同意を裁判所に提出する。この同意のない養子縁組は認められない。

② 子が10歳未満の場合は，自己の考えを表示できるときは，裁判所は聴取しなければならない。決定するに当たって，裁判所はその希望が子の利益に反しないときは，子の希望を考慮する。

第3.216条（養親の配偶者の同意）

① 子が夫婦の一方の養子となった場合には，他方の配偶者の書面による同意を要する。

② 夫婦が裁判所の判決により法定別居しているか，又は，他方の配偶者が裁判所によって失踪宣告若しくは行為無能力を宣言されたときは，他方の配偶者の同意は要しない。

第3.223条（養子縁組の優先）

① 複数の者が同じ子を養子とすることを希望するときは，以下の命令で決定される。

　1 配偶者の子及び養子を養子とする者

　2 親族

　3 兄弟姉妹を一緒に養子縁組する者

　4 夫婦

② 子を養子とすることを希望する者が，同じ範疇であるときは，優先権は養親のリストに最初に登録された者に与えられる。

第3.224条（養親が外国市民であるときの養子縁組）

① 第3.209条から第3.221条の規定は，外国市民である養親について適用される。

② 第3.209条から第3.221条の規定に加え，外国市民は，以下に掲げるときは，子を養子とすることができる。

　1 養子縁組として提供された子のリストに子が登録されてから6か月の期間，リトアニア共和国の市民から子を養子とするか，又は子を後見若しくは保佐の下に置く申請がなかったとき。

　2 子が養育及び扶養されている家族の両親が，裁判所に子の養子縁組について書面による同意を提出したとき。

　3 後見人（又は保佐人）が，裁判所に子の養子縁組について書面による同意を提出したとき。

③ 裁判所は，子の利益を考慮して，家族の両親，後見人（又は保佐人）の同意なく，子の養子縁組について決定する権利を有する。

④ ・ ⑤ （略）

第3.225条（外国で行われた養子縁組の承認）

外国で行われた養子縁組は，国際条約及び第1編に規定されている手続及び条件に従って認められる。

第14章 養子縁組の法的効果

第3.227条（養子縁組の結果）

① 養子縁組は，実の親及び子の相互の個人的，財産的な権利及び義務を無効と

し，養親，その親族及び養子とその卑属に血縁による親族として相互の個人的，財産的な権利及び義務を創設する。

② 養親は，第3.222条第4項に規定されている例外の場合を除き，既判力を生じた養子縁組に関する裁判所の判決に基づき，法の下で子の親として取り扱われる。

第3.228条（養子の姓及び名）

① 養子は，裁判所の判決で養親の姓（surname）が与えられる。子の名は，自己の意思を表示することができる子の同意を得て変更することができる。

② 養親及び自己の意思を表示することができる養子の請求により，子は実親の姓を保持することが認められる。

③ 養親間又は養親と養子間で子の姓又は名の変更について争いがあるときは，裁判所が子の利益を考慮して解決する。

市民権法（2010年12月2日法律第11-1196号（2011年4月1日施行），2015年12月22日法律第12-2210号改正）

第3章　リトアニア共和国の市民権の取得

第17条（養子の市民権）

① リトアニア共和国の市民の養子となった子は，養子縁組の日にリトアニア共和国の市民権を取得する。

② リトアニア共和国の市民で，かつ，外国の市民の養子となった子は，養子縁組の結果，外国の市民権を取得したか否かにかかわらず，リトアニア共和国の市民である。

〔**参考：従前までの取扱いについて**〕

リトアニアの養子法の法源は，1993年婚姻及び家族法の改正に関する共和国法である。

1　養子縁組の成立要件

　ア　夫婦共同縁組に関する要件

　　夫婦による共同縁組は，必要的なものとしていない。

　　ただし，養親の配偶者の同意を要する（旧家族116条）。

　イ　養親に関する要件

　　養親は，成年者（18歳以上）でなければならない。

　　また，裁判所によって，法的に無能力者又は制限能力者と認定された者，親権を剥奪された者等は，養親となることができない（旧家族109条）。

　ウ　養子に関する要件

　　養子は，18歳未満の未成年者でなければならない（旧家族108条）。

　エ　養親と養子の年齢差

　　配偶者の子又は養子と養子縁組をする場合を除き，15歳以上の年齢差が必要である。

　　ただし，裁判所は15歳以上の年齢差がない場合でも，養子縁組を許可することができる（旧家族110条）。

　オ　無子要件

774 第2編 各 論

特に規定はない。

カ 実子を養子とすることについて

子は，実の両親の養子となることはできない。ただし，養親の配偶者の養子となる場合を除く（旧家族108条）。

キ 転縁組について

特に規定はない。

2 保護要件

ア 養子の同意

養子となる者が15歳以上であるときは，原則として，その者の同意を要する（旧家族115条）。

イ 実父母又は法定代理人の同意

(ア) 同意の要否

実父母の書面による同意を要する。年齢に達していない嫡出でない子を養子とするには，子の両親及びその代理人の書面による同意を要する（旧家族112条）。

ただし，両親が知れないとき，子に対する親権を喪失している等の場合は，同意は必要でない（旧家族113条）。

(イ) 同意の撤回

両親は，裁判所の決定があるまでは，同意を撤回することができる（旧家族112条）。

ウ 後見人，施設等の同意

里子を預かる家で養育，扶養されている子を養子とするには，養育している親の書面による同意を要する。

後見人がいる両親の知れない子については，後見人の書面による同意を，また，両親が知れず国等の施設で養育された子については，当該施設の長の書面による同意を要する（旧家族114条）。

エ 裁判所の関与

養子縁組に裁判所が関与する。

3 養子縁組の手続

リトアニアの養子縁組は，契約型でなく，官庁宣言型であり，養子縁組に関与する官庁は，裁判所である。

4 養子縁組の効果

(1) 養子の姓

養子は，自分の名及び姓を保持する。ただし，養親の申請により，養親の姓を称する。養親の姓が異なるときは，養親の合意により，養親の一方の姓を称する。

養子の名，姓を変更するには，養子となる者が15歳以上であるときは，その者の書面による同意を要する（旧家族122条）。

(2) 効力の発生

裁判所の決定が発効した時に，養子縁組は有効となる（旧家族125条）。

5　養子縁組の取消し

(1)　養子縁組の取消し

養子縁組の取消しは，裁判手続で行われるが，養子が18歳以上のときは，養子縁組を取り消すことができない（旧家族128条）。

養子縁組の取消事件の審理には，監護機関が参加する（旧家族127条）。

養子縁組は，養子縁組の取消判決が効力を生じた日に消滅する（旧家族127条）。

(2)　養子縁組の取消事由

養子縁組は，養親が自分に課せられた親としての義務を怠り，自分の権利を濫用し，養子に悪い影響を与えたとき，又は薬物，麻薬中毒である場合に取り消される。

裁判所は，その他の事由によっても，子の利益に基づき，養子縁組を取り消すことができる（旧家族128条）。

(3)　養子縁組取消しの請求権者

養子の実父母，養親，監護施設は，養子縁組の取消しを請求する権利を有する（旧家族129条）。

(4)　取消しの効果

①　養子と養親（養親の血族）の間の権利及び義務は消滅する。

②　子と実親の間の権利及び義務は回復する。

③　養子縁組の取消しのとき，子は判決により親に引き渡される。子の父母への引渡しが子の利益に反する場合，子は監護機関に引き渡される。

④　裁判所は，養子縁組に伴って子に与えられた名，及び姓の存続を以前の名，姓に戻す決定をする（旧家族130条）。

〔参考〕

〔旧〕婚姻及び家族法の改正に関するリトアニア共和国法（1993年10月12日）

第14章　養子縁組

第108条（縁組の資格を有する子）

18歳以下（以後，「未成年者」という。）の子で，その養子縁組が子の最善の利益に適う場合にのみ，養子縁組は許可される。兄弟を別々にすることによる養子縁組は特別な場合にのみ許可される。

子は，実の両親，祖父母，姉妹又は兄弟の養子となることはできない。

養親の配偶者の養子となる場合に限り，養子縁組は許可される。

第109条（子を養子にする資格を有する者）

18歳以上の市民は，養親になることができる。

配偶者は，子を養子縁組することができるが，法的に婚姻をしていない者は，一緒に同じ子を養子とすることはできない。

養親になる資格のない者は，次の者を含んでいる。

1　裁判所によって，法的に無能力者又は制限能力者と認定された者

2　一方の配偶者が法的に無能力者又は制限能力者と認められたときの夫婦

3　親権を剝奪された者

4　養子縁組が無効とされた養親

数人の者が同じ子を養子にすることを希望

776 第2編 各 論

するときは，優先順位は，次の順位で与えら
れる。

1 親族
2 配偶者
3 兄弟を養子とした者
4 リトアニア共和国市民
5 配偶者の子又は養子をした者
6 家族の中で子を育て，援助した者

第110条（養子と養親の年齢差）

婚姻していない養親とそれぞれの養子の間
の年齢差は，少なくとも15歳なければならな
い。

配偶者の子又は養子と養子縁組をするとき
は，第1文の年齢差は，必要条件ではない。

裁判所により重要であると認められた理由
により，養子と養親の間の年齢差は，これに
ついて第1文に規定された年齢差がなくても
養子縁組は許可される。

第111条（養子と養親の健康証明書）

養子縁組をしようとするときは，既定され
た手続に従って，リトアニア共和国の保健省
の発行する養子と養親の健康証明書が必要で
ある。

第112条（子の養子縁組に対する親の同意）

養子縁組をするためには，子の両親の書面
による同意を要する。

年齢に達していない嫡出でない子を養子と
するには，子の両親及びその代理人の書面に
よる同意を要する。

両親は，養子縁組に関する裁判所の決定が
あるまで，同意を撤回する権利を有する。

両親は，養子縁組について特定の者に，又
は，養親が誰になるかを示さずに同意を与え
ることもできる。

養子縁組に同意した両親は，本法第120条
に規定された養子縁組の結果について通知を
受け，それについて知ったということを署名
する。

第113条（親の同意のない養子縁組）

養子縁組に対する親の同意は，以下の場合
には必要ない。

1 両親が知れないとき。
2 両親が子に対する親権を喪失していると

き。

3 両親が法的無能力者若しくは制限能力者
として認定されているか，又は失踪宣告を
受けているとき。

4 裁判所によって，意味のない理由で両親
が子と1年以上生活せず，子を養育し，扶
養する義務を怠っているとき。

5 両親が特定の養親を示さずに事前に養子
縁組に対する同意を与えているとき。

第114条（里子を預かる家，後見人又は国家，
公共若しくはその他の子の施設による養子縁
組に対する同意）

里子を預かる家において養育され，扶養さ
れている子を養子とするためには，養育して
いる親の書面による同意を要する。

後見人がいる，両親の知れない子を養子と
するためには，後見人の書面による同意を要
する。

後見人が養子縁組に対する同意を拒否する
ときは，養子縁組に対する同意は後見施設に
より与えられる。

両親が知れず，国家，公共又はその他の子
の施設で養育された子を養子とするために
は，当該施設の長の書面による同意を要する。

裁判所は，養子縁組が子の利益最善になる
ときは，子を養育した親，後見人又はそれぞ
れの施設若しくは後見施設の長の同意なく，
養子縁組に関する決定をする権限を有する。

第115条（養子縁組に対する養子の同意）

15歳以上の子を養子とするには，養子縁組
に対する子の書面による同意を要する。

10歳以上の子は，養子縁組に関して裁判所
で聴聞を受ける資格を有する。

子が養親の家族と生活し，養親を自分の親
として考えているときは，養子縁組に対する
申請を提出し，子の親として認識されている
養親の要請に基づき，子の養子縁組に対する
同意は要しない。

第1文に規定された養子縁組に対する養子
の同意は，裁判所が判断する。

第116条（養親の配偶者の養子縁組に対する同
意）

子が婚姻している者の養子となるときは，

養親の配偶者の同意を要する。

裁判所が意味がないとみなした理由で1年以上夫婦が同居しておらず，又は上記の配偶者が不明であることが宣告されたときは，養親の配偶者の養子縁組に対する同意は要しない。

第122条（養子の名）

養子は，自分の名及び姓を保持する。

養親の申請により，養子は養親の示した名と同様に養親の家族の姓を称する。養親の姓が異なるときは，養子は，養親の相互の合意により，養親の一方の姓を称する。

子の養親が婚姻していないときは，養子の父（母）の姓は，養親の父（母）の姓に従い，養子の父（母）の名は養父（母）の陳述に従って記録される。

15歳以上の養子の名及び姓を変更をするには，子の書面による同意を要する。

第125条（養子縁組の効力）

裁判所の決定が発効した時に，養子縁組は法的に有効となる。

第127条（養子縁組の取消し）

養子縁組は，裁判手続によってのみ取り消すことができる。

養子縁組の取消請求は，監護機関の代表の面前で調査される。

養子縁組は，裁判所の養子縁組を取り消す旨の決定が効力を生じた日に取り消される。

第128条（養子縁組の取消原因）

養子縁組は，養親が次の場合には，取り消すことができる。

1 義務を怠った場合

2 権利を濫用した場合

3 養親の行為により，養子に悪い影響を与えた場合

4 薬物，麻薬中毒，又は他の有毒物質の濫用の場合

裁判所は，子の利益及び重要な理由の存在を勘案した上で，第1文に規定されていない理由によっても，養子縁組を取り消すことができる。

養子が18歳以上であるときは，養子縁組を取り消すことは認められない。

第129条（養子縁組の取消権者）

実親，養親及び監護施設は，養子縁組を取り消すことができる。

第130条（養子縁組の取消しの結果）

養子縁組の取消しにより，子とその子，養親及び親類との間の権利と義務は，裁判所の養子縁組を取り消す決定が効力を生じた日から解消する。

養子縁組の取消しにより，子とその子及び実親と直系の親族との間の権利と義務は，裁判所の決定により回復する。

養子縁組の取消しにより，裁判所は子を実親に戻す決定をする。もし，子を実親に戻すことが子の最善の利益にならないときは，子を監護施設の監督下に移さなければならない。

養子縁組の取消しにより，裁判所は，養親から付与された名及び姓を，子が養子縁組以前の名，姓に戻す決定をする。

第8 国 籍

1 二重国籍

リトアニアでは，原則として，二重国籍は認められていない。

2 リトアニア市民権の喪失

リトアニア共和国の市民権の放棄，外国の市民権の取得等によりリトアニア

778 第2編 各 論

市民権を喪失する（市民26条）。

〔根拠法条〕

市民権法（2010年12月2日法律第11-1196号（2011年4月1日施行），2015年12月22日法律第12-2210号改正）

第2章 リトアニア共和国の市民

第7条（リトアニア共和国の市民が同時に外国の市民である場合）

　リトアニア共和国の市民は，少なくとも以下の要件を満たす場合は，同時に外国の市民であることができる。

　1　出生により，リトアニア共和国の市民権及び外国の市民権を取得し，21歳に達していない市民

　2～9　（略）

第4章　リトアニア共和国の市民権の喪失

第24条（リトアニア共和国の市民権の喪失）

　リトアニア共和国の市民権は，以下により喪失する。

　1　リトアニア共和国の市民権の放棄に基づき。

　2　本法に規定された場合を除き，外国の市民権の取得に基づき。

　3～8　（略）

第26条（外国の市民権の取得に基づくリトアニア共和国の市民権の喪失）

①　外国の市民権を取得したリトアニア共和国の市民は，本法第7条第1号から第5号及び第7号に従い，同時にリトアニア共和国の市民及び外国の市民である者を除き，外国の市民権を取得した日にリトアニア共和国の市民権を喪失する。

②　外国の市民権を取得したリトアニア共和国の市民は，その取得の日から2月以内に，リトアニア共和国政府の承認した機関又はリトアニア共和国の外交使節若しくは領事部に書面で通知しなければならない。

③　（略）

〔参考〕

〔旧〕**市民権法**（2002年9月17日法律第9-1078号（2003年1月1日施行），2008年7月15日法律第10-1709号改正）

第3節　リトアニア共和国の市民権に対する権利の保持及び実行，リトアニア共和国の市民権の喪失及び回復

第18条（リトアニア共和国の市民権の喪失）

①　以下に掲げる場合には，リトアニア市民権を喪失する。

　1　リトアニア共和国の市民権の放棄により。

　2　外国の市民権の取得により。

　3　リトアニア共和国が当事者である国際協約により規定された事由により。

　4　リトアニア共和国の市民が外国の兵役に就くか，リトアニア共和国の政府の授権のない非EUメンバーの国家の公務に就いているとき。

　5　（略）

②　本条第1項第2号は，リトアニア共和国が二重市民権に関する契約を締結した外国の市民権を取得した者には適用されない。

第19条（市民権を放棄するリトアニア共和国の

市民の権利)

① 市民権を放棄するリトアニア共和国の市民の権利は，本条で定める場合を除き，制限することができない。

② リトアニア共和国の市民権を放棄する者の申請は，申請者が犯罪行為を犯した容疑がかけられているか，告訴されているか，又はその者に関して判決が確定し，執行されているときは考慮しないことができる。

780 第2編 各 論

資料183-1 〔婚姻に関する証明書〕

Lietuvos Respublikos Teisingumo Ministerija

PAŽYMA

1995 06 OO Nr.O-OOO

Tuo pažymime, kad Lietuvos Respublikos pilietė OOOOOOOOOO gimusi OOOOOOO 1963 m. kovo OOd., gyvananti OOOOOOOOOOOOOOOO yra ištuokta ir jos santuokai su kitos valstybės piliečiu kliūčių nėra.
Ši pažyma galioja du mėnesius.

Patarėjas civilinei
retrikacijai

（署名）

OOOOOOOOOOOO

Gedmino. pr. 30/1　　　　Tel. ※※※ Faksas ※※※ Teleksas ※※※ LMT SU
2600 Vilnius Lietuvos Respublika　Tel. ※※※ Faksas ※※※ Teletaipas ※※※

Gedmino ave 30/1　　　　Tel. ※※※ Fax ※※※ Telex ※※※ LMT SU
2600 Vilnius Lithunia　　Tel. ※※※ Fax ※※※ Telex ※※※

資料183－1

リトアニア共和国法務省

婚姻に関する証明書

１９９５年6月○○日

No. ○－○○○

リトアニア共和国の市民　ア○○○○ネ，ユ○○タ
出生地　ケ○○○○郡に１９６３年3月○○日出生
ラ○○○○郡のア○○○○市に居住
　当人は離別し，当人は他の国の市民との婚姻に障害がないと
いう証明書である。

有効期間　二ヵ月

法務省　市民の登録課で発行

［相談役］

（サイン）

782　第2編　各　　論

資料183－2〔婚姻証明書〕

SANTUOKOS LIUDIJIMAS

Įrašas apie tai įrašytas

□□
vyro vardas
□□
pavardė
asmens kodas ※※※※※※
gimęs 1982 m. rugpjūčio ※ d.
Lietuva, Vilnius
gimimo vieta

ir
△△
misters vardas
△△
pavardė
asmens kodas –
gimusi 1986 m. lapkričio ※ d.
Japonija
gimimo vieta

susituokė 2013-05-※ (Du tūkstančiai tryliktų metų
metai, mėnuo, diena
gegužės ※)
rašoma žodžiais ir skaitmenimis

2013 metų gegužės mėnesio 22 dieną.

Įrašo Nr. ※※※

SUTUOKTINIŲ PAVARDES PO SANTUOKOS:

vyro □□
žmonos △△
Registracijos vieta Vilniaus miesto CM skyrius
civilinės metrikacijos ar konsulinės įstaigos pavadinimas

Išdavimo data 2013 m. birželio 14 d.

（署名）

A.V. Civilinės metrikacijos įstaigos
vadovas ar konsulinis pareigūnas

AA Nr. ※ ※ ※

資料183-2

婚 姻 証 明 書

     名   婚姻の記録
     氏
個人コード   記録日
出生日   番号
出生場所
        婚姻後の氏
と   名   夫
    氏   妻
個人コード   登録の場所
出生日
出生場所

婚姻日   発行日

        発行者署名

資料183－3〔出生証明書〕

資料183-3

出 生 証 明 書 　　　　　　　両親

父 　　　　氏

名 　　　父称

市民 　　　　氏 　　　　国籍

名 　　父称 　母 　　　氏

住所 　　　　　　　　　　名 　　　父称

国籍

出生日 　　　　　　　　登録の場所

出生場所 　都市

地区
地域
共和国 　　　　　　　　　　　発行日

この誕生を登録台帳に登録した
日付 　　　　　　　　　　　　　　　　　発行者署名
番号

書類番号

786　第2編　各　　論

184　リビア（リビア）

(2011年9月21日，「社会主義人民リビア・アラブ国」から改称)

第1　婚　　姻

1　婚姻証明書

リビア国民事登録局発行の婚姻証明書は，資料184－1（本文790頁）参照。

2　実質的成立要件

(1)　婚姻適齢

男女とも20歳である。

ただし，裁判所が，両当事者に有利であるか有益であると考えるときは，後見人の同意を得て，20歳未満の者の婚姻を認めることができる（1984年法3条）。

3　報告的届出

日本人女とリビア人男が，リビアの方式により婚姻した旨の同国法務省発給の婚姻証明書の写しを戸籍法第41条の規定に基づく婚姻証書の謄本として取り扱って差し支えないとされた事例がある（昭和56.12.15民二7462号回答（戸籍447-65））。

4　リビア国籍の取得

リビア人男子と婚姻した外国人女子は，当然にはリビア国籍を取得せず，婚姻後2年を経過した後に申請をすることで，国籍を取得することができる。

〔根拠法条〕

1984年法（Act No.10 1984）
第3条
　　20歳に達した時に婚姻適齢となり，裁判所は，両当事者に有利であるか有益で

あると考えるときは，後見人の同意を得て，その年齢に達する前に婚姻を認めることができる。

第2 出 生

1 国籍留保届

リビアは，父系血統主義国であり，リビア国内で出生した事実だけでは，同国の国籍を取得しない（国籍3条）。

したがって，日本人夫婦の子がリビア国内で出生した場合は，国籍留保の届出を要しないが，父がリビア人で，母が日本人夫婦の子がリビア（又はその他の外国）で出生した場合は，出生の日から3か月以内に日本国籍を留保する意思を表示しなければ，子は日本国籍を喪失する（日国12条）。

2 出生場所の記載

(1) 行政区画

リビアは，22の県（**注1**），（**注2**）から構成されている。

（**注1**） 従前は，32県から構成されていた。

（**注2**） 県は，ムルズク県，ガート県，ワジ・アル・ハヤー県，サブハー県，ワジ・アル・シャーティー県，ジュフラ県，ナールート県，ジャバル・アル・ガルビ県，ヌカート・アル・ハムス県，ザーウィヤ県，ジファーラ県，トリポリ県，ムルクブ県，ミスラタ県，スルト県，クフラ県，アル・ワーハート県，ベンガジ県，マルジュ県，ジャバル・アル・アフダル県，デルナ県，ブトナーン県である。

(2) 戸籍の記載

「リビア国トリポリ県トリポリ市で出生」（【出生地】リビア国トリポリ県トリポリ市）と記載する。

（**注**） 1951年12月14日「リビア・アラブ共和国」として独立し，1977年3月2日「社会主義人民リビア・アラブ国」に，2011年9月21日「リビア国」に改称した。

788　第2編　各　論

〔根拠法条〕

国籍法（（Law Number(24)for 2010/1378 On The Libyan Nationality）（2010年5月28日）

第3条

以下に掲げる者は，リビア人である。

－父の国籍が出生又はその後の帰化により取得された場合は，父がリビア人であるリビアで出生した全ての者

－父がリビア人で，リビア国外で出生した全ての者。この場合には，出生は，1年以内に，人口事務所（Popular Office），外国の関係事務所又は総合保障人口委員会のコーディネーター（the Coordinator of the Popular Committee for the General Security）により証明された他の組織に登録されなければならない。リビア国外で出生した者が外国での出生により外国の国籍を取得したときは，リビア国籍を喪失せず，成人に達した後に取得した外国の国籍を選択する権利を保持する。

－リビアで出生し，母がリビア人で，父が国籍が知れないか，又は無国籍である全ての者

第18条

1954年法律第17号及び1980年法律第18号リビア国籍法は，本法に矛盾する法律の規則と同様に取り消される。

〔参考〕

〔旧〕市民権法（1980年法律第18号，1980年11月4日公布）

第2条

① アラブ市民権取得は，リビア領域に入りその取得を希望する，全てのアラブ人に与えられる権利である。

② この法律を適用するに当たって，次の者は，アラブ人とみなす。

(a) その国籍がアラブのいずれかの国に属する者

(b) 本人又はその両親の少なくとも一方が，アラブ共同体の一員であると証明できる者

③ 以上の要件を具備しているかどうかの決定は，この法律の施行規則に従う。

（総覧2－1322ノ6）

第3　養子縁組

リビアでは，養子縁組は認められていない。

第4 国 籍

1 二重国籍

政府が認めた場合は，二重国籍が認められる（Citizenship Law in Africa）。

2 リビア国籍の喪失

総合保障委員会の承認なく外国の国籍を取得した者は，リビア国籍を喪失する（国籍5条）。

〔根拠法条〕

国籍法（2010年5月28日）
第5条
　　総合保障委員会(the General Popular
Committee for the General Security) の
承認なく外国の国籍を取得した者は，リ
ビア国籍を喪失する。

790　第2編　各　論

資料184−1 〔婚姻証明書〕

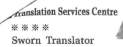
Translation Services Centre
※ ※ ※ ※
Sworn Translator

مركز النافورة لخدمات الترجمة
※ ※ ※ ※
مترجم قانوني - محلف

In The Name Of God Most Gracious Most Merciful

The Great Socialist People's Libyan Arab Jamahiriya
The General People's Committee of Justice

Marriage Permit issued by
Al Madina Summary Court

Civil Registry: Suk Giuma
No.: ※ ※/ ※ ※
Date: 23/09/2012

Marriage Contract Document

Registry No.: Marriage
Page: ※

On this day, Thursday, 20/09/2012, 9:00 pm, I, ※ ※ ※ ※ , Marriage Official of Alharat District, Suk Giuma Summary Court, in my place in: in the house of the husband, situated in Tripoli, hereby certifies that the following marriage was concluded:

Full name of husband: ☐ ☐ ☐ ☐	
Mother's name: ※ ※ ※ ※	Occupation: ※ ※
Nationality: Libyan	Date of birth: 1976
Place of birth: Tripoli	Residence: Tripoli
Id. Card No.: ※ ※	Date & place of issue: Tripoli

Full name of wife: △ △ △ △	
Mother's name: ※ ※ ※ ※	Occupation: ※ ※
Nationality: Japanese	Date of birth: 1980
Place of birth: Japan	Residence: Tripoli
Id. Card (Passport) No.: ※ ※	Date & place of issue:

Husband's family record in the Civil Registry:
City or village: Tripoli　　　　　　　　　　　Locality: Tripoli
Registration No.: ※ ※　　　　　　　　　　　Civil Registry Office: Tripoli

Wife's family record in the Civil Registry:
City or village: Japan　　　　　　　　　　　Locality: Japan
Registration No.:　　　　　　　　　　　　　Civil Registry Office:

This marriage was concluded on ※/04/2012 in pursuance of marriage contract
Dowry: twenty Tunisian Dinar and fifty golden liras
Prompt of it: twenty Tunisian Dinar, received
Deferred: fifty golden liras owed by the husband

العنوان: شارع ※ ※ رقم ※ - قرب ※ ※ ※ ※ ※ ※ / طرابلس - ليبيا
- Tripoli - Libya　　　　　※ ※ ※ ※ ※　　St. ※ - ※ Nearby ※ ※
E-mail: ※ ※ ※ ※@※ ※ ※ ※　　※ ※

資料184-1

Through this marriage the couples have been blessed with following children: //

Marriage was concluded in presence of: husband and wife

After having all the legal hindrances and the legal identification verified and assured: marriage contract is effective from the date of marriage: ※/04/2012

Witnesses:

Name	※ ※ ※ ※	※ ※ ※ ※
Occupation	※ ※	※ ※
Nationality	Libyan	Libyan
Date of birth	1946	1978
Place of birth	Tripoli	Benghazi
Residence	Tripoli	Tripoli
Id. Card No.	※ ※	※ ※
Date of issue	-	-
Place of issue	Tripoli	Benghazi

This document is made of an original and three copies; one for the husband or his representative, one for the wife or her representative and one for the civil Registry concerned:

Date:

Witnesses: (signed)
1 (signed)   Husband's signature or representative.
2 (signed)   Wife's signature or representative

Fees: one Dinar
Receipt No.: ※ ※
Date: 22/09/2012

(署名)

Marriage Official / sealed and signed.
Endorsement of the Court / General People's Committee of Justice

Sealed and signed.

資料184-1

بسم الله الرحمن الرحيم

الجماهيرية العربية الليبية الشعبية
الاشتراكية العظمى
اللجنة الشعبية العامة للعدل

وثيقة تصادق على الزواج

184　リビア　793

資料184－1

リビア法務局

婚姻許可書

発行元：アルメディーナ裁判所

民事登録スーク　ジュマア

番号：※※/※※

日付：23/09/2012

婚姻証明書

登録番号：婚姻

ページ：※

2012年9月20日（木）午後9時、アルハラート区域スークジューマ公式婚姻簡易裁判所に所属する私、※ ※
※ ※ は、トリポリにある夫の居住宅にて下記のような婚姻を締結したことを証明する。

姓名：□□□□ （ □□□ ）		
母姓名：※ ※ ※ ※	職業：※ ※	
国籍：リビア	生年月日：1976	
出生地：トリポリ	居住地：トリポリ	
IDCARD番号：※ ※	発行場所：トリポリ	

姓名：△ △ △ △		
母姓名：※ ※ ※ ※	職業：※ ※	
国籍：日本	生年月日：1980	
出生地：日本	居住地：トリポリ	
旅券番号：※ ※	発行場所：	

民事登録による夫側家族登録：

市町村：トリポリ

地方：トリポリ

登録番号：※ ※

民事登録事務所：トリポリ

民事登録による妻側家族登録：

市町村 ：日本

地方 ：日本

登録番号：-

民事登録事務所：-

この婚姻は2012年4月※日になされた婚姻契約によって締結された。

契約内容 ：省略

794　第2編　各　　論

資料184－1

婚姻は夫婦出席のもと締結された。

また、この婚姻は2012年4月※日に締結された合法な婚姻契約に基づき発効する。

証人：

姓名	※ ※ ※ ※	※ ※ ※ ※
職業	※ ※	※ ※
国籍	リビア	リビア
生年月日	1946	1978
出生地	トリポリ	ベンガジ
居住地	トリポリ	トリポリ
IDカード番号	※ ※	※ ※
発行日	-	-
発行場所	トリポリ	トリポリ

この書類は原本1通、コピー3部で作成される；夫側1部、妻側1部、民事登録提出用1部

日付

証人署名

夫署名

妻署名

領収番号：※ ※

日付　　：2012年9月22日

---

[1]婚姻証明書英訳の姓が「□□」と記載されていますがアラビア語表記では　□□　となり「　□□　」と同一人物に相違ありません。

185 リヒテンシュタイン（リヒテンシュタイン公国）

第1 婚　姻

1 婚姻証明書

リヒテンシュタイン国戸籍役場発行の婚姻証明書は，資料185－1（本文798頁）参照。

2 実質的成立要件

(1) 婚姻適齢

男女とも18歳（**注**）である。

ただし，18歳未満の者は，両親の同意がある場合は，婚姻をすることができる。

> （**注**）　従前は，男子は20歳，女子は18歳とされていた。

第2 出　生

1 国籍留保届

リヒテンシュタインは，父母両系血統主義国であり，リヒテンシュタイン国内で出生した事実だけでは，同国の国籍を取得しない（市民4条）。

したがって，日本人夫婦の子がリヒテンシュタイン国内で出生した場合は，国籍留保の届出を要しないが，夫婦の一方が日本人で，他方がリヒテンシュタイン市民の子がリヒテンシュタイン（又はその他の外国）で出生した場合は，出生の日から3か月以内に日本国籍を留保する意思を表示しなければ，子は日本国籍を喪失する（日国12条）。

2 出生場所の記載

「リヒテンシュタイン国で出生」（【出生地】リヒテンシュタイン国）と記載

する。

> **(注)** 国内は，11の基礎自治体（ゲマインデ）に分かれているが，日本の市町村には該当しないと思われる。

3　出生証明書

リヒテンシュタイン国戸籍役場発行の出生証明書（出生登録簿の抜粋）は，資料185-2（本文800頁）参照。

第3　認　　知

1　強制認知（死後認知）

リヒテンシュタイン国の法律には，子が父の死後認知を求める場合についての明文の規定は存在しない。

また，同国には，認知の法律関係について，反致の規定も存在しない（昭和47. 3. 4東京地裁判決（判時675-71））。

第4　養子縁組

1　根拠法

根拠法は，「一般民法」（General Civil Code）である。

2　実質的成立要件

⑴　養親の要件
養父は30歳以上，養母は28歳以上でなければならない。

⑵　養親と養子の年齢差
養親は，養子より18歳以上年長でなければならない。

3　保護要件

(1)　養子の同意

養子が5歳以上である場合は，養子の同意を要する。

(2)　裁判所の関与

養子縁組には，裁判所が関与する。

4　ハーグ国際養子縁組条約

2009年（平成21年）批准

(子の養子縁組：傾向と政策（国連）)

798　第2編　各　論

資料185－1〔婚姻証明書〕

Fürstentum
Liechtenstein

Zivilstandsamt

E h e s c h e i n

Ehe - Register　Vaduz

Band　※ ※

Seite　※ ※

Nr.　※ ※

Am	※. Mai 1998
haben die Ehe geschlossen in	Vaduz/FL

Name	□ □		
Vorname(n)	□ □		
geborener	□ □		
Zivilstand	ledig		
zuständig	Mauren/FL		
wohnhaft	Mauren/FL, ※ ※ ※ ※		
geboren in	Chur/GR	geboren am	※ .08.1976
Sohn des	※ ※ ※ ※	geborener	※ ※
und der	※ ※ ※ ※	geborene	※ ※

Name	△ △		
Vorname(n)	△ △		
geborene	△ △		
Zivilstand	ledig		
zuständig	Japan		
wohnhaft	Ota-Ku/Tokyo, ※ -※, ※ ※ ※ ※ ※ chome		
geboren in	Tokushima/J	geboren am	※ .06.1968
Tochter des	※ ※ ※ ※	geborener	※ ※
und der	※ ※ ※ ※	geborene	※ ※

Namen nach der Eheschliessung

der Familie　□ □

des Mannes　□ □

der Frau　□ □

FL-※ ※ Vaduz, am　29. Mai 1998

Für den richtigen Auszug
Der Zivilstandsbeamte

（署名）

FL-※ ※ Vaduz　Telefon ※ ※ ※ ※

資料185－1

リヒテンシュタイン公国 ☐ 戸籍役場

戸籍区
巻
頁
番

婚姻成立年月日
場所

氏
名
婚姻時の氏
戸籍上の身分
本籍
居住地
出生場所及び生年月日
父の氏名及び旧姓
母の氏名及び旧姓

氏
名
婚姻時の氏
戸籍上の身分
本籍
居住地
出生場所及び生年月日
父の氏名及び旧姓
母の氏名及び旧姓

婚姻成立後の氏
家族の氏
夫の氏
妻の氏

日付　於

リヒテンシュタイン公国　戸籍役場
真正な抜粋であることを証す

戸籍官吏　　署名

資料185-2 〔出生証明書〕

ZIVILSTANDSAMT
FÜRSTENTUM LIECHTENSTEIN

Principality of Liechtenstein Registry Office
Principauté de Liechtenstein Bureau d'état civil
Principado de Liechtenstein Registro civil
Principato del Liechtenstein Ufficio dello stato civile

Auszug aus dem Geburtsregister

Extract of the register of births
Extrait des registres de l'état civil concernant une naissance
Extracto del registro de nacimientos
Estratto del registro delle nascite

Gemeinde/Municipality/Commune de/Municipio de/ Comune di Schaan	Band/Volume/Volume/ Volumen/Volume ※	No./No./No./No./No. ※	Seite/page/page/ pagina/pagina ※

Kind / child / enfant / niño / bambino

Geburtsdatum/date of birth/date de la naissance/ fecha de nacimiento/data di nascita : ※.01.2012 -/-
Geburtsort/place of birth/lieu de la naissance/ lugar de nacimiento/luogo di nascita : Vaduz/Principality of Liechtenstein -/-
Name/surname/nom/apellidos/cognome : ◯◯ -/-
Vornamen/forenames/prénoms/nombres de pila/ nomi : ◯◯ -/-
Geschlecht/sex/sexe/sexo/sesso : M -/-
Staatsangehörigkeit/nationality/nationalité/ nacionalidad/cittadinanza : Schaan/Principality of Liechtenstein -/-

Vater / father / père / padre / padre

Name/surname/nom/apellidos/cognome : □□ -/-
Vornamen/forenames/prénoms/nombres de pila/ nomi : □□ -/-
Geburtsdatum/date of birth/date de la naissance/ fecha de nacimiento/data di nascita : ※.01.1982 -/-
Staatsangehörigkeit/nationality/nationalité/ nacionalidad/cittadinanza : Schaan/Principality of Liechtenstein -/-

Mutter / mother / mère / madre / madre

Lediger Name/maiden name/nom de jeune fille/ apellido de soltera/nome di signorina : △△ -/-
Vornamen/forenames/prénoms/nombres de pila/nomi : △△ -/-
Geburtsdatum/date of birth/date de la naissance/ fecha de nacimiento/data di nascita : ※.01.1980 -/-
Staatsangehörigkeit/nationality/nationalité/ nacionalidad/cittadinanza : Japan -/-

Ort und Datum/place and date/lieu et date/ lugar y fecha/luogo e data

Vaduz, 12.01.2012

Name, Funktion, Amtsstempel und Unterschrift
Name, function, office stamp and signature
Nom, fonction, sceau et signature
Apellidos, función, sello y firma
Cognome, funzione, bollo e firma

(署名)

※ ※ ※ ※ Zivilstandsbeamtin-Stv.

※ ※ ※ ※ ※   FL- ※ ※ Vaduz / Telefon ++ ※ ※ ※ ※

資料185－2

戸籍役場
リヒテンシュタイン公国

出生登録簿よりの抜粋

自治体	巻	番号	頁

子
出生日
出生場所
氏
名
性別
国籍

父
氏
名
出生日
国籍

母
氏
名
出生日
国籍

場所と日付　　　　機関，公印，署名

802　第2編　各　　論

186　リベリア（リベリア共和国）

第1　婚　　姻

1　実質的成立要件

(1)　婚姻適齢

男女とも18歳である（児童3条・4条）。

16歳未満の者の婚姻は，無効である（国内6.1条c号）。

（注）　従前は，男子は21歳，女子は18歳とされていた（the New Domestic Relations Law 2章2条）。

(2)　重婚の禁止

婚姻時に，生存している配偶者を有する者との婚姻は，無効である（国内6.1条a号）。

(3)　近親婚の禁止

①尊属と卑属，②全血又は半血の兄弟姉妹，③おじと姪又はおばと甥，④いとことの婚姻は，無効である（国内6.1条b号）。

〔根拠法条〕

国 内 関 連 法（Domestic Relations Law）（1973年）

第6章　無効婚の無効宣言訴訟

第6.1条（無効婚）

（略）以下の婚姻は無効であり，裁判上の宣言なく絶対的に効力を生じない。

a　重婚

婚姻時に，生存している配偶者を有する者との婚姻

b　近親婚

その関係が嫡出であるか，嫡出でないかにかかわらず，以下の親等の親族

i　尊属と卑属

ii　全血又は半血の兄弟姉妹

iii　おじと姪又はおばと甥

iv　いとこ

c　16歳未満の未成年者

当事者の一方が16歳未満である婚姻

児童法（Liberian Children's Act 2011）

第3条

子は，18歳未満の者を意味する。

第4条

いかなる人も社会も，子を次に掲げる

いかなる行為にもさらしてはならない。
a　その者が18歳未満であるときに，婚

姻すること。
（以下，略）

第2　出　　生

1　国籍留保届

リベリアは，父母両系血統主義国であり，リベリア国内で出生した事実だけでは，同国の国籍を取得しない（憲28条）。

したがって，日本人夫婦の子がリベリア国内で出生した場合は，国籍留保の届出を要しないが，夫婦の一方が日本人で，他方がリベリア市民の子がリベリア（又はその他の外国）で出生した場合は，出生の日から3か月以内に日本国籍を留保する意思を表示しなければ，子は日本国籍を喪失する（日国12条）。

2　出生場所の記載

(1)　行政区画

リベリアは，15の郡（注）から構成されている。

　　（注）　郡は，シノエ（Sinoe）郡，リバージー（River Gee）郡，リバーセス（River Cess）郡，ニンバ（Nimba）郡，モンセラード（Montserrado）郡，メリーランド（Maryland）郡，マージビ（Margibi）郡，ロファ（Lofa）郡，グランドクル（Grand Kru）郡，グランドゲデ（Grand Gedeh）郡，グランドケープマウント（Grand Cape Mount）郡，グランドバッサ（Grand Bassa）郡，バルポル（Gbapolu）郡，ボン（Bong）郡，ボミ（Bomi）郡である。

(2)　戸籍の記載

「リベリア国モンセラード郡モロンビア市で出生」（【出生地】リベリア国モンセラード郡モロンビア市）と記載する。

804　第2編　各　　論

〔根拠法条〕

憲法（1986年1月6日）

第4章　市民権

第27条

　　a　本憲法施行時に，法律上リベリア市民である全ての者は，引き続きリベリア市民である。

　　b　明確なリベリアの文化，価値及び性格を保護し，育て，維持するため，ニグロ又はニグロ系の者のみが，出生又は帰化によるリベリアの市民としての資格を与えられる。

　　c　上記の標準について，議会は，帰化

をすることができる手続の他の資格基準を定める。

第28条

　　成人に達し，両親の一方が他国の市民であることにより取得された他の市民権を放棄するという条件に従うことで，出生の時に，少なくとも両親の一方がリベリア市民である者は，リベリア市民である。共和国のいかなる者も，法律に規定された場合を除き，市民権又は国籍を奪われない。いかなる者も，市民権又は国籍を変更する権利を否定されない。

第3　養子縁組

1　実質的成立要件

(1)　養親の要件

　①共同による夫婦か，又は他方の配偶者が未成年者の親である場合は，一方の夫又は妻，②成人の未婚者，③嫡出でない未成年者の未婚の父は，養親になることができる（国内4.62条）。

(2)　養子の要件

　養子縁組の申請がされた時に，共和国内の未成年である者は，出生地又は居住地にかかわらず，養子になることができる（国内4.61条）。

　また，成人についても養子となることができる（国内4.81条）。

2　保護要件

(1)　実親の同意

　ア　同意の要否

　　実親の同意を要する（国内4.64条1項a号）。

　　ただし，成人の養子縁組の場合には実親の同意を要しない（国内4.81

条)。

　イ　同意の免除

　　親が，親権が裁判上終了しているか，養子となる未成年者を遺棄してい

　るか，その者の後見人が指定されているか，又は法定の監護権が他の者に

　付与されている場合には，実親の同意を要しない（国内4.64条2項）。

(2)　子の同意

　子が16歳以上である未成年者の場合は，その者の同意を要する。ただし，検

認裁判官が裁量で同意を免除した場合を除く（国内4.64条1項d号）。

　成人については，その本人の同意を要する（国内4.81条）。

(3)　裁判所の関与

　養子縁組は，検認裁判所（the Probate Court）が決定する。

(4)　養子縁組機関の関与

　性，子及び社会保護省（the Ministry of Gender, Children and Social Pro-

tection（MGCSP））から承認された事案要約書がなければ，養子縁組命令は

することができない。

3　養子縁組の効力

(1)　実親及び養子の関係

　養子縁組命令がされ，登録された後は，養子の実親は，実親が養親であるか，

又は養親の配偶者である場合を除き，養子に対する全ての親としての義務を免

れ，養子に対する監護権を有さない（国内4.72条1項・4.81条）。

(2)　養親及び養子の関係

　養子縁組命令がされ，登録された後は，子と親の実の関係による親子関係並

びに全ての権利義務及びその他の法的効力は，養子とその子を養子とした養親

の間に存在する（国内4.72条2項・4.81条）。

〔根拠法条〕

国内関連法（1973年）　　　　　　　　サブチャプターC　養子縁組

第4章　子　　　　　　　　　　　　　第2部　未成年者の養子縁組

806 第2編 各 論

第4.61条（養子になることができる者）
養子縁組の申請がされた時に，共和国内の未成年である者は，出生地又は居住地にかかわらず，養子になることができる。

第4.62条（養子縁組をすることができる者）
以下の者は，未成年者を養子とする資格を有する。
a 共同による夫婦か，又は他方の配偶者が未成年者の親である場合は，一方の夫又は妻
b 成人の未婚者
c 嫡出でない未成年者の未婚の父

第4.64条（養子縁組に対して同意を要する者，形式的要件）
1 同意が必要な者
（略）
a 嫡出子の（生存している場合は，）両親の同意又は生存している親の同意
b 嫡出でない子の場合は，母のみの同意
c （略）
d 16歳以上の未成年者の同意。ただし，検認裁判官が裁量で同意を免除した場合を除く。
2 同意を要しない者
親権が裁判上終了している者，養子となる未成年者を遺棄している者，その者

の後見人が指定されている者又は法定の監護権が他の者に付与されている者（略）の未成年者の養子縁組に対する同意を要しない。
3 形式的要件（略）

第4.72条
1 実親及び養子の関係
養子縁組命令がされ，登録された後は，養子の実親は，実親が養親であるか，又は養親の配偶者である場合を除き，養子に対する全ての親としての義務を免れ，養子に対する監護権を有さない。（以下，略）
2 養親及び養子の関係
養子縁組命令がされ，登録された後は，子と親の実の関係による親子関係並びに全ての権利義務及びその他の法的効力は，養子とその子を養子とした養親の間に存在する。（以下，略）

第3部 成人の行為
第4.81条（成人の養子縁組）
成人は，養子となるその成人本人の同意により，他の成人の養子になることができる。（略）第4.61条から第4.70条の規定は成人の養子縁組には適用されない。裁判所がその者の最善の利益になると判断した場合は，第4.72条に規定された法的効力を有する養子縁組命令をし，登録される。

第4 国 籍

1 二重国籍

リベリアでは二重国籍は認められていない（憲28条）。

187 ルクセンブルク（ルクセンブルク大公国）

第1 国籍証明

1 国籍を証するもの

有効なルクセンブルク旅券又はルクセンブルク国民の身分証明書（une carte d'identité）を保持する者は，ルクセンブルク国民でないことが証明されるまで，ルクセンブルク国民とされる（国籍23条）。

2 国籍証明書（国籍24条）

(1) 国籍証明書の発行

国籍証明書は，ルクセンブルク国籍を証明する例外的な方法であり，①ルクセンブルク国籍に重大な疑義がある場合や係争になっている場合，②外国当局が国籍証明を要求する場合にのみ発行することができ，原則は，1の旅券又は身分証明書によることになる。

(2) 発行権者及び有効期限

法務大臣が発行する。有効期限は，法務大臣が決定するが，5年を超えてはならない。

（2につき，eudo database citizenship）

〔根拠法条〕

国籍法（Loi du 23 Octobre 2008 sur la Nationalité Luxembourgeoise）（2008年10月23日制定，2009年1月1日施行）

8 ルクセンブルク国籍の証明

第23条

ルクセンブルク国籍は，反証があるまでは，有効なルクセンブルク旅券，ルクセンブルク身分証明書により証明される。（以下，略）

第24条

当事者がルクセンブルク国籍を有することを表示し，当事者の請求によって，その資格を取得した日を記載する。（以下，略）

808　第2編　各　　論

第2　婚　　姻

1　婚姻証明書

ルクセンブルク国ルクセンブルク市発行の婚姻証明書は，資料187－1（本文827頁）参照。

2　実質的成立要件

(1)　婚姻適齢

男女とも18歳である（民法144条）（注）。

ただし，重大な理由があるときは，後見裁判官は，年齢要件を免除することを認めることができる（民法145条）。

　（注）　2014年の改正前は，男子は18歳，女子は16歳とされていた（旧民法144条）。

(2)　父母等の同意

18歳に達していない男子及び女子は，その父及び母の同意がなければ，婚姻を締結することができない（民法148条）。

ただし，父又は母が死亡しているか，2人のうちの1人が自己の意思を表明できないか，不在であるときは，他方の同意で足りる（民法149条）。

また，父及び母が死亡しているか，共に自己の意思を表明できないか，不在であるときは，祖父母が代理をする（民法150条）。

(3)　重婚の禁止

前婚が解消されるまでは，後婚を締結することができない（民法147条）。

(4)　近親婚の禁止

直系においては，婚姻は，嫡出又は生来の尊属，卑属及び同系の親族間で禁止される（民法161条）。

傍系においては，婚姻は，嫡出又は生来の兄弟姉妹及び同親等間で禁止される（民法162条）。

また，婚姻は，おじと姪，おばと甥間等でも禁止される（民法163条）。

さらに，養子縁組による場合は，単純養子縁組の場合も，完全養子縁組の場合も，上記の規定が適用される（民法358条・368条）。

(5) 禁止に対する許可

重大な理由があるときは，後見裁判官は上記おじと姪間等の婚姻の禁止を許可することができる（民法164条）。

(6) 再婚禁止期間

再婚禁止期間の規定は，2014年の改正で廃止された。

（注） 従前は，「女性は，夫の死亡により前婚が解消した日から300日を経過する前は，再婚をすることができない。夫の死亡後に出産した場合は，この期間は終了する。300日間，前夫が妻と同居していないという状況であるときは，婚姻が挙行された管轄の郡の裁判長は，命令により，簡略化された申請に基づき，期間を短縮することができる」とされていた（旧民法228条）。

3 形式的成立要件

婚姻は，①将来の配偶者がルクセンブルク法の基本的な条件を満たしている場合で，将来の夫婦がルクセンブルク国民であるか，ルクセンブルクに常居しているとき，②将来の夫婦のそれぞれが，それぞれに適用される法が要求する条件を満たしている場合に，挙行される（民法171条）。

4 婚姻無効の請求

(1) 自由な同意がない場合又は錯誤による場合

　ア　申立権者

　　2人の配偶者又は2人の一方の自由な同意がなく締結された婚姻は，その配偶者又は自由な同意がない2人の配偶者の一方のみが無効を請求することができる。

　　人違いのときは，婚姻は人違いをした2人の配偶者の一方のみが無効を請求することができる（民法180条）。

　イ　申立期限

　　配偶者が完全な自由になったとき，又は錯誤を知った時から1年間同居を継続していたときは，無効の請求は受理されない（民法181条）。

　（注）　2014年の改正前は6か月とされていた。

810 第2編 各 論

(2) 父母等の同意がない場合

ア 申立権者

同意が必要な場合で，父及び母，尊属又は家族会議の同意がなく締結された婚姻は，同意を要する者又はその同意を要する2人の配偶者の一方は争うことはできない（民法182条）。

イ 申立期限

無効の訴訟は，同意を要する配偶者も両親も，同時に同意を要する者が婚姻について明確に，若しくは暗黙で承認したとき，又は婚姻を知った時から1年間請求せず経過したときは，提訴することができない（民法183条）。

(3) 婚姻適齢，重婚の禁止，近親婚の禁止

ア 申立権者

婚姻適齢，重婚の禁止，近親婚の禁止の規定の内容に反して締結された婚姻は，夫婦，利害関係を有する者，検察官が提訴することができる（民法184条）。

また，締結した婚姻に同意をした父，母，尊属及び家族は，無効を請求する資格を有しない（民法186条）。

イ 申立期限

婚姻適齢でない夫婦又はその年齢に達していない夫婦の一方が締結した婚姻は，①夫婦又は配偶者が婚姻適齢に達した後1年（注）が経過した場合，②婚姻適齢に達していない女性が，1年（注）の期間前に妊娠した場合には提訴することができない（民法185条）。

（注） 2014年の改正前は6か月とされていた。

(4) 無効と宣言された場合の効力

善意で婚姻を締結した場合は，婚姻の無効が宣言されたときでも，配偶者に関して効力を生じる。

善意が，夫婦の一方の当事者だけであるときは，婚姻は，善意の配偶者のためにのみ効力を生ずる（民法201条）。

〔根拠法条〕

民法（Civil Code）（2014年7月4日改正）
第5編　婚姻（1808年3月17日布告，同月27日発効）
第1章　婚姻締結に要する地位及び条件
第144条
　　いかなる者も18歳前には，婚姻を締結することができない。
　　いかなる者も代理人により婚姻を締結することができない。
　　婚姻挙行地の検事（leprocurour d'Etat）は，おじと姪間，おい，おばと姪若しくはおい間での婚姻の禁止を免除することができる。
第145条
　　ただし，重大な理由があるときは，後見裁判官（Le juge des tutelles）は，第144条第1文の禁止を免除することを認めることができる。
第147条
　　前婚が解消されるまでは，後婚を締結することができない。
第148条
　　未成年者は，その両親の同意がなければ，婚姻を締結することができない。両親が理由なく同意しないと判断した場合は，裁判官は婚姻を許可することができる。（略）
　　両親が死亡しているか，無能力により自己の意思を表明できないか，不在である場合は，裁判官は，婚姻を許可することができる。両親の一方が同意しない場合は，理由がないと判断したときは，裁判官は婚姻を許可することができる。（以下，略）
第161条

直系においては，婚姻は，尊属，卑属及び同系の親族間で禁止される。
第162条
　　傍系においては，婚姻は，兄弟間，姉妹間及び兄弟姉妹間で禁止される。
第163条
　　婚姻は，おじと姪間，おい，おばと姪若しくはおい間で禁止される。
第164条
　　ただし，重大な理由があるときは，前条項の禁止を許可することができる。
第2章　婚姻の挙式に関する手続
第171条
　　婚姻は，以下に掲げる場合に挙行される。
　1　将来の配偶者がルクセンブルク法の基本的な条件を満たしている場合で，将来の夫婦がルクセンブルク国民であるか，ルクセンブルクに常居しているとき。
　2　将来の夫婦のそれぞれが，それぞれに適用される法が要求する本質的な条件を満たしている場合
第4章　婚姻の無効に対する請求
第180条
　　2人の配偶者又は2人の一方の自由な同意がなく締結された婚姻は，その配偶者又は自由な同意がない2人の配偶者の一方のみが無効を請求することができる。
　　人違いの場合は，婚姻は人違いをした2人の配偶者の一方のみが無効を請求することができる。
第181条
　　前条の場合は，無効の請求は，配偶者が完全な自由になったとき，又は錯誤を

812　第2編　各　　論

知った時から1年間同居を継続していた
ときは受理されない。

第182条

　同意が必要な場合で，父及び母，尊属
又は家族会議の同意がなく締結された婚
姻は，同意を要する者又はその同意を要
する2人の配偶者の一方は争うことはで
きない。

第183条

　無効の訴訟は，同意を要する配偶者も
両親も，同時に同意を要する者が婚姻に
ついて明確に若しくは暗黙で承認したと
き，又は婚姻を知った時から1年間請求
せず経過したときは，提訴することがで
きない。

第184条

　第144条，第146条，第146の1条，第
146の2条，第147条，第161条，第162
条，第163条及び第165条の規定の内容に
反して締結された婚姻は，夫婦，利害関
係を有する者，検察官が提訴することが
できる。

第185条

　ただし，婚姻適齢でない夫婦又はその
年齢に達していない夫婦の一方が締結し
た婚姻は，以下に掲げる場合には提訴す
ることができない。

1　夫婦又は配偶者が婚姻適齢に達した
　後1年が経過した場合

2　婚姻適齢に達していない女性が，1
　年の期間前に妊娠した場合

第186条

　前条の規定の場合で，締結した婚姻に
同意をした両親は，無効を請求する資格
を有しない。

第189条

　新しい配偶者が前婚の無効を申し立て
たときは，その婚姻の有効又は無効は，
事前に判断されなければならない。

第190条

　検察官は，第184条で適用される全て
の場合及び185条を準用して，現存する
夫婦の婚姻の無効を請求し，離婚させる
ことができる。

第201条

　善意で婚姻を締結した場合は，婚姻の
無効が宣言されたときでも，配偶者に関
して効力を生じる。

　善意が，夫婦の一方の当事者だけであ
るときは，婚姻は，善意の配偶者のため
にのみ効力を生ずる。

第8章　再婚

第228条（2014年7月4日廃止）

第3　出　　生

1　出生子の身分

　婚姻解消後300日を超えて出生した子については，父子関係は推定されない
（民法315条）。

2 国籍留保届

ルクセンブルクは，父母両系血統主義国であり，ルクセンブルク国内で出生した事実だけでは，同国の国籍を取得しない（国籍1条）。

したがって，日本人夫婦の子がルクセンブルク国内で出生した場合は，国籍留保の届出を要しないが，夫婦の一方が日本人で，他方がルクセンブルク人の子がルクセンブルク（又はその他の外国）で出生した場合は，出生の日から3か月以内に日本国籍を留保する意思を表示しなければ，子は日本国籍を喪失する（日国12条）。

3 出生場所の記載

(1) 行政区画

ルクセンブルクは3つの広域行政区（ルクセンブルク，ディーキルシュ，グレーヴェンマッハー）に分かれており，それぞれの下にある，合わせて12のカントンと106の自治体（コミューヌ），4選挙区がある（在日ルクセンブルク大公国大使館ホームページ「ルクセンブルク大公国　徹底解説」参照）。

(2) 戸籍の記載

「ルクセンブルク国ルクセンブルク市で出生」（【出生地】ルクセンブルク国ルクセンブルク市）と記載する。

4 出生証明書

ルクセンブルク国ルクセンブルク市発行の出生証明書は，資料187-2（本文829頁）参照。

〔根拠法条〕

国籍法（2008年10月23日制定，2009年1月1日施行）
1　生来のルクセンブルク人
第1条

以下の者は，ルクセンブルク人である。
1　外国で出生した場合も同様に，18歳に達する前に親子関係が成立し，当事者がその親子関係が成立した時にルク

814 第2編 各 論

センブルク人であるという条件で，ル
クセンブルク人から出生した子（以
下，略）

2 法律上の親が知れず，ルクセンブル
クで出生した子。ルクセンブルクで発
見された子は，反証があるまでは，ル
クセンブルクで出生したものとみなさ
れる。

3 その者が無国籍であるという事実に
基づき，国籍を有しない者からルクセ
ンブルクで出生した子

4 （略）

5 ルクセンブルク人でない，両親の一
方がルクセンブルクで出生した親から
ルクセンブルクで出生した子

民法（2014年7月4日改正）

第7編 親子関係（1979年4月）

第1章 嫡出親子関係

第314条

　婚姻から180日前に出生した子は，嫡
出子で，妊娠したものとみなされる。
　夫は，第312条の規定によってのみ否
認することができる。（以下，略）

第315条

　父子関係の推定は，婚姻解消後300日
を超えて出生した子及び失踪宣告されて
いる場合にその不明の日から300日を超
えて出生した子には適用されない。

第4 認知（準正）

1 保護要件

　母の同意を要すると解されている（民法335条2項）（横山潤「婚姻・親子に
関する近時の国際私法立法の動向とその問題点(17)」戸籍536-9）。

2 ルクセンブルク国籍の取得

　18歳に達する前に親子関係が成立し，当事者がその親子関係が成立した時に
ルクセンブルク人であるという場合は，子はルクセンブルク人となる（国籍1
条1号）。

〔根拠法条〕

民法（2014年7月4日改正）

第7編 親子関係

第2章 実親子関係

第335条

第2節 認知

① （略）

② 強姦又は母に対する他の暴力行為の結果，子が懐胎された場合には，認知は母

の同意を要する。(以下，略)

第5　養子縁組

1　制　　度

(1)　根　　拠

根拠法は，「民法」である。

(2)　完全養子縁組と単純養子縁組

ルクセンブルクの養子縁組は，フランス等と同様に，完全養子縁組（adoption plénière）と単純養子縁組（adoption simple）の２つの制度を規定し，前者は養子は実方と断絶し，養親の実子と同一の地位において養親に属し，後者は実方との関係が維持される。

2　単純養子縁組

(1)　実質的成立要件

ア　養親の要件

(ア)　養親の年齢

養子縁組は，25歳以上である者が請求することができる（民法344条）。

また，養親の１人が25歳で，他方が少なくとも21歳である夫婦が養子縁組を請求することができる。

ただし，配偶者の実の嫡出子又は養子の嫡出子と養子縁組するときは，年齢要件は要しない（民法345条）。

(イ)　実子の存在

養親に，嫡出又は実の子がいることは，養子縁組の障害にならない（民法347条）。

イ　養親と養子の年齢差

養親は，養子よりも15歳以上年長でなければならない。

また，養子が配偶者の子であるときは，年齢差は10歳で足りる。

816 第2編 各　論

ただし，裁判所は，正当な理由がある場合は，年齢差がこれらの規定より小さいときでも，養子縁組を宣言することができる（民法346条）。

ウ　配偶者の同意

養親が婚姻し，別居していない場合は，配偶者が自己の意思を表明することができないときを除き，配偶者の同意を要する（民法348条）。

また，養子が夫婦の場合は，配偶者の同意があれば，養子となることができる（民法355条）。

エ　複数の者による養子縁組の禁止

養親が夫婦でない場合は，複数の者の養子となることができない（民法349条）。

(2) 保護要件

ア　両親等の同意

(ｱ)　未成年の子の親子関係が父及び母に関して成立している場合

その双方の同意を要する。

ただし，一方が死亡しているか若しくは自己の意思を表明することができないか，又は親権を喪失しているときは，他方の同意で足りる（民法351条）。

(ｲ)　未成年の子の親子関係がその親の一方しか成立していない場合

その一方の親が養子縁組に対して同意を与える（民法351－1条）。

(ｳ)　未成年の子の父及び母が死亡し，その意思を表明することができないか，共に親権を喪失している場合

子を世話をする者の意見に基づいて，家族会議が同意を与える（民法351－2条）。

(ｴ)　未成年の子の親子関係が成立していない場合

子の世話をする者の意見に基づき，民法第433条に規定している公共の管理者が同意を与える（民法351－2条）。

(ｵ)　同意時期の制限

養子縁組は，養子が生後3か月になるまでは請求することができない（民法350条）。

イ　養子の同意

　　養子が15歳以上である場合は，その者の同意を要する（民法356条）。

(3) 単純養子縁組の効力等

ア　単純養子縁組の効力

(ｱ)　実親等との関係

　　養子は，実の家族にとどまり，権利及び義務，相続権を維持する。

　　民法第161条から第164条で定められた近親婚の禁止の規定は，養子と

実の家族間で適用される（民法358条）。

(ｲ)　養親との関係

　　養子に関して，養親のみにその財産の管理及び養子の婚姻に対する同

意を含めて全ての親権が付与される（民法360条）。

イ　効力発生日

　　第三者と同様に利害関係人について，養子縁組の申請がされた日に養子

縁組は効力を生ずる（民法357条）。

ウ　養子の氏名

(ｱ)　養子の姓

　　養子は，養親の姓を称する。

①　夫婦による養子縁組の場合

　　養子に与える姓は，民法第57条の規定及び養親の共通の子の姓の単

一性を考慮して決定される。

②　配偶者の子を養子縁組する場合

　　養子はその姓を保持する。裁判所は，請求により，民法第57条の規

定に従って養子に養親及び（又は）配偶者の姓を与えることができる

（民法359条）。

(ｲ)　養子の同意

　　養子が15歳以上である場合は，養親の姓を称することについて，その

者の同意を要する（民法359条）。

(ｳ)　養子の名の変更

　　養親の申請により，裁判所は養子の名を変更することができる（民法

818 第2編 各 論

359条)。

エ 近親婚の禁止

婚姻は，①養親，養子及びその卑属間，②養子と養親の配偶者間，その逆に，養親と養子の配偶者間，③同一人の養子間，④養親の養子と子間で禁止される。

ただし，③及び④の場合は，重大な事由があるときは，大公が禁止を免除することができる。

また，②の場合は，姻戚関係が創設された者が死亡したときは，同様に大公が禁止を免除することができる（民法361-1条）。

3 完全養子縁組

(1) 実質的成立要件

ア 養親の要件

(ｱ) 原 則

一方が25歳で，他方が少なくとも21歳であり，養子よりも15歳以上年長である別居していない夫婦が，養子縁組を申請することができる（民法367条）。

また，配偶者の実の嫡出子又は養子の嫡出子と養子縁組をするときは，年齢の要件は要しない（民法367-3条・345条）。

(ｲ) 例 外

ア(ｱ)の正当な理由があるときは，年齢差が少ない場合でも，裁判所は養子縁組を言い渡すことができる（民法367条）。

また，配偶者の子の利益のために，養親が養子縁組しようとする子よりも10歳以上年長で，子が16歳未満であるときも養子縁組を申請することができる（民法367-1条）。

イ 養子の要件

(ｱ) 原 則

養子は，16歳未満でなければならない（民法367条）。

(イ) 養子が16歳以上の場合

子が16歳以上で，その年齢に達する前に養子縁組をするための法定条件を満たしていなかった場合でも，単純養子縁組の対象であったときは，完全養子縁組の条件が満たされれば，子が未成年者の間に完全養子縁組を請求することができる（民法367-2条）。

ウ　実子の存在

養親に，嫡出又は実の子がいることは，養子縁組の障害にならない（民法367条-3・347条）。

エ　配偶者の同意

養親が婚姻し，別居していない場合は，配偶者が自己の意思を表明することができないときを除き，配偶者の同意を要する（民法367-3条・348条）。

オ　複数の者による養子縁組の禁止

養親が夫婦でない場合は，複数の者の養子となることができない（民法367-3条・349条）。

(2) **保護要件**

ア　両親等の同意

(ア) 未成年の子の親子関係が父及び母に関して成立している場合

両親の同意を要する。

ただし，一方が死亡しているか若しくは自己の意思を表明することができないか，又は親権を喪失しているときは，他方の同意で足りる（民法367-3条・351条）。

(イ) 未成年の子の親子関係がその一方しか成立していない場合

その者が養子縁組に対して同意を与える（民法367-3条・351-1条）。

(ウ) 未成年の子の父及び母が死亡し，その意思を表明することができないか，共に親権を喪失している場合

子を世話をする者の意見に基づき，家族会議が同意を与える（民法367-3条・351-2条）。

820 第2編 各 論

(エ) 未成年の子の親子関係が成立していない場合

子の世話をする者の意見に基づき，民法第433条に規定している公共の管理者が同意を与える（民法367－3条・351－2条）。

(オ) 同意時期の制限

養子縁組は，養子が生後3か月になるまでは請求することができない（民法367－3条・350条）。

イ 養子の同意

養子が15歳以上である場合は，その者の同意を要する（民法356条）。

(3) 完全養子縁組の効力

ア 実親との関係

民法第161条から第164条の近親婚の婚姻の禁止及びその尊属若しくは卑属に適用される刑罰規定を除き，養子は血統による家族でなくなる。

ただし，配偶者の子の養子縁組は，その配偶者及びその家族に関して，生来の親子関係を維持する（民法368条）。

イ 養親との関係

養子縁組は，養子及びその卑属に，養親の婚姻で出生したのと同様の権利及び義務を付与する（民法368条）。

ウ 養子の姓（民法368－1条）

(ア) 養子の姓

夫婦による養子縁組の場合は，養子に付与される姓は，養親の共通の子の姓の統一を配慮して決定される。

配偶者の子の婚姻している者による養子縁組の場合は，養子はその姓を保持する。

また，裁判所は，請求により，養子に養親及び（又は）配偶者の姓を付与することができる。

(イ) 養子の同意

養親の姓を付与するには，養子が13歳以上である場合は，その者の同意を要する。

㈡　養子の名の変更

　　養親の請求により，裁判所は養子の名を変更することができる。

エ　ルクセンブルク国籍の取得

　　ルクセンブルク国民の養子となった未成年者は，ルクセンブルク国籍を取得する（国籍2条）。

　　遡及適用として，1991年1月1日から，2008年12月31日までに出生した子が，国籍法が施行された2009年1月1日前にルクセンブルク国民の養子となった場合にも遡及して適用される（国籍32条）。

オ　効力発生日

　　第三者と同様に利害関係人について，養子縁組の申請がされた日に養子縁組は効力を生ずる（民法369条・357条）。

4　渉外的養子縁組の準拠法

(1)　養親の準拠法

ア　原　則

　　養親の要件は，養親の国籍の法により決定される。

イ　2人の配偶者の国籍が異なるか，又は無国籍である養子縁組の場合

　　適用される法律は，請求時に常居する市町村の法による。それは，夫婦の一方が無国籍の場合にも適用される。

(2)　養子の準拠法

　養子の要件は，養子の国籍の法により決定される。

　ただし，養子縁組により養子が養親の国籍を取得するときは，養親の国籍の法によって決定される。

(3)　養子縁組の効力

　養親の国籍の法によって決定される。2人の配偶者の国籍が異なるか若しくは無国籍であるか，又は夫婦の一方が無国籍である場合は，適用される法律は，養子縁組が効力を生ずる時に常居する市町村の法による。

822 第2編 各 論

5 ハーグ国際養子縁組条約

1994年（平成6年）批准

〔**根拠法条**〕

民法（2014年7月4日改正）
第8編 養子縁組（1989年6月13日）
第1章 単純養子縁組
第1節 単純養子縁組の要件
第344条
養子縁組は，25歳以上である全ての者が請求することができる。
第345条
1人が25歳で，他方が少なくとも21歳である夫婦が養子縁組を請求することができる。
配偶者の実の嫡出子又は養子の嫡出子と養子縁組するときは，年齢の要件は要しない。
第346条
養親は，養子にしようとする子よりも15歳以上年長でなければならない。養子が配偶者の子であるときは，年齢差は10歳で足りる。
ただし，裁判所は，正当な理由がある場合は，年齢差が前段より小さいときでも，養子縁組を宣言することができる。
第347条
養子縁組による子と同様に，嫡出又は実の子がいることは，養子縁組の障害にならない。
第348条
養親が婚姻し，別居していない場合は，配偶者が自己の意思を表明することができないときを除き，配偶者の同意を要する。
第349条
夫婦でないときは，複数の者の養子となることができない。（以下，略）
第350条
養子縁組は，養子が生後3か月になるまでは，請求することができない。
第351条
未成年の子の親子関係が両親に関して成立しているときは，養子縁組に対してその者の双方の同意を要する。
一方が死亡しているか若しくは自己の意思を表明することができないか，又は親権を喪失しているときは，他方の同意で足りる。
第351-1条
未成年の子の親子関係がその一方しか成立していないときは，その者は養子縁組に対して同意を与える。
第351-2条
未成年の子の父及び母が死亡し，その意思を表明することができないか，共に親権を喪失しているときは，子を世話をする者の意見に基づき，家族会議が同意を与える。
未成年の子の親子関係が成立していないときは，子を世話をする者の意見に基づき，第433条に規定する公共の管理者（l'admistrateur public）が同意を与える。
第355条

自己の意思を表明することができない場合，又は夫婦が別居していない場合，婚姻している者は，配偶者の同意で養子となることができる。

第356条

養子が15歳であるときは，本人が養子縁組に同意しなければならない。

第2節　単純養子縁組の効力

第357条

第三者と同様に利害関係人について，養子縁組の申請がされた日に養子縁組は効力を生ずる。

第358条

養子は，実の家族にとどまり，権利及び義務，取り分け，相続権を維持する。第161条から第164条で定められた婚姻の禁止は，養子と実の家族間で適用される。

第359条（2005年12月23日）

養子縁組は，養子に養親の姓を与える。

夫婦による養子縁組の場合は，養子に与える姓は，第57条の規定及び養親の共通の子の姓の単一性を考慮して決定される。

（略）

配偶者の子を養子縁組する場合は，養子はその姓を保持する。裁判所は，請求により，第57条の規定に従って養子に養親及び（又は）配偶者の姓を与えることができる。養子が15歳以上である場合は，その者の同意を要する。

養親の申請により，裁判所は養子の名を変更することができる。

第360条

養子に関して，養親のみにその財産の管理及び養子の婚姻に対する同意を含めて全ての親権が付与される。

養子縁組が夫婦によるか，又は養親が養子の父若しくは母の配偶者であるときは，嫡出である父又は母に適用される規定に従って，前段の権利が行使される。

（以下，略）

第361条　（略）

第361-1条

婚姻は，以下に掲げる者の間で禁止される。

1　養親，養子及びその卑属間

2　養子と養親の配偶者間，その逆に，養親と養子の配偶者間

3　同一人の養子間

4　養親の養子と子間

ただし，上記第3号及び第4号に記された婚姻の禁止は，重大な事由があるときは，大公が免除することができる。

上記第2号に記された婚姻の禁止は，姻戚関係が創設された者が死亡したときは，同様の条件で免除することができる。

第362条～第364条　（略）

第365条

その後に親子関係が創設されたときも，その全ての効果を保持する。

第2章　完全養子縁組

第1節　完全養子縁組の要件

第367条

一方が25歳で，他方が少なくとも21歳であり，養子縁組をしようとする子よりも15歳以上年長である別居していない夫婦が，16歳未満である子について養子縁組を申請することができる。

ただし，正当な理由があるときは，裁判所は前段に定められている年齢差が少ない場合でも，養子縁組を言い渡すことができる。

824 第2編 各 論

第367-1条

　配偶者の子の利益のために，養親が養子縁組しようとする子よりも10歳以上年長で，子が16歳未満であるときも養子縁組を申請することができる。

第367-2条

　子が16歳以上で，かつ，その年齢に達する前に養子縁組をするための法定条件を満たしていなかった者によって，この年齢に達する前に単純養子縁組の対象であった場合には，完全養子縁組の条件が満たされれば，子が未成年者の間に完全養子縁組を請求することができる。

第367-3条

　第343条，第345条第2段落，第347条から第354条及び第356条は，完全養子縁組に準用される。

第2節　完全養子縁組の効力

第368条

　養子縁組は，養子及びその卑属に，養親の婚姻で出生したのと同様の権利及び義務を付与する。この親子関係は，生来の親子関係に替わり，第161条から第164条の婚姻の禁止並びにその尊属及び卑属に適用される刑罰規定を除き，養子は血統による家族でなくなる。

　ただし，配偶者の子の養子縁組は，その配偶者及びその家族に関して，生来の親子関係を維持する。その余は，夫婦の養子縁組の効力を生ずる。

第368-1条（2005年12月23日）

　夫婦による養子縁組の場合は，養子に付与される姓は，第57条に従い，養親の共通の子の姓の統一を配慮して決定される。

　配偶者の子の婚姻している者による養子縁組の場合は，養子はその姓を保持する。

　裁判所は，請求により，第57条の規定に従って養子に養親及び（又は）配偶者の姓を付与することができる。養子が13歳以上である場合は，その者の同意を要する。

　養親の請求により，裁判所は養子の名を変更することができる。

第368-2条　（略）

第369条

　第357条の規定は，完全養子縁組に適用される。

第3章　法の競合

第370条

　養子縁組は，ルクセンブルク国民及び外国人に開かれている。

　養親の要件は，養親の国籍の法により決定される。

　2人の配偶者の国籍が異なるか，又は無国籍である養子縁組の場合は，適用される法律は，請求時に常居する市町村の法による。それは，夫婦の一方が無国籍の場合にも適用される。

　養子の要件は，養子の国籍の法により決定される。ただし，養子縁組により養子が養親の国籍を取得するときは，養親の国籍の法によって決定される。

　養子縁組の効力は，養親の国籍の法によって決定される。2人の配偶者の国籍が異なるか，若しくは無国籍であるか，又は夫婦の一方が無国籍である場合は，適用される法律は，養子縁組が効力を生ずる時に常居する市町村の法による。(以下，略)

第6 養子離縁

1 単純養子縁組

非常に重大な理由があるときは，養親又は養子，同様に検察官の申請に基づき養子縁組の撤回を言い渡すことができる。

養子が15歳以上の場合は，本人が，補助なく取消しを求め，訴訟で弁護をすることができる。

養子が15歳未満の場合は，検察官によって，又は検察官に対して請求の手続が執られる（民法366条）。

2 完全養子縁組

完全養子縁組は，撤回することができない（民法368-3条）。

（注） 民事月報（民月45-9-73）では，裁判所の決定により離縁することができるとされているが，離縁することができるのは，単純養子縁組だけである。

〔根拠法条〕

民法（2014年7月4日改正）
第8編 養子縁組（1989年6月13日）
第1章 単純養子縁組
第2節 単純養子縁組の効力
第366条

非常に重大な理由があるときは，養親又は養子，同様に検察官の申請に基づき養子縁組の撤回を言い渡すことができる。養子が15歳以上の場合は，本人が，補助なく取消しを求め，訴訟で弁護をすることができる。養子が15歳未満の場合は，検察官によって，又は検察官に対し

て請求の手続が執られる。

新民事手続法第1045条第4節に従った決定により宣告された取消しは，訴訟手続開始の送達の時から養子縁組の全ての効力を喪失する。ただし，民法第361-1条及び第364条の規定は，養子縁組が撤回されても引き続き適用される。
第2章 完全養子縁組
第2節 完全養子縁組の効力
第368-3条

完全養子縁組は，撤回できない。

第7 国　籍

1　二重国籍

従前は，二重国籍は認められていなかったが，2009年の国籍法の改正により，二重国籍は認められることとなった。

2　ルクセンブルク国籍の喪失

ルクセンブルク国民は，18歳に達し，身分登録官（the civil registrar）の面前で，放棄の宣言に署名し，外国の国籍を保持していること，又はルクセンブルク国籍の放棄の結果として，自動的に外国の国籍を取得又は再取得することを証明する場合は，ルクセンブルク国籍を放棄することができる（国籍13条）。

資料187－1 〔婚姻証明書〕

Grand-Duché de Luxembourg Ville de WILTZ	Acte de mariage n° ※ ※/2010

EPOUX	Nom		□ □ /
	Prénom		□ □ /
	Date de naissance		※ janvier mil neuf cent quatre-vingt-six (※/01/1986) /
	Lieu de naissance		Wiltz, Luxembourg /
	Profession		※ ※ /
	Domicile		Wiltz, Luxembourg /
	Mariage précédent		--------
EPOUSE	Nom		△ △ /
	Prénom		△ △/
	Date de naissance		※ mars mil neuf cent quatre-vingt-quatre (※/03/1984) /
	Lieu de naissance		※※※-shi, Japon /
	Profession		※ ※ /
	Domicile		Wiltz, Luxembourg /
	Mariage précédent		--------
Publications			Wiltz, Luxembourg /
Date, heure et lieu du mariage			※ juillet deux mil dix (※/07/2010) 16.00 heures Wiltz, Luxembourg /
FILIATION	DE L'EPOUX	Père	Nom ※ ※ /
			Prénoms ※ ※ /
			Profession ※ ※ /
			Domicile Wiltz, Luxembourg /
		Mère	Nom ※ ※ /
			Prénom ※ ※ /
			Profession --------
			Décès ※ octobre mil neuf cent quatre-vingt-dix-sept (※/10/1997) /
	DE L'EPOUSE	Père	Nom ※ ※ /
			Prénom ※ ※ /
			Profession ※ ※ /
			Domicile ※※※-shi, Japon /
		Mère	Nom ※ ※ /
			Prénom ※ ※ /
			Profession ※ ※ /
			Domicile ※※※-shi, Japon /

L'officier de l'état civil, après avoir demandé aux futurs époux s'ils veulent se prendre pour mari et femme, chacun d'eux ayant répondu séparément et affirmativement prononce au nom de la loi qu'ils sont unis par le mariage.

Autres énonciations:	--------
Officier de l'état civil	Nom ※ ※/
	Prénoms ※ ※ /
	Qualité échevin /

Signatures, après lecture faite :
signé par : □□□□ , △△△△ et ※ ※ ※ ※ /

Mentions ultérieures:--------
La présente copie intégrale comprend 0 mention ultérieure

2 8 SEP. 2010

(署名)

COPIE INTEGRALE

828　第2編　各　　論

資料187－1

ルクセンブルク大公国 ルクセンブルク市				婚姻証書 番号
夫	氏 名 出生日 出生場所 職業 前の婚姻			
妻	氏 名 出生日 出生場所 職業 前の婚姻			
公示				
婚姻の日付，時間及び場所				
親子関係	夫	父	氏 名 職業 住所	
		母	氏 名 職業 死亡	
	妻	父	氏 名 職業 住所	
		母	氏 名 職業 住所	

戸籍官吏は，これより夫婦となる者に夫婦になることを尋ねた後，それぞれが受け入れたので，法の名において婚姻による結びつきを宣言した。

その他の陳述		
戸籍官吏	氏 名 資格	

朗読の後，署名
署名者：

追記：

この完全なる写しは，一切の注記を含まない。

187 ルクセンブルク 829

資料187－2 〔出生証明書〕

Grand-Duché de Luxembourg Ville de **Luxembourg**	Acte de naissance n° ※ ※ /2013

ENFANT	Nom		○○ /
	Prénom		○○ /
	Date de naissance		※ novembre deux mil treize (15/11/2013) /
	Heure de naissance		※.※ heures /
	Lieu de naissance		Luxembourg, Luxembourg /
	Sexe		Féminin /
FILIATION	Père	Nom	□□ /
		Prénom	□□ /
		Date de naissance	※ mai mil neuf cent quatre-vingt-un (※/05/1981) /
		Lieu de naissance	Okayama-Ken, ※ ※ ※ -Shi, Japon /
		Profession	※ ※ /
		Domicile	Luxembourg, Luxembourg /
	Mère	Nom	△ △ /
		Prénom	△ △ /
		Date de naissance	※ février mil neuf cent quatre-vingt-deux (※/02/1982) /
		Lieu de naissance	Hokkaido, ※ ※ ※-Shi, Japon /
		Profession	※ ※ /
		Domicile	Luxembourg, Luxembourg /
	Mariage des parents		※/07/2011 ※ ※ ※ -Shi, Hokkaido, Japon /
DECLARATION	Déclarant	Nom	□□ /
		Prénom	□□ /
		Age	※ ans /
		Profession	※ ※ /
		Domicile	Luxembourg, Luxembourg /
		Relation avec l'enfant	père /
	Heure et date de la déclaration		11.35 heures dix-huit novembre deux mil treize (18/11/2013) /

Autres énonciations: ---

Officier de l'état civil	Nom	※ ※ /
	Prénom	※ ※ /
	Qualité	fonctionnaire communal, officier de l'état civil par délégation du bourgmestre de la ville de Luxembourg /

Signatures, après lecture faite :

signé par : □□□□ et ※ ※ ※ ※ /

Mentions ultérieures: --

La présente copie intégrale comprend 0 mention.

Reproduction certifiée
conforme à l'original

1 8 NOV. 2013

L'officier de l'Etat civil,
p.d.

2€

（署名）

830　第2編　各　　論

資料187－2

ルクセンブルク大公国 ルクセンブルク市		出生証書 番号	

子	氏 名 出生日 出生時間 出生場所 性別		
親子関係	父	氏 名 出生日 出生場所 職業 住所	
	母	氏 名 出生日 出生場所 職業 住所	
	両親の婚姻		
申告	申告者	氏 名 年齢 職業 居住地 子との関係	
	申告日時		

その他の陳述		
戸籍官吏	氏 名 資格	

朗読の後，署名
署名者：

追記：

この完全なる写しは，一切の注記を含まない。

188 ルーマニア（ルーマニア）

第1 市民権の証明

1 原 則

ルーマニア市民権の証明は，身分証明書，旅券又はルーマニア市民権が認められた者であることの公的証明書である（市民22条）。

2 14歳未満の子の市民権

14歳未満の子の市民権は，いずれか一方の親の身分証明書若しくは旅券又はその子の出生証明書により証明される。

子が，両親の一方の身分証明書又は旅券に記録されているときは，市民権の証明は，これらの書面によりなされる（市民22条）。

〔根拠法条〕

市民権法(The Law no.21 from March the 1st 1991 regarding Romanian citizenship)（1991年法律第21号（同年 3 月 6 日公布)，2013年法律第44号改正）
第 4 章 市民権の証明
第22条
　ルーマニア市民権の証明は，身分証明書（the identity card），旅券又は第21条第 2 項に規定されている証明書である。
　14歳未満の子の市民権は，いずれか一方の親の身分証明書若しくは旅券又はそ

の子の出生証明書により証明される。
　子が，両親の一方の身分証明書又は旅券に記録されているときは，市民権の証明は，これらの書面によりなされる。
　14歳未満の子の市民権の証明が，上記の規定によって行うことができないときは，証明は民事登録機関の発行する証明書になる。
　14歳未満の棄児の市民権の証明は，出生証明書によりなされる。

832 第2編 各　論

第2 婚　姻

1 婚姻要件具備証明書

ルーマニア人女について，駐日同国大使館が発給した婚姻要件具備証明書は，資料188-1（本文857頁）参照（戸籍593-32）。

2 婚姻要件具備証明書が具備されていない場合の審査

ルーマニアにおいては，官憲による婚姻要件具備証明書の発給制度はなく，身分事項を証明するものとしては，身分証明書（Bulletin de Identitate）しか存在しない。

ルーマニアにおける身分証明書は，ルーマニア国民が行うあらゆる行政手続において提示する必要があり，同証明書に記載されている身分事項について変更が生じた場合は，その変更手続の段階で旧証明書を返納の上，新たな身分証明書を所持することとなっているから，常に所持人に関する最新の情報が反映されているものと考えられる。また，身分証明書に記載された以外の事項については，本人自らが公証人に宣言し，同宣言について公証人が証明する制度になっている。

したがって，婚姻要件具備証明書を添付できない場合は，事件本人に本国法上の要件を具備している旨の申述書を徴した上で，それを証明する可能な限りの関係書面の添付を求め，本国法の要件と照らし合わせて，受否の決定をする。

4の実質的成立要件のうち，(1)及び(5)の要件については，パスポート等により確認でき，(3)及び(4)の要件については，日本人とルーマニア人が婚姻する場合には，事件本人の国籍が異なること，並びに身分証明書，出生証明書及び戸籍抄本等の記載から要件を判断することができる。

したがって，残りの(2)及び(6)の要件については，審査の上，受否を決定することになる。(2)については，添付された身分証明書に独身であることが記載され，本人が独身であることを宣誓し，市の公証局が公証している証明書が添付されていれば，要件を満たしていると考えられる。(6)の要件については，市区町村の窓口において対応した際の状況等により，明らかに要件を満たしていな

いと判断される場合を除き，医師の診断書等を徴することなく判断できる要件
であることから，申述書を提出させることで判断することができる（平成4.
6.30民二3763号回答（戸籍594-59））。

なお，ルーマニア人の婚姻要件を証する書面として，前婚の離婚証明書
（ルーマニア大使館発行）が添付されていても，要件具備証明書は，事件本人
について本国官憲が当該届出について，本国法上の要件を具備していることを
包括的に証明したものであるから，前婚の離婚証明書を婚姻要件具備証明書に
代わるものとして認めることは相当でない（戸籍739-67）。

3　婚姻証明書

ルーマニア国登録所発行の婚姻証明書は，資料188-2（本文859頁）参照。

4　実質的成立要件

(1)　婚姻適齢

男女とも18歳である。

ただし，女性が妊娠しているか，又は子を出生した場合は，親又は未成年者
が居住する地区を管轄する後見裁判所の許可があるときは，16歳以上の者は婚
姻をすることができる（民法272条）。

>　（注）2009年の改正前は，「男子は満18歳以上，女子は満16歳以上である。ただし，
>　　　特別な理由がある場合は，医師の診断書を提出することで，15歳の婚姻を認
>　　　める特例がある」とされていた（旧家族4条）。

(2)　重婚の禁止

既に婚姻している男女は，重ねて婚姻をすることができない（民法273条，
旧家族5条）。

(3)　近親婚の禁止

四親等以内の直系親族及び傍系親族は，婚姻をすることができない。ただし，
特別な理由がある場合には，四親等のみ婚姻をすることができる特例がある
（民法274条，旧家族6条）。

834　第2編　各　　論

⑷　**養子関係の婚姻の禁止**（民法274条）

以下の者の婚姻は，禁止される。

①　養子及びその直系卑属と養父及びその直系尊属との間の婚姻（旧家族7
条ａ号）

②　養子及びその直系卑属と養父及びその直系の子との間の婚姻（旧家族7
条ｂ号）

③　同じ養父を持つ養子同士の婚姻（旧家族7条ｃ号）

⑸　**後見人と未成年の被後見人間の婚姻の禁止**

婚姻は，後見人と後見の下にある未成年者の間で禁止される（民法275条，
旧家族8条）。

⑹　**精神障害者等の婚姻の禁止**

一時的な精神障害又は意思能力が欠如している場合は，婚姻障害となる（民
法276条，旧家族9条）。

（4につき，The Administrative Reform in Romania:The New Civil Code and The
Institution of Marriage参照）

5　夫婦の氏

夫婦は，①それぞれの姓を保持すること，②一方の姓を共通の姓とすること，
③双方の姓を結合した姓を共通の姓とすること，④一方が婚姻前の姓を保持し，
他方が結合した姓を称することができる。

6　ルーマニアの方式による婚姻手続

⑴　**婚姻要件具備証明書の作成**

在ルーマニア日本大使館で，戸籍謄本を基に婚姻要件具備証明書を作成する。

⑵　**婚姻要件具備証明書の市役所への提出**

戸籍謄本（原本），戸籍謄本のルーマニア語訳文及び大使館で作成した婚姻
要件具備証明書を相手方ルーマニア人の居住する市役所に提出する。

その他の手続については，相手方ルーマニア人の居住する市役所に照会し，
確認する必要がある。役所によっては必要書類，手続が若干異なることがある。

(3) 届出に必要な書類

　ア　日本人について

　①　パスポート

　②　婚姻要件具備証明書

　③　戸籍謄本（原本・ルーマニア語訳文：各1通）

　④　健康診断書（相手方のルーマニア人の居住する市役所の指定する病院で発行した健康診断書）

　⑤　その他（ルーマニアの市役所等から他の書類を要求される場合がある。）

　イ　ルーマニア人について

　①　身分証明書

　②　出生証明書（原本）

　③　健康診断書（相手方のルーマニア人の居住する市役所の指定する病院で発行した健康診断書）

　ウ　相手方のルーマニア人が婚姻した経歴を有する場合

　　離婚証明書又は配偶者の死亡証明書

(4)　その他の注意点

　ア　市役所によっては，通訳者の帯同が必要となる場合がある。

　イ　全ての書類を市役所に提出後，婚姻証明書が発行されるまで概ね2週間を要する。

　ウ　婚姻証明書の受領後，ルーマニア国籍の配偶者は，警察で身分証明書とパスポートの記載変更手続が必要となる。

（6につき，在ルーマニア日本国大使館ホームページ参照）

836 第2編 各 論

〔参考〕

旧家族法（1953年法律第4号）
第4条（婚姻適齢）
　男18歳以上，女16歳以上。ただし，女15歳でも医師の診断書を提出することにより婚姻を認める特例がある。
第5条（重婚の禁止）
　既に婚姻している男女は，重ねて婚姻することはできない。
第6条（近親婚の制限）
　四親等以内の直系親族及び傍系親族は婚姻することができない。ただし，特別な事情がある場合には，四親等のみ婚姻を認める特例がある。

第7条（養親子関係における婚姻禁止）
　a　養子及びその直系卑属と養父及びその直系尊属との間の婚姻禁止
　b　養子及びその直系卑属と養父及びその直系の子供との間の婚姻禁止
　c　同じ養父を持つ養子同士の婚姻禁止
第8条（後見人との婚姻禁止）
　後見人と未成年の被後見人との間では婚姻することができない。
第9条（婚姻障害）
　精神病の者，知恵遅れの者，一時的な精神病，精神分裂者は，婚姻することができない。
（戸籍594-69）

第3　離　　婚

1　離婚の確定日

　婚姻は，離婚を確定させる決定の日に解消される（民法39条）。

2　復　　氏

　夫婦は，婚姻中に他方の配偶者の姓を称していた配偶者が婚姻解消後もその姓を引き続き称することに同意することができる。裁判所は，正当な理由があるときは，夫婦間にその同意がないときでも，その権利を承認することができる。

　合意に達しなかったとき，又は裁判所が承認をしなかったときは，それぞれの配偶者は，婚姻前に称していた姓を称する（民法40条）。

3　離婚後の親権

(1)　原　　則

　離婚後は，裁判所の別途の定めのない限りは，親権は両親に属する（民法397条）。

　なお，親権を一方に指定することは離婚による判決によって指定することが

できるが，当事者の協議によって，一方の親を親権者と定めることはできない（民法398条）。

(2) 事 例

韓国人男とルーマニア人の離婚届について，ルーマニア法制上，親権の指定は裁判によらなければならないとして，離婚届書の親権指定の記載を消除の上，受理して差し支えないとされた事例がある（平成24.6.14民一1490号回答（民月67-11-78，戸籍879-99））。

〔根拠法条〕

民法（2009年法律第287号，2011年法律第71号改正）

第38条

正当な理由で，解消を申請する者が婚姻の継続が明らかに不可能である段階に夫婦間の関係が修復できない程度になったときにのみ，裁判所は，離婚により婚姻を解消することができる。裁判所は，特別な注意をもって，婚姻期間と未成年の子の利益を考慮して，離婚申請の理由及び婚姻の継続が困難であることを評価する。

第39条

婚姻は，離婚を確定させる決定の日に解消される。（以下，略）

第40条

離婚による婚姻の解消に基づき，第27条に従い，夫婦は，婚姻中に他方の配偶者の姓を称していた配偶者が婚姻解消後もその姓を引き続き称することに同意することができる。裁判所は，離婚判決によりその同意を適用する。裁判所は，正当な理由があるときは，夫婦間にその同意がないときでも，その権利を承認することができる。

合意に達しなかったとき，又は裁判所が承認をしなかったときは，それぞれの配偶者は，婚姻前に称していた姓を称する。

第264条（子の事情聴取）

① 10歳に達している子については，行政や司法の手続において事情聴取が必須となる。しかしながら，10歳に満たない子であっても，関係当局が問題解決のために必要と判断する場合は，事情聴取を行う。

② 子が事情聴取を受ける権利とは，いかなる情報も要求し知ることができることであり，また年齢に応じて，自身の見解を述べ，予想される結果について知らされること，また場合に応じ，自身に関係する決定する結果について知らせることである。

③ 第1項及び第2項により，いかなる子も事情聴取を受ける要求をすることができる。それに対する拒否は，関係当局より説明をもって行われる。

④ 子の意見は，その年齢と成熟の度合いに合わせて考慮される。

⑤ 子に影響する手続における特別な法的

838　第2編　各　　論

つながりや存在の条項，また利益紛争事
案における裁判所からの代理人指名に関
する条項も適用される。

第396条（離婚した両親とその未成年の子
の関係）

① 親の離婚が成立した場合，後見裁判所
は離婚した両親とその未成年の子の関係
について決定するが，この際には子の利
益を最優先とし，また審理社会的調査結
果，場合によっては裁判所から事情聴取
を受けた両親の同意も考慮する。

② 第264条の条項が準用される。

第397条（両親による親権の行使）

　離婚後は，裁判所が別途定めない限り
は，親権は両親に属する。

第398条（両親の一方のみによる親権の行
使）

① 深刻な理由がある場合は，子の利益を
最優先とした上で，裁判所は両親の一方
のみによる親権の行使を決定する。

② 他方の親は，子が養育され教育を受け
る状況を監督する権利を留保し，また子
の養子縁組や婚姻に際して，同意を付す
権利を同じく留保する。

第4　出　　生

1　出生子の身分

(1)　父の推定等

ア　原　　則

　婚姻中に出生又は妊娠した子の父は，母の夫となる。

　ただし，母の夫が子の父であることが不可能である場合，父であること
は否定される（民法414条）。

イ　父の推定

　父が妊娠の法定時に子の母と生活を共にしていたことが証明されれば，
父であることが推定される。

　ただし，父が子を妊娠させることが不可能であったと証明する場合は，
推定は取り消される（民法426条）。

ウ　妊娠の法定時

　出生前300日から180日までの期間が妊娠の法定時となる。

　この期間又はそれを超える時期において，子の妊娠に係るより正確な時
期が科学的な証拠を用いて認められる（民法412条）。

(2) 嫡出否認

ア 嫡出否認

関係者はいつでも，出生により成立した親子関係に対して，法的手続により争うことができる（民法421条1項）。

イ 証 明

出生の医学的証明書又は親子関係のための生体検査により親子関係は証明される。証明書がなく，かつ検査を行うことができない場合は，身分の保有を含め，その他の証拠により証明する。

ただし，証人を用いた親子関係の証明は許容されない（民法421条2項・3項）。

ウ 嫡出否認の訴え

(ア) 父であることを争う場合

子の父であることを争う法的手続は，母の夫，母，生物学的な父又は子によって開始される。手続の開始後は，その者の相続人が承継する。

法的手続は，母の夫によって子に対して執られるが，子が死亡した場合は，母に対して措置が執られる。

母又は子は，夫に対して法的手続を執ることができる。夫が死亡している場合は，その相続人に対して手続が執られる。

また，生物学的な父は，母の夫と子に対して法的手続を執ることができる。その者らが死亡している場合は，その相続人に対して手続が執られる（民法429条）。

(イ) 母の夫が父であることを争う場合

夫が子の父であると推定されると知った日又はそれ以降にその推定が間違いであったと知った日から数えて3年間，母の夫は父であることを争う法的手続を執ることができる。

上記の期間内に法的手続を開始せずに夫が死亡した場合，死亡日から1年以内に相続人によって手続が執られなければならない（民法430条）。

(ウ) 母が父であることを争う場合

母は，子の出生日から3年以内に父であることを争うことができる

（民法431条）。

　㈑　生物学的な父が父であることを争う場合

　　　生物学的な父であるとする男が父であることを争う法的手続は，子に対して父であることを証明する場合に限り，認められる。

　　　生物学上の父が存在している間は，法的手続を執る権利は時効にならないが，その男が死亡した場合は，その死亡日から1年以内にその相続人が行うことができる（民法432条）。

　㈒　子と相続人が父であることを争う場合

　　　子は父であることを争うことができるが，子が未成年である間は，法定代理人が開始する。

　　　この場合，子が生存している間は，法的手続を執る権利は時効がない（民法433条）。

　㈓　婚姻中の父に対する親子関係を争う場合

　　　いずれの関係する者はいつでも，婚姻中に出生したとして民事上の身分に係る法律に則り登録された子に適用された条件が父であることの推定に値しないとして，裁判所に対して解明することを求めることができる（民法434条）。

2　国籍留保届

　ルーマニアは，父母両系血統主義国であり，ルーマニアで出生した事実だけでは同国の市民権を取得しない（市民5条）。

　したがって，日本人夫婦の子がルーマニアで出生した場合は，国籍留保の届出を要しないが，夫婦の一方が日本人で他方がルーマニア市民の子がルーマニア（又はその他の外国）で出生した場合は，出生の日から3か月以内に日本国籍を留保する意思を表示しなければ，子は日本国籍を喪失する（日国12条）。

3　出生場所の記載

⑴　行政区画

　ルーマニアは，41の県（注）とブカレスト特別市から構成されている。

（注）　県は，アラド（Arad）県，アルバ（Alba）県，カラシュ＝セヴェリン（Csraş-Severin）県，クルージュ（Cluj）県，コヴァスナ（Covasna）県，サトゥ・マーレ（Satu Mare）県，サラージュ（Sălaj）県，シビウ（Sibiu）県，ティミシュ（Timiş）県，ハルギタ（Harghita）県，ビストリツァ＝ナサウド（Bistriţa-Năsăud）県，ビホル（Bihor）県，フネドアラ（Hunedoara）県，ブラショフ（Braşov）県，マラムレシュ（Maramureş）県，ムレシュ（Mureş）県，アルジェシュ（Argeş）県，イルフォヴ（Ilfov）県，ヴルチャ（Vâlcea）県，オルト（Olt）県，カララシ（Călăraşi）県，ゴルジュ（Gorj）県，ジュルジュ（Giurgiu）県，テレオルマン（Teleorman）県，ドゥンボヴィツァ（Dâmboviţa）県，ドルジュ（Dolj）県，ブザウ（Buzău）県，ブライラ（Brăila）県，プラホヴァ（Prahova）県，メヘディンツイ（Mehedinţi）県，ヤミロツァ（Ialomiţa）県，ヴァスルイ（Vaslui）県，ヴランチャ（Vrancea）県，ガラツィ（Galaţi）県，スチャヴァ（Suceava）県，ネアムツ（Neamţ）県，バカウ（Bacău）県，ボトシャニ（Botoşani）県，ヤシ（Iaşi）県，コンスタンツァ（Constanţa）県，トゥルチャ（Tulcea）県である。

(2)　戸籍の記載

「ルーマニア国ブカレスト市で出生」（【出生地】ルーマニア国ブカレスト市），「ルーマニア国○○県○○市で出生」（【出生地】ルーマニア国○○県○○市）と記載する。

4　嫡出子の名前

(1)　原　則

嫡出子は，両親と同じ姓を称する（民法449条1項）。

(2)　両親の姓が異なる場合

両親のどちらか一方又は両方を結合した姓を称する（民法449条2項）。

5　出生証明書

ルーマニア国登録所発行の出生証明書は，資料188－3（本文861頁）参照。

〔根拠法条〕

市民権法（1991年法律第21号（同年3月6日公布），2013年法律第44号改正）

第2章　ルーマニア市民権の取得

第4条

　　ルーマニア市民権は，次の場合に取得される。

　a）出生

　b）～d）（略）

A　出生による取得

第5条

　　ルーマニア国の領土で出生し，両親がルーマニア市民である子は，ルーマニア市民である。

　　次の者も，またルーマニア市民である。

　a　ルーマニア国の領土で出生し，少なくとも両親の一方がルーマニア市民である者

　b　外国で出生し，両親がルーマニア市民であるか，又は少なくとも一方がルーマニア市民である者

　　ルーマニア国の領土で発見された子は，両親のいずれもが知れないときは，ルーマニア市民である。

民法（2009年法律第287号，2011年法律第71号改正）

第2章　親子関係

第1部　親子関係の成立

第1節　一般規定

第408条（親子関係の成立方法）

① 母に係る親子関係は，出生の事実による。また，認知及び裁判所の決定によっても成立する。

② 婚姻している父に係る親子関係は，父であることの推定により成立する。

③ 婚姻していない父に係る親子関係は，認知ないし裁判所の決定により，各事件に応じて，成立する。

第409条（親子関係の証明）

① 親子関係は，民事身分登録所に届け出られた出生により，また，同出生により発行される出生証明によっても証明される。

② 婚姻した夫婦の間に生まれた子の場合は，民事身分登録所に届け出られた出生及び両親の婚姻により，また，民事身分の証明に応じて証明される。

第410条（身分の保有）

① 身分の保有とは，子と家族の親子関係や親族関係が当該子を含むものであると断言できる関係性を示す状態のことである。それは，主に次のような状況から成る。

　a　子に対して自分が親であるとして振る舞い，その子の養育と教育を担う者がいて，その子はその者を親として振る舞っている場合

　b　子が社会における家族から認知されている，又は状況次第では，親と推定される者の子であると公的な当局によって認知されている場合

　c　子が親であると断言される者の名を名乗る場合

② 身分の保有は，継続的，平和的，そして明確でなければならない。

第411条（出生による身分の保有）

① 個人の出生及びその出生による身分の保有に由来する親子関係のほかに，母に対して別の親子関係を提訴することはできない。

② 個人の出生による身分の保有が存在する者の母に対して，親子関係を問うことはできない。

③ ただし，裁判所の決定により，子の取違えが発生し，又は出産した女性と異なる母の子である記録が認められる場合には，あらゆる証拠を用いて真の親子関係を証明することが許容される。

第412条（妊娠の法定時）

① 出生前300日から180日までの期間が妊娠の法定時となる。これは，1日ごとに計算される。

② 上記第1項で規定する期間又はそれを超える時期において，子の妊娠に係るより正確な時期が科学的な証拠を用いて認められる。

第413条（適用の範囲）

子に係る本部の規定は，調査対象となる親子関係を有する成人にも適用される。

第2節　父であることの推定

第414条（父であることの推定）

① 婚姻中に出生又は妊娠した子の父は，母の夫となる。

② 母の夫が子の父であることが不可能である場合，父であることは否定される。

第3節　子の認知　（略）

第4節　親子関係に関する法的手続

Ⅰ　係争対象の親子関係

第421条（親子関係を争う法的手続）

① 関係者はいつでも，身分の保有によらない出生により成立した親子関係に対して，法的手続により争うことができる。

② この場合，出生の医学的証明書又は親子関係のための生体検査により親子関係は証明される。証明書がなく，かつ検査を行うことができない場合は，身分の保

有を含め，その他の証拠により証明する。

③ ただし，証人を用いた親子関係の証明は許容されない。ただし，第411条第3項に規定する事件の場合又は保管された文書から法的手続の信用が認められる場合は，例外とする。

Ⅱ　母に対する親子関係成立の法的手続

第422条（母であることを成立させる法的手続）

いかなる理由があろうとも，母に対する親子関係が出生の医学的証明書により立証できない場合又は出生の医学的証明書の内容が係争対象となった場合には，あらゆる証拠手段が採られている間，母であることの成立のための法的手続を執ることで，母に対する親子関係は成立する。

第423条（母であることを成立させる法的手続の司法制度）

① 母に対する親子関係を成立させる法的手続を執る権利は子に属し，そのような法的手続は，子の名において，子の法定代理人により始められる。

② 事件によっては，法律の定めるところにより，この法的手続の開始後，子の相続人により継続される。

③ この法的手続は，対象となる母の相続人に対して執ることもできる。

④ 法的手続を執る権利に時効はない。

⑤ ただし，子が法的手続を執る前に死亡した場合は，その相続人は死亡日から1年以内に措置を執らなければならない。

Ⅲ　婚外の父であることを成立させる法的手続

第424条（裁判所の決定による父であることの決定）

844　第2編　各　論

婚外の父が子を認知しない場合は，裁判所の決定により，父であることを成立させることができる。

第425条（父であることを成立させる法的手続）

① 婚外の父であることを成立させる法的手続は子に属し，その子の名の下，未成年であっても，母により，又は子の法定代理人により開始される。

② 法的手続が開始された後，事件によっては，法の定めるところにより，子の相続人が継続する。

③ 父であることを成立させる法的手続は，対象となる母の相続人に対しても執ることができる。

第426条（対象となる父に対する親子関係の推定）

① 対象となる父が妊娠の法定時に子の母と生活を共にしていたことが証明されれば，父であることが推定される。

② 対象となる父が子を妊娠させることが不可能であったと証明する場合は，推定は取り消される。

第427条（時効の期間）

① 父であることを成立させる法的手続を執る権利は，子が生存している間は時効にならない。

② 第423条第5項の規定が，準用される。

第428条（補償）（略）

Ⅳ 婚姻している父に対する親子関係に関する法的手続

第429条（父であることを争う法的手続）

① 父であることを争う法的手続は，母の夫，母，生物学的な父又は子によって開始される。開始後，事件によっては，法の定めるその者の相続人が継続する。

② この法的手続は，母の夫によって子に対して執られるが，子が死亡した場合は，母に対して措置が執られ，事件によっては，母の他の相続人に対して執られる。

③ 夫が被後見人とされている場合は，後見人によって法的手続が執られ，また後見人がいない場合は，裁判所に指名され，委任された者が手続を行う。

④ 母又は子は，夫に対して法的手続を執ることができる。夫が死亡している場合は，その相続人に対して手続が行われる。

⑤ 生物学上の父は，母の夫と子に対して法的手続を行うことができる。その者らが死亡している場合は，その相続人に対して手続を行う。

第430条（母の夫が父であることを争う場合）

① 夫が子の父であると推定されると知った日又はそれ以降にその推定が間違いであったと知った日から数えて3年間，母の夫は父であることを争う法的手続を執ることができる。

② 裁判所による被後見人とされている夫には，上記期間は適用されず，それが後見人により執られた措置でなかったとしても，被後見の措置が解除された日から3年以内に手続措置を執らなければならない。

③ 第1項の期間内に法的手続を開始せずに夫が死亡した場合，死亡日から1年以内に相続人によって措置が執られなければならない。

第431条（母が父であることを争う場合）

① 父であることを争う法的手続は，子の出生日から3年以内に母によって開始さ

れる。

② 第429条第３項並びに第430条第２項及び第３項の規定が準用される。

第432条（対象となる生物学的父が父であることを争う場合）

① 生物学上の父であるとする男が父であることを争う法的手続は，子に対して父であることを証明する場合に限り，認められる。

② 生物学上の父が存在している間は，法的手続を執る権利は時効にならない。その男が死亡した場合は，その死亡の日から１年以内にその相続人が執ることができる。

③ 第429条第３項の規定が準用される。

第433条（子と相続人が父であることを争う場合）

① 父であることを争う法的手続は子により開始されるが，子が未成年である間は，法定代理人により開始される。

② 子が生存している間は，法的手続を執る権利は時効にかからない。

③ 第423条第５項及び第429条第３項の規定が準用される。

第434条（婚姻中の父に対する親子関係を争う場合）

いずれの関係する者はいつでも，婚姻中に出生したとして民事上の身分に係る法律に則り登録された子に適用された条件が父であることの推定に値しないとして，裁判所に対して解明することを求めることができる。

Ⅴ　親子関係に関する共通規定

第435条（法に則って成立した親子関係）

① 法に則って成立した親子関係が裁判所で争われない限りは，いかなる方法でも

別の親子関係を成立することは不可能である。

② 第99条第４項の規定が適用される。

第436条（両親と子の召喚）

両親と子は原告又は被告でなくとも，親子関係に係る訴訟においては召喚される。

第437条（放棄の禁止）

① 親子関係に係る法的手続においては，その権利を放棄することは許されない。

② また，子の名の下に又は裁判所により被後見人とされている者の名の下に，親子関係に関する法的手続を執る者，更に法に則って自分で法的手続を執った未成年の子は，訴訟の判決を放棄することができない。

第438条（子の状況）

① 法的手続を許可する決定により，裁判所は子の名の成立，親権の行使及び子を支える両親の義務に関して権限を有する。

② 親子関係を争う法的手続を裁判所が許可する場合は，適当な事件であれば，裁判所は，子と子を育てた親との個人的な関係を維持する方法を定める。

第439条・第440条 （略）

第２部　第三者の提供者により医学的に支援された人の生殖 （略）

第３部　子の法的状況

第448条（権利に関する子の平等性）

法により親子関係が成立した嫡出でない子は，両親とその親類との関係において嫡出子と同じ条件にある。

第449条（嫡出子の名前）

① 嫡出子は，両親と同じ姓を称する。

② 両親の名が異なるときは，両親のどちらか一方又は両方を結合した姓を称す

る。この場合は，両親の同意により成立
する。(以下，略)

③ (略)

第450条 (嫡出でない子の名前)

① 嫡出でない子は，親子関係が先に成立
した親の姓を称する。

② 後に他方の親とも親子関係が成立した

場合は，両親の合意により，後から親子
関係が成立した一方の親の姓又は両親の
姓を結合した姓を称することができる。
(以下，略)

③ 子が同時に両親との親子関係を成立さ
せた場合は，第449条第2項及び第3項
が適用される。

第5 認　　知

1 制　　度

任意認知及び裁判認知の制度が認められている (民法415条・424条)。

2 任意認知

⑴ 実質的成立要件

　ア 母の認知

　　出生が，民事身分登録に届け出られなかった場合又は両親不明の子とし
て民事身分登録に届け出られた場合には，母はその子を認知できる (民法
415条1項)。

　イ 父の認知

　　婚外で認知され，出生した子は，父に認知されることができる (民法
415条2項)。

　　父が未婚の未成年男子であるときは，認知の時点で優れた判断力を有す
る場合は，子を認知することができる (民法417条)。

　ウ 死後認知

　　子の死後には，子の卑属がいる場合にのみ認知されることができる (民
法415条3項)。

⑵ 形式的成立要件

　人の登録に係る公共団体における供述，認証された文書又は意思によって成
立する (民法416条1項)。

3 保護要件

ルーマニア民法上，保護要件は存在しない。

4 裁判認知

(1) 制 度

婚外の父が子を認知しない場合は，裁判所の決定により，父であることを成立させることができる（民法424条）。

(2) 手 続

婚外の父であることを成立させる法的手続は子に属し，その子の名の下，未成年であっても母により，又は子の法定代理人により開始される（民法425条1項）。

(3) 裁判認知の時効

父であることを成立させる法的手続を執る権利は，子が生存している間は時効にならない（民法427条1項）。

5 認知の無効

①法により成立した親子関係が取り消されない子が認知される場合（ただし，既存の親子関係が裁判所の決定により取り消されているときには，その認知は有効となる。），②子の死後に認知され，その子に卑属がいない場合，③法で規定された方法以外で認知される場合には，絶対的無効である（民法418条）。

6 認知に係る係争

事実に反する認知は，関係者によりいつでも係争対象となる。

他方の親，認知された子又はその子の卑属により認知が係争対象となった場合は，親子関係を証明する責任は，認知を作成した者又はその相続人に属する（民法420条）。

848 第2編 各 論

〔根拠法条〕

民法（2009年法律第287号，2011年法律第71号改正）

第2章 親子関係
第1部 親子関係の成立
第3節 子の認知
第415条（認知の種類）
① 出生が，民事身分登録に届け出られなかった場合又は両親不明の子として民事身分登録に届け出られた場合には，母はその子を認知できる。
② 婚外で認知され，出生した子は，父に認知されることができる。
③ 子の死後には，子の卑属がいる場合にのみ認知されることができる。

第416条（認知の形態）
① 認知は，人の登録に係る公共団体における供述，認証された文書又は意思によって成立する。
② 認知が認証された文書によって成立する場合は，その文書の写しは，人の登録に係る担当公共団体当局へ自動的に送付され，内容が民事身分登録に反映される。
③ （略）

第417条（未婚の未成年により成立した認知）
　未婚の未成年男子が認知の時点で優れた判断力を有する場合は，子を認知することができる。

第418条（認知の絶対的な無効）
　次の場合，認知は絶対的な無効となる。
a 法により成立した親子関係が取り消されない子が認知される場合。ただし，既存の親子関係が裁判所の決定により取り消されているときには，その認知は有効となる。
b 子の死後に認知され，その子に卑属がいない場合
c 法で規定された以外の方法で認知される場合

第419条（その他の認知の無効）
① 過誤，恣意的詐欺又は暴力による理由がある場合，認知は取り消される。
② 認知に対する行動の権利の時効は，暴力がなくなった時，又は過誤や恣意的詐欺が発覚した時から始まる。

第420条（親子関係の認知に係る係争）
① 事実に反する認知は，関係者によりいつでも係争対象となる。
② 他方の親，認知された子又はその子の卑属により認知が係争対象となった場合は，親子関係を証明する責任は，認知を作成した者又はその相続人に属する。

第6　養子縁組

1　根拠法

　根拠法は，「養子の法律上の身分に関する1997年法律第25号緊急布告」である。

2 養子の種別

ルーマニアでは，完全養子縁組と不完全養子縁組が存在する。

3 実質的成立要件

(1) 配偶者に関する要件

養親・養子について，夫婦による共同縁組は必要的なものとはしていない。

(2) 配偶者の同意

養親が婚姻をしているときは，他方の配偶者の同意を要する。

ただし，他方の配偶者がその意思を表示することができない場合を除く（緊急布告4条）。

(3) 養親の要件

養親は，18歳以上でなければならない。

(4) 養子の要件

養子は，完全な行為能力を有するまで，養子になることができる。

完全な行為能力を有する者は，その者を養育した者又は家族の養子にのみなることができる（緊急布告2条）。

(5) 養親及び養子の年齢差

養親は，養子より18歳以上年長でなければならない。

なお，正当な理由がある場合は，養親が養子より18歳以上年長でないときでも養子縁組を認めることができる（緊急布告5条）。

(6) 兄弟姉妹の養子縁組

兄弟姉妹間の養子縁組は，禁止される（緊急布告3条）。

(7) 複数の親による養子縁組の禁止

夫婦共同縁組の場合を除き，複数の者が養親になることはできない（緊急布告4条）。

(8) 試験養育

養子縁組のための子の託置は，少なくとも3か月間継続しなければならない。子が託置される期間は，児童保護委員会（the Commission of Child Protection）が定める（緊急布告9条）。

4 保護要件

(1) 養子の同意

養子が10歳以上である場合は，その者の同意を要する（緊急布告7条1項d号）。

(2) 実親等の同意

ア 同意の要否

親の同意を要する（緊急布告7条1項a号）。

イ 同意の形式

公証された書面によることを要する（緊急布告7条1項a号）。

ウ 同意の免除

子の親が親権を喪失しているか，死亡しているか，後見開始の審判を受けているか，死亡が宣告されているか，親が知れないか，又は意思を表示することができない状況にあるときは，同意は要しない。

また，両親の一方が親権を喪失しているか，死亡しているか，知れないか，後見開始の審判を受けているか，死亡を宣告されているか，又は行方不明であるときは，他方の親の同意で足りる（緊急布告7条2項・3項）。

エ 同意時期の制限

子の出生から45日を経過するまでは，親は同意をすることができない（緊急布告8条1項）。

オ 同意の取消し

公証された書面が作成後30日以内に，親は同意を取り消すことができる。この期間が経過した後は，親の同意は取り消すことができない（緊急布告8条2項・3項）。

(3) 児童保護委員会の同意

子の居住地の児童保護委員会の同意を要する（緊急布告7条1項b号）。

5 養子縁組の効力

(1) 親族関係

ア 完全養子縁組

(ア) 養親との関係

養親と養子間に親子関係が生じる。また，養子及びその卑属と養方の親族との間に親族関係が生ずる。

(イ) 実親との関係

養子及びその卑属と，実親及び実方親族との間の親族関係は断絶する。ただし，夫婦の一方が他方の子を養子にする場合は，適用されない。

イ 不完全養子縁組

養子縁組の効力として，養子と養親の間に親子関係が発生するが，養子と養方親族との間には親族関係は発生しない。

ウ 養子と生来の親族間の婚姻

養子と生来の親族間の婚姻は，禁止される（緊急布告21条3項）。

(2) 養子の姓

子は，養子縁組により，養親の姓を称する。

同姓でない配偶者が養子縁組をしたときは，裁判所の面前で子の称する姓を述べる義務を負う（緊急布告21条1項）。

(3) 養子縁組の登録及び出生証明書

養子縁組により，養親が法律上（実）の親として登録された新しい出生証明書が作成され，古い証明書は，証明書の欄外に新しい書面の発行を書きとどめて保存される（緊急布告21条2項）。

(4) ルーマニア市民権の取得（市民6条）

ア 養親が共にルーマニア市民で，養子が18歳になっていない場合

外国の市民権を有するか，又は市民権を有しない子は，養子縁組により，ルーマニア市民権を取得する。

イ 養親の一方のみがルーマニア市民である場合

未成年の養子の市民権は，養親相互の合意により決定される。

852　第2編　各　論

養親が合意に達しないときは，養子縁組を許可する権限を有する裁判所
は，子の最善の利益を考慮して，未成年者の市民権を決定する。

なお，14歳に達した子については，その者の同意を要する。

ウ　養親が1人で，その者がルーマニア市民権を有している場合

未成年の子は，ルーマニア市民権を取得する。

6　養子縁組の無効

(1)　養子縁組の無効の可否

養子縁組は，法に従い，無効を宣言又は無効とすることができる（緊急布告22条1項）。

(2)　無効の請求

無効とすることが子の最善の利益となるときは，養子縁組は，10歳になった子又は子の居住地の児童保護委員会の請求に基づき，無効とすることができる（緊急布告22条2項）。

(3)　無効後の姓

裁判所は，養子縁組の無効後に称する姓を決定する（緊急布告22条3項）。

(4)　実親との関係

裁判所が法律に従い，子の他の保護手続を命じないときは，養子縁組の無効に基づき，子の実親は親としての権利及び義務を回復する（緊急布告22条4項）。

7　ハーグ国際養子縁組条約

1994年（平成6年）批准

（第6につき，稲子宣子「ソ連・東欧の養子法」ジュリスト787-62参照）

〔根拠法条〕

養子の法律上の身分に関する1997年法律第25号緊急布告（Emergency Ordinance no.25/1997 regarding the juridical status of the adoption）（1997年6月9日，1998年法律第87号改正）

第1条

①～③　（略）

④　子と実親間の血縁関係は，血縁関係が

養子縁組により成立した時に消滅する。

第2条
① 子は，完全な行為能力を有するまで養子になることができる。
② 完全な行為能力を有する者は，その者を養育した者又は家族の養子にのみなることができる。

第3条
① 兄弟姉妹間の養子縁組は，禁止される。
② （略）

第4条
① 複数の者による子の養子縁組は，禁止される。ただし，夫及び妻（夫婦）が同時に又は引き続いて行う場合を除く。
② 養子縁組を希望する者が婚姻をしている場合は，他方の配偶者の同意を要する。ただし，他方の配偶者がその意思を表示することができないときを除く。

第5条
① 養子縁組を認められる者は，完全な行為能力を有し，養子縁組を希望する者よりも少なくとも18歳以上年長でなければならない。
② 正当な理由があるときは，裁判所は，養親と養子間の年齢差が小さい場合でも養子縁組を認めることができる。

第7条
① 養子縁組には，以下に掲げる同意を要する。
　　a）実親の公証された書面により表示された同意
　　b）児童保護委員会の同意
　　c）子の居住地に存在する児童保護委員会の同意
　　d）10歳を超えた子の同意
　　e）子を養子とする者又は家族の同意

② 子の親が親権を喪失しているか，死亡しているか，後見開始の審判を受けているか，法廷で死亡が宣告されているか，親が知れないか，又は意思を表示することができない状況にあるときは，子が民事裁判所の命令で遺棄されていると宣言され，それが確定したのと同様に，第1項第a号に規定された同意は要しない。
③ 両親の一方が親権を喪失しているか，死亡しているか，知れないか，後見開始の審判を受けているか，法廷で死亡を宣告されているか，又は行方不明であるときは，他方の親の同意で足りる。

第8条
① 子の出生から45日を経過した後にのみ，親は同意をすることができる。
② 同意を述べた公証された書面を作成後30日以内に，親は同意を取り消すことができる。
③ 第2項の期間が経過した後は，親の同意は取り消すことができない。

第9条
① 第6条，第7条第1項第a号及び第b号，第8条の規定が養子縁組が承認されるために満たされている場合は，児童保護委員会は，第6条に規定する証明書を有する者又は家族に養子縁組のために子を委託（託置）することができる。
② （略）
③ 児童保護委員会は，ルーマニア市民ではないが，少なくとも6か月間ルーマニアに居住し，現行の布告及び養親の市民である国の法律に規定されている他の条件を満たしている者又は家族に養子縁組のために子を託置することができる。
④ 養子縁組のための子の託置は，少なく

854　第2編　各　論

とも3か月間継続する。子が養子縁組の
ために託置されるときに，児童保護委員
会が子が託置される期間を定める。

⑤　（略）

⑥　第4項に定める期間の終了時に，児童
保護委員会は，第7条第1項第b号の定
める同意の交付を決定する。（以下，略）

⑦・⑧　（略）

第21条

①　子は，養子縁組により，養親の姓を称
する。同じ姓にならない配偶者が養子縁
組をしたときは，裁判所の面前で子の称
する姓を述べる義務を負う。

②　養子縁組の承認の取り消すことのでき
ない命令を基礎として，権限ある身分部
門（the competent civil status service）
は，法律に従い，養親が法律上（実）の
親として登録された新しい出生証明書を
作成する。古い証明書は，欄外に新しい
書面の発行を書きとめて保存する。

③　養子と生来の親族間の婚姻は，禁止さ
れる。（以下，略）

第22条

①　養子縁組は，法に従い，無効を宣言又
は無効とすることができる。

②　無効とすることが子の最善の利益とな
るときは，養子縁組は，10歳になった子
又は子の居住地の児童保護委員会の請求
に基づき無効とすることができる。

③　裁判所は，養子縁組の無効後に称する
姓を決定する。

④　裁判所が法律に従い，子の他の保護手
続を命じないときは，養子縁組の無効に
基づき，子の実親は親としての権利及び

義務を回復する。

⑤　（略）

第27条

①　ルーマニアの官報において現行命令が
公表された日に，以下に掲げる規定は無
効となる。

－1991年法律第48号により改正され，
1995年法律第65号までの1990年法律第
11号の養子縁組に関する法律

－家族法第2編第3章の規定

－他の反する規定

②　（略）

市民権法（1991年法律第21号（同年3月6
日公布），2013年法律第44号改正）

第2章　ルーマニア市民権の取得

B　養子縁組

第6条

養親が（共に）ルーマニア市民で，養
子が18歳になっていないときは，外国の
市民権を有するか，又は市民権を有しな
い子は，養子縁組によりルーマニア市民
権を取得する。

養親の一方のみがルーマニア市民であ
るときは，未成年の養子の市民権は，養
親相互の合意により決定される。養親が
合意に達しないときは，養子縁組を許可
する権限を有する裁判所は，子の最善の
利益を考慮して，未成年者の市民権を決
定する。14歳に達した子については，そ
の者の同意を要する。

養親が1人で，その者がルーマニア市
民権を有しているときは，未成年の子
は，養親の市民権を取得する。

第7　養子離縁

1　制　　度

ルーマニアでは，縁組当事者の合意のみによる離縁を認めている（稲子・前掲(852)参照）。

2　ルーマニア市民権の喪失

18歳に達していない子は，外国に居住しているか，又は外国に居住するためルーマニアを離れたときは，解消の時にルーマニア市民権を喪失する（市民7条）。

〔根拠法条〕

市民権法（1991年法律第21号（同年3月6日公布），2013年法律第44号改正）
第2章　ルーマニア市民権の取得
B　養子縁組
第7条
　（略）

養子縁組の解消の場合は，18歳に達していない子は，外国に居住しているか，又は外国に居住するためにルーマニアを離れたときは，解消の時にルーマニア市民権を喪失する。

第8　国　　籍

1　二重国籍

ルーマニアは，二重国籍を認めており，自発的に外国の国籍を取得しても当然にはルーマニア市民権を喪失しない。

2　ルーマニア市民権の喪失

⑴　ルーマニア市民権の撤回

①外国にあり，非常に重大な犯罪を犯し，ルーマニア国又は当局の利益を損ねた者，②外国にあり，ルーマニアとの外交関係が破綻又は交戦中の国の軍隊に登録した者，③違法にルーマニア市民権を取得した者については，ルーマニ

ア市民権を撤回することができる（市民25条）。

(2) ルーマニア市民権の放棄の受諾

訴追されていないか，又は刑事事件の被告となっていない等の場合には，相当な理由があるときは，18歳に達した者のルーマニア市民権の放棄を受諾することができる（市民27条）。

〔根拠法条〕

市民権法（1991年法律第21号（同年3月6日公布），2013年法律第44号改正）
第5章　ルーマニア市民権の喪失
第24条
　　ルーマニア市民権は，以下により，喪失する。
　a　ルーマニア市民権の撤回
　b　ルーマニア市民権の放棄に受諾
　c　法に規定された他の場合
A　市民権の離脱
第25条
　　ルーマニア市民権は，以下に掲げる者から撤回することができる。
　a　外国にあり，非常に重大な犯罪を犯し，ルーマニア国又は当局の利益を損ねた者
　b　外国にあり，ルーマニアとの外交関

係が破綻又は交戦中の国の軍隊に登録した者
　c　違法にルーマニア市民権を取得した者
第26条
　　市民権の撤回は，市民権が撤回された者の配偶者又は子の市民権には影響を及ぼさない。
B　市民権の放棄の受諾
第27条
　　ルーマニア市民権の放棄は，相当な理由があるときは，18歳に達し，以下の者の場合は受諾される。
　a　訴追されていないか，又は刑事事件の被告となっていない場合．（以下，略）
　b　（略）

資料188-1 〔婚姻要件具備証明書〕

EMBASSY OF ROMANIA
  TOKYO
Nr. ※   February 29,1992

CERTIFICATE

   The Embassy of Romania certifies that Ms. (事 件 本 人 の 氏 名)　, born on November 27,1967 in Bucharest, daughter of (父の氏名) and (　母　の　氏　名　), bearer of the Romanian passport　(番号)　, never was and is not married, according with her own declaration.
   In accordance with the Romanian law, the Romanian citizen (事 件 本 人 の 氏 名) is able to get married.

Tax= 4.000 yens

858 第2編 各 論

資料188-1

ルーマニア大使館

東 京

※ 号

1992年2月29日

証 明 書

ルーマニア大使館は、（事件本人氏名）（生年月日）ブカレスト生まれ、（父の氏名）と（母の氏名）娘、ルーマニアのパスポート（番号）保持者が、本人の宣言により、過去に結婚したことがなく、現在も結婚していないことを証明する。ルーマニアの法律に基づき、ルーマニア国民である（事件本人氏名）は、婚姻することができる。

（氏 名）

（署 名）

税＝4,000 円   領 事

188 ルーマニア 859

資料188－2 〔婚姻証明書〕

860 第2編 各 論

資料188-2

ルーマニア

婚 姻 証 明 書

系列　　　番号

夫婦に関するデータ	夫	妻
個人番号		
氏		
名		
出生日		
出生場所		
婚姻後の氏		

両親に関するデータ

父	氏		
	名		
母	氏		
	名		

婚姻成立日及び場所

婚姻登録番号　　　　　　　　　　　登録日

登録地

備考

署名

発行　　　　　　　　　　　　　　　　　　日付

188 ルーマニア　861

資料188－3〔出生証明書〕

ROUMANIE　ROMÁNIA　ROMANIA
CERTIFICAT DE NAȘTERE
CERTIFICAT DE NAISSANCE / BIRTH CERTIFICATE

Seria NH Nr. ※※
Série/Series　No/No

DATE PRIVIND COPILUL
Données concernant l'enfant/
Data concerning the child

Cod Numeric Personal ※※※※※※※※※※※※
Numéro personnel/Personal number S A A L L Z Z N N N N C

Numele de familie
Nom/Surname ○○

Prenumele
Prénom/First name ○○

Sexul MASCULIN
Sexe/Sex

Data nașterii
Date de naissance/Date of birth

Anul/Année/Year 2013
Luna/Mois/Month iulie
Ziua/Jour/Day ※

Locul nașterii
Lieu de naissance/
Place of birth

Localitatea/Localité/Place TÎRGU MUREȘ
Județul/Département/County MUREȘ

DATE PRIVIND PĂRINȚII
Données concernant les parents/Data concerning the parents

TATĂL
Père/Father

Numele de familie
Nom/Surname ☐☐☐

Prenumele
Prénom/First name

MAMA
Mère/Mother

Numele de familie
Nom/Surname

Prenumele
Prénom/First name △△

Act de naștere nr. ※※
Acte de naissance no/
Birth document no
înregistrat la
enregistré à/
registered at

din 23 iulie 2013
du/form (ziua, luna, anul/jour, mois, année/day, month, year)

TÎRGU MUREȘ
(Localitatea/Ambasada/Consulatul)
(Localité/Ambassade/Consulat)(Place/Embassy/Consulate)

MUREȘ
(Județul/Département/County)

Mențiuni
Mentions/Mentions

Semnătura
Signature/Signature

（署名）

AVADANEI FELICIA STELA
INSPECTOR STARE CIVILĂ

Eliberat de MUNICIPIUL TÎRGU MUREȘ
Délivré par/Issued by

Data 2 0 1 3 0 7 2 3
Date/Date A A A A L Z Z

862　第2編　各　論

資料188－3

ルーマニア

出 生 証 明 書

系列　　　　番号

子に関するデータ　　　　　　　個人番号

氏	
名	

性別		出生日	年	月	日

出生場所	都市		国

両親に関するデータ

父	氏	
	名	
母	氏	
	名	

出生登録番号　　　　　　　　　登録日

登録地

備考

署名

発行　　　　　　　　　　　　　　　　日付

189　ルワンダ（ルワンダ共和国）

第1　国籍証明

1　国籍証明

　ルワンダ人の身分証明書，ルワンダの旅券又はルワンダ人の市民権証明書は，ルワンダ国籍の証明である（国籍28条）。

2　出生による国籍の証明

　出生によるルワンダ国籍の証明は，出生証明書である（国籍25条）。

3　証明書等の発行当局

　身分登録官は，関係者の請求に基づき，ルワンダ国籍の証明書を発行する（国籍26条）。

〔根拠法条〕

ルワンダ国籍に関する基本法（Loi organique N°30/2008 du 25/07/2008 portant code de la nationalité Rwandaise）（2008年7月25日法律第30号）

第7編　国籍の証明

第25条（出生による国籍の証明）

　出生によるルワンダ国籍の証明は，出生証明書である。新たな矛盾する情報があるときは，その出生証明書は無視することができる。

　ルワンダ国籍の取得の証明は，その取得に至った法的証書である。

　ルワンダ国籍の剝奪の証明は，その剝奪に至った法的証書である。

第26条（国籍の証明及び証明書の承認の担当当局）

　身分登録官（L'Officer de l'etat civil）は，関係者の請求に基づきルワンダ国籍の証明書を発行する資格を有する。（以下，略）

第28条

　ルワンダ人の身分証明書，ルワンダの旅券又はルワンダ人の市民権証明書は，ルワンダ国籍の証明である。（以下，略）

864 第2編 各 論

〔参考〕

国籍基本法（Organic Law N 29/2004 of 03/ 12/2004 on Rwandan Nationality Code）（2004年12月3日）

第7編 国籍の証明

第27条

　出生によるルワンダ国籍の証明は，出生証明書である。（以下，略）

第28条

　身分登録官は，関係者の請求に基づきルワンダ国籍の証明書の発行を担当する。

第30条

　記録された国籍に関する身分登録官に記録されたものに一致しているときは，ルワンダ人の身分証明書，旅券又はルワンダの旅券として使用されている一時的移動通行証（a temporary movement pass）及びルワンダ国籍証明書は真実とみなされる。（以下，略）

第2 婚 姻

1 婚姻要件具備証明書

　在京ルワンダ共和国大使館で発行する婚姻要件具備証明書について，様式が示された（平成24.1.25民一事務連絡（戸籍872-40））。

2 実質的成立要件

(1) 婚姻適齢

　民事婚の適齢は，男女とも21歳である。

　ただし，21歳前である場合，重大な理由があるときは，法務大臣又はその者の代理人は，年齢制限の免除を認めることができる（民法171条）。

(2) 一夫多妻の禁止

　一夫多妻は，2009年に非合法化された。

(3) 近親婚等の禁止

　直系親族，尊属と卑属及び七親等までの傍系血族との婚姻は，禁止される（民法172条）。

　義父母との婚姻は，禁止される（民法173条）。

　また，①養親と養子，②養親と養子の卑属，③養子と養親の配偶者，④養親と養子の配偶者，⑤同じ養親の養子，⑥養子と養親の子の婚姻も禁止される。

　ただし，重大な理由がある場合は，法務大臣又はその者の代理人が上記⑤及び⑥に規定される禁止を免除することができる（民法174条）。

189　ルワンダ　865

(4)　重婚の禁止

前婚が無効又は解消されるまでは，新たな婚姻を締結することができない（民法175条）。

(5)　再婚禁止期間

女性は，前婚の無効又は解消から300日が経過するまでは，再婚することができない。

ただし，この期間は，出産により終了する。

また，特別委員会が証明した，女性が妊娠しているか否かの証拠となる医学上の証明書を女性が提出した場合も同様に終了する（民法176条）。

3　ルワンダ国籍の取得

ルワンダ人と婚姻した外国人は，当然にはルワンダ人にならない。

ルワンダ人と婚姻した外国人又は国籍を有しない者は，その申請日まで配偶者と同居を継続しているときは，局長に対する申請に基づき，婚姻の日から3年後（**注**）にルワンダ国籍を取得することができる（国籍11条）。

（**注**）　2004年の国籍基本法では，2年とされていた（旧国籍9条）。

〔根拠法条〕

民法（Civil Code）（1988年10月27日法律第42号）

第2　個人の権利及び家族

第2部　家族

1　婚姻

第3章　婚姻の締結

第2節　基本的要件

第171条

21歳に達する前の男性及び女性は，婚姻を締結することができない。

ただし，21歳前である場合，重大な理由があるときは，法務大臣又はその者の代理人は，年齢制限の免除を認めることができる。

第172条

直系親族，尊属と卑属及び七親等までの傍系血族との婚姻は，禁止される。

第173条

義父母との婚姻は，禁止される。

第174条

以下の者の間の婚姻は，禁止される。

1　養親と養子

2　養親と養子の卑属

3　養子と養親の配偶者

4　養親と養子の配偶者

5　同じ養親の養子

6　養子と養親の子

　重大な理由がある場合は，法務大臣又はその者の代理人が第5号及び第6号に規定される禁止を免除することができる。

第175条

　前婚が無効又は解消されるまでは，新たな婚姻を締結することができない。

第176条

　女性は，前婚の無効又は解消から300日が経過するまでは，新たな婚姻を締結することができない。

　この期間は，出産により終了する。

　特別委員会（une commission ad hoc）が証明した，女性が妊娠しているか否かの証拠となる医学上の証明書を女性が提出した場合も同様に終了する。（以下，略）

ルワンダ国籍に関する基本法（2008年7月25日法律第30号）

第3編　ルワンダ国籍の取得

第2章　婚姻によるルワンダ国籍

第11条（ルワンダ人との婚姻）

　ルワンダ人と婚姻した外国人又は国籍を有しない者は，局長（Directeur Général）に対する申請に基づき，婚姻の日から3年後にルワンダ国籍を取得することができる。その者は，その申請日まで配偶者と同居を継続していなければならない。申請及び取得の様式は，大統領命令で決定される。ただし，民事上の身分がルワンダの登録所に記録が見つからないときは，婚姻により国籍を認めることはできない。（以下，略）

第3　出　　生

1　出生子の身分

　婚姻中に妊娠した子は嫡出子であり，母の夫を父とする。

　そして，婚姻から180日後又は婚姻の解消から300日以内に出生した子は，婚姻中に妊娠したと推定される（民法296条）。

2　国籍留保届

　ルワンダは，父母両系血統主義国であり，ルワンダ国内で出生した事実だけでは，同国の国籍を取得しない（国籍6条）。

　したがって，日本人夫婦の子がルワンダ国内で出生した場合は，国籍留保の届出を要しないが，夫婦の一方が日本人で，他方がルワンダ人の子がルワンダ（又はその他の外国）で出生した場合は，出生の日から3か月以内に日本国籍を留保する意思を表示しなければ，子は日本国籍を喪失する（日国12条）。

3 出生場所の記載

(1) 行政区画

ルワンダでは，2006年1月1日から5つの州（注）に再編されている。

(注) 州は，北部州，南部州，東部州，西部州及びキガリ州である。

(2) 戸籍の記載

「ルワンダ国キガリ州キガリ市で出生」（【出生地】ルワンダ国キガリ州キガリ市）と記載する。

〔根拠法条〕

ルワンダ国籍に関する基本法（2008年7月25日法律第30号）

第2編 親の血統によるルワンダ国籍

第6条（ルワンダ人の親の血統）

両親の一方がルワンダ人である者は，ルワンダ人である。

第3編 ルワンダ国籍の取得

第1章 ルワンダにおける出生によるルワンダ国籍

第9条

親が知れないか，又は国籍を有しないか，少なくとも両親の一方の国籍が認められない親からルワンダで出生した子は，ルワンダ人である。

ルワンダ国内で発見された新生児は，それに反対する証拠がないときは，ルワンダで出生したものとみなされる。

第10編 雑則及び最終規定

第39条（廃止規定）

ルワンダ国籍に関する2004年12月3日付け2004年法律第29号基本法及び本基本法に反する全ての以前の法規はこれにより廃止される。

民法（1988年10月27日法律第42号）

第2 個人の権利及び家族

第2部 家族

3 親及び親子関係

第1章 嫡出子又は婚姻中に出生した子の親子関係

第296条

婚姻中に妊娠した子は嫡出子であり，母の夫を父とする。

婚姻から180日後又は婚姻の解消から300日以内に出生した子は，婚姻中に妊娠したと推定される。

〔参考〕

国籍基本法（2004年12月3日）

第2編 出生によるルワンダ国籍

第1章 血統によるルワンダ国籍

第4条

868 第2編 各 論

両親の一方がルワンダ人である子は，ルワンダ人である。

第2章 ルワンダにおける出生によるルワンダ国籍

第6条

親が知れないか，又は国籍を有しないか，少なくとも両親の一方の国籍が認められない親からルワンダで出生した子は，ルワンダ人である。

ルワンダ国内で発見された新生児は，それに反対する証拠がないときは，ルワンダで出生したものとみなされる。

第10編 経過及び最終規定

第39条

現在までに修正されたルワンダ国籍に関する1963年9月28日法及び本基本法に反する全ての従前の法律上の規定は，これにより廃止される。

第40条

基本法は，ルワンダ共和国の官報に公表された日に効力を生ずる。

第4 養子縁組

1 根拠法

根拠法は，「民法」(Civil Code) 及び1998年10月27日法律第42号 (Law No 42 of 27 October 1988) である。

2 実質的成立要件

⑴ 養親の要件

養親は，婚姻後5年を経過し，別居していない，少なくとも一方が30歳以上である夫婦が共同して申請することができる。

また，30歳以上である者も申請することができる。

なお，配偶者の子を養子縁組する場合は，養親は21歳以上で足りる（民法333条）。

⑵ 養親と養子の年齢差

養親は，養子になる者より，少なくとも15歳以上年長でなければならない。

ただし，養子になる者が，配偶者の子である場合は，年齢差は10歳以上であることを必要とする。正当な理由がある場合は法務大臣がこの年齢差を少なくすることができる（民法333条）。

⑶ 配偶者の同意

養親が婚姻し，別居していない場合は，配偶者が自己の意思を表明すること

ができないときを除き，配偶者の同意を要する（民法333条）。

また，養子が夫婦の場合も，配偶者の同意を要する（民法334条）。

⑷ 複数の者による養子縁組の禁止

夫婦である場合を除き，複数の者の養子となることはできない（民法334条）。

3 保護要件

⑴ 親の同意

養子縁組をする者が未成年者で，父及び母がいる場合は，養子縁組に対する双方の同意を要する。

夫婦の一方が死亡しているか，又は自己の意思を表明することができないか，不在である場合は，他方の同意で足りる（民法335条）。

⑵ 裁判所の関与

養子縁組には，裁判所が関与する。

4 養子縁組の効力

⑴ 実親との関係

養子は，実の家族との関係を保持し，権利及び全ての義務を維持する（民法336条）。

⑵ 養親との関係

養親にのみ養子に対する親権が付与される（民法336条）。

⑶ 養子の姓名

養子は，生来の自己の姓及び名を保持する（民法337条）。

⑷ ルワンダ国籍の取得

外国の国籍を有するか，又は国籍を有しない子で，成人に達していないか，権利を与えられていない子は，ルワンダ人の養子となったときは，自動的にルワンダ人となる（国籍12条）。

5 ハーグ国際養子縁組条約

2012年（平成24年）批准

870 第2編 各 論

〔根拠法条〕

民法（1988年10月27日法律第42号）
第2 個人の権利及び家族
第2部 家族
3 親及び親子関係
第4章 養子縁組
第1節 養子縁組の要件
第333条

養親は，養子になる者より，少なくとも15歳以上年長でなければならない。

ただし，養子になる者が，配偶者の子である場合は，年齢差は10歳以上であることを必要とする。正当な理由がある場合は法務大臣がこの年齢差を少なくすることができる。

養子縁組は，婚姻後5年を経過し，別居していない，少なくとも一方が30歳以上である夫婦が共同して申請することができる。

養子縁組は，30歳以上である者も申請することができる。

配偶者の子の養子縁組に関する場合は，養親は21歳以上で足りる。

養親が婚姻し，別居していない場合は，配偶者が自己の意思を表明することができないときを除き，配偶者の同意を要する。
第334条

夫婦である場合を除き，複数の者の養子となることはできない。

配偶者が自己の意思を表明することが

できないか，不在が言い渡されているか，又は別居している場合を除き，配偶者の同意がなければ夫婦は養子となることができない。
第335条

養子縁組をする者が未成年者で，父及び母がいる場合は，養子縁組に対する双方の同意を要する。

夫婦の一方が死亡しているか，又は自己の意思を表明することができないか，不在である場合は，他方の同意で足りる。（以下，略）
第336条

養子は，実の家族との関係を保持し，権利及び全ての義務を維持する。ただし，養子に関し，養親にのみ親権が付与される。（以下，略）
第337条

養子は，生来の自己の姓及び名を保持する。

ルワンダ国籍に関する基本法（2008年7月25日法律第30号）
第3編 養子縁組によるルワンダ国籍
第12条

外国の国籍を有するか，又は国籍を有しない子で，成人に達していないか，権利を与えられていない子は，ルワンダ人の養子となったときは，自動的にルワンダ人となる。

〔参考〕

国籍基本法（2004年12月3日）
第3編　ルワンダ国籍の取得
第2章　出生又は養子縁組によるルワンダ国籍
第11条

外国の国籍を有するか，又は国籍を有しない子で，成人に達していないか，権利を与えられていない子は，ルワンダ人の養子となったときは，自動的にルワンダ人である。

第5　国　　籍

1　二重国籍

ルワンダでは，二重国籍が認められている（憲7条，国籍3条）。

2　ルワンダ国籍の喪失

外国の国籍を有するか，又は自発的に外国の国籍を取得する成人は，ルワンダ国籍を放棄する意思を示したときは，ルワンダ国籍を喪失する（国籍18条）。

〔**根拠法条**〕

憲法（Constitution）（2003年6月4日施行）
第1章　国家及び国家主権
第7条
　（略）　二重国籍は認められる。（以下，略）

ルワンダ国籍に関する基本法（2008年7月25日法律第30号）
第1編　総則
第3条

二重国籍は認められる。
第4編　ルワンダ国籍の放棄
第18条
　外国の国籍を有するか，又は自発的に外国の国籍を取得することを望む成人で，ルワンダ国籍を放棄することを希望する者は，大統領命令によって決定された手続に従って長官に通知しなければならない。（以下，略）

190 レソト（レソト王国）

第1 婚 姻

1 実質的成立要件

(1) 婚姻適齢

18歳未満の男子，16歳未満の女子は，大臣の書面による許可がなければ，有効な婚姻を締結することができない（婚姻27条1項）。

(2) 同意を要する婚姻

一方又は双方が未成年者である場合は，未成年者の両親又は後見人の同意は，書面で婚姻吏に提出されなければ，婚姻することができない。

ただし，未成年者には21歳未満で，死亡又は離婚により解消された有効な婚姻を締結していた者を含まない（婚姻25条）。

(3) 重婚の禁止

生存している他の者と婚姻している者は，管轄裁判所の判決により前婚が解消されるか，又は無効とされなければ，婚姻することができない（婚姻29条1項）。

(4) 精神障害

婚姻に対する同意をすることができない精神障害である者は，婚姻をすることができない（婚姻29条2項）。

(5) 近親婚の禁止

直系の尊属又は卑属等の禁止親等にある者は，婚姻をすることができない（婚姻29条3項）。

2 レソト市民権の取得

レソト市民と婚姻した女性は，婚姻により当然にはレソト市民にはならず，申請をし，忠誠の宣誓をすることにより，レソト市民として登録される資格が与えられる（憲40条2項）。

〔根拠法条〕

婚姻法（the Marriage Act）（1974年法律
　第10号，同年8月2日施行）

第25条（未成年者の婚姻）

① 婚姻を締結するために法律上必要とさ
　れる当事者の同意が，書面により認めら
　れ，婚姻吏に提出されない場合は，婚姻
　吏は，一方又は双方が未成年者である当
　事者間の婚姻を挙行してはならない。
　　ただし，本項において，未成年者には
　21歳未満で，死亡又は離婚により解消さ
　れた有効な婚姻を締結していた者を含ま
　ない。

② 未成年者の婚姻に関する同意につい
　て，本法の他の規定に従い，未成年者の
　両親又は後見人の同意は，書面で婚姻吏
　に提出されなければならない。
　　ただし，
　i 未成年者の両親が同意しないとき
　　は，父の同意で足りる。
　ii 未成年者が嫡出でないときは，母又
　　は他の法律上の後見人の同意のみを要
　　する。

第27条（婚姻が禁止される一定の年齢未満
　の者）

① 18歳未満の男子，16歳未満の女子は，
　大臣の書面による許可がなければ，有効

な婚姻を締結することができない。（以
　下，略）

②・③ （略）

第29条（婚姻障害）

① 生存している他の者と婚姻している者
　は，管轄裁判所の判決により前婚が解消
　されるか，又は無効とされなければ，婚
　姻することができない。

② 婚姻に対する同意をすることができな
　い精神障害である者は，婚姻をすること
　ができない。

③ 以下の関係にある禁止親等にある者
　は，婚姻をすることができない。
　a 直系の尊属又は卑属
　b 同一人の傍系の子，（以下，略）

憲法（The Constitution of Lesotho）（1993
　年制定，1996年，1997年，1998年，2001
　年，2004年改正）

第4章　市民権

第40条（レソト市民との婚姻）

① （略）

② 本憲法施行後に，レソト市民と婚姻し
　た女性は，申請し，忠誠の宣言を行うこ
　とにより，レソト市民として登録される
　資格が与えられる。

第2　出　生

1　国籍留保届

(1) **レソトで出生した場合**

　レソトは条件付き生地主義であり，レソトで出生した者はレソト市民となる
（憲38条1項）。

874 第2編 各 論

したがって，日本人夫婦の子又は夫婦の一方が日本人で，他方が外国人の子がレソトで出生した場合は，出生の日から3か月以内に日本国籍を留保する意思を表示しなければ，子は日本国籍を喪失する（日国12条）。

ただし，両親が共にレソト市民でなく，かつ，父又は母が外交使節である場合は，子はレソト市民にはならない（憲38条2項）。

(2) レソト国外で出生した場合

出生の時に両親の一方が血統以外のレソト市民である場合は，子はレソト市民となる（憲39条）。

したがって，夫婦の一方が日本人で，他方が血統以外のレソト市民の子がレソト以外の外国で出生した場合は，出生の日から3か月以内に日本国籍を留保する意思を表示しなければ，子は日本国籍を喪失する（日国12条）。

（注） 夫婦の一方がレソト市民で，子がレソト市民権を取得しない場合は，その旨を届書の「その他」欄に記載するのが適当である。

2 出生場所の記載

(1) 行政区画

レソトは，10の県（注）から構成されている。

（注） 県は，ベレア（Berea）県，ブーダ・ブーテ（Butha-Buthe）県，レリベ（Leribe）県，マフェテング（Mafeteng）県，マセル（Maseru）県，モハレス・フーク（Mohale's Hoek）県，モコトロング（Mokhotlong）県，クァクハスネック（Qacha's Nek）県，クティング（Quthing）県，ターバ・ツェーカ（Thaba-Tseka）県である。

(2) 戸籍の記載

「レソト国マセル県マセル市で出生」（【出生地】レソト国マセル県マセル市）と記載する。

〔根拠法条〕

憲法（1993年制定，2004年改正）

第4章　市民権

第38条（憲法施行後にレソトで出生した者）

① 第2項及び第3項の規定に従うことを条件として，本憲法施行後にレソトで出生した者は，レソト市民となる。

② 第3項に規定されている場合を除き，出生の時に両親のいずれもがレソト市民でなく，かつ，次の各号に該当する場合は，本条の規定による市民とならない。

(a) 両親の一方又は双方が，レソトに派遣された外国政府当局の使節に与えられた訴訟及び法律手続からの免除を有している場合，又は，

(b) 両親の一方又は双方が，敵国人であり，かつ，敵により占領されていた場所で出生した場合

③ 本憲法施行後にレソトで出生した者で，本条第2項の規定によりレソト市民となる資格を失った者は，レソト市民とならなければ市民権がないときは，レソト市民となる。

第39条（憲法施行後にレソトで出生した者）

本憲法施行後にレソト国外で出生した者は，出生の時に両親の一方が血統以外の市民である場合は，出生の時にレソト市民となる。

第3　養子縁組

1　根拠法

根拠法は，「児童保護福祉法」である。

2　実質的成立要件

(1)　養親の要件

養親は，①25歳以上である者，②品行方正である者，③誠実な者，④十分な生計手段を有する者，⑤犯歴のない者でなければならない（児童51条1項・57条）。

(2)　養親と養子の年齢差

養親は，養子より21歳以上年長でなければならない。

ただし，養親が養子の親族である場合は，年齢差の要件は適用されない（児童57条）。

(3)　養子の要件

養子は，18歳未満でなければならない（児童3条）。

876　第2編 各　論

3　保護要件

(1)　養子の同意
養子が10歳以上である場合は，その者の同意を要する（児童55条4項）。

(2)　親又は後見人の同意
ア　同意の要否

子の両親又は後見人の同意を要する（児童58条1項）。

イ　同意の免除

高等裁判所は，親又は後見人が子を遺棄するか，若しくは執拗に虐待するか，又はその者が見つからないか，同意をすることができないか，又は同意が合理的な理由ではないと判断したときは，子の親又は後見人の同意を免除することができる（児童58条2項）。

(3)　裁判所の関与
養子縁組には，裁判所が関与する。

4　養子縁組の申請

養子縁組の申請は，保健・社会福祉大臣にしなければならない（児童52条1項）。

5　養子縁組の効力

(1)　実親等との関係
子の親等の権利義務及び責任は，消滅する（児童56条1項）。

(2)　養親との関係
養親は，子が養親から出生したように子の扶養，監護及び教育に関し，親権，義務及び責任を引き受ける（児童56条1項）。

6　ハーグ国際養子縁組条約

2012年（平成24年）批准

〔根拠法条〕

児童保護福祉法(Children's Protection and Welfare Act)(2011年法律第7号)

第1部　序論

第3条（解釈）

　　本法において，文脈上，別段の解釈を要する場合を除き，（以下，略）

　　「子」は，18歳未満の者を意味する。（以下，略）

第8部　養育及び養子縁組

第51条（養育又は養子縁組をすることができる者）

① 以下の者は，子の里親又は養親になることができる。

　a　25歳以上である者

　b　品行方正である者

　c　誠実な者

　d　十分な生計手段を有する者

　e　犯歴のない者

② 子の親族で，第1項に掲げる要件を満たす者で，少なくとも19歳である者は，子を養育することができる。

第52条（子の養育又は養子縁組の申請）

① 子の養育又は養子縁組の申請は，保健・社会福祉大臣にしなければならない。

② （略）

第55条（養子縁組の申請）

① 養子縁組命令を求める申請は，夫婦が共同してすることができる。

②・③ （略）

④ 10歳に達した子について養子縁組命令を求める申請がされるときは，（略），子

の同意を要し，その意見が考慮される。

⑤〜⑦ （略）

第56条（養子縁組の効力）

① 養子縁組命令がされたときは，

　a　子の親，子の関係者の慣習法に基づくものを含めた権利義務及び責任は，消滅する。

　b　子の養親は，子が養親から出生したように子の扶養，監護及び教育に関し，親権，義務及び責任を引き受ける。

②〜④ （略）

第57条（養子縁組命令の制限）

　　申請者が，共同申請の場合は申請者の一方が以下のときでなければ，養子縁組命令をしてはならない。

　a　25歳（以上）で，少なくとも子よりも21歳以上年長であること。

　b　子の親族であり，25歳（以上）であること。

第58条（親又は後見人の同意）

① 養子縁組命令は，子の両親又は後見人の同意によってのみなされる。

② 高等裁判所は，親又は後見人が子を遺棄するか，若しくは執拗に虐待するか，又はその者が見つからないか，同意をすることができないか，又は同意が合理的な理由ではないと判断したときは，子の親又は後見人の同意を免除することができる。

③〜⑥ （略）

878 第2編 各 論

第4 国 籍

1 二重国籍

レソトでは，婚姻による場合を除き，二重国籍は認められていない（憲41条）。

2 レソト市民権の喪失

(1) **21歳に達した時に，レソト市民で，かつレソト以外の国の市民である者**

外国の市民権を放棄し，忠誠の宣言をしなければ，また，その者が血統によるレソト市民である場合は，議会が定めるところにより，住居に関する意思の宣言を行い，登録されなければ，定められた日にレソト市民でなくなる（憲41条1項）。

(2) **自発的な外国市民権の取得等**

21歳に達し，（婚姻以外の）自発的な行為により，レソト以外の国の市民権を取得した場合には，レソト市民でなくなる（憲41条2項a号）。

(3) **レソト人と婚姻し，登録によりレソト市民になった女性等**

外国の市民権を放棄し，忠誠の宣言をし，住居に関する意思の宣言を行い，登録しなかった場合は，定められた日にレソト市民でなくなる（憲41条3項）。

(4) **例外規定**

レソト以外の国の法によると，その者が外国の市民権を放棄することができないときは，その放棄をする必要はないが，その代わりに，定められるところによる市民権に関する宣言を求めることができる（憲41条4項）。

〔**根拠法条**〕

憲法（1993年制定，2004年改正）
第4章　市民権
第41条（二重国籍）
① 21歳に達した時に，レソト市民で，かつ，レソト以外の国の市民である者は，外国の市民権を放棄し，忠誠の宣言をしなければ，また，その者が血統によるレ

ソト市民である場合は，議会が定めるところにより，住居に関する意思の宣言を行い，登録されなければ，定められた日（the specified date）にレソト市民でなくなる。
② レソト市民は，以下に掲げる場合には，市民でなくなる。

a 21歳に達し，（婚姻以外の）自発的な行為により，レソト以外の国の市民権を取得した場合，又は

b 21歳に達し，レソト以外の市民権を取得し，定められた日までに，定められるところにより，外国の市民権を放棄し，忠誠の宣言をし，住居に関する意思の宣言を行い，登録しなかった場合

③ （前項）第a号及び第b号に掲げる女性は，定められるところにより，外国の市民権を放棄し，忠誠の宣言をし，住居に関する意思の宣言を行い，登録しなかった場合は，定められた日にレソト市民でなくなる。

a 本憲法第40条の規定に基づき，登録によりレソト市民になった女性

b レソト市民になった日の直後に外国の市民になった女性

④ 本条において，レソト以外の国の法によると，その者が外国の市民権を放棄することができないときは，その放棄をする必要はないが，その代わりに，定められるところによる市民権に関する宣言を求めることができる。

⑤ （略）

880　第2編　各　　論

191　レバノン（レバノン共和国）

第1　婚　　姻

1　制　　度

　レバノンは民事婚がなく，全ての婚姻は宗教機関によって行われ，人口動態局に登録される。

2　レバノン国籍の取得

　レバノン人と婚姻した外国人女性は，婚姻により当然にレバノン国籍を取得するのでなく，身分関係事務所における婚姻登録日から1年後に，申請に基づき，レバノン人になる（国籍5条）。

〔**根拠法条**〕

レバノン国籍命令（Decree No 15 on Lebanese Nationality 19 January 1925）（1925年1月19日命令第15号，1934年7月16日，1939年6月19日，1960年1月11日改正）

第5条

　レバノン人と婚姻した外国人女性は，身分関係事務所（the Civil Status Office）における婚姻登録日から1年後に，申請に基づき，レバノン人になる。

第2　出　　生

1　国籍留保届

　レバノンは，父系血統主義国であり，レバノンで出生した事実だけでは，同国の国籍を取得しない（国籍1条）。

　したがって，日本人夫婦の子がレバノン国内で出生した場合は，国籍留保の届出を要しないが，父がレバノン人で，母が日本人の子がレバノン国内（又はその他の外国）で出生した場合は，出生の日から3か月以内に日本国籍を留保する意思を表示しなければ，子は日本国籍を喪失する（日国12条）。

2 出生場所の記載

(1) 行政区画

レバノンは，8つの県（mohafazah）（注）から構成されている。

> （注） 県は，アッカール県，バールベック＝ヘルメル県，ナバティーエ県，ベイルート県，ベッカー県，北レバノン県，南レバノン県，山岳レバノン県である。

(2) 戸籍の記載

「レバノン国ベイルート県ベイルート市で出生」（【出生地】レバノン国ベイルート県ベイルート市）と記載する。

〔根拠法条〕

レバノン国籍命令（1925年1月19日命令第15号，1960年1月11日改正）
第1条 以下に掲げる者は，レバノン人とする。
　1　レバノン人を父とする者
　2　レバノン領土内で生まれた者であっ

て，出生の時に親子関係により外国の国籍を取得した旨の証明ができない者
　3　父母が知れない場合又は国籍の知れない場合において，レバノンの領土内で生まれた者

（総覧2-1330）

第3　認知（準正）

1　レバノン国籍の取得

未成年者の時にレバノン人との父子関係が確認されたときは，その子はレバノン国籍を取得する。

第4　養子縁組

1　根拠法

統一的な民事法はなく，養親及び養子の宗教による。

2 実質的成立要件

(1) 養親の要件

ア 養親の年齢

養親は，40歳以上でなければならない。

イ 婚姻要件

婚姻要件はなく，単身者も養親となることができる。

婚姻している場合は，双方の同意を要する。

(2) 養親と養子の年齢差

養親は，養子より18歳以上年長でなければならない。

(3) 居住要件

居住要件は存在しない。

(4) 宗教関係

ア カトリック教徒の子の場合

養親の少なくとも一方が，カトリック教徒でなければならない。

イ 養親と養子の関係

養親と養子は，同じ宗教上の共同体に属していなければならない。

3 保護要件

(1) 養子の同意

年齢は規定されていないが，養子が同意をするのに十分な年長である場合は，その者の同意を要する。

幼少で同意をすることができないときは，未成年者の後見人の同意を要する。

(2) 裁判所の関与

養子縁組には，裁判所が関与する。

4 ハーグ国際養子縁組条約

未批准（2017年（平成29年）現在）

（子の養子縁組：傾向と政策（国連）参照）

192　ロシア（ロシア連邦又はロシア）

（注）　憲法で両国名とも正式名称とされている。

第1　姓名制度

	名		氏	
（男）	Ivan （本人の名）	Ivanovieh （父の名）	IVANOV （姓）	（イワノフ家のイワンの子 のイワン）
（女）	Irina （本人の名）	Alexandrouna （父の名）	ABRAMOUNA （姓）	（アブラモフ家のアレクサ ンドロフの娘のイリーナ）

姓の語尾変化
（男）IVANOV,　CHAIKOUSKII,　RASPUTIN
（女）IVANOVA, CHAIKOUSKAIA, RASPUTINA

（福田義輝「外国人の氏・名について」民月40-10-112）

第2　家族法典

　ロシア連邦の新家族法典は，1995年12月29日に大統領が署名し，翌1996年3月1日に施行された。ロシアの体制転換後，新たに憲法，民法典（第1部・第2部）及び刑法典も成立し，新体制に対応して内容が一新された。

　家族法についても，旧ロシア共和国「婚姻・家族法」（1969年）を廃止し，新家族法を制定する，いわゆる廃止制定の方式が採られたが，新家族法は，旧家族法とは基本的に変わるところがないとされている。

　すなわち，旧家族法は，既に西欧諸国の家族法と区別されるような内容を含んでいなかったので，新家族法には，人工授精や代理母の規定（家族51条等）のような新しい規定もあるが，基本的に旧法を基礎として規定の整備を図ったものと解されている。なお，施行後，2008年の改正を含め10数回にわたり改正が行われているが，基本的には大きな変更はない（ロシア連邦家族法中の新規定については，森下敏男「邦訳：ロシア連邦新家族法典（1995年）」神戸法学雑誌46-2-313以下参照）。

884 第2編 各 論

第3 婚 姻

1 婚姻要件具備証明書

駐日ロシア大使館が発給した婚姻要件具備証明書は，資料192-1（本文924頁）参照（戸籍645-37）。

2 婚姻証明書

ロシア国戸籍登録機関発行の婚姻証明書は，資料192-2（本文926頁）参照。

3 実質的成立要件

(1) 婚姻適齢

婚姻年齢は，男女とも18歳と定められている。ただし，婚姻をしようとする当事者の請求に基づいて，婚姻締結地の地方自治機関は，特別の事由がある場合に16歳に達した者の婚姻を許可することができるものとし，また，ロシア連邦構成主体（注）の立法により，16歳未満であっても例外的に婚姻締結を許可することができる手続及び条件を定めることができる（家族13条）。

（注） 現在のロシア連邦国家は，少数民族が中心の共和国と辺境地域，州，自治州及びモスクワとサンクトペテルブルク，自治管区によって構成されている。「連邦構成主体」とは，ロシア法でこれら共和国などを指称する。

(2) 重婚の禁止

当事者の一方であっても，既に他の婚姻関係にある者の婚姻は禁止される（家族14条）。

(3) 近親婚の禁止

直系血族間，父母の双方又は一方を同じくする兄弟姉妹間で婚姻をすることはできない（家族14条）。

(4) 養親子間の婚姻の禁止

養親と養子の間の婚姻は認められない（家族14条）。

(5) 行為無能力者の婚姻の禁止

当事者の双方又は一方が，精神的障害のため裁判所において行為無能力者と

認められた場合は，婚姻は禁止される（家族14条）。

(6) 当事者の自発的な合意

当事者双方の自発的な合意を要する（家族12条１項）。

4 形式的成立要件

(1) 婚姻の締結

婚姻は，登録所（registry offices）において締結され，婚姻の効力は，婚姻締結の国家登録の日から発生する（家族10条）。

(2) 婚姻締結の手続

ア 原 則

婚姻は，当事者が登録所に申請書を提出した日から１か月後に，当事者が出頭して締結される（家族11条１項）。

イ 例 外

登録所は，尊重すべき事由があるときは，１か月が経過する前に婚姻締結を許可し，又は１か月を超えない範囲でこの期間をさらに延長することができる（家族11条１項）。

特別の事情（妊娠，子の出産，当事者の一方の生命の直接の脅威その他特別な事情）が存在する場合，申請書の提出日に婚姻を締結することができる（家族11条１項）。

ウ 国家登録

婚姻締結の国家登録は，身分証書の国家登録のために定められた手続に従って行われる（家族11条２項）。

登録所が婚姻の登録を拒否した場合は，婚姻締結を望む者（当事者の一方）は，裁判所に提訴をすることができる（家族11条３項）。

5 婚姻の効力

(1) 夫婦の姓

夫婦は希望に従って一方の氏を共通の氏とすることを選択するか，夫婦はそれぞれ婚姻前の氏を保持するか，又は，他にロシア連邦国民の法に規定されて

いないときは，他の配偶者の氏に自己の氏を付加することができる。

ただし，夫婦の前婚の一方の氏が複合氏であるときは，氏を付加することは認められない。

また，夫婦の一方の氏の変更は，他方の配偶者の氏の変更を伴わない（家族32条1項・2項）。

(2) ロシア市民権の取得

ロシア市民と婚姻した外国人は，婚姻により当然にはロシア市民権を取得しない（市民8条）。

6 ロシア連邦における渉外的婚姻成立の準拠法

渉外的要素をもった婚姻の成立要件についての適用法令（準拠法）は，ロシア連邦家族法の第7節「外国市民及び無国籍者の参加する家族関係への家族法の適用」第156条以下の規定によって指定される。

ロシア国内における婚姻締結の方式はロシア連邦の法令によることとされ，婚姻成立の実質的成立要件については，ロシア連邦家族法の婚姻障害に関する第14条の規定を遵守した上で，各当事者について，その本国法によって定められるとされている（家族156条1項・2項）。

ロシア国外に居住するロシア連邦市民同士の婚姻は，その国に駐在するロシア連邦の外交代表部又は領事機関において締結されるとし，いわゆる外交婚が認められている。他方，ロシア国内に駐在する外国の外交代表部又は領事機関で締結された外国人同士の婚姻は，その外国人当事者がロシア連邦において大使又は領事を派遣している国の市民であれば，相互主義の下で，ロシア連邦においても有効とされる（家族157条）。

また，外国において締結されたロシア連邦市民と外国人間の婚姻は，婚姻挙行地の法令を遵守し，かつ，ロシア連邦家族法第14条に定める婚姻障害となる事由がない限り，ロシア連邦においても有効とみなされる（家族158条1項）。

7 婚姻の無効

(1) 無効事由

婚姻は，家族法第12条（婚姻締結の条件），第13条（婚姻適齢），第14条（婚姻障害事由）若しくは第15条第3項（性病等の感染を秘匿していた婚姻）に定められた条件に違反している場合及び家族を創設する意図を持たないで婚姻を登録した場合（偽装婚姻）は，無効である（家族27条1項）。

(2) 無効確認

婚姻の無効の認定は裁判手続によって行われ，無効確認の判決が効力を生じた日から3日以内に，裁判所から婚姻締結の国家登録地の登録所に判決の抄本が送付される（家族27条2項・3項）。

(3) 無効の棄却

次の場合には，婚姻の無効事由が阻却され，その婚姻が有効と認められ，あるいは無効確認の請求が棄却される。

すなわち，裁判所は婚姻無効確認事件の審理の時までに，婚姻障害となっていた事由が消滅した場合は婚姻を有効と認めることができるし，また，偽装婚姻を登録した者が事件の審理の時までに家族を形成した場合は，それを偽装と認めることはできない。

また，裁判所は，不適齢婚において未成年配偶者の利益のために必要である場合及び未成年配偶者が婚姻の無効確認に同意していない場合には，請求を棄却することができ，無効事由がある婚姻であっても，近親婚，重婚の禁止に違反した場合を除いて，その婚姻が解消した後は，その無効性を確認することはできない（家族29条）。

(4) 婚姻の無効確認請求権

婚姻の無効確認を請求できるのは，①不適齢婚において，婚姻適齢未満の婚姻許可（家族13条2項）がない場合は，未成年の配偶者（その代理人），後見・保佐機関又は検察官であり，未成年の配偶者が18歳に達した後は，この配偶者のみである。また，②婚姻が夫婦の一方の自発的な合意がないまま，強迫，詐欺又は錯誤により締結された場合は，その婚姻によって権利を侵害された配

偶者及び検察官であり，③婚姻障害となる事実があることを知らなかった配偶者，④行為無能力とみなされた配偶者の後見人，⑤重婚における前婚の配偶者及び家族法第14条の婚姻障害事由に違反した婚姻によって権利を侵害されたその他の者，後見・保佐機関，検察官から請求できる（家族28条）。

(5) 婚姻無効の効力

婚姻は，登録日から無効とされる（家族27条4項）。

無効とされた婚姻は，当該婚姻によって権利を侵害された配偶者の扶養料，財産分割，民事上の損害賠償の各請求権を除き，夫婦の権利及び義務を生じない。

また，婚姻で出生した子又は無効確認の日から300日以内に出生した子の権利には影響を及ぼさず，善意の配偶者は，称することを選択した姓を維持することができる（家族30条）。

〔根拠法条〕

家族法（The Family Code of the Russian Federation No.223-FZ of December 29, 1995）（1996年3月1日施行，1997年11月15日，1998年6月27日，2000年1月2日，2004年8月22日，2004年12月28日，2006年6月3日，2006年12月18日，2006年12月29日，2007年7月21日，2008年6月30日改正）

第2節　婚姻の締結及び婚姻の終了

第3章　婚姻締結の条件及び手続

第10条（婚姻の締結）

① 婚姻は，登録所において締結される。

② 夫婦の権利及び義務は，登録所における婚姻締結の国家登録日から発生する。

第11条（婚姻締結の手続）

① 婚姻は，当事者が登録所に申請書を提出した日から1か月後に，当事者が出頭して締結される。

登録所は，尊重すべき事由があるときは，1か月が経過する前に婚姻締結を許可し，又は1か月を超えない範囲でこの期間をさらに延長することができる。

特別の事情（妊娠，子の出生，当事者の一方の生命の直接の脅威その他特別な事情）が存在する場合，申請書の提出日に婚姻を締結することができる。

② 婚姻締結の国家登録は，身分証書の国家登録のために定められた手続に従って行われる。

③ 登録所が婚姻の登録を拒否した場合は，婚姻締結を望む者（当事者の一方）は，裁判所に提訴をすることができる。

第12条（婚姻締結の条件）

① 婚姻の締結のためには，当事者双方の自発的合意が必要であり，双方が婚姻適齢に達していることを要する。

② 本法第14条に掲げられた事由がある場合は，婚姻を締結することができない。

第13条（婚姻適齢）

① 婚姻適齢は，18歳と定められる。

② 婚姻締結の国家登録地の地方自治機関は，尊重すべき事由がある場合，当事者の申請に基づき，16歳に達した者の婚姻を許可する権限を有する。

　ロシア連邦構成主体の立法により，16歳未満の当事者であっても，特別な事情を考慮して例外的に婚姻の締結を許可することができる手続及び条件を定めることができる。

第14条（婚姻障害事由）

　以下に掲げる者による婚姻は認められない。

－少なくとも一方が既に婚姻が登録されている者

－近縁（親と子，祖父母と孫の直系の尊属及び卑属），全血及び（共通の父又は母を持つ）全血でない兄弟姉妹

－養親と養子

－少なくとも一方が，精神的疾患の結果，裁判所によって行為無能力と認定された者

第15条（婚姻締結する者の医学的診察）

① 婚姻を締結し，医学上の遺伝問題及び家族計画に関する相談をする者の医学的診察は，その居住地の国家及び自治体の保健システムの諸施設によって，無料で，また，婚姻する者の同意を得てのみ実施する。

② 婚姻を締結する者の診察の結果は医療秘密であり，診察を受けた者の同意を得てのみ，その者の婚姻を締結する者に知らせることができる。

③ 婚姻を締結する者の一方が性病又はHIVに感染していることを相手方に隠していた場合，相手方は裁判所に婚姻の無効を請求することができる（本法第27条～第30条）。

第5章　婚姻の無効

第27条（婚姻の無効確認）

① 第12条から第14条及び第15条第3項に定める要件に違反している場合，仮装婚の締結の場合，すなわち，夫婦又は夫婦の一方が家族を創設する意思がなく婚姻を登録された場合は，婚姻は無効と認められる。

② 婚姻は，裁判所によって無効と認める。

③ 裁判所は，婚姻の無効を確認する裁判所の判決が効力を生じた日から3日以内に，当該裁判所から抄本を婚姻を締結した国家登録地の登録所に送付しなければならない。

④ 婚姻は，その登録日（本法第10条）から無効と認められる。

第28条（婚姻の無効確認の請求権者）

① 婚姻の無効確認を請求する権利を有する者は，次に掲げる者である。

－婚姻が婚姻適齢（本法第13条）に達しない者と締結され，その者が婚姻適齢に達する前に婚姻を締結する許可がない場合は，未成年の配偶者（その代理人），後見・保佐機関又は検察官。未成年の配偶者が18歳に達した後は，婚姻の無効確認を請求する権利は，この配偶者にのみ属する。

－婚姻の登録時の条件として，強迫，詐欺，錯誤又は登録行為の意味を理解することができない結果として婚姻が夫婦の一方の自発的な同意なく登録され

た場合は，婚姻の登録により権利が侵
害された配偶者及び検察官
- 婚姻障害事由の存在を知らなかった配
偶者，行為無能力とみなされた配偶者
の後見人，解消されていない前婚の配
偶者，本法第14条の要件に違反して行
われた婚姻により権利が侵害されたそ
の他の者及び後見・保佐機関及び検察
官
- 仮装婚を締結した場合は，検察官及び
婚姻が仮装であることを知らなかった
配偶者
- 本法第15条第3項に定める状況に直面
して，権利が侵害された配偶者
② 婚姻適齢に達しない者及び裁判所に
よって無能力と認められた者と締結され
た婚姻の無効を確認する場合を検討する
ときは，後見・保佐機関は手続に参加する。

第29条（婚姻無効を棄却する事由）
① 婚姻無効確認事件の審理の開始時に，
法の効力によって婚姻が承認されない事
情が消滅した場合は，裁判所は婚姻を有
効と認めることができる。
② 請求を棄却することが未成年の配偶者
の利益のために必要であり，未成年の配
偶者が婚姻の無効確認に同意していない
ときは，裁判所は婚姻適齢に達していな
い者が締結した婚姻の無効確認の請求を
棄却することができる。
③ 仮装婚を登録した者が，裁判所におけ
る審理の時までに実際に家族を形成した
場合は，裁判所は仮装婚を認めることが
できない。
④ 夫婦間が近親婚であるか，又は夫婦の
一方が重婚である場合（本法第14条）を
除いて，婚姻が解消された後は，婚姻を

無効と認めることができない。
第30条（婚姻無効の結果）
① 本条第4項及び第5項に定めれたとき
を除き，婚姻が裁判所によって無効と認
められた場合は，本法の規定する夫婦の
権利及び義務は生じない。
② （略）
③ 婚姻が無効とされても，婚姻中又は婚
姻が無効とされた日から300日中に出生
した子（本法第48条第2項）の権利には
影響を及ぼさない。
④ （略）
⑤ 婚姻が無効とされた場合，善意の配偶
者は，婚姻締結の国家登録において称す
ることを選択した姓を維持することがで
きる。
第3節 夫婦の権利及び義務
第6章 夫婦の個人の権利及び義務
第32条（夫婦の氏の選択権）
① 婚姻を締結するときは，夫婦は希望に
従って一方の氏を共通の氏とすることを
選択するか，夫婦はそれぞれ婚姻前の氏
を保持するか，又は，他にロシア連邦国
民の法に規定されていないときは，他の
配偶者の氏に自己の氏を付加することが
できる。
夫婦の前婚の一方の氏が複合氏である
ときは，氏を付加することは認められな
い。
② 夫婦の一方の氏の変更は，他方の配偶
者の氏の変更を伴わない。
③ 婚姻の解消の場合は，夫婦は共通の氏
を保持するか，又は婚姻前の氏に復する
権利を有する。
第7節 外国市民及び無国籍者の参加する
家族関係への家族法の適用

第156条（ロシア連邦の領土における婚姻の締結）

① ロシア連邦の領土における婚姻の締結の形態及び手続は，ロシア連邦の法令によって定められる。

② ロシア連邦の領土における婚姻締結の諸条件は，婚姻締結の障害に関する本法第14条の要件を遵守した上で，婚姻する者それぞれについて，その者が婚姻締結時にその国籍を有している国の法令によって定められる。

③ 外国国籍とともにロシア連邦の国籍も有している場合は，婚姻締結の諸条件については，ロシア連邦の法令が適用される。複数の外国国籍を有している場合は，当人の選択に従い，それらのうちの１国の法令が適用される。

④ ロシア連邦の領土における無国籍者の婚姻の諸条件は，当人が常居している国の法令によって定められる。

第157条（外国代表部（the Diplomatic Representations）及び領事機関（the Consular Institutions）における婚姻の締結）

① ロシア連邦の領域外に居住しているロシア連邦市民間の婚姻は，ロシア連邦の外国代表部又は領事機関において締結される。

② ロシア連邦の領土で，外国代表部又は領事機関で締結された外国市民間の婚姻は，これらの者が婚姻締結時にロシア連邦における大使又は領事に信任状を与えた国の市民である場合は，相互主義の条件で，ロシア連邦において有効とみなされる。

第158条（ロシア連邦の領域外で締結された婚姻の承認）

① ロシア連邦の領域外で締結されたロシア連邦市民と外国市民又は無国籍者との間の婚姻は，婚姻が締結された国の法令を遵守して締結された場合，本法第14条の定める婚姻締結の障害となる事由が存在しないときは，ロシア連邦において有効とみなされる。

② ロシア連邦の領域外で，それが締結された国の法令を遵守して締結された外国市民間の婚姻は，ロシア連邦において有効と認められる。

第159条（ロシア連邦領域又は領域外で締結された婚姻の無効）

ロシア連邦領域又は領域外で締結された婚姻の無効は，本法第156条及び第158条に従って，婚姻締結時に適用された法令によって定められる。

市民権法（Federal Law No.62-FZ of May 31, 2002 on Russian Federation Citizenship）（2002年法律第62号（同年7月1日施行），2003年11月11日法律第151号，2004年11月2日法律第127号，2006年1月3日法律第5号，2006年7月18日法律第121号，2007年12月1日法律第296号，2007年12月4日法律第328号，2008年10月1日法律第163号，2008年12月30日法律第301号，2009年6月28日法律第127号，2012年11月12日法律第182号，2014年4月20日法律第71号改正）

第1章　総則

第8条（ロシア連邦市民権及び婚姻）

① ロシア連邦市民とロシア連邦市民権を有しない者間の婚姻又は離婚は，これらの者の市民権を変更しない。

②・③　（略）

第4 婚姻の解消

1 婚姻の解消

(1) 解消事由

婚姻は，夫婦の一方の死亡又は裁判所による死亡宣告の結果終了する。

また，婚姻は夫婦の一方又は双方の申請に基づき，登録所又は裁判手続で解消することができる（家族16条・18条）。

(2) 解消の制限

夫は，妻の妊娠中及び子の出生後1年間は，妻の同意なく婚姻解消の申請をすることができない（家族17条）。

2 登録所における婚姻の解消

(1) 解消事由

婚姻の解消について合意している夫婦は，未成年の子がない場合に限り，登録所において婚姻を解消することができる（家族19条1項）。

夫婦の一方が失踪宣告を受けた場合，行為無能力とされた場合又は犯罪を犯し3年以上の懲役刑を宣告された場合は，夫婦に未成年の子があるか否かにかかわらず，他方の配偶者の申請により登録所で婚姻が解消される（家族19条2項）。

(2) 婚姻の解消及び証明書の交付

婚姻の解消及び証明書の交付は，婚姻解消の申請書が提出された日から1か月が経過した後，登録所によって行われる（家族19条3項）。

3 裁判手続による婚姻の解消

(1) 解消事由

夫婦に未成年の子がある場合，夫婦の一方が婚姻の解消に同意していない場合，夫婦の一方が離婚には反対していないが登録所で婚姻を解消することを拒否している場合は，裁判手続で婚姻が解消される（家族21条）。

夫婦の共同生活及び家族の維持が困難であると立証された場合も裁判手続で

婚姻が解消される（家族22条）。

⑵ 夫婦が婚姻の解消に合意した場合

未成年者の子がある夫婦等が，婚姻の解消について相互に同意している場合，裁判所は離婚の背後にある理由を明らかにすることなく，婚姻を解消する（家族23条1項）。

⑶ 解消時期

婚姻解消に関する申請書を提出された日から1か月が経過する前は，裁判所において婚姻の解消は成立しない（家族23条2項）。

4 婚姻の解消日及び再婚

登録所において解消される婚姻は，「身分証書登録簿に婚姻の解消を国家登録した日」に終了する。また，裁判手続による婚姻の解消の場合は，「判決が効力を生じた日」に婚姻は終了する。

夫婦は，その居住地の登録所において婚姻解消の証明書を取得するまでは，新たな婚姻をすることができない（家族25条）。

5 婚姻解消後の姓

夫婦は共通の氏を保持するか，又は婚姻前の氏に復する権利を有する（家族32条3項）。

6 失踪宣告等が取り消された者の婚姻の回復

裁判所によって死亡宣告又は失踪宣告された配偶者が生還し，宣告が破棄（取消し）された場合，登録所は，他方配偶者との共同申請に基づいて婚姻を回復することができる。ただし，他方の配偶者が新たな婚姻をしている場合は，婚姻を回復することができない（家族26条）。

7 ロシア連邦における渉外的婚姻解消の準拠法

渉外的要素をもった婚姻解消の成立要件について適用すべき法令（準拠法）は，ロシア連邦家族法第7節「外国市民及び無国籍者の参加する家族関係への

894 第2編 各 論

家族法の適用」の第159条以下の規定によって指定される。また，ロシア国内又は国外で締結された婚姻の無効については，婚姻の締結に際して第156条及び第158条に従って適用される法令の定めるところによる（家族159条）。

ロシア連邦市民と外国人の婚姻の解消又はロシア国内で締結された外国人同士の婚姻の解消は，ロシア連邦の法令によることとされている。外国に居住するロシア連邦市民が，外国に居住する配偶者との婚姻を解消するには，その国籍とは無関係に，ロシア連邦の裁判所においてすることができるし，また，婚姻の解消がロシア連邦の法令により登録所においてすることが許されている場合には，夫婦の居住する外国に駐在するロシア連邦の外交代表部又は領事機関において婚姻を解消することができる。

外国でされたロシア連邦市民と外国人との婚姻の解消は，その外国において婚姻の解消を決定する権限を有する機関が当該国の法令に従ってされている場合は，ロシア連邦においても有効とみなされる（家族160条）。

8 離婚証明書

ロシア国サハリン州ポロナイスク市戸籍登録課発行の離婚証明書は，資料192-3（本文928頁）参照（戸籍858-85）。

〔**根拠法条**〕

家族法（2008年6月30日改正）
第2節 婚姻の締結及び婚姻の終了
第4章 婚姻の終了
第16条（婚姻の終了事由）
① 婚姻は，夫婦の一方の死亡又は死亡宣告の結果終了する。
② 婚姻は，夫婦の一方若しくは双方の申請又は裁判所によって行為無能力者と認定された配偶者の後見人の申請に基づいて解消させることができる。
第17条（婚姻解消を請求する夫の権利の制限）

夫は，妻の妊娠中及び子の出生後1年間は，婚姻の解消の裁判手続を開始する権利を有しない。
第18条（婚姻解消の手続）
婚姻の解消は，登録所において，第21条から第23条に規定される場合は，裁判所で行われる。
第19条（登録所における婚姻の解消）
① 未成年の子がいない夫婦が婚姻の解消に相互に同意している場合は，婚姻は登録所で解消される。
② 一方の配偶者に次に掲げる事由がある

場合には，夫婦に未成年の子がいるか否かにかかわらず，夫婦の一方の申請に基づき登録所で婚姻が解消される。

－裁判所が失踪宣告を認めた場合

－裁判所が行為無能力と認めた場合

－犯罪を犯し，３年以上の懲役刑を宣告された場合

③　婚姻の解消及び婚姻解消の証明書の交付は，婚姻解消の申請書が提出された日から１か月が経過してから，登録所が行う。

④　婚姻解消の国家登録は，身分行為の国家登録にために定められた手続に従って登録所で行われる。

第20条（婚姻が登録所で解消される時に夫婦間に生じた係争の検討）（略）

第21条（裁判所における婚姻の解消）

①　第19条第２項に規定するときを除き，夫婦間に未成年者の子がある場合又は夫婦の一方が婚姻の解消に同意しない場合は，婚姻は裁判所で解消される。

②　夫婦の一方が，婚姻の解消には反対しないが，登録所で婚姻を解消することを拒否する場合（申請書の提出を拒否したり，婚姻解消の登録の出頭を望まなかったりする等）も，婚姻は裁判所で解消される。

第22条（夫婦の一方が婚姻の解消に同意しない場合の裁判所における婚姻の解消）

①　今後の夫婦の共同生活及び家族の維持が困難であると立証された場合は，婚姻は裁判所で解消される。

②　裁判所は，夫婦の一方に同意がない場合，夫婦の和解を図る方策を講じ，また，和解のため３か月の期間を夫婦に指定して，手続を延期することができる。

夫婦の和解を図る方策が失敗し，夫婦（夫婦の一方）が婚姻の解消を求める場合は，婚姻は解消される。

第23条（夫婦が婚姻の解消に合意した場合の裁判所における婚姻の解消）

①　未成年者の子がある夫婦及び第21条第２項の定める夫婦が，婚姻の解消について相互に同意している場合，裁判所は離婚の背後にある理由を明らかにすることなく，婚姻を解消する。夫婦は，本法第24条第１項に定められた子に関する合意を裁判所に提出する権利を有する。この合意がない場合又は合意が子の利益を侵害する場合は，裁判所は本法第24条第２項に規定する手続で子の利益を保護する方策を講ずる。

②　夫婦が婚姻の解消に関する申請書を提出した日から１か月を経過する前は，裁判所によって婚姻の解消は成立しない。

第24条（婚姻の解消を決定する時に，裁判所で解決すべき事項）（略）

第25条（婚姻解消に際しての婚姻の終了時点）

①　登録所において解消された婚姻は，身分証書登録簿に婚姻の解消を国家登録した日に，裁判所における婚姻の解消は，判決が効力を生じた日に終了する。

②　裁判所における婚姻の解消は，身分行為の国家登録のために定められた手続に従い，国家登録しなければならない。

裁判所は，婚姻の解消に関する裁判所の決定が効力を生じた日から３日以内に，当裁判所から抄本を婚姻を締結した国家登録地の登録所に送付しなければならない。

夫婦は，当事者の居住地の登録所から

896 第2編 各 論

婚姻解消に関する証明書を取得するまで
は新たに婚姻をする権利を有しない。

第26条（死亡又は失踪宣告がされた配偶者
　が生還した場合の婚姻の回復）

① 裁判所によって，原因不明の事由によ
　り死亡又は失踪が宣告された配偶者が生
　還し，これに対応する裁判所の決定が破
　棄された場合は，夫婦の共同申請に基づ
　き登録所が婚姻を回復することができる。

② 他方の配偶者が新たな婚姻をしている
　場合は，婚姻を回復することはできない。

第3節 夫婦の権利及び義務

第6章 夫婦の個人の権利及び義務

第32条（夫婦の氏の選択権）

① 婚姻を締結するときは，夫婦は希望に
　従って一方の氏を共通の氏とすることを
　選択するか，夫婦はそれぞれ婚姻前の氏
　を保持するか，又は，他にロシア連邦の
　法に規定されていないときは，他の配偶
　者の氏に自己の氏を付加することができ
　る。

　　夫婦の前婚の一方の氏が複合氏である
　ときは，氏を付加することは認められな
　い。

② 夫婦の一方の氏の変更は，他方の配偶
　者の氏の変更を伴わない。

③ 婚姻の解消の場合は，夫婦は共通の氏
　を保持するか，又は婚姻前の氏に復する
　権利を有する。

第7節 外国市民及び無国籍者の参加する
　家族関係への家族法の適用

第156条（ロシア連邦の領土における婚姻
　の締結）

① ロシア連邦の領土における婚姻の締結
　の形態及び手続は，ロシア連邦の法令に
　よって定められる。

② ロシア連邦の領土における婚姻の締結
　の諸条件は，婚姻締結の障害に関する本
　法第14条の要件を遵守した上で，婚姻す
　る者それぞれについて，その者が婚姻締
　結時にその国籍を有している国の法令に
　よって定められる。

③ 外国国籍とともにロシア連邦の国籍も
　有している場合は，婚姻締結の諸条件に
　ついては，ロシア連邦の法令が適用され
　る。複数の外国国籍を有している場合
　は，当人の選択に従い，それらのうちの
　1国の法令が適用される。

④ ロシア連邦の領土における無国籍者の
　婚姻の締結の諸条件は，当人が恒常的な
　居住地を有している国の法令によって定
　められる。

第157条（外交代表部及び領事機関におけ
　る婚姻の締結）

① ロシア連邦の領域外に居住しているロ
　シア連邦市民間の婚姻は，ロシア連邦の
　外交代表部又は領事機関において締結さ
　れる。

② ロシア連邦の領土で，外国の外交代表
　部又は領事機関で締結された外国市民間
　の婚姻は，これらの者が婚姻締結時にロ
　シア連邦における大使又は領事を任命し
　た国の市民であるならば，相互性の条件
　の下で，ロシア連邦において有効とみな
　される。

第158条（ロシア連邦の領域外で締結され
　た婚姻の承認）

① ロシア連邦の領域外で締結されたロシ
　ア連邦市民間の婚姻及びロシア連邦市民
　と外国市民又は無国籍者の間の婚姻は，
　婚姻締結が行われた国の法令を遵守して
　締結された場合，本法第14条の定める婚

姻締結の障害となる事由が存在しないならば，ロシア連邦において有効とみなされる。

② ロシア連邦の領域外で，それが締結された国の法令を遵守して締結された外国市民間の婚姻は，ロシア連邦において有効と認められる。

第159条（国内又は国外で締結された婚姻の無効）

国内又は国外で締結された婚姻の無効性は，第156条及び第158条に従って適用された法令の定めるところによる。

第160条（婚姻の解消）

① ロシア連邦市民と外国人又は無国籍者との婚姻の解消及びロシア国内で締結された外国人同士の婚姻の解消は，ロシア連邦の法令による。

② 外国に居住するロシア連邦市民は，外国に居住する配偶者との婚姻の解消は，その国籍とは無関係にロシア連邦の裁判所において行うことができる。その婚姻の解消が，ロシア連邦の法令に従い登録所においてすることが許される場合は，ロシア連邦の外交代表部又は領事機関において行うことができる。

③ 外国においてされたロシア連邦市民と外国人又は無国籍者との間の婚姻の解消は，その婚姻の解消を決定する権限を有する機関において当該外国の法令を遵守してされた場合は，ロシア連邦において有効とみなされる。

④ 外国においてされた外国人同士の婚姻の解消は，それが婚姻の解消に関する決定を採択する機関の権限について，また婚姻の解消に際して適用すべき法令について対応する外国の法令を遵守してなされた場合は，ロシア連邦において有効とみなされる。

第5 出 生

1 出生子の身分

(1) 母子関係

母と子の血縁関係は，産院における母による子の出生を確認する文書により確定され，医療センター外で出生した子の場合は，医療記録，証人の証言又は他の証拠に基づいて確定される（家族48条1項）。

(2) 嫡出父子関係

子が婚姻関係にある父母間に出生した場合，また，婚姻の解消・無効確認又は母の配偶者の死亡の時から300日以内に出生した場合は，反証がない限り，母の配偶者は子の父とみなされる。子の母の配偶者が父であることは，婚姻証明書の登録で証明される（家族48条2項）。

898 第2編 各 論

(3) 嫡出でない父子関係

婚姻関係にない父母間に出生した子の父は，子の父及び母が登録所に共同で申請書を提出することで確定される。

母が死亡した場合，母の行為無能力が確認された場合，母の所在確認が不可能である場合又は母が親権を喪失している場合は，後見・保佐機関の同意を得た上で，子の父の申立てによって，また，そのような同意がない場合は，裁判所の決定によって，父が確定される（家族48条3項）。

また，18歳に達した者の父の確定は，本人の同意を得てのみ許され，本人が行為無能力者と認められた場合は，後見人又は後見・保佐機関の同意によってのみ許される（家族48条4項）。

なお，子の出生後に，父の確定についての共同申請書を提出することが不可能又は著しく困難になることが予測される事情がある場合は，婚姻関係にない両親は母が妊娠中に登録所に共同で申請書を提出する権利を有する。この父母に関する登録は，子の出生後にされる（家族48条3項）。

(4) 裁判手続による父の確定

子が婚姻していない両親から出生し，両親の共同申請又は子の父の申請がないときは，特定の者の子との血縁関係（父との血縁関係）は，夫婦の一方，子の後見人，子を扶養する者又は18歳に達した子自身の申請で，裁判所において確定する（家族49条）。

(5) 登録された親子関係の否認

出生登録簿に登録された親子関係を争うには，父又は母として登録された者，実父又は実母，子の後見人，成年に達した子自身の請求に基づいて，裁判手続によってのみすることができる。ただし，子の父として登録された者が，登録の時に実際には子の父でないことを知っていた場合は，父子関係を争うことはできない（家族52条）。

> (注) 「後見・保佐機関」は，父母による監護・養育を受けられない子を発見し，その権利及び利益を保護するために設置される地方自治機関であり，組織，活動に関しては連邦構成主体の法律，家族法典及び民法典に従い自治構成主体の憲章に基づいて決定される（家族121条）。

2 出生による国籍取得

(1) 国籍留保届

ロシアは，父母両系血統主義国であり，ロシア国内で出生した事実だけでは，同国の国籍を取得しない（市民12条）。

したがって，日本人夫婦の子がロシア国内で出生した場合は，国籍留保の届出を要しないが，夫婦の一方が日本人で他方がロシア市民間の子がロシア（又はその他の外国）で出生した場合は，出生の日から3か月以内に日本国籍を留保する意思を表示しなければ，子は日本国籍を喪失する（日国12条）。

(2) 出生場所の記載

ア 行政区画

ロシア連邦は，1993年に制定された憲法の規定により，地域と居住民族によって区分された83の連邦構成主体から構成されている。

連邦構成主体は，地域区分によって定められた46州（注1），9地方（注2），2都市（注3），ロシア人以外の民族の居住地域に設定された21共和国（注4），1自治州（注5），4自治管区（注6）に分かれている。

（注1） 州は，アルハンゲリスク州，ヴォログダ州，カリーニングラード州，レニングラード州，ムルマンスク州，ノヴゴロド州，ブリャンスク州，ウラジーミル州，イヴァノヴォ州，トヴェリ州，カルーガ州，コストロマ州，オリョール州，リャザン州，スモレンスク州，トゥーラ州，ヤロスラヴリ州，ニジニ・ヴゴロド州，キーロフ州，ベルゴロド州，ヴォロネジ州，クルスク州，リペック州，タンボフ州，アストラハン州，ヴォルゴグラード州，サマラ州，ペンザ州，サラトフ州，ウリヤノフスク州，ロストフ州，オレンブルク州，スヴェルドロフスク州，チェリャビンスク州，クルガン州，チュメニ州，トムスク州，オムスク州，ノヴォシビルスク州，ケメロヴォ州，イルクーツク州，アムール州，マガダン州，サハリン州，プスコフ州，モスクワ州である。

（注2） 地方は，クラスノダール地方，スタヴロポリ地方，アルタイ地方，クラスノヤルスク地方，ハバロフスク地方，カムチャツカ地方，ペルミ地方，ザバイカリエ地方である。

（注3） 都市は，モスクワ市，サンクトペテルブルク市である。

900　第2編　各　　論

- （注4）　共和国は，カレリア共和国，マリ・エル共和国，モルドヴィア共和国，チュヴァシ共和国，タタールスタン共和国，カルムイク共和国，アディゲ共和国，カラチャイ・チェルケス共和国，ダゲスタン共和国，カバルダ・バルカル共和国，北オセチア共和国，イングーシ共和国，チェチェン共和国，バシコルトスタン共和国，ウドムルト共和国，アルタイ共和国，トゥヴァ共和国，ハカス共和国，コミ共和国，サハ共和国，ブリヤート共和国である。
- （注5）　自治州は，ユダヤ自治州である。
- （注6）　自治管区は，チュクチ自治管区，ハンティ・マンシ自治管区，ネネツ自治管区，ヤマロ・ネネツ自治管区である。

イ　戸籍の記載

「ロシア国モスクワ市で出生」（【出生地】ロシア国モスクワ市），又は，「ロシア国レニングラード州レニングラード市で出生」（【出生地】ロシア国レニングラード州レニングラード市）と記載する。

3　出生登録簿への子の父母の登録

(1)　両親が婚姻している場合

いずれか一方の申請に基づき，出生登録簿に子の両親として登録される（家族51条1項）。

(2)　両親が婚姻していない場合

母の登録は母の申請に基づき行われ，父については，子の父及び母の共同申請又は子の父の申請に基づき行われ，又は父が裁判所の決定に従って登録される（家族51条2項）。

(3)　子が婚姻していない母から出生し，子の両親の共同申請及び父との血縁関係を確定する裁判所の決定がない場合

出生登録簿の子の父の姓は，母の姓が記載され，母の陳述に基づき，子の父の名，父称（patronymic）が記載される（家族51条3項）。

4　登録された親子関係の否認

出生登録簿に登録された親子関係を争うには，父若しくは母として登録され

た者，実父若しくは実母，子の後見人，又は成年に達した子自身の請求に基づいて，裁判手続によってのみすることができる。ただし，子の父として登録された者が，登録の時に実際には子の父でないことを知っていた場合は，父子関係を争うことはできない（家族52条1項・2項）。

5 子の姓及び父称・名

(1) 父母の姓が異なる場合

父母の協議により，父又は母の姓が定められる。

子の名は，父母の合意によって定められる（家族58条2項・3項）。

(2) 子の姓又は名について父母の協議が調わない場合

後見・保佐機関によって決定される（家族58条4項）。

(3) 父が確定していない場合

子の姓は母の姓が付与され，父称（注）は子の父として登録された者（家族51条3項）の名に基づいて付与される。また，名は母が定める（家族58条5項）。

> (注) ロシア連邦においては，名と姓だけでなく，父の名に由来する「父称」を用いる習慣がある。例えば，文豪トルストイのフルネームは，「レフ・ニコラエヴィチ・トルストイ」であるが，「レフ」が名，「ニコラエヴィチ」（ニコライの息子の意味であり，娘の場合は，「ニコラエヴナ」となる。）が父称，「トルストイ」が姓である。

6 出生証明書

① ロシア国サハリン州ボロナイスク市戸籍登録課発行の出生証明書は，資料192-4（本文930頁）参照（戸籍858-80）。

② ロシア国ヴォログダ州戸籍登録機関発行の出生証明書は，資料192-5（本文933頁）参照。

③ ロシア国医師作成の出生証明書（医学出生証明書）は，資料192-6（本文935頁）参照。

902 第2編 各 論

〔**根拠法条**〕

市民権法（2002年法律第62号（同年7月1日施行），2014年4月20日法律第71号改正）

第2章 ロシア連邦市民権の取得

第11条（ロシア連邦国籍取得の原因と手続）
　ロシア連邦市民権は，次の場合に取得される。
　a 出生により
　b ロシア連邦市民権の許可の結果として
　c ロシア連邦市民権の回復の結果として
　d 現行連邦法又はロシア連邦の国際条約に規定されているその他の事由に基づき

第12条（出生によるロシア連邦市民権の取得）
① 子は，次の場合には，出生の日にロシア連邦市民権を取得する。
　a 両親又は単身の親がロシア連邦市民権を有している場合（子の出生地にかかわらず）
　b 両親の一方がロシア連邦市民権を有し，他方の親が国籍を有しないか，又は行方不明とされているか，その所在が不明である場合（子の出生地にかかわらず）
　c 両親の一方がロシア連邦市民権を有し，他方が外国の市民である場合，子がロシア連邦共和国の領土内で出生したか，又は国籍を有しない者になるとき。
　d ロシア連邦の領土に居住する両親又は一方の親が，外国市民又は国籍を有しない者で，子がロシア連邦の領土で

出生し，その両親が市民である国家がその市民権を与えない場合（2003年11月11日改正）
　（注） 従前は，「両親が外国人であるか，又は無国籍であり」とされていた。
② 両親が子が発見された後6か月以内に見つからないときは，ロシア連邦の領土にとどまり，その両親が知れない子は，ロシア連邦市民となる。

第4章 最終規定

第45条（現行連邦法の施行）
　現行連邦法は，2002年7月1日に施行する。

家族法（2008年6月30日改正）

第4節 親子の権利義務

第10章 子の出生関係の確定

第48条（子の出生関係の確定）
① 母と子の血縁関係（母子の血縁関係）は，産院における母による子の出生を確認する文書により確定され，医療センター外で出生した子の場合は，医療記録，証人の証言又は他の証拠に基づいて確定される。
② 子が婚姻関係にある父母間に出生した場合，また，婚姻の解消・無効確認又は母の配偶者の死亡の時から300日以内に出生した場合は，反証（現行法第52条）がない限り，母の配偶者（以前配偶者であった者）は子の父とみなされる。子の母の配偶者が父であることは，婚姻証明書の登録で証明される。
③ 婚姻関係にない父母間に出生した子の父は，子の父及び母が登録所に共同で申

請書を提出することで確定される。母が死亡した場合，母の行為無能力が確認された場合，母の所在確認が不可能である場合又は母が親権を喪失している場合は，後見・保佐機関の同意を得た上で，子の父の申立てによって，また，そのような同意がない場合は，裁判所の決定によって，父が確定される。

子の出生後に，父の確定についての共同申請書を提出することが不可能又は著しく困難になることが予測される事情がある場合は，婚姻関係にない両親は母が妊娠中に登録所に共同で申請書を提出する権利を有する。この父母に関する登録は，子の出生後にされる。

④ 18歳に達した者の父の確定は，本人の同意を得てのみ許され，本人が行為無能力者と認められた場合は，後見人又は後見・保佐機関の同意によってのみ許される。

（1997年11月15日第3項を削除し，第4項及び第5項を第3項及び第4項とする。）

第49条（裁判所における父の確定）

子が婚姻していない両親から出生し，両親の共同申請又は子の父の申請がないときは（現行法第48条第4項），特定の者の子との血縁関係（父との血縁関係）は，夫婦の一方，子の後見人，子を扶養する者又は18歳に達した子自身の申請で，裁判所において確定する。裁判所は，特定の者と子の血縁関係を確実に確認する証拠を考慮する。

第50条（裁判所における父との血縁関係を承認する事実の確定）

自らが子の父であると認めた場合又は子の母と婚姻していない者が死亡した場合は，父との血縁関係を承認する事実は，民事訴訟法の規定に従い，裁判所で確定される。

第51条（出生登録簿への子の両親の登録）

① 婚姻している父及び母は，そのいずれか一方の申請に基づき，出生登録簿に子の両親として登録される。

② 両親が婚姻していないときは，母の登録は母の申請に基づき行われ，父については，子の父及び母の共同申請又は子の父の申請（現行法第48条第4項）に基づき行われ，裁判所の決定に従って父が登録される。

③ 子が婚姻していない母から出生し，子の両親の共同申請及び父との血縁関係を確定する裁判所の決定がないときは，出生登録簿の子の父の姓は，母の姓が記載され，母の陳述に基づき，子の父の名，父称が記載される。

④ 人工授精又は受精卵の移植に書面による形式で同意を与えた婚姻をしている者は，これらの方法により子が出生した場合は，出生登録簿に子の両親として記載される。

懐妊目的で受精卵の移植に書面による形式で同意を与えた婚姻をしている者は，子を出産した女性（代理母）の同意を得たときに限り，子の両親として記載される。

第52条（父との血縁関係（母との血縁関係）の否認）

① 現行法第51条第1項及び第2項に基づいてされた出生登録簿への両親の登録は，子の父若しくは母として登録されている者，その子の実の父若しくは母，18

歳に達した子自身，子の後見人，裁判所
によって行為無能力と認められた親の後
見人の請求に基づき，裁判所においての
み争うことができる。

② 現行法第51条第2項に基づき子の父と
して登録された者の父との血縁関係を争
う請求は，登録時に，その者が実際には
子の父でないことを知っていた場合は，
認めることができない。

③ 法律の定める手続により，人工授精又
は受精卵の移植の方法を利用することに
文書で同意を与えた配偶者は，父との血
縁関係を争うに際して，これらの事実に
依拠することができない。

他の女性に受精卵を移植する方法を利
用することに同意を与えた配偶者及び
（現行法第51条第4項第2文の）代理母
は，父及び母との血縁関係を争うに際し
て，これらの事実に依拠することができ
ない。

第11章 未成年の子の権利

第58条（子の姓及び名）

① 子は，名，父称及び姓に対する権利を
有する。

② 子の名は父母の合意によって付与さ
れ，父称はロシア連邦構成主体の法律に
別段の定めがなく，また別に民族的習慣
に基づくものがないときは，父の名に
よって付与される。

③ 子の姓は，父母の姓によって定まる。
父母の姓が異なる場合，ロシア連邦構成
主体の法律に別段の定めがないときは，
子には父母の協議により父又は母の姓が
付与される。

④ 子の名及び（又は）姓について父母の
協議が調わない場合は，後見・保佐機関
によって解決される。

⑤ 父が確定していない場合，子の名は母
の指示によって付与され，父称は子の父
として登録された者（第51条第3項）の
名に基づいて付与され，姓は母のそれが
付与される。

〔参考〕

〔旧〕**国籍法**（1991年11月28日制定，1993年6
月17日，2002年改正，2002年7月1日施行）
第2章 ロシア連邦国籍の取得
第11条（ロシア連邦国籍取得の原因と手続）

① ロシア連邦市民権は，次の場合に取得され
る。

　a）出生
　b）～d）（略）

② （略）
第12条（出生によるロシア連邦市民権の取得）

① 子は，次の場合には出生の日にロシア連邦
市民権を取得する。

　a）両親又は母子家庭の母親が，ロシア連邦
　　市民権を有しているとき（子の出生地にか

かわらず）。

　b）子の出生の場所にかかわらず，両親の一
　　方がロシア連邦市民権を有し，他方が無国
　　籍者であるか，国籍喪失を宣言するか，又
　　は所在が不明のとき。

　c）両親の一方がロシア連邦市民権を取得
　　し，他方が外国の国民であるときは，子が
　　ロシア連邦領土内で出生したとき，又は子
　　が無国籍になるとき。

　d）ロシア連邦領土内に居住する両親が外国
　　人であるか，又は無国籍であり，子がロシ
　　ア連邦領土内で出生し，両親の国家がその
　　子の市民権を与えないとき。

② 両親が共に知れずロシア連邦領土内で発見

された子は，両親が子が発見されてから6か月見付からないときは，ロシア連邦市民権を取得する。

（民月49-6-98参照（1993年改正につき））

〔旧〕家族法

第12章　父母の権利及び義務（親権）

第61条（父母の権利及び義務の平等性）

① 父母は，子について平等の権利を有し，平等の義務を負う（親権）。

② 本章の定める親権は，子が18歳（成年）に達した場合，未成年の子が婚姻した場合その他成年に達する前であっても子が完全な行為能力を取得したと法律が定めている場合に終了する。

第62条（未成年の親の諸権利）

① 未成年である親は，子と同居しその養育に参加する権利を有する。

② 婚姻していない未成年である親は，子が出生した場合，又はその母子関係及び（又は）父子関係が確定された場合，16歳に達するとともに自主的に親権を行使する権利を有する。未成年である親が16歳に達するまでは，子に後見人を指定することができ，後見人は，子の未成年である親と共同で子の養育を行う。子の後見人と未成年である親との間に不一致が生じたときは，後見・保佐機関によって解決される。

③ 未成年である親は，自ら父性及び母性を認め，あるいは争う権利を有し，14歳に達したときは，自ら父子関係を裁判手続で確定することを請求する権利を有する。

第63条（親権の内容①）

① 父母は，子を養育する権利を有し，義務を負う。

父母は，子の養育及び成長に責任を負い，子の健康並びに身体的・心理的・精神的及び道徳的成長に配慮する義務を負う。父母は他の全ての人に対して，自らの子の養育に対する優先権を有する。

② 父母は，子が普通基礎教育を受けることを保障する義務を負う。父母は子の意見を考慮に入れ，子が普通基礎教育を受ける前に，子

の教育施設及び教育形態を選択する権利を有する。

第64条（親権の内容②）

① 子の権利及び利益を保護する義務は，その父母に課される。父母は子の法定代理人であり，特別の権限付与なしに，対外的（自然人，法人及び裁判所等）関係において，子の権利及び利益を保護するものとする。

② 父母と子の間に利益の対立があることが後見・保佐機関によって確認された場合は，父母は子の利益を代表する権利を有しない。父母と子の間に不一致が存在する場合は，後見・保佐機関は，子の権利及び利益の保護のために，代理人を指名する義務を負う。

第65条（親権の行使）

① 親権は，子の利益に反して行使することはできない。子の権利及び利益を侵害し，損害をもたらすような親権を行使する父母は，法律の定める手続に従い責任を負うものとする。

② 子の養育及び教育に関しては，子の利益のために子自身の意見を考慮に入れて，父母の協議によって決定される。

父母の協議が調わないときは，父母（その一方）は，その調整のため後見・保佐機関又は裁判所に訴える権利を有する。

③ 両親が別居している場合，子の居住地は，両親の協定によって定められる。

協定がない場合，両親の間の紛争は，子の利益に依拠し，子の意見を考慮に入れて，裁判所によって解決される。その場合裁判所は，両親のそれぞれ，兄弟及び姉妹に対する子の親しさの程度，子の年齢，両親の道徳的その他の人格的性質，両親のそれぞれと子の間に存在する関係，並びに養育及び成長のための条件を子のために創り出す可能性（両親の仕事の種類，勤務体制，両親の物質的及び家族的状況その他）を考慮に入れる。

第66条（子と別居している親による親権の行使）

① 子と別居している親は，子との面接権，並びにその養育への参加権及び子の受ける教育の問題について決定する権利を有する。

子と同居している親は，面接が子の身体的

906 第2編 各 論

及び心理的健康，ならびにその道徳的成長に
害を及ぼさない限り，子が他方の親と面接す
ることを妨害してはならない。

② 父母は，子と別居している親による親権の
行使の手続について，文書により協定を結ぶ
権利を有する。協定に至ることができない場
合は，その間の紛争は父母（その一方）の請
求により，後見・保佐機関の参加の下に，裁
判所によって解決される。

第69条（親権の剥奪）

次の場合，父母（その一方）から親権を剥
奪することができる。

a 扶養料支払の悪意の回避を含む親の義務
の不履行

b 相当の理由なく，子を産院又は他の治療
施設，養育施設，住民社会保護施設その他
の類似の施設から引き取ることを拒否して
いること

c 自らの親権の濫用

d 子に対する物理的又は心理的暴力の行
使，その性的純潔に対する侵害を含む子に
対する残虐な態度

e 慢性のアルコール依存症患者又は麻薬患
者であること

f 子の生命若しくは健康に対し，又は配偶
者の生命若しくは健康に対し，故意の犯罪
を行ったこと

第70条（親権剥奪の手続）

① 親権の剥奪は，次の者の申立てにより裁判
手続で行われる。

a 父母の一方（それに代わる者）

b 検察官

c 未成年の子の権利保護機関（後見・保佐
機関，未成年者問題委員会）又は施設（孤
児及び親の監護なく放置された子のための
施設その他）

② 親権剥奪事件は，検察官及び後見・保佐機
関の参加の下に審査される。

第6 認 知

1 制 度

ロシアには，認知法制が認められている。

2 実質的成立要件

(1) 父の認知意思

父の認知の意思（父による申請）を要する（家族48条3項・51条2項，身分
事項法48条）。

(2) 後見機関等の同意

母が死亡，行為無能力，行方不明又は親権剥奪の場合は，後見・保佐機関の
同意を要する（家族48条3項）。

(3) 裁判所の決定

(2)の同意がない場合は，裁判所の決定による（家族48条3項）。

3 保護要件

(1) 認知される者の同意

18歳（成人）に達した者を認知する場合は，その者の同意を要する（家族48条4項，身分事項法52条）。

その者に行為能力がない場合は，後見人又は後見・保佐機関の同意を要する（家族48条4項）。

(2) 母の同意

母の同意を要する（身分事項法50条4項）。

4 形式的成立要件

身分事項登録局への書面申請を要する（身分事項法49条・50条）。

5 報告的届出

日本人男が，ロシア人女が他男と婚姻中に出生した子を認知する創設的認知届がされたが，添付された父子関係証明書（資料192－7・本文939頁）が法律上の親子関係を証する書面であることが判明したことから，報告的認知届として受理して差し支えないとされた事例がある（平成23.4.22民一1043号回答（戸籍858-74））。

第7 養子縁組

1 根拠法

根拠法は，「家族法」である。

2 実質的成立要件

(1) 養子となることができる者

養子縁組は，未成年（18歳未満）の子について，その子の利益のためにのみ認められる。

908　第2編　各　論

養子縁組が子の利益になる場合を除き，兄弟姉妹を別々の者が養子縁組をすることは認められない。

また，外国人又は無国籍者による子の養子縁組については，ロシア連邦の国内に常居しているロシア連邦市民の家族の下で養育することができない場合又は子の親族の市民権若しくは居住地にかかわらず，養子とすることができない場合にのみ許される（家族124条）。

(2)　**養親となることができる者**

成年（18歳）に達した者は，男女とも養親になることができるが，裁判所により，行為無能力者又は制限能力者と認定された者（一方がその認定を受けた夫婦）や親権を剥奪又は制限された者は除かれる。また，法律上の義務を履行しなかったために解任された後見人・保佐人，かつての養親で，自己の責任で養子縁組を取り消された者及び健康状態により親権を行使できない者等も養親になることができない（家族127条1項）。

(3)　**養親と養子の年齢差**

単身（未婚）の養親と養子となる子の年齢差は，原則として16歳以上でなければならないが，裁判所によって相当の理由があると認められた場合には，この年齢差がなくても養子縁組ができる。なお，配偶者の子の養親となる場合は，この年齢差を要しない（家族128条）。

(4)　**養親の配偶者の同意**

夫婦の一方が養子をする縁組に際しては，その配偶者の同意が必要である。ただし，夫婦が1年以上別居状態にある場合及び配偶者の所在が知れない場合は，同意を要しない（家族133条）。

(5)　**複数の者による養子縁組の禁止**

夫婦共同縁組の場合を除き，複数の者が養親になることはできない（家族127条2項）。

3 保護要件

(1) 父母等の同意

ア 同意の要否

養子の両親の同意を要する。

16歳に達していない未成年の親の子の養子縁組の場合には，その両親又は後見人の同意を要し，両親又は後見人がいない場合には，後見・保佐機関の同意を要する（家族129条1項）。

イ 同意の方式

養子縁組に対する子の父母の同意は，公証手続で認証されるか，又は父母の監護なしに放置された子を保護している施設の長若しくは養子縁組がされた地域若しくは父母の居住地の後見・保佐機関が保証した申立書の形式で表わされなければならない。

また，養子縁組の審理の際に，裁判所に直接，表明することもできる（家族129条1項）。

ウ 同意の撤回

両親は，裁判所の決定があるまでは，同意を撤回することができる（家族129条2項）。

エ 同意の対象

両親は，特定の者に対して，又は具体的な者を示すことなく，子の養子縁組に対して同意を与えることができる（家族129条3項）。

オ 同意時期の制限

子の養子縁組に対する両親の同意は，出生後にのみすることができる（家族129条3項）。

カ 両親の同意を要しない場合

①両親が知れないか，又は裁判所によって失踪宣告された場合，②両親が裁判所によって行為無能力とみなされた場合，③裁判所によって親権を剥奪された場合，④両親が，裁判所によって不当とみなされた原因によって，6か月以上子と同居せず，その養育及び扶養を回避している場合には，

910　第2編 各　　論

両親の同意を要しない（家族130条）。

(2)　**後見人，里親及び親の監護なく放置された子を保護している施設の長の同意**

ア　同意の要否

後見人の下にある子を養子縁組するには，その後見人の書面による同意を要する。

里親に託置されている子を養子縁組するには，里親の書面による同意を要する。

また，学校，医療センター，住民社会保護施設及びその他の類似の施設にいる子を養子縁組するには，当該施設の長の書面による同意を要する（家族131条1項）。

イ　同意の免除

裁判所は，子の利益のために，アに掲げられた者の同意なく，養子縁組を決定することができる（家族131条2項）。

（注）　里親とは，ロシア連邦市民である夫婦又は個人が，後見・保佐機関との契約に基づいて，養育施設等に保護されている場合を含め，親の監護なしに放置された未成年の子（18歳未満）を，その家庭に引き取り，契約で定められた期間養育している夫婦又は個人をいう（家族法151条〜155条）。

(3)　**養子の同意**

養子が10歳に達している場合は，その者の同意を要する。

ただし，養子縁組の申請書を提出する前から子が養親となる者の家族と生活し，養親となる者を実親とみなしている場合は，例外的に養子縁組は，養子となる子自身の同意なしに効力を生ずる（**注**）（家族132条）。

（注）　例外規定がある場合は，「養子本人の同意なくして養子縁組ができる」とされているが，その例外規定の適用の可否については，市区町村での判断は困難なため，裁判所の審判等で例外規定の適用が認められている場合を除き，同意書を提出させるのが適当である（戸籍871-82）。

4 形式的成立要件

(1) 方式と申請権者

ロシア連邦の養子縁組は，契約型でなく，官庁宣言型（裁判所）（**注**）であり，縁組の申請権者は養親となる者である。

> （**注**）　旧法では，養子縁組を決定する機関が後見・保佐機関（行政機関）であったものが，裁判所となった。この点が，旧法と特に大きく異なっている点である。

(2) 手　続

養子縁組は，養子をしようと希望する者の申請に基づいて裁判所によって行われ，養親となる者自身，後見・保佐機関の参加の下に民事訴訟法の定めに従い特別手続で審理される（家族125条1項）。

(3) 登　録

ア　養子縁組の対象となる子及び子を養子縁組することを希望する者の登録

子を養子縁組することを希望する者の登録は，ロシア連邦構成主体の執行機関の定める方法によって行われる。

ロシア連邦市民である子を養子縁組することを希望する外国人又は無国籍者の登録は，ロシア連邦構成主体の執行機関又は連邦の執行機関によって行われる（家族126条）。

イ　養子縁組の登録

裁判所は，子の養子縁組の成立に関する裁判所の決定が効力を生じてから3日以内に裁判所の決定の抄本を決定がされた地の地方登録所に送付しなければならず，子の養子縁組は，身分行為の国家登録のために定められた手続に従って国家登録される（家族125条3項）。

5 養子縁組の効力

(1) 親族関係

養子とその卑属は，養親とその血族に対し，また，養親とその血族は，養子とその卑属に対して，出生による血族と同等の関係が生じる。他方，養子は実

父母及びその他の血族との親族関係は終了する（家族137条1項・2項）。

なお，養子縁組に際し，養親が1人の場合，養父のときは実母の希望により，また，養母のときは実父の希望により，養子と「実親及び実方親族」との間の権利・義務関係を維持することができる（家族137条3項）。

(2) 養子の姓，父称及び名

ア　原　則

養子は，自己の名，父称及び姓を引き続き維持する（家族134条1項）。

イ　養親の申請

養親の申請により，養子に養親の姓が付与され，また，養親の指示する名が付与される。

養子の父称は，養父の場合は，養親の名によって定められ，養母の場合は，養母が養子の父として指示した者の名によって定められる。

養父母の姓が異なる場合は，養父母の協議に基づき，その一方の姓が付与される（家族134条2項）。

ウ　養親が単身者の場合

単身（未婚）者が養親となる場合は，その者の申請により，養子の母（父）の姓，名及び父称が，出生登録簿に記載される（家族134条3項）。

エ　10歳に達した養子の姓，父称及び名の変更

イに定める場合を除き，本人の同意を得てのみ変更できる（家族134条4項）。

オ　裁判所の決定

養子の姓，父称及び名の変更は，裁判所の決定において指示される（家族134条5項）。

(3) 養子縁組の秘密の保護

ア　養子の出生日及び出生地の変更

養親の養子縁組の秘密を保障するため，養子の出生日を3か月を超えない範囲で変更することができる。また，出生地についても変更することができる。

養子の出生日の変更は，子が生後12か月を超えないときにのみ認められ

る。ただし，裁判所によって有効と認められた理由があるときは，1歳以上の子の養子についても認められる（家族135条1項）。

　イ　裁判所の決定

　　養子の出生日及び（又は）出生地の変更は，養子縁組に関する裁判所の決定において指示される（家族135条2項）。

(4)　ロシア市民権の取得について

　ロシア連邦市民の養子となった子は，ロシア連邦市民になるとされているが（市民26条（改正前29条2項）），養子縁組手続のみでは，当然にロシア連邦市民権を取得せず，養子縁組の手続の中で併せてロシア連邦国籍取得の手続を行うことが必要であることから，養子縁組手続と併せてロシア連邦市民権を取得することができるが，これは「自己の志望」による外国国籍の取得に当たるので，日本国籍を当然に喪失することになる（時報454-62，1995）。

(5)　養親を養子の父母としての登録

　養親の申請に基づいて，裁判所は，出生登録簿に養親をその養子の実父母として登録する決定を行うことができるが，養子が10歳に達している場合は，家族法第132条第2項に定めるときを除いて，本人の同意を要する。そのような登録を行うことの必要性は，養子決定の中で指示される（家族136条）。

(6)　効力発生日

　養子縁組の効力は，裁判所の決定が効力を生じた日に発生する（家族125条3項）。

6　ロシア連邦における渉外的養子縁組の準拠法

(1)　渉外的要素を持った養子縁組の成立要件について適用すべき法令（準拠法）

　ロシア連邦家族法第7節「外国市民及び無国籍者の参加する家族関係への家族法の適用」第165条の規定によって指定される。

(2)　外国人又は無国籍者が，ロシア国内においてロシア連邦市民である子を養子とする縁組

　養子縁組の申請書を提出した時の養親の本国法（無国籍者の場合は，その者

の常居所地法）に従って行われる。この場合には，家族法第124条から第133条の条件を遵守すべきものとされている（家族165条1項第2文）。

⑶ ロシア連邦市民が，国内において外国人である子を養子とする縁組

子の法定代理人及び子の本国の権限を有する機関の同意を得る必要があり，また，子の本国法により子自身の同意を要するとされる場合は，その同意を得る必要がある（家族165条1項第4文）。

⑷ 養子縁組の取消し等

養子縁組の結果，ロシア連邦が制定した法令及び締結した国際条約の定める子の権利が侵害される可能性がある場合は，養親の国籍にかかわりなくその養子縁組は行うことはできないし，決定された養子縁組は裁判手続によって取り消されなければならない（家族165条2項）。

⑸ 外国に居住しているロシア連邦の市民である子が，外国人養親の本国法によりその国の権限機関によってされた養子となる縁組

子又はその父母（その一方）がロシア連邦の領域から出国するまで居住していたロシア連邦構成主体の執行機関から養子縁組について事前の許可を受けていた場合には，ロシア連邦においても，その縁組は有効とされる（家族165条3項）。

7 養子縁組の取消し

⑴ 取消事由

養親が，養親としての義務の履行をせず，又は親権を濫用している場合のほか，慢性的なアルコール依存症患者又は麻薬中毒患者である場合は，養子の実親，養親，14歳に達した養子自身，後見・保佐機関及び検察官が裁判所に養子縁組の取消しを請求することができる（家族141条・142条）。

⑵ 取消手続

養子縁組の取消しは，後見・保佐機関の参加の下に裁判手続によって審理され，決定される。そして，養子縁組の取消しに関する裁判所の決定が発効した日に縁組関係は終了し，その日から3日以内に裁判所から養子縁組の国家登録地の身分証書登録機関に，その決定の抄本が送付される（家族140条）。

(3) 取消しの効力

　裁判所による養子縁組の取消しに際して，養子と養親及びその血族の相互の権利・義務関係は終了し，また，子の利益のために必要がある場合は，子とその実親及びその血族の相互の権利・義務関係は復活する（家族143条1項）。

　子は，裁判所の決定により実親に引き渡されるが，実親がいない場合や子を実親に引き渡すことが子の利益に反する場合は，子は，後見・保佐機関に監護のために引き渡される（家族143条2項）。

　養子縁組に際して養子に与えられた名，父称及び姓を維持するか否かは，裁判所の決定の中で指示されるが，10歳に達した子の名，父称及び姓を変更するには，子本人の同意が必要である（家族143条3項）。

(4) 取消しの制限

　子の養子縁組の取消しの訴えが提起された時に養子が18歳に達していた場合は，例外的な場合として，養子縁組の取消しに対する養親及び養子の相互の合意並びに実親が生存している場合は，親権を剥奪されておらず，裁判所によって行為無能力と認識されていない養子の実親の同意があるときでなければ，養子縁組の取消しは認められない（家族144条）。

8　ハーグ国際養子縁組条約

　2000年（平成12年）批准

〔**根拠法条**〕

家族法（2008年6月30日改正）
第6節　親による保護なく残された子の養育の形態
第19章　子の養子縁組
第124条（養子縁組が認められる子）（2004年12月28日改正）
① 少年又は少女の養子縁組（以下，「養子縁組」という。）は，親による保護なく残された子の託置に優先する形態である。

② 養子縁組は，本法第123条第1項第3文の要件を遵守し，子に適当な身体的，精神的及び道徳的な発育する可能性に関して，未成年の子について，その者の利益のためにのみ認められる。

③ 違う者が兄弟姉妹を養子縁組することは認められない。ただし，養子縁組が子の利益をもたらす場合を除く。

④ 外国人又は無国籍者による子の養子縁組は，ロシア連邦の国内に常居しているロシア連邦市民の家族の下で養育することができない場合又は子の親族の市民権若しくは居住地にかかわらず，養子とすることができない場合にのみ許される。（以下，略）

第125条（養子縁組の手続）（1998年6月27日改正）

① 養子縁組は，養子縁組を希望する者の申請に基づき，裁判所によって行われる。子の養子縁組の開始に関する場合は，民事訴訟法に定める規定に従い，特別の手続で裁判所において審理される。

子の養子縁組の成立に関する場合は，養親となる者自身，後見・保佐機関及びその代理人が必ず出席し，裁判所で審理される。

② （略）

③ 養親と養子の権利及び義務（現行法第137条）は，子の養子縁組の成立に関する裁判所の決定が効力を生じた日に生ずる。

裁判所は，子の養子縁組の成立に関する裁判所の決定が効力を生じてから3日以内に裁判所の決定の抄本を決定がされた地の地方登録所に送付しなければならない。

子の養子縁組は，身分行為の国家登録のために定められた手続に従って国家登録しなければならない。

第126条（養子縁組の対象となる子及び子を養子縁組することを希望する者の登録）

① 養子縁組の対象となる子の登録は，現行法第122条第3項によりなされる。

② 子を養子縁組することを希望する者の登録は，ロシア連邦構成主体の執行機関の定める方法によって行われる。

ロシア連邦市民である子を養子縁組することを希望する外国人又は無国籍者の登録は，ロシア連邦構成主体の執行機関又は連邦の執行機関（本法第122条第3項）によって行われる。

第126条の1（子の養子縁組の仲介行為の不許可）（1998年6月27日追加）（略）

第127条（養親となる権利を有する者）（2004年12月28日改正）

① 養親は，次の者を除く，成人の男女である。

- 裁判所によって，行為無能力者又は制限能力者とみなされた者
- 一方が裁判所によって，行為無能力者又は制限能力者とみなされた夫婦
- 裁判所によって，親権を剝奪された者又は親権を制限された者
- 法律に定める義務を履行しないために後見人の義務を解除された者
- 裁判所によって，その者の責めに帰すべき事由により養子縁組が取り消された場合の前の養親
- その健康状態のため，親権を行使することができない者。養子にし，子の後見人となり，又は里親になることができないとされる病気の一覧表は，ロシア連邦政府によって作成される。
- 養子縁組の成立時に，養親が居住する国において，養子をロシア連邦の市民に定められた最低生活水準を保証する収入のない者
- 定住地がない者
- 養子縁組の成立時に，市民の生命又は

健康に対する故意犯による有罪判決の記録がある者

－衛生上及び技術上の規則及び基準を満たさない家に居住している者

①.1 裁判所は，子の養子縁組を決定するときに，養子の利益と留意するに値する事情を考慮し，本条第1項の第8段落及び第11段落に定められた規定を適用しない権利を有する。

①.2 本条第1項の第8段落及び第11段落に定められた規定は，養子の継父（継母）には及ばない。

② 婚姻していない者は，共同して同一の子を養子とすることができない。

③ 同一の子を養子とすることを複数の者が望むときは，本条の第1項及び第2項の要件及び養子の利益を義務的に遵守することを条件として子の親族に優先権が認められる。

第128条（養親と養子の年齢差）

① 婚姻していない養親と養子間の年齢差は，16歳以上でなければならない。裁判所が妥当であると認めた理由があるときは，年齢差は引き下げることができる。

② 子が継父（継母）の養子となるときは，本条第1項に規定されている年齢差は要しない。

第129条（子の養子縁組に対する親の同意）（1998年6月27日改正）

① （2008年4月24日改正，2008年9月1日施行）子を養子縁組するには，両親の同意を要する。16歳に達していない未成年の親の子の養子縁組の場合には，その両親又は後見人の同意を要し，両親又は後見人がいない場合には，後見・保佐機関の同意を要する。

養子縁組に対する子の父母の同意は，公証手続で認証されるか，又は父母の監護なしに放置された子を保護している施設の長若しくは養子縁組がされた地域若しくは父母の居住地の後見・保佐機関が保証した申立書の形式で表わされなければならない。養子縁組の審理の際に，裁判所に直接，表すこともできる。

② 両親は，裁判所の決定があるまでは，子の養子縁組に対して与えた同意を撤回することができる。

③ 両親は，特定の者に対して，又は具体的な者を示すことなく，子の養子縁組に対して同意を与えることができる。子の養子縁組に対する両親の同意は，出生後にのみ与えることができる。

第130条（両親の同意がない子の養子縁組）

子の養子縁組に対する両親の同意は，以下に掲げる場合には要しない。

－両親が知れないか，又は裁判所によって失踪宣告された場合

－両親が裁判所によって行為無能力とみなされた場合

－（現行法第71条第6項を遵守して）裁判所によって親権を剥奪された場合

－両親が，裁判所によって不当とみなされた原因によって，6か月以上子と同居せず，その養育及び扶養を回避している場合

第131条（後見人，里親及び親の監護なく放置された子を保護している施設の長の同意）（2008年4月24日改正，2008年9月1日施行）

① 後見人の下にある子を養子縁組するには，その後見人の書面による同意を要する。

里親に託置されている子を養子縁組するには，里親の書面による同意を要する。

学校，医療センター，住民社会保護施設(the social protection of the population) 及びその他の類似の施設にいる子を養子縁組するには，当該施設の長の書面による同意を要する。

② 裁判所は，子の利益のために，本条第1項に掲げられた者の同意なく子の養子縁組を決定することができる。

第132条（養子縁組に対する養子の同意）

① 10歳に達した子を養子縁組するには，その者の同意を要する。

② 養子縁組の申請組を提出する前から子が養親となる者の家族と生活し，養親となる者を実親とみなしている場合は，例外的に養子縁組は，養子となる子自身の同意なしに効力を生ずる。

第133条（子の養子縁組に対する養親の配偶者の同意）

① 夫婦の一方が子を養子縁組する場合には，夫婦が養子縁組するのでなければ，他方の配偶者の同意を要する。

② 夫婦が夫婦関係をやめ，1年以上同居せず，他方の配偶者の所在が不明であるときは，子の養子縁組に対する他方の配偶者の同意を要しない。

第134条（養子の名，父称，姓）

① 養子は，その名，父称及び姓を保持する。

② 養親の申請により，養子は養親の姓が与えられ，また，養親の指示する名が与えられる。養子の父称は，養親が男性のときは，養親の名で，養親が女性のときは，その者が養子の父として指示した者の名によって定められる。養父母の姓が異なるときは，養子は養父母の協議により，その一方の姓が与えられる。

③ 子が婚姻していない者の養子となったときは，その者の申請により，養子の母（父）の姓，名及び父称が，その者（養親）の指示により，出生登録簿に記載される。

④ 10歳に達した養子の姓，名及び父称は，本法第132条第2項の規定する場合を除き，本人の同意を得てのみ変更することができる。

⑤ 養子の姓，名及び父称の変更は，養子縁組に関する裁判所の決定において指示される。

第135条（養子の出生日及び出生地の変更）

① 養子縁組の秘密を保障するため，養子の出生日を3か月を超えない範囲で変更することができる。また，出生地も変更することができる。

養子の出生日の変更は，子が生後12か月を超えないときにのみ認められる。養子の出生日の変更は，裁判所によって有効と認められた理由により，1歳以上の子を養子としたときに認められる。(2004年12月28日改正)

② 養子の出生日及び（又は）出生地の変更は，養子縁組に関する裁判所の決定において指示される。

第136条（養親を養子の実親としての登録）

① 養親の申請に基づいて，裁判所は出生登録簿に養子の親として登録する決定をすることができる。

② 10歳に達した養子について登録を行う前に，本法第132条第2項に規定する場合を除き，養子の同意を要する。

③ 登録を行う必要性は，養子縁組に関す

る裁判所の決定で指示される。

第137条（子の養子縁組の法的効力）

① 養子及びその卑属と養親及びその血族との相互の関係は，個人的な非財産的及び財産的な権利及び義務において，出生に基づく血族との関係において同等である。

② 養子は，実親（その親族）との関係において，個人的な非財産的及び財産的な権利を失い，義務を免れる。

③ 子が1人の養子になる場合は，養親が男性のときは母の希望により，養親が女性のときは父の希望により，個人的な非財産的及び財産的な権利及び義務を保持することができる。

④ 養子の両親の一方が死亡した場合は，死亡した父又は母の親（子の祖母又は祖父）の申請により，子の利益のために必要なときは，死亡した父又は母の血族との関係において，個人的な非財産的及び財産的な権利及び義務を保持することができる。死亡した父又は母の親族の養子との面接権は，本法第67条に従って行使される。

⑤ 実親の一方又は死亡した親の親族との子の扶養に関する関係は，子の養子縁組に関する裁判所の決定の中で指示される。

⑥ 本条第1項及び第2項に規定される子の養子縁組の法的効果は，養親が子の出生登録簿に子の親として記載されているか否かにかかわりなく生ずる。

第138条 （略）

第139条（子の養子縁組の秘密）

① 子の養子縁組の秘密は，法律によって保護される。

子の養子縁組を決定した裁判官，養子

縁組の国家登録を行った担当官及び他の方法で養子縁組について知った者は，子の養子縁組の秘密を守らなければならない。

② 養親の意思に反して子の養子縁組の秘密を漏らした本条第1項に掲げる者は，法が定める命令によって責任を問われる。

第140条（子の養子縁組の取消し）

① 子の養子縁組は，裁判所によって取り消される。

② 子の養子縁組の取消しに関する事案は，後見・保佐機関及び検察官が参加して審理される。

③ 養子縁組は，子の養子縁組の取消しに関する裁判所の決定が効力を生じた日に終了する。

裁判所は，子の養子縁組の取消しに関する裁判所の決定が効力を生じた日から3日以内に，その決定の抄本を養子縁組の国家登録地の登録事務所に送付しなければならない。

第141条（子の養子縁組の取消事由）

① 子の養子縁組は，養親が自らに課せられた親の義務の履行をしないとき，親権を濫用したとき，養子をひどく扱ったとき，又は慢性的なアルコール依存症患者若しくは麻薬中毒患者であるときは，取り消すことができる。

② 裁判所は，子の利益に由来し，子の意見を考慮してその他の事由に基づき子の養子縁組を取り消すことができる。

第142条（子の養子縁組の取消権者）

子の養子縁組を取り消すことを主張する権利は，子の親，養親，14歳に達した養子自身，後見・保佐機関及び検察官が有する。

920 第2編 各 論

第143条（子の養子縁組の取消しの効果）

① 裁判所が子の養子縁組を取り消した場合は，養子と養親（養親の親族）の相互の権利及び義務は終了し，子の利益のために必要であるときは子と子の実親（実親の親族）の相互の権利及び義務は回復する。

② 養子縁組が取り消された場合は，裁判所の決定により，子は実親に戻される。実親がいないとき及び実親に子を戻すことが子の利益に反するときは，子は後見・保佐機関の保護の下に置かれる。

③ 裁判所は，子が養子縁組に関連して養子に与えられた名，父称及び姓を維持するか否かを決定する。

10歳に達した子の名，父称及び姓は，その子の同意があった場合にのみ変更する。

④ 裁判所は，子の利益に先立ち，本法第81条及び第83条に規定した額の扶養料を支払うことを前の養親に義務付ける権利を有する。

第144条（18歳に達した子に対する養子縁組の取消しの不許可）

子の養子縁組の取消しの訴えが提起された時に養子が18歳に達していた場合は，例外的な場合として，養子縁組の取消しに対する養親及び養子の相互の合意並びに実親が生存しているときは，親権を剥奪されておらず，裁判所によって行為無能力と認識されていない養子の実親の同意があるのでなければ，子の養子縁組の取消しは認められない。

第7節 外国市民及び無国籍者の参加する家族関係への家族法の適用

第165条（養子縁組）

① 養子縁組の取消しを含め，ロシア連邦における外国市民又は国籍を有しない者によるロシア連邦市民の子の養子縁組は，養親が市民である国家の法に従って効力を生ずる。国籍を有しない者による子の養子縁組の場合は，養子縁組又は養子縁組の取消しの申請時に常居している地の国の法に従って行われる。

ロシア連邦における外国市民又は国籍を有しない者によるロシア連邦市民の子の養子縁組においては，子の養子縁組の分野の国際協力に関するロシア連邦の国際条約の規定に関する本法第124条から第126条，第127条（第1項第8文を除く。），第128条，第129条，第130条（第5文を除く。），第131条から第133条の要件は遵守される。

ロシア連邦におけるロシア連邦市民と婚姻した外国市民又は国籍を有しない者によるロシア連邦市民の子の養子縁組においては，ロシア連邦の国際条約に他に規定がなければ，ロシア連邦の市民のために本法で定められた手続で効力を生ずる。

ロシア連邦におけるロシア連邦市民による外国市民の子の養子縁組においては，子の法定代理人及びその子が市民である国の権限機関（an authoritative body）の同意を要し，その国の法律に従って養子縁組に対する子の同意が必要であれば，それもまた要する。

②～④ （略）

市民権法（2002年法律第62号（同年7月1日施行），2014年4月20日法律第71号改正）

第5章　両親，後見人又は監護人の市民権の変更の場合の子の市民権，無能力者の市民権

第26条（養子縁組の場合の市民権）

① ロシア連邦市民である子が外国人の養子となった場合は，その子はロシア連邦市民権を保持する。養親の双方又は一方が外国人の養子となったロシア連邦市民は，その子が無国籍にならないときは，養親の双方又は単独の養親の申請により，ロシア連邦市民権を失う。

② ロシア連邦市民又はロシア連邦市民の夫婦又は一方がロシア連邦市民で，他方が無国籍である者の養子となった子は，その子の居住地にかかわらず，ロシア連邦市民である養親の申請により，養子縁組の日にロシア連邦市民権を取得することができる。

③ 一方がロシア連邦市民で，他方が外国人である夫婦の養子となった子は，その子の居住地にかかわらず，養親双方の申請による簡易化された方法により，ロシア連邦市民権を取得することができる。

④ 本条第3項の場合，養子縁組後1年以内に養親双方の申請が提出されなかった場合でも，養親が養子縁組の日にロシア連邦の領土に居住しているときは，子はロシア連邦市民権を取得する。

〔参考〕

〔旧〕ロシア国籍法（1991年11月28日制定）

第29条（養子縁組の際の国籍）

① （略）

② ロシア連邦市民でない子は，ロシア連邦市民又はロシア連邦市民である夫婦の養子となったときは，ロシア連邦市民となる。

③・④ （略）

第8　死　亡

在日ロシア人の死亡届を受理した市町村長は，外務大臣宛て（注）に通知しなければならない（昭和42.8.21民事甲2414号通達）。

> （注）宛先は，「外務大臣」から「外務大臣官房領事移住部長」宛てに変更されたが（昭和58.10.24民二6115号通達），外務省の組織改編により領事移住部は領事局になっていることから，「領事局長」宛てに通知するのが適当である。

922　第2編　各　　論

第9　国　　籍

1　二重国籍

　ロシア連邦市民は，外国の市民権を取得してもロシア連邦市民権は終了せず，二重国籍が認められている（市民6条）。

2　ロシア市民権の喪失

　ロシア連邦の領土に居住する者は，自発的に自己の意思を表明することでロシア連邦の市民権を放棄することができる（市民19条1項）。

　また，外国に居住する者は，簡略的な方法で自発的に自己の意思を表明することでロシア連邦の市民権が効力を生ずる（市民19条2項）。

　ただし，①連邦法に基づきロシア連邦に負っている義務を履行していない場合，②外国の市民権を有していない場合又はその取得が保証されていない場合等には，ロシア連邦市民権の放棄は認められない（市民20条）。

〔**根拠法条**〕

市民権法（2002年法律第62号（同年7月1日施行），2014年4月20日法律第71号改正）

第1章　総則

第6条（二重市民権）

① 外国の市民権を有するロシア連邦の市民は，ロシア連邦により唯一ロシア連邦市民とみなされる。ただし，ロシア連邦の国際条約又は連邦法に規定されている場合を除く。

② ロシア連邦市民が外国の市民権を取得しても，ロシア連邦市民権は終了しない。

第3章　ロシア連邦の市民権の終了

第18条（ロシア連邦の市民権の終了事由）

　ロシア市民権は，次に掲げる事由により終了する。

　a　ロシア連邦市民権の放棄の結果として

　b　現行連邦法又はロシア連邦の国際条約に規定されているその他の事由により

第19条（ロシア連邦の市民権の放棄）

① ロシア連邦の領土に居住する者は，自発的に自己の意思を表明することでロシア連邦の市民権を放棄することができる。ただし，現行連邦法第20条に規定する場合を除く。

② 外国に居住する者は，簡略的な方法で自発的に自己の意思を表明することでロシア連邦の市民権が効力を生ずる。ただし，現行連邦法第20条に規定する場合を除く。

③ （略）

第20条（ロシア連邦市民権の放棄の拒否事由）

　ロシア連邦の市民が以下に掲げる場合には，ロシア連邦市民権の放棄は認められない。

a　連邦法に基づきロシア連邦に負っている義務を履行していない場合

b　（略）

c　外国の市民権を有していないか，又はその取得が保証されていない場合

924　第2編　各　論

資料192-1 〔婚姻要件具備証明書〕

CERTIFICATE
OF COMPETENCY TO MARRY
(KON'IN YOKEN GUBI SHOMEISHO)

　　　　Miss. （ 氏　名 ）
　　is citizen of the Russian Federation
Legal domicile: Moscow|Russia
Date of birth: June○○, 19○○
Place of birth: Moscow| Russia
Evidence of citizenship: Russian Passport 42 №○○○○○○
issued by Russian authorities on December○○, 1990.
Local adress: Tokyo-to, ○○○ -ku,○○○○○○ 3-0-○○.

　　　The above-mentioned Miss. （ 氏　名 ）
according to the laws of the Russian Federation concerning
has no hindrance, legal or otherwise, to marriage in Japan.

　　　Consul-General
　　of the Russian Federation　　（署名）
　　　　Embassy in Japan
0 october, 1995.　　　　　　　※ ※ ※ ※
　　No. ○○

資料192-1

《訳文》

婚姻要件具備証明書

Miss.　（氏　名）
ロシア連邦の国民である。

生年月日：　19○○年6月○○日
出生地：　モスクワ、ロシア
国籍証明：　ロシアパスポート42　No.○○○○○○が、199
　　　　　　○年12月○○日にロシア当局によって発行され
　　　　　　た。
現住所：　東京都○○区○○○○3-○-○○

上記の当該者Miss.　（氏　名）
は、ロシア連邦の法律に基づき、日本における婚姻にあたり何
ら法的その他の障害を有しないことを証明する。

　　　総領事　　　　　　　　　　　自署
ロシア連邦大使館　　　　　　　　　※※※※
　　　日本

1995年10月○日
No.○○

926 第2編 各 論

資料192-2〔婚姻証明書〕

СВИДЕТЕЛЬСТВО
О ЗАКЛЮЧЕНИИ БРАКА

□□

гражданин России
гражданство

русский
национальность (вносится, если указана в записи акта о заключении брака)

※ сентября 1982
дата рождения

город Череповец Вологодская область Россия
место рождения

и

△△

△△

гражданка Японии
гражданство

национальность (вносится, если указана в записи акта о заключении брака)

« ※ » сентября 1969
дата рождения

префектура Окаяма город Тамано Япония
место рождения

заключили брак ※ мая 2009 года
что подтверждается записью акта о заключении брака

※ мая две тысячи девятого
года

о чем 2009 года мая месяца ※ числа

составлена запись акта о заключении брака № ※

После заключения брака присвоены фамилии:

мужу □□

жене △△

Место государственной регистрации

**Управление ЗАГС Вологодской области территориальный отдел
ЗАГС г. Череповца**

Дата выдачи 19 мая 2009

Руководитель органа
ЗАГС акта гражданского состояния

(署名)

※ ※ ※ ※

ГОД № ※ ※

資料192-2

婚姻証明書

　　　　　　　　姓
　　　　名　　　　父称
　　　　　生年月日
　　　　　出生地

と　　　　　　　姓
　　　　名　　　　父称
　　　　　生年月日
　　　　　出生地

が　　　　年　　　　月　　　　日 に婚姻登録したことを証明する。　証明番号 No
婚姻後の姓
夫
妻

登録の行われた国の機関

　　　戸籍登録機関の名称

　　　　　発行年月日

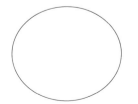
　　　　戸籍登録機関長　　署名

　　　　　　　　番号

資料192−3〔離婚証明書〕

謄本より謄写する

北海道※市長※ ※ ※ ※

資料192－3

再発

離婚証明書

〇〇〇〇〇　〇〇〇　〇〇〇〇〇〇〇

出生日　190〇年　〇月　〇日　と

〇〇〇〇〇　〇〇〇　〇〇〇〇〇〇

民族　ロシア人

出生日　190〇年　〇月　〇日

結婚は

断絶した　1998年　11月　※日
せんきゅうひゃくきゅうじゅうはちねんじゅういちがつ※

判決地　サハリン州　ポロナイスク市　地方裁判所

判決日　1998年　4月　24日

登録日　199〇年　11月　20日

登録番号　　NO　※

離婚後名　　〇〇〇〇〇〇

登録地　サハリン州　ポロナイスク市　戸籍登録課

交付名　〇〇〇〇〇　〇〇〇　〇〇〇〇〇〇

交付日　2008年　6月　24日

戸籍登録課長署名......　※※※※

翻訳　〇〇〇

930　第2編　各　論

資料192−4〔出生証明書〕

資料192－4

原本より謄写する

北海道 ※ 市長 ※ ※ ※ ※

資料192-4

出生証明書　　　　　　再発

　〇〇　〇〇　〇〇〇〇〇〇〇

　19〇〇年　〇月　〇日

　ロシア　サハリン州　ホロナイスク市　生まれ

　登録日　1997年 5月 27日

　登録番号 NO．※

　父　〇〇　〇〇〇〇〇　〇〇〇〇

　民族　日本人

　母　〇〇〇〇〇　〇〇〇〇〇〇〇〇

　民族　ロシア人

　登録地　ポロナイスク市　サハリン州

　　戸籍登録課

　交付日　1997年 10月 15日

　　　　　戸籍登録課長署名
　　　　エ-ΦC No 062100

　　　　　　　　翻訳　〇〇〇

192　ロシア　933

資料192－5 〔出生証明書〕

СВИДЕТЕЛЬСТВО
О РОЖДЕНИИ

○○

○○

родился(лась)　※.08.2013 года

※　августа

две тысячи тринадцатого года

место рождения　город Череповец,

Вологодская область,

Российская Федерация

о чем　2013　года　сентября　месяца　13　числа

составлена запись акта о рождении №　※ ※

Отец　□□

□□

гражданин России

русский

Мать　△ △

△ △

гражданка Японии

Место государственной регистрации

Управление ЗАГС Вологодской области

отдел ЗАГС по городу Череповцу и Череповецкому району

Дата выдачи　13　сентября　2013

Руководитель органо
записи актов гражданского состояния　〔署名〕　※ ※ ※ ※

I-ОД　№　※ ※

資料192－5

<h1 style="text-align:center">出生証明書</h1>

　　　　　　　　　　　　　　姓
　　　　　　　　　　　　名　　　　父称
出生した　　　　　　　日付
родился(лась)
　　（男）（女）

出生場所

出生登録日
出生登録番号

父　　　　　　　　　　姓
　　　　　　　　　　名　　　　父称
　　　　　　　　　　　国籍
　　　　　　　　　　　民族
母　　　　　　　　　　姓
　　　　　　　　　　名　　　　父称
　　　　　　　　　　　国籍
　　　　　　　　　　　民族

登録の行われた国の機関

　　　　戸籍登録機関の名称

　　　　　　　　　　発行年月日

　　　　　　　　　　戸籍登録機関長　　署名

　　　　　　　　　　　　番号

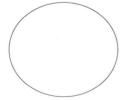

192　ロシア　935

資料192－6　〔医学出生証明書〕

------------------------線 отреза--------------------

Министерство здравоохранения и социального развития
Российской Федерации
Наименование медицинской организации
ЗАО * ※ ※ ※ *, ГМЦ
адрес: ※ ※ г. Москва, ※ ※ ※ ※ пр-т, д.※, к.※
Код по ОКПО ※※※※
Для индивидуального предпринимателя:
номер лицензии на медицинскую деятельность
деятельность
адрес

Код формы по ОКУД ___
Медицинская документация
Учетная форма № 103/у-08
Утверждена приказом Минздравсоцразвития России
от 26.12.2008 г. № ※

МЕДИЦИНСКОЕ СВИДЕТЕЛЬСТВО О РОЖДЕНИИ

СЕРИЯ　45 А　№　※ ※ ※ ※

Дата выдачи «20 » Октября 2013 г.

1. Ребенок родился: число ___ ※ ___ месяц Октября год 2013 час. ※ мин. ※

Мать	Ребенок
2. Фамилия, имя, отчество △ △ △ △	11. Фамилия ребенка
3. Дата рождения ※ 0 8 1 9 7 3 число - месяц год	12. Место рождения: республика, край, область Россия район
4. Место постоянного жительства (регистрации): республика, край, область ___ район ___ город (село) ___ улица ___ дом ___ кв. ___	город (село) Москва 13. Местность: городская 1, сельская 2 14. Роды произошли: в стационаре 1, дома 2, в другом месте 3, неизвестно 4
7. Местность: городская 1, сельская 2	
8. Семейное положение: состоит в зарегистрированном браке 1, не состоит в зарегистрированном браке 2, неизвестно 3	15. Пол: мальчик 1, девочка 2

936　第2編　各　　論

資料192－6

線 отреза

7. Образование:

профессиональное: высшее $\boxed{1}$, неполное высшее $\boxed{2}$,
среднее $\boxed{3}$, начальное $\boxed{4}$;
общее: среднее (полное) $\boxed{5}$, основное $\boxed{6}$, начальное $\boxed{7}$;
не имеет начального образования $\boxed{8}$; неизвестно $\boxed{9}$

8. Занятость: *была занята в экономике:* руководители и специалисты
высшего уровня квалификации $\boxed{1}$, прочие специалисты $\boxed{2}$,
квалифицированные рабочие $\boxed{3}$, неквалифицированные
рабочие $\boxed{4}$, занятые на военной службе $\boxed{5}$; *не была занята
в экономике:* пенсионеры $\boxed{6}$, студенты и учащиеся $\boxed{7}$,
работавшие в личном подсобном хозяйстве $\boxed{8}$, безработные $\boxed{9}$,
прочие $\boxed{10}$

9. Срок первой явки к врачу (фельдшеру, акушерке) $\boxed{1|1.|0}$ недель

10. Которым по счету ребенок был рожден у матери $\boxed{0|3}$

16. Масса тела при рождении $\boxed{※|※|※|※}$ г.

17. Длина тела при рождении $\boxed{※|※}$ см

18. Ребенок родился:

при одноплодных родах　$\boxed{✓}$

при многоплодных родах:

которым по счету　$\boxed{}$

число родившихся　$\boxed{}$

9. Лицо, принимавшее роды:

врач-акушер-гинеколог $\boxed{1}$, фельдшер, акушерка $\boxed{2}$, другое лицо $\boxed{3}$

10. ___*Ι АРО*___　（署名）　　　　　　　※ ※ ※ ※
(должность врача (фельдшера, акушерки)　(подпись)　　(фамилия, имя, отчество)
заполнившего Медицинское свидетельство)

Руководитель медицинской организации,
врач, занимающийся частной практикой　（署名）　　　　　　　　※ ※ ※ ※
(нужное подчеркнуть)　　　　　　　　(подпись)　　　　(фамилия, имя, отчество)

Печать
"ПЕРИНАТАЛЬНЫЙ
МЕДИЦИНСКИЙ
ЦЕНТР"

К сведению родителей!

*В соответствии с пунктом 6 статьи 16 Федерального закона от 15.11.1997 г. № 143-ФЗ «Об актах гражданского состояния»
регистрация рождения ребенка в органе записи актов гражданского состояния (ЗАГС)
должна быть произведена в месячный срок*

192　ロシア　937

資料192－6

(仮訳)

【表面】

ロシア連邦保健社会発展省保険局 (開業医医師名) 株式会社※※※※ 産科医療センター 郵便番号※ モスクワ市※※※※大通り※番地※号 ロシア全国企業・組織分類表様式コー ド番号※※※※ 民間診療に関与する医師のために 医療活動免許番号 住所	ロシア全国経営文書分類表に よる様式コード番号医療文書 様式第103/U-０８号 2008年12月26日付ロシア連邦 保険証政令第※※号によって 承認済み

医学出生証明書

45ANo.※※※

交付日2013年10月20日

1　子は2013年10月※日※時※分に生まれた。

母	子
2．氏名：△△△△	11．氏名：
3．生年月日：1973年08月※日	12．出生場所：
4．居住（登録）地：日本	共和国，地方，州　ロシア
共和国，地方，州	地区
地区	市（村）　モスクワ
市（村）	13．地域：都市1，村2
通り　番地　　　号	14．出産場所：
5．地域：都市1，村2	病院1，家2，その他の場所
6．家族状況：既婚1，未婚2，	3，不明4
不明3	15．性別：男児1，女児2

938　第2編　各　論

資料192－6

【裏面】

7．学歴：
専門：高等教育[1]，高等教育中退[2]
中等[3]，初等[4]
共通：中等[5]，基礎[6]，初等[7]
初等教育を受けていない[8]，不明[9]

8．職業：経済に従事していた：高い
水準の指導者又は専門家[1]，その
他の専門家[2]，資格を有する労働
者[3]，資格を不要とする労働者[4]
兵役に従事[5]，経済に従事してい
なかった：年金受給者[6]，学生及び
生徒[7]，個人的副業に従事してい
た[8]，無職[9]．その他[10]

9．最初の医師への届け出時期（准医
師，助産師）M/S週

10．母親の何番目の子か　03

16．出生時の体重　※※g

17．出生時の身長　※cm

18．子は出生した
単胎児
複胎児

19　出産対応者：
医師・助産師・婦人科医[1]，准医師・助産師[2]，その他[3]

20　第二助産部　助産師　　　　　　　※※※※
（医療証明書に記入した医師（准医師，助産師）
（署名）　　　（氏名）

医療機関指導者，民間医療に従事する医師
（署名）※※※※
（氏名）

出生証明書を発行した者の印

（翻訳者：※※※※（母））

資料192−7〔父子関係証明書〕

原本より謄写する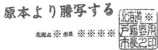

940 第2編 各 論

資料192－7

父子関係を立証する証明書　　再発

　　　　　　　○○　○○○○○　○○○○○○
出生日　　190 年 ○月 ○日
民族　　　　日本人

　　　　父と認知した子は
　　　○○○○○　○○　○○○○○○
出生日　　　190 年　○月 ○日
出生地　　サハリン州 ポロナイスク市

　母　　○○○○○ ○○○ ○○○○○○○
出生日　　　190'年　○月　○日
民族　　　　ロシア人

授与の名　　　　　　○○
　　　　　　　○○．○○○○○○○
登録日　　　1997年　5月　27日
登録番号　　　　　№ ※
登録地　　サハリン州 ポロナイスク市
　　　戸籍 登録課
交付日　　　2010年　1月　22日

戸籍 登録 課長署名　・・・・・・　※※※※
エ-ＰＣ №012200

翻訳　○○○

先例索引　941

【先　例　索　引】

昭和38. 5 . 29民事甲1561号回答……… 490
昭和39. 3 . 6 民事甲554号回答 ……… 494
昭和42. 8 . 21民事甲2414号通達
　………………………………… 584, 921
昭和45. 1 . 13民事甲15号回答……… 490
昭和47. 11. 13民事五発952号回答…… 487
昭和48. 5 . 29民二3954号回答……… 215
昭和49. 10. 21民二5678号回答…… 551, 555
昭和50. 2 . 7 民二670号回答 ……… 498
昭和51. 12. 23民二6471号回答
　…………………………… 483, 484, 487
昭和55. 2 . 15民二872号回答 ……… 602
昭和56. 12. 15民二7462号回答……… 786
昭和57. 9 . 9 民二5669号回答……… 414
昭和58. 10. 24民二6115号通達…… 584, 921
昭和59. 12. 18民二6668号回答…… 484, 487
昭和60. 3 . 7 民二1471号回答……… 652
昭和60. 10. 18民二6511号回答……… 651
昭和62. 7 . 2 民二3458号回答……… 599
昭和63. 1 . 27民二432号回答…… 387, 393

平成 3 . 7 . 4 民二3728号回答……… 185
平成 3 . 7 . 4 民二3729号回答……… 185
平成 4 . 6 . 30民二3763号回答……… 833
平成 4 . 9 . 30民二5676号回答…… 13, 27
平成 6 . 2 . 16民二941号回答…… 12, 27

平成 7 . 9 . 14民二3747号回答…… 443, 444
平成 7 . 10. 23民二4085号回答……… 743
平成 9 . 7 . 10民二1223号回答………48
平成14. 1 . 30民一274号回答…………48
平成15. 3 . 24民一837号回答……… 701
平成15. 12. 24民一3794号通知…… 48, 49
平成16. 4 . 13民一1178号回答……… 296
平成17. 2 . 4 民一311号回答…… 575, 576
平成18. 1 . 27民一200号回答……… 380
平成18. 7 . 5 民一1516号回答…… 622, 623
平成18. 7 . 25民一1690号回答…… 13, 27
平成22. 3 . 18民一677号回答……… 603
平成23. 4 . 22民一1043号回答……… 907
平成23. 7 . 27民一1780号回答…… 441, 444
平成23. 9 . 22民一事務連絡……… 701
平成23. 12. 6 民一2951号回答……… 448
平成24. 1 . 25民一事務連絡………… 864
平成24. 4 . 19民一994号回答……… 272
平成24. 6 . 14民一1489号回答……… 237
平成24. 6 . 14民一1490号回答……… 837
平成24. 8 . 14民一2060号回答……… 612
平成24. 12. 20民一3561号回答……… 185
平成25. 12. 26民一1041号回答……… 340
平成26. 12. 24民一475号回答……… 549
平成27. 3 . 25民一事務連絡………… 210

【判 例 索 引】

昭和46. 12. 17東京地判……………490

昭和47. 3 . 4 東京地判……………796

昭和49. 8 . 13東京家調……………490

昭和62. 5 . 27静岡家審……………494

昭和63. 2 . 23東京家審……………36

地域別掲載国索引

※ 国名は一般名称表示

アジア

マレーシア ……………………336
ミャンマー ……………………440
モルディブ ……………………570
モンゴル ………………………611
ラオス …………………………663

大洋州

マーシャル ……………………265
ミクロネシア …………………403

中南米

ペルー ……………………………1
ボリビア ………………………159
ホンジュラス …………………234
メキシコ ………………………482

欧州

ベルギー …………………………73
ボスニア・ヘルツェゴビナ……112
ポーランド ……………………134

ポルトガル ……………………209
マケドニア旧ユーゴスラビア
共和国…………………………246
マルタ …………………………308
モナコ …………………………532
モルドバ ………………………575
モンテネグロ …………………637
ラトビア ………………………697
リトアニア ……………………735
リヒテンシュタイン …………795
ルクセンブルク ………………807
ルーマニア ……………………831
ロシア …………………………883

中東

ヨルダン ………………………651
レバノン ………………………880

アフリカ

ボツワナ ………………………123
マダガスカル …………………272

944　地域別掲載国索引

マラウイ	285
マリ	296
南アフリカ共和国	413
南スーダン	434
モザンビーク	516
モーリシャス	549
モーリタニア	565
モロッコ	598
リビア	786
リベリア	802
ルワンダ	863
レソト	872

全訂新版　渉外戸籍のための
各国法律と要件Ⅵ
定価：本体8,000円（税別）

平成 8 年 8 月20日	初版発行
平成14年 4 月25日	新版発行
平成19年 8 月30日	全訂版発行
平成29年11月24日	全訂新版発行

監　修　木　村　三　男

篠　崎　哲　夫
編著者　竹　澤　雅二郎
野　崎　昌　利

発行者　尾　中　哲　夫

発行所　日 本 加 除 出 版 株 式 会 社

本　　　社　郵便番号 171-8516
東 京 都 豊 島 区 南 長 崎 3 丁 目 16 番 6 号
ＴＥＬ（03）3953 - 5757（代表）
（03）3952 - 5759（編集）
ＦＡＸ（03）3953 - 5772
ＵＲＬ　http://www.kajo.co.jp/

営　業　部　郵便番号 171-8516
東 京 都 豊 島 区 南 長 崎 3 丁 目 16 番 6 号
ＴＥＬ（03）3953 - 5642
ＦＡＸ（03）3953 - 2061

組版 ㈱ 郁 文 ／ 印刷・製本 ㈱ 倉田印刷

落丁本・乱丁本は本社でお取替えいたします。
ⓒ 2017 Printed in Japan
ISBN978-4-8178-4437-8 C2032 ¥8000E

JCOPY　〈出版者著作権管理機構　委託出版物〉
本書を無断で複写複製（電子化を含む）することは，著作権法上の例外を除き，禁じられています。複写される場合は，そのつど事前に出版者著作権管理機構（JCOPY）の許諾を得てください。
また本書を代行業者等の第三者に依頼してスキャンやデジタル化することは，たとえ個人や家庭内での利用であっても一切認められておりません。

〈JCOPY〉　ＨＰ：http://www.jcopy.or.jp/，e-mail：info@jcopy.or.jp
電話：03-3513-6969，ＦＡＸ：03-3513-6979

さらに使いやすく便利に！
窓口実務・相談対応のための必備書

全訂新版
渉外戸籍のための
各国法律と要件
（全6巻）

ついに完結！

木村三男 監修　篠崎哲夫・竹澤雅二郎・野崎昌利 編著

- 各国ごとに身分法等に関する諸規定を明らかにするとともに、婚姻、離婚、出生、認知（準正）、養子縁組、養子離縁等の成立要件の概要をはじめ審査のポイントを解説。
- 解説に合わせて根拠法条、先例・判例の要旨を掲載。

改訂のポイント
- 特に「出生」の項目については、ほぼすべての国を網羅。
- 新たに「国籍」の項目を設け、明確な規定のない国を除き、できる限り収録。
- 要件具備証明書例及び出生証明書、婚姻証明書などの様式等についても新規収録。

Ⅰ：総論、アイスランド〜アンドラ	2015年11月刊 A5判 1,092頁 本体8,000円+税 978-4-8178-4270-1 商品番号：49151 略号：各国1
Ⅱ：イエメン〜カナダ	2016年6月刊 A5判 1,048頁 本体8,000円+税 978-4-8178-4312-8 商品番号：49152 略号：各国2
Ⅲ：カーボヴェルデ〜スウェーデン	2016年11月刊 A5判 996頁 本体8,000円+税 978-4-8178-4348-7 商品番号：49153 略号：各国3
Ⅳ：スーダン〜ニジェール	2017年3月刊 A5判 1,024頁 本体8,000円+税 978-4-8178-4373-9 商品番号：49154 略号：各国4
Ⅴ：ニュージーランド〜ベリーズ	2017年8月刊 A5判 972頁 本体8,000円+税 978-4-8178-4409-5 商品番号：49155 略号：各国5
Ⅵ：ペルー〜ロシア	2017年11月刊 A5判 1,032頁 本体8,000円+税 978-4-8178-4437-8 商品番号：49156 略号：各国6

（以上、国名50音順に収録）

日本加除出版
〒171-8516　東京都豊島区南長崎3丁目16番6号
TEL（03）3953-5642　FAX（03）3953-2061（営業部）
http://www.kajo.co.jp/